글로벌 서비스 기업으로의 초대

# 서비스경영

Service Management

안연식

도서출판 창명

# 머리말
PREFACE

지금으로부터 약 20년 전인 2002년, 미국 포춘지에서는 글로벌 500대 기업(매출액 기준)에 월마트를 세계 1위 기업으로 발표했다. 서비스업의 역할과 비중이 시대를 변화시키기 시작했음을 선포하는 대사건이었다. 오랜 기간 동안 대형 컴퓨터와 PC 사업에서 세계적인 강자로 군림했던 IBM은 하드웨어 제조 사업을 정리하고, 제품 지원 서비스, 전문 컨설팅 서비스, 컴퓨터 네트워크 서비스 등 광범위한 서비스를 제공하는 서비스 사업으로 방향을 전환한 지 오래되었다.

한편 우리나라의 경제는 그동안 자동차, 조선, 반도체 등 제조업의 경쟁력 확보를 통해 수출 주도의 성장을 지속해 왔고, 산업화 시대의 성장을 긍지로 지금까지의 국제 경쟁력은 제조에 기반한 것이었다. 그러나 최근에는 많은 변화가 있었다. 세계 경제는 4차 산업혁명을 화두로 지식 자원이 국가 경쟁력을 좌우하는 지식 기반 경제로의 이행이 더욱 가속화되고 있고, 경제통합 및 개방이 진전됨에 따라 우리 경제는 새로운 성장 활력을 모색해야 하는 전환점을 맞이하고 있다. 특히 사회적으로 큰 이슈가 되고 있는 청년 실업 해소와 저성장 기조의 환경에 대응하기 위해 고부가가치의 좋은 일자리를 서비스에서 찾아야 하고, 여기에서도 국제 경쟁력을 확보할 수 있도록 노력해야 할 것이다.

한편 우리는 자가용이 설 자리를 잃게 되고 택시를 호출하면 자율주행차가 정해진 시간에 집 앞마당의 주차장으로 달려오고, 원하는 목적지를 말하면 그곳으로 데려다주는 시대를 앞두고 있다. 즉, 자동차가 제조에서 서비스로 전환될 것이다. 이제 제조업과 서비스업의 이분법적인 사고에서 탈피해야 할 시점이다.

따라서 서비스 산업을 제조업과 상호 보완하고, 융합적인 연결관계를 가지며 동반 성장할 수 있도록 육성해야 하고 그동안 상대적으로 체계적인 연구가 부족했던 서비스를 획기적으로 성장 동력으로 전환시켜야 한다. 특히 우리나라에서는 선진국에 비해 뒤처져 있는 의료, 금융, 교육, 컨설팅 등 고부가가치 지식 서비스 산업의 육성이 절실하다.

현장에서는 많은 상품들에서 제조와 서비스를 아우르는 융합(convergence)이 대세를 이루고 있어 어떤 경우에는 제조와 서비스를 구분하는 것이 애매할 뿐만 아니라, 의미가 없는 것처럼 보이는 경우도 있다. 그러나 제조와 서비스가 확연히 다른 특성이 있음은 물론이고, 융합의 실체를 정확하게 이해하기 위해서는 서비스를 심도 있게, 그리고 체계적으로 깊이 있게 분석하고 연구해야 할 당위성이 있다.

탁월한 서비스 기업을 운영하고 있는 CEO들은 참신한 아이디어만 있으면 성공한다는 가설을 부정한다. 아무리 그럴듯한 서비스 비즈니스라 할지라도 작은 실수 하나로 고객이 변심하고 사업이 주저앉고 마는 일이 다반사라는 것이다. 따라서 서비스 비즈니스에 대한 운영 역량과 실행수준이 하루아침에 형성되는 것이 아니라는 점에서, 본서에서는 다양한 사례를 소개하여 실무자들에게도 쉽게 내용을 포착하고 응용할 수 있도록 시사점을 제시하는 데 주력하였다.

그동안 학계에서는 서비스와 관련하여 서비스 혁신 전략, 서비스 상품 혁신 및 프로세스의 혁신, 그리고 창의적인 아이디어를 대상으로 한 새로운 서비스 창출 및 서비스 비즈니스 모델로의 전환 등과 같은 연구가 많았다. 앞으로도 학계는 물론 실무계와 정책당국이 협력하여 서비스 산업의 특성을 적극 반영한 혁신 정책을 마련하고 지원함으로써, 국내 서비스 산업이 지속적으로 성장하여 국제 경쟁력을 확보할 수 있도록 장기적인 연구와 지원이 필요하다.

독자들도 이러한 시각에서 서비스 경영에 접근한다고 보고, 본서는 정책 당국자는 물론 서비스 기업을 경영하는 CEO나 이를 지향하는 서비스 기업의 임직원과 대학에서 공부하는 학부생, 대학원생, 그리고 일반인을 대상으로 저술하였다. 특히 쉽게 이해할 수 있으면서 지루하지 않도록 보편적으로 널리 알려진 사례들을 다수 포함하였다.

본서에서는 서비스의 특성과 서비스 산업, 그리고 서비스 기업의 경영에 대한 전반적인 주제들을 고루 다루고자 하였다. 반대로 말하면 서비스 기업이 아닌 다른 기업의 경영에서도 다룰 수 있는 내용들은 가급적 배제하였다. 그러나 사실 서비스는 업종, 규모, 영역 등에 있어서 구분하기 어려울 정도로 다양하게 우리 사회 곳곳에 존재하고 있다. 그동안 발전 속도나 체계화의 정도가 다르고 쉽게 정리하기 어려운 분야도 많아 미처 다루지 못한 서비스도 있을 줄 안다. 본서에서는 가급적 다양한 독자들에게 공통적으로 이해되었으면 하는 내용들을 엄선하여 다루려고 노력하였다.

본서를 통해 부디 우리나라의 서비스 기업들이 보다 체계적인 접근을 통해서 글로벌 선도 기업으로 비상하는 데 있어 조그마한 도움이라도 되었으면 한다. 초판으로서 구성 체계나 내용상의 부족함을 널리 혜량해 주시기를 바라며, 내용 중 인용된 내용에 대해서는 출처를 정확하게 밝히고자 하였으나 부분적으로는 확실하게 명시하지 못한 면도 있음을 밝힌다. 특히 독자들의 이해가 쉽도록 도와주는 그림이나 사진 파일 중에서 출처가 명시되지 않은 것들은 대부분 구글 이미지나 네이버 및 다음 등 포털의 이미지를 활용한 것임을 밝힌다. 또한 저술된 내용 중에서 부족한 부분들에 대해서는 개정판에서 더 많은 보완을 할 것임을 약속한다. 그동안 많은 시간을 같이해야 함에도 불구하고 저술을 위해서 이해와 격려, 성원을 아끼지 않은 나의 가족, 그리고 도서출판 창명 김사설 대표님과 편집에 수고하신 분들께 감사를 표하면서 서문에 대하고자 한다.

2018년 8월

안연식

# 차례
CONTENTS

## chapter 11 서비스 품질관리



# PART 04 » 서비스 자원관리

## chapter 12 서비스 인사조직관리

PART

01

# 서비스 이해

SERVICE MANAGEMENT

# 01
CHAPTER

# 서비스와 서비스 경영

**제1절** 서비스

**제2절** 서비스 경영

## 세계인의 사랑방 '스타벅스'
## 편안한 공간 · 행복한 직원 … 커피는 문화다

### 집과 직장 사이 '편안한 제3장소' … 100% 직영점으로 품질관리 철저

**"스타벅스는 커피가 아닌, 문화를 판다"**

경영이론을 공부해 본 사람이라면 한 번쯤 들어 봤을 것이다. 커피라는 본연의 제품 대신, 편안한 공간에서 커피를 마시며 여유를 만끽하는 경험이 스타벅스의 진정한 상품임을 한마디로 요약한 말이다. 1971년 미국 시애틀에서 지역의 작은 커피전문점으로 시작한 스타벅스는 하워드 슐츠(Howard Schultz)라는 걸출한 리더를 만나 글로벌 기업으로 거듭났다.

현재 스타벅스는 약 70개국에서 2만 5,000개 매장을 운영하며 세계에서 가장 큰 커피 체인으로 성장했다. 국내에서도 최근 1,000호점을 돌파하며 승승장구하고 있다(2018년 4월 현재 국내 1,151개 매장). 향후 5년 동안 중국 시장에서도 세 배 이상의 매출을 올리고 매장수를 두 배로 늘리는 걸 목표로 하고 있다. 하워드 슐츠 스타벅스 회장은 어떻게 스타벅스를 '세계인의 사랑방'으로 만들었을까. 그의 리더십과 마케팅 방식을 살펴본다.

**스페셜티 커피 성장 내다보고 올인**

슐츠 회장은 흔히 스타벅스의 창업주로 알려졌다. 그러나 이는 사실이 아니다. 그는 제록스의 잘나가는 영업사원을 거쳐 '해머플래스트'라는 스웨덴 주방기기 업체의 미국지사 부회장이 됐다. 그러던 어느 날 슐츠는 시애틀의 작은 커피전문점이 커피 추출기를 대량 주문한 것에 주목했다. 바로 스타벅스였다.

호기심에 시애틀로 날아간 그는 스타벅스를 방문해 커피를 마셔본다. 그리고는 "신대륙을 발견한 느낌"이라며 감동한다. 미국 커피 시장이 크게 성장할 것이라 확신한 그는 회사를 그만두고 스타벅스에 마케팅 담당 이사로 입사했다. 스타벅스의 가능성을 높이 평가한 그는 창업주에게 적극적인 사업 확장을 제안한다. 그는 당시 미국 국민의 소득 수준이 높아지고, 베이비붐 세대가 구매력 있는 30~40대에 접어들며, 웰빙 트렌드가 확산되는 흐름을 읽고 곧 스페셜티 커피 시장이 열릴 것으로 내다봤다. 바쁜 현대인들이 이동하면서도 간편하게 즐길 수 있는 컵 음식(cup food)을 선호하지만, 그러면서도 건강에 좋고 고급스러운 먹거리를 찾는다고 봤다. 하지만 당시 커피전문점에는 조악한 품질의 저가 커피가 대부분이었기에, 스타벅스의 고품질 커피는 시장성이 충분하다고 판단했다.

하지만 스타벅스 창업주는 그의 제안을 거절했다. 상심한 슐츠는 스타벅스를 나와 직접 에스프레소 카페 '일 지오날레'를 창업한다. 그러나 2년 뒤 스타벅스가 매물로 나왔다는 소식을 듣고는 곧바로 인수했다. 이때부터 마케팅 전문가로서 슐츠의 경영 전략이 빛을 발하기 시작한다. 그는 스타벅스가 지역의 가장 중심이자 집과 직장 사이의 '유쾌하고 편안한 제3의 장소'가 돼야 한다고 생각했다. 그래야 지역 주민들이 자발적으로 모여들 것이란 판단에서다. 이를 위해 우선 접근이 쉬운 번화가 한복판에 매장을 열었다. 또 '스타벅스=편안한 공간'이란 등식이 성립하도록 모든 요소를 여기에 맞췄다. 직원의 따뜻하고 우호적인 인사, 오래 머물러도 눈치 볼 필요 없는 자유로움, 안락하고 자연스러운 인테리어 등이 그 예다.

**직원 행복하면 고객 · 회사도 행복 … "직원이 최우선, 고객 만족은 그다음"**

기업에는 두 부류의 고객이 있다. 소비자(외부 고객)와 회사 직원(내부 고객)이다. 직원은 회사 밖에선 소비자의 일원으로, 회사 안에선 소비자와 최접점에서 서비스하는 종업원으로서 중요한 역할을 한다. 그러나 상당수 기업은 외부 고객 만족만 너무 강조하거나 기업의 이익만을 좇느라 내부 고객을 푸대접하곤 한다.

스타벅스 연혁

| | |
|---|---|
| 1971년 | 미국 시애틀에 1호점 오픈 |
| 1982년 | 하워드 슐츠가 유통 마케팅 담당 이사로 합류 |
| 1985년 | 슐츠 스타벅스 나와 '일 지오날레' 설립 |
| 1987년 | 슐츠 스타벅스 인수 |
| 1988년 | 정규직 · 파트타임 직원에게 무상의료보험 제공 |
| 1992년 | 나스닥에 기업공개(IPO) |
| 1996년 | 해외진출시작 |
| 1999년 | 한국, 중국에 출점 |
| 2001년 | 윤리적인 커피 소싱 지침 발표, 스타벅스 카드 도입 |
| 2002년 | Wi-Fi 서비스 시작 |
| 2008년 | 트위터, 페이스북 등 온라인 커뮤니티 운영 시작 |
| 2009년 | 스타벅스 카드 모바일 지불 서비스 도입 |
| 2014년 | 애리조나주립대와 함께 온라인 학위 프로그램 '스타벅스컬리지' 시작 |
| 2016년 | Spotify 음악 스트리밍을 스타벅스 앱에 통합 |

스타벅스는 달랐다. 직원 우선주의는 '스타벅스의 DNA'라 해도 과언이 아니다. 슐츠 회장이 스타벅스를 인수한 이듬해(1988년), 그는 정규직과 비정규직(파트타임) 직원 모두에게 무상의료 혜택을 제공했다. 당시 스타벅스 매장은 겨우 33개. 회사가 궤도에 올라 안정된 상황도 전혀 아니었다.

2년 뒤인 1990년에는 시애틀 본사를 확장하면서 '사명 선언문(mission statement)'을 발표했다. 총 6개 항목으로 이뤄진 사명 선언문의 첫 번째 사명은 '훌륭한 근무 환경을 제공하고 서로를 존중하며 존엄성으로 대한다'이다. 직원 복지에 대한 슐츠 회장의 사명감이 오롯이 드러난다. 둘째는 '다양성 수용'이다. 다양한 배경의 고객을 이해하고 환영하려면 직원도 그렇게 돼야 한다는 믿음에서다. 셋째에야 비로소 커피맛을 강조한 항목(커피의 구매, 로스팅, 그리고 서비스에 대해서 가장 엄격한 기준을 적용한다)이 등장한다. 넷째는 '고객 만족을 위해 끊임없이 노력하기'다. 슐츠 회장이 "우리 회사의 최우선 순위는 직원, 그다음은 고객 만족"이라고 공공연히 말하는 근거가 여기에 있다. 다섯째는 '지역사회와 환경보호에 적극 기여', 그리고 마지막 여섯째가 '이윤의 중요성 강조'다(수익성은 우리 미래의 성공에 필수적이란 것을 인식한다).

스타벅스는 직원에 대한 호칭도 종업원(employee) 대신 파트너(partner)로 정했다. 요즘은 매니저, 프로, 리더, ○○○님 또는 영어 이름 등 다양해졌지만, 1980년대 당시에는 파트너란 호칭부터 파격적이었다. 경제적 보상도 철저히 했다. 스타벅스는 파트타임을 포함한 2년 이상 근속 직원들을 대상으로 매년 11월 스톡옵션을 실시한다. 지난해에는 스톡옵션을 2배로 늘리고 기본급도 5% 인상했다. 2014년에는 미국의 스타벅스 직원 13만 5,000명을 대상으로 애리조나주립대의 온라인 강좌로 일과 학업을 병행할 수 있도록 4년간 학비를 지원한다는 계획을 발표하기도 했다. 학자금 지원 규모는 1인당 약 3만 달러(약 3,000만 원)에 이른다. 이처럼 후한 직원 대접 덕분에 스타벅스 이직률은 동종 업계의 4분의 1 이하로 매우 낮은 수준이다.

직원이 행복해지고 어떤 변화가 나타났을까. 고객이 행복해진 건 물론, 직원들의 자발적이고 기발한 아이디어로 회사의 수익에도 도움이 됐다. 가령 스타벅스의 히트상품인 '프라푸치노'는 캘리포니아 산타모니카 지역 관리자인 디나 캠피온의 아이디어로 만들어진 것이다. 음악 사업도 마찬가지다. 고급주택가에 위치한 스타벅스에서 근무하던 티모시 존스 매니저는 직접 선곡한 음악을 매장에서 틀었다. 그러자 '그 음악이 담긴 CD를 어디에서 살 수 있나'라는 고객 문의가 쇄도했다. 티모시 존스는 이를 본사에 알리고 음악 CD 판매 사업을 제안했다. 이렇게 탄생한 '블루노트 블렌드' 음반은 스타벅스 매장에서만 파는데도 7만 5,000장이 팔려 나갔다. 당시 빌보드 재즈 차트 10위권에 버금가는 수준의 인기였다. 슐츠 회장은 "음악 사업은 나로서는 전혀 상상할 수 없었던 것"이라고 고백한다. 고객에게 더 좋은 음악을 들려주려 했던 직원의 자발적인 노력이 스타벅스에 엄청난 수익을 안겨 준 셈이다.

**명품 이미지에 최신 기술 접목 … 임대료 협상력 높이고 젊은 층에 어필**

하워드 슐츠는 스타벅스 인수 후 핵심 고객층을 '고임금 여성 근로자'로 명확히 설정했다. 커피와 수다를 좋아하면서도 고가의 스페셜티 커피를 마실 수 있는 구매력이 있기 때문이다. '브랜드'를 중시하는 이들의 욕구를 충족시키기 위해 스타벅스는 스스로 명품이 돼야 했다. 컵 사이즈를 '스몰, 미디엄, 라지'의 영어 대신 '톨, 그란데, 벤티'의 이탈리아어로 기록하고, 메뉴명을 '아이스 쉐이큰 그린티 레모네이드'처럼 복잡하게 지으며, 컵 한가운데 스타벅스 로고를 큼직하게 그려 넣은 게 대표적인 예다.

시장에서 한번 명품으로 인식되면 이후부터 무형의 자산이 생겨난다. 바로 '협상력'이다. 스타벅스는 번화가에 입점하는 전략상 부동산 비용이 많이 든다. 그러나 명품 브랜드로 자리 잡은 후 스타벅스는 건물주와의 임대료 협상에서 우위에 서게 됐다. 모객 효과가 뛰어난 스타벅스가 입점하면 건물 주변에 유동인구가 많아져 건물 가치가 상승하기 때문이다. 건물주들은 스스로 임대료를 낮춰 스타벅스 유치에 발 벗고 나섰다. 백화점이 구찌, 루이비통, 샤넬 등 명품 브랜드를 유치하기 위해 임대료를 낮춰 주는 것과 비슷하다. 실제 국내 일반 커피전문점 임대료가 매출의 20%대인 반면, 스타

**스타벅스 경영 시사점**

- **업의 본질을 재정의하라**
  스타벅스는 커피전문점의 '업의 본질'을 커피맛은 물론, 부동산(중심상권에 입지)과 인테리어(편안한 공간), 고객 서비스로까지 확장했다. 덕분에 일반 커피보다 최고 10배나 비싼 가격을 받았지만 고객은 수긍했다.
- **품질 · 서비스를 100% 관리하라**
  스타벅스는 점주 리스크를 피하기 위해 100% 직영 체제로 운영한다. 본사가 추구하는 가치를 오롯이 지키기 위해서다. 매장에 대한 100% 통제권이 본사에 있어야 '직원을 행복하게 하라'는 사명도 지킬 수 있다.
- **기술에 감성을 더하라**
  스타벅스는 최신 기술을 도입하면서도 인간적인 스킨십을 잊지 않았다. 진동벨 대신 직원이 고객의 이름이나 별명(nickname)을 부르는 게 대표적인 예다. 최신 기술이 더 좋은 고객경험(user experience)을 제공하는 데 기여하지 못하면 원가절감 수단이 될 뿐이다.

벅스는 17% 안팎에도 입점하는 것으로 알려진다. 이 같은 임대료 할인 덕분에 스타벅스는 저렴한 비용으로 번화가 한복판에 진출해 수익을 낼 수 있었다.

스타벅스의 또 다른 성공 비결은 세계 1위 커피 체인이란 사실에 안주하지 않고 최신 기술을 일선 매장에 발 빠르게 접목시켰다는 점이다. 스타벅스는 선불식 충전 카드(스타벅스 카드), 무료 와이파이, e-Gift 카드, 모바일 앱, 음악 스트리밍, 모바일 결제(사이렌 오더) 등 온오프라인에서 다양한 서비스를 업계 최초로 선보여 왔다. 일반적으로 외식업과 IT기술의 만남은 생소하게 여겨지지만 스타벅스에선 자연스러웠다. 기술 트렌드에 민감한 젊은 소비층이 열광했음은 물론이다.

스타벅스 충전카드를 통해 미국 고객들이 스타벅스에 맡겨둔 적립금 총액은 무려 12억 달러에 이른다(2016년 1분기 기준). 한화로 1조 4,000억 원이 넘는 돈으로, 미국의 웬 만한 지방은행 예치금을 뛰어넘는 수준이다. 이 돈은 모두 스타벅스 커피를 사 마시는 데 쓰기 위해 대기 중인, 스타벅스의 미래 수익이나 마찬가지다. 특히 지난해 2분기 북미 지역에서 발생한 스타벅스 매출 중 충전카드가 차지한 비중은 41%에 달했다. 그중 모바일 앱 카드를 이용한 비율은 24%로 절반이 넘었다. 모바일 시대에 대응해 앱 적립·결제 시스템을 구축한 게 주효한 것이다.

**경영 시사점 … 100% 직영으로 본사 가치 추구**

스타벅스는 커피전문점의 '업의 본질'을 커피맛은 물론, 부동산(중심 상권에 입지)과 인테리어(편안한 공간), 고객 서비스로까지 확장했다. 그러면서 일반 커피보다 최고 10배나 비싼 가격을 받았다. 프리미엄 가격 전략이 터무니없다고 여긴 투자자들은 하워드 슐츠의 융자신청서를 242회나 퇴짜 놓는다. 하지만 그는 포기하지 않고 계속 설득했다. 창업주보다 더 스타벅스의 가치를 설파하는 그의 열정은 투자자들의 마음을 움직였고, 그는 투자를 받아 스타벅스를 인수할 수 있었다. 1987년, 스타벅스 매장이 단 17곳에 불과했을 때다. 이 같은 오너의 열정과 전문성은, 높은 임금과 복지로 대우받음으로써 동기 부여된 직원들에게 영감을 줬고, 이는 다시 고객에게 그대로 전해졌다.

100% 직영 체제도 주목할 만하다. 스타벅스가 맥도날드, 던킨도너츠, 도미노피자, 써브웨이 등 미국의 주요 외식 체인과 차별화되는 점은 가맹점을 두지 않는다는 것이다. 가맹점은 아무리 철저하게 교육시켜도 본사 방침에 신속·정확하게 대응하기가 쉽지 않다. 승진, 해고 등 가맹점주나 직원에 대한 본사의 통제권이 제한되기 때문이다. 이는 제품 품질이나 서비스의 통일성 유지를 어렵게 하는 요인이다.

사실 본사 입장에선 직영점보다는 가맹점을 많이 늘리는 게 손쉽게 돈을 버는 방법이다. 일단 신규 가맹점을 열 때마다 가맹비, 교육비, 인테리어비가 적게는 수백만 원에서 많게는 1억 원 가까이 들어온다. 또 매달 브랜드 사용료로 로열티를 받고 식자재 독점 납품을 통한 물류 마진도 생기니 여간 쏠쏠한 장사가 아니다. 설령 장사가 안 돼도 손해는 점주 몫이지, 본사는 큰 타격을 안 받는다. 그냥 가맹점 하나 문 닫으면 될 뿐이다. 반면 직영점은 장사가 안 되면 본사가 손해를 감수해야 하니 리스크 관리 차원에서 불리할 수밖에 없다.

그럼에도 스타벅스가 처음부터 100% 직영 체제를 고수한 건 결국 수익성보다는 회사가 추구하는 가치를 오롯이 지키려는 의지의 소산이다. 가맹점을 열어서 직원 채용을 점주에게 맡기면 당장 '훌륭한 근무 환경을 제공하고 서로를 존중하며 존엄성으로 대한다'는 첫 번째 사명을 실현할 수 없게 된다. 커피의 품질과 고객 서비스도 장담할 수 없다. 점주의 성향에 따라 매장의 가치가 달라지는, 이른바 '점주 리스크'에 노출되기 때문이다.

실제 미국의 일부 외식 프랜차이즈는 인도, 파키스탄 등의 개발도상국 출신 이민자에게 가맹점을 내줬다가 품질관리에 애를 먹은 적이 종종 있다. 이들은 그날 안 팔리고 남은 식재료를 아깝다고 버리지 못해 다음 날 다시 팔거나, 점심에 매장 안에서 카레 도시락을 먹어 불쾌한 냄새를 풍기는 문제를 일으켰다. 최근에는 스타벅스처럼 점주 리스크를 피하기 위해 국내외에서 100% 직영 운영을 시도하는 체인 회사가 늘어나는 추세다.

기술과 인간의 만남도 중요하다. 미국의 미래학자 폰 네이스비츠는 "고도의 기술이 도입되면 될수록 그 반동으로 보다 인간적이고 따뜻한 유대가 필요해진다"고 강조했다. 즉, 하이테크(high-tech: 최신 기술)와 하이터치(high touch: 인간적 감성), 또는 휴먼터치(human touch)의 조화가 중요하단 얘기다.

스타벅스는 최신 기술을 도입하면서도 인간적인 스킨십을 잊지 않았다. 진동벨 대신 직원이 고객의 이름이나 별명(nickname)을 부르는 게 대표적인 예다. 또 슐츠 회장은 2000년대 후반 스타벅스의 커피 머신이 가장 빠른 속도로 가장 많은 양의 커피를 추출할 수 있도록 대형화되자 이를 제지했다. 커피 머신이 매장 안에서 고객의 시야를 빼앗거나 가려서는 안 된다는 판단에서다. 스타벅스라는 공간을 가장 세련되면서도 누구나 머무를 수 있는 편안한 공간으로 만든 것도 하이터치 요소 중 하나다.

이는 국내 커피전문점과 패스트푸드 업계에 시사하는 바가 크다. 일부 국내 업체는 최근 무인 주문대까지 매장에 설치하고 있다. 하이테크가 하이터치를 잠식하고 있는 셈이다. 최신 기술은 더 좋은 고객 경험(user experience)을 제공하는 데 기여해야지, 그렇지 않으면 단지 원가 절감 수단이 될 뿐이다.

출처: 매일경제, 노승욱 기자, 이병태 교수, 2017. 1. 23.(일부 수정 보완)

많은 사람들의 삶은 서비스에서 시작하여 서비스로 끝난다. 병원에서 의료 서비스를 통해 탄생하고, 이후에도 교육, 금융, 관광, 물류, 유통, 복지 등과 같은 다양한 서비스를 영위하면서 생활하다가, 장례식장에서 생을 마감하는 데서 나온 말이다. 영국에서는 일찍이 "요람에서 무덤까지, 개인을 대상으로 국가에서의 복지 서비스"를 강조하여 많은 나라로부터 새로운 정책의 반향을 불러일으킨 바 있다.

따라서 본장에서는 서비스 경영을 학습함에 있어서 먼저 '서비스의 개념은 무엇이고, 서비스의 특성들이 제조업에서 강조되는 특성들과 구별되는 점은 무엇인가'라는 기본적인 주제를 학습한다. 그리고 서비스 기업을 본격적으로 연구하기에 앞서 서비스와 서비스 기업이 제조업 기업과 비교해 볼 때, 경영 측면에서의 공통점은 무엇이고 또 크게 구별되는 점은 무엇인가에 대해서도 다룬다.

## 제1절 서비스

### 1.1 서비스의 정의

구글 사전에서 서비스는 "재화(財貨)를 생산하지는 않으나 그것을 운반·배급하거나 생산·소비에 필요한 노무를 제공하는 일, 개인적으로 남을 위하여 여러 가지로 봉사하는 것으로서, 특히 장사에서 손님을 접대하고 편의를 제공하는 것"으로 정의하고 있다. 위키백과에서는 "물질적 재화 이외의 생산이나 소비에 관련한 모든 경제활동을 일컫는다"라고 정의하였다. 서비스는 말로서만 이루어지는 논리가 아니고, 상대방을 유익하게 하여 가치를 제공하는 행동요소가 수반되어야만 하는 실제이다.

서비스의 어원은 라틴어의 '세르부스'에서 유래하였다. 이탈리아와 독일, 오스트리아에는 아직도 "세르부스"라는 인사말이 있는데, "나는 당신을 위해 봉사할 수 있는 사람입니다"라는 의미이다. 서비스는 간혹 '봉사'와 혼동되기도 하며, 이 둘을 명쾌하게 구분하기는 어렵다. 봉사란, 히브리어의 '아바르', 헬라어의 '디아코니아', 그리고 라틴어의 '세르브스(Servus)'에서 유래하였으며, '수고', '섬김'의 뜻으로 자신의 이해와 상관없이 타인을 위하여 몸과 마음을 다 바쳐 일하는 것을 의미한다. 즉, 서비스의 어원적 의미에서는 '노예가 주인에게 충성을 바친다'는 뜻을 갖고 있다.

그러나 실제 일상생활에서는 아직도 서비스의 의미를 제대로 인식하지 못하는 경우가 많다. 예를 들면, "우리 식당에서 커피는 서비스로 드려요" 등과 같이 공짜, 에누리, 할인, 덤, 그리고 매장 도우미들의 부수적인 지원활동의 의미로서 서비스를 언급하는 경우가 많다. 심한 경우에는 아랫사람들이 하는 일이라는 생각을 가지거나, 사치를 조장하거나 또는 향락 산업의 범주에 분류하는 등 서비스업에 관한 무관심과 무지로 인하여 전문 분야로서 접근해야 할 연구자들의 연구가 부족하고 그 결과, 제조업에 비해 상대적으로 산업화의 발전이 더디고 경영기법 수준이 뒤떨어지는 부작용이 나타났다고 할 수 있다.

〈표 1-1〉에서 서비스에 대한 어원이나 개념적 의미의 변화를 살펴보면 중세, 근대, 그리고 현대사회로 오면서 서비스에 대한 가치와 역할이 낮은 수준에서 보다 높은 수준으로 전환되어 왔고, 경제활동 영역에서 높은 비중을 차지하는 방향으로 확고하게 자리 잡아 왔음을 알 수가 있다. 특히 최근에는 봉사, 무료라는 개념으로부터 경제주체들의 부가가치 창출을 위한 경제활동의 하나라는 개념으로 전환되었다고 볼 수 있다.

**표 1-1** 서비스의 의미 변화

| 구분 | 서비스의 의미 |
|---|---|
| 중세시대 | 단순한 비생산적인 활동의 개념으로 인식하고, 비물질적인 재화로 간주하여 경시하는 문화 |
| 근대사회 | 제품을 팔기 위한 부수적인 역할로 간주, 경제적인 가치를 부분적으로 인정하여 산업으로 발달되는 초기 |
| 현대사회 | 서비스의 발달로 고객에 대한 무형의 가치를 제공하는 경제활동의 하나로 인식하면서, 특히 산업의 중심축으로서의 역할을 수행하는 개념으로 전환 |

다시 말해서 [그림 1-1]에서와 같이 중세 이전까지는 남에게 시중을 드는 노예와 같은 일로 간주하였고 이후 일상적 봉사나 무료라는 의미로 사용되었다가, 노동생산성이 중요시되기 시작했던 중세시대에는 서비스를 단순히 비생산적 활동의 개념으로 보고 경시하게 되었다. 산업사회에 들어와서는 서비스는 제품을 팔기 위한 부수적 역할이라고 본 측면도 있었지만 경제적 가치를 인정받기 시작하였다. 후기 산업사회에서는 다양한 서비스 업종의 양

**그림 1-1** 시대 흐름별 서비스의 개념 변화

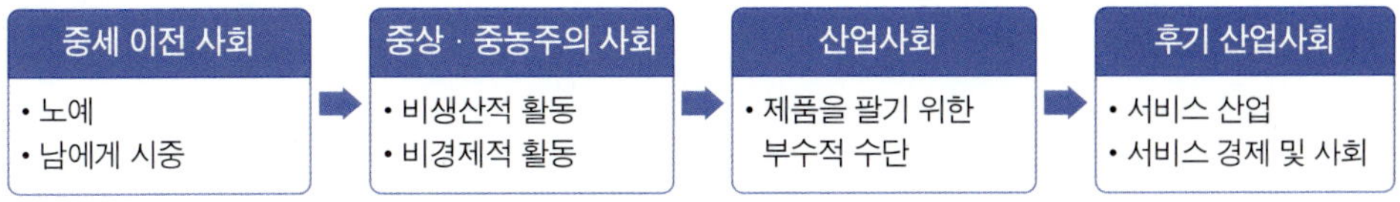


적 팽창에 의하여 제조업과 대별되는 새로운 산업으로 성장하였다.

〈표 1-2〉에서는 서비스에 대한 다양한 정의를 정리하였다. 서비스의 개념에 대해서 무형성, 무소유와 같은 제조업에서의 제품과 차별화되는 서비스의 속성을 중심으로, 서비스의 활동이나 실용성을 강조하는 개념으로, 그리고 편익을 제공하기 위한 유형재와의 결합 등을 강조하는 개념으로 이해할 수 있다.

**표 1-2** 서비스의 정의

| 분류 | 학자 | 정의 |
|---|---|---|
| 서비스 속성을 중심으로 한 정의 | J. M. Rathmell (1966) | 서비스란 시장에서 판매되는 무형의 제품이다. 이때 유형과 무형의 구분방법은 손으로 만질 수 있는가의 여부이다. |
| | W. J. Regan (1963) | 생산과 소비의 불가분성은 대부분의 서비스에서 나타나는 동시발생적 생산과 소비를 지칭하는 것으로 재화는 먼저 생산되고 후에 소비되는 반면, 서비스는 먼저 판매되고 후에 생산과 동시에 소비된다. |
| | Gummenson (1987) | 서비스란 사고파는 것이 가능하지만 직접 만질 수는 없는 것이다. |
| 서비스의 활동성 · 실용성을 중심으로 한 정의 | K. J. Blois (1974) | 서비스는 현재의 형태에 물리적 변화를 가하지 않으면서 편익과 만족을 산출하는 판매를 제공하는 행위이다. |
| | AMA(1966) | 서비스란 판매를 위하여 제공되거나 혹은 상품판매에 수반되는 제 활동으로서 통신, 수송, 이용 고객 서비스, 수선 및 정비 서비스, 신용평가 등을 말한다. |
| | L. L. Berry (1980) | 서비스는 물리적으로는 소유가 불가능한 행위나 일의 수행 또는 어떤 노력을 포함하고 있는 무형의 상품으로서 활동, 퍼포먼스 또는 노력이다. |
| 유형재와의 복합적 효용과 편익을 중심으로 한 정의 | P. Kotler (1984) | 서비스란 한쪽이 상대편에게 제공하는 효용이나 그에 따른 행위로서 본질적으로 무형성을 갖고 소유권 이전행위를 수반하지 않는다. 서비스의 생산은 유형 제품에 연결될 수도 있고, 그렇지 않을 수도 있다. |
| 기타 정의 | T. Levitt (1972) | 서비스란 인간의 인간에 대한 봉사이다. |
| | Lehtinen (1983) | 서비스란 (일련의) 행동으로 물리적인 기계나 사람들과의 상호작용과정에서 발생하여 소비자 만족을 제공하는 것이다. |

따라서 서비스는 "고객의 욕구와 니즈를 충족시켜 주기 위해서 생산과 동시에 소비되는 무형적인 활동이나 형태로서 고객과 서비스 제공자 사이의 인적, 물적, 정보적 상호작용에 의해 생성된 경험"으로 정의될 수 있다. 즉, 서비스에서는 주관적 효용인 만족이나 편익을 고객에게 제공하는 것으로서, 가치의 이동이나 흐름(flow)을 내포하고 있으며, 제조업에서 제공되는 이른바 가치의 소유라는 개념과는 차별화된다.

## 1.2 서비스의 본질적 특성

서비스는 서비스의 개념에서 살펴본 바와 같이, 제조업의 제품과는 본질적으로 다르게 접근해야 할 구별된 속성을 지니고 있다. 이러한 서비스의 본질적 특성에 관해서는 [그림 1-2]와 〈표 1-3〉에서 요약하여 볼 수 있듯이 무형성(intangibility), 이질성(heterogeneity), 비분리성(inseparability), 소멸성(perishability) 등이 있다.

첫째로, 제품은 눈에 보이고 만질 수 있고, 생산과정도 명확하게 확인되는 유형적인 특성이 있다. 그러나 서비스는 결과물이 눈에 안 보이고 만질 수도 없으며, 어떤 서비스인지 상상하기 어렵다는 무형성의 특징이 있다. 예를 들면, 무대에서 진행되는 연극, 뮤지컬 등 공연 서비스는 종료된 후에 남는 것이 무형의 감동뿐이다. 따라서 서비스는 과정 및 결과를 측정하거나 평가하기 어렵기 때문에, 품질에 대한 통제와 관리가 어렵다는 점이 이슈가 된다. 또한 서비스가 수행되는 과정, 즉 생산 및 전달과정도 명확하게 그 공정을 구분하기 어렵다고 볼 수 있다.

둘째로, 제품의 경우 제조공정이 정형화되어 있고, 또 자동화 및 기계화가 용이하여 산출물의 품질이나 규격이 일정하게 일관성이 있다. 예를 들어, 제품 1백만 개를 생산해도 불량 개수가 3~4개 이하에 불과하도록 관리한다는 이른바 식스시그마(six sigma: 6$\sigma$) 품질관리 기법이 제조업에 확산되어 있어서 제품의 일관성은 매우 높다고 할 수 있다. 그러나 서비스의 경우 특히 고객지향적 서비스와 전문적 서비스일수록 사람에 의해 주로 수행되기 때문에, 어제와 오늘 또는 오전과 오후 등 제공되는 시점에 따라서 서비스 품질이 다르며, 서비스하는 사람의 상태나 서비스 환경이나 서비스를 받는 대상의 상태에 따라 서비스 내용이나 결과가 그때그때 달라지는 이른바 이질성, 즉 비일관성의 특징이 있다. 예를 들면, 이미용 서비스, 의료 서비스에서도 서비스 제공자 또는 고객이나 환자의 상황에 따라서 결과가 동일하게 유지되기 어렵다.

셋째로, 서비스 과정에서 서비스 제공자와 서비스 소비자 사이에 분리가 어려운 비분리

**그림 1-2** 서비스의 본질적 특성 요인

a. 서비스의 무형성
(연극 공연은 감동만이 남게 됨)

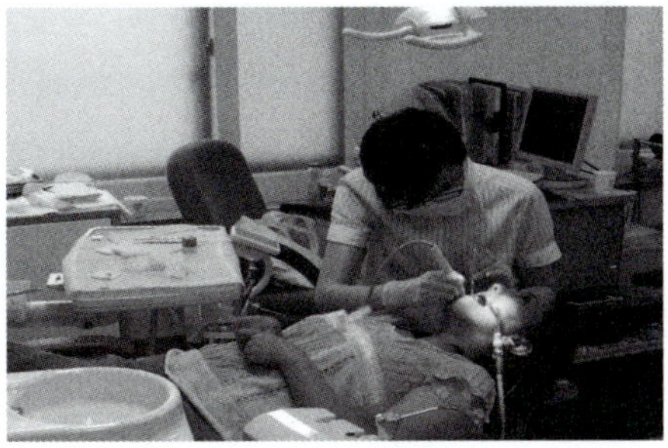

b. 서비스의 이질성
(의료 서비스에서는 환자와 의사의 상태에 따라 상이한 치료 결과가 수시로 발생)

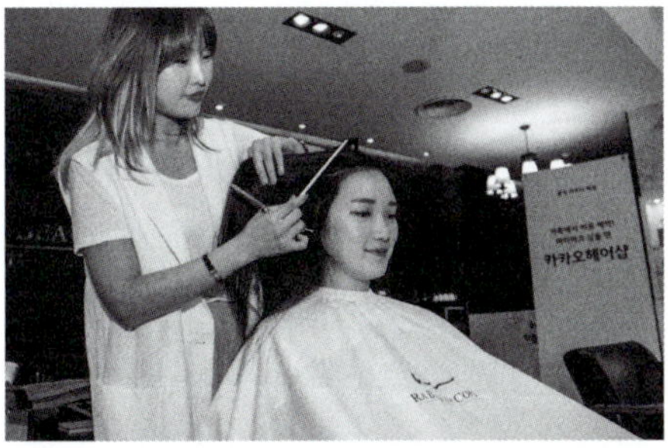


c. 서비스의 비분리성
(서비스 현장에서 제공자–소비자 접촉이 중요함)

d. 서비스의 소멸성
(당일, 해당 시간에 팔지 못한 비행기 좌석은 가치가 소멸됨)

성의 특징이 있다. 이것은 서비스 공급자와 서비스 수요자가 공동 참여에 의해서 서비스 성과물이 전달되는 특징을 의미한다. 예를 들어, 헤어숍에서 헤어 디자이너와 소비자가 현장에서 서로 상호작용해야 서비스가 전달된다. 강의 서비스에서도 강사가 열정을 다해서 강의하는 시간에, 수강생들이 그 순간순간 적극적으로 동기화되어 학습하고 반응하면서 수용할 때 비로소 좋은 강의 서비스라는 결과를 얻을 수 있다. 최근에는 동영상 콘텐츠 등을 이용한 실감나는 모바일 서비스가 기술적 대안이 될 수도 있으나 아무튼 본질적으로는 서비스에서 제공자와 소비자의 분리가 효과적이지 못하다는 점에서 비분리성의 특성이 있는 점은 부인하기 어렵다.

넷째로, 제품은 팔리지 않으면 재고로 보관하고 있다가, 나중에 고객 수요가 발생하면 그때 팔 수 있다. 예들 들면, 자동차나 전자제품 등은 장기간 재고를 보관하고 판매할 수 있으며, 재고를 가지기 쉽지 않은 신선 식품조차도 며칠 정도는 보관하고 있다가 나중에 판매

**표 1-3** 서비스의 본질적 특성과 시사점

| 특성 비교 | | 서비스의 본질적 시사점 | |
|---|---|---|---|
| 재화 | 서비스 | 특징 | CEO의 착안사항 |
| 유형성 | 무형성 | • 저장 및 진열 불가능<br>• 가격설정 기준이 불명확<br>• 특허 등 지적재산권으로 보호받기 어려움<br>• 제공자와 고객 사이의 커뮤니케이션 활동의 어려움 | • 실체화, 유형적 단서 강조<br>• 고객이 인지하는 효용 극대화<br>• 기업 이미지 관리<br>• 인적 접촉과 구전 커뮤니케이션 강화 |
| 표준화 | 이질성 | • 제공자와 소비자의 상황에 따라 서비스의 일관성을 확보하기 어려움<br>• 품질의 표준화, 통제의 어려움 | • 표준화, 통제 전략 개발<br>• 고객맞춤형(customization) 서비스 전략 개발 |
| 생산과 소비의 분리 | 비분리성 | • 생산과 소비의 동시성<br>• 소비자가 서비스 생산 및 제공시점에 참여<br>• 집중화된 대규모 생산의 곤란 | • 신중한 서비스 직원의 선발 및 교육의 강화<br>• 고객관리 시스템 및 서비스 시설 강화<br>• 여러 지역에 서비스망 구축 |
| 비소멸성 | 소멸성 | • 재판매나 재이용을 위한 재고 저장 불가능<br>• 공급능력 활용이 어려움<br>• 소유권 이전이 어려움 | • 수요와 공급관리 체계화<br>• 차별화된 부가 서비스 창출 |

할 수가 있다. 그러나 서비스에서는 지금 당장, 또는 오늘 팔지 않으면 가치가 상실되는 이른바 소멸성 또는 무재고성의 특징을 가진다. 예를 들어, 숙박이나 항공 서비스의 경우, 호텔 방이나 비행기 좌석은 유형적 실체이지만 당일 팔지 못한 호텔방이나 비행기 좌석의 가치는 남아 있지 않다. 즉, 팔지 못한 공간에 대해서는 하루치 가치가 영(zero)이 된다. 공연 서비스, 법률 서비스 등 많은 서비스들이 적시에 팔지 못하면 그 서비스의 수익은 사라지므로, 서비스에서는 본질적으로 소멸성이라는 특성이 있다.

이 밖에도 앞에서 제시한 일반적인 4가지 특징과 더불어, 추가될 수 있는 서비스의 본질적 특성으로 즉흥성(또는 불가역성), 비소유성, 단기성 등이 있다.

① **즉흥성(불가역성)**: 한번 전달된 서비스는 취소, 반환이 불가능하여 원래대로 다시 되돌릴 수 없다는 특성으로 서비스 제공자의 자질 개발 및 훈련된 결과에 의한 전달이 필요

② **비소유성(non-ownership)**: 서비스는 소유의 개념이 아니라 유형 제품, 공간과 장소, 노동력, 전문성 등을 고객들이 렌탈이나 이용 비용을 지불함으로써 일시적인 사용을 통해 편익을 제공한다는 특성

③ **단기성**: 음식점에서 음식을 먹는 시간, 항공편 여행, 패스트푸드점에서의 햄버거 구입 등은 모두 1~2시간 정도로서 짧은 시간 내에 소비되거나 없어지는 것을 의미

이런 점들을 종합하면 제조업에서의 제품과 서비스는 특성이 판이하게 구별된다. 〈표 1-4〉는 제조와 서비스의 상대적인 차이점을 정리한 내용이다.

**표 1-4** 제조와 서비스의 상대적 차이점

| 제조 | 서비스 |
|---|---|
| 제품은 유형임. | 서비스는 무형임. |
| 구매 시 소유권이 이전됨. | 소유권이 이전되지 않음. |
| 이전의 실체는 제품 자체임. | 이전의 실체는 전문 역량(지식, 기술) 또는 이들의 효용임. |
| 제품은 되팔 수 있음. | 서비스는 되팔 수 없음. |
| 구매 전에 제품을 보여 줄 수 있음. | 구매 전에 서비스는 존재하지 않음. |
| 제품은 재고로 저장될 수 있음. | 서비스는 재고로 저장될 수 없음. |
| 생산은 소비에 앞서 이루어짐. | 생산과 소비가 동시에 일어남. |
| 생산과 소비는 공간적으로 분리가 가능함. | 생산과 소비는 같은 장소에서 일어남. |
| 제품은 운송될 수 있음. | 서비스는 운송될 수 없음.<br>(다만 서비스 생산자가 고객에게 이동하여 서비스를 제공할 수는 있음) |
| 판매자가 생산함. | 구매자가 생산과정에 직접 참여하며, 생산의 일부를 수행할 수 있음. |
| 고객은 상품의 수령자 역할을 함. | 고객이 서비스의 공동생산자 역할을 함. |
| 가치는 제공자에 의해서 결정됨. | 기업은 가치 제안의 역할을 하고, 고객이 인지한 가치가 결정적임. |
| 기업과 고객 간 간접적인 접촉이 이루어짐. | 대부분 직접 접촉이 필요함. |
| 제품은 수출에서 용이함. | 서비스는 정상적으로는 수출되기 어려움. 하지만 서비스 전달 시스템(금융회사, 법률회사, 컨설팅회사 등)은 수출이 보다 용이함. |
| 판매와 생산을 기능적으로 분리하여 조직할 수 있음. | 판매와 생산이 기능적으로 분리되기 어려움. |

서비스에서의 이러한 고유 특성으로 서비스 기업의 CEO 관점에서는 중요하게 인식해야 할 여러 가지 특징과 극복해야 할 이슈들이 제기된다. 즉, 무형성으로 인해서, 고객이 서비스를 직접 구매하지 않은 상태에서 보고, 느끼고, 듣고, 맛보고, 냄새 맡을 수 없기 때문에 구매하기 전에 필요함에도 불구하고 객관적인 평가가 어렵다는 문제가 있다. 비분리성으로 인해서 대규모의 표준화된 서비스 생산과 소비가 어려운 문제가 있고, 소멸성은 상품의 저장이 불가능하여 사용하지 않은 서비스는 능력이 사라지고 만다. 이질성은 서비스에 인간적인 요소가 포함되어 있어서 제조업의 일반적인 제품과 같이 표준화하기 어렵고 실제 성과의 표준을 개발하기도 쉽지 않다. 특히 서비스 품질은 생산자에 따라, 고객에 따라, 그리

고 시간과 공간에 따라 변동될 수 있는 특성이 있다.

또한 서비스에서의 과학적 경영을 위한 측정이나 관리가 상대적으로 쉽지 않다. 그동안 서비스 산업이 규모의 팽창과 사회적 비중이 증가한 데 비해서 서비스 경영과 관련된 이론이나 연구의 체계적 발전이 상대적으로 미흡한 이유도 이러한 서비스의 본질적인 특성에 기인한다고 할 수 있다. 따라서 서비스의 선진국들을 중심으로 이러한 문제들을 극복하기 위해서 서비스를 과학적으로, 그리고 체계적으로 연구하려는 새로운 접근을 시도하는 연구자들이나 실무자들의 관심이 증가하고 있다.

## 1.3 서비스의 유형

서비스의 정의를 바탕으로 서비스 기업의 경영을 심도 있게 이해하기 위해서 서비스의 유형을 구분하여 구체적으로 살펴볼 필요가 있다. 이와 같이 서비스 유형을 구분하여 파악하는 것은 서비스 기업들 사이의 유사점들에 대한 통찰력을 보여 준다. 즉, 특정 서비스 유형에서 해결해야 할 문제점을 다른 서비스 유형에서는 어떻게 취급하고 있는지 통찰력을 얻고 분석하는 데 도움이 된다.

### 가. 프로세스에 의한 유형 분류

서비스의 프로세스에 따라서는 〈표 1-5〉에서와 같이 사전, 현장, 사후 서비스와 같은 유형으로 분류될 수 있다.

사전 서비스는 핵심 서비스가 제공되기 전에 고객의 방문을 촉진하기 위한 사전 판매 계획을 포함한 준비 업무, 고객의 상황을 관찰하고 경청하는 상담, 그리고 고객에게 적절한 제안으로 의사결정을 촉진하는 서비스 활동이다.

현장 서비스는 고객과 서비스 제공자의 상호 거래에 의해서 진행되는 활동이며, 핵심적인 서비스가 전달된다. 고객의 대기관리와 고객의 참여 및 경험의 제공이 중요한 주제라고 할 수 있다.

사후 서비스는 판매 후 고객의 불편사항이나 결함으로 인하여 불만을 가지지 않도록 만족도를 높이기 위해 지원하는 활동으로 이루어진다.

이와 같은 분류는 서비스가 프로세스 중심이라는 특성을 강조하는 분류로서, 서비스에서는 프로세스들이 통합의 대상이 된다. 또한 서비스 프로세스에서 제공자의 태도나 언어,

**표 1-5** 프로세스에 의한 서비스의 유형

<table>
<tr><th>구분</th><th>프로세스의 내용</th><th colspan="3">음식점을 대상으로 한 예시</th></tr>
<tr><td>사전 서비스<br>(Before Service)</td><td>서비스 내용을 소개하고 소비를 촉진시키기 위해 사전에 잠재 고객들과 상담 등을 통해 예약, 의견을 조절하고 상품을 진열하는 등의 서비스</td><td>• 예약<br>• 주차 안내<br>• 테이블 세팅</td><td rowspan="3">⇔</td><td rowspan="3">• 서비스 제공자의 태도<br>• 언어<br>• 업무 실행 절차<br>• 분위기<br>• 인테리어</td></tr>
<tr><td>현장 서비스<br>(On Service)</td><td>고객과 제공자의 상호거래에 의해 진행되는 서비스로서, 1:1, 1:다수, 다수:1 등이 있으며, 고객이 매장에 들어오는 순간 시작</td><td>• 고객 영접<br>• 테이블 안내<br>• 주문<br>• 음식 서비스<br>• 계산<br>• 화장실 이용</td></tr>
<tr><td>사후 서비스<br>(After Service)</td><td>서비스 종료 후 고객 유지를 위한 서비스로 클레임을 사전에 방지하고 후기 등을 통해 서비스를 보충하거나 개선해 나감</td><td>• 불평 처리<br>• 환송 서비스</td></tr>
</table>

업무 실행 절차, 분위기, 인테리어 등이 결합되어 전체 서비스의 품질을 결정짓는다.

### 나. 서비스 대상과 행위에 의한 유형 분류

영국 태생으로 서비스 마케팅의 선구적 학자였던 Christopher Lovelock(1940~2008)은 서비스가 제공되는 수혜 대상이 사람인지 또는 사물인지와, 그 행위의 성격이 유형인지 또는 무형인지에 따라서 서비스 유형을 분류하였다(Lovelock, 1983). 〈표 1-6〉에서와 같이 사람에 관해서는 신체와 정신에 관한 서비스로, 사물에 관해서는 유형자산과 무형자산에 대한 서비스 유형으로 구분하여 분류하고 있다. 이러한 분류는 기업들이 새로운 서비스를 개발하거나 서비스 전략을 혁신할 때 4개 유형의 범주 사이의 이동을 고려할 경우 참조할 수도 있으며, 근본적으로는 서비스 상품의 본질과 그것이 제공하는 핵심 편익을 이해하는 데 도움을 준다.

서비스 수혜 대상이 사람인 경우(people processing)에는 일반적으로 인적 의존도가 높고 종업원과의 상호작용이나 서비스 전달 장소가 중요하다. 사람에 대한 서비스에서는 서비스의 표준화보다는 고객에 맞는 맞춤식, 즉 서비스의 고객화를 지향하는 것이 바람직하다. 미용실에서 미용사와 고객은 서로 대화하고 원만하게 의견을 공유해야 비로소 만족할 만한 머리 형태가 창출될 수 있다.

그러나 서비스 대상이 사물인 경우(possession processing)에는 고객이 종업원과 직접 접

**표 1-6** 서비스 대상과 행위에 의한 서비스의 유형

| 구분 | | 서비스 대상 | |
|---|---|---|---|
| | | 사람 | 사물 |
| 서비스 행위 | 유형 | 1. 신체에 대한 서비스<br>헬스케어, 여객 운송, 병원, 식당, 미용실 등 | 2. 유형자산에 대한 서비스<br>화물 운송, 장비 및 설비 유지보수, 보관, 세탁, 택배 등 |
| | 무형 | 3. 정신에 대한 서비스<br>정신 상담, 광고, PR, 엔터테인먼트, 방송, 교육, 정보 서비스, 박물관 등 | 4. 무형자산에 대한 서비스<br>인터넷 서비스, 회계, 법률, 은행, 증권, 보험 등 |

출처: Lovelock, 1983, p. 12.

촉이 없기 때문에 서비스 제공과정보다는 서비스 활동의 결과로서, 즉 자산에 대한 보존이나 가치의 증식이 중요하다.

사람의 정신에 대한 무형적 서비스(mental stimulus processing)는 사람을 대상으로 하나 그 내용은 무형적인 서비스이다. 고객이 받게 되는 것은 정신적인 서비스로서 서비스를 받는 사람의 감성, 지성, 마인드 등 정신적 영역에 영향을 미친다. 매우 전문적인 서비스가 대부분으로서, 무형적 가치를 제공하는 일이기 때문에 서비스의 질뿐 아니라 서비스 제공자가 어떤 정신자세(사명감, 희생 등)와 태도(서비스 자세, 동작의 숙련도, 고객과의 응대 수준 등)로 서비스를 제공하며 얼마나 전문성이 있으며 지식 및 기술의 숙련도는 어느 정도인가 등에 따라 그 가치가 달라진다. 의사와 환자의 대화와 상담 속에서 병이 치유되어야 하고, 댄스 마스터의 리드에 따라 춤추는 앙상블이 이루어져야 한다.

무형자산에 대한 무형적 서비스(information processing)는 고객이 보유한 돈, 기록, 데이터 등의 무형적 자산(intangible assets)을 대상으로 하는 서비스 유형이다. 정보화 사회로의 진입이 본격화함에 따라 가장 발전하는 서비스 분야로서, 서비스 내용이 무형적이고, 그 대상은 사람이 아니다. 고객이 느끼는 실질적인 혜택이 매우 중요한 평가 요소로서, 직원의 훈련이 중요한 과제이며, 동시에 전문성, 신뢰성에 기초한 이미지 관리가 가장 중요한 과제이다.

서비스 대상과 행위에 의한 서비스의 분류 유형에서의 시사점을 정리하면 〈표 1-7〉과 같다.

**표 1-7** 서비스 대상과 행위에 의한 서비스의 유형별 고려사항

| 구분 | 특성 및 고려사항 |
|---|---|
| 신체에 대한 서비스 | • 고객이 서비스 현장에 현존<br>• 고객이 서비스 과정에 협조 및 참여해야 하는 유형적 서비스 |
| 정신에 대한 서비스 | • 고객이 반드시 정신적으로 서비스 전달과정에 참여<br>• 인터넷, 통신, 방송 등을 이용할 때는 특정 장소에 구애받지 않음 |
| 유형자산에 대한 서비스 | • 서비스 대상의 유형자산은 서비스 제공 장소에 있어야 하나, 고객은 선택적임 |
| 무형자산에 대한 서비스 | • 서비스 요구사항이 정의되면 고객이 서비스 과정에 반드시 참여할 필요는 없음<br>• 정보화 사회로의 진입이 본격화함에 따라 가장 발전하는 서비스 분야 |

서비스에서는 소유권을 제공하는 것이 아니라 비소유, 즉 사용권을 제공하는 특성이 있다. 이와 같은 관점에서 서비스 기업이 제공하는 서비스 대상을 자원별로 나누어 보면 〈표 1-8〉에서와 같이 구분된다.

**표 1-8** 비소유 서비스의 유형

| 유형 | 고객가치 | 예시 | 중요 관리 과제 |
|---|---|---|---|
| 제품 대여 | 독점적 사용을 위한 일시적 권리 획득 | 렌터카, 복사기, 정수기 | 위치 선정, 공급능력 결정, 유지보수 |
| 장소 및 공간 대여 | 대규모 공간의 일정 부분을 독점적으로 사용하는 권한 획득 | 호텔, 백화점 매장 | 청소 업무와 같은 유지보수, 규모의 경제 획득 |
| 노동력 및 전문 기술 용역 | 업무수행을 위해 다른 사람을 고용 | 자동차 수리, 수술, 컨설팅 | 고객만족을 위한 지속적인 교육, 훈련으로 최고의 능력 유지. 유휴시간이 발생하지 않는 근무일정 수립 |
| 물리적 시설 활용 | 일정 기간 동안 설비 출입 권리 획득 | 놀이동산, 캠프장, 골프장 | 대기 및 혼잡도 통제 |
| 네트워크 활용 | 참여 권한 획득 | 전기시설, 이동전화, 인터넷 | 지속적인 가용성 유지 |

### 다. 서비스 기업과 고객의 관계에 의한 유형 분류

〈표 1-9〉에서는 서비스 기업과 고객과의 관계를 기준으로 공식적인 회원관계가 있는지 유무와 제공되는 서비스가 지속적인지 간헐적인지에 따라 서비스 유형을 분류하고 있다.

**표 1-9** 서비스 기업과 고객과의 관계에 의한 서비스의 유형

| 구분 | | 관계 유형 | |
|---|---|---|---|
| | | 공식적(회원) 관계 | 비공식적 관계 |
| 서비스 제공 속성 | 지속적 | 보험, 전화, 은행, 자동차 장기대여 등 | 라디오 방송, 경찰 보호, 등대, 고속도로 이용 등 |
| | 간헐적 | 장거리 전화, 영화관 회원, 연극 회원, 정기 승차권 등 | 우편, 대중교통, 식당 등 |

출처: Lovelock, 1983, p. 13.

서비스 기업과 고객이 공식적 관계를 갖는 서비스에서는 신상 정보 등 고객을 파악하기 쉽고, 기록을 유지하여 구매 형태 등 서비스 상황을 분석할 수 있다. 기업에서는 지속적인 관계를 관리하는 마케팅 정책을 통해서 반복 구매와 고객충성도를 높이는 데, 그리고 목표 시장을 정의하고 공략하는 데 도움을 받을 수 있다.

### 라. 고객참여 수준에 의한 유형 분류

서비스의 수혜자, 즉 고객 측면에서도 제조업과는 다르게 서비스에서는 고객의 만족도 및 제공자의 생산성 향상을 목적으로 고객참여(customer participation)가 강조된다. 서비스에서는 서비스 생산 및 전달과정에 고객의 참여가 필수적인 요소이며, 이러한 고객의 참여는 서비스의 품질 및 가치를 향상시키거나 떨어뜨리기도 하는 요인으로 작용한다. 예를 들면, 테마파크, 의료 서비스 등에서 볼 수 있듯이 대체로 서비스를 제공받는 고객의 적극적 참여가 서비스의 공동 생산자로서 서비스에 대한 고객만족도를 높이는 것으로 나타나고 있다. 이와 같은 특성을 고려하여 〈표 1-10〉에서와 같이 고객참여 수준에 따라서 서비스 유형을 분류할 수도 있다.

한편 서비스에서 고객접촉도는 총 서비스 수행시간 중에서 고객이 시스템 내 체류시간의 비율을 의미한다. 고객접촉도에 의한 서비스의 유형을 나타내고 있다. 예를 들면, 택배 서비스는 미용 서비스보다 고객접촉도가 낮으며, 미용 서비스에서도 염색은 커트보다 고객접촉도가 낮은 것을 볼 수 있다. 추후 보다 상세히 논의되겠지만 서비스 효율을 높이기 위해서는 고접촉 업무와 저접촉 업무의 분리가 바람직하며, 저접촉 업무(지원 업무)를 제조 프로세스와 같은 관리 개념이나 자동화 기술을 통해 효율성을 높이는 것이 바람직하다.

**표 1-10** 고객참여 수준에 의한 서비스의 유형

| 구분 | 고객참여도 | | |
|---|---|---|---|
| | 낮음 | 중간 | 높음 |
| 특징 | • 서비스 전달에 고객의 존재 필요<br>• 물리적 접촉이 거의 일어나지 않는 경우 | • 서비스 창조에 고객의 적절한 입력이 필요<br>• 서비스 전 과정에서 고객이 참여하지는 않는 경우 | • 고객이 서비스의 공동생산자<br>• 주로 고객이 직접 방문하는 형태 |
| 서비스 종류 | • 표준화된 서비스 | • 표준 서비스를 고객화 | • 고객화된 서비스 |
| 서비스 제공의 조건 | • 특정 고객의 구입과 무관 | • 고객의 구입 | • 고객의 구입 및 적극적 참여 |
| 사례 | • 버스 운행<br>• 모텔 숙박<br>• 영화 상영<br>• TV 홈쇼핑<br>• 온라인 주식거래<br>• 택배 | • 이발<br>• 정기 신체검사<br>• 고급 레스토랑<br>• 외주 광고제작<br>• 보험가입 | • 결혼 상담<br>• 개인 교습<br>• 체중감량 프로그램<br>• 경영 컨설팅<br>• 미용<br>• 의료 |

### 마. 서비스 업종에 의한 유형 분류

서비스를 서비스 산업에 속해 있는 업종을 중심으로 〈표 1-11〉에서와 같이 구분하면, 크게 생산자 서비스, 유통 서비스, 개인 서비스, 사회 서비스와 같은 4개의 범주로 나눌 수가 있다. 이와 같은 분류는 OECD에서의 서비스 산업을 분류하는 모형이다. 여기에서 생산자 서비스는 직접 소비자를 대상으로 하는 서비스라기보다는 기업에서의 서비스를 생산하는 활동, 즉 재화의 생산과 유통에 도움을 주는 서비스를 일컫는 개념으로 주로 금융, 보험, 부동산업이나 회계 서비스, 연구개발 등을 의미한다. 또한 부동산 중개업자나 보험 설계사, 회계사, 법무사 등을 생산자 서비스에 종사하는 직업군으로 분류하며 주로 기업들이 몰려 있는 대도시를 중심으로 발달되는 특성이 있다.

또한 소비자 서비스는 소비주체가 개인이나 가계가 된다. 유통 서비스, 개인 서비스, 그리고 사회 서비스가 포함된다. 부가가치가 높은 생산자 서비스와 각 부문에서 지식을 많이 사용하여 서비스하는 지식 서비스 부문의 고용과 생산성을 높이는 방향으로 경쟁이 치열하다.

**표 1-11** 서비스 업종에 의한 분류 및 지식 서비스 업종

| 구분 | 지식 서비스 업종 | 주요 특징 |
|---|---|---|
| 생산자 서비스<br>(producer service) | • 사업 서비스(R&D 서비스, 엔지니어링, 광고, 디자인, IT 서비스, 시장조사 및 마케팅, 인력 공급 및 고용알선, 인적자원개발 서비스 등)<br>• 전문직 서비스(법률, 회계 등)<br>• 금융 서비스(은행, 보험, 신용) | • 주로 타 산업에 대한 투입 요소로 기능<br>• 전문화된 지식집약적 업종 |
| 유통 서비스<br>(distributive service) | • 도소매업, 물류, 창고 등<br>• 통신 서비스(유무선 통신 서비스, 데이터 서비스 등) | • 고도의 기술 및 대규모 자본투자에 의한 인프라성 서비스 |
| 개인 서비스<br>(personal service) | • 이미용, 세탁 등<br>• 문화 및 오락(영화, 게임 등) | • 소득탄력성이 높고 경제성장과 함께 수요도 증가 |
| 사회 서비스<br>(social service) | • 의료 및 사회복지<br>• 교육, 공공행정 | |

## 바. 서비스 프로세스 영향 요인에 의한 유형 분류

인디애나 대학의 Roger W. Schmenner(1947~) 교수는 서비스를 서비스 프로세스에 영향을 주는 요인을 고려하여 〈표 1-12〉와 같은 서비스 프로세스 매트릭스 모형을 제시하였다(Schmenner, 1986). 이 모형에서는 X축은 고객과의 상호작용과 고객화의 정도, 그리고 Y축은 노동집약도의 정도로 설정하고 각각 두 가지 경우로 구분하여 모두 4가지 서비스 유형이 자리하게 된다. 고객과의 상호작용과 고객화의 정도는 마케팅 변수로서 서비스 전달 프로세스에서 고객이 개인적으로 서비스에 영향을 미치는 정도를, 서비스 과정에서의 노동집약도(labor intensity)는 한 단위(one unit)의 성과물을 산출하는 데 투입된 생산 요소 중에서 노동비용이 차지하는 비중을 의미한다.

### (1) 서비스 공장

서비스 공장(service factory)은 대부분의 항공사, 화물트럭 등 운송업이나 호텔, 휴양시설 등과 같이 고객과 기업 사이의 상호작용 및 고객화가 낮은, 즉 표준화 수준이 높으면서 낮은 노동집약도 수준의 프로세스를 갖는 서비스 유형이다. 항공 서비스나 호텔 등 차별화 전략을 추구하는 기업에서는 고객화 수준을 높여 가는 측면도 있으나, 대체로 서비스 공장 유형의 서비스는 단순화, 표준화, 효율화를 추구하고 있다.

**표 1-12** 서비스 프로세스 매트릭스 모형

| 노동집약도의 정도 \ 고객과의 상호작용과 고객화 정도 | 낮다 | | 높다 | |
|---|---|---|---|---|
| | 서비스 공장 | | 서비스 숍 | |
| 낮다 | • 항공사<br>• 화물트럭회사 | • 호텔<br>• 휴양시설 | • 병원<br>• 자동차 정비소 | • 기타 정비 회사 |
| | 대량 서비스 | | 전문 서비스 | |
| 높다 | • 소매점<br>• 도매점 | • 학교<br>• 상업은행의 소매 측면 | • 의사<br>• 변호사 | • 회계사<br>• 건축가 |

출처: Roger W. Schmenner, 1986. p. 25.

### (2) 서비스 숍

서비스 숍(service shop)은 병원이나 자동차 수리 센터 등과 같이 노동집약도는 낮지만 고객과의 상호작용 및 고객화 정도는 높은 프로세스를 갖는 서비스 유형이다. 전통적 병원에서는 최소의 의료장비와 기술로 환자를 진단, 처치하여 고객접촉 수준을 낮추고 있으며, 대형 병원에서는 높은 자본과 최신 의료장비를 유지하면서 다수 고객을 대상으로 반복적 처치에 의해 비용을 낮추어 고객 만족과 편의를 높이려고 한다. 대체로 표준화에 의한 대량 서비스와 전문화에 의한 고객화의 이점을 지향하는 서비스 유형이다.

### (3) 대량 서비스

대량 서비스(mass service)는 도소매점, 학교 등과 같이 노동집약도가 높고 고객과의 상호작용 및 고객화 정도가 낮은 프로세스를 갖는 서비스 유형이다. 서비스 규모의 확대에도 불구하고 서비스 프로세스는 단순 반복적으로 수행되어 노동력의 규모를 축소하는 데 중점을 둔다. 은행의 매장이나 대형마트에서와 같이 단순 반복적인 작업은 ATM 등 자동화를 도입하고 있으나, 대량 구매 고객이나 고액자산가 등에 대한 차별화를 위해 전문적인 개인화 서비스도 제공하고 있다.

### (4) 전문 서비스

전문 서비스(professional service)는 의사, 변호사, 회계사 등과 같이 시설이나 장비를 사용하지 않고 전문가로서의 지식 등을 구비한 역량 있는 인력이 요구됨으로 인해 노동집약도가 높고, 고객과의 상호작용 및 고객화 정도가 높은 프로세스를 갖는 서비스 유형이다.

일부 전문직 서비스에서는 노동력을 줄이거나 서비스를 효율화하기 위해서 변호사 사무실에서는 판례 및 법률 정보 제공에서, 그리고 회계 처리에서는 ERP 패키지의 사용 등 정보기술을 적극 활용하고 있다.

Schmenner(1986)는 이 모형을 적용하여 서비스 경영자들이 각종 서비스 개발과 운영관리에서 직면하는 기회와 위협 요인을 고려하여, [그림 1-3]에서와 같이 서비스 유형에 따라 해결과제를 구분하여 제시하였다. 경영자들은 이러한 요인들을 집중적으로 이해하고 체계적으로 관리 및 대응해야 한다. 예를 들면, 노동집약도가 낮은 호텔이나 항공사의 경우에는 토지, 설비, 장비 등 자본비용이 많이 투자되어야 하며 이에 대한 효율적 이용, 관련 기술의 진보를 유심히 모니터링해야 한다. 노동집약도가 높은 의료, 법률 서비스에 대해서는 노동

**그림 1-3** 서비스 유형별 경영자들의 해결과제

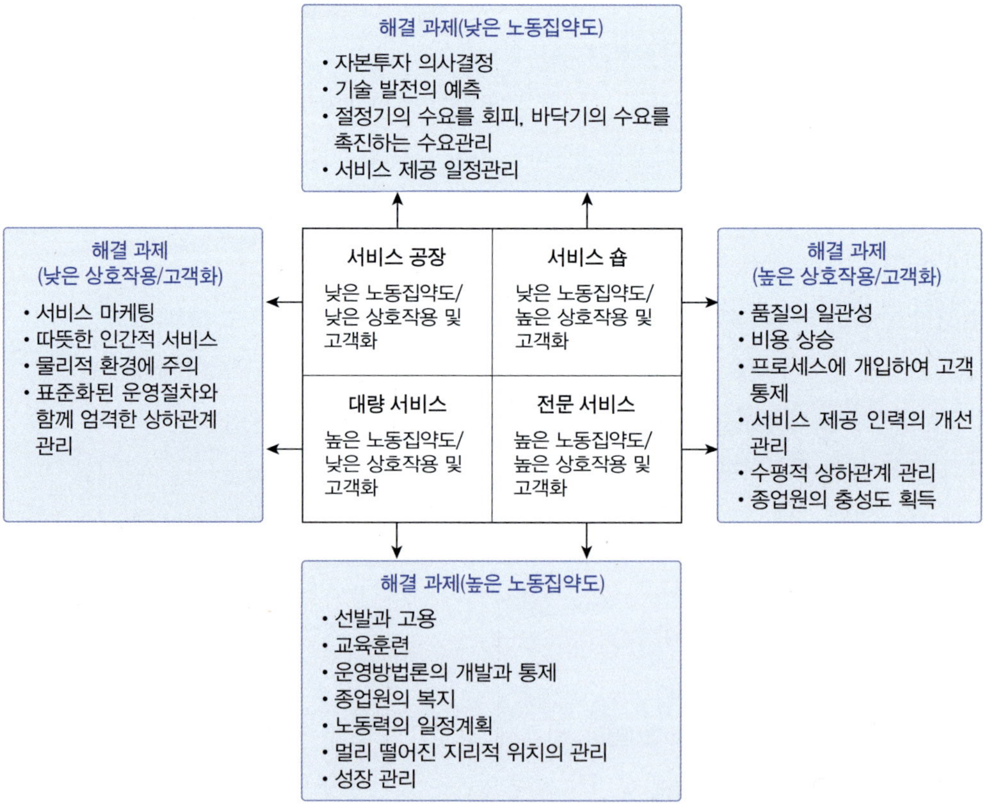


출처: Roger W. Schmenner, 1986, p. 25(수정 보완).

력을 효과적으로 관리하고 통제하는 것이 중요하므로, 고용, 교육훈련, 관리기법의 개발, 종업원 복지, 노동 일정계획 등에 대한 관리에 집중할 필요가 있다.

이와 같이 서비스를 다양한 관점에서 여러 가지 유형으로 분류하기 위한 시도와 연구의 중요한 목적은 크게 2가지로 요약된다.

첫째, 서비스 유형별 특성 분석을 통해 서비스의 과학적 혁신이나, 논리적인 체계화를 도모하는 측면에서의 공통 속성을 활용할 수 있는 효과를 기대할 수 있다.

둘째, 서비스 유형별로 추출된 속성들이 다른 유형의 서비스에서 나타나는 문제해결에 효과적인 대안 탐색 및 전략적 통찰력을 제공해 준다. 즉, 금융 서비스 유형의 서비스 체계를 세탁 서비스에도 적용할 수 있는 의미 있는 시사점을 얻을 수 있다.

## 제2절 서비스 경영

서비스 경영에서는 서비스 기업의 경영을 논한다. 흔히 다루는 서비스 업종으로는 관광 및 여행, 호텔 및 항공, 전시 및 컨벤션, 스포츠, 프랜차이즈, 의료, 금융, 교육 등이 포함된다. 이하에서는 서비스 경영에 대한 기본적 의의와 서비스 경영에서 다루는 주제들을 중심으로 논의한다.

### 2.1 서비스 경영의 의의

세계 경제의 구조가 1차 및 2차 산업에 이어서 3차 산업, 즉 서비스 산업의 비중이 크게 증가하고 있다. 특히 선진국에서는 서비스가 차지하는 비중이 높은 실정으로, 미국의 경우 대표적인 초우량 서비스 기업으로 월마트, 아마존, 맥도날드, 디즈니랜드, 노드스트롬 백화점, 리츠칼튼 호텔, 페덱스, AT&T, 시티뱅크, IBM, 아메리칸항공 등 제조업을 능가하는 규모의 경제를 이루고 있다. 이로써 미국이나 선진 유럽 국가에서는 경제의 고용 및 GDP의 80% 이상을 서비스가 차지하게 되었고, 우리나라에서도 60% 정도를 차지하고 있다.

따라서 국가 차원이나 기업 차원에서도 서비스에서 더 많은 부가가치를 얻는 것이 경쟁우위를 획득하는 데 매우 중요한 문제로 대두되었다.

일반적으로 경영(management)은 조직의 목표를 효율적으로 달성하기 위해 구성원들 간에 상호협력을 통해 계획, 실행, 통제 등의 경영관리 기능을 수행해 가는 일련의 과정으로 정의된다. 서비스 경영은 서비스 기업에서의 관리 활동, 의사결정, 그리고 책임과 관련된다. 서비스 기업의 경영자는 서비스에서의 가치 창출을 통해 고객을 발굴하고 욕구와 기대에 만족하는 진정한 서비스 경험을 제공하기 위한 관리 활동을 수행하고 혁신해야 한다. 경영학에서 서비스 경영에 대한 연구는 상대적으로 부족한 것이 현실이다. 즉, 제조업에 적합한 경영 이론 및 도구가 서비스 경영 환경에 모두 그대로 적용되지 않는다는 차원에서 앞으로 실무 현장은 물론 학술적인 연구가 혁신적으로 수행되어야 하는 실정이다.

서비스 경영은 서비스 기업의 선진화와 혁신을 위해 절대적으로 요구되는 학문이라고 할 수 있다. 또한 어떤 제조업 기업도 서비스가 불량한 상태에서 성공할 수는 없다. 예를 들면, 대표적인 제조업으로서 자동차나 가전제품 등의 경우에도 제품의 브랜드와 디자인, 성능이 비슷해지면서, 전시장, 입출고, 배달, 애프터서비스 등 서비스에서 우수한 기업이 경쟁력을 가지게 된다. 또한 서비스 기업에서도 관련 제조업의 지원이 매우 중요하다. 병원이나 방송국에서도 최신 장비와 설비 등이 경쟁력 있는 서비스를 창출하는 원동력이 되고 있다. 이와 관련하여 오래전부터 제기되어 온 서비스 경영에서의 이슈들을 열거하면 다음과 같다(Grönroos, 1990, p. 117).

① 서비스에서 조직의 제품을 소비하거나 사용하는 고객들에게 제공되는 유용성에 대한 인식, 그리고 시간이 지남에 따라 어떻게 변화하는지를 지속적으로 관리해야 하는 문제
② 조직(인력, 기술 및 물리적 자원, 시스템 및 고객)이 서비스의 유용성 또는 품질을 어떻게 고객들이 만족하는 수준으로 생산하고 제공할 수 있는지에 대한 이해의 문제
③ 유용성 또는 품질이 의도된 수준으로 달성되도록 조직을 어떻게 개발하고 관리해야 하는지에 대한 이해의 문제
④ 이러한 유용성 또는 품질 목표의 달성, 그리고 관련 이해관계자(조직, 고객, 사회 등)의 목적이 충족될 수 있도록 하기 위한 조직의 기능 문제

또한 바람직한 서비스 경영의 의의를 정리하면 다음과 같다.
① 바람직한 서비스 경영은 '서비스를 제대로 하는 것', 즉 고객이 재구매 의도를 가질 수 있는 긍정적 경험을 제공하는 것이다.
② 바람직한 서비스 경영은 고객이 원하는 가치를 효과적이고 효율적으로 창출하고 전달하기 위해 물리적 제품, 서비스 상품, 서비스 환경, 서비스 전달 시스템을 관리하는

것이다.

③ 바람직한 서비스 경영은 고객의 욕구를 올바르게 만족시켜 주기 위한 전략을 수립하고 방법을 제시하며 지속적으로 혁신하는 과정이 되도록 하는 것이다.

이와 같은 바람직한 서비스 경영을 위해 구체적으로 다루어져야 할 주제들을 예를 들면 서비스 운영관리, 조직 이론 및 인적자원관리, 서비스 품질관리, 서비스 마케팅, 그리고 서비스 기업의 임원 및 컨설턴트로서 서비스 연구개발 및 서비스 혁신 등이다.

## 2.2 서비스 경영의 이해

서비스 기업의 경영에는 어떤 자원들이 필요하며, 관련 프로세스와 이를 둘러싸고 있는 서비스 시스템을 이해해야 한다. 흔히 일반 기업에서도 경영활동을 수행하고 목표를 달성하기 위해서는 사람이 필요하고, 자본, 정보, 그리고 전략이 필요하다. 경영자에게는 상황판단능력, 대인관계능력, 그리고 현장실무능력이 필요하다. 기업의 비전을 제시하여 나아가야 할 방향을 설정해야 하고, 글로벌 환경 변화에 대응하며, 자원을 효율적으로 개발하고 활용하는 능력이 요구된다. 본서에서 다루는 내용을 중심으로 서비스 경영에 대한 기본적인 이해를 돕고자 한다. 본서가 서비스 기업의 CEO 또는 CEO 지망생을 대상으로 서비스 관점에서 기업 경영을 폭넓게 이해하도록 저술되었기 때문이다. 다만, 일반적인 기업 경영은 경영학 원론 또는 개론서, 그리고 기존의 전공과목에서 심도 있게 접할 수 있기 때문에, 서비스 기업에서의 경영에 대해서만 중점적으로 설명하기로 한다.

### 가. 서비스 경영의 주제

서비스 기업의 경영에서도 일반적인 기업 경영의 기본 원칙들은 그대로 적용되며, 이러한 원리들은 많은 경영 현장에서 그리고 기타의 많은 저서에서 다루어진다. 다만 특별히 본서에서 다루는 다음과 같은 주제들, 즉 서비스 경영에서 특히 제기되는 이슈들에 대한 세심한 이해와 연구, 그리고 적용이 한층 더 중요하다.

첫째, 제조업과 구별되는 서비스 자체에 대한 본질적 특성을 심도 있게 이해하고 적용해야 한다. 크게는 무형성, 소멸성, 비분리성, 그리고 이질성 등이 대표적인 서비스에서의 특성이다. 이들을 이해해야 하고, 차별화된 경쟁력을 가지기 위해서 어떤 경우에는 특성을 살리기도 하고 어느 경우에는 제약조건으로서 극복하기도 하는 서비스 기업의 경영 현장에서 혁신하면서 적용해야 한다. 본서의 제1장 '서비스와 서비스 경영'에서, 그리고 제3장 '서비스 혁신과 서비스 사이언스'에서 주로 논의되고 있으며, 기타의 내용에서도 다양하게 다루어진다.

둘째, 서비스가 고객에게 제공하는 상품, 즉 서비스 컨셉의 생산과 전달로 이루어지는 서비스 운영에 대한 시스템적 이해와 응용이 필요하다. 무조건 다른 기업의 비지니스 모델을 복사하거나 벤치마킹하여 비슷하게 한다고 지속적인 경쟁우위가 유지되지 않는다. 서비스 경영에 대한 전략과 서비스 디자인과 프로세스를 체계화한 시스템적 운영이 서비스 기업의 경영에서 요구된다. 본서의 제5장 '서비스 시스템과 프로세스'에서, 그리고 제6장 '서비스 디자인'에서 주로 논의되고 있으며, 기타의 내용에서도 심도 있게 다루어진다.

셋째, 서비스에서는 사람과 마케팅이 강조된다. 사람에 대해서는 서비스에 적합한 역량을 갖춘 사람이어야 하며 이들의 역량관리와 협업이 강조되는 조직관리가 중요하다. 본서의 제12장 '서비스 인사조직관리'에서 이를 다룬다. 마케팅은 내부 마케팅과 외부 마케팅에 대한 이해가 강조된다. 내부 마케팅은 본서의 제12장 '서비스 인사조직관리'에서, 그리고 외부 마케팅은 본서의 제8장 '서비스 고객관리'에서 다룬다. 마케팅믹스에서도 전통적인 기업의 마케팅에서 강조되던 4P믹스(상품, 유통, 가격, 홍보)에서 7P믹스(사람, 프로세스, 물리적 증거의 추가)로 확장되었다. 본서의 제13장 '서비스 마케팅'에서 다룬다.

넷째, 서비스에서는 고객에 대한 철저한 이해와 관리가 중요하다. 제조업에서는 고객은 주로 마케팅의 대상이지만, 서비스에서는 고객과의 상호작용이 많고, 또한 고객이 서비스의 생산과 전달과정에 참여하는 특성이 있다. 서비스 디자인에서는 서비스 접점을 고려해야 하고, 서비스 전달에서 실패와 회복이 즉시에 이루어져야 한다. 서비스에서는 제품을 파는 것이 아니라 경험을 판다고 한다. 품질의 개념도 제조와는 다르다. 이들에 대해서 본서의 제6장 '서비스 디자인', 제9장 '서비스 스케이프와 접점관리', 제10장 '서비스 경험관리'에서, 그리고 제11장 '서비스 품질관리'에서 주로 논의되고, 기타의 내용에서도 심도 있게 다루어진다.

마지막으로, 제조업의 제품은 계획적인 생산과 창고에 재고를 통해서 수급조절이 가능하지만 서비스는 재고로 저장하기도 어렵고 고객들의 편의와 상황에 따라서 몰려드는 수요에 유연하게 대처하기 어렵다. 대기관리와 공급능력 확보도 다르게 접근해야 한다. 이들에 대해서 본서의 제6장 '서비스 디자인', 제14장 '서비스 수요 및 공급관리', 제15장 '서비스 대기관리'에서 주로 논의되고, 기타의 내용에서도 다양하게 다루어진다.

## 나. 서비스 경영의 실제

많은 성공적인 서비스 기업의 경영 사례를 연구한 결과를 보면, 성공 요인으로 서비스 컨셉의 명확한 설정을 기반으로 인적자원 기능과, 운영 기능, 그리고 마케팅 기능의 적절한 결합을 들고 있다. 반대로 말하면 이들 요인 중에서 미흡하거나 결합이 적절치 못한 경우 그 기업의 지속성은 오래가지 못했다는 것이다. 이에 관해서는 앞으로 본서에서 보다 상세히 다룰 것이다. 우선 많은 서비스 기업 경영의 현장을 실감나게 확인할 수 있는 곳으로 국내에서의 성공 사례와, 해외에 진출한 우리나라의 글로벌 서비스 기업들의 성공 사례에서 살펴보기로 한다.

국내에서는 삼성의료원을 살펴보자. '의술은 인술이다'를 경영방침으로 출발하고 있다. 의료진의 역량은 말할 것도 없다. 과단위 진료 시스템에서 센터단위 진료 시스템으로 운영하고, 의료공급망 체계로는 협력병원 및 관리병원 등으로 전달체계가 있다. 진료를 받고 돌아가기까지 총소비시간을 최소화할 수 있는 병원 진료 시스템을 운영한다. 의사의 설명과 간호사의 추가 설명도 곁들인다. '설명 전문 간호사 제도'를 운영하고, 그 외에도 '간호 서비스 실명제', '환자 애프터서비스', '입원환자 식사 선택제', '병원 로비에서의 정기 음악회'가 실시된다. 관리의 삼성이라는 경영체계는 환자의 평균 재원일을 최하 수준으로, 병상 가동률, 중증도 높은 환자 비율, 신규 환자 중 의뢰 환자의 비율, 병상 대비 의료진 등은 최상으로 유지한다. 최신 기술과 장비에도 적극 투자하여 세계 수준의 의료 서비스를 제공하고 있다.

이하에서는 한국무역협회(2015)에서 발행한 책자『글로벌 서비스 시장: 그 빗장을 열어라』에서 해외에 진출하여 성공한 국내 중소 서비스 기업의 사례를 소개하고 있다. 일반 제품을 생산하여 판매하는 제조업과는 비즈니스 속성 자체가 다른 서비스 기업들의 비즈니스에서 몇몇 독특한 시사점을 주고 있다.

첫째, 비즈니스 서비스 부문에서, 문엔지니어링(주)는 국내에서 성공적으로 운영되는 ICT(Information & Communication Technology) 기반의 융복합 솔루션, 소프트웨어 및 네트워크 솔루션을 바탕으로 이루어진 내부 역량을 아시아에서는 미얀마, 아프리카의 모잠비크, 중남미의 파라과이를 대상으로 현지화하는 데 있어 언어와 문화적 갈등을 뚫고 성공하였다. 마찬가지로 네모파트너스차이나는 국내에서 성공 사례를 확보한 경영컨설팅 비즈니스를, 엑스포럼에서는 전시회 비즈니스를 중국에 수출할 수 있었다. 서비스는 고객의 욕구와 문제를 해결하는 비즈니스로서, 이미 검증된 솔루션을 응용하고 다른 고객을 위해 최적화할 수 있다면 이를 필요로 하는 고객을 발굴하여 문제를 해결하는 서비스를 통해서 부가

가치를 획득하는 사업의 가능성이 열려 있다고 하겠다.

둘째, 콘텐츠 서비스 부문에서는 (주)레드로버에서 3D 애니메이션 영화를 북미 지역에 있는 파트너들과의 협력을 통해서 해외에 진출할 수 있었고, 한비엣미디어에서는 영상 콘텐츠를 베트남의 동업자와 설립한 해외법인의 도움을 받아 진출시켰으며 광고, 홍보영상 제작 및 이벤트 서비스로 사업영역을 확장하였다. 이와 같이 서비스 사업은 인적 네트워킹이 아주 중요하며, 해외 문화와 접목이 용이한 콘텐츠에 반응을 보이는 수요층을 발굴하는 것이 핵심이라고 하겠다.

셋째, 의료 서비스 부문에서, 대전선병원은 외국인 환자의 치료뿐만 아니라 외국의료진이 의술을 연마하기 위해, 그리고 외국의 병원행정 관리자가 병원경영 기법을 연수하기 위해 다양한 세계인이 찾아오는 글로벌 선도병원으로 자리매김하였다. 함소아한의원에서도 미국의 병원에 숍인숍(shop-in-shop) 형태로 하여 현지인들을 대상으로 한방진료 서비스를 하면서 이제는 국내에서 제조한 한약을 배송하는 서비스까지 접목하게 되었다. (주)동그라미 산후조리원에서도 국내에만 있는 '산후조리'라는 한국 고유문화를 중국시장에 수출하였다. 이와 같이 국내의 고급 의료기술을 건강에 관심이 높은 외국인들을 대상으로 한 의료서비스로 확장하는 가능성을 입증하였다. 앞으로도 세계 어느 국가에서나 건강한 장수를 희망하는 고객들은 다양한 첨단 의료 서비스에 많은 소비를 할 것이다. 앞으로도 첨단 의약품, 의료기술 등에 도전하면 많은 고객들에게 의료 서비스의 진로가 유망할 것으로 예측된다.

이상의 성공 사례를 통해서 서비스 기업 경영에서는 고객의 문제를 해결하고 욕구를 만족시킬 수 있는 서비스 컨셉의 개발(솔루션, 콘텐츠, 기술력 등), 이를 상품화하기 위해 적합한 인력, 자본, 진출 의지와 마케팅 노력 등이 중요함을 알게 된다.

또한 학자들은 서비스 기업의 경쟁력을 기준으로 성장 단계를 〈표 1-13〉에서와 같이 서비스 제공에 만족하는 단계 → 숙련된 서비스를 제공하는 단계 → 특색 있는 서비스를 제공하는 단계 → 세계 수준의 탁월한 서비스를 제공하는 단계로 구분하고 있다. 서비스 제공에 만족하는 단계에 있는 기업은 고객들이 다른 대안이 없어서 찾는 정도의 수준을 의미하며, 숙련된 서비스를 제공하는 단계는 경쟁에 중립적이어서 그저 그런 서비스를 제공함을 뜻하고, 특색 있는 서비스를 제공하는 단계는 고객의 요구를 잘 반영한다는 명성을 얻은 기업이며, 세계 수준의 탁월한 서비스(world-class service delivery)를 제공하는 단계는 고객을 기쁘게 하고 경쟁자가 모방하기 힘든 수준의 최고급 서비스를 창의적으로 제공하는 기업이다.

**표 1-13** 서비스 기업의 성장 단계 모형

| 구분 | 수동적 단계 | 경쟁자와의 균등 단계 | 차별적 능력 단계 | 세계적 수준의 서비스 단계 |
|---|---|---|---|---|
| 고객만족 | 만족이 아닌 다른 이유로 구매 | 고객은 특별선호도 없음 | 기대충족으로 고객유인 | 경쟁자가 넘볼 수 없는 수준의 고객만족 |
| 서비스 제공능력 | 운영 부문은 단순대응 | 운영 부문은 산업의 관행을 따름 | 고객지향적 시스템으로 운영능력 탁월 | 운영 부문이 혁신 주도 |
| 서비스 품질 | 매우 변동이 심함, 비용에 좌우 | 일부 기준에서 고객만족 | 여러 기준에서 고객기대 추월 | 지속적 개선으로 고객감동 높임 |
| 후방 지원 업무 | 잡무 처리 | 일부만 공헌 | 전방 업무와 동일 수준의 역할 수행 | 능동적인 업무처리와 기회 창출 |
| 고객의 특성 | 불특정 고객을 최소비용으로 만족 | 목표시장의 니즈 파악 | 고객의 개별 특성과 변동성까지 파악 | 적극 아이디어, 기회의 원칙 |
| 신기술 도입 | 생존을 위한 마지못한 선택 | 비용절감 요소 | 서비스 향상을 위해 도입 | 최초 도입으로 선발이익 독점 |
| 인적자원 | 부정적 제약 | 업무효율성 강조 | 자유재량권 확대 | 창의적 혁신주도자 |
| 일선관리자 | 직원통제 | 서비스 제공과정 통제 | 고객의 관심과 직원에 대한 격려 | 새로운 아이디어의 원천 |

출처: Chase & Hayes, 1991, p. 15.

# 02 CHAPTER

# 서비스 경제와 서비스 산업

## IBM, 끊임없이 변신하면서도 100년을 지켜 온 '3대 핵심가치'

### 서비스화의 대표 기업

IBM(International Business Machines Corporation)은 미국 뉴욕 주 아몽크에 본사가 있으며, 공식적으로는 1924년에 토머스 J. 왓슨(Thomas J. Watson)이 설립했다. 1930년대부터 신형 컴퓨터 사업을 기원으로 보고 있으며, 컴퓨터 산업의 선구자로 통하는 대표적인 하드웨어 기업이었다. 하지만 1990년대 이후부터 하드웨어 중심에서 벗어나 솔루션과 서비스에 집중하며, 오늘날에는 세계 최대의 서비스 · 컨설팅 · 소프트웨어 기업 등으로 통하는 기업이다. IBM은 제품과 서비스가 통합된 형태로 고객에게 전달되어야 한다는 이른바 '서비스화(servitization)'를 하는 대표적 기업이기도 하다.

돌이켜보면 1911년 월스트리트의 투자가인 찰스 플린트 주도로 CTR(Computing Tabulating Recording Corporation)이라는 기업이 탄생했다. 플린트는 1890년 미국의 인구 총조사에 사용된 펀치카드 기계를 개발한 TMC(Tabulating Machine Company)를 인수하고 여기에 컴퓨팅 스케일 컴퍼니(Computing Scale Company of America)와 저장 장치 전문회사였던 인터내셔널 타임 리코딩 컴퍼니(International Time Recording Company)를 합병해 CTR을 설립했다. CTR은 초기 시계와 저울, 계산기 등을 생산했지만 각 부문 책임자들 사이에 분란이 끊이지 않으면서 적자를 면치 못했다.

인터넷 사전에 의하면 오늘날 공식적으로 IBM의 토대를 놓은 인물은 토머스 J. 왓슨으로 알려진다. 그는 사무용품을 파는 NCR에서 영업 사원으로 승승장구하다 불공정 영업 관행을 조장한다는 혐의로 기소돼 해고당했다가 CTR에 입사했는데, 1914년 CTR의 CEO가 되었다. 1924년 회장으로 취임한 왓슨은 회사 이름을 인터내셔널 비즈니스 머신(International Business Machines: IBM)으로 바꾸었다.

### 비즈니스 컨설팅 사업으로의 진출

컴퓨터 하드웨어에서 역사적인 중대 전환점으로는 2002년 7월 IBM이 회사 100년 역사상 큰 획을 긋는 '사건'을 단행한 것을 꼽아야 할 것이다. 바로 미국 회계법인인 프라이스워터하우스쿠퍼스(PwC) 컨설팅사업부를 인수한 것이다. 인수가격은 35억 달러였다. 샘 팔미사노 CEO가 IBM 사령탑을 맡기 4개월 전에 벌인 일이다.

IBM은 PwC 컨설팅사업부를 통합한 뒤 새로운 회사로 변신을 거듭했다. 제조업체에서 서비스업체로 확실하게 변신하는 데 필수였던 비즈니스 컨설팅(business consulting) 사업에 진출했다. 덕분에 IBM 서비스 부문은 캐시카우[cash cow: 보스톤 컨설팅 그룹(BCG)이 개발한 용어로, 현재 시점에서의 수익창출원, 즉 확실히 돈벌이가 되는 상품이나 사업을 의미한다]로서 역할을 톡톡히 해내고 있다. 2010년에는 세전이익 21억 달러 중 8억 달러나 기여했다. 이 때문에 PwC 컨설팅사업부 인수는 IBM 역사상 최대 히트 전략으로 꼽힌다.

컴퓨터 제조업체로 유명한 HP가 최근 IBM처럼 변신을 추진 중이지만 쉽지 않은 게 현실이다. PC사업부를 팔려고 했지만 주주들의 반발에 거둬들였다. HP는 소프트웨어 회사를 사려고 했지만 이마저도 적잖은 반대에 부딪히고 있다. 사실 IBM보다 먼저 PwC(Price waterhouse Coopers) 컨설팅사업부 인수에 나선 기업은 HP였다. 2000년 칼리 피오리나 당시 HP CEO가 170억 달러에 달하는 거액을 주고 인수를 시도했다. 하지만 그해 심각한 이익 감소에 직면하면서 인수를 포기했다. 이후 HP는 IBM 따라잡기에 나섰지만 최근 IT업계에서 어려움을 겪는 회사 중 하나로 전락했다.

반면 IBM은 HP가 인수를 중단한 2년 뒤 40억 달러도 안 되는 돈으로 PwC 컨설팅사업부를 인수하면서 IT기술 서비스는 물론 경영 컨설팅 서비스까지 겸하는 종합 컨설팅 서비스(total consulting service)를 제공하게 됐다. 약 30,000명의 경영 컨설턴트가 새로 영입되는 사건이었다. 결국 1990년대 초반 '거대한 공룡'으로 불릴 정도로 경쟁력을 잃어 가던 IBM은 10년 만에 다시 살아날 수 있게 된 원동력을 얻었다.

### 최고의 경쟁력은 지속적 혁신

IBM이 100년 동안 살아남으면서 세계 최고 경쟁력을 보유한 비결은 바로 혁신적인 변신이다. 이를 위해 돈이 될 만한 기업은 모두 인수했다. 제품 포트폴리오도 넓히는 동시에 외부 우수 인재들도 끌어들였다. IBM이 지난 10년 동안 인수한 기업은 모두 70여 개에 달한다. 15년 이상 거슬러 올라가면 100여 개에 이른다. IBM 최대 수익원인 소프트웨어 부문도 인수·합병(M&A)을 통해 큰 사업부다. IBM은 해마다 7~8개 기업을 인수하면서 사업 영역을 넓혀 갔다.

마크 로텐바흐 IBM 글로벌비즈니스서비스(GBS) 북미대표는 "지난 10년 동안 인수한 기업들이 IBM의 사업 구조를 근본적으로 바꾸는 기초가 됐다"고 말했다. IBM은 앞으로도 기업가치를 높일 수 있는 기업을 인수할 예정이다. 이를 위해 5년 동안 200억 달러를 M&A용으로 쓸 예정이다.

IBM의 변신을 위한 수단은 인수·합병만이 아니다. 과감한 '파괴'도 중요한 요인이다. IBM은 1911년 기계식 출퇴근 도장인 천공카드 시스템(punch card system)을 개발한 회사를 비롯해 3개 회사가 통합되면서 탄생한 기업이다. 처음에는 회사명을 CTR로 썼지만 이후 1924년 IBM으로 이름을 바꾼 뒤 1980년대 중반까지 성장가도를 달렸다. 이후 IBM은 경영 악화와 생산성 하락으로 경영난을 겪게 된다. 1990년 초반 3년 동안 누적적자가 150억 달러에 달하면서 존폐기로에 놓이기도 했다. 하지만 IBM은 1993년 루이스 거스너라는 맥킨지 출신 컨설턴트를 CEO로 영입하면서 기업 구조조정에 착수했다. 주력 사업군을 제조업에서 서비스업으로 전환하기 시작한 것이다. 거스너는 CEO 재임 기간 중 PwC 컨설팅사업부를 인수했지만 취임 첫해 자산을 56억 달러나 줄였다. 그만큼 기업가치에 도움을 주지 않는 사업을 과감히 폐쇄했다. 직원도 취임 첫해 4만 5,000명을 해고했다. 덕분에 1년 만에 3년 동안 이어졌던 적자 행진을 멈추고 흑자로 돌아섰다.

샘 팔미사노 CEO도 마찬가지다. 그는 IBM과 PwC 컨설팅사업부의 시너지 효과를 유도하면서도 2005년에는 주요 사업부 중 하나였던 PC사업부를 중국 레노버에 매각했다. 중국 저가 제품의 범람으로 PC가 범용제품으로 전락했기 때문이다. 성장성이 의심되는 사업부를 과감히 포기하는 결단은 IBM 부활의 원동력 중 하나가 된 셈이다.

IBM의 또 다른 파괴는 기업 운영을 세계화한 것이다. 가능한 값싼 인력을 외부에서 아웃소싱하는 정책을 펼쳤다. 고객 콜센터는 필리핀에 두고 엔지니어들을 인도에서 아웃소싱하는 운영의 세계화를 실현하는 선두주자로 나섰다.

**연구개발(R&D) 투자의 확대**

IBM의 변신 이면에는 연구개발(R&D)이 일등공신으로 꼽힌다. 세계 최초 제품들을 잇따라 내놓을 수 있었던 것도 R&D 덕분이다. 팔미사노 CEO도 지난 8월 미국 캘리포니아 컴퓨터 역사박물관 연설에서 "IBM은 창립 초기부터 R&D를 중요하게 여겼고 이를 기반으로 특허를 많이 얻었다"며 "IBM이 100년 넘게 장수한 비결은 적절한 R&D 투자"라고 강조했다.

IBM은 최근 매년 60억 달러를 R&D에 투자했다. 그동안 투자한 금액은 모두 1,500억 달러에 달한다. 그 결과 특허 7만 5,000개를 얻었다. 지난해 미국에서 특허 5,896건을 취득하면서 18년 연속 최다 특허 출원 회사로 기록됐다. 지난해 취득한 특허건수는 HP의 4배에 달하며 마이크로소프트, HP, 오라클, 구글, EMC 등 기업들의 특허를 모두 합친 것보다 많다. 이는 미국 46개 주, 전 세계 29개국에서 근무하는 약 3,000여 명에 달하는 연구원들이 있었기 때문이다. 노벨상 수상자도 5명이나 배출했다. 덕분에 IBM에 최대 이익을 주는 사업부인 소프트웨어 부문은 발전을 거듭하고 있다. 인공지능형 슈퍼컴퓨터 왓슨의 탄생도 이 같은 R&D 투자에 대한 노력에서 비롯된다.

외부에서는 IBM의 장수 비결을 끊임없는 변신으로 꼽지만 내부적으로는 100년 동안 변하지 않은 회사의 핵심가치라고 주장한다. 그 핵심가치는 고객에 대한 충성, 회사와 세계를 위한 혁신, 모든 관계에서 신뢰와 책임 등 3가지다. 이 3가지 핵심가치를 지키면서 변신을 거듭한 결과 100년 장수로 귀결됐다는 얘기다.

출처: 매일경제, 김명수 특파원(뉴욕), 2011. 12. 2.(일부 내용 수정 보완)

본장에서는 우리 사회에서 선진국으로 갈수록 서비스 경제가 확산되는 추이를 살펴본다. 많은 사람들이 서비스 기업에 주목하게 된 계기는 유통기업 월마트가 2002년에 미국의 최장수 비즈니스 전문지인 포춘지에 세계 500대 기업 중 1위에 등극한 사건이었다.

앞서 사례학습에서 소개한 IBM에서는 컴퓨터 하드웨어에서 솔루션 서비스 제공업으로 비즈니스 모델을 과감하게 혁신한 것을 볼 수 있다. 즉, 고객사의 비즈니스를 돕기 위해서 하드웨어, 소프트웨어, 서비스를 하나의 묶음으로 고객화하고, 여기에 관련 기술의 제품화 연구개발, 비즈니스 마인드를 갖춘 컨설턴트를 묶어서 고수익의 비즈니스 컨설팅을 핵심사업으로 추구한 것이다.

또한 서비스를 생산하는 기업들과 이를 소비하는 고객 등으로 이루어지는 생태계를 의미하는 서비스 산업은 어떤 유형으로 구분될 수 있는가, 그리고 이들이 속해 있는 전반적인 서비스 산업의 유형과 특히 우리나라의 서비스 산업의 현황 등을 이해하고자 한다.

## 제1절 서비스 경제

우리 사회는 경제 전체에서 서비스 산업이 차지하는 비중과 영향력이 확대되고, 서비스 산업의 고도화 · 융합화로 제조업의 수익성과 부가가치가 함께 제고되는 이른바 서비스 경제의 사회로 패러다임이 전환되고 있다. 이하에서 서비스 경제의 개념과 서비스 경제로의 전반적인 전환 추이를 살펴보고자 한다.

### 1.1 산업구조의 개념

산업구조(industrial structure)는 한 나라의 국가 경제에서 농업 · 공업 · 서비스업 등 각종 산업이 차지하는 비중을 일컫는 개념이다. 각 산업 부문의 비중으로 산업구조를 나타내는 데 흔히 사용되는 방법은 취업인구를 기준으로 하는 경우와 각 산업의 생산액 또는 부가가치를 기준으로 하는 경우의 2가지 방법이 있다.

영국의 통계학 및 경제학자 클라크(C. G. Clark, 1989~1905)는 1940년 그의 저서『경제진보의 제조건(*The Conditions of Economic Progress*)』에서 각국의 경제가 진보하면서 1차 산업에서 2차 산업으로, 2차 산업에서 3차 산업인 서비스 산업으로 자본 · 노동력 및 소득의 비중이 옮겨진다고 하는 역사적 법칙이 존재함을 각국의 국민소득 통계 및 노동력 통계를 사용하여 실증하였다. 클라크는 1차 산업, 2차 산업, 3차 산업을 다음과 같이 분류하였다.

① 1차 산업: 자연으로부터 자원을 직접 채취하거나 생산 활동 과정이 자연 환경과 직접 연관된 산업을 1차 산업이라 한다. 1차 산업에는 농업, 축산업, 어업, 임업, 수산업 등이 있다.

② 2차 산업: 2차 산업이란 1차 산업에서 얻은 생산물과 천연자원을 가공하여 인간에게 필요한 재화나 에너지를 생산하는 산업을 말한다. 광업, 건설업, 전력업, 가스업, 수도업, 제조업, 수리업, 보수업, 방송업 등이 이에 속한다.

③ 3차 산업: 1차 산업이나 2차 산업이 생산한 재화의 이동, 소비, 축적과 관련된 산업을 3차 산업이라 한다. 금융업, 보험업, 유통업, 도매업, 소매업 등을 말한다. 상품 판매 등의 서비스를 제공하는 산업, 곧 서비스업을 말한다.

물론 제4차 산업은 정보산업의 발달로 다음과 같이 초지능화(super-intelligence), 초연계화(hyper-connectivity)에 따른 정보 · 지식산업의 진전과 더불어 쓰이게 된 최근의 개념이다.

① 지능화: 기계의 역할이 단순 육체노동의 대체를 넘어, 의사결정, 최적화, 의사소통 등의 지식노동으로 대폭 확대

② 데이터화: 이용 가능한 데이터를 신속하게 획득하고 분석할 수 있게 되면서, 데이터는 생산과 소비의 중요한 자원으로 진화

③ 연결성 증대: 사람–사물, 사물–사물이 긴밀하게 연결됨에 따라, 생산과 소비가 최적화

## 1.2 서비스 경제로의 전환

### 가. 산업구조의 전환

[그림 2–1] 산업구조의 변화 추이에서 볼 수 있듯이, 공업화 이전(A) 단계에서는 1차 산

**그림 2-1** 산업구조의 변화 추이

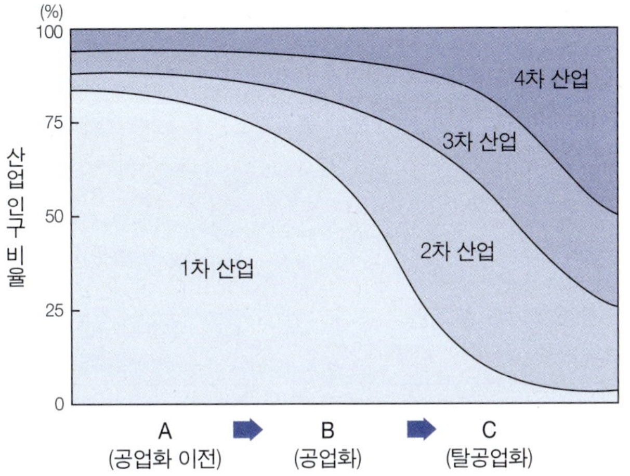


업의 비중이 매우 높아 많은 농경지를 소유하는 것이 부를 상징한다. 일반적으로 노동 집약적 경공업을 중심으로 한 공업이 발달하기 시작하는데, 생산의 기계화와 상품화 비율이 낮고, 개발도상국들이 대체로 이에 해당한다.

공업화(B) 단계는 2차 산업 비중이 높으며, 생산의 기계화와 상품화율이 높은 상태를 말한다. 노동 집약적인 경공업에서 자본 집약적 중화학 공업으로의 산업구조 변화가 나타나며, 이 단계에서는 사회 기반 시설의 확충과 함께 도시화가 급속히 진행되어 도시와 농촌 간의 불균형적 분포 및 소득 격차가 심화된다.

끝으로 탈공업화(C) 단계에서는 2차 산업보다 3차 또는 4차 산업의 발달이 활발하게 이루어져, 고도의 전문 서비스업이나 지식 · 기술 집약형 첨단 산업, 정보 · 통신 산업 등이 중심 산업으로 등장하게 된다. 이 단계에서는 산업 사회의 특징이 약화되고, 서비스 부문에서의 다양한 직업 및 직종의 출현과 더불어 사회가 다변화 · 전문화 · 세분화의 특징을 보이게 된다. 오늘날의 선진국들은 이러한 후기 산업화 단계에 진입한 것으로 볼 수 있다. 즉, 선진국의 경우 서비스 산업이 국가총생산(GDP)의 70% 이상을 차지하고 있고, 고용 비중도 70%를 넘어서고 있다. 전 세계 교역량의 1/4 이상이 서비스에서 이루어지고 있다. 또한 새로운 일자리의 경우 대부분 서비스 산업에서 창출되고 있고, 순수 제조업이나 농업 및 축산업에서의 일자리는 상대적으로 줄어드는 추세에 있다.

**그림 2-2** 미국에서의 부문별 고용 변화 추세

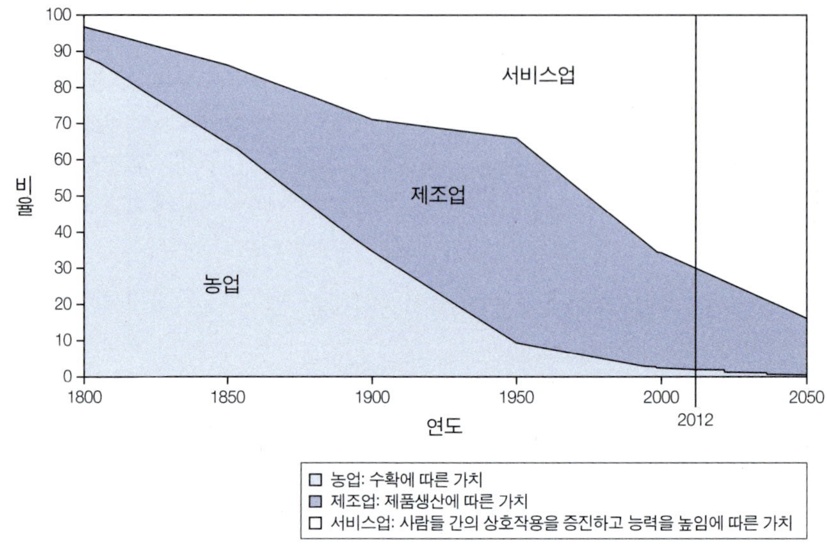


출처: U. S. Department of Commerce, Bureau of the Census, http://www.census.gov/compendia/statab/cats/labor_force_employment_earnings/employment_projections.html; http://www.bls.gov/emp/ep_table_101.htm; https://www.gov/new_release/ecopro.t02.htm.

## 나. 인구와 소득구조의 전환

옥스퍼드 대학의 해부학 교수로서 크롬웰 군대의 수석 군의관으로 아일랜드에 파견되면서 그곳에서 몰수할 토지의 가치를 평가하며 통계를 익히게 되어 통계학 및 경제학의 선구자로 알려진 영국의 페티(Sir William Petty, 1623~1687)는 저서 『정치 산술(*Political Arithmetic*)』(1690)을 통해 "농업보다 제조업이, 또 제조업보다는 서비스업의 이득이 훨씬 크다"고 한 사실에 주목하여 이른바 페티-클라크의 법칙(Petty-Clark's law)을 탄생시켰다. 그는 유럽에서 당시 소득수준이 높은 네덜란드의 제조나 서비스에 종사하는 인구비중과 소득 수준에 관한 시계열 자료(time serious data)를 통해 이를 입증하였다.

실례로, 1900년대 초 미국에서는 10명 중 3명만이 서비스 부문에 종사했으며, 나머지는 농업과 제조업에 종사하였고, 1950년경에는 서비스 부문의 고용이 노동력의 50%를 차지하였다. 최근에는 10명 중 8명 이상의 인구가 서비스에 종사하고 있는데, [그림 2-2]에서 볼 수 있듯이 이는 지난 90년 동안 사회가 제조업 중심에서 서비스 중심으로 진화해 왔음을 보여 주는 사례라고 볼 수 있다.

지금까지 산업구조의 변화 추이를 살펴보면, 인간의 노동력에 기반한 제1차 산업과, 기계 및 설비를 중심으로 한 제2차 산업의 발전에 이어서, 컴퓨터를 이용한 자동화를 중심으로 한 제3차 산업으로 이행되었고, 최근에는 지능화와 각종 기술의 융합 및 연계가 강조되는 제4차 산업혁명의 초입에 이르고 있다. 이와 같은 산업의 변화 물결에 따라서 각종 지적 자산과 비즈니스 모델의 혁신에 기반한 서비스 경제로의 전환이 급격하게 가속화되고 있다.

전통적으로 1차 산업이 중심일 때 수렵생활에서는 개인이 각자 생존을 책임지던 시절이 있었다. 즉, 10명의 사람이 농업에 종사하여 10명이 먹을 농산물을 생산해야 했다. 그러나 산업구조의 변화에 따라 생산성이 증가되면서 1명이 일해서 10명이 먹을 수 있는 농산물을 생산할 수 있게 되었고, 나머지 9명은 다른 일을 하게 되었다. 이와 같이 생산성의 증가에 따라 남는 인력들이 각종 제품을 생산하여 1차 산업의 생산성을 더욱 높이거나, 인간의 잠재된 욕구를 충족시키는 제품을 생산하는 일에 종사할 수 있게 되었다.

마찬가지로 이러한 생산성 증가는 제조업에서도 유사한 방식으로 진행되어, 현재는 과거 10명이 생산하던 제품을 2명 정도만으로도 가능하게 되었다. 이와 같은 결과, 남는 8명은 농업이나 제조업에 종사하는 다른 사람들을 위해 봉사하는 일이나, 인간의 근본적이거나 새로운 욕구를 충족시켜 주는 서비스를 담당하게 되는 방식으로 산업구조가 변화되었다.

이와 같이 우리의 삶 가까이에는 서비스 산업에 속하는 기업들, 즉 물류, 유통, 금융, 의료, 교육, 관광 등 다양한 유형의 서비스가 경제의 중심을 이루고 있다. 미국 노동부 산하 노동통계국의 자료에 따르면 서비스 부문에서의 고용이 증가하여 미국 경제에서 5개 직업 중 4개 이상을 차지할 정도로 서비스 산업은 현대사회에서 그 비중이 커진 것으로 나타나고 있다. 어느 조사에 의하면 제조업의 강국인 독일에서는 2010년에 제조업의 일자리가 14만 개 줄었고, 서비스업의 일자리는 33만 개가 늘었다, 개인 간호 서비스가 독일의 자동차 산업보다 더 많은 매출을 창출하고 있다.

[그림 2-3]에서와 같이 경제 현상을 서비스 경제의 관점에서 보면 물류, 운송, 통신 등의 서비스를 통해서 제조업의 공급망(supply chain)이 가동될 뿐만 아니라 생산된 제품이 고객에게 공급된다. 즉, 최종소비자를 포함한 경제주체들을 연계시키는 물리적 사회 기반 역할로서의 인프라 서비스(infrastructure service)가 있다. 거래 환경이 복잡해지면서 도소매 등 분배/유통 서비스는 제조와 최종소비자들을 연결시키는 거래 서비스(trade service)를 담당한다. 이와 같은 서비스 경제로의 이행의 저변에는 제조업에 속한 조직의 내부에서도 재무, 법률, 회계, 인적자원관리, 연구개발, 디자인 및 출판, 품질관리, 보안, 유지/보수 등 숨어 있는 내부 서비스(internal service 또는 hidden service)가 있으며, 산업 활동에 필요한 자본이나

그림 2-3 경제에서 서비스의 역할

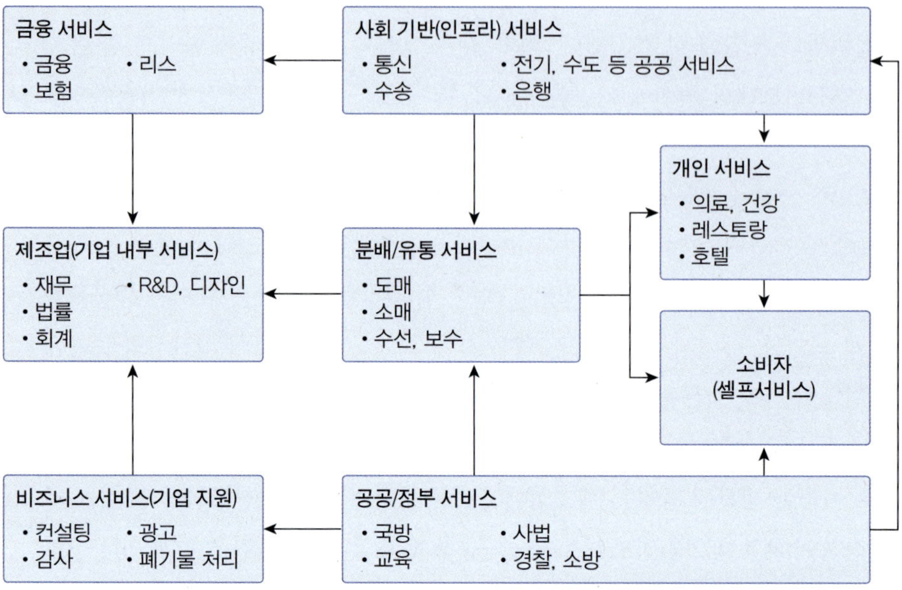


출처: Bruce R. Guile and James Brian Quinn, eds., *Technology in Services: Policies for Growth, Trade, and Employment*, Washington, D.C.: National Academy Press, 1988, p. 214.

지식을 중개하거나 제공하는 컨설팅, 광고 등의 비즈니스 서비스(business service)와 금융 서비스가 있다. 또한 음식점, 의료 등과 같이 개개인의 욕구나 필요를 만족시켜 주는 개인 서비스(personal service)가 있다. 공공/정부 서비스(public administration service)는 사회 구성원 전체를 활동하게 하는 서비스라고 할 수 있다. 따라서 서비스 산업은 독립적인 산업 부문이 아니며 금융 서비스, 비즈니스 서비스, 분배 및 유통, 공공, 사회 기반 서비스 등이 제조업은 물론 소비자 개인이라는 산업주체들과 불가분의 관계 속에서 서로 성장하고 있다.

우리나라에서도 서비스 산업의 고용과 국가총생산(GDP)이 경제 전체에서 차지하는 비중이 2010년에 60%, 67%를 넘어섰으며, 매년 증가하는 추세이다. 이러한 통계는 사업장을 기준으로 한 통계이므로, 실제 서비스 산업 종사자수는 더 많을 것으로 추정된다. 예를 들어, 제조업 사업장에서도 연구개발 인력이나 영업 부문에서의 관리 및 지원 인력이 서비스 직무에 종사하는 것이므로, 이런 부문까지 고려하면 서비스 직무에 종사하는 인력은 전체 노동인력의 70% 이상일 것으로 추정된다.

어느 조사에 의하면 [그림 2-4]에서와 같이 서비스 부문의 고용률 및 국가총생산(GDP)에서 서비스가 차지하는 비중으로 판단하여 1인당 약 10,000달러를 정점으로 해당 국가가

**그림 2-4** 국민소득 증가와 제조업 비중

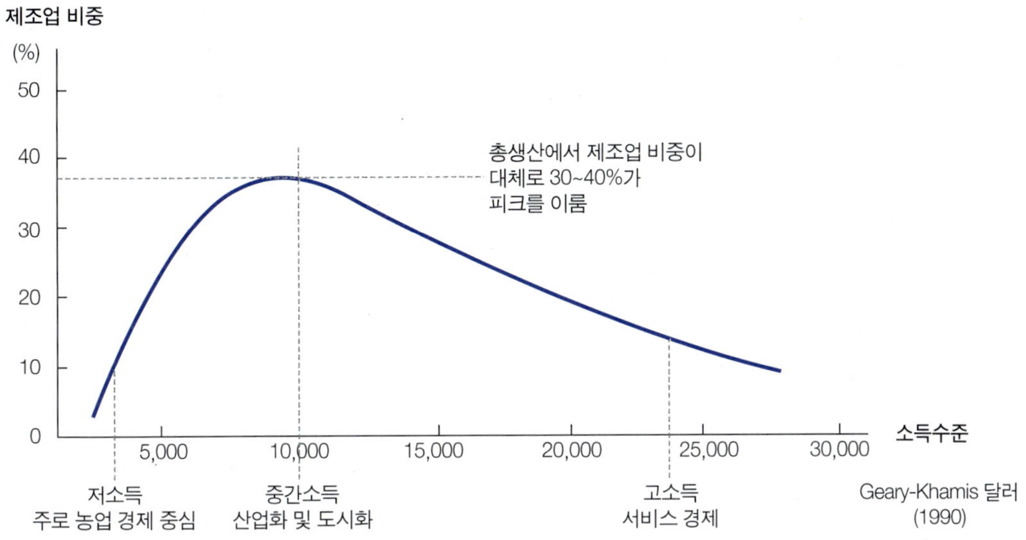


출처: McKinsey Global Institute, *Manufacturing the future: The next era of global growth and innovation*, 2012.
참고: Geary-Khamis 달러는 명목 환율과는 다른 5단계의 실질 구매력에 의한 국제 달러

제조업 중심에서 서비스 중심의 경제로 전환되는 특징을 보인다고 한다.

### 다. 가치 개념의 전환

[그림 2-5]에 나타난 미국 경제의 국가총생산(GDP) 분포 변화 추이에서 보는 것과 같이 경제 성장의 대부분은 유형의 물리적 제품 기반에서 향후에는 무형의 정보 서비스 기반으로 전환될 것으로 예측되고 있다.

특히 선진국에서는 대체로 고생산성 서비스 업종에 강점을 보이고 있으며, 개발도상국에서는 상대적으로 진입장벽이 낮은 부문에 많은 취업자 수와 낮은 부가가치를 획득하는 이른바 저생산성 서비스 업종에서 높은 경쟁을 보이는 특징이 있다. 그 이유로서는, 제조업이 시설 및 설비 등이 기반이 되는 자본 집약적 산업에 속하는 것에 비해서 서비스업은 특화된 무형의 지적·인적자원에 의해 제공되는 특성으로 인해서 상대적으로 진입장벽이 낮으며, 서비스 기업의 규모가 커지더라도 서비스 제공자가 동 시간에 제공할 수 있는 서비스에는 한계가 있기 때문이고, 규모의 경제를 누리기에 어려움이 있고, 불규칙한 수요를 감당할 수 있는 재고로서의 상품판매 기회가 적은 이유 등으로 경쟁이 치열한 산업적 특성이 있다.

**그림 2-5** 미국 경제의 GDP 분포

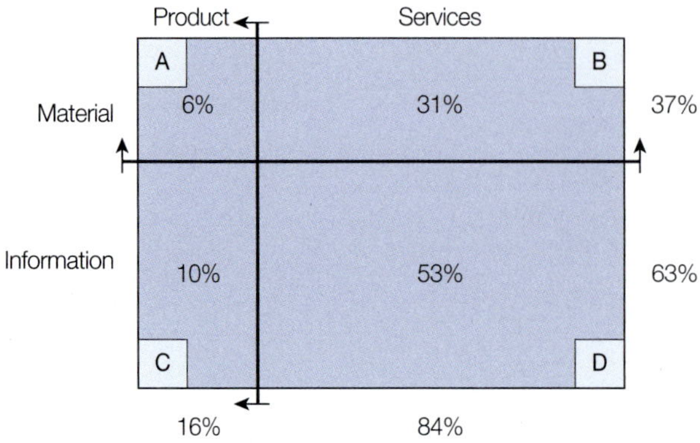


| 부문 | 설명 | 사례 |
|---|---|---|
| A | 물리적 제품 | 자동차, 철강, 화학 |
| B | 물리적 서비스 | 교통, 소매 |
| C | 디지털 제품 | 컴퓨터, TV |
| D | 정보 서비스 | 금융, 통신 |

일반적으로 사회가 고도화 및 선진화될수록 서비스 산업이 발전되는 경향을 보이는 것은 확실하다. 그 원인으로는 〈표 2-1〉에서와 같이 고객의 다양한 개성과 삶의 질 추구, 정보화의 진전, 기업에서 경영 전략을 실행하는 도구로서의 역할, 사회의 전문화 및 분업화, 가처분 소득 및 여가시간의 증대, 인구구조의 변화, 도시화의 진전을 들 수 있다. 우리나라에서도 국가총생산(GDP)에서 서비스 비중이 높고, 다양한 서비스 유형이 시장에 진입하고 서비스 산업의 위상도 증가하고 있는 것이 현실이다. 그러나 국제 경쟁력을 높이기 위해서는 유망한 서비스 업종의 활성화, 서비스의 고부가가치화와 내수 및 수출시장 활성화가 과제로 부각되고 있다.

**표 2-1** 서비스 경제로의 전환 요인

| 구분 | 내용 |
|---|---|
| 사회의 변화 | 인구 구성의 변화, 도시화, 소비자 욕구의 다양화, 개인 시간의 부족 등 |
| 소비자 욕구 변화 | 서비스의 개별화, 전문화, 고급화, 세분화 |
| 비즈니스 트렌드의 변화 | 경쟁의 심화, 프랜차이징 및 아웃소싱 증가, 제조업의 서비스화 등을 통한 부가가치 창출 노력 등 |
| 급속한 기술의 진보 | 모바일 및 인터넷 기술의 응용, 방송 및 통신의 융합, 정보기술 및 디지털화의 촉진 등 |
| 영역 구분의 모호 | 제조업과 서비스업의 업종 구분이 모호 |
| 글로벌화 | 해외여행, 국제 기업의 제휴 및 M&A, 서비스 역외와, 초국가 기업 증가 등 |
| 아웃소싱 확산 | 기업이 모든 측면에서 우수한 경쟁력을 확보하기 어려움, 시장조사, 기술자문, 경영 컨설팅, 정보처리, 환경 지원 등에 경쟁력 확보 유리 |

따라서 서비스 경제의 성장 잠재력을 제고시키고 일자리를 창출하기 위해서는 서비스업을 미래의 국가적 성장 동력으로 육성해 나가야 할 것이다. 〈표 2-2〉에서는 정부 및 각 유명기관에서 발굴 · 제시하고 있는 국내의 유망 서비스 업종과 예상되는 직업을 정리한 것이다.

**표 2-2** 분야별 국내 유망 서비스업 사례

| 분야 | 내용 | 유망 직업 사례 |
|---|---|---|
| 의료 | 헬스케어, 장기요양 서비스, 호스피스 등 의료 서비스, U헬스케어 | 헬스케어 코디네이터, 헬스케어 시스템 정비 전문가, 의료 빅데이터 분석가, 의료관광 마케터, 의료 통역사 등 |
| 교육 | 평생교육 확산에 따른 성인교육 서비스, 개인 맞춤형 이러닝 서비스 | 이러닝 기획자, 이러닝 콘텐츠 개발자, 이러닝 솔루션 개발자, 이러닝 학습 설계자, 교육 컨설턴트, 해외학습 컨설턴트 등 |
| 콘텐츠 | 온라인 및 모바일 게임, 인터넷 및 모바일 캐릭터, 디지털 콘텐츠, 시나리오 산업, 캐릭터, 전자출판, 기능성 게임, 영화 · 드라마 · 애니메이션 | 가상현실 전문가, 캐릭터 개발자, 게임 · 영상등급 분류책임자, 게임품질 관리자, 특수효과 책임자, 스토리 에이전트 등 |
| 관광 | 관광레저도시, 테마형 · 체험형 관광상품 | 지역관광 기획가, 관광 스토리텔러, 프리미엄 가이드, 1인 여행사 등 |
| 금융 | 맞춤형 금융 서비스, 크라우드 펀딩, 스마트폰 페이 서비스 | 핀테크 액셀러레이터, 빅데이터 분석사, 금융보안 전문가, 금융 클라우드 컨설턴트, 기술신용 평가사, 독립투자 자문업자 등 |
| 소프트웨어 | 인공지능, 사물인터넷(IoT), 클라우드(Cloud), 빅데이터(Big Data) | SW 시스템 엔지니어, 지능형 SW 개발자, 클라우드 전문가 |
| 물류 | 드론 택배, 공항 및 항만 배후단지를 이용한 부가가치 물류센터, 항만부대산업 | 물류 컨설턴트, 물류 빅데이터 전문가, 물류공급망 관리자, 드론 컨트롤러 |
| 컨설팅 | 비즈니스 서비스, 벤처 · 중소기업 증가에 따른 HR(Human Resource) 컨설팅, 연구개발 및 지식재산권 | 경영 컨설턴트, 연구개발 기획가 |

이와 같은 패러다임의 변화에 따라서 용어의 개념도 시대의 변화에 따라 진화되어 왔는데 정리하면 〈표 2-3〉과 같다.

**표 2-3** 경제적 진화에 따른 용어의 개념 전환

| 경제 | 농경 | 산업 | 서비스 | 경험 | |
|---|---|---|---|---|---|
| 경제적 제공 | 음식 | 상품 | 통상적인 서비스 | 고객 서비스(B2C) | 비즈니스 서비스(B2B) |
| 기능 | 채취 | 제조 | 전달 | 공연 | 공동창출 |
| 성격 | 대체 가능 | 유형적 | 무형적 | 기억에 남음 | 성과에 영향 |
| 특징 | 자연적 | 표준화된 | 고객화된 | 개인적 | 성과 성장 |
| 공급방법 | 대량 저장 | 재고 가능 | 수요에 따라 | 시간 흐름에 따라 표출 | 지속 가능 |
| 판매자 | 중간상인 | 생산자 | 서비스 제공자 | 공연자 | 협력자 |
| 구매자 | 시장 | 고객 | 구매자 | 관객 | 협력자 |
| 기대치 기준 | 수량 | 형태 | 혜택 | 감동 | 능력 |

# 제2절 서비스 산업

## 2.1 서비스 산업의 개념

서비스 산업은 농림어업이나 제조업에서와 같이 서로 유사한 기술이나 방법에 의해서 생산되고 공급되기보다는 각 상품 또는 산업별로 독특하고 상이한 특성과 생산 기술을 가지고 있는 특징이 있다. 따라서 이를 체계적으로 파악하고 연구하기에 어려움이 있고, 서비스 산업의 분류에 관해 널리 사용되는 분류방식도 아주 다양하다. [그림 2-6]은 우리나라 통계청에서 분류하고 있는 한국표준산업분류 체계에서 대분류 그룹을 보여 주고 있다.

서비스 산업을 환대 서비스 산업(호텔, 레스토랑, 숙박업 등)과 비환대 서비스 산업(은행, 병원, 유통업 등)으로 나누어 파악하기도 한다. 통상 환대 서비스는 사람들의 여가나 오락을 위한 임의 소비재로서 선택적 소비의 특성이 있고, 따라서 고객의 소득이나 소비성향에 민감하게 반응하여, 경기변동에 따라 수요가 탄력적이다. 반면에 비환대 서비스는 금융이나 도소매 서비스와 같이 경기에 민감하지 않은 필수소비재로 구성되어 경기변동에도 수요가 꾸준하게 발생하는 특징을 보인다.

서비스 산업의 분류 방법으로 〈표 2-4〉는 OECD의 분류이며, 〈표 2-5〉는 한국은행에서 사용하고 있는 일반 서비스 산업과 지식 서비스 산업의 분류체계이다.

**그림 2-6** 통계청의 한국표준산업분류

| | | |
|---|---|---|
| **A** 농업 · 임업 · 어업 | **B** 광업 | **C** 제조업 |
| **D** 전기 · 가스 · 증기 및 수도 사업 | **E** 하수 · 폐기물 처리 · 원료 재생 및 환경복원업 | **F** 건설업 |
| **G** 도매 및 소매업 | **H** 운수업 | **I** 숙박 및 음식점업 |
| **J** 출판 · 영상 · 방송통신 및 정보 서비스업 | **K** 금융 및 보험업 | **L** 부동산업 및 임대업 |
| **M** 전문 · 과학 및 기술 서비스업 | **N** 사업시설관리 및 사업지원 서비스업 | **O** 공공행정 · 국방 및 사회보장 행정 |
| **P** 교육 서비스업 | **Q** 보건업 및 사회복지 서비스업 | **R** 예술 · 스포츠 및 여가 관련 서비스업 |
| **S** 협회 및 단체 · 수리 및 기타 개인 서비스업 | **T** 가구 내 고용활동 및 달리 분류되지 않는 자가소비 생산활동 | **U** 국제 및 외국기관 |

출처: 통계청, 대분류 기준.

**표 2-4** 서비스 산업의 분류

| 분류 | 산업 예시 |
|---|---|
| 물류, 유통 서비스 (Distributive Services) | 도소매업, 운수보관업 |
| 생산자 서비스 (Producer Services) | 통신, 금융, 보험, 부동산업, 사업 서비스, 기계장치임대업, 광고 및 방송 |
| 사회 서비스 (Social Services) | 공공행정 및 국방, 교육, 의료, 사회복지 |
| 개인 서비스 (Personal Services) | 음식업, 영화 및 오락, 문화 서비스, 기타 서비스업 |

출처: OECD.

**표 2-5** 서비스 산업의 분류

| 일반 서비스 산업 | | 지식 서비스 산업 | |
|---|---|---|---|
| • 도소매 | • 기타 사업 서비스 | • 통신 · 방송 | • 교육 서비스 |
| • 음식점 및 숙박 | • 공공행정 및 국방 | • 금융 · 보험 | • 보건 · 사회복지사업 |
| • 운수 및 보관 | • 사회단체 | • 사업 서비스 | • 오락 · 문화 · 운동 관련 서비스 |
| • 부동산 | • 기타 서비스 | | |

출처: 산업연관표, 한국은행; 한국표준산업분류상 '지식 서비스 산업'의 범위.

**그림 2-7** 산업유형별 경제활동 분류

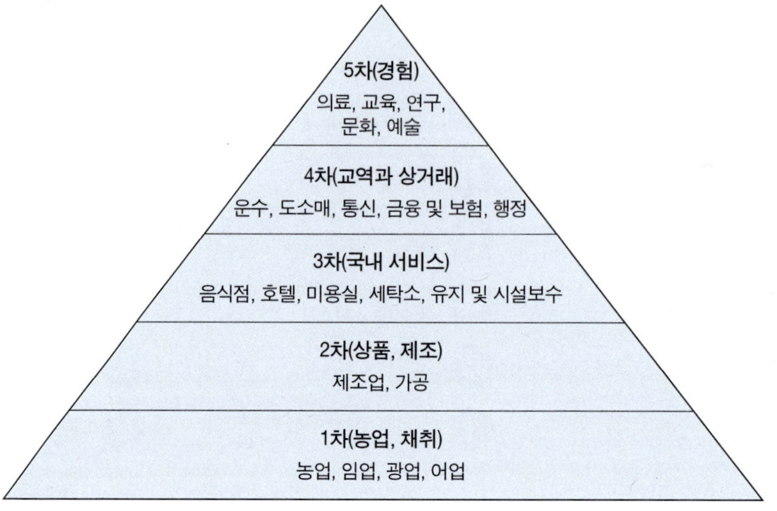


출처: Fitzsimmons, 1995.

지식 서비스 산업은 1995년 EU의 보고서 「*Knowledge-Intensive Business Services: Users, Carriers and Source of Innovation*」에서 최초로 사용되었으며, "인간의 지식을 집약적으로 활용하여 높은 부가가치를 창출하는 서비스"라고 정의할 수 있다.

OECD는 지식 기반 서비스(Knowledge-based Service Industry)를 지식을 창출 · 가공 · 활용 · 유통시키거나 지식이 체화된 중간재를 생산활동에 집약적으로 활용하여 고부가가치의 서비스를 제공하는 산업으로 정의하고 있다. 즉, R&D, 정보통신기술(ICT) 등 고급 인력 투입 · 활용도가 높은 산업으로서, 구체적으로는 통신, 금융 · 보험, 사업 서비스(법률 · 회계, 컨설팅, 디자인, R&D 등), 교육, 의료, 문화 산업 등이 여기에 포함된다.

Fitzsimmons 부부(1995)는 3차 서비스를 더욱 세분하여 [그림 2-7]에서와 같이 경제활동을 총 5단계로 분류하였다.

EU는 비즈니스 서비스를 "중간 투입물로 사용하여 고객기업 내부의 서비스 기능을 보완하거나 대체함으로써 생산활동의 질과 효율성에 영향을 미치는 서비스"로 정의하고 있다. EU에서는 지식 기반 서비스(Knowledge-Intensive Business Service: KIBS)를 〈표 2-6〉에서와 같이 비즈니스 서비스의 하위개념으로 보고 있으며, 지식 기반 서비스에는 주로 생산자 서비스, 비즈니스 관련 서비스 중에서도 지식을 보다 집약적으로 사용하는 서비스 업종을 포함하고 있다.

**표 2-6** EU의 비즈니스 서비스 분류

<table>
<tr><th colspan="4">구분</th><th>내용</th></tr>
<tr><td rowspan="4">생산자 서비스</td><td rowspan="3">비즈니스 관련 서비스</td><td rowspan="2">비즈니스 서비스</td><td>KIBS</td><td>소프트웨어/컴퓨터 서비스, 전략/경영 컨설팅, 회계/조세/법률 자문, 마케팅 서비스/여론조사, 기술 서비스/엔지니어링, 인력훈련/헤드헌팅</td></tr>
<tr><td>운영 비즈니스 서비스</td><td>보안 서비스, 시설관리/청소, 행정/장부 기입, 임시노동력 모집, 기타 운영 서비스(식당, 번역, 콜센터 등)</td></tr>
<tr><td colspan="3">유통/거래 서비스, 운송/물류, 금융・보험/증권거래, 통신/택배, 에너지 서비스</td></tr>
<tr><td colspan="4">기업이 일부 사용하는 소비자 서비스(비즈니스 여행, 기업의료 서비스, 사회보험 서비스 등)</td></tr>
</table>

## 2.2 우리나라의 서비스 산업

우리나라는 경제성장 과정에서 지속적으로 산업구조가 변해 왔다. 1960년대에는 농업을 위주로 한 산업구조에서 제조업 기반이 미약하였지만, 점차 제조업 부문의 생산이 빠르게 증가하였다. 초기에는 섬유나 의류와 같은 노동 집약적 산업을 중심으로 생산 증가가 이루어졌으나, 점차 자본 집약적인 산업이 확대되는 형태로 산업구조가 변하였다. 나아가서 소득 수준이 높아지면서 서비스업의 비중이 지속적으로 증가해 왔다. 우리나라의 서비스 산업은 서비스업에서 국가총생산(GDP)의 비중으로 보아 경제성장의 축이 제조업에서 서비스업으로 변화되었다고 할 수 있고, 많은 발전이 이루어진 것도 사실이지만 경쟁력을 갖추고 선진화되기에는 아직 극복해야 할 과제가 많다.

첫째, 우리나라의 서비스 산업은 부가가치가 낮은 부문에 편중되어 있다. 서비스 산업이 발전된 스위스, 싱가포르, 미국, 영국 등의 공통점은 금융, 교육, 관광, 소프트웨어, 의료, 컨설팅, 법률 서비스, 문화, 기업회의(meeting), 포상관광(incentives), 컨벤션(convention), 전시(exhibition)의 네 분야를 통틀어 말하는 국제회의(MICE),[1] 스포츠와 같이 지식 서비스나 생산자 서비스 등 고부가가치 서비스에 강점이 있다. 고부가가치 서비스 산업은 주로 종사

1) MICE산업은 1990년대 후반 컨벤션 산업의 아시아 선두주자인 싱가포르에서 시작된 용어이다. 관광, 레저 산업, 호텔 산업, 식음료, 교통 및 통신, 여행, 레크리에이션, 엔터테인먼트 및 이벤트, 기념품 및 쇼핑, 시설 임대, 차량 및 사무기기 임대, 출판 및 촬영, 광고 및 홈페이지 제작, 금융보험, 법무세무회계, 회의 및 전시장 설치, 통번역, 경호 및 보안, 전시 및 회의 기획과 운영 대행 등 경제적 파급효과가 높은 산업으로 눈에 보이지 않는 연관 산업에 큰 부가가치를 유발하며 경제적 시너지 효과를 기대할 수 있는 다양한 산업과의 융복합 산업적 특징을 가지고 있다.

**그림 2-8** 각국의 서비스 산업이 고용 및 국가경제에 기여하는 정도

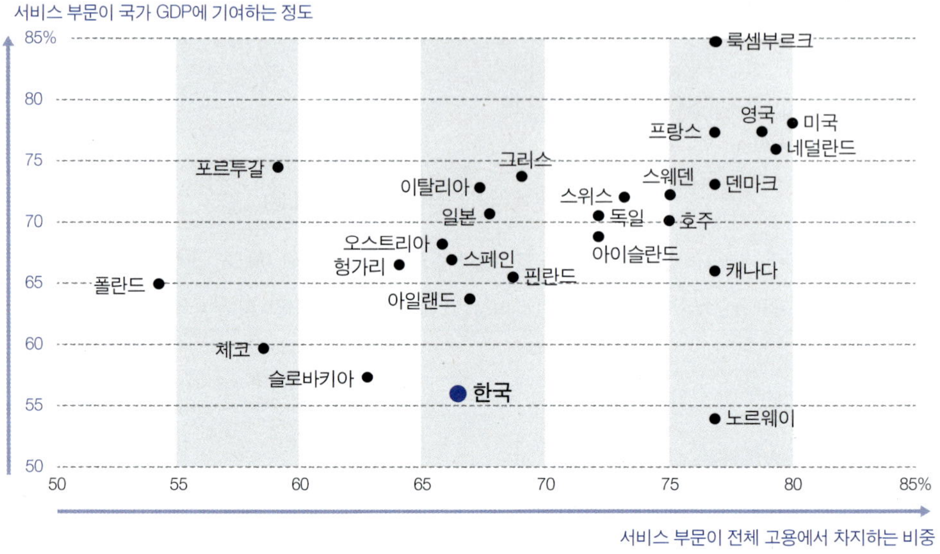


출처: OECD.

자들이 고임금을 받는 고급 인력이며, 생산성이 높은 특징을 보이고 있다.

그러나 [그림 2-8]에서 보는 바와 같이 우리나라의 서비스는 노동 투입은 많으나 생산되는 부가가치가 상대적으로 낮은 서비스에 비중이 높고, 국가 경제에 기여하는 정도가 다른 나라에 비해 낮은 수준으로 나타나고 있다. 또한 〈표 2-7〉에서와 같이 1990년대 이후 서비스 산업의 고용은 증가하고 있으나 부가가치 비중은 최근 10년간 거의 정체를 보이고 있다. 또한 2014년까지 약 40년에 걸친 우리나라의 산업 간 노동 이동성과 노동생산성의 변화를 분석한 연구 결과(김태기, 2018), 1990년대 중반부터 제조업 노동생산성이 서비스업 노동생산성[2)]보다 높게 이어지고 있다. 그 이유는 도소매, 음식 및 숙박 고용이 전체의 1/3을 차지하며 이들 업종에 취업이 편중되어 있는 등 낮은 생산성과 과당 경쟁 등으로 서비스 산업이 영세화, 양극화되어 있기 때문이다. 새로운 유형의 고부가 서비스 또는 융복합 서비스의 발전은 더딘 가운데, 진입장벽과 생산성이 상대적으로 낮은 도소매, 음식, 숙박 등 생활 밀착형 서비스업의 과당 경쟁이 지속되고 있기 때문이다.

2) 노동생산성(labor productivity): 노동투입량에 대한 산출량의 상대적 비율로서, 노동투입 한 단위당 산출량으로 표시된다. 노동생산성은 종업원의 숙련도나 조업도, 또는 생산기술의 변화나 설비의 고도화 등에 의해서 크게 영향을 받으며, 생산과정에 있어서 생산효율의 향상 정도, 기술수준의 변화 등 주로 기술적 효율성을 측정하는 대표적인 지표로 이용된다.

**표 2-7** 우리나라 서비스 산업의 고용 및 부가가치 비중

| 연도 | 1992 | 2000 | 2005 | 2010 | 2016 |
|---|---|---|---|---|---|
| 취업자 비중(%) | 50.2 | 61.2 | 65.7 | 68.8 | 70.6 |
| 부가가치 비중(%) | 53.9 | 57.5 | 59.4 | 59.3 | 59.1 |

출처: 한국은행.

앞으로 기업에서도 전문지식을 기반으로 하는 교육, 의료, 정보통신, 물류, 경영 컨설팅, 법률, 회계, 연구개발, 디자인 등과 같은 사업 서비스를 포함하는 고부가가치 서비스 부문에 투자를 확대해야 한다. 이를 뒷받침하기 위해서는 선진 경영기법의 학습과 고급 인력을 양성하기 위한 교육체계가 발전되어야 하며, 국가적으로 규모 있는 첨단 서비스 산업의 혁신과 육성을 위한 지원도 필요하다. 일례로 아직도 국내에서는 이익단체 등의 반발에 가로막혀 법적 규제가 해소되지 않는 이유로 외국에서와 달리 새로운 서비스 산업이 진출하지 못하거나 활성화되지 못하고 있는 사례가 많은 것이 현실이다.

또한 서비스의 수출 역량이 미흡하다. 서비스 수출 규모와 수출 증가율 등이 OECD의 주요 경쟁국에 비해 미약한 수준이다. 서비스 수지는 적자폭이 크며 장기간에 걸쳐서 개선이 이루어지지 못하고 있다. 서비스 수출이 운송, 건설 등에 편중되어 있고 서비스업의 새로운 수출 동력인 통신, 컴퓨터정보, 금융 등 ICT 기반 서비스 수출 비중이 낮은 것도 원인이다.

우리나라의 서비스 산업에서의 이러한 문제들을 해소하기 위해서는 우선 제조 부문을 지원하기 위한 서비스(엔지니어링 및 디자인) 등 산업 전반의 경쟁력을 높일 수 있는 고부가 지식 기반 서비스업의 육성이 필요하고, 선진국에 비해 경쟁력이 있는 혁신적 서비스 비즈니스를 개발 및 출시할 수 있도록 정책적 지원이 요구된다. 예를 들면, 주요 선도국가에서는 숙박 · 차량 공유, 원격의료, 디지털 헬스케어, 노인돌봄 서비스 등 '스마트 서비스'와 같은 신서비스 시장의 육성을 통한 성장 동력화에 총력을 기울이고 있어, 이와 같이 우리나라에서도 지속적으로 서비스 혁신활동이 활성화되어야 한다.

그리고 우리나라의 서비스업에 대한 R&D 투자는 주요국 대비 현저히 저조하다. 제조업과의 서비스의 융합, 서비스화(servitization), 서비스 기업의 혁신, 서비스 비즈니스 모델 혁신 등에 많은 연구가 필요하다. 민간 부문의 전체 R&D 투자액은 영국, 이탈리아보다 많아 경제규모 대비 상대적으로 높은 수준으로 나타나고 있으나, 해당국보다 상대적으로 제조업 위주로 편중되어 있다. 서비스업 R&D 지출이 전체 R&D 지출에서 차지하는 비중이 2010년 이후 계속 감소하는 것도 문제로 지적되고 있다.

마지막으로 서비스 기업의 경영 혁신과 서비스 품질 향상을 위한 노력도 지지부진하다.

**그림 2-9** 교통카드 서비스의 수출 사례

뉴질랜드의 웰링턴 적용 사례
출처: 뉴시스.

말레이시아 쿠알라룸푸르 적용 사례
출처: 조선일보.

관련 기업의 임직원의 인식 수준도, 학계의 체계적인 연구도 미흡하다.

따라서 우리나라 서비스 기업의 경쟁력을 강화하여 미래 성장 동력으로 적극적인 서비스 산업의 육성을 위해서는 융복합 서비스 및 신기술 경쟁력 향상에 초점을 맞추어야 하며 금융, 보건, 전문 · 과학 · 기술 등 고부가가치 부문의 서비스 산업에 역점을 두고 규제 개선 및 서비스 인력 양성과 해외 진출 등 시장의 확대와 글로벌화에 대응하여 국제 경쟁력을 제고해야 한다.

우리나라에서 서비스 산업의 쾌거를 보여 주는 성공 사례를 소개하여 보다 새로운 전기를 맞기를 희망한다. 수도권의 교통카드인 T머니를 운영 중인 한국스마트카드는 교통카드 식별과 요금 부과, 정산 처리에 있어서 세계 최고 수준의 데이터 처리 능력과 운영 노하우를 구축한 기업이다. 이 회사에서는 [그림 2-9]에서와 같이 우리나라의 대중교통 서비스에서 검증된 시스템을 2008년 뉴질랜드의 수도 웰링턴 시(市)에 수출하였는데, 전산 센터가 없는 웰링턴 시에서는 교통요금 정산을 이 회사에 100% 위탁하여 매달 정산 수수료를 지급한다. 웰링턴 시민이 교통카드를 이용하면 데이터가 인천 부평의 통합센터로 집계되어 정산하는 체계이다. 이후에도 이 시스템은 오클랜드(2010년), 말레이시아 쿠알라룸푸르(2010년), 콜롬비아 보고타(2012년), 태국(2013년), 몽골의 울란바토르 등에 지속적으로 수출되고 있다.

PART

# 02

# 서비스 기획 및 개발

# 03 CHAPTER

# 서비스 혁신과 서비스 사이언스

# '무엇을 도와드릴까요' 보험사 · 은행도 인공지능(AI) 상담원 도입한다

## AI 콜센터 구축 착수 … 챗봇 개발 검토 중, 24시간 고객 응대 가능

### 금융업의 혁신 '핀테크'

핀테크(fintech)는 이름 그대로 '금융(finance)'과 '기술(technology)'이 결합한 서비스 또는 그런 서비스를 하는 회사를 가리키는 말이다. 이에 따라 예금이나 대출은 물론, 자산관리, 결제, 송금 등 다양한 금융 서비스가 IT, 모바일 기술과 결합된 새로운 유형의 금융 서비스를 이용할 수 있게 된다. 금융업종의 대표격인 보험에서도 핀테크는 대안투자의 핵심으로 급부상하고 있는데, 설계사를 통해 이뤄지는 보험청약의 75%는 종이서류가 전혀 필요 없는 디지털 계약으로 이뤄지고 있다. 설계사들의 태블릿PC를 통해 약관 설명부터 고객 서명까지 한 번에 진행되기 때문이다. 화상 비디오 상담 서비스도 활용하여 자신의 보험 계약에 대해 궁금증이 있거나 불만사항을 이야기하려는 가입자에게 기존의 단순한 음성 상담을 벗어나 얼굴을 맞댄 상담을 통해 더 많은 친밀감을 주고 보험 관련 정보 역시 보다 효과적으로 전달할 수 있다.

### 인공지능(AI) 기술의 적용

특히 인공지능을 활용하여 가입자의 재산을 관리하는 형태의 로보어드바이저 상품들은, 최근 붐이 일었던 알파고의 흐름을 이어받아 투자 부분에서도 적용이 가능하다는 인식이 널리 확산되고 있다. '로보어드바이저(robo-advisor)'는 로봇(robot)과 투자전문가(advisor)의 합성어로서, 투자자가 입력한 투자 성향 정보를 토대로 알고리즘을 활용해 개인의 자산 운용을 자문하고 관리해 주는 온라인 서비스이다. 즉, 펀드매니저 개인의 판단보다는 인공지능 알고리즘이 빅데이터를 분석하고 이를 바탕으로 다양한 관점에서 불확실성이 높은 시장을 과학적으로 예측하여 높은 수익률을 기대할 수 있다. 이러한 첨단 기술과의 융합으로 보험사는 보다 객관적인 데이터로 이윤을 높이고, 개별 가입자도 보다 더 많은 혜택을 볼 수 있어 유리하다.

또한 보험사들은 가입자들의 건강 상태가 중요한 정보이므로, 스마트폰을 통하여 건강관리 서비스를 지원하고 있다. 보험사들은 핀테크 기술을 접목해 가입자들의 체중, 키 등 건강정보를 바탕으로 최적의 운동법, 식단 등을 제공한다.

이와 함께 국내 보험사 콜센터에 인공지능(AI) 금융 서비스가 도입된다. 해외에서는 이미 보험업계에 AI 기술이 활발히 적용되고 있어 국내에서도 콜센터를 시작으로 빠르게 확대될 것으로 보인다. 미래에셋생명 관계자는 최근 "AI 기술 확산과 4차 산업혁명에 대비해 보험업계에서는 처음으로 AI 기반의 콜센터 인프라 구축에 착수할 예정"이라며 "현재 AI 기술을 분석하고 있는데 연내 개설을 목표로 추진하고 있다"고 말했다.

### 고객과 직접 접촉하는 로봇기술

미래에셋생명은 우선 음성을 텍스트로 변환하는 '음성인식 시스템(Speech To Text: STT)'과 이 텍스트를 분석하는 '텍스트 분석(Text Analysis: TA)' 기술을 도입해 상담 내용을 분석하고 비대면계약의 통화내용을 모니터링하는 업무에 적용할 예정이다. 현재는 비대면계약의 통화내용을 콜센터 직원이 일일이 확인해 불완전판매 요소나 문제가 되는 단어 등을 찾아내는데, AI 시스템이 도입되면 전산화해서 자동으로 문제가 될 수 있는 내용을 잡아낼 수 있게 된다.

AI 시스템 구축이 완료되면 고객 데이터를 수집하고 분석해 답변하는 챗봇(chatter robot: 채팅하는 로봇으로, 사용자와 메신저가 서로 대화를 주고받으며 투자 성향 분석과 투자 정보를 제공하는 서비스를 담당함)을 통해 AI 음성상담도 시작한다. 이렇게 되면 현재 콜센터에서 진행하는 보험금 지급·청구는 물론 각종 민원을 AI 기술로 자동 처리할 수 있게 된다. 물론 '테이'라는 마이크로소프트(MS)가 개발한 인공지능 챗봇과 같이, 출시된 지 16시간 만에 혐오 발언으로 논란이 돼 운영을 중단한 일도 있어 유의사항이 전혀 없는 것은 아니다. 하지만 현재 콜센터 상담이 오전 9시부터 오후 6시까지로 시간 제한이 있는 데 반해, AI 콜센터는 24시간 문자가 아닌 음성으로 고객을 직접 응대할 수 있어 편의성도 높아진다.

### 인공지능과 콜센터의 접목

삼성생명도 AI 기술이 적용되는 챗봇을 개발해 콜센터 상담 업무에 활용하는 방안을 검토하고 있다. 삼성생명 관계자는 "아직 구체적인 개발 일정이 확정되진 않았지만 긍정적으로 검토하는 단계"라고 말했다.

은행들도 AI 콜센터 구축에 앞다퉈 뛰어들고 있다. 우리은행은 이미 AI 기반의 챗봇 개발을 시작해 올 하반기에는 음성인식 기능을 접목해 일반 고객 대상으로 AI 콜센터 서비스를 시작할 예정이다. 한국씨티은행도 AI 기반의 고객센터를 꾸리고 비정규직 콜센터 상담인력을 순차적으로 대체해 나갈 계획인 것으로 전해진다.

보험업계 한 관계자는 "상담과정에서 축적된 고객 빅데이터를 인공지능(AI)으로 분석해 보험사업의 핵심인 계약 유지율을 예측하고 이에 맞는 장기 고객 확보 대책을 마련하고 있으며, 가까운 일본을 비롯해 해외에서는 콜센터 상담뿐만 아니라 금융사기 감지, 영업점 창구에서의 고객 응대 등 다양한 분야에 AI 기술을 활용하고 있다"며 "AI 기술을 적용해 인력 효율화가 이뤄지면 기존 직원들은 고능률 서비스에 투입되는 선순환 구조가 자리 잡게 될 것"이라고 말했다.

출처: 머니투데이, 전혜영 기자, 2017. 4. 28.; http://worldgo1.tistory.com/463 [세상을 움직이는 경제] (일부 수정 보완)

최근에 서비스 경제가 가속화되고 있다. 제조업에서도 서비스를 활용하여 부가가치를 높이는 방향으로 혁신이 이루어지고 있으며, 새로운 서비스의 출현과 기존의 서비스를 개선하는 혁신도 이루어지고 있다. 우리는 서비스에 너무 익숙하면서도 많은 기업들이 서비스를 혁신의 관점에서 상대적으로 등한히 하거나, 혁신의 속도가 늦어 경쟁력을 잃어버리고 퇴출되는 기업이 심심치 않게 나타나고 있다.

서비스는 제조업에 비해서 특허 취득이 어렵고 외부에서 서비스 시스템을 비교적 쉽게 이해할 수 있어서 모방이 용이하다. 그러나 서비스에서도 제조업과 마찬가지로 내부 및 외부 연구개발(R&D), 시설이나 장비, 그리고 소프트웨어의 도입, 외부 지식 및 교육훈련의 도입, 외부 마케팅 활동의 도입 및 각종 절차의 확립 등 다양한 혁신활동에 적극 투자하고 노력해야만 그 성과를 높이고 지속적인 성장이 가능한 기업이 될 수 있다. 미국에서는 GAFA(Google, Apple, Facebook, Amazon), 중국에서는 TBA(Tencent, Baidu, Alibaba) 등이 경쟁적으로 혁신을 이끌어 가고 있는 유명 기업들이다.

즉, 서비스 기업이 지속적으로 성장하기 위해서는 지속적으로 차별화된 혁신을 이루어야만 한다. 본장에서는 서비스 기업이 혁신을 성취하기 위한 접근방법으로 어떤 유형의 혁신들이 있는지, 그리고 보다 체계적이고 과학적인 서비스 혁신을 추구하기 위한 서비스 사이언스에 대해 학습한다.

## 제1절 서비스 혁신의 개요

새로운 기술들이 끊임없이 출현하고, 고객의 욕구도 다양하게 변화함에 따라 지속적인 서비스 혁신을 유발하고 있다. 서비스 혁신을 깊이 있게 이해하고 또한 시사점을 얻기 위해서는 그 특징에 따라서 여러 가지 유형으로 구분하여 살펴보는 것이 연구자와 실무자 모두에게 유용하다.

## 1.1 서비스 혁신의 개념

혁신은 오스트리아 태생의 미국 경제학자였던 Joseph Alois Schumpeter(1983~1950)에 의해서 처음 제기된 개념으로서 5가지 영역, 즉 제품 혁신, 프로세스 혁신, 시장 혁신, 자원 혁신, 조직 혁신으로 구분하여 이들을 개선하여 기업의 성과를 높일 수 있다고 설명하였다(Schumpeter, 1934).

Johne와 Storey(1998)는 서비스 혁신을 '공급자가 기존에 제공하지 않은 새로운 서비스를 개발하는 것'으로, Menor 등(2002)은 서비스의 개념적 변화를 고려하여 '기존 고객들이 사용하지 못했던 서비스를 제공하는 것'으로 정의한다. Van de Aa와 Elfring(2002)은 '조직과 이에 관련된 환경에 새로운 영향을 미치는 아이디어, 주체, 역량을 모두 포함하는 것'이라고 서비스 혁신을 정의하고 있다.

이를 요약하여 정의하면 서비스 혁신은 비즈니스 성과를 향상시키기 위해서 고객의 현재 및 미래 욕구를 충족하기 위한 새로운 솔루션을 개발(development)하거나 기존 서비스를 개선(upgrade)하는 활동이라고 할 수 있다. 새로운 솔루션을 출시하는 것은 신흥 시장을

**그림 3-1** 지역 특성을 상품화한 서비스 혁신 사례

아사히가와 시립 아사히야마 동물원

두바이 사막의 관광 서비스

겨냥하는 것으로 궁극적으로는 기존 시장을 파괴하는 혁신으로 급변적 혁신이라고 할 수 있으며, 서비스의 본질은 그대로 두고 기존 고객의 관점에서 기존 시장에 이미 출시된 컨셉과 동일하거나 유사한 서비스로서 부분적인 프로세스나 외형의 일부를 고객의 욕구를 충족시키는 방향으로 개선한다면 이를 점진적 혁신이라고 한다.

이하에서 더 상세히 다루어지겠지만, 서비스 혁신은 존재하지 않는 서비스 상품을 새로 진출시키거나, 운영 중인 서비스 상품에 대한 개선을 의미한다. [그림 3-1]에서는 서비스 혁신의 사례로, 일본의 최북단 소규모 지방인 아사히가와에서 1967년 개설된 시립 아사히야마 동물원은 관람객 격감으로 인한 폐쇄 위기에서 혁신을 통해서 기적같이 일본의 최고 동물원으로 변신하고 지역을 새로운 관광지로 재탄생시켰으며, '중동의 뉴욕'이라는 별명을 얻은 두바이에서는 사막과 바다를 개척하여 새로운 관광 서비스로서 상품화하였다.

## 1.2 서비스 혁신의 유형

새로움의 정도와 상품에서 얼마나 많은 변화가 있었는지 등을 고려하여 Johnson 등(2000)은, ① 급변적 혁신(radical innovation) 또는 주요 혁신이라고도 하며, 신생 기업 및 현재 서비스 중인 시장에 대한 신규 서비스를 포함하는 혁신과, ② 서비스 라인 확장, 서비스 개선 및 스타일 변경 등을 포함하는 점진적 혁신(incremental innovation)으로 구분하였다. 서비스에서 점진적인 혁신은 기존의 컨셉이 유지되면서 프로세스나 상품의 개선으로 유발된 혁신이며, 급변적 혁신은 기존의 프로세스나 상품과는 배경이 획기적이어서 과거의 서비스를 파괴시키는 혁신(disruptive innovation)이다. 급변적 혁신을 성공적으로 상업화한 사례는 일반적으로 대규모 기술 기업(Chandy & Tellis, 2000)을 들 수 있고, 기업 수준에서는 새로운 시장에 진입한 기업의 예를 들면 Apple사에서 음악 및 전화 시장에 진입하고 아마존이 온라인 유통 시장에 진출하는 경우 등이 있다.

신제품 혁신의 유형을 제안한 Booz 외(1982)의 연구에 의하면 서비스 혁신의 유형을 혁신 수준을 기준으로 높고 낮음에 따라서, ① 세계적 수준의 새로운 서비스, ② 신제품 계열, ③ 기존 서비스 추가, ④ 기존 서비스 개선 및 보완, ⑤ 서비스 재설정, 그리고 ⑥ 비용 절감 등 6개 유형으로 구분할 수 있다.

Den Hertog 등의 연구(1999; 2003)는 서비스 혁신을 위한 모델을 크게 네 가지 프로세스, 즉 ① 서비스 컨셉, ② 고객 인터페이스, ③ 서비스 제공 시스템, ④ 기술적 옵션으로 구분하여 이들 간의 관계를 설명하였다. 여기에서 서비스 컨셉은 제공되는 서비스가 무엇이고, 어

**그림 3-2** 서비스 혁신과 가치 전달

출처: Stella Wooder & Steven Baker, 2012, p. 15.

떻게 구성되어 있으며, 고객과 경쟁자가 누구인지를 정의한다. 고객 인터페이스는 서비스 제공자와 고객에게 전달하려는 서비스가 무엇인지, 문제가 생겼을 때 어떻게 제공자와 접촉해야 하는지 등에 대한 정보를 제공한다. 또 서비스 제공(전달)은 서비스 제공자가 서비스를 제공하기 위해 내부 자원을 어떻게 할당 및 배치할 것인지를 정의한다. 마지막으로 기술적 옵션은 서비스가 고객에게 전달되는 과정에서 필요한 다양한 IT 자원을 의미한다.

Wooder와 Baker는 [그림 3-2]에서와 같이 서비스 혁신의 핵심적인 구성 요소를 고객에게 제공되는 가치를 창출하기 위한 컨셉의 설정과 이를 고객에게 전달하는 과정에 걸쳐 있다고 하였으며, 따라서 서비스 혁신은 새로운 서비스 컨셉 및 가치의 제안, 새로운 전달 메커니즘 및 비즈니스 모델, 그리고 새로운 경험 중 하나에 적용된다고 할 수 있다(Stella Wooder & Steven Baker, 2012). 그들은 또한 다양한 서비스 혁신 프레임워크를 고찰한 결과 〈표 3-1〉과 같은 시사점을 정리하였다.

**표 3-1** 전형적인 서비스 혁신 프로파일

| 혁신 단계 | 내용 | 도구 및 고려사항 |
|---|---|---|
| 가치 창출 | • 발견 단계: 고객의 요구사항을 이해하고 충족되지 않은 요구사항을 해결하기 위해 가치를 창출 | • 고객여정지도(customer journey map)* 작성과 같은 혁신 도구는 서비스 혁신을 위한 효과적인 발견에 유용<br>• 특정 고객 또는 고객 유형에 대한 특정 가치 기회를 식별하는 차별화 기회의 식별 |
| 가치 전달 | • 서비스 컨셉 단계: 제품과 서비스의 균형을 고려하여 올바른 비즈니스 모델 제공(예: 시판 중인 제품을 차별화하는 서비스 컨셉)<br>• 고객 요구를 충족시키는 서비스, 비즈니스 모델, 기술 구현 및 고객 경험을 설계 | • 가치 그물 분석(value net analysis)으로 관계 및 파트너십이 가져올 수 있는 것을 명확하게 하고, 가치 제안을 전달할 때의 한계를 표현<br>• 제품과 서비스가 기본 요소로 분해되는 '기능분석'을 통해서 기업에서 가치 제안을 전달하는 데 사용할 수 있는 보이지 않는 기능을 표현 |
| 가치 포착 | • 고객에게 가치를 창출하고 제공하는 가치를 포착, 비즈니스 모델의 구현 | • 비즈니스 모델에는 기존의 '소유권' 및 가입 모델 외에도 임대, 부분적 소유권, 지불 방식을 포함 |

| 가치 방어 | • 개발 단계: 빠른 프로토타이핑, 시제품에 대한 시험 및 평가<br>• 파트너와의 네트워크를 구축 및 관리하고 고객 반응을 신속하게 테스트하며 서비스 제안을 다시 확인하는 데 필요한 핵심사항을 개발 | • 가치 제공을 극대화하기 위한 네트워크 구축 및 경쟁 업체의 고립을 추구<br>• 고객들이 서비스 채택을 위한 가치 제공, 디자인 및 유통<br>• 충성도 향상을 위한 정책 시행 및 가치 제고 |
|---|---|---|
| 지속적 가치 제공 | • 지속 가치 제공 단계: 시스템의 확장을 통한 지속적 가치 제공<br>• 가치 창출이 지속적이도록 상업적인 준비: 가치 창출과 가치 전달 단계를 확장하기 위한 전사적 서비스 시스템 운영 | • 새로운 역량, 고객, 수익을 창출하는 새로운 시스템을 적용하여 서비스 혁신의 지속적 추구<br>• 각종 방법 및 도구의 재설정 |

* 고객여정지도(customer journey map): 고객이 서비스 또는 제품과 어떤 접점을 가지게 되고, 어떤 매력을 느끼는지, 그 결과로서 목표(예: 구매)로 이어지는지와 같은 일련의 행동과정을 시간 축으로 가시화한 그래프로서, 사업을 할 때 가장 선행되어야 하는 고객에 대한 이해를 위한 유용한 도구

서비스 혁신은 다차원적인 특징이 있다. 예를 들어, 제조와 비교할 때 서비스 혁신은 기술적 선택사항이기보다는, 조직 차원에서 새로운 서비스 컨셉을 적용하거나 또는 새로운 고객 인터페이스 및 전달 시스템의 적용에 훨씬 더 비중이 크다고 할 수 있다(Van Ark et al., 2003). 예를 들어, 항공 서비스 기업들은 경쟁적으로 지상 직원들이 수행하던 체크인 업무를 자동화하여 업무 효율성을 높이고 직원 1인당 부가가치 노동생산성을 높이고 있다. 이러한 사례에서는 [그림 3-3]에서와 같이 셀프체크인 장치를 도입하여 고객 인터페이스, 서비스 제공 시스템 및 기술적 옵션 등을 달리하여 새로운 혁신을 이룩하였다고 볼 수 있다.

Qiang Wang 등의 연구(2015)에서는 비즈니스 모델 혁신, 서비스 상품 혁신, 그리고 서비스 프로세스 혁신으로 구분하였다. 서비스 상품 혁신은 제조업에서의 전통적인 제품 혁신

**그림 3-3** 항공 서비스 기업의 생산성 혁신(예시)

항공사 셀프체크인 장치(키오스크)

항공사 셀프체크인 화면

과 유사하여 새로운 서비스의 도입을 의미하며, 서비스 프로세스 혁신은 주로 서비스의 운영 부문에서 이루어진다. 서비스 상품 혁신은 새로운 시장에 진출할 수 있는 결과물 또는 고객에게 가치를 부여하는 제공물의 새로운 개발이라고 정의할 수 있다(Boone, 2000). 비즈니스 모델 혁신은 이 2개 유형의 혁신을 대개 포함하는 가치 제안, 이윤 공식 등 다양한 차원의 혁신 요소를 포괄하여 일어나는 발상의 전환이다. 예를 들면, 델 컴퓨터(Dell Computer)의 창업 사례이다. 마이클 델이 자신이 다니던 대학교 기숙사에서 시작한 것으로도 유명한 컴퓨터 제조 업체인 델 컴퓨터는 기존 컴퓨터 시장에서는 존재하지 않았던 'Build to Order' 방식[1]을 도입하면서 재고를 줄이고 고객 커스터마이징 역량을 극대화해서 성공한 비즈니스 모델 혁신 사례이다.

혁신은 상품뿐만 아니라 프로세스에서도 발생할 수 있는데, 이를 서비스 프로세스 혁신으로 구분할 수 있으며, 실제로 혁신은 프로세스와 상품 모두에서 결합되어 발생할 수도 있다. 이와 관련하여 Wheelwright와 Clark(1992)는 획기적인 프로젝트 혁신(기존 제품 및 프로세스의 근본적인 변경), 플랫폼 프로젝트 혁신(신제품 라인) 그리고 프로젝트 파생(제품 및 프로세스에 대한 점진적 변경) 등 세 가지 유형으로 구분하였다. Zomerdijk와 Voss의 연구(2011)에서는 서비스 프로세스 혁신을 새로운 서비스 경험을 창출하는 서비스 전달 프로세스의 급진적인 변화 또는 고객이 새로운 것으로 인식하는 기존의 전달 프로세스의 점진적 개선으로 정의하였다. 서비스 프로세스 혁신은 또한 서비스 전달 프로세스의 재구성으로 고객의 요구를 충족시키는 새로운 방식으로 이어진다(Boone, 2000). 서비스 프로세스에는 프로세스 전달에 포함되는 프로세스와 전방(front end) 프로세스를 지원하는 후방(back end) 프로세스로 이루어지므로 이들 모두의 혁신이 포함된다.

또한 Den Hertog의 연구(Den Hertog, 2000; 2010)에서는 서비스 혁신의 유형으로 새로운 서비스 컨셉, 새로운 서비스 전달 시스템, 새로운 고객 상호작용, 그리고 새로운 기술 옵션의 혁신으로 구분하기도 하고, 이들 4개 유형을 보다 확장하여 새로운 파트너와 새로운 수익 모델 등을 추가한 6가지 범주로서 구분하기도 하였다.

첫째의 서비스 혁신은 '새로운 서비스 컨셉(new service concept)'이며, 고객 욕구에 대한 해결안을 새롭게 조합 또는 구성하는 유형이다.

두 번째 유형은 '새로운 고객 상호작용(new customer interaction)'으로서 이것은 서비스 가치 창출과정에서 고객이 새로운 역할을 수행하는 유형이다.

---

1) 고객으로부터 주문을 받아 제품을 조립하는 방법, 최단기간에 상품을 고객에게 보낼 수 있고 게다가 대량생산에도 대응할 수 있다는 점이 과거의 주문생산방식과 다르다. 최대 이점은 재고가 대폭적으로 소멸된다는 점이다.

세 번째 유형은 '새로운 파트너(new partners)'로서 이것은 가치 사슬 혹은 가치 창출 네트워크 위의 주체들의 새로운 조합에 의하여 서비스를 제공하는 유형이다.

네 번째 유형은 '새로운 수익 모델(new profit models)'로서 서비스 제공 프로세스에서 비용과 수익을 적절하게 배분하는 모형을 찾아내어 적용하는 것이다.

다섯째 유형은 '새로운 서비스 전달 시스템(new service delivery system)'이며, 서비스 제공자들이 새로운 업무를 수행하는 경우, 그리고 혁신적 서비스를 개발하여 고객에게 제공하는 것을 뜻한다.

마지막 여섯째 서비스 혁신 유형은 '새로운 기술 옵션(new technological options)'으로서, 이것은 ICT를 포함하는 신기술에 의하여 다양한 종류의 서비스 혁신이 발생하는 경우를 의미한다.

따라서 서비스 혁신을 '혁신적 신서비스 개발 및 개선 수준'에 대한 단계로 구분하여 〈표 3-2〉에서와 같이 ① 대혁신, ② 최초 비즈니스, ③ 기존 시장에 대한 신서비스, ④ 서비스 계열 확장, ⑤ 서비스 개선, 그리고 ⑥ 스타일 변화의 6가지 유형으로 구분할 수 있다.

**표 3-2** 혁신적 신서비스 개발 및 개선에 기반한 혁신 유형

| 혁신 유형 | 정의 | 예시 |
|---|---|---|
| 대혁신 | 아직 존재하지 않은 시장을 위한 새로운 서비스 | 최초의 TV 방송, 페덱스의 24시간 내 배달 서비스 등 |
| 최초 비즈니스 | 기존 시장의 필요나 욕구를 새롭게 다른 방식으로 해결하기 위한 신서비스 | 교통카드, 스크린골프, 실버타운 등 |
| 기존 시장에 대한 신서비스 | 기존 서비스 상품이 존재하는 상태에서 다른 기업이 제공한 서비스를 새롭게 제공하기 시작한 서비스 | 스타벅스에 이은 국내 커피전문점의 등장 |
| 서비스 계열 확장 | 동일한 서비스의 단순 종류 증가 | 항공사의 새로운 노선 취항, 식당의 메뉴 추가 |
| 서비스 개선 | 기존의 서비스의 형태나 특성을 변화시켜 속도, 성능, 환경 등을 개선 | 영화관 심야상영 등 |
| 스타일 변화 | 기존 서비스의 스타일을 변화시켜 고객에게 새로운 인식, 영향을 유발 | 내·외부 인테리어 또는 서비스 절차의 변화, 직원의 유니폼 변경 등 |

## 1.3 서비스화

서비스 혁신과 연관하여 최근에 부각되는 주제인 서비스화를 다루고자 한다. 처음에는

제조기업이 제품에 서비스를 더하여 가치를 창출하는 행위를 서비스화(servitization)라고 하였다(Vandermerwe & Rada, 1988). 많은 사람들이 서비스를 제품의 구성 요소로 추가하여 제공함으로써 제품을 차별화하고, 새로운 시장을 개척한다는 점에서 서비스화를 제품 혁신과 연계하여 생각한 것이다. 그러나 서비스화의 개념은 이러한 지엽적이고 단순한 개념적 변화를 의미하는 것이 아니라 기업의 경영 전략의 관점에서 서비스 지향적으로 전환하는 큰 틀(framework)의 변화를 내포하는 것으로 확장되었다.

서비스화는 제품의 서비스화(product servitization)와 서비스의 제품화(service productization), 그리고 비즈니스 모델의 서비스화로 나누어 설명할 수 있다.

## 가. 제품의 서비스화

제품의 서비스화(product servitization)는 국내의 대표적인 성공 사례로서 웅진코웨이에서 정수기를 제품으로 팔던 개념에서 제품의 렌탈을 중심으로 한 금융 서비스 및 정수기의 유지관리(maintenance) 개념의 서비스 체제로의 전환에서 알 수 있듯이, 제품에 서비스를 추가하거나 제품을 서비스의 형태로 고객에게 제공하는 것을 의미한다. 고객이 추구하는 가치가 제품을 소유(own)하는 것이 아니라 제품의 기능을 사용(use)하는 것으로의 전환을 뜻하고 있다. 몇 가지 사례를 통해서 제품의 서비스화를 구체적으로 살펴본다.

국내에서 제품의 서비스화에 대한 혁신 사례로 널리 알려진 웅진코웨이에서의 렌탈 서비스 전환에는 계기가 있었다. 웅진그룹 윤석금 회장(1945~)의 자서전(사람의 힘, 2018년 발간)에 의하면 국내의 IMF 외환 위기에 팔리지 않는 정수기가 창고에 쌓여서 공장 가동을 멈출 수도 없고 창고 유지비용도 감당하기 어려운 상황을 돌파하기 위해 시작한 서비스였다. 제품의 판매 가격은 당시 110만 원짜리였으나, 월대여료는 27,000원으로서 당시 고객이 감당할 수 있는 수준으로 설정하였고, 나중에는 아예 월대여료에 맞는 사양의 제품을 새로이 설계하여 출시하게 되었다.

오티스 엘리베이터(Otis Elevator Company)는 미국에서 1853년 설립된 에스컬레이터, 무빙워크를 포함한 승강기 관련 세계 최대의 제조 및 유지관리 전문기업이다. 이 회사의 제품은 첨단 기술력으로 무장하여 실시간으로 승강기 분석 데이터를 고객과 공유, 전체 운영상황을 투명하게 확인할 수 있다. 이 회사는 신축 건물에 설치되는 엘리베이터에서 전혀 수익성이 없는 가격을 제시한다. 엘리베이터의 수명기간 동안에 발생하는 판매 후 유지보수 서비스에서 적정 수익이 창출될 수 있음을 알고 있기 때문이다. 이 회사에서도 제품을 서비스로 팔고 있다.

롤스로이스(Rolls-Royce PLC)는 1906년 영국에서 창업하여 1914년에 첫 항공기용 엔진을 생산했다. 지금도 이 회사의 엔진을 장착한 항공기가 운항 중에 대량의 데이터가 영국 잉글랜드의 이스트 미들랜즈(East Midlands)에 있는 도시인 더비(Derby)의 롤스로이스 연구진들에게 계속 보내진다. 이 회사에서는 약 80%의 경우 엔진을 팔지 않고, 항공사에서 엔진을 실제로 가동한 시간만큼 서비스 비용을 받고 있다. 엔진에 대한 서비스와 부품 판매가 엔진 사업에서의 '토털 케어'라고 불리는 비즈니스 모델이다. 엔진 성능을 모니터링하고 엔진이 문제되는 시점을 예측하고 효율적으로 수리하여 고객들을 서비스하고 있다.

멕시코의 '세멕스(Cemex)'는 세계 50개국에서 시멘트 생산 공장이 있고 100여 개국에서 각종 사업활동을 하는 세계 3대 시멘트 업체이다. 멕시코는 정책적으로 대규모 도시개발 프로젝트는 적고, 소비자가 직접 건축하는 공사가 대종을 이룬다. 이 회사 직원들이 빈민가의 오두막집에 살고 있는 잠재 고객들과 1년간 직접 생활을 통해서 마을 사람들은 끼리끼리 우리나라의 전통적 협동조직이었던 '계'와 유사한 모임을 갖고, 여기에서 출산 · 결혼식 등의 이벤트 때 새로운 시멘트 소비행동이 있음을 파악할 수 있었다. 즉, 지역별로 3명이 매주 1인당 13.5달러의 곗돈을 모아 집을 지을 때 시멘트를 구매하는 계모임이었다. 세멕스의 직원들은 마을에 직접 찾아가서 개인별로 건축 설계에 관한 전문 지식으로 조언을 해주고, 재료비의 80%를 대출하는 금융지원을 하는 '오늘을 위한 기금(파트리모니오 호이: Patrimonio Hoy) 프로그램'을 시작하였다. 그 결과 시멘트를 제조하던 세멕스가 연간 5억 달러 이상의 신규 수요를 창출하고 저소득층 18만 가구에 내 집 마련의 기회를 제공하는 서비스 시장을 형성하는 개가를 올리게 되었다. 이 기업은 시멘트 등 건축자재를 판매하는 데 그치지 않고 건축 솔루션 서비스업체로의 혁신을 시도한 것이다.

**그림 3-4** 세멕스(Cemex)의 서비스화 사례

**표 3-3** 제품의 서비스화 사례

| 서비스화 사례 | 기업 |
|---|---|
| 정수기를 제품으로 팔던 개념에서 제품의 렌탈 서비스로의 전환 | 웅진코웨이 |
| 엘리베이터를 설치하고 난 후, 수명기간 동안에 발생하는 판매 후 유지보수에서 수익을 창출 | 오티스 엘리베이터 (Otis Elevator Company) |
| 항공사에 엔진을 파는 대신 엔진을 실제로 가동한 시간만큼 비용을 받는 서비스로 전환 | 롤스로이스 (Rolls-Royce PLC) |
| 시멘트 제품의 판매에서 건축 솔루션 서비스 판매로의 전환 | 멕시코의 세멕스(Cemex) |
| 개인이 병원에 방문하지 않고 스스로 혈당 및 상태를 간단하게 점검을 할 수 있는 휴대용 혈당측정기와 바이오 센서를 개발, 당뇨측정기(제조) + 건강관리(서비스) 제공 | 인포피아(Infopia) |
| 세계적인 에너지 관리 전문기업으로, 주력하던 전기설비와 중장비 생산에서 원격 실시간 스마트 전력관리 솔루션 서비스 제공 | 슈나이더 일렉트릭 (Schneider Electric) |
| 전구(제조) 판매에서 IoT(Internet of Things) 관련 기술들을 활용, 뮤직플레이어와 연동하여 음악에 맞춰 조명의 색상과 조도를 연출하는 서비스 제공 | 필립스(Philips) |

## 나. 서비스의 제품화

서비스의 제품화(service productization)는 제품을 출시하여 서비스를 차별화하는 서비스의 보완 또는 강화의 형태가 있고, 서비스의 표준화, 서비스의 프로세스화, 서비스의 자동화를 통해서 서비스가 대량 생산되는 제조업화가 있다. 서비스의 제품화도 몇 가지 사례를 통해서 구체적으로 살펴본다.

구글에서는 인수 · 합병을 통해 확보한 스마트폰 운영체제 안드로이드(Android)를 자사의 스마트폰 제품에 탑재하고 기존의 강력한 검색 서비스가 모바일에서도 구동되도록 확장하였다.

국내 U헬스케어 기업인 인포피아의 주력 상품은 블루투스 혈당기(제품)로서, 혈당기로 채취한 혈액 데이터를 실시간으로 공유해 환자들이 원격 의료 서비스를 받을 수 있도록 함으로써 당뇨 기록 관리의 번거로움을 해결한 솔루션을 통해 서비스의 확장을 이루어 냈다. 이와 같이 병원에 방문해야 했던 재활치료나 진단 서비스를 환자나 보호자가 병원에 방문하지 않고 스스로 가정에서 이용할 수 있는 제품화를 구현한 것이다. [그림 3-5]에서와 같이 깨끗한 자연환경에서 접할 수 있는 피톤치드 등 유익한 성분을 함유하고 있는 공기를 제공해 주는 청정기, 전문 매장에서 맛볼 수 있는 커피를 가정 및 사무실에 제공해 주는 제품도 같은 맥락에서 서비스의 제품화 사례라고 할 수 있다.

이와 같이 서비스의 제품화는 오랜 서비스 경험을 통해 축적된 지식과 연구 노력을 바탕으로 서비스를 제품으로 변환하여 다수의 고객에게 대량의 서비스를 제공하는 것이다.

그림 3-5 서비스의 제품화 사례

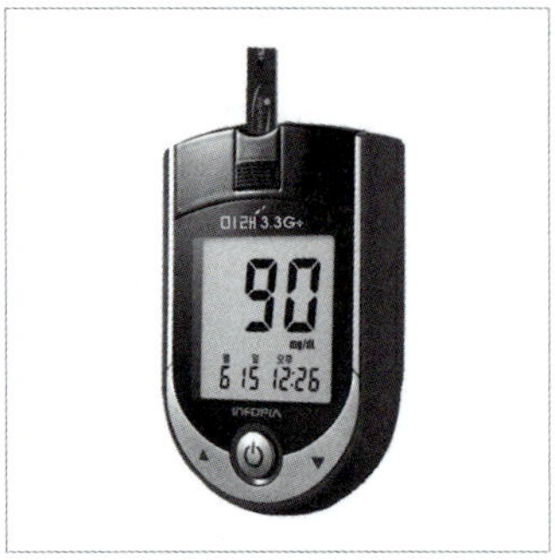

인포피아의 블루투스 혈당기

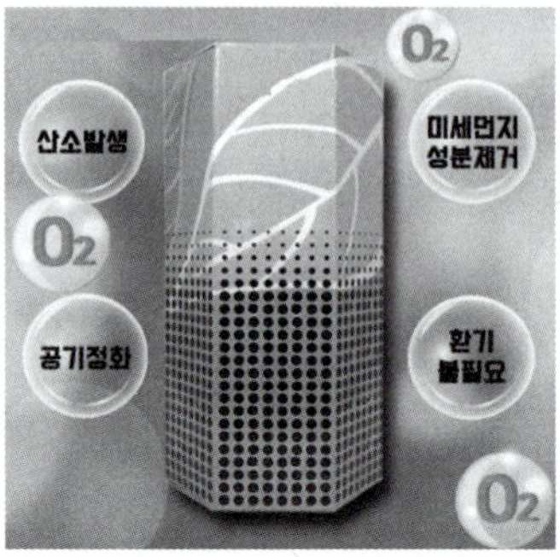

피톤치드를 발생시키는 공기청정기

바리스타 수준의 커피 맛을 제공하는 커피머신

## 다. 비즈니스 모델의 서비스화

제품과 서비스는 융합하여 고객에게 그 가치를 제공하는 방향으로 혁신되고 있으며, 제품 중심의 사고에서 서비스와 제품의 동등한 수준 또는 융합적 가치 제공의 관점으로 전환되고 있는 서비스 혁신의 시대가 도래하였다.

1911년 미국에서 설립된 글로벌 정보기술(IT)기업 IBM은 컴퓨터 하드웨어 사업에서 강력하였으나, 영국 런던에 본사를 둔 다국적 경영 컨설팅 기업 프라이스워터하우스쿠퍼스(Price waterhouse Coopers: PwC)를 인수한 후 비즈니스 소프트웨어와 ICT 서비스 시장으로 눈을 돌려 통합 솔루션 서비스 기업으로 전환하였고, GE도 제조도 하는 서비스 기업을 표방하면서 제조업의 서비스화(servitization)를 선도하였다. 네덜란드의 가축사료 제조기업 헨드릭스(Hendrix)는 사료를 만드는 데 만족하지 않고, 사료사업에서 쌓은 지식을 바탕으로 가축질병을 진단할 수 있는 진단 서비스를 제공하였다. 매출은 사료에서, 이익은 건강진단 키트를 이용한 서비스에서 더 많이 창출되었다. 더 높은 부가가치를 창출하기 위해 헨드릭스는 질병 진단에서 쌓은 지식을 연구진을 보강하여 치료와 예방을 동시에 제공하는 백신 솔루션 회사로 변신하였다.

비즈니스 모델의 서비스화에는 서비스에 부가가치가 있고 사업화가 가능하다는 관점의 전환을 보여 주는 것이며, 서비스에서 신사업 기회를 창출하는 역량을 보여 주는 것이다. 제조업에서 높은 경쟁력을 실현하기 위해서 고려할 수 있는 비즈니스 모델의 서비스화는 다음과 같이 크게 세 가지가 있다.

**표 3-4** 비즈니스 모델의 서비스화 유형

| 서비스화 유형 | 내용적 특성 |
|---|---|
| 제품과 서비스의 결합 모델 | 제품에서 서비스의 결합 및 강화 |
| 사용량 기반 지향(use-oriented) 모델 | 제품을 생산한 업체가 소유권을 갖고, 사용권을 판매 |
| 부가 서비스 지향(result-oriented) 모델 | 제품을 판매한 이후에도 다양한 부가 서비스 제공 |

### (1) 제품과 서비스의 결합 모델

제품과 서비스를 결합하는 모델로서, 기존 제품에 서비스 기능을 같이 추가로 제공함으로써 제품의 경쟁력을 높이는 유형이다. 제조사들이 가정이나 사무실에 정수기를 생산하고 이를 단순 판매하던 것에서, 제품 자체를 임대 및 정기 점검하는 방식이나, 자동차 타이어의 단순 판매에서 타이어의 수명주기에 걸친 유지관리 서비스를 제공하는 방식이다. 이스라엘 SHL TeleMedicine사(社)가 심전도 계측기(ECG)를 제조 · 납품하는 업체였으나 병원과 24시간 모니터링 계약을 통해 30만여 명의 장기 고객을 확보하고 심혈관계 모니터링 서비스를 제공하는 방식 등이다.

**그림 3-6** 비즈니스 모델의 서비스화 유형

웅진코웨이 정수기 렌탈

한국타이어의 T-Station

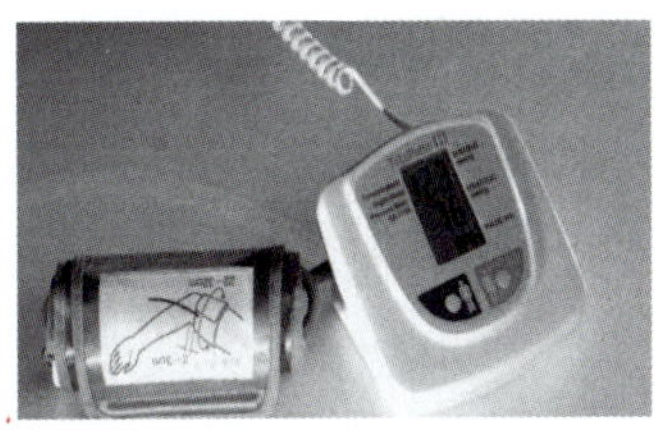
이스라엘 SHL 모니터링 서비스

### (2) 사용량 기반 지향 모델

사용량 기반 지향(use-oriented) 모델은 제품을 생산하는 업체가 소유권은 기업이 그대로 갖고 있으면서 제품의 사용권만을 판매하는 모델이다. 클라우드 서비스는 사용자 기업에 하드웨어나 네트워크 장비 등 IT환경 전체를 사용할 수 있도록 지원하는 사용량 기반 지향 모델의 전형적인 사례이다. 사실 소프트웨어 업계의 대표적인 제조사 MS(Microsoft)도 이미 기업들을 대상으로 Office나 Windows의 라이선스를 이런 방식으로 판매하는 모델이 있다. 대기업의 경우 소프트웨어를 단품 구매하는 것보다 일정 기간마다 대량 구매 방식으로 라이선스 계약을 하고 있고, 사실상 이는 대여 모델이다.

#### (3) 부가 서비스 지향 모델

부가 서비스 지향(result-oriented) 모델은 제품을 판매한 후에도 사용 중인 제품을 기반으로 다양한 부가 서비스를 판매하는 모델이다. 아이폰을 한 번 판매한 뒤에 아이튠즈 스토어를 통해서 계속해서 음악과 영화, 동영상 콘텐츠를 판매함으로써 부가가치를 얻는 방식이다. 스마트폰뿐만 아니라 자동차에도 자동차 유지관리 및 엔터테인먼트 등 서비스 기능이 포함되어 있다.

## 제2절 서비스 지배 논리와 서비스 사이언스

서비스에 대한 개념은 매우 포괄적이고 시간이 지남에 따라 다양한 지식 영역에 걸쳐서 변화를 거듭해 왔다. 다양한 서비스가 창출되어 시장에 진입하고 서비스 기업들이 증가하면서 서비스 기업을 다루는 경영학에서는 이를 과학적으로 연구하고 실무적으로 리더십을 가질 수 있는 학술적 기반이 필요하다는 인식이 크게 대두되었다. 또한 서비스에서도 그동안 고객들에 의해 주관적으로 평가되어 정량적이고 객관적으로 측정하기 어렵다는 이유로 제한적으로 다루어 오던 서비스 품질에 대한 이슈도 제조업 이상으로 과학화해야 한다는 귀결에 이르게 되었다. 이하에서는 서비스 경영의 이론적 체계화와 학술적 연구가 비교적 활발한 몇 가지 기본적 개념을 소개한다.

### 2.1 서비스 지배 논리

서비스의 과학적 접근을 위한 단초를 여는 개념으로서 서비스 지배 논리 또는 서비스 중심 논리(Service Dominant Logic: SDL)라는 개념은 서비스 경영과 기존의 제조업 관점에서의 경영과의 차이를 식별하는 데 도움을 준다.

**그림 3-7** 제품 지배 논리와 서비스 지배 논리에서 교환의 계층

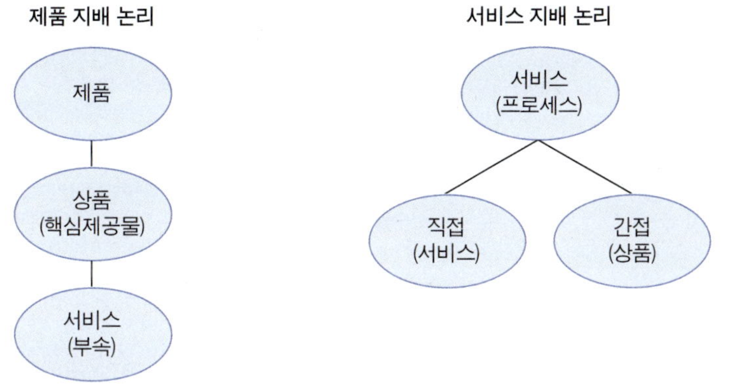


출처: Christian Kowalkowski, 2010, p. 286.

전통적인 서비스의 개념은 서비스 자체의 특수성에만 초점을 맞추고 있어 최근의 경제 흐름을 이해하는 데 한계가 존재한다. 과거 시장에서는 [그림 3-7]에서와 같이 제품 중심의 지배 논리에 따라 서비스를 제품과 분리된 개념으로 간주하여 경제활동을 지원하는 부수적인 활동으로 인식하였다. 즉, 서비스는 제품을 위한 부가적인 활동을 뜻하는 협소한 개념으로서 비생산적인 활동으로 인식하였으나, 그동안 기업 가치 창출의 원천으로 인식되어 왔던 제품을 통한 성장이 한계에 이르렀고, 기업들이 추구하는 지속적인 가치창출을 이루기 위해 서비스가 경제활동의 부수적인 가치 영역으로부터 확장되는 계기를 맞고, 이에 따라 서비스에 대한 새로운 접근방법, 새로운 정의가 도입되었다.

전통적인 서비스의 정의는 제공자의 관점에 종속적이었으며, 고객의 가치에 영향을 미치는 사용 환경, 즉 시간이나 장소, 경험, 활용 네트워크 등을 무시하고 있었다. Vargo와 Lusch(2004)는 서비스에 대한 새로운 접근방법으로서 제품 지배 논리와 대비되는 개념으로 서비스 지배 논리(service-dominant logic)를 제시하였다. 서비스 지배 논리에 따르면, 오늘날의 경제 환경에서는 제품과 서비스를 각기 독립적인 활동으로 바라보기보다는 융합된 개념으로 보아야 하며, 더 나아가서는 [그림 3-8]에서와 같이 서비스 가치를 우선 고려하면서 이를 위해 필요한 제품의 기능을 디자인해야 한다고 주장하고 있다. 이 논리에서는 서비스의 개념이 제품에 종속되는 것이 아니라, 제품과 서비스가 수평적 관계에 있어서 융합의 관점을 갖고 해석해야 하거나 사용자의 욕구를 만족시켜 주기 위한 서비스를 구현하기 위해서 오히려 관련 제품에 대한 연관성을 파악해야 하는 관계임을 의미한다.

그림 3-8 제품 지배 논리와 서비스 지배 논리의 관점

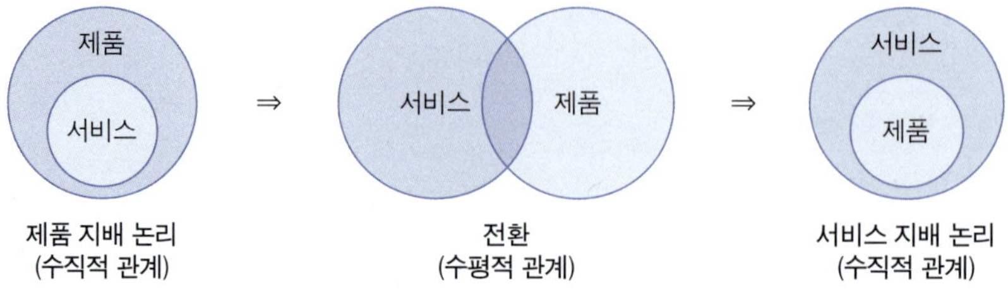


오히려 서비스 지배 논리에서는 서비스가 '타 경제주체, 즉 고객이나 사용자의 이익을 위해 한 경제주체, 즉 서비스 제공자가 지식과 역량을 제공하는 일련의 활동'이라고 정의하며, 서비스의 개념을 광의의 개념으로 확장하여 제품을 포괄하는 개념으로 인식하는 것이다(Alter, 2008). 이것은 제품 자체가 가치를 창출한다는 관점에서 탈피하여, 경제주체들이 지속적으로 활용 가능하고, 그리고 경쟁우위를 창출해 낼 수 있는 무형의 자원, 즉 지식, 기술, 그리고 역량 등을 활용하여 창출해 내는 서비스 가치에 중점을 두고 있음을 의미한다.

다시 말해, [그림 3-8]에서와 같이 제품 지배 논리에서는 제품 자체가 가치를 창출하거나 일부 부수적으로 서비스가 이를 보조한다고 본 반면, 서비스 지배 논리에서는 직접적으로 서비스가 가치를 창출하는 활동으로, 그리고 간접적으로 제품을 인식한다.

따라서 스마트폰을 제품으로 보는 사람은 아직 제품 지배 논리적 사고를 한다고 할 수 있으며, 스마트폰에서 활용할 수 있는 다양한 서비스에 관심을 갖고 접근하는 사람은 서비스 지배 논리적 사고를 한다고 할 수 있다. 제품 지배 논리와 서비스 지배 논리는 한편으로는 아주 간단하면서도 아주 심오하고 상세한 하위 개념에서는 논리적 차이를 내포하고 있는 광범위한 개념체이다. 〈표 3-5〉에서는 서비스의 특성 중에 비분리성에 의해 고객과 서비스 제공자가 공동으로 그 가치를 창출한다는 차원에서 제품 지배 논리와 서비스 지배 논리의 차이를 제시하고 있다.

〈표 3-5〉에서는 먼저 제조업에서는 유형의 자원을 결합하여 기능하는 제품을 결과물로 보는 데 비해서, 서비스업에서는 고객이 인지하는 가치를 성과물로서 제공하는 차이가 있다. 제조업에서 중요한 영역인 생산활동은 자원을 획득하는 것, 즉 현재 존재하는 유무형의 자원을 확보하는 데서 시작되며, 주요 생산 자원은 정태적이라고 할 수 있다. 제조업에서는 이 정태적인 자원을 가공하여 고객을 위한 제품을 생산하고 고객에게 공급한다. 이에 반해 서비스업에서의 자원은 동태적이며, 자원이 자발적으로 서비스를 움직이게 한다. 서비스

**표 3-5** 제품 지배 논리에서 서비스 지배 논리로의 전환

| 제품 지배 논리<br>(From Good-dominant Logic) | | 서비스 지배 논리<br>(To Service-dominant Logic) |
|---|---|---|
| 기능하는 제품 | | 고객에 대한 가치 |
| 정태적 자원 | | 동태적 자원 |
| 자원 획득(resource acquisition) | | 자원화(resourcing): 창조, 통합 및 장애 제거 (creating & integrating resources & removing resistances) |
| 제품과 서비스(goods & services) | | 서비스와 경험(servicing & experiencing) |
| 가격(price) | ⇨ | 가치 제안(value proposing) |
| 결과지향적(result-oriented) | | 과정지향적(process-oriented) |
| 거래적 | | 관계적 |
| 물리적 재화의 전달 | | 고객과의 상호작용 |
| 촉진(promotion) | | 대화(dialog) |
| 선형적 공급사슬(supply chain) | | 가치창출 네트워크(value-creation network) |
| 행동 극대화(maximizing behavior) | | 교환을 통한 학습(learning via exchange) |
| 시장/고객이 마케팅 대상("marketing to") | | 시장/고객과 협력 마케팅(collaborative marketing "marketing with") |

출처: Lusch, Vargo, & Wessels, 2008(일부 수정 보완).

자원은 서비스 공급자가 고객에게 서비스를 제공하기 위한 목적에 따라 일방적으로 사용되는 존재가 아니며, 자원이 스스로를 조작하여 서비스의 제공을 변경할 수 있는 객체이다.[2)]

또한 제조업에서는 자원에 대해서 이미 존재하는 자원을 획득하고 활용한다는 개념이 보편적이며, 존재하지 않는 자원은 생산에 투입할 수 없다고 본다. 그러나 서비스업에서는 현재 존재하지 않는 자원도 자원으로 만들 수 있다고 본다. 즉, 자원의 획득(resourcing) 활동을 "잠재적인 자원을 서비스 생산에 필요한 자원으로 전환하는 활동(activity)"으로 정의한다. 이 활동에는 자원생성(resource creation), 자원통합(resource integration), 장애제거(resistance removal) 등 3가지 세부 활동이 있다. 자원생성 활동은 현재 존재하지 않거나, 서비스 수행 활동에 바로 사용할 수 없는 잠재적인 자원들을 사용 가능한 자원으로 만들어 내는 활동이다. 또 자원통합 활동은 개별 자원으로서는 서비스 수행에 활용될 수 없는 자원들

2) 서비스 지배 논리의 관점에서는 경제주체를 사람, 기술, 조직 및 정보를 포함한 자원의 모음으로 간주한다(Spohrer, Maglio, Bailey, & Gruhl, 2007). 또한 이들 자원 중에서 사람과 조직 자원은 기술 및 정보 자원에 의해서 움직일 수 있는 자원 유형으로 구분하여 파악한다.

을 서로 통합하여 하나의 유용한 자원으로 생성해 내는 것이며, 자원제거 활동은 서비스 수행을 위해 현재의 자원 상태가 문제가 있는 경우, 그 문제나 장애를 해결하는 활동이다. 따라서 제조업이 자원의 통합 및 고객화의 범위가 좁은 반면에 서비스에서는 이러한 범위가 상대적으로 크다는 점에서 차이가 있다.

한편 제조업에서는 '제품이나 서비스'라는 용어를 많이 사용한다. 즉, 자동차, TV, 휴대폰 등을 제품이라고 부르고, 사후 서비스, 운영 서비스 등에서 서비스라는 용어를 사용한다. 여기서 서비스는 제품의 제조나 판매를 지원하는 부수적 활동으로 보며, 여전히 서비스는 무료라는 이미지가 남아 있고, 원가 절감이나 수익 증대를 위해서 최소화되어야 할 활동이라는 이미지가 있다.

그러나 이러한 제품 지배 논리의 개념이 전환되기 시작했다. 예를 들면, 1990년대 이후로 고객들이 중요하게 생각하는 것이 컴퓨터 자체에서 컴퓨터가 제공하는 서비스로 전환되었다. 제품에 가치를 부여하는 것이 서비스이며, 제품의 차별화를 위해서는 많은 서비스가 작동되어야 한다는 관점이다.

새로운 서비스 지배 논리 개념체계에서는 서비스를 무형의 상품을 고객에게 가격을 매겨서 파는 활동으로 보고, 고객의 욕구를 해결하기 위해 필요한 서비스를 구성하기 위해서는 제품이 결합되어야 한다고 본다. 고객이 경험하는 효용으로서의 가치는 서비스가 우선이고, 이를 위해서 서비스에서 필요한 제품을 결합하여 고객에게 가치를 제공하는 것이다. 즉, 제품은 서비스를 전하는 수단이며, 인간의 역량을 확대 적용하는 수단이 된다고 본다.

**그림 3-9** 가치 인식 관점에서의 지배 논리 개념의 전환

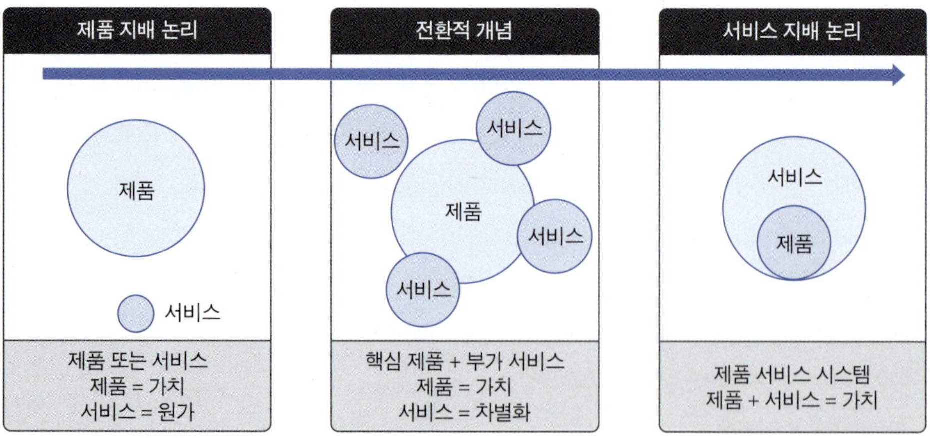


출처: Vargo & Lusch, 2004.(일부 수정보완)

**표 3-6** 지배 논리 개념의 전환

| 제품 지배 논리 개념 (Good-dominant Logic concepts) | | 전환적 개념 (Transitional concepts) | | 서비스 지배 논리 개념 (Service-dominant Logic concepts) |
|---|---|---|---|---|
| 제품 | | 서비스 | | 서비스 |
| 상품(products) | | 제공물(offerings) | | 경험 |
| 기능/속성 | | 효능 | | 솔루션 |
| 부가가치 | | 공동생산 | | 가치의 공동생산 |
| 이윤 최대화 | | 재무 공학 | | 재무 피드백/학습 |
| 가격 | ⇨ | 가치 전달 | ⇨ | 가치 제안 |
| 평형 시스템 | | 역동적 시스템 | | 복잡계 적응 시스템 |
| 선형적 공급사슬 (supply chain) | | 가치사슬 (value chain) | | 가치창출 네트워크 (value-creation network) |
| 촉진(promotion) | | 통합 마케팅 | | 대화(dialog) |
| 시장/고객에서의 마케팅 (to market) | | 시장/고객이 마케팅 대상 (market to) | | 시장/고객과 협력 마케팅 (market with) |
| 상품 지향성 | | 시장 지향성 | | 서비스 지향성 |

출처: Vargo & Lusch, 2006, p. 385.

서비스업에서는 '서비스와 경험'이라는 단어를 강조한다. 서비스업에서 서비스는 상품이고, 경험은 고객에게 주는 효용과 가치이다. 따라서 서비스 기업에 종사하는 사람은 서비스를 팔면서 상품을 팔고 경험을 판다고 말한다.

제조업에서는 제품에 가격을 매겨서 팔며, 여기서 가격은 원가와 마진으로 구성된다. 서비스에서는 서비스 상품의 가치는 고객의 욕구(wants)를 충족하는 가치 제안(value proposition)의 수준으로서 결정된다. 가치 제안은 서비스가 목표 고객에게 제공할 것이라고 약속하는 모든 유·무형의 편익을 의미한다. 중요한 것은 가격의 기준이 서비스 원가가 아니라, 고객의 욕구를 충족하는 수준이 그 기준이 된다는 점이다. 서비스에서 가격을 높이려면 서비스 제공의 '효율성(how)'이 아니라, 고객의 필요를 충족시킬 수 있는 '효과성(what)'에 초점을 맞추어야 한다. 기업은 고객에게 가치 제안을 하는 과정에서 조직이 해야 할 역할이 과연 어떤 것인지를 결정하게 된다.

〈표 3-7〉에서와 같이 고객의 역할도 변화가 일어난다. 수동적 구매자로서 인식되던 고객은 능동적 개체로서 서비스 제공자와의 대화가 중시되고, 고객이 서비스 구매에 참여하므로 자원으로서의 소비자 역할이 증대된다. 제공자는 고객경험에 대해 연구가 필요하고

**표 3-7** 고객의 역할 변화

| 제품 지배 논리 | | 서비스 지배 논리 |
|---|---|---|
| 수동적 구매자 | | 능동적 개체 |
| 청취(listening) | | 대화(dialogue) |
| 구매자로서 소비자 | ⇨ | 자원으로서 소비자 |
| 고객욕구에 대해 연구 | | 고객경험을 연구 |
| 전문가에 의존하여 구매 | | 소비자의 지식에 주도한 구매 |

소비자는 자신의 지식에 의해 구매가 주도된다.

서비스업은 마케팅에 대한 개념도 제조업과 차이가 있다. 제조업에서는 제품의 판매를 촉진하는 활동을 중시하는데, 제품의 규격이나 기능이 정해져 있는 상태이므로 마케팅에서는 해당 제품을 얼마나 많이 판매하느냐가 주된 관심사이다. 이처럼 제조업이 결과를 전달하는 거래 대상으로 고객을 보는 반면 서비스업에서는 서비스를 판매하는 과정에서 고객과의 관계를 중요시하는 양방향 커뮤니케이션이며 서비스 전달과정에서 고객의 참여를 중요시한다. 즉, 서비스 마케팅에서는 고객의 관점을 더 많이 이해하는 데 노력하고, 고객의 관점에 맞는 서비스 컨셉을 디자인하는 데 마케팅의 초점을 맞춘다.

또한 제조업에서는 제품의 생산에 투입되는 원재료와 부품의 공급사슬이 거의 선형적이다. 여러 원재료들로부터 부품이 만들어지고, 부품으로부터 반제품, 완성품이 차례로 만들

**그림 3-10** 스마일 커브 모델

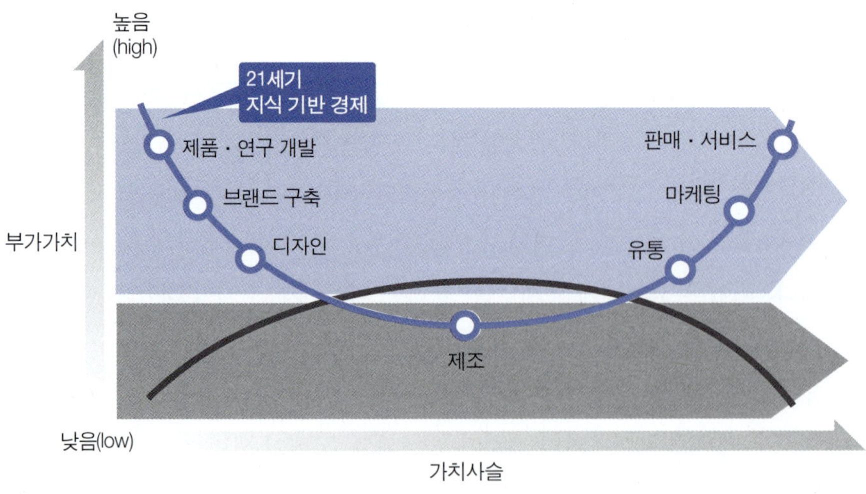

어진다. 그러나 서비스업의 경우에는 고객을 중심으로 서비스 네트워크가 형성된다. 이 과정에서 공급사슬이 선형적이 아니어서, 서비스의 일부는 조직에서 직접 수행하기도 하고, 일부는 다른 조직에 아웃소싱하는 경우도 있다. 다른 조직에는 고객이 포함될 수도 있다. 그리고 서비스 품질과 생산성을 높이기 위해서 가치 창출 네트워크를 유연하게 변형할 수도 있다. 서비스업에서 고객의 위치는 가치를 공동으로 창출하는 '협력적 파트너'이므로, 함께 마케팅을 하는 주체가 된다.

제조업에서는 제품의 생산과 조립에 집중하지만, 서비스에서는 제품의 효용을 고려한 제품의 디자인, 유통 및 마케팅을 개선하고 혁신하는 방향으로 조직의 역량을 적용해야 하는 더 많은 가치를 창출할 수 있다. 이와 관련하여 대만의 컴퓨터 제조사 Acer의 창업자인 Stan Shin(2001)은 [그림 3-10]에서와 같이 제조 부문에서 창출되는 부가가치보다 디자인, 브랜드, 유통, 사전 · 사후 서비스에서 부가가치가 더 높다는 스마일 커브 모델(smile curve model)을 제시하였다.

## 2.2 서비스 사이언스의 개념

서비스 사이언스(service science)는 과거에 컴퓨터 사이언스(computer science)로 한몫을 챙긴 IBM에서 주창한 서비스 경영 및 공학(Services Sciences, Management, and Engineering: SSME)과 같은 의미에서 출발한 개념이다. 전 세계적으로 서비스 혁신을 주도하고 있는 IBM의 사명(社名)은 'International Business Machines'의 준말이다. 지난날 대형 컴퓨터를 주종으로 사무용 '기계'의 혁신을 이끌면서 '컴퓨터 사이언스'라는 분야를 개척했던 기업에서 오늘날에는 사무용 '서비스'의 혁신을 주창하면서 '서비스 사이언스'라는 새로운 분야를 주도한다.

실제로 IBM의 총수익 가운데 서비스가 차지하는 비중은 1996년엔 21%에 불과했으나 10년 후인 2006년에는 53%로 불어나 하드웨어 비중을 압도하고 있다. IBM의 경우 과거에는 컴퓨터 제조 등에서 괄목할 만한 성장을 이루었으나, 현재는 제조가 아닌 서비스 부문이 전체 수익의 약 50% 이상을 차지하고 있기 때문에, 서비스 비즈니스의 성장을 위해 요구되는 기술과 교육훈련을 사내에서는 물론 학생들에게 제공할 교과과정을 개설하도록 대학들과 협조하는 것이 매우 중요한 일이라고 판단하였다. 실제로 IBM에서는 전 세계적으로 수만 명의 전문 연구원과 비즈니스 컨설턴트들이 서비스 비즈니스에 종사하고 있다. 기술과 비즈니스에 전문성을 가진 인재 그룹은 서비스 사이언스 이론과 실무를 테스트하고 개발하는 데 있어서 바탕이 되며, 많은 IBM 연구원들이 새로운 프로그램과 코스를 개발하는 데 도움을 주고 서비스 사이언스를 주제로 하는 새로운 커뮤니티를 형성하는 데도 도움을 줄 수 있도록 학계와 밀접히 협력하고 있다.

서비스 사이언스는 서비스를 과학의 대상으로 인식하고 있으며, 서비스 관찰에서부터 추상화에 이르기까지 그것의 체계화에 주력하고 있는 학문이다. 또한 서비스의 설계, 구축, 운영, 개선, 그리고 평가에 이르는 일련의 단계들이 효과적이고 효율적으로 성과를 높이는 방법론을 제시하는 것을 목적으로 하고 있다. 이를 위해서 서비스와 서비스 산업의 본질을 규명하여 서비스 혁신과 생산성 향상을 이루기 위해 기술, 경영, 경제, 산업공학 등 여러 분야의 지식을 종합하려고 시도하는 다학제적(multi-disciplines) 연구의 성격을 가지고 있다. 즉, 서비스 사이언스는 궁극적으로는 서비스 산업의 경쟁력을 높이기 위해 서비스 산업의 본질을 밝히고, 이를 바탕으로 서비스의 생산성과 효율성을 높이기 위한 새로운 학문 분야라고 할 수 있다.

## 2.3 서비스 사이언스 연구

서비스 사이언스에 관한 많은 연구들은 주로 서비스 부문에서 획기적인 혁신을 통한 서비스 산업의 경쟁력 강화를 위하여 여러 분야의 지식을 종합하여 체계화하고 과학적인 방법으로 융합을 이루어 내는 연구개발 활동에 주력하고 있다. 즉, 서비스 세계에 대한 과학적 고찰, 실험, 증명, 수치화 등의 객관적이고 합리적인 방법으로 서비스를 새로이 체계적으로 혁신할 수 있다고 보는 접근이다. 대표적으로 Coombs와 Miles(2000)는 서비스 혁신을 연구하고 정의하기 위한 접근법을 크게 세 가지 관점으로 제시하였다.

첫째, 융화적 접근법(assimilation approach)은 제조업 중심의 혁신과 유사한 시각에서 서비스 혁신을 다루는 관점이다. 제조업의 기술 중심 생산 혁신과 프로세스 혁신의 관점에서 고려했던 것처럼 서비스 혁신도 이들과 유사한 접근법을 고려하는 것이다.

둘째, 구분된 접근법(demarcation approach)은 서비스 혁신에 관한 독립적 특성들을 연구하기 위한 기초가 되는 관점이다. 즉, 이 접근법은 제조업의 혁신과는 완전히 다른 서비스만의 고유한 특성을 고려하여 혁신을 이끄는 접근법이라 할 수 있다.

마지막으로, 통합적 접근법(synthesis approach)은 서비스 혁신을 서비스뿐만 아니라 제조업과 관련된 혁신 요인들을 모두 통합적으로 고려하는 관점이다.

이하에서는 서비스 사이언스에 관한 연구의 유형으로서 서비스 기초이론에 관한 연구, 응용이론에 관한 연구, 그리고 서비스 융복합 연구로 구분하여 살펴본다(안연식, 2011; 2012; 2013).

## 가. 서비스 기초이론 연구

서비스 기초이론 연구는 그동안에 제조에 비해 뒤쳐졌다고 볼 수 있는 서비스의 과학화를 위한 학문적 기초이론 연구이다. 연구의 사례로서는 서비스 전략, 프로세스, 공급사슬관리, 마케팅, 품질, 생산성, 개발방법론 연구, 가격결정 연구, 교과과정 개발, 인적자원관리 등을 들 수 있다.

## 나. 서비스 응용이론 연구

서비스 응용이론 연구는 서비스 기초이론 연구의 기반 위에서 서비스 분야에서의 실용화를 위해 한 걸음 더 나아간 이론 연구이다. 주요 연구의 사례로는 제품-서비스 통합 기초 및 응용 연구, 서비스 상품이나 프로세스, 자원, 마케팅 모델 연구, 서비스 이용자의 욕구 및 형태 분석 연구 등을 들 수 있다.

## 다. 서비스 융복합 연구

서비스 융복합 연구는 서비스 혁신을 위해서 다학제 간 광범위한 융합 연구를 의미한다. 연구의 사례로서는 서비스 마케팅, 오퍼레이션 경영이나 OR(Operation Research), 경영과학, 산업공학, 품질경영, 통계학, 프로세스 최적화, 기타 관련 학문들의 융복합 부문 연구가 있는데, 성공적인 서비스 융복합 연구개발의 성공 사례는 스크린 골프(screen golf)와 브리티시 에어웨이(British Airways) 항공사의 혁신적인 좌석 디자인 사례를 들 수 있다.

먼저 스크린 골프 서비스 상품은 센서, 스크린, 프로젝터, 컴퓨터, 스윙플레이트(Swing Plate), 오토티업기(Auto Tie Machine), 퍼팅 시뮬레이터(Putting Simulator), 모션카메라(Motion Camera) 등 복합적인 과학기술적 구성 요소들의 결합은 물론 인문사회적 개념의 서비스 요소도 융합되어 있다. 인문사회적 개념 요소에는 현실형 마케팅 및 경영학적 관점이 결합된 스포츠 서비스적 개념, 학습 콘텐츠의 교육적 개념과 다양한 형태의 시스템적 요소가 결합된 골프장 콘텐츠적 개념, 다양한 형태의 화면 및 배경을 기초로 하여 심리적, 엔터테인먼트적 요소가 결합되어 재미적 요소가 극대화되어 있을 뿐만 아니라, 한국의 방 문화를 대표로 하는 노래방, 비디오방 등의 공간적 사회성을 기초로 한 사회과학적 접근이 복합되

**그림 3-11** 서비스 사이언스의 융복합 성공 사례

스크린 골프 혁신 사례

브리티시 에어웨이 항공사의
지그재그형 좌석

외국인 환자용 병원(9층 이하),
병설 호텔(10층 이상)

어 있다.

브리티시 에어웨이 항공사에서는 [그림 3-11]과 같은 혁신적인 지그재그형 좌석 배열을 새로이 설계하여 도입하였다. 물론 디자이너, 항공공학자, 수면과학자, 재료공학자, 마케팅 전문가 등 다양한 부문의 전문가들이 과학적 지식으로 협업하였다. 그 결과 승객 1인당 좌석 공간을 25% 늘려 주면서도 전체 좌석수를 8% 증가시켰으며, 승객 개인의 프라이버시가 보장되면서 최적의 수면과 개인활동 조건을 제공하여 결과적으로 항공사의 수익을 크게 늘려 주었다.

또한 부산에서는 외국인 의료관광 수요에 맞춘 병원 병설 호텔을 한 건물에 개원하여 큰 호평을 받고 있다.

앞으로 서비스 비즈니스 혁신을 추구하면서 당면하는 이슈들을 해결하기 위해서 서비스 사이언스는 서비스를 본질적으로 규명하고, 체계적인 서비스 혁신의 가속화와 그 심층적 이해를 통해 서비스 기업들의 혁신과 생산성 향상에 큰 영향을 미치게 될 것이다. 서비스 사이언스는 새로운 서비스에 관한 학문적 연구를 위한 다학제적 분야로서, 솔루션 디자이너, 컨설턴트, 엔지니어, 과학자, 관리자 등을 양성하여 산업계에 진출하게 될 것이다.

SERVICE MANAGEMENT

# 04

CHAPTER

# 서비스 기업의 전략

## 넷플릭스(Netflix)라는 '괴물'

### 노후한 블록버스터의 전략

블록버스터사는 1985년 비디오 대여로부터 시작해 DVD, 게임 CD, 게임 DVD 등을 대여하고 대여비를 받는 비즈니스 모델로, 대여 기간에 따라 대여비를 내고 기간이 지나면 연체료를 내는 방식으로 소비자들이 쉽게 대여할 수 있도록 미국 전역 구석구석에 대여점을 개설했다. 블록버스터 대여점은 2004년에 전국 매장이 5,803개까지 증가했다. 그러나 블록버스터는 지역 매장을 중심으로 대여가 발생하므로 회전율이 매우 중요하였다. 이렇게 중요한 회전율을 높이기 위해 연체 시 상당히 높은 연체료를 부과할 수밖에 없었는데 이는 블록버스터 서비스의 가장 큰 불만거리가 되고 있었다. 당시 블록버스터는 대여기간이 하루 경과 시마다 대여금액의 100%를 연체료로 부과했는데 이런 과도한 연체료는 소비자의 소송을 제기하는 원인이 될 정도로 많은 불만 요인이었다.

또 회전율을 높인다 하더라도 최신 영화에 대한 수요에 비해서 공급이 적기 때문에 대여점에 방문 시 원하는 영화를 빌릴 수 있는 확률이 적었기 때문에 잠재적인 불만 요소가 상당했다. 그렇다고 매일매일 들러서 확인해 볼 수도 없고 고객들은 매번 전화를 해봐야 했다. 오프라인 매장을 계속 방문한다는 게 생각처럼 단순하고 쉬운 것은 아니었으므로 이 또한 잠재적인 불만 요소였다. 출퇴근길에 위치한다면 다소 낫겠지만 미국처럼 넓은 나라에서는 어느 정도 차로 이동이 필수 불가결한 상황이었다.

### 넷플릭스가 탄생하다

이때 넷플릭스의 창업자인 리드 헤이스팅스(Reed Hastings)는 그동안 운영하던 회사인 퓨어 소프트웨어(Pure Software)를 매각 후 휴식기간에 블록버스터에서 비디오를 빌려 보게 된다. 그리고 이 비디오를 연체하는 바람에 무려 40달러를 연체료로 내게 되었다. 씩씩거리면서 돌아오는 길에 연체료 40달러 정도의 돈이면 이를 한 달 사용료로 전환해 비디오를 집으로 배달해 주는 서비스를 하자는 구상을 하게 되고, 이 구상이 바로 오늘날의 넷플렉스의 사업모델이 되었다.

첫째, 월정액제를 도입하였다. 이는 반납 기한과 연체료를 없애고 월정액 내에서 무제한으로 대여를 가능하게 했다. 월 8.99달러로 한 개의 영화를 계속 빌려볼 수 있으며, 16.99달러를 내면 3개의 영화를, 47.99달러를 내면 8개의 영화를 한꺼번에 빌릴 수 있게 했다. 이미 월정액을 납부했으므로 연체를 하더라도 어차피 다른 영화를 빌릴 수는 없으므로 이미 사용자가 연체 비용을 지불하고 있는 것이나 마찬가지이기에 큰 손해를 보지 않기 때문이다.

둘째, 중앙물류관리시스템을 채택해 지속 성장 가능한 월정액 제도를 유지할 수 있었다. 기존 방식, 즉 블록버스터를 비롯한 일반 영화 대여점은 비디오를

구입하거나 스튜디오와 이익을 분배하는 형태로 비즈니스를 전개하므로 회전율이 중요할 수밖에 없었다. 하나의 영화(비디오나 DVD나)를 많은 사람에게 대여할 수 있어야 이익이 발생하는 구조였던 것이다. 그러나 넷플릭스의 중앙물류관리시스템은 지역별로 다른 수요를 보정해서(예를 들어, 맨해튼 지역에서 특정 영화의 수요가 증가하며 근처 뉴저지의 영화를 맨해튼 지역으로 배당하는 등등) 수요를 충족하고 만족도를 높일 수 있었다.

셋째, 온라인 주문 방식을 택하였다. 전통적인 오프라인 매장 없이 온라인으로 주문하고 우편배송을 통해 운영비를 크게 줄일 수 있으므로 이는 월정액을 크게 높이지 않고도 운영 가능한 수준이 되어 선순환이 가능해진 것이다. 월정액을 8.99달러부터 시작할 수 있는 것은 이런 운영의 효율에서 나온 것이다. 물론 초기에는 배송비가 높아서 고전을 하였다.

### 과감한 넷플릭스의 성장전략

이제 인터넷의 발달에 따라 새로운 전략이 요구되었다. 인터넷을 통한 VOD 서비스가 급속히 확산되기 시작하고 있었고, 이는 DVD 대여 수요를 급격히 감소시켰다. 블록버스터 등은 머뭇거렸지만 넷플릭스는 온라인에 미래가 있다고 보고 과감하게 온라인 스트리밍 시장으로 진입하였다.

2007년부터는 기존 가입자들에게도 7,000여 편에 달하는 다소 오래된 영화를 자유롭게 온라인으로 볼 수 있게 했는데, 월정액에서 추가 부담 없이 온라인과 오프라인 두 가지 방식으로 동영상을 볼 수 있다는 것은 대단히 매력적인 제안이었다. 이런 정책을 통해서 기존 가입자의 이탈을 막을 수 있었고, 경쟁력 있는 서비스는 신규 가입자의 급증을 가져왔고(2007~2008년의 1년 동안 신규 가입자가 200만 명에 이르렀고, 그다음 해에는 300만 명 증가), 동시에 오프라인 가입자를 온라인 가입자로 전환시킴으로써 우편배송비용을 크게 줄일 수 있었다.

특히 2007년 인터넷 스트리밍 시장에 진입하면서 일부 영화에 대해서 무료 제공으로 넷플릭스 가입자를 폭발적으로 증가시키는 계기가 되었다. 또한 쟁쟁한 경쟁자들 속에서 넷플릭스만의 경쟁력을 확보하고자 가입자들에게 개인화된 서비스와 콘텐츠 전략을 시도하였다. 이러한 시도 중 유명한 것이 고객맞춤식의 영화 추천 시스템과 '하우스 오브 카드'와 같은 수준 높으면서도 재미를 더한 자체 제작 콘텐츠의 흥행 성공이었다.

### 고객을 파고드는 넷플릭스

신작 중심의 소비를 다양화하고 창고에서 잠자고 있는 좋은 영화들을 순환시키기 위해 2000년부터 개인 추천 서비스를 시작했는데, 자신의 기분 상태를 예를 들어, '즐겁다', '우울하다', '낭만적이다' 등등으로 설정하면 그 기분상태에 맞는 영화를 추천해 주기도 하고 그동안 본 영화를 분석해 새로운 영화를 '당신이 좋아할 만한 영화' 등등으로 다양하게 추천해 준다. 자체 분석에 의하면 넷플릭스 동영상 시청의 80%는 개인화 추천에 의해서 이루어지고, 20%가 고객이 스스로 검색한 결과에 의해 서비스되고 있을 정도로 추천 알고리즘의 효과는 탁월하다. 실제로 세계의 통계학자, 수학자, 경영과학자들에게서 모여진 해법의 결집체이다.

넷플릭스의 N-screen 전략은 다양한 인터넷 결합형 디바이스, TV, PC, 모바일 기기 등 어느 화면에서나 스트리밍 서비스를 이용할 수 있게 되었다. "모든 사람이 스마트폰을 갖고 있고, 인터넷에 연결되는 스크린을 갖고 있다. 우리의 시장은 거기에 있다. 전 세계의 취향, 전 세계의 시간", 이 가공할 자신감은 누구의 것인가. 1997년 미국의 DVD 대여업체로 출발해 세계 최대의 온라인 동영상 스트리밍 회사이자 콘텐츠의 명가로 성장한 넷플릭스. 그 수장인 테드 사란도스 최고 콘텐츠 책임자의 말이다. '괴물' 넷플릭스는 최근 시가총액이 1,600억 달러(177조원)를 넘어 월트 디즈니사를 제치고 세계 최고 미디어 회사가 됐다. 미국 내 가입자 수는 5,000만 명, 전 세계적으로는 190여 개국 1억 2,500만 명이다. 2030년 가입자 수는 3억 6,000만 명으로 예상된다. 최근 디즈니가 21세기 폭스를 상대로 세기의 인수전을 펼치는 것도 넷플릭스를 의식한 행보라는 분석이 많다. 폭스에는 넷플릭스의 대항마 격인 동영상 스트리밍 회사 '훌루'가 있다.

#### 해외로 진출하는 넷플릭스

넷플렉스는 2010년 9월 캐나다 진출을 시작하면서 해외 스트리밍 사업을 개시하였다. 캐나다 진출에 이어서 2011년 라틴아메리카 43개국, 2012년에는 영국, 아일랜드, 덴마크, 핀란드, 노르웨이, 스웨덴 등 스칸디나비아 지역으로 진출했고, 2013년에는 네덜란드, 2014년에는 프랑스, 독일, 오스트리아, 스위스, 벨기에, 룩셈부르크 등의 유럽 국가로 서비스 지역을 확장하고, 2015년에는 호주, 뉴질랜드, 일본, 이탈리아, 포르투갈, 스페인에서, 2016년에는 한국, 파키스탄, 홍콩, 싱가포르, 타이완에서 서비스를 시작했다.

넷플릭스는 '맞춤형 콘텐트'의 원조로 꼽힌다. 실제 시청행태를 추적해 가입자들을 2,000개의 섬세한 '취향집단'으로 구분하는 맞춤 제작으로 '하우스 오브 카드' 등 히트작을 냈다. 올 한 해 제작비가 80억 달러. 웬만한 재능은 다 빨아들인다. 최근에는 버락 오바마 전 미국 대통령 부부의 제작사와 손을 잡았다. 진출한 현지의 콘텐츠에도 손을 댄다. 가령 우리나라에서는 봉준호 감독의 영화 '옥자', 유재석 출연 예능 '범인은 바로 너' 등을 제작, 공개했다. 무엇보다 TV 시청의 표준을 바꿨다. '전 시즌 동시공개' 같은 새로운 콘텐츠 소비 방식을 뿌리내려 지상파나 케이블TV, IPTV 같은 매체들을 구시대의 유물쯤으로 몰아내고 있는 것이다.

실리콘밸리의 다른 강자들도 속속 콘텐츠 제작에 뛰어들고 있다. 올해 아마존은 50억 달러, 페이스북과 애플은 10~15억 달러를 콘텐츠 제작에 쓴다. 애플은 스티븐 스필버그에 이어 오프라 윈프리의 콘텐츠에 투자했다. 아마존은 스포츠(영국 프리미어리그) 중계에도 나섰다. "역사상 가장 큰 미디어 재편기"라는 평이 나오는 이유다. 넷플릭스는 2016년 한국에 진출했고 가입자는 20~30만 명 선이다. 아직은 다른 지역에 비해 고전하는 편이지만, 젊은 층에 대한 영향력은 만만치 않다.

출처: 중앙일보, 양성희 논설위원, 2018. 6. 23.(일부 수정 보완)

본장은 서비스 기업의 경영 전략을 다룬다. 기업 경영에서의 전략은 기업에서 미래의 목표를 설정하고, 그 목표를 수행하기 위한 행동 계획을 가리킨다. 전략적으로 경영하기 위한 기업이나 조직이 장기적인 목표를 달성하기 위해 각종 정책들을 수립하고 이를 통해 자원을 전략적으로 배분하는 활동이 수행되어야 한다. 서비스 기업이 궁극적으로 지향하는 공통적인 목표는 기업의 생존과 지속적 성장을 바탕으로 한 기업의 성공이다.

이러한 목표를 달성하기 위해서는 서비스를 구매하는 고객에게 우수한 서비스가 제공되어야 할 것이며, 이를 위해서는 기업의 목표, 조직의 전략, 정책 및 절차, 작업 시스템, 직무 설계 및 기타 다양한 지원 요소가 갖춰져야 할 것이다.

본장에서는 다양한 전략 모형들을 통해서 과연 서비스 기업은 어떤 전략을 구사하는 것이 효과적으로 기업의 지속적인 성장을 추구하는 데 기여할 것인지에 관한 방향성을 수립하는 데 도움이 되는지를 논의하고자 한다.

## 제1절 서비스 전략의 의의

### 1.1 서비스 기업과 전략 환경

기업 경영에서 전략을 논의하는 배경에는 무엇보다 경쟁이 치열하다는 것을 전제로 하고 있다. 특히 서비스 산업에서의 기업 전략을 수립할 때에는 다음과 같은 서비스 산업의 환경 특성과 특히 서비스 기업의 경쟁 환경 특성에 대한 일반적인 이해가 필요하며, 내용을 정리하면 〈표 4-1〉과 같다.

**표 4-1** 서비스 기업의 산업적 환경 특성

| 구분 | 내용 | 대응 |
|---|---|---|
| 상대적으로 낮은 진입장벽 | 혁신 특허 곤란, 노동집약적, 모방 용이 | 폴리네시아의 클럽 메드(아름다운 해변가의 휴양지)와 같은 입지 등 특장점 선점 |
| 규모의 경제에 대한 기회가 적음 | 물리적 이동의 필요성, 시장 지역 제한, 소규모 점포 형성 | 프랜차이즈 회사: 규모의 경제 |
| 수요의 불규칙성 | 수요 발생 예측이 어려움 | 과학적 수요 예측 및 철저한 수요관리 |
| 제품 대체 | 제품혁신이 서비스를 대체 | 잠재적 제품 혁신에 대응 |
| 고객충성도 | 충성 고객 기반으로 진입장벽 구축 가능 | 마일리지 제도 등 충성도 제고 |
| 퇴출장벽 | 가족 고용 목적, 직무만족감 주는 취미나 낭만적 유혹 등으로 퇴출 어려움 | 서비스의 전략적 혁신 |

## 가. 서비스 산업의 환경 특성

### (1) 상대적으로 낮은 진입장벽

노동 집약적인 서비스에서는 서비스 제공자의 개인적인 역량에 의존하여, 그리고 개성을 추구하는 서비스 구매자들의 욕구가 다양하기 때문에 이를 충족하는 접점에서 서비스 산업에의 진출이 쉽게 이루어진다. 서비스 컨셉이나 아이디어는 법적으로 보호받기도 어려워서 많은 진입이 이루어진다. 최상의 해변을 끼고 위치를 선점한 휴양지의 호텔과 같은 입지 조건을 다른 기업에 대한 진입장벽으로 가지는 경우도 있지만, 대부분의 서비스는 기술이나 자본이 상대적으로 적게 필요하다는 특성이 있다.

### (2) 규모의 경제에 대한 기회

서비스는 생산과 동시에 소비되는 특성이 강하다. 제조업에 비해서 구매자와 판매자가 같은 시간에 상호작용이 이루어져야 하므로 고객이 있는 곳으로 기업이나 하부 조직이 이동해야 하거나, 고객이 서비스를 제공받을 수 있는 곳으로 이동하는 경우가 많다. 이와 같은 물리적 이동의 필요성은 오히려 규모의 경제를 이루기가 어렵고 기회가 줄어든다. 예를 들면, 수많은 골목에 진출한 소규모의 매장들은 구매자 또는 공급자와의 관계에서 협상력이 저하될 수 있다. 그러나 최근에는 일부 서비스에서 제조업과 유사하게 생산과 소비를 이원화하는 프랜차이즈 체인점 등의 방법으로 집중화된 구매에 의해 규모의 경제를 달성하기도 한다.

#### (3) 수요의 불규칙성

서비스의 수요는 고객들이 임의의 시간에 서비스 기업의 접점에 불규칙적으로 도착(random arrivals)하는 경우가 많다. 하루에도 시간은 물론 주중에도 요일별로, 그리고 계절별로 다양한 패턴을 보이며 수요가 일정하지 않다. 재고를 가지기 어려운 서비스 기업에서는 이러한 수요에도 적절한 공급 능력으로 유연하게 대응해야 한다.

#### (4) 제품에 의한 대체

제품 혁신이 서비스를 대체할 수도 있다. 다른 잠재적 경쟁자가 뛰어난 제품을 통해 기존의 서비스를 뺏어 갈 수도 있어서 대비해야 하고, 한편으로는 제품 혁신으로 새로운 부가가치를 얻도록 기회를 포착할 수도 있어야 한다.

#### (5) 고객충성도

개인을 상대로 한 기존 기업에서 오랜 시간 서비스를 이용하는 단골 고객을 형성하고 있는 경우가 있다. 기존 업체들은 거래전환비용을 높이기 위해서 마일리지 제도를 활용하여 충성심을 유도한다. 새로운 서비스 기업에서는 진입장벽이 될 수 있다.

#### (6) 퇴출장벽

서비스에서는 실익이 없거나 낮으면서도 골동품, 낚시, 등산 등 취미로 사업을 계속하는 등 직무 만족에 가치를 두고 운영하는 개인이 소유한 서비스 기업도 있다. 즉, 한계 기업의 퇴출장벽이 높다고 할 수 있다.

### 나. 서비스 기업의 경쟁 환경 특성

서비스 기업에서 추진한 전략에는 경쟁 환경에 대한 분석의 착오로 실패의 사례도 많다. 예를 들면, 1985년 United항공사에서는 자동차 렌트 회사인 허츠(Hertz), 호텔 그룹인 웨스틴(Westin), 힐튼(Hilton) 등을 인수하여 복합 여행 서비스에 진출하고자 하였다. 이러한 다각화 전략의 사업실패는 지나치게 높은 진입비용 때문이었다. 단시간에 많은 기업을 인수・합병하려는 시도로 자금 경색이 일기 시작했고, 더욱이 United의 경쟁사인 텍사스 에어라인(Texas International Airlines)이 극심한 가격경쟁을 감행하여 수익이 감소하였다. 인수・합병에 지나치게 높은 프리미엄을 지불하였으며, 오히려 경쟁자는 전략적 제휴로 반대

급부의 효과를 누렸다. United는 항공 산업, 렌터카, 호텔 산업 간의 시너지를 지나치게 높이 평가하였다. 경쟁업체의 견제, 계열사에 대한 무리한 지원이 실패를 키웠다.

## 1.2 서비스 기업과 전략의 수준

대체로 기업에서의 경영 전략은 수준에 따라서 〈표 4-2〉와 [그림 4-1]에서와 같이 기업 전략, 사업 전략, 그리고 기능별 전략으로 구분될 수 있다.

**표 4-2** 기업의 수준별 전략 유형

| 전략 수준 유형 | 수준 | 정의 | 주요 관심 | 예시 |
|---|---|---|---|---|
| 기업 전략 (corporate level) | 기업 전체적인 수준 | • 기업의 목적과 목표의 설정, 사업의 선택 및 이를 위한 자원의 획득과 배분에 관한 전략 | • 어느 사업 분야에 진출할 것인가? | |
| 사업 전략 (business level) | 사업부 수준 | • 사업 영역의 정의, 목표의 설정, 경쟁우위의 성취 방안에 관한 전략<br>• 기업이 여러 사업 단위로 구성되어 있는 경우 | • 어떻게 경쟁할 것인가?(=경쟁 전략) | • 원가우위 전략(overall cost leadership)<br>• 차별화 전략 (differentiation)<br>• 집중화 전략(focus) |
| 기능별 전략 (functional level) | 각 기능 부문 수준 | • 사업 전략의 하위 전략으로 각 기능 부문 수준에서의 목표의 설정과 경쟁력 제고 방안에 관한 전략 | • 부문별 경쟁우위의 창출, 경쟁우위 분석 | • 생산, 마케팅, 재무, 인적자원 |

서비스 전략을 다루는 본장에서는 사업 전략 수준에서의 전략을 중심으로 논의한다.

### 가. 전략의 수준

#### (1) 기업 전략

기업의 사명을 정의하고, 사업 수준과 기능 수준에서 나오는 제안들을 검토하며, 관련된 사업 단위들 사이의 연계성을 발견하고 전략적 우선순위에 의한 자원 할당과 관련된 이슈

그림 4-1 A그룹사의 경영전략 수립단위(예시)

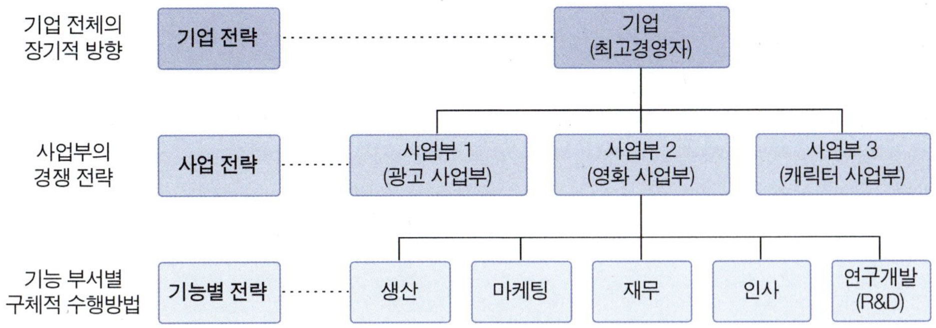


들을 다룬다.

### (2) 사업 전략

개별 사업단위의 목표를 성공적으로 달성하기 위해 사업의 장기적 경쟁우위를 어떻게 구축하고 공고히 할 것인가에 초점을 둔다.

### (3) 기능별 전략

기능별 전략은 사업부 전략을 실행하기 쉽도록 각 기능조직 단위로 실행할 전략을 규정하고 구체화하는 것으로 개별 사업부 내에 있는 인사, 연구개발(R&D), 재무, 생산, 마케팅 등의 기능별 조직에서 제품기획, 영업활동, 자금조달 등 세부적인 수행방법을 결정한다.

## 나. 서비스 전략의 단계

서비스 기업에서 경영 전략은 설정한 경영 목표를 달성하기 위하여 기업의 미래에 나아가야 할 방향, 자원의 확보, 자원의 분배를 결정하는 것이다. 따라서 기업의 위치와 비전으로부터 시작하며 목표 세분시장의 선정, 전략적 서비스 컨셉의 개발, 운영 전략의 수립, 서비스 제공 시스템(전달 시스템) 등이 수립된다. 즉, 서비스 전략은 서비스의 비전을 서비스 전략 요소를 이용하여 구체화하는 것이다.

### (1) 목표 세분시장의 선정

서비스 기업에서는 목표시장(target market 또는 표적시장이라고도 함) 선정의 문제점으로 제조업과는 달리 목표시장에 속하지 않는 잠재 고객과 어쩔 수 없는 접촉이 요구된다는 점이 있다. 예를 들면, 고액 자산가를 목표로 하는 서비스에서 소액 서비스를 요구하는 고객이 방문하여 서비스 직원의 생산성을 저하시키는 경우이다.

이와 같이 목표시장 중심으로 고객에 대해 서비스하려고 의도할 때 불가피하게 발생하는 차별적 대우는 종업원과 잠재 고객 모두를 불편하게 한다. 즉, 각자 기호가 다른 고객이 존재하는 시장에서 모든 고객을 똑같이 대우할 수도 없고 지나친 고객 선별도 가능하지 않다는 점이다.

그럼에도 불구하고 서비스 기업에서는 목표시장을 세분시장으로서 명확하게 정의(segmentation)해야만 서비스 요원의 서비스 행동을 보다 명확하게 해줄 수 있고, 전략적인 서비스를 달성할 수 있게 된다. 따라서 경쟁우위를 확보할 수 있는 서비스 컨셉(서비스 상품)에 적합한 특정 고객집단의 선정이 전략 수립에 매우 중요하다.

실례로 사우스웨스트항공(Southwest Airlines)의 초기에 목표 고객은 텍사스 주 거주자로서 자동차를 이용하여 출장 가는 비즈니스맨과 주말에 저렴한 가족여행을 하려는 사람이었다.

### (2) 전략적 서비스 컨셉의 개발

서비스 컨셉의 개발은 서비스 상품을 명확히 정의하는 것이며, 고객에게 제공할 핵심 서비스 요소가 무엇인가를 고객 관점에서 정의해야 한다. 정의된 서비스를 어떻게 설계하여 제공하고 마케팅할 것인가, 그리고 선정된 목표시장의 욕구에 적합한 서비스 컨셉인지를 서비스 패키지의 구성으로 적절하게 개발하고 평가해야 한다. 표적 고객에 대한 포지셔닝 전략도 개발하고 확인한다.

실례로 사우스웨스트항공의 초기에 전략적 서비스 컨셉은 빈번한 출발과 타 항공사와의 연계가 없는 짧은 노선을 운행(turn-around 방식의 point-to-point 노선 전략)하며, 짧은 운행시간으로 기내식은 최소화하고 땅콩과 음료만 제공하며 나머지는 구입하는 방식으로 최소의 항공요금을 제시하였다. 이를 위해서 도시 내 또는 덜 붐비는 공항을 이용하여 정체를 회피하였으며, 수화물을 휴대하고 탑승하도록 서비스하였다.

### (3) 운영 전략의 수립

운영 전략(operations strategy)의 수립은 생산, 재무, 마케팅, 인적자원 등 기업의 핵심자원 요소와 많은 노력을 집중시켜야 할 분야를 명확히 설정하는 것이다. 특히 서비스에서 운영(operations)이란 투입을 산출로 바꾸는 변환과정을 의미하며, 자재, 설비, 고객, 종업원, 기술, 시설 등을 투입하여 차별화된 서비스를 창출하기 위한 전략이다.

따라서 운영 전략의 수립에서는 진입장벽이나 경쟁자와의 관계를 고려하여 차별화된 산출 능력으로 효과적인 경쟁우위를 지속적으로 가질 수 있는 서비스 실행 정책을 식별하고 이를 확보하기 위한 전략을 도출한다.

실례로 사우스웨스트항공에서는 좌석 번호제를 폐지하여 선착순에 의한 좌석 배정 전략으로 정시 출발 및 정시 도착하며 게이트에서 신속한 일처리로 항공기 사용률을 높였다. 항공기는 단일 기종으로 저원가 전략을 추구하였으며, 종업원의 자율 복장으로 자부심을 높이면서 고객에게는 최대의 편의를 제공하였다.

### (4) 서비스 전달 시스템의 설계

서비스 전달 시스템 또는 제공 시스템은 운영 전략의 실행에 적합한 직원, 기술, 능력, 장비, 절차를 설정하는 것이다. 실제 서비스를 제공하는 프로세스, 요원 및 시설을 명확하게 한다. 또한 고객욕구에 맞게 서비스할 수 있는 직원을 선발하는 방법, 서비스 능력을 향상시키기 위한 교육훈련, 그리고 조직에서 실행할 유연한 정책이나 실제 절차 등을 수립한다. 고객이 접근하기 쉬운 입지를 실제로 결정하며, 직원의 개인적 판단의 여지를 줄이고 의사결정의 품질을 높이는 방향으로 실제 사용할 기술이나 도구 등을 결정하여 효율적인 서비스 제공 시스템이 설계되어야 한다.

실례로 사우스웨스트항공에서는 운영 전략을 실행하는 차원에서 서비스 차별화를 위해 고객에게 즐거움을 주는 승무원의 역할과 분위기를 조성하였다. 유지보수관리와 운영비 통제에 유리하도록 보잉737 기종으로 단일 항공기만을 사용하였다. 또한 서비스 마인드나 태도를 보고 기내승무원을 채용하는 인사정책을 실행하였다.

## 제2절 서비스 기업의 본원적 경쟁 전략

경쟁에서 우위를 차지하기 위한 전략 모형으로 하버드 대학의 마이클 포터(Michael Eugene Porter, 1947~) 교수가 그의 저서『경쟁 전략(*Competitive Strategy*)』에서 제시한 본원적 경쟁 전략(generic competitive strategy) 모형이 있다. 본원적 경쟁 전략이란 산업 내에서 효과적으로 경쟁우위를 획득하기 위한 일반적인 형태의 전략 유형을 의미하며, [그림 4-2]에서와 같이 원가우위 전략(cost leadership), 차별화 전략(differentiation), 집중화 전략(focus strategy)으로 구분된다.

이 전략 모형은 본원적이라는 용어가 내포하고 있듯이 사실 어느 산업, 업종, 그리고 기업이나 조직 수준에서 넓은 범위에서 유용하게 적용할 수 있다. 또한 어느 기업에서 이러한 여러 유형의 전략을 동시에 달성할 수 있느냐에 대한 논의도 있어 왔다. 즉, 특정 기업에서 원가우위 전략과 차별화 전략을 동시에 달성할 수 없다는 부정적 견해가 있었었고, 다양한 자원과 기술혁신으로 달성하기 용이해졌다는 긍정적 견해가 있다.

### 2.1 원가우위 전략

원가우위 전략은 저원가 전략 또는 원가주도 전략(overall cost leadership)이라고도 하며 서비스에 소요되는 원가를 줄이고, 서비스의 가격을 낮추어 경쟁우위를 확보하는 전략이다. 예를 들어, 저가 항공사나 대형 프랜차이즈에서 흔히 볼 수 있는 경쟁 전략 유형의 하나이다. 맥도날드(McDonald's)는 모든 원료를 본부에서 다량 구입하는 등 규모의 경제와 표준

그림 4-2 마이클 포터의 본원적 경쟁 전략 유형

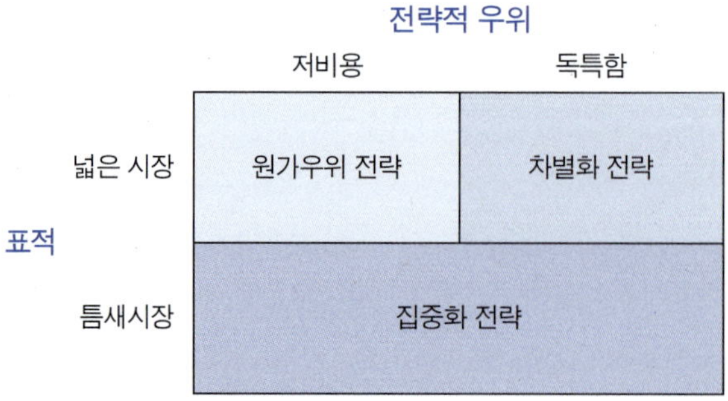

**그림 4-3** 월마트(Wal-Mart)의 원가우위 전략 실행 모형

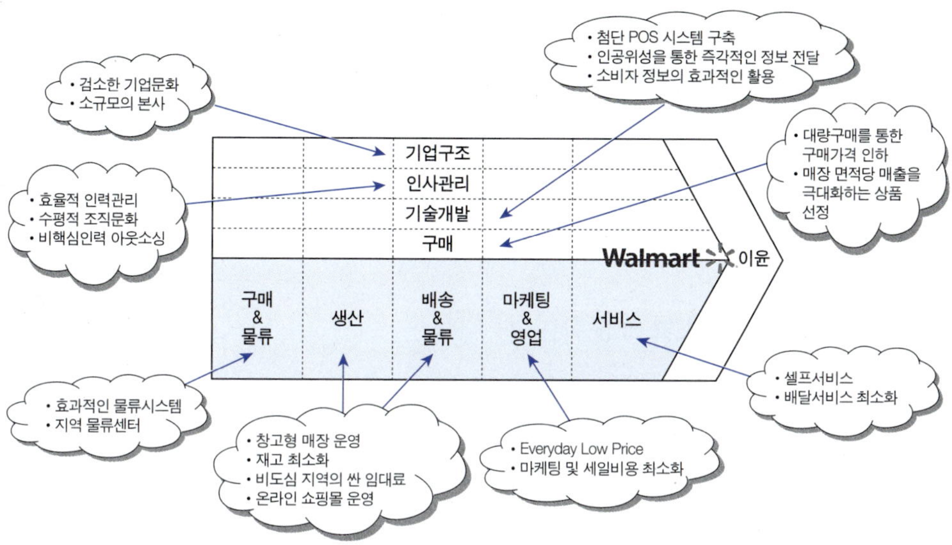


화를 통한 생산성의 극대화 등의 방법으로 타 경쟁 업체들에 비해 낮은 가격을 책정함으로써 경쟁우위를 확보하였다.

또한 미국의 대표적인 유통업체 월마트(Wal-Mart)의 성공비결은 EDLP(Everyday Low Price)라고 불리는 저비용 · 저가격 정책을 구사하고 있는 것이다. 월마트의 원가우위는 [그림 4-3]의 가치사슬 분석 결과에서와 같이 검소한 기업문화, 소규모의 본사 등 효율적인 규모의 시설, 철저한 원가 및 간접비 통제뿐 아니라 혁신적인 기술 등을 과감하게 적용하였다. 이러한 전략을 실행하기 위해서는 최신 장비를 구입하기 위한 자본 투자, 공격적인 가격 정책, 그리고 시장점유율을 구축하기 위한 초기 손실이 수반된다.

이 전략은 경쟁 기업의 서비스에 비해 가격 수준을 무조건 낮게 가져간다는 단순한 의미가 아니라, 서비스 품질 대비 고객들의 체감 가격을 낮게 한다는 전략적 의미이다. 그러나 이 전략은 다른 측면에서 보면 저가 브랜드로 진입한 후에 '싸구려 이미지'와 '싼 게 비지떡'이라는 소비자의 인식이 고착된 후에 바뀌지 않아 향후에는 고급 서비스로의 차별화가 어려워지는 제약이 따를 수 있다.

원가우위 전략은 다음과 같은 접근법으로 유용하게 달성될 수 있다.

### 가. 저가격 고객을 찾는다

다른 경쟁사보다 적은 비용으로 제공하여도 경쟁우위를 가질 수 있는 고객을 발견한다. 예를 들면, 미국의 보험사 USAA(United Services Automobile Association)는 근무지 이동이 많은 장교만을 대상으로 전화나 우편을 통한 서비스를 제공한다. 장교들은 신분이 확실하고 사고율이 낮은 점, 고객과의 대면 접촉을 줄일 수 있는 점이 원가 절감으로 이어질 수 있다.

### 나. 고객 서비스를 표준화한다

자영업자를 고객으로 하는 세금 관련 기장 서비스 등과 같이 반복적으로 수행되는 일상적인 전문 서비스는 표준화를 통해 원가 절감이 용이하다. 서비스의 종류를 최소화하고 통일하는 대신, 고객은 신속성이나 경제성을 보장받는다는 인식을 심어 준다.

### 다. 서비스 전달과정에서 개인적 요소를 줄인다

전달과정에서의 원가 절감을 위해 종업원의 재량권을 축소한다. 균일 품질이나 속도의 경쟁우위를 지향한다. 이때 고객의 편의성은 높이면서 비용을 줄일 수 있는지가 관건이다. 은행의 현금자동인출기는 고객과 은행직원과의 개인적인 거래를 약화시켜 은행의 거래비용을 줄여 준다.

### 라. 네트워크 비용을 감소시킨다

물류, 운송 등 네트워크를 이용하는 기업에서는 서비스를 제공하기 위한 초기 비용이 많이 든다. 전화, 전기, 가스 공급도 마찬가지이다. 미국의 택배회사 페덱스(Fedex)는 [그림 4-4]에서와 같이 당시 점대점 방식(point-to-point system)에서 거점경유 방식(hub-and-spoke system) 알고리즘, 즉 거점과 지점의 네크워크를 이용하는 방식으로 전환하여 네트워크 비용을 줄이는 혁신적인 시스템을 구축하였다.

그림 4-4 점대점 방식과 거점경유 방식의 비교

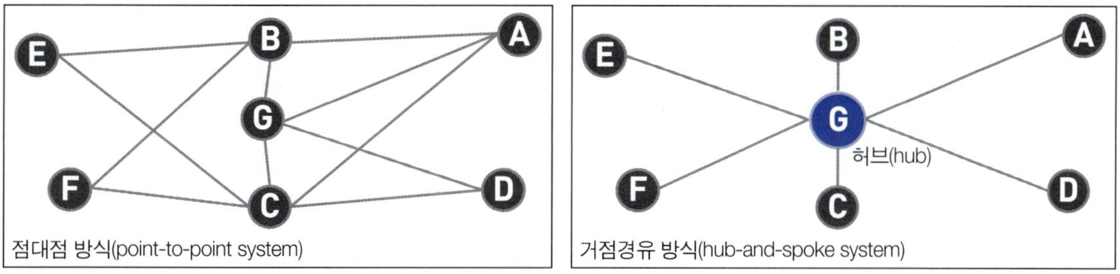


### 마. 오프라인 서비스 운영을 활용한다

서비스 과정에서 고객과의 접촉이 반드시 필요하지 않은 부분을 오프라인으로 전환하여 처리 비용을 줄일 수 있다. 미국의 컴퓨터 판매 회사인 델(Dell)은 컴퓨터 수리를 인건비가 저렴한 멕시코에 콜센터를 두어 운영하였고, 우리나라의 세탁 서비스 업체인 크린토피아는 매장에서 고객의 세탁물을 수집하고 경기도 안성에 세탁공장을 운영하는 방식으로 각각 서비스의 오프라인 체계를 활용하여 규모의 경제 효과를 통해서 생산성을 높이고 원가를 절감한다.

이 밖에도 기업이 모든 측면에서 경쟁력을 갖기 어려운 점을 감안하여 특정 부문의 외주(outsourcing)나 고객의 직접 처리(do it yourself)에 의한 방식을 도입하거나, 매장의 입지 및 배치 등에서 원가 절감의 기회를 포착할 수도 있다.

## 2.2 차별화 전략

차별화 전략(differentiation)은 기업이 품질이나 기능, 기술, 상품 특성, 고객 서비스, 디자인, 상표 이미지, 입지 및 영업망 등 다양한 원천을 사용하여 소비자에게 독특하고 차별화된 서비스를 제공함으로써 경쟁기업에 비해 우위를 확보하는 전략이다. 차별화와 세분화는 어떻게 다른지에 대해서도 구분되는데, 차별화는 기업이 어떻게(무엇으로) 경쟁할 것인가에 관하여, 그리고 세분화는 기업이 어느 시장에서 경쟁할 것인가를 달리하는 것이다.

대표적인 차별화 전략의 성공 사례로는 스타벅스(Starbucks)의 녹색 마크와 같은 브랜드 이미지 및 커피를 통한 특별한 경험 제공을 들 수 있으며, 그리고 두바이 인근의 바다 한가운데에 세워진 7성급 '부르즈 알 아랍 호텔(Burj Al-Arab Hotel)'에서는 공항에서 헬기 운송 등을 제공하는 고객 개인별 맞춤형 서비스로 차별화하고 있다.

[그림 4-5]는 64개국에서 총 24,000여 개의 매점을 운영하고 있는 세계적인 커피전문점 스타벅스의 차별화 전략 실행 모형을 가치사슬 모형을 이용하여 보여 주고 있다. 스타벅스의 창업주인 하워드 슐츠는 감성적 체험을 제공하는 커피 프랜차이즈로서 글로벌 선도 기업이 되기까지 경쟁자들을 뛰어넘도록 풍부하고 짜임새 있으며, 충분히 강해서 스타벅스의 스토리를 잘 전달할 수 있는 커피 맛과 매장 분위기를 높은 수준으로 유지하고 있으며, 고품질 원두를 뉴욕 현물거래 시장에서 프리미엄 가격을 얹어 주고 구매하는 데서의 시행착오를 통해 적절한 가격에 재고를 충분히 비축해 두고 고객에게 판매하는 커피 가격을 높이거나 품질을 낮추지 않고도 비용을 최대한 절감할 수 있는 역량, 종업원을 직원이 아닌 파트너로 인식하는 등 다양한 차별화 전략을 실행해 오고 있다.

차별화 전략은 비용을 무시하지 않지만 주요 목적을 충성 고객의 창출에 둔다. 해당 기업이 제공하는 서비스가 고객들에게 독특하다, 또는 유일하다는 인식을 갖도록 전략적인 서비스를 창출하고 제공하는 전략이다.

차별화의 주요 유형은 기술혁신에 기초한 차별화와 마케팅에 기초한 차별화로 나눌 수

**그림 4-5** 스타벅스의 차별화 전략 실행 모형

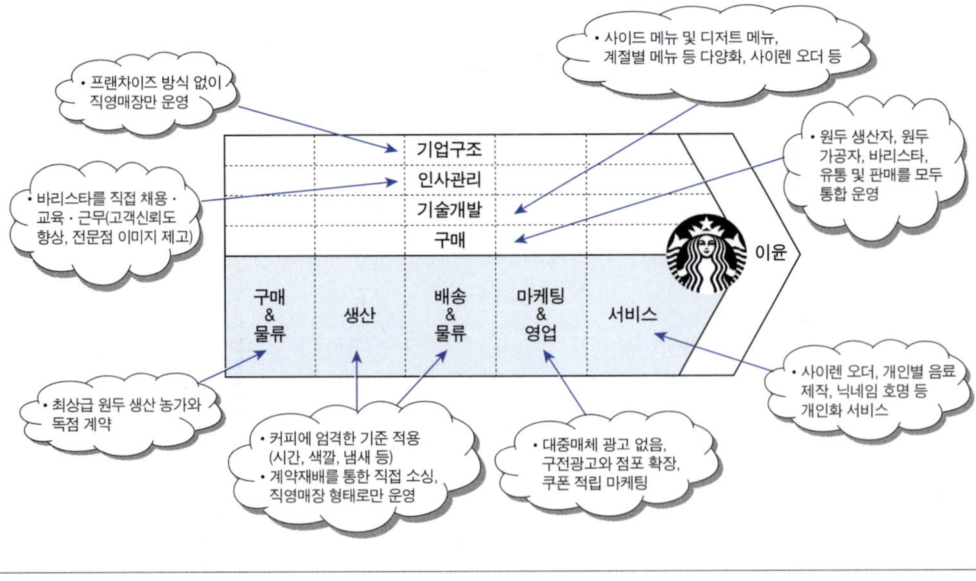

있다. 기술혁신에 기초한 차별화는 주로 제공되는 상품의 품질이나 기능을 차별화하는 것이며, 마케팅에 기초한 차별화는 기업 이미지, 브랜드 가치, 독특한 유통 등에 의한 유형이다.

서비스 기업에서 차별화 전략을 달성하기 위해서는 경쟁사보다 낮은 비용으로 차별화가 가능한가, 그리고 지속성이 있는가를 중심으로 고려해야 하며, 이 밖에도 다음과 같은 방법들을 흔히 사용한다.

### 가. 무형적 요소를 유형화한다

서비스는 무형이어서 고객이 오래 기억하기 어렵다. 따라서 보완적인 방법을 사용하여 오랫동안 기억에 남을 수 있도록 하는데, 예를 들면 첨단 시설과 유명 강사진으로 차별화된 교육 서비스를 유형화한다. 그리고 호텔 이름이 선명하게 새겨진 화장도구나 필기구를 무료로 제공하거나, 잠수함을 타고 해저 탐험을 하는 경우 사진을 제공하는 식이다.

### 나. 표준 제품으로 고객화한다

고객욕구에 맞는 개별화된 서비스를 제공하는 방법이다. 반복되는 업무 속에서 고객의 이름을 기억하고 불러 주거나, 객실에 이름이 표기된 카드를 준비함으로써 재방문 시 호텔에 대한 좋은 인상을 심어 준다. 일반 프랜차이즈와 다르게 음식 주문 시 특정 양념을 추가하거나 뺄 수 있는 방식으로 고객욕구를 충족시킨다.

### 다. 인식된 위험을 감소시킨다

서비스는 통상적으로 결과가 구매 이후에 늦게 나타나게 되므로 구매를 망설이거나 포기하는 경우가 있다. 이때 서비스에 대한 깊은 지식이나 정보를 갖지 못한 고객에게 상세한 설명을 통해서 위험을 낮추고 신뢰를 높여 주는 식이다. 예를 들면, 의사가 진료 및 수술 내용을 환자에게 자세히 설명하여 치료를 돕고, 자동차 수리의 경우 작업에 대한 설명과 작업 결과에 대한 보증을 해주는 방식으로 자신이 구매한 서비스에 관해 신뢰할 수 있는 정보를 충분히 제공해 준다.

### 라. 서비스 종업원의 훈련에 관심을 기울인다

종업원의 업무 역량 강화를 위해 교육훈련에 투자한다. 맥도날드의 햄버거 대학(McDonald's Hamburger University)은 임직원의 교육을 위해 1961년 미국 일리노이 주 오크브룩(Oakbrook)에 설립된 교육기관으로, 첨단 교육시설에 16명의 교수진, 17개의 강의실과 대강당, 도서관 등을 갖추고 있다. 매년 6천 명가량의 임직원들이 이 대학에 등록을 하고 교육과정을 이수하며 한국인도 1천여 명 정도가 이수하였다. 시드니, 동경, 런던 등 7개 도시에 분교가 있고, 2011년에는 2,800억 원을 들여 중국 상하이에도 햄버거 대학이 세워졌으며, 팀워크나 인사관리, 경영전략, 품질관리, 의사소통 기술, 대인관계 등 9개의 교과과정이 개설되어 있다.

### 마. 품질을 통제한다

일관성 있는 서비스 품질을 유지하는 것으로 고객들에게 예측 가능한 서비스 품질을 제공하여 차별화를 추구한다. 세계에서 1분에 하나씩 팔리는 햄버거로 유명한 맥도날드 프랜차이즈(McDonald's Corporation)에서는 서울에서 먹는 햄버거나 감자튀김이 뉴욕이나, 동경, 상하이에서 동일한 맛이 유지되는 시스템을 갖추고 있다. 마찬가지로 홀리데이인(Holiday Inn)의 객실은 전 세계 어느 체인점에서도 동일한 구성을 제공하고 있다.

많은 서비스 기업들이 자사의 차별화된 역량을 발굴, 축적, 활용하여 성장하고 있다. 원가, 품질, 시간, 유연성 등 다양한 차별화 요소들이 있다. 〈표 4-3〉에서는 성공적인 글로벌 서비스 기업들의 차별화된 경쟁수단의 역량 요인을 정리하고 있다.

**표 4-3** 글로벌 서비스 기업의 차별화된 경쟁 수단

| 기업 | 고객응대 | 속도/편의 | 가격 | 다양성 | 기술/품질 |
|---|---|---|---|---|---|
| 페덱스 | ✓ | ✓ | | | |
| 월마트 | ✓ | | ✓ | ✓ | |
| 코스트코 | | | ✓ | | |
| 디즈니랜드 | ✓ | | | | ✓ |
| 맥도날드 | | ✓ | ✓ | | |
| 도미노피자 | | ✓ | ✓ | | |
| 사우스웨스트항공 | | ✓ | ✓ | | |
| 싱가포르항공 | ✓ | | | | |
| 부르즈 알 아랍 호텔 | ✓ | | | ✓ | ✓ |

## 2.3 집중화 전략

집중화 전략은 성격이 분명한 목표시장에 집중하는 전략이다. 즉, 특정한 요구를 가지는 고객층을 대상으로 매우 이상적인 서비스를 제공한다는 컨셉을 지향한다. 예를 들면, 허리디스크 전문병원, 치질 전문병원 등과 같이 특정 서비스 분야에 집중하는 경우가 대표적이다.

집중화 전략은 좁은 목표시장을 서비스하는 기업이 넓은 시장을 서비스하는 회사보다 더 효율적이거나 효과적일 수 있다는 전제를 기반으로 한다. 국내의 대형 택배회사들의 경쟁이 치열한 상황에서 의약품 배송만을 전문으로 하는 중견 택배회사의 이익률이 높은 것이 대표적인 집중화 전략의 성공 사례이다. 이 전략은 원가주도 전략과 차별화 전략의 응용으로 볼 수도 있으며, 기업은 보다 낮은 비용으로 고객의 욕구를 더 잘 충족시킴으로써 좁은 표적시장에서 차별화를 달성하는 것이 중요하다.

집중화 전략이 차별화 전략과 비슷하게 다가오기도 한다. 그러나 차별화 전략이 서비스 자체의 성격이나 이미지의 차이를 강조한다면, 집중화 전략은 서비스가 제공되는 시장이나 범위의 분해를 강조한다.

집중화 전략이 성공하려면 가장 중요한 전제로서 목표 고객이 명확한 세분시장이 존재해야 한다. 그러나 전체시장을 상대하는 기업도 쉽게 세분시장을 공략할 수 있다면 집중화 전략이 효과를 거두기 어려울 수 있다. 고전적 사례로, 1960년대 미국 음료시장에서 쌍벽을 이루던 거대 기업 코카콜라(The Coca-Cola Company)나 펩시(Pepsi)의 틈바구니를 세분시장으로 인식하고 도전장을 냈던 로열크라운(Royal Crown)은 콜라에만 집중하는 집중화 전략을 구사했다. 그러나 코카콜라와 펩시가 콜라를 포함한 음료 전반을 생산 · 판매하면서 '규모의 경제'를 활용한 원가우위 경쟁 전략을 구사하는 바람에 오히려 로열크라운이 콜라 시장에서조차 퇴출되고 말았다.

집중화 전략에서 우선시되는 고객 세분화는 틈새시장을 찾기 위한 것으로서 〈표 4-4〉에는 전형적 고객 세분화를 인구 통계적 특성, 경제적 특성, 지리적 특성 등에 따른 분류, 라이프 사이클에 따른 분류, 구매 패턴에 따른 분류 등으로 예시하고 있다.

**표 4-4** 전형적인 고객 세분화 기준

| 구분 | 세분항목 사례 | |
|---|---|---|
| 인구 통계적 특성 | 1. 성별(남, 여)<br>3. 미혼과 기혼의 수 | 2. 연령(선호도가 상이, 노령-의료 및 건강)<br>4. 가족의 수 |
| 사회 · 경제적 특성 | 1. 소득수준(여가를 즐기는 패턴이 상이)<br>3. 교육의 수준<br>5. 사회적 계층의 분류 | 2. 직업의 종류(서비스 활용 시간이 상이)<br>4. 종교의 분포<br>6. 인종(한국의 경우, 외국인 노동자 등) |
| 고객 거주 지리적 특성 | 1. 국내, 해외<br>3. 수도권, 위성도시, 지방 | 2. 농촌, 도시<br>4. 내륙지역, 항구도시, 지방 |
| 라이프 스타일 | 1. 취미<br>3. 가치관(행동 성향과 상황에 따른 태도 결정) | 2. 성격(내성적 성향은 인터넷의 활용도 높음) |
| 구매 패턴 | 1. 이용빈도(high/moderate/low group)<br>3. 가격민감도<br>• 낮은 가격을 선호하는 고객(가격에 민감)<br>• 고품질, 차별화 기능을 찾는 고객(가격 민감도 낮음)<br>4. 고객가치의 인식 차원<br>• 가격, 성능, 품질, 고급 또는 차별화 이미지, 고객 서비스 | 2. 이용심도<br>• 필수적으로 이용해야 하는 것<br>• 선택적으로 이용할 수 있는 것(피부, 네일, 커피)<br>5. 고객충성도<br>• 신규 고객(customer, client), VIP, 옹호자(advocates), 파트너(partner), 이탈 고객 |

〈표 4-5〉에서는 기업의 본원적 경쟁 전략으로 지금까지 논의한 3개 전략 유형을 정리하고 있다.

**표 4-5** 본원적 경쟁 전략 유형 요약

| 구분 | 원가우위 전략 | 차별화 전략 | 집중화 전략 |
|---|---|---|---|
| 관점 | • 많은 경우 경쟁우위를 달성하기 위한 가장 확실한 방법 | • 고객이 매우 가치 있다고 보는 어떤 영역에서 특별함을 추구 | • 좁은 목표시장에서 경쟁자보다 탁월하게 운영 |
| 달성 방법 | • 규모 및 범위의 경제<br>• 학습 효과<br>• 효율적인 생산<br>• 단순한 제품 디자인<br>• 효율적 조직 | • 상품의 한 가지 또는 그 이상의 속성을 식별<br>• 선택된 고객의 필요를 특별한 방법으로 달성함<br>• 차별화된 상품을 낮은 비용으로 공급 | • 전문화<br>• 비용우위에 기반한 저가시장에서도 가능<br>• 차별화 우위에 기초한 고가 특수시장에서도 가능 |
| 달성 요인 | • 자본력, 프로세스 혁신, 보고와 통제, 엄격한 비용 통제, 구조화된 조직과 책임 이양, 양적인 관리 시스템 등 | • 품질, 서비스 패키지, 브랜드 이미지, 상품 외관 등 | • 특정한 세분시장에 숙련된 자원과 기술<br>• 특정 목적에 적합한 조직 체계 |

## 2.4 서비스 구매의사결정 요건

서비스 기업이 우수한 전략으로 성공하기 위해서는 고객들이 서비스를 선정하는 요건이나 기준을 이해하고 여기에 적합한 의사결정을 추구해야 한다.

소비자들은 서비스 구매의사를 결정할 때 몇 개 기업들을 후보로 선정하고 그중에서 가장 최적의 우위요건을 갖춘 곳을 최종적으로 선정한다. Terry Hill(1985)은 저서 『생산관리』에서 고객이 경쟁사들 가운데서 선택하기 위해 사용하는 기준으로 〈표 4-6〉에서와 같이 3개 요건을 제시하였다. 고객들로부터 서비스 기업에 포함되기 위한 자격 요건이 최소 요건(qualifier)이며, 구매시점에서 최종 선정되기에 이르는 우위 요건(order winner), 그리고 기대수준에서 미달되기에 확실한 요건이 바로 실패 요건(order losing sensitive)이다.

**표 4-6** 구매의사결정 요건

| 요건 유형 | 결정 요인 | 예시 |
|---|---|---|
| 최소 요건 (qualifier) | 선택되기 위해 도달해야 하는 일정수준으로 가격, 납기, 품질, 편의성, 명성 같은 차원 | 항공사는 항공기의 내구성과 파일럿의 등급 등 안전, 프랜차이즈의 청결 등 |
| 우위 요건 (order winner) | 구매시점에서 고객의 요구에 따라 다양하게 나타나는 서비스에서 승리하기 위한 결정적 요건 | 식당에서 점심시간에는 편의성, 데이트를 위한 저녁 식사에는 명성 등 |
| 실패 요건 (order losing sensitive) | 기대수준에 미달하면 고객은 영원히 돌아오지 않음. 신뢰성, 개인화, 속도 등의 차원 | 자동차 딜러가 기계상의 문제를 해결하지 못하는 경우(신뢰성), 의사가 환자를 무례하게 대하는 것(개인화), 그리고 택배의 일일 배달 실패(속도) 등 |

고객들에 의해서 서비스 기업으로 선정을 받는 데 결정적으로 영향을 미치는 우위 요건은 주문획득 요건이라고도 하며, 아주 소수의 항목이나 차원이 될 수도 있다. 예를 들면, 어떤 서비스에서는 가격이 또는 배달 시간이 결정적 우위 요건일 수 있다. 최소 요건은 시장에서 기존 사업자들에 의해 현재 상황에서 상정해 놓은 신규 경쟁자로 등장하기 위해 필요한 최소 요건이다. 서비스 후보 기업이 실패 요건을 가지고 있으면 후보에서조차 탈락한다. 실패 요건은 경쟁 차원에서 기대수준을 갖추지 못하면 탈락될 수밖에 없는 항목이다. 예를 들어, 어떤 서비스에서 신뢰를 잃으면 모든 것을 잃을 수도 있다는 데서 볼 수 있듯이 서비스 현장에서 수많은 실패 요건이 수시로 민감하게 작동한다. 이 요건들은 업종에 따라서, 그리고 적용환경 및 시점에 따라서 다르게 적용된다.

실제로 고객들이 서비스 기업을 선정할 때 구체적으로 고려하는 보편적 요인들은 무엇일까? 물론 서비스에서 업종이나 개인 특성에 따라 다르겠지만, 〈표 4-7〉에서는 고객이 서비스 제공자를 선택하는 기준 항목들을 보여 주고 있는데, 이들은 기업들의 세부적인 서비스 전략 수립에 활용될 수 있다.

**표 4-7** 고객의 서비스 제공자 선택 기준

| 항목 | 고객의 질문 | 적용 사례 |
|---|---|---|
| 이용가능성 | 서비스에 어떻게 접근하는가? | 현금자동입출금기, 24시간 서비스, 수신자 부담 전화 등 |
| 편의성 | 서비스의 위치가 가까운가? | 번화한 거리의 주유소, 패스트푸드점, 세탁소 등 |
| 신뢰성 | 서비스가 얼마나 믿을 만한가? | 변호사의 승소 가능성, 아파트 소독업, 자동차 정비, 항공사의 정확한 이착륙 등 |
| 개인화 | 고객을 얼마나 개별적으로 취급하는가?(개인적인 서비스 성향에 따른 특성의 반영) | ○○호텔은 반복 투숙객의 경우 모든 고객의 이름을 기억하고 있다가 이름을 불러 친근감을 표시, 고객의 선호하는 헤어스타일 적용 등 |
| 가격 | 지각된 품질 이상으로 지불하기에 적정한가? | 전문적인 서비스에서 가격경쟁은 비생산적이며, '싼 게 비지떡'이라는 격언을 기억해야 함 |
| 품질 | 서비스 전달 과정과 결과가 만족할 만한가? | 사전적 기대와 서비스 후의 인식 간의 차이의 함수로 측정 |
| 명성 | 반품, 교환이 어려운 서비스에서 해당 서비스를 선택해도 괜찮다고 하는 등 평판이 좋은가? | 성형외과 등에서는 명성을 높여 주기 위한 긍정적인 구전이 가장 효과적인 광고로 활용됨 |
| 안전 | 서비스가 안전한가? | 장기이식병원, 항공기나 의약품의 경우 고객의 생명이 달려 있음 |
| 속도 | 서비스를 받기 위하여 얼마나 기다려야 하는가? | 화재나 경찰의 보호와 같은 긴급한 경우의 반응시간 |

## 제3절 전략적 서비스 비전과 컨셉

서비스 기업의 목적과 시장에서의 위치를 전략적으로 정하는 것은 사업가의 혁신적 아이디어와 충족되지 않은 고객의 욕구에서 시작된다. 어느 기업의 비전이 '미래사회에 대한 영감, 새로운 미래 창조'라는 데서 볼 수 있듯이 비전(vision)은 구성원 모두가 공유할 수 있는 기업이 바라보는 미래지향적 방향성이라고 할 수 있다. 서비스 기업에서 비전을 올바르게 정립하기 위해서는 현재 기업이 처한 상황이나 역량, 수준 등을 고려해야 한다. 기업의 사명(mission)은 변하는 반면 비전은 조직에서 장기적으로 계속되는 특성을 가진다.

## 3.1 전략적 서비스 비전

### 가. 전략적 서비스 비전의 개요

Heskett(1987)는 〈표 4-8〉에서와 같이 우수한 서비스 기업의 전략을 담고 있는 전략적 서비스 비전(strategic service vision)의 요소로서, ① 목표시장, ② 서비스 컨셉, ③ 운영 전략, ④ 서비스 전달 시스템이 아주 중요하다고 제안했다. 특히 [그림 4-6]의 전략적 서비스 비전의 구현 과정에서와 같이 구성 요소가 서로 연계되는 것이 중요하다. 즉, 서비스 전달 시스템은 반드시 서비스 운영 전략을 효과적으로 지원하여야(엄밀하게 일치하여야) 하며, 이 운영 전략은 또한 서비스 컨셉을 지원하여야 하고, 서비스 컨셉은 세분시장에 적합하여야 한다.

**표 4-8** 전략적 서비스 비전의 요소

| 요소 | 세부항목 |
|---|---|
| 목표시장의 세분화 | • 서로 다른 고객에게 별개의 서비스를 제공하는가?<br>• 모든 종업원들이 세분시장의 특성을 이해하는가?<br>• 고객들의 공통점을 토대(인구학적인 요소, 심리적인 요소 등)로 목표시장이 설정되었는가?<br>• 지정된 목표시장들의 중요도는?<br>• 지정된 목표시장들의 니즈를 확인했는가?<br>• 확인된 목표시장의 니즈를 만족시킬 수 있는 방법은? |
| 서비스 컨셉 | • 왜 고객들이 특정 서비스 기업을 선택하는가?<br>• 고객의 구매동기는 감정적인 것 혹은 물리적인 것인가?<br>• 고객만족의 측면에서 서비스 각 요소의 중요성은?<br>• 서비스의 유형적인 요소들이 목표시장에 인식되는 모습은?<br>• 서비스의 컨셉들이 목표시장에 인식되는 방향성은?<br>• 서비스의 디자인, 전달, 판매에 필요한 노력은 무엇인지? |
| 운영 전략 | • 서비스 컨셉을 창출하기 위해 기업은 어떠한 구조(재무, 마케팅, 생산 등)를 갖고 있어야 하는가?<br>• 자원들은 어떻게 분배되어야만 하는가?<br>• 전략적 요소(운영, 재무, 마케팅, 조직, 인사 등) 중 비중 있는 요소는?<br>• 전략적 요소에 투입되어야 하는 노력의 정도는?<br>• 투자가 이루어져야 할 부분은?<br>• 품질과 비용이 조정되어야 하는 방식은? |
| 서비스 전달 시스템 | • 인적자원, 업무 절차, 장비, 서비스 능력 등의 연관성을 고려했는가?<br>• 서비스 전달 시스템의 특성(구성원의 임무, 기술, 장비, 레이아웃, 절차 등) 중 중요한 비중을 가지고 있는 항목을 고려했는가?<br>• 서비스 전달 시스템의 평상시 최대 수용 능력을 고려했는가?<br>• 경쟁자와의 차별화, 진입장벽 구축이라는 관점에서 보장되어야 할 품질 기준의 범주를 확인했는가? |

출처: James L. Heskett, 1986, p. 30.

그림 4-6 전략적 서비스 비전의 구현과정(1)

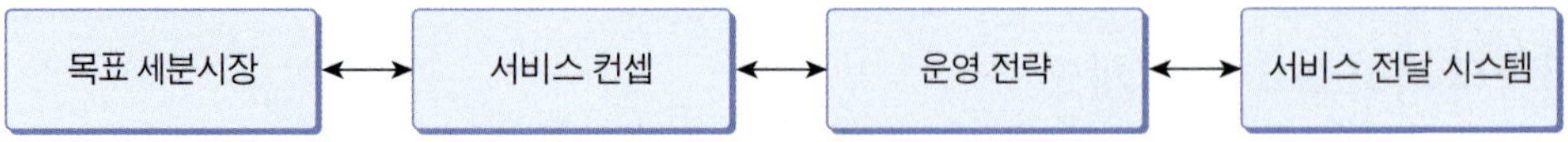


전략적 서비스 비전은 이를 구조화하기 위한 질문들과 이들 간의 상호관계로 구성된 프레임워크라고 볼 수 있다. 이하에서 이들 4개 요소를 구체적으로 논의한다.

### (1) 세분화된 목표시장(고객)의 선정

목표시장 세분화는 어떠한 차원에서 시장 세분화를 할 것인지, 세분화된 목표시장에서는 고객의 어떠한 욕구(needs)가 중요한지를 살펴보고, 이러한 욕구들이 서비스를 통해서 잘 해결되도록 하는 것을 의미한다. 특정 고객집단의 욕구에 부합되고 경쟁적 우위를 확보할 수 있는 명확한 서비스 컨셉에 따라 표적이 되는 고객을 선정하여야 한다.

실례로 이케아(IKEA)는 세계 최대의 가구 전문기업이다. 창업자 잉그바르 캄프라드(Ingvar Kamprad)는 지난 1953년 스웨덴의 작은 마을에서 가구 매장을 오픈했다. 매장을 운영하다 보니 신혼부부들이 구입에 많은 부담을 갖는다는 것을 알게 되었다. 품격 있고 중후한 클래식 가구에만 가치를 두던 유럽의 당시 상황에서 새로운 목표 고객을 포착한 그가 글로벌 가구업체의 출발점에 서게 되었다.

### (2) 목표 고객의 니즈에 부합하는 서비스 컨셉

서비스 컨셉은 고객을 위해 산출된 결과물 측면에서 제공되는 서비스의 중요 요소는 무엇인지, 이러한 요소들은 목표시장 세분화에 의해 어떻게 인식되어야 할 것인지, 고객들은 서비스 개념을 어떻게 인식하는지 등의 문제를 해결한다. 수요 규모가 적절한 목표시장(고객)을 선정하여 이들의 욕구에 적합한 서비스 개념을 명확히 규정하고, 이 컨셉을 잠재 고객들에게 지속적으로 어필하면 무형의 서비스 이미지가 고객의 마음에 자리 잡게 된다.

실례로 이케아가 창업할 당시 스웨덴 가구들은 품질이 좋았지만 그만큼 가격도 높았다. 그러다 보니 소득이 낮은 젊은 층에서는 높은 이자율의 할부 구매를 하고 있었다. 캄프라드는 품질 좋은 가구를 싼 가격에 팔 수 있는 방법을 연구했다.

### (3) 서비스 컨셉을 실행하는 효율적인 운영 전략

운영 전략은 서비스 전략의 중요한 요소들은 무엇인지, 서비스 경쟁에 있어 어떤 결과가 기대될 것인지, 품질과 가격은 어떻게 조절할 것인지, 서비스 투자는 어떤 곳에서 이루어져야 하는 것인지 등의 문제를 해결하게 된다. 서비스 컨셉이 고객들에게 성공적으로 인식되기 위해서는 마케팅, 내부 인적자원관리를 비롯한 서비스 운영 전략이 효과적으로 수립되어야 한다.

실례로 이케아에서는 우선 원가를 낮추기 위해 임대료가 싼 도시 외곽에 매장을 세웠다. 제조 업체에는 판매대금을 빨리 지급하는 조건으로 매입가를 낮췄다. 자사의 판매 마진도 낮췄다. 이런 방법들이 모여 가격을 낮출 수 있었다. 고객은 환호했다. 하지만 경쟁 업체들이 가만있지 않았다. 스웨덴 가구연합회는 제조 업체에 압력을 가해 이케아에 가구를 납품하지 못하도록 했다. 난감한 상황이었다. 이 위기를 어떻게 극복했을까. 고민 끝에 이케아는 물가가 낮은 폴란드로 건너가 직접 가구 공장을 지었다. 그러자 가구 공급가가 스웨덴 가구 업체의 절반 수준으로 낮아졌다. "골치 아픈 문제가 새로운 기회를 만들어 줬다. 이케아의 스타일을 찾는 계기였다." 캄프라드의 말이다.

### (4) 차별적인 서비스 전달 시스템의 구축

서비스 전달 시스템은 서비스의 전달에 있어 포함되어 있는 중요한 특징은 무엇인지, 어떠한 서비스 능력을 제공해야 하는지, 어떤 범주에서 서비스를 전달할 것인지 등의 문제를 해결한다. 고객들에게 서비스를 전달하는 시스템은 서비스 요원과 고객들의 만남이 이루어지는 공간으로 고객만족에 지대한 영향을 미친다. 고객들에 의해 지각된 서비스가 경쟁자들과 차별화될 수 있는 결정적인 수단으로 이용 가능하며, 이를 이용해 진입장벽의 설정이 용이하기 때문에 전략적 무기로 매우 의미 있는 요소이다.

실례로 이케아에서는 가구 구매과정의 80%를 고객이 직접 처리하게 한다. 평균 규모가 축구장의 5배인 매머드급 매장에 들어서면 고객은 메모지와 연필로 카탈로그의 제품번호를 기록한 뒤 창고에서 물건을 찾는다. 선반에서 물건을 끄집어내고 카운터로 옮겨 계산한 뒤 자동차에 싣기까지 모든 과정을 고객이 알아서 해결해야 한다. 본격적인 일은 집에 와서 시작된다. 키트 형태의 제품을 설명서를 보면서 조립해야 하는 것이다. 물론 이러한 '불친절한 마케팅'은 소비자에게 성취감과 희열을 안겨 주기도 하고, 무엇보다 가격 경쟁력의 근원으로 꼽혀 왔다. 또한 매장 직원의 간섭 없이 고객이 자유롭게 제품을 구매할 수 있다는 것도 무시할 수 없는 장점이다.

**표 4-9** 전통적 가구점과 이케아의 차별화된 서비스 특징

| 구분 | 전통적인 가구점 | 이케아(IKEA) |
|---|---|---|
| 목표 고객 | 멋진 가구를 구매하려는 일반적인 사람들 | 저렴한 가격으로 괜찮은 스타일의 가구를 구매하려는 젊은이들 |
| 전시 | 전시실에 샘플 가구 전시 | 마치 집안에 가구 비치하듯 전시 |
| 안내 | 다양한 가구 설명 책자 비치 | 셀프서비스, 어린이 보호시설, 영업시간 연장 등 |
| 응대 | 판매원이 직접 대응하고 설명 | 셀프서비스로 가구를 돌아보게 구성 |
| 주문 | 제3의 제조업체에 생산 주문 | 저원가, 모듈 방식, 쉽게 조립 가능하게 가구 디자인 |
| 배달 | 배달에 6~8주 소요 | 박스 포장된 제품을 창고 안에 비치, 고객이 직접 선택 |
| 특징 | 고객화와 서비스화를 극대화하는 공급사슬 관리 | 서비스를 가격으로 보상받으려는 고객 대상 |

**그림 4-7** 전략적 서비스 비전의 구현과정(2)

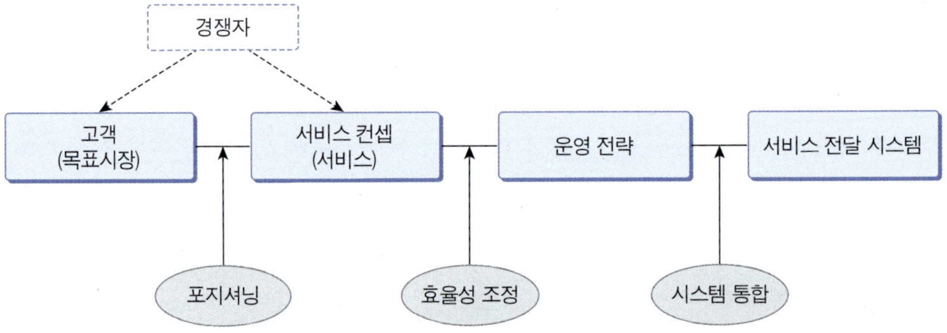


서비스 기업에서 우수한 전략적 서비스 비전을 완성시키려면 [그림 4-7]에서와 같은 구현과정을 밟아야 한다. 각 4개 범주에 대해서 해당 범주를 상세화하고, 각 범주에서 해당 범주가 전략적 서비스 비전을 얼마나 달성했는지를 측정하고 포지셔닝, 효율성 조정, 시스템 통합의 과정을 통해서 서로 연관성이 있는지를 확인하고 설명할 수 있어야 한다.

포지셔닝은 목표시장의 고객과 그들이 원하는 편익이나 속성 등 서비스 컨셉이 적합한지를 확인하는 과정이며, 설정된 서비스 컨셉이 효율성을 고려하여 운영 전략으로 적합하게 변환되었는지를 확인한다. 시스템 통합에서는 운영 전략을 달성하기에 가장 적합한 서비스 전달 시스템이 구축될 수 있는지를 확인하는 것이다.

이러한 전략적 서비스 비전의 내용을 요소별로 정리하면 〈표 4-10〉과 같다.

**표 4-10** 전략적 서비스 비전의 내용 요약

| 요소 | 주요 관심 | 적용 사례 | |
|---|---|---|---|
| | | 숄다이스 병원 | 사우스웨스트항공 |
| 목표시장 세분화 | 누구를 대상으로 | 다른 병은 없는 탈장수술 환자(only) | 자동차 이동 출장, 항공사의 질 낮은 서비스에 실망한 기내 휴대용 가방 소지 출장인들 |
| 서비스 컨셉 | 어떤 서비스를 | 환자 스스로 움직이고, 다른 환자를 돌봄, 빠른 퇴원 | 정시 출발과 빈번한 출발 중요, 단거리 비행(1시간 미만)의 기내식 불필요, 덜 붐비는 외곽지 공항 |
| 운영 전략 | 어떻게 생산하여 | 재원일수 감소, 저가의 수술비, 재발 확률 제로화 | 비행에 관련된 모든 소요시간 단축, 좌석 지정을 하지 않는 것, 항공 정시 출발, 단일 기종 운영 |
| 서비스 전달 시스템 | 어떻게 전달할 것인가 | 환자들의 서비스 프로세스 참여, 가족적인 분위기, 예약 수술제 | 즐거움을 주는 승무원들의 분위기, 태도를 보고 기내 승무원 채용 |

## 나. 전략적 서비스 비전의 사례(사우스웨스트항공)

Heskett는 운영 전략을 지원하는 서비스 전달 시스템의 설계 등을 설명하기 위해서 선도기업으로 특히 사우스웨스트항공사의 사례를 분석하였다. 이 항공사는 1968년 텍사스 내 3개 도시에 취항할 수 있는 사업 승인을 받았으나, 기존의 경쟁사들이 이를 막았고 3년 6개월간의 법적 투쟁 끝에 1971년 3대의 항공기로 Texas의 Dallas, Huston, San Antonio 사이를 정식 운항하는 것으로 출발하였다. 1971년 출항 첫해에 191명의 종업원으로 210만 달러의 매출을 올렸으며, 2016년 보유항공기는 729대, 승객 1억 5천만 명 이상을 수송하였고, 지금까지 44년간 흑자 행진을 이어 가고 있다. 미국에서 델타, 노스웨스트, 유나이티드, US에어웨이 등 세계적 대형 항공사들이 2000년대에 파산하였고, 2008년에 델타와 노스웨스트가, 2010년에 유나이티드와 컨티넨탈이 합병을 하고, 9·11 테러를 겪는 격랑 속에서도 사우스웨스트항공의 흑자 흐름은 견고하다.

### (1) 목표시장 세분화

이 회사는 출범 초기에는 텍사스 주 내의 3개 도시를 연결하는 3대의 비행기로 시작하였다. 즉, 출장이 많은 바쁜 비즈니스 고객들이 승용차나 택시로도 가능한 노선을 타깃으로

그림 4-8 사우스웨스트항공의 매출액 및 영업이익

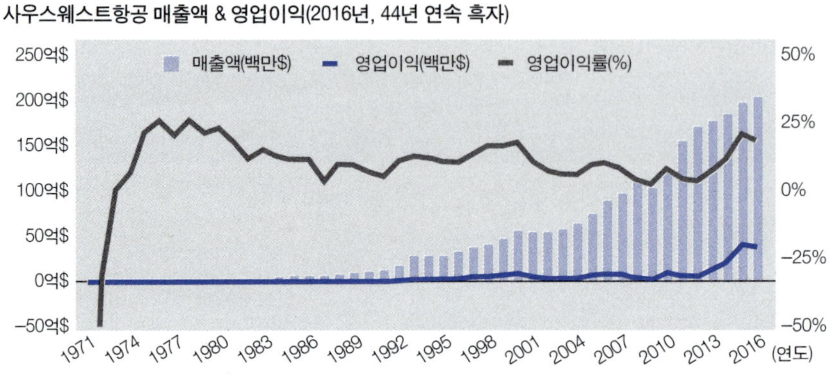


출처: www.airtravelinfo.kr

한 포지셔닝이었다. 자동차를 이용하여 이동하고, 항공사의 질 낮은 서비스에 실망한 기내 휴대용 가방을 소지한 출장인들, 그리고 정시 출발과 도착이 중요한 비즈니스맨이 주요 고객이었다. 파산을 우려하는 많은 사람들의 시선과 달리 나중에는 미국 전역을 대상으로 한 항공사로 성장하였다.

### (2) 서비스 컨셉

어떤 서비스를 제공할 것인가에 대한 컨셉으로 저렴한 항공료와 무형의 색다른 서비스를 제공하는 것이었다. 실제로 이 항공사는 고속버스보다 더 저렴한 항공요금을 제안하였다. 창업 당시 광고 주제는 "20달러로 45분간의 쾌적한 비행을 즐기세요"였다. 또한 '안전한 항공사'와 '고객 불만이 가장 적은 항공사'로 포지셔닝하고자 하였는데, 실제로 장기간에 걸쳐 무사고 기록을 가지고 있으며, 승객 10만 명당 불만을 제기한 승객수 통계에서 최저 수준을 달성하였다. 델타항공(Delta Airlines)이 1.96명으로 최고치를 기록하였고, 사우스웨스트항공(Southwest Airlines)은 0.21명으로 최저치였다.

### (3) 운영 전략

정식 출범 후에 경쟁사들의 방해는 계속됐다. 결국 운항 첫해 370만 달러의 적자를 기록했고 부득이 4대의 비행기 중 1대를 매각할 수밖에 없었다. 다시 위기에 봉착한 것이다. 임직원들은 남은 3대로 기존의 스케줄을 소화하기로 했다. 비행기가 지상에 착륙한 후 10분

안에 다시 이륙할 수만 있다면 가능할 수 있었다. 보통은 1시간 정도 걸리는 일이었고, 경쟁사들의 운항 간격은 30~50분인데 사우스웨스트항공은 15분 간격을 유지한다. 이는 사우스웨스트항공만이 할 수 있는 중요한 경쟁력이 됐다.

허브 켈러허 사우스웨스트항공 공동창업자는 "때로는 분노가 커다란 힘을 발휘할 수 있다. 십자군 전쟁 같은 기분이었다"고 했다. 비행기가 그대로 남아 있었다면 10분 내 이륙이 가능했을까. 사우스웨스트항공사는 기존의 항공사의 경영 방식을 탈피한 혁신적 서비스 전략을 시도하였다. 타 항공사와의 연계 운행 및 장거리 노선과 국제선 영업과, 다른 항공사와의 화물 인계 인수 등 제휴 영업을 포기하고, 지정 좌석제 및 기내식 폐지, 기존의 허브(hub) 공항을 포기한 공항 기점 간(point-to-point) 운행 시스템, 교통량이 적은 소규모 지방의 2급 공항 이용 등을 통해서 원가 절감 및 스피디한 운항시간 단축에 초점을 둔 것이다. 승무원들도 직접 기내 청소에 참여하는데, 1명의 승무원만 앞에서 손님을 배웅하며 승객들이 퇴장하는 뒷좌석부터 나머지 승무원들이 청소를 시작하여 시간을 절약한다.

보유한 700대 이상의 항공기가 오로지 단일 기종으로 보잉 737만을 운용하여 조종사 훈련, 부품 재고 등 유지보수 비용 절감은 물론 안전성 극대화 등을 통해서 원가가 가장 낮은 항공사로 혁신 기내 서비스를 최소화한 대표적인 저가 항공사이다.

### (4) 서비스 전달 시스템

기내식을 가장 기본적인 것만 제공하여 원가절감을 달성한다. 일반적인 관행처럼 기내식을 제공하려면 보관하고, 데우고, 나눌 준비에 필요한 주방 공간과 무거운 손수레가 있어야 한다. 경우에 따라서는 안전규정에서 정하고 있는 최소한의 승무원 수보다 더 많은 직원이 탑승해야 한다. 또한 기내식 때문에 출발지에서의 싣는 시간과 도착지에서의 내리는 시간이 더 소요된다. 이러한 것들은 모두 원가상승 요인이 되기 때문에 간단한 스낵만을 제공한다. 장시간 여행하고자 하는 고객들에게는 항공권 예약 시 기내식이 제공되지 않는다는 사실을 알리고, 필요한 경우 고객이 직접 샌드위치 등을 갖고 타도록 권유한다.

유쾌한 항공 서비스를 제공하기 위해서 직원들은 특별한 복장을 하기도 하고, 웃음을 선사하기 위해서 "금연하십시오" 대신에 "손님께서 담배를 피우고 싶다면 언제든지 날개 위에 마련된 테라스로 자리를 옮겨 저희가 특별히 준비한 '바람과 함께 사라지다' 영화를 즐기시기 바랍니다"라는 안내방송을 하는 식이다. 고객과의 접점에 있는 승무원들의 공감 능력이 고객의 마음을 여는 열쇠라고 판단하였기 때문이다. 미국에서 9 · 11 테러가 발생하고 모든 미국 항공사들이 적자일 때 사우스웨스트항공은 유일한 흑자를 기록하였다. 당시 많은 항공사들이 인력을 감축하고 항공사 간의 통폐합을 추진하는 구조조정을 했으나, 이 회사는 자사의 우수한 기업문화에 훈련된 인력은 그대로 두고, 나중에도 쉽게 구입할 수 있는 비행기를 매각하는 전략을 구사하였다.

최고경영자는 항공기 기내와 공항에서 고객 및 종업원들과 직접 접촉하여 서비스 전달 시스템이 설계된 대로 제대로 실행되고 있는지를 확인한다. 종업원들의 목소리와 고객들이 제시한 문제는 조사결과를 회신하고 개선에 반영된다.

## 3.2 전략적 서비스 컨셉

### 가. 전략적 서비스 컨셉의 개요

기업에서 실제로 전략적 서비스 비전을 실현하기 위해서는 이를 서비스 컨셉 또는 서비스 디자인으로 구체화해야 할 것이다. 즉, 서비스 컨셉은 고객과 서비스 접점 직원이 주고받을 서비스가 어떤 것인지를 명확히 해주는 시스템 요소로 식별된다.

많은 연구자들은 서비스 컨셉의 요소를 〈표 4-11〉에서와 같이 구조적 요소와 관리적 요소로 구분하였다. 구조적 요소에는 전달 시스템, 위치, 시설 설계, 서비스 능력계획을, 관리적 요소에는 서비스 접점, 품질, 서비스 공급능력과 수요관리 및 정보를 포함하고 있다.

① 전달 시스템: 고객과의 접촉 업무와 지원 업무에 대한 수행 부서, 자동화 시스템의 도입, 고객의 참여 정도 등을 구체화한다.

② 위치: 시설의 입지를 고객 밀집지역에서의 접근성, 시설의 수, 교통 편의성, 경쟁자와의 위치상 인접성 등을 고려한다.

③ 시설 설계: 방문 고객을 추정하여 설비의 규모와 배치를 결정, 고객들의 동선 및 직원들의 업무 효율성 등을 고려하여 설계한다.

④ 서비스 능력 계획: 최고 수요, 평균 수요 등을 예측하여 서비스 능력을 계획하며, 서비스 직원의 능력 수준, 아웃소싱 정도, 고객의 셀프서비스 활용 수준을 고려한다.

⑤ 서비스 접점: 서비스 컨셉에 부합하는 직원의 선발과 훈련, 고객화를 위한 직원의 권한위임 정도를 고려한다. 고객접촉이 많은 직원은 대인관계 기술이 좋아야 하며 고객화를 위해 많은 재량권을 받게 된다. 표준화 서비스에서는 회사 정책과 표준 절차에 의해 실행된다.

⑥ 품질: 고객의 기대와 그에 대한 실제 충족도에 중점을 두어야 하며, 품질의 일관성을 유지하기 위해 직원에 대한 교육과 훈련 방안을 세운다. 서비스 보증, 실패 시 회복 방

**표 4-11** 서비스 컨셉의 구성 요소 및 적용 사례

| 구분 | 구성 요소 | 고려사항 | 적용 사례 | |
|---|---|---|---|---|
| | | | 솔다이스 병원 | 사우스웨스트항공 |
| 구조적 요소 | 전달 시스템 | 현장 및 지원 사무실, 자동화, 고객참여 | 환자는 모든 프로세스에 참여(수술 전 자신이 직접 면도, 재활 담당 테이블로 직접 걸어감, 수술 후 경험 공유) | 여행에 재미있는 요소 추가, 좌석 배정이 없는 무좌석제, 친절한 직원 |
| | 위치 | 고객의 인구통계학적 요소, 단일 또는 복수지점, 경쟁, 지점 특성 | 우수한 항공 서비스가 가능한 대도시에 위치 | 이착륙 시 혼잡이 덜한 공항을 발착기지로 사용 |
| | 시설 설계 | 규모, 심미적 특성, 배치 | 환자가 스스로 알아서 운동하고 나올 안으로 회복되도록 설계 | 한 가지 기종만 사용하여 제반 운용 비용 절감 |
| | 서비스 능력 계획 | 대기시간 관리, 서비스 제공자의 수, 보통 또는 최대수요의 수용 | 환자들을 모은 상태에서 수술일정을 잡아 시설능력을 최대한 활용 | 직항노선제로 재출발 시간에 소요되는 시간 단축, 빈번한 항공편수 |
| 관리적 요소 | 서비스 접점 | 서비스 문화, 동기부여, 선발/훈련, 종업원 권한 위임 | 모든 종업원은 환자들의 빠른 회복을 이룰 수 있도록 교육훈련을 받음 | 직무유연성(최고경영자까지 수화물 처리를 돕는다), 직원 채용 시 태도 중시 |
| | 품질 | 측정, 모니터링, 방법, 기대와 인식, 서비스 보증 | 모든 의사들이 솔다이스 방식의 탈장 치료를 수행하고 있음(재발확률이 매우 낮음) | 최고의 정시착 비율, 고객 1,000명당 고객 불만건수가 가장 낮고, 화물 분실건수 가장 낮음 |
| | 서비스 공급 능력과 수요관리 | 수요 변화와 공급 통제의 전략, 대기행렬관리 | 예약에 의해서만 수술이 가능하도록 함 | 항공기 및 승무원 가동률, 요금 경쟁력, 인터넷 항공판매 최초 실시 |
| | 정보 | 경쟁적 자원, 자료수집 | 매년 '환자 동창회' 모임을 가져 계속적인 관계 유지 | 고객 접촉 시 보고자료 상부 제출 |

안도 수립한다.

⑦ 서비스 공급능력과 수요관리: 수요관리는 공급능력에 수요를 맞추기 위한 활동이다. 예약제도를 적극 활용하거나 수요관리 방안을 세운다. 직원들의 일정관리 계획과 직원의 능력에 따라서 고객의 대기시간을 줄이도록 노력한다. 기술의 적용과 예외적 수요상황에 대처한다.

⑧ 정보: 고객의 어떤 정보를 어떻게 수집하여 활용할 것인지를 고려한다. 정보를 데이터베이스화하고 이를 활용하여 서비스 품질을 개선하고 수요와 공급관리에 활용하며, 서비스 효율을 높이는 방안 등을 고려할 수 있다.

## 나. 전략적 서비스 컨셉의 사례

캐나다 온타리오 주 손힐(Thornhill)에 있는 숄다이스 병원(Shouldice Hospital)은 세계적인 탈장 전문 병원(Hernia Centre)이다. 탈장이란 선천적이거나 후천적인 원인으로 신체의 장기가 제자리에서 벗어나 결손 부위, 즉 가장 많은 곳이 복부를 통해 돌출되거나 빠져 나오는 것을 말한다. 병상 수가 100개밖에 되지 않지만 12명의 전문의사가 연간 7,500여 건의 수술을 한다. 이 병원은 치료에 적합한 고객만 받는다. 탈장만 없었다면 건강했을 환자가 대상이다. 과체중이거나 심장에 문제가 있는 사람은 거절한다. 치료 성과는 놀라울 정도로 탁월하다. 재발률은 겨우 0.8%로서, 일반 병원(10~15%)에 비하면 채 10분의 1도 안 된다.

### (1) 구조적 요소

① 전달시스템: 아쉽게도 골절 환자는 병원이 사양한다. 탈장 환자이지만 움직일 수 없는 환자는 받지 않는다. 수술을 위한 피부 면도도 환자가 직접 해야 하고 수술방에 갈 때에 직접 걸어서 가야 한다. 식당에도 스스로 걸어가야 한다. TV를 보려면 입원실에는 없기 때문에 병원 내 중앙 레크리에이션 공간으로 가야 한다. 수술 후 걷기는 빠른 회복에도 좋다. 모든 것을 환자가 직접 하도록 하여 병원을 일상생활 공간처럼 만든 것이다. 수술이 끝나 회복 중인 환자들은 신참 환자들이 모르는 것들을 많이 안다. 이 때문에 열정적이고 뛰어난 트레이너가 될 수 있다. 심지어 새로 온 환자에게 병실생활과 치료에 대한 안내도 해야 한다. 또한 이들은 신참 환자들에게 치료 효과에 대한 확신과 자신감을 심어 주는 멘토가 되어 준다. 병원 직원들은 하기 힘든 일이다.

② 위치: 항공편으로 쉽게 접근할 수 있는 대도시 주변에 위치하고 있다. 세계시장으로부터 환자가 찾아오도록 하고 특히 입원이 취소되면 바로 인근에 위치해 있는 환자가 수속을 받을 수 있도록 입지를 선정하였다.

③ 시설 설계: 이 병원은 면적 3만 평 정도에 숲속에 잘 지은 큰 저택처럼 보인다. 외부는 조경이 잘 되어 있어 걷고 싶어지는 환경을 조성해 놓았다. 환자의 입원 기간이 다른 병원의 평균 8일보다 절반에 지나지 않는 3.5일이다. 이곳은 식사도 식당으로 이동해서 할 수 있으며, 병실에 욕실도 없어 환자는 많이 움직여야만 한다. 병원 내부는 병원이 아닌 것처럼 카펫이 깔려 있고, 멋진 장식이 되어 있다. 넓은 녹지공간을 보유하고 있으며, 알코올 등 병원 특유의 냄새가 나지 않도록 유의한다.

④ 서비스 능력 계획: 탈장 수술은 응급상황이 아닌 경우가 많아 의사들의 능력을 최대로 활용할 수 있도록 수술시간을 계획적으로 수립한다. 이 병원에서는 거의 만원 호텔과 유

사하게 운영된다. 특히 이 병원에서는 환자가 직원의 일까지도 담당하므로 환자들의 병원에 대한 의존도를 줄여, 숄다이스의 의사나 간호사는 탈장 치료에만 전념할 수 있다.

### (2) 관리적 요소

① 서비스 접점: 환자들은 여기서 같은 병을 앓는 환자들과 '논다'. '선배 환자'는 '후배 환자'에게 질병관리의 노하우를 자연스레 전수한다. 병원은 나이와 직업이 비슷한 환자들을 같은 병실에 배치한다. 그들은 동병상련으로 금세 친해진다. 형제 · 자매가 된다. 직원들은 환자에게 조언하고 환자의 회복을 진심으로 격려하도록 훈련되어 있다. 숄다이스에서는 모두가 가족과 같은 분위기에서 지낸다.

② 품질: 의사들이 강조하는 것은 일반 개복 수술이나 복강경 수술이 아닌 사타구니에서 접근하는 수술방법으로 수술 후 몇 시간만 지나면 운동을 할 수 있을 정도의 빠른 회복률과 낮은 재발률이다. 절개 부위는 바늘과 실이 아니라 철제 클립으로 순식간에 봉합한다. 탈장 수술 병원이라기보다 휴가를 보낸 것과 같은 체험을 통해서 서비스 품질을 높인다. 10만여 명의 옛 환자들에게 일일이 우편으로 설문지를 보내 그동안 불편한 곳은 없었는지, 탈장이 재발하지는 않았는지를 조사한다.

③ 서비스 공급능력과 수요관리: 이 병원의 의사는 근무일 평균 3건을 집도하는데, 이것은 일반종합병원 의사가 연간 25건에서 50건 정도의 탈장 수술을 하는 것에 비하면 의료진의 공급능력이 매우 뛰어나다. 이 병원에서 수술을 주도하기 위해서는 다른 의사가 하는 1백 회의 수술에 보조의(assistant surgeon)로 참여해야 한다. 다시 1백 회의 수술을 1명의 보조의 또는 베테랑 의사가 보는 앞에서 치러야 한다. 환자가 많아 몇 달이면 이 요건을 채울 수 있으며, 이 정도 경험이 쌓이면 어지간한 탈장에 대해 능숙하게 대처할 수 있고, 재발 가능성이 있는 부위도 정확하게 포착한다. 열 명의 의사가 매년 7,500건의 거의 동일한 수술을 반복하기 때문에 효율성을 높이며 일반 직장인과 같은 주 5일 근무와 충분한 휴가와, 일정한 출퇴근 시간을 보장한다. 모든 수술은 오후 4시 30분 이전에, 검사와 회진 등의 업무는 5시 전에 끝난다. 야근 수당 등이 발생하지 않는 구조로 직원들은 안정된 생활과 더불어 가족을 위해 시간을 할애할 수 있다.

④ 정보: 입원하게 되면 교육을 통해서 병원에 관한 모든 정보와 지침, 그리고 탈장에 관한 의학상식을 단시간에 체계적으로 제공하게 된다. 환자들끼리 연령대별, 취미별, 관심사별로 다양한 만남을 갖도록 주선한다. 레스토랑에 모여 밥도 함께 먹는다. 환자들은 식당에 갈 때나, 심지어 수술실에 갈 때도 스스로 걸어서 간다. 공동 목욕탕에

서 함께 목욕을 하면서 걱정거리를 덜어 낸다. 대인관계가 원만하지 않은 사람은 입원 대상에서 제외된다. 퇴원 환자들은 모두 '숄다이스 동창생'이 된다. 환자들은 병원에 머물렀던 추억을 잊지 못해 퇴원 이후에도 매년 모임을 가지며, 병원에서는 동창회를 통하여 지속적으로 관계를 유지하도록 돕는다. 환자에게 공동체 의식을 갖도록 하기 위해 많은 일들을 분담시킨다. 치료와 수술을 위한 비품을 환자들이 스스로 준비하도록 하고, 입원실 정리정돈 등은 스스로 하도록 한다. 이러한 병원 운영 철학과 방침에 의해 진료 및 입원비는 타 병원에 비해 3분의 1수준으로 저렴하고, 의사는 4시면 퇴근할 수 있다.

서비스에서 공급 능력 문제는 제조업보다 훨씬 복잡하다. 서비스에서는 시점(timing)이 중요한데, 예컨대 하루에도 여러 번의 최고 수요점이 있을 수 있다. 제조업과 달리 미납주문(backorders)이 거의 발생할 수 없다. 즉, 주문은 하였으나 아직 계획된 일정대로 인도되지 않은 주문물량이 없게 되고, 이에 반해서 초과된 생산 능력은 사용되지 못하고 소멸되어 버릴 것이다. 따라서 서비스에서는 공급과 수요의 불일치가 결국 판매 손실이나 인력 등 공급 능력의 낭비로 나타나게 되므로, 서비스 전략이 매우 중요하다. 자세한 내용은 제14장 '서비스 수요 및 공급관리'에서 다룬다.

## 제4절 서비스 비즈니스 모델

비즈니스 모델(business model)은 운영하고자 하는 비즈니스에 대한 전략의 밑그림이라고 할 수 있다. 즉, 비즈니스 모델은 누구에게, 어떤 상품이나 서비스를, 왜, 어떤 방식으로 제공하고, 그 대가는 어떻게 받을 것인지를 설명하는 것이라고 정의할 수 있다. 또한 비즈니스 모델은 비즈니스에 대한 초기 구상으로서 사업계획서보다는 간단하며, 비즈니스 모델을 구체화하면 사업계획서로서 보다 상세한 산출물이 될 것이다.

## 4.1 비즈니스 모델의 개념

Timmers(1998)에 의하면, 비즈니스 모델을 "제품, 서비스, 그리고 정보흐름의 구조로서 다양한 비즈니스 참여자들과 그들의 역할, 비즈니스에의 참여자들이 갖는 잠재적 혜택과 수익 원천이 설명되어야 함"으로 정의하고 있다. Amit과 Zott(2001)의 연구에서는 비즈니스 모델을 가치 창출을 위해 준비된 거래의 내용(contents), 구조(structure), 지배구조(governance)를 묘사한 것이라고 정의하고 있다.

다시 말하면, 비즈니스 모델은 기업이 매출을 일으키는 방식이라고 할 수 있다. 비즈니스 모델은 사전적으로 "어떤 제품이나 서비스를 어떻게 소비자에게 제공하고, 어떻게 마케팅하며, 어떻게 돈을 벌 것인가 하는 계획 또는 사업 아이디어"라고 정의된다. 또한 비즈니스 모델을 실현하기 위한 구체적 실행계획이 바로 사업계획서가 된다. 〈표 4-12〉에서의 몇 가지 정의를 통해서 비즈니스 모델이 의미하는 바를 살펴보기로 한다.

**표 4-12** 비즈니스 모델의 정의

| 연구자 | 정의 |
|---|---|
| Amit & Zott(2001) | 비즈니스의 가치를 창출하기 위해 설계한 거래의 내용, 구조, 관리를 설명하는 것 |
| Paul Timmers(1998) | 다양한 사업 참여자들의 정의 및 역할의 설명을 포함하고 제품, 서비스, 정보흐름의 구조를 가지고 있으며 참여자들의 잠재적 이익의 원천이 표현되어 있고, 그 수익의 원천이 나타나 있는 모델 |
| Slywotzky(1996) | 고객에게 가치를 전달하고 이를 통해 수익을 창출하는 총체적인 시스템 |
| Michael Rappa(1999) | 회사가 스스로 유지될 수 있도록 하는 사업의 운영방식으로 매출을 발생시키는 사업의 방식 |
| Afuah & Tucci(2001) | 기업이 고객에게 제공하는 가치, 가치를 제공하고자 하는 목표로 하고 있는 세분시장, 제품 및 서비스의 범위, 수익원천, 가격, 사업 수행 능력 및 실행 능력 |
| Joo, J.(2002) | 성공적인 비즈니스를 위한 프레임워크로 비즈니스 아이디어에서 수입의 근원, 파트너를 위한 유통구조까지를 그 범위로 하는 것 |
| Ballon(2007) | 어떻게 기업들이 가치를 창출하고, 기회를 잡을 수 있는지에 대해 기술한 것으로 제품과 서비스, 기업과 고객, 파트너, 공급자들 사이의 역할과 관계, 그리고 그들 사이의 정보와 재무적 자산의 흐름을 나타내는 것 |
| Chesbrough & Rosenbloom(2002) | 기업의 수익 창출을 위한 계획과 가치사슬에서의 기업의 위치를 나타내는 것 |

[그림 4-9]에서와 같이 비즈니스 모델은 창의적 아이디어를 경제적 영역과 연결시켜 주는 매개 역할을 한다. 즉, 비즈니스 모델은 창의적 아이디어를 기반으로 선정된 고객집단에게 어떤 가치를 제공할 것인지를 의사결정하는 데 활용하게 된다. 한편 마케팅 관리자들도

**그림 4-9** 비즈니스 모델의 역할

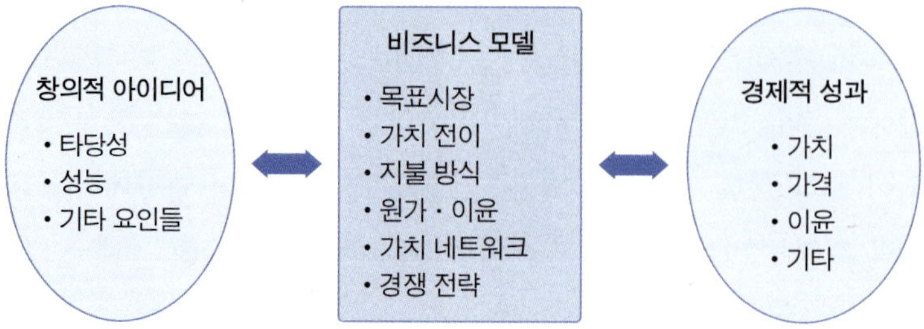


출처: Henry William Chesbrough(2003), *Open Innovation: The New Imperative for Creating Profiting from Technology*, Harvard Business School Publishing Corporation, March 1, 2003, p. 86.(일부 보완)

비즈니스 모델을 확실히 정의함으로써, 소비자들이 이 아이디어를 상품화했을 때 어느 정도 선호하게 될 것인지를 잘 모르는 상태에서, 고객들의 가치를 경제 가치로 환산하고 시장 점유율과 예상되는 이익을 추정하게 해준다.

## 4.2 비즈니스 모델의 구성 요소

Christensen 등(2000; 2015)은 비즈니스 모델의 구성 요소로 고객가치 제안(value proposition), 이윤공식, 핵심 자원과 핵심 프로세스를 들었고, Chesbrough 등은 가치 제안, 목표시장, 가치사슬, 수익 메커니즘, 가치 네트워크, 경쟁 전략 등을 구성 요소로 모델링하였다. 많은 연구에서 특히 앞으로 다루게 될 비즈니스 모델 캔버스에 작성해야 할 9개 요소에 대해서는 〈표 4-13〉에 자세히 설명하고 있다. 대부분의 연구에서 공통적으로 나타나는 비즈니스 모델의 핵심적인 구성 요소들은 다음과 같다.

첫째로, 기업이 창출하는 가치의 근원을 제공하는 고객(customer)이다. 연구자에 따라서 표현은 조금씩 차이가 있지만, 고객의 선택, 고객과의 상호작용, 고객과의 접점, 고객과의 관계 등으로서, 이들 용어는 결국 이 비즈니스의 목표 고객이 구체적으로 누구인지, 어떤 고객을 대상으로 수익을 창출할 것인지에 대한 표현이다.

둘째, 차별화된 제품이나 서비스이다. 가치 제안(value proposition)은 특정 고객이 필요로 하는 가치를 창조하기 위한 상품이나 서비스의 조합이다. 또한 소비자들의 욕구를 충족시키기 위해 제공하겠다고 약속한 편익 혹은 가치의 집합을 말한다. 맥도날드에서 추구한

**표 4-13** 비즈니스 모델의 구성 요소

| 구성 요소 | 내용 | 예시 |
|---|---|---|
| 목표 고객 | 사업이 목표로 하는 대상 고객 | – |
| 가치 제안 | 특정 고객이 필요로 하는 가치를 창조하기 위한 상품이나 서비스의 조합 | 새로움, 퍼포먼스, 커스터마이징, 디자인, 브랜드 지위, 가격, 비용 절감, 리스크 절감, 접근성, 편리성/유용성 등 |
| 채널 | 고객에게 가치를 제안하기 위해 하는 커뮤니케이션과 상품 및 서비스 전달 | 영업 부서, 웹사이트, 직영매장, 파트너 매장, 도매상 등 |
| 고객관계 | 목표 고객과 지속 관계의 유지 | 개별 어시스트, 매우 헌신적인 개별 어시스트, 셀프서비스, 자동화 서비스, 커뮤니티, 코-크리에이션 등 |
| 수익흐름, 수익원 | 기업이 사업을 통해 창출하는 수익원천 (revenue streams) | 물품 판매, 이용료, 가입비, 대여료, 라이선싱 대가, 중개수수료, 광고비 등 |
| 핵심 자원 | 사업진행을 위한 중요 자산 | 물적자원, 지적자산, 인적자원, 재무자원 등 |
| 핵심 활동 | 기업이 사업을 하기 위해 필요한 핵심적인 경영 활동 | 생산 활동, 문제해결 활동, 플랫폼/네트워크 등 |
| 핵심 파트너십 | 사업 모델을 원활하게 적용하기 위한 공급자-파트너 간 네트워크 | 협력업체, 부문 아웃소싱업체 등 |
| 비용구조 | 사업의 운영을 위한 모든 비용 요소 | 고정비, 변동비, 규모의 경제, 범위의 경제 등 |

최고 가치는 고객에게 맛있는 음식을 제공하는 것이 아니라, 서비스 스피드, 일관성 있는 품질, 청결하고 친근한 환경 등이었다. 사우스웨스트항공은 불필요한 절차를 간소화하고 저렴한 가격으로 안전한 여행을 즐기게 하는 것이었다. 경쟁사들이 제안할 수 없는 차별화된 제품이나 서비스 제공이 반드시 이루어져야 한다. 비즈니스의 가치 제안에서는 차별화와 전략적 통제, 제공물 등 표현은 다르지만, 결국 다른 경쟁자와 차별화되는 내용, 즉 고객을 위해 창출해야 할 가치가 어떤 것인가에 대한 답변이라고 할 수 있다.

셋째, 비즈니스 모델에는 또한 고객에게 전달되는 차별화된 가치를 제공하는 데 소요될 자원과 능력에 대한 설명이 요구된다. 이것은 고객에게 원하는 가치를 전달하고 처리하는 과정을 말하는 것으로서, 역시 기업 활동 범위(scope), 지식 레버리지(leverage),[1] 전략적 자원, 자원 시스템, 인프라 관리 등 다양한 용어로 표현되고 있다. 다시 말해서, 기업이 고객에게 제공할 가치를 제공하는 데 필요한 경쟁력 있는 자원과 뛰어난 능력에 대한 설명이다. 다만 기업 내부의 자원과 핵심 역량 등에 대한 표현뿐만 아니라 구매자나 공급자, 혹은 경

1) 영어로 레버리지(leverage)는 지렛대를 의미하며, 작은 힘으로 무거운 물체를 들어올리는 도구이다. 어려운 일을 더 쉽게 만든다는 뜻으로 널리 사용되고 있다.

그림 4-10 비즈니스 모델 가이드

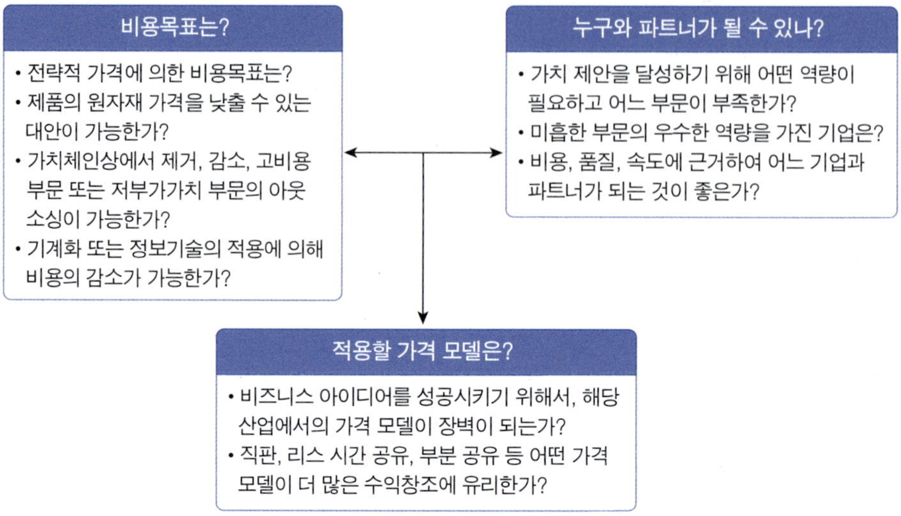


출처: Kim, W. Chan, & Mauborgne, R.(2000), Knowing A Winning Business Idea When You See One, *Harvard Business Review*, Sep.-Oct., p. 135.

쟁자 등과 같이 외부 기업과의 제휴나 파트너십으로서 구축된 공급망(supply chain)의 우수성을 고려해야 한다는 점이다.

마지막으로, 전달된 가치에 대한 수익원천 및 수익의 획득방식에 대한 정의를 포함한다. 여기에는 고객가치 전달을 위해 요구되는 가격을 설정하고 비용과 마진(margin)이 얼마나 되는지 수익 모델과 비용구조 등 실질적인 수익이 발생하는 원가구조가 핵심이다. 또한 요구되는 이익을 위해 필요한 자산회전율(resource velocity) 등이 포함되고 있다.

따라서 비즈니스 모델은 고객에게 어떤 가치를 제공할 것인가를 묻고(customer value proposition), 그 가치 제공을 통해 어떤 수익을 어떻게 창출할 것인가, 곧 수익창출의 공식(profit formula)을 도출하며, 그러한 수익창출에 요구되는 핵심 자원과 프로세스(key resources and key processes)를 명시하는 것이라고 할 수 있다. 또한 같은 맥락에서 김위찬 등의 연구(2000)에서는 비즈니스 아이디어를 성공시키기 위해 비즈니스 모델을 구축하면서 [그림 4-10]에서와 같이 크게 세 가지 질문을 해보라는 제안을 하고 있다. 즉, 비용목표에 대해서, 누가 우리의 파트너가 될 수 있는지, 그리고 어떤 가격 모델을 사용하면 좋을지에 관한 질문이다.

예를 들어, 스위스의 시계회사 Swatch의 창업자인 니콜라스 해이크(Nicholas Hayek)는

**그림 4-11** 카카오톡의 비즈니스 모델 캔버스

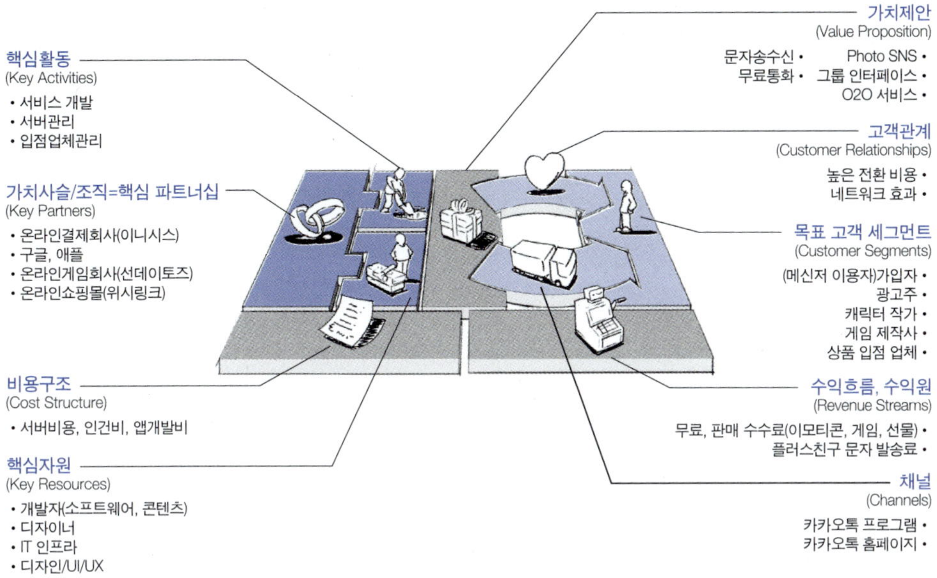


처음에 시계당 가격목표를 40달러로 설정하였고, 회사에서는 그 가격에서 목표로 하는 수익마진을 달성하도록 제품을 만드는 식이었다. 스위스의 인건비가 높은 상황에서 이러한 목표를 달성하는 유일한 방법은 전통적인 철이나 가죽 소재에서 탈피하여 플라스틱 제품으로, 그리고 생산방식 자체에서도 이른바 '급변적 혁신'을 이루는 것이었다. 스위스 엔지니어들은 시계의 부품을 150여 개에서 51개로 대폭 줄이는 등 내부의 디자인을 아주 간소화할 수밖에 없었으며, 마지막으로는 시계의 방수 기법 등에서도 새롭고 아주 싼 조립기법을 만들어서 적용하였기 때문에, 홍콩 등 외국 경쟁회사와 비교하여 약 30% 정도 수준으로 저가의 직접인건비를 실현하였다.

앞에서 제시한 〈표 4-13〉은 470명의 컨설턴트가 실제 적용한 실용성과 범용성이 높은 개념의 Osterwalder의 비즈니스 모델에 관한 연구(2000) 결과이다. Osterwalder가 제시한 비즈니스 모델은 사업적 가치를 창출하기 위한 종합적 구성 요소의 집합으로서 목표시장, 고객관계, 유통채널, 제공가치, 주요 행동, 자원, 외부 파트너와 비용구조 및 수익 모델의 9가지 요소로 구성되어 있다.

이와 같이 총 9개의 비즈니스 모델 구성 요소를 [그림 4-11]에서와 같이 시각적으로 표현한 비즈니스 모델 캔버스(business model canvas)라는 개념이 비즈니스 모델을 제시하는 유용한 도구 중의 하나이다. 비즈니스 모델 캔버스는 9개 요소를 블록에 도식화함으로써 설계된 비즈니스 모델이 과연 고객에게 제대로 된 가치를 제공하고 있는지 또는 가능한 모델인지를 점검하고 계획을 구체화하기 위해서, 한 폭의 그림으로 비즈니스 모델을 분석할 수 있게 하는 도구이다. 비즈니스 모델 켄버스에서는 왼쪽 부문에서 핵심파트너와 핵심자원의 핵심활동이 비용투입을 전제로 생성되는 중앙부의 가치제안을 묘사하고 있으며, 오른쪽 부문에서는 가치제안이 고객관계와 채널을 통해 고객에게 수용되어 수익을 창출하는 구조적 관계를 보여주고 있다. [그림 4-11]은 카카오톡 서비스의 비즈니스 모델 캔버스를 사례로 나타낸 것이다.

05

CHAPTER

# 서비스 시스템과 서비스 프로세스

# '익일 배송' 창시자, 프레드릭 스미스 페덱스 회장
# 운송방식 혁신, 직원우선정책 등으로 업계 선두권 진입

현대인들에게 '익일 배송'은 이미 익숙한 개념이다. 하지만 이 개념이 생겨난 지는 사실 얼마 되지 않았다. 프레드릭 스미스 페덱스 회장이 익일 배송이란 개념을 도입, 밤에도 화물을 운송하기 시작한 것은 불과 40여 년 전이다. 이전까지 운송업계에선 낮에만 화물을 운송했으며, 고객이 자신의 물건을 받기까지 많은 시간을 기다려야만 했다. 스미스 회장이 없었다면 고객들은 지금보다 오랜 시간 택배를 기다려야만 했을 것이란 말이다.

**프레드릭 스미스는 누구**

화물 집결지 방식과 익일 배송 서비스 등을 만들며 기존 운송업계의 변혁을 선도한 스미스 회장의 아이디어는 이미 대학교 시절 만들어졌다. 항공화물만을 위한 별도의 항공수송 시스템이 없었던 1960년 중반, 예일대학교 경제학과 학생이었던 스미스 회장은 당시 운송업계의 관행을 깨고 접수부터 배달 완료까지 전체를 포괄하는 화물전용 항공 시스템을 고안했다. 그가 제시한 아이디어는 컴퓨터 정보망을 이용해 미국 내 전역에서 24시간 내에 물건을 배달하는 서비스다. 인구분포를 감안, 그 중심 지역에 화물집결지인 허브(Hub)를 만들고 이곳으로 모든 화물을 모은 후 재분류를 통해 각 지역(Spoke)으로 물건을 배송하는 이른바 거점경유 방식(Hub-and-Spoke)이다. 이는 당시 주류 이론이던 두 지점 간의 최단거리 수송 방식을 완전히 뒤집는 발상이다.

스미스 회장은 이에 대한 논문을 담당교수에게 제출했으나, 돌아온 것은 그의 아이디어에 대한 혹평과 C학점이었다. 볼티모어에서 멀지 않은 수도 워싱턴에 물건을 보낼 때도 관계없는 중부의 허브를 경유해야 한다는 비효율성을 문제 삼은 것이다. 담당교수는 "C학점 이상을 받으려면 아이디어가 실행 가능한 것이어야 한다"며 그의 아이디어를 평가절하했다. 만약 여기서 스미스 회장이 자신의 아이디어를 포기했다면 지금의 페덱스는 존재하지 않았을 것이다. 그러나 스미스 회장은 좌절하지 않고 자신의 아이디어와 열정을 믿었으며, 이를 증명하기 위해 화물운송 시장에 뛰어들었다. 그는 에머리 항공 화물(Emery Worldwide), 유나이티드 파슬 서비스(United Parcel Service: UPS) 등 강력한 경쟁자들이 있는 미국 운송시장에 진출, 1971년 페덱스를 설립했다.

물론 쟁쟁한 경쟁자들 사이에서 페덱스(Fedex)가 시작부터 순항했던 것은 아니다. 미국 25개 도시를 잇는 운송 서비스에도 불구하고 페덱스의 첫 화물은 고작 186개밖에 되지 않았다. 페덱스가 8대의 소형 항공기를 보유하고 있던 것을 감안하면 상당히 초라한 성적이다. 페덱스는 설립 이후 몇 년 동안 수백만 달러에 이르는 손실을 입는 등 어려운 상황이 지속됐다. 하지만 스미스 회장은 여기서 꺾이지 않고 차별화된 운송 시스템으로 점차 두각을 드러냈다.

지금은 일반화된 익일 배송 시스템 역시 그중 하나다. 그는 "꼭 필요한 화물이라면 야간에도 반드시 배달한다"는 배송 서비스의 새로운 원칙을 만들었다. 당시 업계에선 소형 택배의 익일 배송에 대한 시장을 과소평가하고 있었으나 스미스 회장은 이를 간과하지 않고 새로운 사업 기회로 만들었다. 페덱스의 슬로건은 "절대로, 확실히, 하루 내에(absolutely, positively, overnight)"이다.

지금의 페덱스를 만든 요인 중 또 하나 주목받는 것은 바로 스미스 회장의 경영철학이다. 그는 사람(people)에게 최우선 가치를 두고 이어 서비스(service), 이윤(profit)을 고려한다. 스미스 회장은 종종 "고객을 만족시키려면 직원을 먼저 만족시켜야 한다"고 밝혀 왔다. 페덱스의 직원우선정책은 화물을 운송하는 것이 결국은 사람이라는 점에서 더욱 빛을 발하게 된다. 직원들이 애사심을 가지고 성실하게 일할 수 있도록 한 것이 결국 회사의 경쟁력 강화로 이어진 것이다. 이를 위해 페덱스는 무해고 정책, 공정대우 보장 프로그램인 GFTP(Guaranteed Fair Treatment Program), 서베이-피드백-액션(Survey-Feedback-Action) 시스템, 각종 보상제도 등을 운영하고 있다.

| 성명 | 프레드릭 스미스 |
|---|---|
| 영문 | Frederick Smith |
| 성별 | 남 |
| 나이 | 69 |
| 학력 | 예일대학교 |
| 특기사항 | |
| 1971년 | 페덱스 창업 |
| 2000년 | 영화 '캐스트 어웨이' 출연 |
| 2004년 | CEO 매거진의 '올해의 CEO' 선정 |
| 2008년 | 프랭클린협회서 비즈니스 리더십 부문 바우어상 수상 |
| 2014년 | 포춘지 선정 '세계 50인의 리더' 선발 |

| 기업명 | 페덱스 |
|---|---|
| 영문 | Fedex |
| 업종 | 국제화물운송 |
| 직원수 | 16만 2천 명 |
| 시가총액 | 419억 달러 |
| 홈페이지 | www.fedex.com |

## 페덱스는 어떤 기업

DHL, UPS와 함께 세계 3대 항공화물회사가 있다. DHL은 1969년 미국에서 시작된 특급배달 서비스가 그 모체로서, 회사명은 창립멤버 3인의 성씨(Last Name)인 Dalsey(댈시), Hillblom(힐블롬), Lynn(린)에서 각자 머리글자를 따 조합한 것이다. 당시 UC버클리 법학대 학생이던 래리 힐블롬이 하와이 호놀룰루와 캘리포니아 샌프란시스코를 오가면서 부업삼아 서류 퀵서비스를 하던 것을 졸업 후 정식으로 회사를 차려 배달 서비스를 하게 된 것이다. 처음엔 서류가방을 들고 호놀룰루와 샌프란시스코를 자주 왕복하는 수상한 사람으로 보여서 FBI의 내사를 받기도 했다고 한다. 미국에서 창업되었지만 현재는 지분을 많이 소유한 독일에 본사가 있으며, 증강현실(augmented reality) 글라스를 활용한 물류 시스템, 드론 택배 연구 등의 혁신을 추진하고 있고, 우리나라의 주력 수출 제품인 휴대전화 · 자동차 · 가전부터 북한을 오가는 구호물자 운반까지 담당하는 등 글로벌 국제특송 물량의 3분의 1을 책임지는 회사로 성장하였다.

UPS(United Parcel Service)는 미국에 본사를 둔 세계적 물류 운송업체로서, 미국 조지아 주 샌디 스프링스에 본사가 있는 국제적 운송업체이다. 전 세계 220개가 넘는 나라에서 9만 1,700대의 차량, 500여 대의 항공기 등으로 매일 평균 6,100만 고객에게 1,500만 건의 운송 서비스를 하고 있다. 1907년 8월 19세 짐 케이시와 18세 클로드 라이언이 100달러를 빌려 워싱턴 주 시애틀에 아메리칸 메신저 컴퍼니(American Messenger Company)를 세워 소화물 배달을 시작했다. 1913년 처음으로 배달차인 T형 Ford를 구입했으며, 경쟁사인 에버트 맥케이브(Evert McCabe)와 합병해 머천트 파슬 딜리버리(Merchants Parcel Delivery)를 세웠다. 1922년 UPS는 소포와 비슷한 비용으로 일일 픽업 전화, 추가 배달 시도, 배달하지 못한 물품의 자동 반송 등 경쟁 회사와는 차별화된 서비스를 제공하며 고객을 확보해 나가는 등 글로벌 항공 운송업체로 성장하였다.

페덱스는 1971년 스미스 회장에 의해 테네시 주 멤피스에 설립됐다. 설립 당시 이름은 페더럴 익스프레스(Federal Express)였으나, 2000년대 들어 현재의 페덱스(Fedex)가 됐다. 세계적인 항공 특송회사 페덱스는 '(특송으로) 택배를 부치다'라는 의미로 사전에 올라 있다. 뉴욕 증권거래소 상장기업이며 S&P 500 구성종목이기도 한 페덱스는 항공 및 지상 교통망을 이용해 우편, 화물 등을 배송하고 있다. 영업 첫날 186개의 화물을 운송했던 작은 기업은 지금 세계 214개국에서 하루 평균 300만 개가 넘는 화물을 수송하고 있다. 글로벌 물류기업으로서 페덱스는 2013년 아시아·태평양 지역에서 최고의 고객 서비스를 제공하고 운영의 효율성 및 유연성을 보다 강화하기 위해 다양한 서비스를 선보였다. 우선 배송품의 온도 조절에서부터 배송과정의 모니터링이 가능한 특수 운송 솔루션인 저온 배송 포장 서비스를 출시해 다양한 산업의 고객들이 보다 많은 시장에 접근할 수 있는 도움을 제공했다.

운송 시스템 혁신과 익일 배송 도입 등을 통해 업계의 기존 강자들과 어깨를 나란히 하는 수준까지 성장한 것이다. 페덱스는 이제 16만 명이 넘는 직원과 4만 곳이 넘는 지역 사무소, 640여 대의 항공기, 4만 3,000여 대의 차량을 보유한 거대 운송기업이다. 설립 이후 몇 년간 고전했던 페덱스는 미국 철도운송회사 직원들의 장기파업과 도산 등으로 운송시장의 공급이 부족한 상황에서 급격한 성장세를 구가했다. 1976년 처음으로 350만 달러의 순이익을 올리며 턴어라운드에 성공한 페덱스는 이후 승승장구하는 모습을 보였다.

전자상거래 활성화로 인해 택배시장이 급격한 성장을 보일 것이란 과잉 기대 속에 몇 차례 위기를 겪기도 했으나 페덱스는 이를 모두 극복했다. "시도하는 것과 실패하는 것을 두려워하지 않는다"는 스미스 회장의 신념이 페덱스가 위기를 극복하는 원동력이 됐다. 기존 관념과 관행을 당연시하지 않고 이에 도전해 온 스미스 회장과 그가 이끌어 온 페덱스, 이들의 향후 행보가 주목된다.

출처: 뉴스핌(Newspim), 김동호 기자, 2014. 8. 12.(일부 수정 보완)

서비스 기업이 경영을 한다는 것은 고객들이 그 가치를 인식하는 서비스(또는 서비스 상품)를 생산하여 고객들에게 제공하는 것을 의미한다. 서비스를 생산하여 고객에게 제공하기 위해 작동되는 작업 시스템을 우리는 서비스 시스템이라고 한다. 여기에는 사람들의 참여가 있고, 기계 장치들과, 정보, 기술, 그리고 다양한 자원들이 투입되고 변환과정을 거쳐서 고객이 원하는 산출물이 제공되는 시스템이다.

한두 사람이 모여서 명확하지 않은 프로세스로 일하여도 훌륭한 결과물이 나온다면 굳이 시스템을 이해할 필요가 없다. 시스템은 같은 입력이 투입되면 동일한 프로세스를 거쳐 매번 동일한 결과가 나와야 하고, 피드백을 거쳐서 개선될 수 있는 구조체를 의미한다.

서비스 시스템을 파악하려는 배경에는 서비스가 생산되어 고객에게 유통되는 전체 과정에서 각종 구성 요소들이 유기적으로 연계되어 작동되어야 한다는 전제가 있다. 우리는 서비스에서 우수한 투입물을 투입하고 탁월한 프로세스를 거쳐서 훌륭한 성과물이 고객에게 제공되도록 하는 서비스 시스템의 기획, 운영관리자가 되어야 한다.

완전 시스템은 존재할 수 없지만, 실패가 없거나 실패하더라도 회복기능이 동작해야 하고, 적절한 기술의 적용과 원활한 의사소통이 이루어져서 고객이 만족할 수 있는 수준으로 동작하도록 설계되고 운영되어야 한다는 차원이다.

우리는 서비스 시스템에 관련된 투입물(input)－프로세스(process)－성과물(output)을 포함하여, 서비스가 어떠한 구조에서 이루어지는가에 대한 체계적인 이해를 통해서 기존의 서비스에 대한 개선은 물론 새로운 서비스 창출에 대한 체계적 접근을 시도할 수 있다. 특히 탁월한 수준의 투입물이 탁월한 수준의 프로세스와 결과물을 산출할 수 있다. 또한 프로세스가 좋아야 우수한 성과물이 고객에게 제공될 수 있다. 우리는 이제 서비스가 어떤 구성 요소들로 이루어져 있으며, 각각에서 정의된 기능을 어떻게 담당하고 있는지에 관해서 서비스 시스템을 체계적으로 이해하고 분석할 필요가 있다.

서비스에서 일하는 방식을 분석하고 더 효과적인 방향으로 개선하기 위해서는 특히 프로세스 관점에서 서비스 시스템을 명확히 식별하고 분석해야 한다. 기술의 변화와 고객의 욕구 변화와 같은 외부 환경의 변화, 내부 조직의 변화와 새로운 서비스 특성의 추가 등으로 인하여 기존의 프로세스를 혁신하고 재설계해야 하는 경우도 있다. 따라서 본장에서는 서비스를 생산하여 공급하는 과정에서의 핵심 원동력이라고 할 수 있는 서비스 시스템과 이를 구성하는 프로세스를 중점을 두고 파악하기로 한다.

## 제1절 서비스 시스템

서비스 시스템은 크게 서비스를 생산하는 부문(서비스 생산 시스템)과 서비스를 전달하는 부문(서비스 전달 시스템)으로 구성되어 있다고 이해한다. 생산 시스템은 서비스 투입물이 처리되고 서비스 상품의 요소가 만들어지는 부문이며, 전달 시스템은 이와 같은 요소를 결합하여 고객들에게 이를 전달하는 부문을 의미한다. 생산 시스템에는 고객의 참여가 포함되는 것이 제조업의 생산 시스템과 구별된다.

### 1.1 서비스 시스템의 개념

독일의 사업가이며 컨설턴트로서, 체인형 할인 슈퍼마켓 대기업 알디(Aldi)의 창업자인 칼 알브레히트(Karl Albrecht, 1922~2010)와 미국에서 고객 서비스 분야의 컨설턴트로 활동했던 젬케(Ron Zemke)는 글로벌 초우량 서비스 기업을 연구한 결과『신경제에서의 서비스 아메리카(*Service America in the New Economy*)』를 저술하였다(Albrecht & Zemke, 2001). 이 저서에는 [그림 5-1]과 같은 서비스 삼각형(service triangle) 모형이 제시되었는데, 여기에서는 탁월한 서비스 기업에서 서비스에 대한 식견과 전략, 고객 지향의 직원, 그리고 고객에게 친절한 서비스 시스템이 고객을 중심으로 연계되어야 함을 강조하고 있다.

이는 바람직한 서비스 시스템은 서비스 전략, 고객 및 접점 직원을 효과적으로 지원해야 한다는 개념으로 이해할 수 있다. 즉, 뛰어난 서비스 시스템에서 궁극적으로는 고객의 '진실의 순간'에 대한 이해가 중요하며, 이를 위해서는 잘 고안된 서비스 전략(고객-서비스 전략, 서비스 전략-시스템), 고객 친화적 상호작용(고객-시스템, 시스템-직원), 그리고 고객 지향적인 서비스 접점 직원(고객-직원, 서비스 전략-직원)들과의 결합으로부터 우수한 서비스가 창출되는 개념임을 알 수 있다.

**그림 5-1** 서비스 삼각형

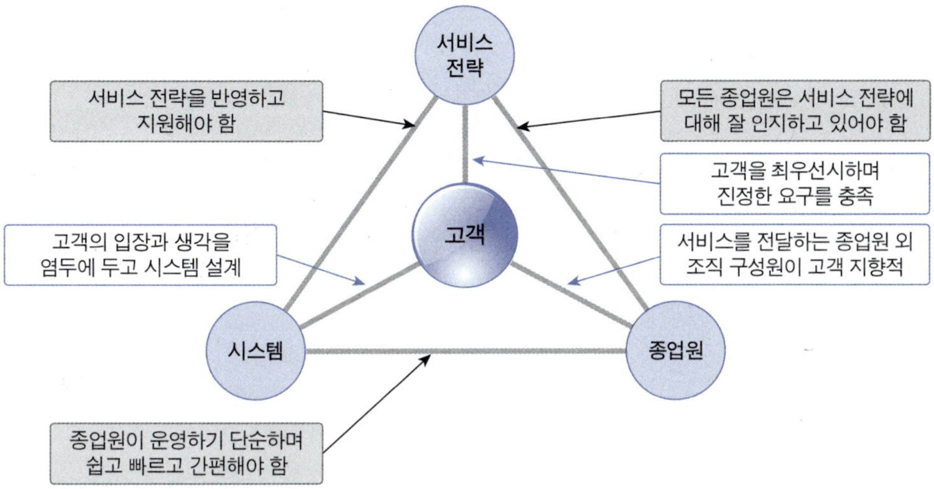


출처: Albrecht & Zemke, 2001.

이와 같이 서비스를 시스템으로 파악하기 위한 많은 시도가 있어 왔는데, 서비스 시스템은 첫째는 서비스가 설계자의 목적과 의도에 따른 전략에 부합하게 고객 지향적 시스템과 연동되어 생산되는 특성과(시스템-서비스 전략, 고객), 둘째는 고객과 고객 지향적 접점 직원과의 원만한 상호작용을 지원하는 서비스 전달 능력(시스템-고객, 접점 직원)이 종합적으로 이루어지도록 작동되어야 함을 알 수 있다.

이와 같은 서비스 시스템의 개념들을 포함하여 서비스 시스템에 관한 정의를 정리하면 〈표 5-1〉과 같다.

**표 5-1** 서비스 시스템의 개념 정의

| 정의 | 연구자 |
|---|---|
| 서비스 시스템은 사람들의 가치, 공동 창작 구성, 기술, 내부 및 외부 서비스 시스템을 연결하는 가치 제안, 일정한 형태의 상호작용이나 상호의존성에 의한 단일 개체의 집합과 같은 공유 정보를 일컫는다. | Spohrer, Maglio, Bailey, & Gruhl(2007) |
| 서비스 시스템은 지식 시스템, 기술, 노하우, 관계, 역량, 인력, 제품, 돈 등의 동태적 자원 및 운영자를 지속적으로 지원하는 조직 내의 네트워크 내에서 작업 시스템 요소 측면의 자원 통합자 역할을 한다. | Spohrer, Anderson, Pass, & Ager(2008) |
| 서비스를 통해 공급자, 사용자 및 기타 관심 있는 기관에 가치를 창출하고 제공할 수 있는 사람, 기술, 조직 및 공유 정보의 구성이다. | Maglio & Spohrer(2008) |

| | |
|---|---|
| 서비스 시스템은 개방 시스템을 형성하는 고객 간의 복잡한 상호작용으로, 실행 가능한 시스템 및 시스템 역학의 기술을 사용하여 설계되어야 하며, 양 당사자는 결과 달성에 집중한다. | Naglio & Maull(2008) |
| 서비스 시스템은 '전면 단계'와 '후면 단계'로 분류할 수 있으며 서비스 성능은 물리적 구성보다는 사람들을 조직구조 및 운영의 중심에 두어 서비스 성능 모두를 사용한다. 가장 작은 서비스 시스템은 한 사람이며, 서비스 시스템은 근본적으로 사회 기술 시스템으로, 공급자와 고객 모두에게 가치를 실현하기 위해 가능한 모든 수단을 사용하여 서비스를 기술화하여 제공하는 데 중점을 둔다. | Qiu(2009) |
| 서비스 시스템은 기본적으로 고객-공급자 상호작용뿐만 아니라 체계적인 서비스 혁신을 위한 기반을 마련하기 위해 자원을 획득하거나 적용하더라도 자체 상태 및 다른 시스템을 침해할 수 있는 개방성을 갖추고 있다. | Golinelli(2010) |
| 모든 서비스 시스템은 가치 사슬, 가치 네트워크 또는 가치 창출 시스템으로 연결된 서비스 제공자이자 고객이다. | Vargo, Maglio, & Akaka(2012) |
| 서비스를 생산하는 작업 시스템이며, 작업 시스템은 사람이나 또는 기계가 정보, 기술 및 기타 자원을 사용하여 내부 또는 외부 고객을 위한 상품을 생산하는 시스템이다. | Alter(2003) |

출처: 이정선 외, 2017, p. 6.(일부 보완)

## 1.2 서비스 시스템의 구성

서비스 시스템은 고객이 원하는 서비스 가치가 생산되고 유통되는 전반적인 과정을 돕는 집합체이기 때문에 많은 요소들로 구성된다. 즉, 물리적 자원이나 제품 등 정적인 요소도 있고, 서비스 제공자와 시스템 간의 상호작용 속에서 고객의 문제를 해결하는 솔루션 형태로 운영되기 때문에 사람들과 정보 등 요소들 사이의 상호작용을 돕는 요소도 있다.

Alter(2008)는 서비스 시스템을 이해하기 위해서 고객, 상품 및 서비스, 프로세스 및 활동(processes and activities), 참여자(participants), 정보(information), 기술(technologies), 환경(environment), 전략(strategies) 및 기반구조(infrastructure) 등 9개 요인에 대한 고려가 필요하다고 하였고, 이 중에서 프로세스 및 활동, 참여자, 정보, 그리고 기술 등의 4개 요인이 서비스 시스템을 구성한다고 하였으며, 나머지 5개 요인은 서비스 시스템 환경을 이해하기 위한 기본 요소라고 주장하였다. 또한 고객에게 제공될 가치 제안에 의해 연결된 인력, 기술, 내·외부 서비스 제공 시스템, 그리고 공유 정보(언어, 프로세스, 척도, 가격, 정책 및 규정 등) 등이 결합된 것으로 보기도 한다(Spohrer et al., 2007, p. 72).

이 외에도 많은 연구자들은 서비스 시스템의 구성 요소로서 사람(people), 기술(technology), 조직(organizations), 공유 정보(shared information), 고객(customers), 서비스와 제품

(services and products), 공급자(suppliers), 파트너(partners), 그리고 이들 간의 관계(relationships) 등을 제시한다.

1952년 미국 캘리포니아의 남부 소도시인 샌버나디노(San Bernardino)에 있는 햄버거 가게에 밀크셰이크 기계 영업사원인 레이 크록(Ray Kroc)이 들어섰다. 하루에 1대 팔기도 힘든 영업 상황인데, 한 식당에서 한 번에 밀크셰이크 믹서기를 무려 6대나 주문한 것이 놀라워 직접 방문해 본 것이다. 그 햄버거 가게는 2명의 형제가 운영하고 있었는데 이제껏 보지 못했던 마치 스위스 시계처럼 빠르고 효율적인 저비용 방식으로 햄버거가 붕어빵 찍어 내듯 만들어지고 있었다. 손님이 직접 카운터에서 음식을 주문하고 보통 식당들처럼 기다리지 않고, 주문한 지 30초 만에 햄버거가 나오는 혁신적이고 빠른 시스템이며, 깨끗하고, 값도 싼 이 햄버거 가게에 몰려드는 엄청난 인파에 놀랐다. 아르바이트생으로 보이는 직원들은 줄을 길게 늘어선 손님들을 즐겁게 응대하면서 주인의 감독하에 일하고 있었다. 그의 눈에는 돈 찍는 기계가 열정을 품고 살아서 움직이는 것 같은 이른바 '서비스 시스템'을 보게 된 것이다.

그는 딕 맥도날드(Dick McDonald, 1909~1998)와 마크 맥도날드(Mac McDonald, 1902~1971) 형제를 만나 프랜차이즈에 부정적인 그들에게 운영 방식의 사용권을 달라고 여러 차례 설득하였다. 이들은 효율적으로 주방의 동신을 설계하고 당시 유행하던 '드라이브인(Drive-In)' 형태의 식당들의 한계를 극복하고자 주문한 지 30초 만에 음식이 나오는 '스피디 시스템'을 만들어 낸 유능한 서비스 시스템의 설계자들이다. 12년 동안 수백만 개의 햄버거를 판매해 온 그들을 설득하여 결국 맥도날드를 인수하게 되었고, 세계에서 가장 큰 패스트푸드 소매 유통 시스템으로 만들었다. IBM이 매출 10억 달러를 돌파하는 데 40년 걸렸던 것을 그는 10년 만에 돌파하였다. 인수 후 40년간 120개국 36,000여 개의 매장에서 매일 6,900만 명 이상의 사람이 이용하는 규모로 성장하였다. 미국 내에서 사업 확장을 위해 건축 자재와 장비, 그리고 글로벌 소싱을 표준화시켰고 공사 방법과 건축 설계를 개선하여 기존의 식당 대비 26% 정도의 비용을 절감하였다. 규모가 작고 상대적으로 적은 판매량을 소화하는 편의 매장은 간소화된 메뉴들을 판매한다. 세계에는 약 40만여 개 프랜차이즈 사업이 있다고 하는데, 맥도날드는 흔히 말하는 이름만 빌려 주는 브랜드 프랜차이즈(brand franchise)가 아닌 사업 방식 프랜차이즈(business format franchise)라서 값지다. 조사결과로부터 정리된 맥도날드의 성공 비결은 다음과 같다.

① 단순하면서도 변하지 않는 고품질의 메뉴를 수천 개의 매장에서 제공한다.

② 엄격한 작업 기준을 철저히 지키면서 서비스, 청결, 그리고 매장 운영 전반을 관리한다.

③ 자동화되어 지나치게 단순한 음식 취급 작업으로 인한 높은 이직률에도 불구하고 항상 친절한 직원을 유지한다.

④ 가족들과 같은 어린이들을 대상으로 많은 매스미디어 광고를 한다.

⑤ 가족들과 같은 목표시장을 선정하고 이에 맞게 제품, 가격, 판촉, 그리고 매장 위치 등을 관리한다(초창기에는 교외의 가족 밀집 지역을 의미했다).

요약하자면, 서비스 시스템은 〈표 5-2〉에서 보는 바와 같이 투입, 처리과정(프로세스), 그리고 산출 등 다양한 요소들로 이루어져 있다.

**표 5-2** 서비스에서의 시스템 구성 요소 사례

| 구분 | 투입 | 처리과정 | 산출 |
|---|---|---|---|
| 맥도날드 | • 원재료 • 시설, 장비 | • 영업 준비 • 음식 전달<br>• 방문 • 식사<br>• 주문 • 계산 | • 햄버거<br>• 만족한 고객 |
| 병원 | • 의사, 간호사<br>• 진료실, 처치실, 입원실<br>• 의료자재, 장비<br>• 실험실 | • 검사 • 투약<br>• 수술 • 치료<br>• 모니터링 | • 치료받은 환자 |
| 학교 | • 학생 • 실험실<br>• 교직원 • 교재<br>• 강의실 | • 강의 • 실습<br>• 연구 • 봉사 | • 졸업생 • 특허<br>• 논문 • 명성 |

## 1.3 서비스 시스템의 기능 모형

기능 차원에서 보면 서비스 시스템은 공급자로부터 고객에게 서비스가 유통되도록 돕는 기능을 가지고 있다. 즉, 서비스 시스템은 여러 구성 요소들의 기능을 통해서 고객과 서비스 제공 직원의 활동을 지원한다. 따라서 서비스 시스템의 구성 요소들은 서비스의 생산과 전달 및 마케팅을 지원한다는 차원에서 이해될 수 있다.

따라서 서비스 시스템은 [그림 5-2]에서와 같이 서비스의 고유한 기능을 중심으로 서비스 생산 시스템(service operation system), 서비스 전달 시스템(service delivery system), 그리고 서비스 마케팅 시스템(service marketing system)으로 구분하여 파악할 수 있다(Lovelock, C. H., 1994; 2014).

**그림 5-2** 서비스 시스템의 기능 모형

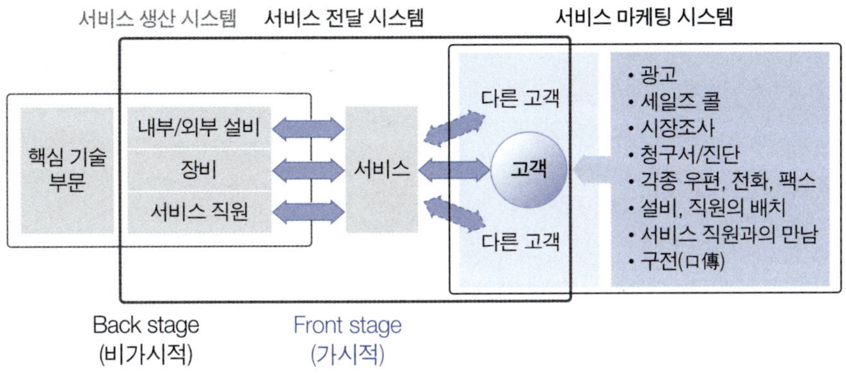


출처: Lovelock, C. H., 1994.(일부 보완)

## 가. 서비스 생산 시스템

### (1) 서비스 생산 시스템의 개요

서비스 생산 시스템은 서비스 운영 시스템이라고도 하며,[1] 외부환경으로부터 자원을 투입하는 활동으로부터 시작되어, 가치를 추가시키는 변환과정을 거쳐 서비스 상품 요소를 외부 환경에 제공되도록 지원하는 시스템이다. 즉, 전방(front stage)의 고객에게 서비스를 제공하기 위해 후방(back stage)에서 서비스를 준비하여 서비스 전달 시스템으로 인계하는 역할을 한다.

이와 같은 생산 시스템의 활동들은 대체로 고객들에게는 보이지 않는 비가시적 상태에서 운영되는데, 예를 들면 연극에서는 무대의 뒤편에서 스태프들에 의해 물리적 시설, 장비 등과 같은 다른 유형물들이 준비되는 과정과 출연자들이 대본을 외우고 연습하는 과정이 바로 여기에 해당된다. 백화점에서의 서비스 생산(운영관리) 활동은 소비자들이 구매하기 편한 곳에 다양한 상품을 확보하고 전시함으로써, 소비자들로 하여금 여러 곳을 돌아다니지 않고도 한자리에서 원하는 상품을 쉽게 발견하여 쇼핑할 수 있도록 함으로써 부가가치를 창출한다. 마찬가지로 할인점에서의 생산활동은 질 좋은 제품의 확보, 적정 소요 구매량의 산출, 소비자들이 쇼핑하기 편하도록 매장의 레이아웃 개발 및 상품의 진열, 반품 및 애

1) 본서에서는 서비스가 생산되어 전달된다는 프로세스 개념을 적용하여, 서비스 생산 시스템과 서비스 전달 시스템을 구분한다. 혹자들은 서비스 생산 시스템을 서비스 운영 시스템으로, 또는 서비스 생산 시스템과 서비스 전달 시스템을 합쳐서 서비스 운영 시스템으로 파악하는 경우도 있다.

프터서비스 등이다.

서비스는 기본적으로 생산과 전달, 그리고 소비가 동시에 일어나는 특성이 있으므로 전달 시스템과 경계가 분명하지 않은 경우도 많다. 이와 관련하여 Lovelock(1983)은 서비스 운영 시스템을 생산(manufacturing) 기능과 제공(delivery) 기능이 혼합된 시스템으로 정의하였고, 서비스 과업(service task) 및 서비스 표준(service standard)과의 일관성 유지가 중요하다고 주장하였다.

### (2) 서비스 생산 시스템의 구성 요소

서비스 시스템의 기능 모형에서 특별히 고객은 조직의 내부 요소로 파악한다. 많은 서비스 기업들이 제조업에서와 같이 고객을 기업의 외부 요인으로 보기 쉽다. 그러나 서비스에서는 고객이 서비스 프로세스에 참여하는 자원의 일부이기 때문에 상호작용까지를 반영하여 통합적인 시스템 관점에서 파악해야 한다. 단, 가시선을 중심으로 고객이 보이는 부분과 보이지 않는 부분을 구분할 뿐이다.

서비스 생산 시스템에서 서비스 직원은 고객과 직접 상호작용하는 고객 접점 종업원과 지원 요원으로 구분된다. 고객 접점 종업원은 대면접촉, 전화, 이메일, 팩스, 모바일, 우편 등을 통해서 상호작용하며 서비스 창출에 결정적인 역할을 담당한다. 서비스 직원들의 보유 지식, 각종 자원의 활용 능력 및 전반적인 서비스 지향적 업무 수행 역량은 탁월한 서비스 생산 및 전달에 매우 중요한 요인이다.

내부 및 외부 설비, 그리고 장비는 서비스 시스템 내에서 사용되는 유형의 자원들로서, 공통적인 예를 들면 컴퓨터, 문서, 운영 도구 등이다. 물론 이들은 서비스 업종마다 각기 특유한 유형으로 구분되는데, 예를 들면 같은 규모의 병원이라 해도 외과병원과 치과병원의 시설 및 장비, 그리고 구비 환경은 아주 다르다. 하지만 이와 같은 물리적 설비와 장비 등은 고객들의 물리적 환경의 지각에 영향을 미치며, 셀프서비스 등에서와 같이 자신의 요구를 해결하는 데 도움을 주도록 활용된다.

핵심기술 부문은 고객에게는 전혀 보이지 않는 배후에서 설비, 장비 및 서비스 직원들의 업무를 돕는 기반기술(infrastructure)이다. 구체적으로는 컴퓨터 시스템, 정보기술, 건물, 사무실, 차량 등이다. 낙후된 기술이나 설비 등은 고객의 요청에 신속하게 대응하지 못하고 지원능력을 저하시키게 된다.

### (3) 서비스 생산 시스템의 특성

서비스 생산 시스템의 특성으로 첫째는 서비스에서 고객과의 접촉(contact) 정도의 많고

**표 5-3** 제조업에서의 생산 시스템과 서비스업의 생산 시스템

| 분류 / 요소 | 제품 생산 시스템 | 서비스 생산 시스템 |
|---|---|---|
| 생산물 | 유형재 | 무형재 |
| 재고 보유 | 가능 | 불가능 |
| 수요 변동 주기 | 길다 | 짧다 |
| 고객과의 접촉 | 적다 | 많다 |
| 품질 평가 | 제품 자체에 의해 | 소문, 평가에 의해 |
| 시장 | 넓다 | 좁다 |
| 시스템 규모 | 크다 | 작다 |
| 입지 선정 | 자유롭다 | 고객 소재지에 입지 |
| 마케팅과 생산 | 분리 | 밀착 |
| 생산 공정 | 복잡 | 단순 |

적음에 따라 달라진다. 즉, 고객이 직접 참여하는 서비스(이발, 숙박, 건강관리 등)에서는 고객이 직접 서비스의 운영 시스템, 즉 후방 시스템의 대부분을 볼 수가 있다. 그러나 고객의 접촉도가 낮은 서비스(은행 대출 거래, 신용카드 사용 등)에서는 고객이 서비스의 생산과정에서의 처리구조(mechanism)를 알기 어렵다.

그러나 〈표 5-3〉에서와 같이 제조업에서의 생산 시스템과 서비스업의 생산 시스템은 서로 다른 특성이 있으므로, 서비스 관리자가 서비스 생산 시스템을 명확히 이해하는 것은 새로운 서비스 설계와 관련 프로세스의 개선에 도움이 된다. 서비스 생산 시스템의 차별화된 특징을 열거하면 다음과 같다.

① 생산은 전달과 동시에 이루어지며, 사전에 또한 기성품으로 만들어 두기 어렵다.

② 중앙 집중 방식으로 생산, 검사, 저장, 보관하기 어렵다.

③ 미리 보여 주거나 샘플로 고객에게 미리 보내지기 어렵다.

④ 고객이 가질 수 있도록 유형화하기 어렵고, 서비스에 대한 평가는 고객의 개인적이고 주관적인 경험에 의해 좌우된다.

⑤ 구매한 결과(서비스 경험)는 제3자에게 양도하거나 매매하기 어렵다.

⑥ 불량의 문제를 해결하는 리콜이 어려우며, 대부분 사과나 보상이 유일한 방안이다.

⑦ 품질 보증은 생산된 후가 아닌 생산되기 이전에 이루어져야 한다.

⑧ 전달에는 판매자와 구매자 간에 인간적인 접촉이나 상호작용이 따른다.

⑨ 고객의 사전기대 수준이 만족도를 결정하는 중요한 기준이 된다.

⑩ 고객이 서비스를 받는 과정에서 만나는 사람들이 많아질수록 서비스 만족도는 줄어든다.

⑪ 서비스가 개시되는 초기 과정에서의 만족도가 매우 중요하다.

### (4) 서비스 생산 시스템의 프로세스

서비스 생산에서의 실행되는 프로세스를 중심으로 공정 유형을 구분해 보면, 〈표 5-4〉에서와 같이 프로젝트 공정, 일괄 생산 공정, 대량 생산 공정, 연속 생산 공정 등 4개 유형으로 구분할 수가 있다.

**표 5-4** 서비스 생산에서의 공정 유형

| 공정 유형 | 특성 | 예시 |
|---|---|---|
| 프로젝트 공정<br>(project) | • 완성하는 데 장시간 소요<br>• 전문적 자원의 축적 필요<br>• 고객의 주문에 따라 내용이 일정하지 않음<br>• 실패의 가능성에 대한 프로젝트관리 체계 중요 | • 경영 컨설팅, 법률, 건축 설계, 종합병원 등 |
| 일괄 생산 공정<br>(batch) | • 주기적 시간 간격으로 일정량을 일괄(묶음) 생산<br>• 생산량은 수요에 따라 유동적<br>• 장비와 숙련된 노동력 활용 | • 해상 · 항공 · 육상 화물, 통관, 택배 등 |
| 대량 생산 공정 | • 표준화된 상품의 대량 생산<br>• 안정적인 대량 수요<br>• 고가의 전용 장비 투입 | • 할인 마트, 백화점, 은행 등 |
| 연속 생산 공정 | • 고도의 표준화된 연속적 대량 생산<br>• 자동화 시스템 구축 및 활용<br>• 고효율 및 낮은 유연성 | • 통신, 온라인 쇼핑몰 등 |

또한 서비스 생산 공정에서는 투입, 변환, 그리고 산출의 과정이 이루어진다. 특히 변환 공정에서는 다양한 유형의 변환이 이루어지는데, 이를 변환 대상이 무엇인지를 중심으로 구분해 보면 〈표 5-5〉에서와 같이 소비자 변환, 제품 변환, 정보 변환 등의 변환활동으로 나누어진다.

**표 5-5** 서비스 생산 공정에서의 변환 유형

| 변환 유형 | 과정 | 예시 |
|---|---|---|
| 소비자 변환 | • 생산 요소(노동력, 기계설비, 에너지, 정보)를 활용<br>• 소비자를 투입 이전의 상태와 다른, 소비자가 원하는 상태로 변화 | • 미장원 고객, 환자의 치료 |
| 제품 변환 | • 기존의 제품에 추가적 가치 또는 효용을 부가<br>• 기존의 제품과 다른 상태로 변화시키는 과정<br>• 소비자가 구매하기 쉬운 장소로 운반하는 과정 | • 제품 수리, 의류 세탁, 구두 수선 |
| 정보 변환 | • 가공되지 않은 정보를 소비자 욕구에 맞도록 변환하는 과정<br>• 컴퓨터에 의한 정보 처리 과정 | • 회계사, 변호사, 경영전문가 등의 두뇌에 의한 정보 처리 |

### (5) 서비스 생산 시스템의 구성 방식

서비스 생산 시스템이 추구하는 목표는 제조업과 유사하게 생산성과 경제성의 향상이 중요하다. 즉, 적은 생산 요소의 투입으로 더 많은 제품이나 서비스를 산출해야 하는 기본적 목표가 있으며, 이 기본적 목표는 기업이 갖추어야 할 경쟁 우선순위로서 현재와 미래의 고객을 만족시키기 위하여 기업이 갖추어야 할 경쟁력을 말한다.

일반적으로 기업의 경쟁 우선순위를 달성하기 위해서는 다음과 같이 원가(cost), 품질(quality), 시간(time), 유연성(flexibility)을 고려해야 한다.

① 원가: 서비스 원가를 낮추기 위해서 설비는 최대한 오래 사용하면서 낮은 비용으로, 투입된 자원의 재고와 재작업이나 폐기물은 최소화해야 한다.

② 품질: 소비자들의 욕구와 기대수준이 높아짐에 따라 품질 경쟁이 가속화되고 있는데, 지속적인 고급화 및 자동화 등 생산과정을 통해 높은 품질을 유지해야 한다.

③ 시간: 생산시간의 단축을 위해서 생산과정의 자동화, 단순화를 추구한다.

④ 유연성: 수요의 정확한 예측 및 변동에 따른 생산량을 적정하게 설정 및 조절하고, 소비자의 욕구나 취향의 변화에 신속하게 대응하여 변화된 서비스를 다양하게 적용할 수 있도록 적응력과 신축성이 강한 인력 및 시설을 확보한다.

서비스 기업에서는 이러한 목표를 달성하기 위해 효과적인 서비스 생산 시스템의 구성 방법을 고려해야 하며 업종마다 구성방법은 달리할 수 있다. 대체로 제조업에서 적용하던 생산라인 접근법을 차용하여 적용하기도 하고, 서비스의 특성을 살려서 공동생산자 접근법 등을 적용한다. 물론 특정 서비스 기업 내에서도 여러 가지 서비스를 동시에 취급하는 경우에는 부문별로 적절한 방식을 달리 적용해야 할 것이다.

① 생산라인 접근법

생산라인 접근법(production line approach)은 서비스를 표준화하고 서비스 공정을 제조공정과 같이 생각함으로써 서비스를 보다 효율적으로 전달하는 접근법이다. 즉석 식품점에서 주로 적용할 수 있는데, 맥도날드에 의해 처음으로 개발되었으며 효율성, 표준화, 일관된 품질, 저원가 지향의 장점이 있다.

첫째, 서비스 표준화를 추구하여 서비스 생산 절차를 정형화된 방식으로 고정한다.

둘째, 분업을 통해서 업무를 전문화한다. 다만 저기능 직원에 대한 배려가 필요하다.

셋째, 직원의 재량권을 축소한다. 서비스에서의 성과에 일관성을 지향한다.

넷째, 표준화된 공정을 기술에 의해서 인력을 대체한다. 은행의 ATM, 탑승권 자동발급기 등이 대표적인 사례이다.

② 공동생산자 접근법

공동생산자 접근법은 고객이 직접 서비스 프로세스에 참여하는 방식이다. 흔히 뷔페 식당이나 회전 초밥집과 같이 고객이 원하는 바를 서비스받는 사례에서 볼 수 있으며, 온라인 백과사전 위키피디아는 집단 지성의 산물이다.

서비스 기업에서 생산 시스템을 구성하려고 할 때에는 고객참여도를 결정해야 한다. 즉, 고객노동력의 활용 수준을 명확히 하는 것이다. 예를 들면, 셀프서비스에서는 고객화와 저원가를 동시 달성하는 장점이 있는 반면 고객에 대한 훈련이 필요하다. 실제로는 점차 똑똑해지는 고객이 점차 제공자에게 종속되지 않으려고 한다는 점에 유의해야 한다.

③ 셀프서비스 접근법

공동생산자 접근법의 대표적인 유형으로 셀프서비스 접근법(self service approach)이 있다. 이 방식은 고객 권한위임 방식이라고도 하며, 서비스의 생산에 고객이 보다 큰 역할을 담당하게 함으로써 서비스 공정을 향상시키는 접근법이다. 예를 들면, 은행에서의 ATM이나 셀프서비스 주유소, 샐러드 바, e-티켓 등 점진적으로 많은 서비스에 확대되는 추세에 있다.

④ 개인적 배려 접근법

개인적 배려 접근법(personal attention approach)은 고객에게 최상의 개별적인 서비스를 제공하는 접근법이다.

미국의 노드스트롬 백화점의 고객 지향적 서비스 제공은 많은 서비스 기업에서 벤치마킹 대상이 되어 왔다. 노드스트롬의 제1규칙은 "노드스트롬은 고객에게 '노(No)'라고 대답하지 않는다"이다. 이것은 불문율로 내려오고 있는데, 창업주가 고객의 구두를 팔 때처럼 낮은 자리에서 고객을 존중하면서 서비스를 제공하려는 의지가 지속되어 온 결과이다. 다시 말하면, 노드스트롬의 제1규칙은 "어떤 상황에서도 스스로 판단하되 고객에게 가장 좋다고 생각하는 것을 실행하십시오. 그 외의 규칙은 없습니다"이다. 이것은 서비스 접점 종업원 자신이 판단하여 고객에게 좋다고 생각되는 것을 실행하라는 의미이며, 모든 권한이 현장 직원에게 있다는 뜻이다. 문제가 발생했을 때, 윗사람과 상의해 봐야 한다는 말은 노드스트롬 매장에서는 들을 수 없다.

리츠칼튼 호텔에서는 [그림 7-4]에서와 같이 고객의 기호를 수집하여 고객이력 정보로서 관리하는 고객인지 시스템에 입력하고 고객 정보를 전 세계 프랜차이즈 호텔체인에서 서비스 제공 시 활용한다. 예를 들면, 호주의 리츠칼튼 호텔체인의 식당에서 어느 고객이 마늘을 싫어 한다는 내용이 등록되었다면, 이는 다른 나라 어느 리츠칼튼 호텔체인에서도 그대로 활용된다. 서양식의 푹신한 베개가 싫어서 프론트에 전화를 걸어 좀 딱딱한 베개를 갖다 달라고 요청했던 한국 고객에게는 언젠가 뉴욕의 호텔에 예약하면서 전에 사용했던 딱딱한 베개를 요청하지 않아도 제공된다.

이러한 시스템 구축에는 미국 샌프란시스코 리츠칼튼 호텔의 세계적인 청소부라 불리는 버지니아 아주엘라(Virginia Azuela)가 공헌하였다. 겉보기에는 여느 청소부와 다를 바 없는 그녀는 호텔 직원에 있어 영광인 'Five Star'상을 받기도 하였으며 세계적인 경영 평론가인 톰 피터슨이 지식인으로 뽑은 사람이다. 그녀는 고객만족을 위한 통합품질경영(Total Quality Management: TQM)이라는 호텔의 경영 철학을 현장에 적용하고 여기서 생긴 문제점에 대해 끊임없이 개선 방안을 찾아 나갔으며 자기가 찾아낸 문제해결 방법을 동료들과 공유해 왔다. 자신이 하는 일을 꾸준히 개선하여 함께함으로써 부가가치를 높였다. 동료들은 청소 같은 허드렛일이 품질과 무슨 관계가 있느냐고 말했지만 그녀는 객실 서비스가 호텔에 대한 만족 여부는 물론 호텔의 이미지를 결정한다고 보았으며 호텔 고객들은 객실 안에서 가장 많은 시간을 보내는 것이 사실이었다. 객실을 청소하면 언제나 '고객만족 제일'이라는 생각으로 개선하려고 하였으며 고객카드를 만들어 청소 도구함에 달고 다니며 고객들의 이름을 외우고 고객들의 특성과 습관 등을 기록해 두고 그들이 원하는 객실 서비스를 하였다. 예컨대 수건을 많이 쓰는 고객, 비품의 위치를 바꿔 주기를 원하는 고객, 특정한 신문을 원하는 고객 등을 알고 있다가 미리 맞추어 준다는 것인데 웬만한 고객들을 다 알고 복도에서 투숙객을 만나면 이름을 부르며 인사를 할 정도였다. 뿐만 아니라 청소 작업의 생산성을 높이기 위해 침대보 정리 방법도 개선하였고, 청소에서 생기는 문제점은 발견 즉시 해결하고 사후 보고하여 고객에게 접근하는 방법을 바꾸었고 이러한 지식을 매일 이뤄지는 회의 등에서 현장에 있는 동료들과 공유하였다.

## 나. 서비스 전달 시스템

### (1) 서비스 전달 시스템의 개요

서비스 전달 시스템은 서비스 생산품이 고객에게 전달되는 장소, 시간, 방법, 절차 등을 정의한 것이다. 서비스 제공자는 고객과 직접 접촉하거나 또는 상호작용을 통해서 서비스를 전달한다. 이때 서비스 제공자는 고객과의 직접 접촉을 줄임으로써 비용절감이나 생산성 향상을 꾀하게 되며, 고객은 표준화 또는 공간적 이동으로 인한 불편 등을 겪을 수 있으나 궁극적으로는 비용과 시간 절약의 혜택을 누리게 된다. 최근에는 서비스에서 자동화 장치나 모바일 환경 등 다양한 기술이 적용되는 방식으로 전달 시스템이 발전함으로써 서비스 생산 시스템에서 고객에게 드러나는 가시적인 부분이 줄어드는 경향을 보이고 있다.

### (2) 고객접촉과 서비스 전달 시스템

서비스 전달 시스템의 구성에서 전제되는 기초적 개념은 고객접촉도이다. 고객접촉도는 다음의 공식에서 보는 바와 같이 서비스를 제공하는 과정에서 고객이 시스템 내에 머무르는 총시간에서 실제로 제공자와 고객이 접촉하는 시간이 차지하는 비율이다.

$$\text{고객접촉도(\%)} = \frac{\text{제공자와 고객의 직접접촉시간}}{\text{시스템 내에 고객의 총체류시간}} \times 100$$

예를 들면, 헤어숍에서 염색을 하는 고객은 염색약을 칠하고 중간에 방치시간이 길어 커트만 하는 고객보다 시스템 내에 고객의 체류시간이 길고 고객접촉도에 영향을 미친다. 반대로 은행에서 ATM만 사용하고 바로 나가는 고객의 고객접촉도는 0이다. 이와 같은 사례에서 보듯이 서비스 운영의 효율을 높이기 위해서는 고객과의 직접적인 접촉이 적을수록 유리하다는 경험론적인 '고객접촉 모델'에서의 교훈으로부터 출발하여, 〈표 5-6〉에서와 같이 업무의 접점이 높은 요소들은 일선 부서(front office)에서, 접점이 낮은 요소는 지원 부서(back office)에서 처리하도록 하는, 이른바 고접촉 시스템과 저접촉 시스템의 구별이 파생되었다. 이로부터 많은 서비스에서 서비스 전달 시스템과 서비스 생산 시스템으로 이루어지는 서비스 시스템의 개발을 통해 효과적인 서비스 운영을 추구하는 계기가 되었다.

**표 5-6** 고객접촉에 따른 서비스 부서 구분

| 구분 | 내용 | 고객접촉 정도 |
|---|---|---|
| 일선 부서(front office) | 고객을 응대하는 현장의 일선 | 높은 수준 |
| 지원 부서(back office) | 고객들의 눈에는 안 띄나 실제로는 그러한 서비스를 가능케 하는 지원 부문 | 낮은 수준 |

대체로 고객접촉도가 높을수록 서비스 시스템과 고객 간의 상호작용은 커지게 되고 이에 따라 불확실성도 커지게 된다. 따라서 고객접촉도가 높을수록 서비스에서의 효율성은 떨어지지만, 대신 판매 기회는 많아질 수 있다. 예를 들어, 컨설팅 기업에서는 고객이 원하는 성과물을 제시해 주기 위해서 고객과의 친밀한 협조와 상호작용이 커야 되지만, 반대로 과도한 접촉으로 해결하기 어려운 지엽적이고 상세한 수준에서의 요구사항까지 수용해야 할 불확실성에 노출된다. 그러나 이해당사자들과의 다양한 협의를 통해서 유사한 다른 서

**표 5-7** 서비스 전달 시스템의 구성 유형

| 구분 | 특징 | 장점 | 단점 | 사례 |
|---|---|---|---|---|
| 기능 위주의 전달 시스템 | • 서비스를 전문화된 세부 기능 중심으로 구성<br>• 서비스 담당자의 업무를 전문화하고, 고객이 담당자에게 찾아가는 형태 | • 신속하고 전문화된 서비스 제공 | • 전체 프로세스가 부문에 의해 제약 | 은행에서 입출금, 펀드, 카드 업무를 별도의 창구에서 각각 서비스 받음 |
| 고객 위주의 전달 시스템 | • 고객에 따라 세부적인 요구가 다를 경우 활용 | • 다양한 서비스를 고객에 맞추어 제공<br>• 서비스 다양성 및 개별화가 필요하거나, 인적자원을 충분히 갖출 수 없을 때 유리 | • 서비스의 표준화 곤란<br>• 담당자는 폭넓은 업무를 수행해야 함 | 헤어숍에서 커트, 염색, 파마를 1명의 헤어디자이너에게서 서비스 받음 |
| 프로젝트 위주의 전달 시스템 | • 고객이 요구를 정확히 제시할 수 없거나, 자주 발생되지 않는 고객의 특별한 욕구에 대응하기 위한 시스템<br>• 서비스 성과는 프로젝트의 체계적 계획과 관리에 달려 있으며, 궁극적으로 개인과 조직의 역량에 의해 좌우됨 | • 다양한 대규모의 통합된 서비스 제공<br>• 이벤트나 각종 연회에서와 같이 일회성 서비스 제공에 유리 | • 개인과 조직의 역량 전제<br>• 담당자는 전체 프로세스를 정확하게 이해하고, 주어진 역할 및 직무를 동료들과 소통과 협력을 통하여 균형 있게 수행하여야 함 | 입학식 행사를 이벤트 회사에서 전체 주관하게 함 |

비스를 수주할 수 있는 기회를 얻을 수도 있다.

대체로 서비스 전달 시스템의 구성은 〈표 5-7〉에서와 같이 기능 위주나 고객 위주로 구분되어지고 있으나, 고객의 편의를 위한 점차 복합적인 형태로 발전하는 추세에 있다. 기능 위주의 전달 시스템은 인적자원의 능력이 취약한 경우나 병원에서와 같이 전문화가 유리한 경우에 적용되며, 장비의 도입으로 인한 원가 감축이나 생산성 향상을 위한 경우, 일관성 있는 서비스를 제공하기 위한 경우에 유용하다. 고객 위주의 전달 시스템은 품질의 일관성보다는, 예를 들면 헤어숍에서와 같이 다양한 고객욕구에 대한 대응성이 중요한 경우에 효과적이며, 프로젝트 위주의 전달 시스템은 일회성 행사 등 특별한 요구를 충족하기 위한 서비스에서 적용된다.

### (3) 디커플링

서비스의 효율성을 향상시키기 위해서는 높은 접촉의 서비스와 낮은 접촉의 서비스를 분리하는 것이 좋다. 이와 같이 고객과 직접 접촉이 불필요한 업무를 고객과의 접촉이 빈번하게 발생하는 접점으로부터 분리하는 서비스 이원화를 디커플링(decoupling)이라고 한다.

예를 들어, 맥도날드에서는 대량 구매 및 사전 음식의 가공은 중앙의 조리센터에서 하고, 매장에서 고객이 음식을 주문하면 간단한 조리과정을 거치도록 시스템 구성을 이원화하였다. 은행에서도 대출을 원하는 고객의 서류는 영업점에서 하고, 대출심사는 접수된 서류 전체를 중앙의 심사 담당 부서에서 표준화된 규정에 따라 실행하여 서비스 품질과 생산성을 높이고 있다.

디커플링은 고객과의 상호접촉이 표준화되어 있고 고객이 야기하는 불확실성은 통제를 강화하는 데 유용한 방식이다. 특히 디커플링을 고려할 때 구분된 저접촉 활동이 효율성을 증대시킬 잠재력이 커야 효과가 있으며, 이 활동을 분리하여 저렴한 지역으로 이동한다.

디커플링의 효과로서는 업무를 분리하여 실행 후 통합함으로써 규모의 경제를 이루며, 품질의 일관성이 높아진다. 분리된 저접촉 업무는 유형이 한정되고 지원 부서에서 일괄처리하므로 일관된 서비스 결과를 산출하는 장점이 있다. 또한 고접촉 업무와 저접촉 업무에 적성이 맞는 직원들을 적소에 배치할 수 있어서 직무만족도를 높이고 이직률을 저하시킬 수 있다.

## 다. 서비스 마케팅 시스템

서비스 마케팅 시스템은 서비스의 생산이나 전달을 개념화하기 위한 것으로 광고 및 인

**그림 5-3** 서비스 마케팅 시스템 중심의 서비스 시스템 모형

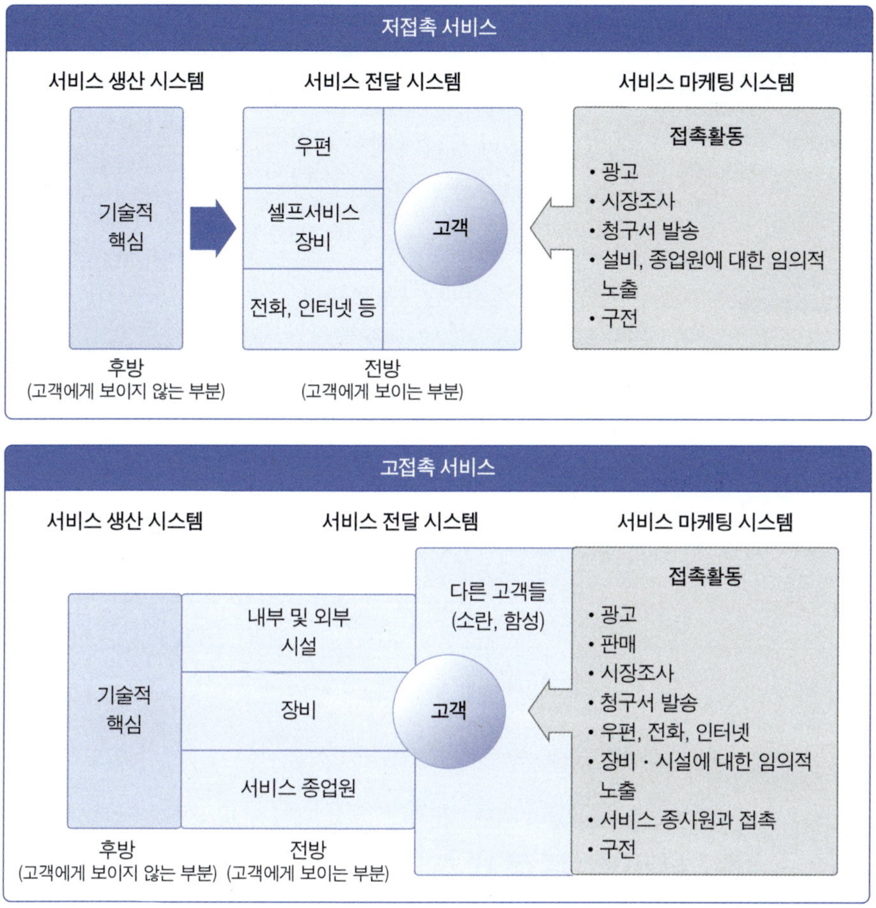


적 판매, 홍보, 전화, 우편, 대금청구, 대중매체 보도, 고객들에 의한 구전, 시장조사 및 서비스 직원과의 만남 등 다양한 마케팅 관련 접촉활동을 포함하고 있다. 서비스 마케팅 시스템에 대한 상세한 논의는 본서의 제13장에서 이루어진다.

서비스 마케팅 시스템의 범위와 구조는 서비스 조직에 따라 큰 차이를 보이는데, 제공하는 서비스의 종류, 그리고 그에 따른 고객 접촉도의 차이에 따라 마케팅 전략과 그 구성 유형이 달라지기 때문이다.

[그림 5-3]에서는 고접촉 서비스 유형과 저접촉 서비스 유형에 따라서 시스템 구성을 다르게 하고 있는데, 고접촉 서비스에서는 수요에 부응하면서 고객의 개별적 요구에 신속하고 유연하게 대처하는 방식을, 저접촉 서비스에서는 내부 효율에 초점을 두고 원가 및 비용

관리에 주력하는 방식을 적용하고 있다.

고접촉 서비스로서는 법률 서비스, 부동산 중개 서비스, 결혼 상담, 택시, 미용실 등이 있으며, 저접촉 서비스로는 통신판매, 인터넷 쇼핑, 인터넷 뱅킹, 대중교통, 패스트푸드 음식점, 극장, 스포츠 관람 등이 있다. 고접촉 서비스에서는 서비스 생산 시스템과 서비스 전달 시스템 및 서비스 마케팅 시스템이 서로 밀착된 정도가 상대적으로 높고, 저접촉 서비스에서는 이들 시스템이 어느 정도 분리될 수 있다.

**표 5-8** 고객접촉 수준별 서비스 시스템의 특성 구분

| 저접촉 서비스 시스템 | 고접촉 서비스 시스템 |
|---|---|
| 대면접촉이 요구되지 않을 때 사용 | 변화하고, 불확실하고, 다양한 고객의 요구에 반응하는 데 사용 |
| 기술적 능력을 갖춘 종업원, 효율적인 처리과정 및 서비스와 공정의 표준화 요구 | 대인관계 능력이 좋은 종업원, 즉 인간적이고, 유연하고, 고객 지향적인 종업원 요구 |
| 평균 수요에 근거하여 운영될 수 있으며, 수요를 평준화할 수 있음 | 수요가 일어나는 즉시 반응해야 하며, 피크 수요도 수용할 수 있어야 함 |
| 서비스는 가격이 낮고, 표준화 유리 | 서비스는 가격이 높고, 고객화 유리 |

## 제2절 서비스 프로세스

과거에 서비스 기업에서는 접점 직원의 친절만을 강조하던 시절이 있었는데, 이는 서비스 결과만을 중시하던 편협된 사고의 산물이었다. 그러나 고객들은 서비스가 개시되는 최일선에서 예약, 주차, 대기, 이동 등 다양한 접점 프로세스에서 서비스 조직과 상호작용하게 되고, 이런 프로세스에서 고객만족도가 결정되며 서비스 품질이 평가되는 것을 알게 되었다. 그러나 이러한 접점 프로세스들은 조직 내에 지원 시스템과 구성원들이 수행하는 지원 프로세스에 기반을 두고 있음도 밝혀지게 되었다. 따라서 서비스 기업에서는 서비스를 실행하는 과정은 물론 서비스의 디자인, 평가 및 관리에 있어서 서비스 프로세스(service process)가 서비스 시스템의 매우 중요한 핵심 요소라는 점을 인식해야 한다.

서비스 프로세스는 서비스가 생산되고 고객에게 전달되어지는 절차나 활동의 흐름을 말하며, 서비스 시스템의 핵심을 이루고 있다. 예를 들면, 컨설팅 서비스에서는 서로 상대방

**그림 5-4** 서비스 프로세스의 개요(1)

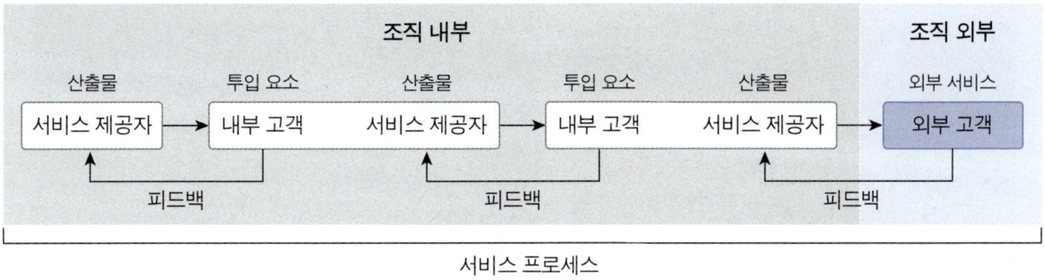


에 대한 사전 이해, 컨설팅 주제 및 영역의 확정, 컨설팅 계약, 단계별 분석 및 정리, 정기 및 부정기 회의, 산출물 검토 및 인도 등 다양한 프로세스가 실행되며, 기간이 장기간 소요되는 서비스 형태로서, 프로세스의 체계적 계획 및 관리가 컨설팅의 성패를 좌우하는 요소임을 알 수 있다.

[그림 5-4]에서와 같이 서비스 프로세스는 프로세스에 필요한 자원이 투입되면서 실행되는 작업과정으로서 그 실행 결과는 고객의 가치로서 제공된다. 흐름상으로 보면 조직 내부의 구성원들에 의해서 수행되는 내부 프로세스의 결과가 외부의 최종 고객에게 전달 프로세스를 통해서 전달된다.

서비스는 그 자체가 서비스 상품이고, 유통의 성격도 가지고 있기 때문에, 서비스 디자인 과정에서 프로세스를 상세히 명세화해야 하며, 특히 고객과 서비스 프로세스의 상호작용을 고려해야 한다. 서비스에서는 무형성이 가지는 특성으로 인하여, 서비스가 생성되고 고객에게 전달되는 과정에서 고객이 경험하는 서비스에 대한 이미지 자체가 곧 서비스 산출로 인식되는 특징이 있기 때문이다.

따라서 외부의 최종 고객에게 탁월한 서비스를 제공하기 위해서는 우선 내부 프로세스가 서비스 전략에 부합하도록 체계적이어야 한다. 또한 내부 프로세스를 담당하는 구성원들은 중간 산출물들을 생산하여 내부 고객에게 전달하고 피드백을 받을 때, 내부 고객을 외부 고객과 동일하게 간주하여야 한다.

특히 서비스에서는 프로세스에서의 오류, 또는 전달 프로세스에서의 결함 등으로 인해 서비스의 지연, 서비스의 품질 저하를 초래하게 되어 궁극적으로는 서비스 실패 위험을 증가시키게 되기 때문에, 실행된 결과로서 서비스의 목표가 완성되도록 하기 위해서는 철저한 서비스 프로세스의 설계와 관리가 필요하다.

**그림 5-5** 내부 프로세스와 외부 프로세스의 서비스

영국 버킹엄 궁전 근위병 교대식
(외부 프로세스)

영국 버킹엄 궁전 시설관리
(내부 프로세스)

한편 [그림 5-5]에서와 같이, 예를 들면 영국 버킹엄 궁전(Buckingham Palace)에서는 정해진 시각에 근위병들의 행진과 교대식이 열리며 많은 관광객들이 이를 관람한다. 이러한 외부 프로세스는 궁궐 시설관리 등 내부 프로세스와 결합되어 하나의 서비스로 완성되며 지속적으로 관광객들에게 제공된다.

## 2.1 서비스 프로세스의 개념

서비스 시스템에서는 서비스가 제공되는 절차나 생산되는 활동들의 흐름을 서비스 프로세스로서 강조하게 되며, [그림 5-6]의 일반적인 시스템 모형에서와 같이 투입 → 변환 → 산출의 과정을 가지는 하나의 시스템으로 파악할 수 있다.

서비스 프로세스는 기존의 제조 프로세스와는 다른 특성이 있다. 먼저 생산과정에 소비자가 참여하는 특성이 있어서, 제조 프로세스와는 다르게 생산과정이 고객에게 공개되며 참여가 가능하다는 점이다. 즉, 서비스 제공자의 지식이나 자원을 한정하여 투입으로 하는 것이 아니라 서비스를 제공받는 고객 자체가 서비스에서의 상호작용이나 자원을 투입하는 이른바 피드백 작용을 매우 중요하게 인식해야 한다. 즉, 서비스 시스템도 일반적인 시스템 모형에서의 투입 → 변환 → 산출의 과정을 가지는 하나의 시스템이지만, 고객의 셀프서비스와 같은 적극적 참여활동이 또 다른 서비스 프로세스의 투입으로 연계된다는 점이다. 예를 들면, 의료 서비스에서 의사와 환자가 커뮤니케이션하면서 새로이 발굴해 낸 고객의 증상이나 상황이 또 다른 진료 프로세스에 활용될 수 있으며, 경영 컨설팅에 참여하고 있는

**그림 5-6** 서비스 프로세스의 개요(2)

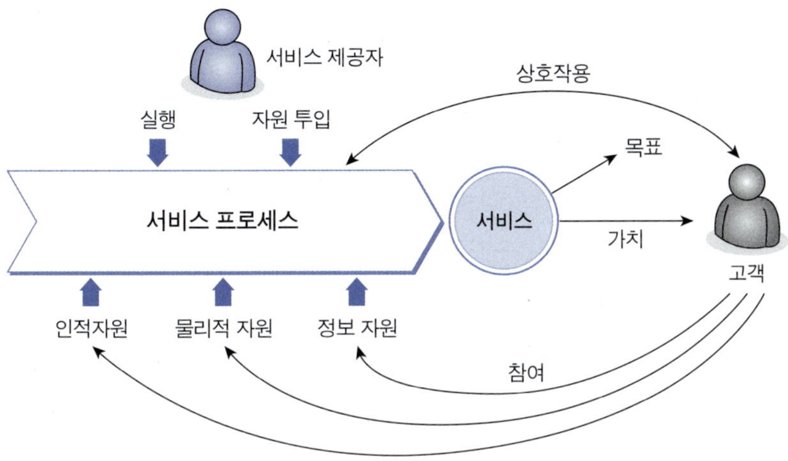


컨설턴트가 해당 기업에서 새로 확인한 조직의 특성이나 환경 요인 등이 새로운 경영 진단 및 개선 프로세스의 투입으로 활용되는 것과 같은 사례를 참조할 수 있다.

이와 같이 서비스 만족도와 고객가치를 높이기 위해 서비스 생산과정의 공개나 전략적으로 고객의 참여를 적극 도입하는 경향이 높아지고 있다. 기존의 제조 프로세스에서는 주로 효율성을 강조하는 프로세스 체계였다고 하면, 서비스에서는 생산과정이 고스란히 고객에게 개방될 수 있기 때문에 서비스 프로세스의 효율성뿐만 아니라 서비스 생산 프로세스에서 제공자와 고객의 상호작용을 통해 발생하는 고객의 경험까지 관리할 수 있도록 고려되어야 한다.

특히 기존 제조 프로세스에서 다루지 않았던 고객의 경험관리 영역이 서비스 프로세스에 추가되면서 서비스 프로세스 체계에서의 특별한 고려가 필요하다. 즉, 서비스 프로세스의 실행 수준을 차별화하기 위해서는 인적 서비스와 물적 서비스, 그리고 사전 서비스, 판매 서비스, 사후 서비스 등 전반적인 프로세스의 통합적 관리가 필요하다. 물적 서비스(physical service)는 고품질, 저가격의 상품, 고객 편의시설, 덤, 사은품, 보너스, 보조 상품 등을 말하고 인적 서비스(personal service)는 밝은 미소, 공손한 인사, 친절, 눈 맞춤, 친근한 멘트, 따뜻한 응대, 매너, 전화예절 등 사람이 제공하는 것이다.

또한 서비스 프로세스에서는 서비스 제공자의 태도나 언어, 업무 실행 절차, 분위기, 인테리어 등이 결합되어 고객의 예약부터 환송에 이르기까지 전체 서비스의 품질을 높이기 위한 상세한 수준에서의 프로세스 설계 및 실행이 이루어져야 한다.

서비스 제공자의 관점에서 보자면 서비스 프로세스 전체는 다양한 하위 서비스 기능들과 내부 부서의 업무 프로세스로 구성되어 있지만, 고객에게는 연계된 하나의 프로세스로만 지각된다. 고객의 관점에서는 서비스 구매에서 고객이 원하는 가치를 충족시킬 수 있고 얼마나 편리한가에 집중되며, 그 내용을 이루고 있는 서비스 프로세스 체계에는 별로 관심이 없다. 그렇기 때문에 고객만족도를 높이고, 경쟁우위의 서비스 시스템을 갖춰야 할 서비스 기업의 관리자는 서비스 제공자로부터 전달되는 최종 서비스 결과물뿐만 아니라, 이러한 서비스가 어떠한 프로세스를 통해 고객에게 제공되는지를 고찰하고 관리해야 한다.

## 가. 전달 프로세스

서비스 프로세스에서 전달 프로세스(delivery process)는 고객의 눈에 보이는 부분으로서, 고객과의 접점에서의 상호작용 프로세스라고 할 수 있다. 이 프로세스는 고객과 굉장히 밀접한 직접적 관계를 형성하고 있으며, 사실상 고객에게는 상호작용이 발생하는 전달 프로세스가 서비스의 전부로서 지각된다. 이 프로세스는 [그림 5-7]에서와 같이 서비스 프로세스에 참여하는 고객, 고객과의 접점에서 서비스를 제공하는 현장 직원, 고객 접점에서 발생하는 업무 및 운영관리 시스템, 그리고 물리적 설비 및 자원 등에 의하여 이루어진다.

### (1) 고객

서비스 프로세스에서 전달 프로세스를 분석해 보면, 서비스에서 고객은 서비스의 공동생산자이다. 즉, 서비스에서는 생산과 소비가 동시에 일어나는 특성이 있기 때문에, 고객은 서비스 생산과정에 능동적으로 참여하는 역할을 통해서 서비스를 소비하게 된다. 예를 들어, 일반 레스토랑에서 물이나 음식 자체를 직접 손님이 운반하는 셀프서비스 활동은 고객의 참여를 통해서 서비스가 완성되며, 테마파크에서는 고객이 직접 원하는 서비스 상품을 탐색하고 적극적으로 즐겨야만 서비스가 완성된다. 이와 같이 고객의 서비스 참여가 강조되는 서비스의 특성상 서비스 프로세스에서 고객의 활동은 매우 중요해졌으며 고객이 중심이 되는 프로세스를 구현해야 하는 과제를 안게 되었다.

### (2) 현장 직원

전형적인 서비스에 있어서 고객과의 접점에서 직접 서비스를 제공하는 현장의 프로세스를 분석해 보면, 현장 직원들은 대면접촉 및 전화, 이메일(e-mail) 등 다양한 기회와 채널을

**그림 5-7** 고객과의 상호작용 및 전달 프로세스

고객과 접점 직원의 상호작용

편의점 계산 로봇과의 상호작용

통하여 적극 고객과 접촉하며 상호작용을 하게 된다. 서비스 기업에서 현장 직원들은 기업의 모습을 대변하고 있기 때문에, 서비스의 품질은 사실상 고객과 상호작용을 하는 현장 직원들에 의해 좌우된다고 할 수 있다.

또한 서비스 전달 프로세스에서 고객들은 건물이나 시설 등 물리적인 서비스 자원에 의해 영향을 받기도 하지만, 현장 직원 등 인적자원에 의해 더 큰 영향을 받으며 특히 고객과의 접점에서의 순간순간은 통제가 어려운 상태에서 즉흥적이고 감정적인 요인에 의해 쉽게 변화할 수 있고 한번 지각된 서비스 이미지는 쉽게 변하지 않기 때문에 현장 직원들의 프로세스가 서비스 실패로 이어지지 않도록 철저한 관리와 대비가 필요하다. 따라서 기업에서는 서비스 컨셉 및 문화에 적합하도록 서비스 전달 프로세스를 치밀하게 설계하고 지속적으로 보완해야 하며, 현장 직원을 대상으로 전달 프로세스에서의 고객 접점 관리가 몸에 배도록 기술적 훈련을 철저히 하고, 전달 프로세스에서의 자동화 및 전문화를 실행해야 한다.

### (3) 업무와 운영관리 시스템

일반적으로 고객 접점에서 발생하는 업무는 일상적으로 이루어지는 업무와 이를 운영 및 관리하기 위한 시스템으로 구분할 수 있다. 고객들이 서비스를 구매하는 과정에서 다양한 상호작용에 영향을 주는 많은 프로세스는 고객들이 지각하는 서비스 품질에 깊은 영향을 준다. 예를 들어, 놀이공원에서 기구를 타기 위해 기다리는 시간이 길어질수록 서비스 품질에 악영향을 미친다. 놀이공원을 관리하는 관리자의 입장에서는 고객들의 대기시간을 관리하는 것이 굉장히 중요한 업무이며, 이를 위해서는 대기시간을 관리할 수 있는 시스템과 고객들이 지루하지 않게 할 수 있는 서비스 업무가 필요하다.

이렇듯 상호작용 부분에서는 고객들이 불편함을 느끼지 않도록 하는 업무와 시스템이 필요하며 이러한 업무와 시스템은 철저히 고객 지향적이며 서비스 지향적이어야 한다. 또한 복잡하고 시대에 뒤떨어진 업무와 운영 · 관리 시스템은 조직원들에게 부정적인 영향을 주어 이것이 고객들에게 이어질 수 있기 때문에 내부 조직원들이 고객에게 집중하고 최선의 서비스를 제공할 수 있도록 동기부여할 수 있는 업무와 시스템을 구성하는 것이 서비스 프로세스에서는 무엇보다 중요하다.

#### (4) 물리적인 설비 및 자원

서비스 프로세스상에서 사용되는 모든 유형적인 형태를 지닌 자원들을 포함하며 레스토랑에서의 탁자나 의자, 간판 및 각종 요리 도구 등이 단적인 예이다. 무형적인 성질의 서비스가 실제로 실체를 가지고 기술적인 품질을 갖는 데 가장 필요한 물리적인 설비 및 자원은 서비스 프로세스상에서 서비스 환경을 구성한다. 여기에는 고객이 서비스를 실제로 지각하고 특유의 분위기를 느끼는 데 영향을 주는 비품이나 음악, 향기 등도 포함된다.

서비스 프로세스의 상호작용 부분을 구성하고 있는 위의 4가지 요소들은 고객과의 접점에서 서비스를 통한 고객의 만족을 평가하는 데 큰 영향을 주는 요소이며 가장 잘 관리되어야 할 것이다.

### 나. 지원 프로세스

서비스를 구매하는 고객들의 입장에서는 직원과 직접 접촉하여 상호작용이 발생하는 프로세스만을 서비스 프로세스라고 생각하기 쉽지만 이러한 서비스 프로세스는 전체 프로세스의 일부분에 지나지 않는다. 상호작용이 발생하는 부분의 배후에서 고객에게 서비스가 원활하게 제공될 수 있도록 지원하는 부분 역시 서비스 프로세스상에서 큰 역할을 차지하고 있다. 이러한 지원 프로세스는 크게 경영 지원, 물리적 지원, 마지막으로 시스템 지원으로 구분할 수 있다.

#### (1) 경영 지원

현장에서 고객과 대면하는 직원들을 효율적으로 관리하기 위해서는 이들의 배후에서 관리 직원들의 지원이 절대적으로 필요하다. 현장 직원들이 최대한 고객에게 집중하고 그들의 능력을 발휘할 수 있도록 하는 것이 지원 부서의 업무이다. 마케팅, 인사, 회계, 재무 등 기업을 운영하는 데 있어 필요한 경영 전반의 활동들을 지원함으로써 현장에서 근무하는 직원들이 고객에게 집중할 수 있는 것이다. 여기서 주의할 점은 지원 부서에서 근무하는 직원들 역시 현장에서 근무하는 직원들과 동일한 서비스 기업 문화와 교육을 공유해야 한다는 점이다.

지원 부서의 직원들 역시 내부적으로는 현장 직원에게 서비스를 제공하고 있는 것과 마찬가지이다. 지원 부서라는 이유로 서비스 지향적인 마인드를 가지고 있지 않다면 이는 현장 직원에게 영향을 주어 현장 직원이 서비스 지향적인 태도와 행동을 고객들에게 제공하기 어렵게 만들 수 있다. 어느 호텔에서는 모든 청소부와 직원들이 고객취향수첩을 지참하여 투숙 고객의 특성을 관찰, 기록하고 이를 고객 코디네이터가 검토, 취합하여 고객 인지 데이터베이스에 입력하여 관리하는 지원 프로세스가 가동된다. 해당 고객이 프랜차이즈 호텔 가맹점에 다시 투숙하는 경우 고객이 요청하지 않더라도 이미 수집된 취향 정보에 따라 최적의 지식 기반 서비스가 실행된다. 또한 서비스 기업의 신상품 기획 부서에서 서비스 지향적인 마인드를 지니지 않고 있다고 상상해 보자. 아무리 현장 직원들이 열심히 고객 서비스를 제공하기 위한 열의를 가지고 있다고 하더라도 서비스 지향적이지 않은 기획안을 통해서는 최상의 고객 서비스를 제공하기 힘들 것이다.

### (2) 물리적 지원

물리적 지원 역시 훌륭한 고객 서비스를 위해서 중요한 역할을 차지하고 있다. 학교의 수업을 예로 들어 보자. 수업을 진행하는 것은 교수이지만 수업에 필요한 기자재나 비품을 관리하는 것은 서무과 직원들일 것이다. 일반적으로 다양한 장비를 통해 수업이 많이 진행되고 있는 대학교의 경우 가끔 장비들이 고장을 일으킬 때가 있다. 이때 장비들을 관리하는 직원들이 없다면 꼼짝없이 수업을 하지 못하는 일이 발생할 수 있다. 이처럼 학교에서 학생들에게 원활한 수업을 제공하기 위해서는 지원 부서의 물리적인 지원들이 필요하다. 여기서 지원 부서 직원들의 역량과 마인드는 현장 직원들에게 큰 영향을 줄 수 있으므로 서비스 지향적 마인드를 꼭 가져야 한다.

### (3) 시스템적 지원

아무리 뛰어난 서비스 역량을 지닌 현장 직원이라 하더라도 지원 설비나 시스템이 부실하면 그 능력을 발휘하는 것이 힘들다. 여기서 시스템은 서비스 기업의 각종 시설물이나 설비 혹은 컴퓨터 시스템 및 각종 기술 등을 포함한다. 예를 들어, 호텔 프론트에서 고객이 체크인을 할 때 컴퓨터 시스템상의 오류로 인하여 현장 직원이 잘못된 정보를 제공받았다고

**그림 5-8** 서비스 시설관리 및 지원 프로세스

영국 윈저성(Windsor Castle)

• 방문객을 맞이하기 위해 매순간 최적의 지원 프로세스가 작동해야 한다.

영국 지하철 에스컬레이터

• 환승객들이 불편하지 않도록 하면서도 마케팅 공간으로 활용하고 있다.

생각해 보자. 원래 지불해야 할 가격보다 더 많은 지불을 요구했을 때 고객이 받을 충격은 다시는 이 호텔을 찾지 않게 만들 수도 있다.

여기서 현장 직원들은 서비스 프로세스상에서 사용되는 서비스 시스템을 능수능란하게 다룰 수 있어야 한다. 아무리 시스템적으로 지원이 뛰어나다 하더라도 그것을 사용하는 현장 직원이 제대로 사용하지 못한다면 의미가 없기 때문이다. 그렇기 때문에 서비스 기업에서는 조직원들이 기업 내 시스템과 기술을 잘 다루고 가장 잘 활용할 수 있도록 교육을 강화해야 한다. 시스템적 지원은 보이지 않는 부분이지만 조그마한 실수도 고객에게는 큰 불편을 느끼게 할 수 있다. 고객들이 서비스 직원에게 원한 것은 거창한 것이 아닌 당연하다고 생각하는 것이기 때문에 제대로 제공되는 것이 중요하다.

고객들은 이러한 지원 부분에 대해 전혀 알지 못하기 때문에 일부 경영자들은 지원 부분이 고객들의 만족에 있어 별다른 영향을 주지 못할 것이라고 인식하여 중요하게 생각하지 않는 경우가 있다. 그러나 고객의 눈에 보이지 않는 지원 활동은 고객에게 보이는 상호작용 부분에서 생산되는 서비스에 큰 영향을 미친다는 것을 잊어서는 안 된다.

이와 같이 서비스에서의 프로세스는 고객과 제공자 사이의 상호작용을 중심으로 하는 전달 프로세스와 지원 프로세스로 구분하여 볼 수 있으며, 이 내용을 정리하면 〈표 5-9〉와 같다.

**표 5-9** 서비스 전달 프로세스 및 지원 프로세스

| 구분 | 구성 요소 | 투입 자원 및 활동 |
|---|---|---|
| 전달 프로세스 | | • 고객이 서비스 조직과 만나는 가시선의 전방에 위치<br>• 고객과 서비스 제공자의 상호작용 |
| | 고객 | • 고객이 서비스 프로세스에 참여(→ 공동생산자) |
| | 현장 직원 | • 고객과 접촉하는 접점 종업원이 서비스 전달(→ 서비스 품질 창출의 핵심 요소) |
| | 업무/운영 관리시스템 | • 일상적으로 이루어지는 업무와 운영 관리 시스템 등이 실행(예: 대기관리 시스템, 콜센터 시스템, 자판기 등의 운영방법, 웹사이트에서 구매 방법 등) |
| | 물리적 설비/자원 | • 서비스 시스템 내에서 사용되는 모든 유형의 자원들로 서비스 환경의 구성 요소가 구비되어야 함(예: 컴퓨터, 문서, 운영도구 등) |
| 지원 프로세스 | | • 상호작용 부분(가시선)의 배후에 위치<br>• 고객들은 지원 부분에서 이루어지는 서비스 생산이 서비스 품질 지각에서 차지하는 중요성을 인지하지 못함 |
| | 경영 지원 | • 가장 중요한 지원활동 유형으로 모든 관리자와 현장책임자들은 부하 직원에게 경영 지원을 제공 |
| | 물리적 지원 | • 후방의 지원 부서에 의해 접점 종업원들에게 제공되는 지원활동<br>• 고객접촉 종업원과 이들을 지원하는 다른 부서의 직원들을 내부 고객으로 간주<br>• 기업에서는 내부 고객들과 외부 고객들을 동일하게 고객으로 간주 |
| | 시스템 지원 | • 컴퓨터 시스템, 정보기술, 건물, 사무실, 차량, 설비, 문서 등 지원 프로세스에서 활용<br>• 서비스 기업은 종업원들이 기업 내 시스템과 기술을 잘 다루고 가장 잘 활용하는 방법을 습득하는 데 투자 필요 |

## 2.2 서비스 프로세스의 구현

서비스 프로세스를 구현함에 있어서는 고객과의 상호작용, 프로세스의 효율, 프로세스의 품질 등을 고려하여 프로세스의 표준화(standardization)와 고객화(customization)로 구분하여 구현할 수 있다.

### 가. 프로세스의 표준화

생산 라인 형태의 프로세스로서 반복적인 서비스는 표준화를 통해서 효율을 높일 수 있다. 대표적으로 은행 객장에서의 표준화된 프로세스는 고객들의 처리시간을 대폭 단축할 수 있게 해준다. 또한 맥도날드는 현재 전 세계에 27,000여 개의 매장을 두고 있는 햄버거 체인점이다. 이 회사는 총 5만여 종의 서비스 항목이 수록된 표준화된 매뉴얼을 운용하고

있다. 매장의 개점과 폐점 시간, 직원들의 복장 상태와 매장의 밝기, 화장실 청결 등 수많은 항목들이 표준화 대상이다. 여기에는 프랜차이즈 매장에서 전형적이고 표준화된 서비스 프로세스를 지향하는 것으로서, 고객의 주문으로부터 제품의 조리 및 전달과정에서의 생산성을 높이고 있다. 그 내용을 보면 햄버거, 아이스크림 등 전 세계의 맥도날드 매장에서 판매되는 상품의 크기, 무게, 모양을 통일하고 있고, 매장마다 동일한 양의 피클과 겨자, 케첩이 햄버거에 들어가고, 같은 모양의 접시를 사용한다.

햄버거 재료에는 표준화된 품질 검사를 거쳐야 한다. 햄버거 빵의 두께는 17mm씩 아래위로 34mm, 가운데 고기 다짐 패치는 10mm로 만든다. 보통 사람이 입을 벌렸을 때 평균 크기가 50mm이고, 50mm의 입에 44mm짜리 햄버거를 물고 있을 때 가장 행복감을 느낀다는 원리를 적용하였다. 카운터의 높이는 72cm인데, 이것은 사람들이 가장 주저하지 않고 불편 없이 지갑을 꺼낼 수 있는 높이를 따른 것이다. 햄버거나 감자튀김을 시키면 무조건 "감사합니다"라고 말한다. 그리고 3초 이내에 "콜라도 드시겠습니까?"라고 묻는다. 조사결과 "감사합니다"라는 한마디가 3초의 최면효과를 가지고 있기 때문인데, 5초가 지나고 나면 콜라를 주문할 확률은 50% 이하로 떨어진다. 고객이 주문하면 30초 이내에 서비스하는 것이 원칙이며, 만든 후 10분이 지나면 폐기된다.

도미노피자(Domino's Pizza)는 미국의 피자 배달 전문 브랜드이다. 현재 전 세계 70개국, 12,000여 개 매장에서 연간 11억 판 이상의 피자를 판매하고 있다. 주문 후 30분 내 배달해 주고, 이 시간을 지키지 못하면 피자를 공짜로 주겠다는 30분 배달 보증제로 출발하였다. 지금은 배달과정에서의 교통사고 등으로 취소하였지만, 이 제도를 정착하기 위해 피자 굽는 법, 가맹점 선발법 등 탁월한 프로세스의 표준화 정책을 개발하여 성공하였다. 가맹점을 운영하기 위해서는 12개월 이상의 가맹점 슈퍼바이저 재직 경험이 필요하며, 매장 운영에 관한 기본 지식을 배우고 입증하여 자격시험을 통과해야 한다.

### 나. 프로세스의 고객화

고객화된 서비스 프로세스에서는 서비스 전달과정을 다양한 고객 유형에 따라 고객맞춤식을 기본으로 접근하는 컨셉로서, 고객들의 다양한 요구에 즉각 응대하도록 하는 프로세스를 구현하는 방식이다. 표준화를 추구하고 있는 맥도날드와 달리, 버거킹에서는 주문 후 조리를 시작하여 방금 만든 신선한 버거를 먹을 수 있도록 프로세스의 고객화를 추구한다. 버거킹에서는 "Have it your way(네가 원하는 것을 가져라)"라는 캠페인을 가동하고 있으며, 햄버거를 주문할 때 '양상추, 마요네즈, 토마토, 피클, 케첩, 양파' 중 최대 2가지를 고객이 선호하는 대로 추가할 수도 있다. 결혼상담 서비스에서는 개별 고객들의 인생관 및 취향 등을 철저히 분석하여 원하는 상대방을 진지하게 탐색하는 과정이 필요하며, 의료 서비스에서도 환자의 상태에 맞춘 최적의 고객화된 진료와 처방이 중요하다.

## 다. 프로세스의 표준화와 고객화

[그림 5-9] 서비스 프로세스에서의 표준화와 고객화에서 볼 수 있듯이, 서비스에서 프로세스의 표준화는 특히 서비스 전달과정을 표준화함으로써 대량 생산 또는 일관성 서비스를 지향하는 프로세스를 구현할 수 있다.

**그림 5-9** 서비스 프로세스에서의 표준화와 고객화 형태

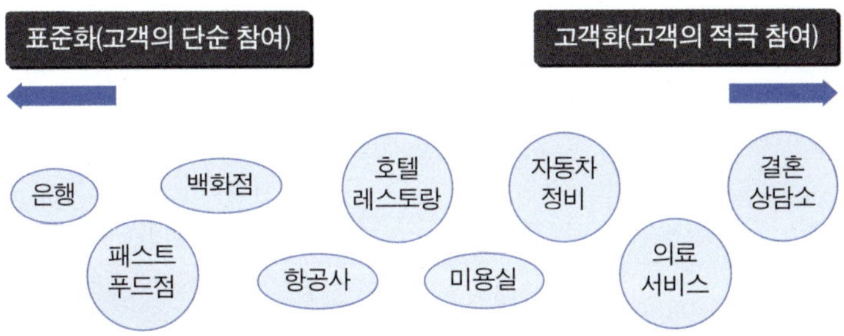


〈표 5-10〉에서는 서비스 프로세스에서의 표준화와 고객화에 대한 특징을 비교하여 정리하고 있다. 표준화된 프로세스를 구현하는 경우에는 대량 서비스를 위해 설계되어 반복적인 수작업을 자동화하는 경우가 많고, 분업화에 따른 기능적인 측면이 강조된다. 고객화된 서비스는 고객 심리에 따라 제공하는 서비스의 내용이 달라지므로 서비스 수행에 상당한 유연성과 판단력이 요구되므로, 서비스 제공자와 고객과의 커뮤니케이션 과정이 세밀하게 고려되어야 한다.

**표 5-10** 서비스 프로세스에서의 표준화와 고객화 특징 비교

| 구분 | 표준화 | 고객화 |
|---|---|---|
| 설비 활용 | 생산성 제고를 위한 설비, 장치의 최대한 활용 가능 | 고객 편의성 제고를 위한 설비, 장치의 제한적 활용 |
| 설비 위치 | 생산, 운송라인 등 설비가 작업자 주변에 위치 | 생산, 운송 라인의 설비가 고객 주변에 위치 |
| 설비 배치 | 제공자 중심으로 배치 | 고객의 신체적 · 심리적 요소를 고려하여 배치 |
| 상품 디자인 | 단순하고 규격화 | 복잡하고 다양화 |
| 프로세스 디자인 | 물리적 서비스와 빠른 서비스 강조 | 인적 서비스를 통한 고객요구에 부응하는 서비스 강조 |
| 일정 계획 | 서비스 구매 완료에 초점 | 서비스 과정 중시 |
| 생산 계획 | 재고의 흐름이 빠르므로 어느 정도의 예측 생산 가능 | 사전 예약이나 주문이 요구되며 그 의존도가 높음 |
| 작업자 능력 | 분업화에 따른 기능적인 측면 강조 | 고객과의 커뮤니케이션 능력이 요구됨 |
| 품질 통제 | 작업명세서에 의한 품질 통제가 쉽고 고정적 | 고객의 주관성이 강하여 변동적 |
| 시간 표준 | 시간 표준이 엄격함 | 고객의 욕구에 종속적이므로 비교적 엄격하지 않음 |
| 사례 | 은행 객장, 프랜차이즈 매장 | 결혼 및 법률 상담, 경영 컨설팅 |

# 06 CHAPTER

# 서비스 디자인

**제1절** 서비스 디자인 개요

**제2절** 서비스 디자인 도구

## 병원 디자인 · 설계 바꾸면 더 빨리 낫는다

**환자 함께 수용하는 다인실, 공기 통한 감염 위험 높아**
**소음 커 잠 못 자 회복 방해 … 독실로 옮기면 퇴원 빨라져**

병원은 어디나 비슷하다. 한국이나 미국이나, 다른 나라들에서도 건물의 외관이나 내부 디자인, 병실 모습까지 거의 동일한 풍경을 갖고 있다. 콘크리트 빌딩, 긴 복도, 방들마다 드리워 있는 커튼, 백색의 형광등 조명, 가끔씩 병동 전체에 울려 퍼지는 호출 메시지, 중환자실의 살벌한 분위기…. 거의 모든 종합병원들에서 동일하게 경험할 수 있는 풍경이다. 최근 「뉴욕타임스」는 건축가와 의학 전문가들의 의견을 인용, 병원의 구조와 분위기만 조금 달라져도 병원 내 감염을 크게 줄일 수 있으며 환자들의 치유 속도가 훨씬 빨라질 것이라고 보도했다.

병원은 가장 건축 비용이 많이 드는 건축물 그룹에 속한다. 복잡한 기반시설, 테크놀로지, 수많은 규제와 안전 코드가 적용돼야 하기 때문이다. 그런데 이렇게 비싼 건축물들을 너무나 잘 못 짓고 있다는 수많은 증거가 계속 나오고 있다. 단지 미적으로 보기 싫거나 기능적으로 불편하다는 이야기를 하는 것이 아니다.

**간호사 스테이션 분산시키면 낙상이나 부상 가능성 줄어**
**조명 · 바닥재 · 커튼 칸막이 문제 … 햇볕 · 풍경화도 치료율 높여**

지금과 같은 디자인 결함은 사람을 죽일 수도 있다고 의학계와 건축계 전문가들은 이야기한다. 병을 치료하러 간 병원에서 더 많은 병에 감염되고 죽음에까지 이를 가능성이 높다는 사실은 이제 더 이상 비밀도 아니다. 중환자실의 경우 환자 간 감염률이 30%나 된다고 한다.

학자들은 환자들을 한 곳에 수용하는 것이 가장 큰 문제라고 이야기한다. 일인용 개인 병실에 수용할 경우 공기를 통한 전염과 오염된 표면 접촉으로 생기는 감염 위험성을 크게 줄일 수 있다는 것이다.

한 연구에 따르면 다인실에서 독실로 옮겼을 때 박테리아 감염이 절반으로 줄었고, 환자의 입원 기간은 10%나 단축됐다. 또 다른 연구에서는 감염이 줄어듦으로 해서 절약된 비용은 독실 사용으로 인해 올라간 병원 비용을 상쇄하고도 남는 것으로 나타났다. 또한 청소하기 쉬운 표면재, 적절한 위치에 설치된 싱크, 고성능의 공기정화 장치 등은 병원 내 감염률을 많이 감소시키는 것으로 조사됐다.

병원 내에서 넘어지거나 쓰러지는 것 역시 큰 문제로 부각되고 있다. 환자가 낙상으로 부상을 입게 되면 입원 기간도 길어지고 비용도 훨씬 증가한다. 환자들은 병원이라는 낯선 공간을 돌아다니다가 다치는 경우가 많다. 몸이 아프기도 하고 약물의 효과 때문에 어지러울 수도 있으니 가장 넘어지기 쉬운 집단인 것이다. 그 원인으로 또 중요한 것이 건물 디자인이다. 조명이 충분하지 않고, 바닥은 미끄럽고, 변기는 너무 높거나 너무 낮다. 병원

스태프들이 얼마나 환자에게 빨리 갈 수 있느냐 하는 것도 큰 차이를 만들 수 있다. 예를 들어, 간호사 스테이션이 한군데 있지 않고 분산돼 있으면 병실과 가깝기 때문에 환자의 특별한 움직임이 시야에 들어올 수 있어 낙상과 부상의 위험이 크게 줄어든다는 것이다.

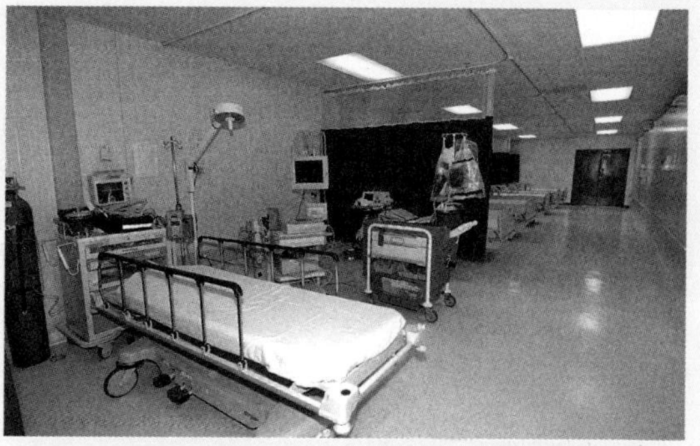

환자가 병원에서 겪는 경험의 질도 회복에 영향을 미친다. 얼마나 잘 쉬고, 어떤 방식으로 적절한 대우를 받는가에 따라 회복기간이 단축될 수 있는 것이다. 캐나다 토론토 대학에서 해부학 강사로 재직하고 있던 에드워드 얼 숄다이스 박사(Dr. Edward Earle Shouldice)는 제2차 세계대전에 참전하여 군의관으로 근무하던 기간 동안 새로운 탈장 수술 방법으로 탈장 전문 병원을 개원하였다. 개원 약 60여 년간 300,000회 이상의 탈장 수술을 수행해 온 캐나다의 온타리오 주 손힐에 있는 숄다이스(Shouldice) 병원은 작은 규모인 현재 병상 100개 미만의 병원으로, 12명의 의사들이 연간 약 7,500건의 수술을 수행하고 있다. 수술 직후 환자가 휠체어를 이용하지 않고 걸어 다닐 수 있도록 독려하며, 본인이 직접 식당에 걸어가서 식사를 해야 하고, 엘리베이터 타는 것도 금기시하는 병원이다. TV를 보기 위해선 각 층의 중앙에 마련된 공용 TV로만 봐야 하고, 심지어 화장실조차 따로 마련되어 있지 않은 병실이 대부분이다. 대신 병원에서는 환자들의 재활을 돕기 위해 복도에는 융단을 깔고 계단의 경사는 완만하게 설계한 데다, 바깥 잔디밭으로 연결되는 산책로도 만들었다. 다른 병원보다 수술비가 1/3이나 적고 회복에 걸리는 시간은 매우 짧은 것이 특징이다. 같은 취미를 가진 환자끼리 같은 방에 머물게 하면서 사회성을 높이는 프로그램까지 적용하고 있다.

특별히 병원에서는 환자 개인의 프라이버시에 관한 문제도 중요하다. 이에 관해선 히파(Hipaa)라고 불리는 연방법도 제정돼 있지만 사실 병원에서 각 환자의 프라이버시를 보장해 주기란 쉽지 않다. 예를 들어, 의사들은 엘리베이터 안에서 환자에 대해 이야기를 나누는 것이 금지돼 있다. 그러나 2인실이나 다인실에서 커튼 하나를 사이에 두고 다른 사람들이 다 들을 수 있는 상황에서 의사들은 아무렇지도 않게 환자의 성생활이나 약물 사용 전력 같은 내용을 이야기하곤 한다. 한 연구에 따르면 거의 모든 의사들이 이런 방식으로 환자의 비밀유지 조항을 깨뜨리고 있으며, 이 때문에 커튼 칸막이가 처진 병실에 있는 환자들은 자신의 병력이나 과거를 숨기거나 의사의 검진조차 거부하는 경우가 있다.

또 하나의 문제는 소음에 관한 것이다. 대부분의 종합병원 내부에서 들리는 평균 소음 레벨은 권장 가이드라인의 수준보다 훨씬 높다. 이로 인해 환자들이 잠들기 어려운 것은 물론이고, 2인실이라면 한 사람의 뒤척임으로 인해 옆에 있는 환자까지도 밤새 잠 못 이루고 고통받을 수 있다. 수면의 질이 치유와 회복에 얼마나 중요한지는 새삼 거론할 필요가 없을 것이다. 이런 문제는 환자들에게 귀마개를 제공한다든지, 병실에 방음 마감재를 사용하여 소리를 흡수한다거나, 병원 직원들이 대화할 때 소리를 낮추도록 하는 지침을 만들고, 또한 불필요한 호출이나 알람을 줄임으로써 크게 개선할 수 있다. 병원 건축물에 관한 가장 흥미로운 연구는 이 분야의 선구자라고 할 수 있는 로저 울릭이 내놓은 것이다. 스웨덴의 찰머스 대학 건축과 교수인 그는 환자가 자연을 좀 더 많이 접할수록 회복 속도가 빠르다고 주장한다. 그런데 현실은 그와 정반대여서 환자들은 자연광이 거의 들어오지 않고, 자연을 전혀 볼 수 없는 구조의 콘크리트 건물에서 침침한 조명 아래 끙끙 앓고 누워 있다. 닥터 울릭의 초기 연구는 담낭수술을 받고 회복기에 있는 환자들이 어떤 병실에 배치됐을 때 어떤 효과를 보였는가를 조사한 것이다.

이 조사에 따르면 창밖으로 나무가 보이는 병실에 있었던 환자들은 벽돌로 된 벽만을 볼 수 있었던 환자들에 비해 입원 기간도 짧았고 진통제를 덜 먹었다. 이 연구는 이후 병원 디자인에 관해 의제가 나올 때마다 가장 자주 거론되는 내용이 되었다. 닥터 울릭은 이 연구의 아이디어를 자신이 아팠던 경험에서 얻었다고 한다. 틴에이저 시절 큰 병에 걸려 많이 아팠던 그는 집에서 오랫동안 침대에 누워 있어야만 했는데, 창밖에 있는 나무들을 바라보며 마음의 안정을 찾고 침착한 상태를 유지하곤 했다는 것이다.

또 하나 주목할 만한 비슷한 연구는 각기 다른 방향의 병실에 입원했던 조울증 환자들에 관한 것이다. 이에 따르면 아침에 햇볕이 들어오는 동향의 방에 입원했던 환자들은 서향 병실에 입원했던 환자들보다 거의 4일이나 일찍 퇴원했다. 창밖의 풍경만이 아니라 자연을 담은 이미지만으로도 회복에 도움이 될 수 있다고 전문가들은 이야기한다. 정신병원에서의 연구 결과 풍경 사진이 걸려 있는 병원에 있었던 환자들이 벽에 추상화가 있거나 아무것도 걸려 있지 않던 병원의 환자들보다 불안과 동요에 따른 약물 처방이 훨씬 적은 것으로 나타났다. 또 자연에 관한 비디오를 보는 동안 사람들은 통증을 더 잘 견디고 긍정적인 감정을 갖게 되며 심박수와 혈압이 낮은 것으로 조사되기도 했다.

연구진들은 병원을 설계하여 건축하고 그 안에서 일을 하는 방식을 크게 바꾸는 일이 시급하다고 지적한다. 또한 적절한 시설의 활용으로 환자들이 스트레스와 감염 없이 충분히 휴식하며 치유될 수 있도록 해야 한다고 주장한다. "병원은 위험할 수도, 불쾌할 수도 있는 공간입니다. 하지만 환자들이 더 안전하고 빨리 치유될 수 있는 방법은 얼마든지 있어요. 좋은 메디컬 케어는 실증적인 병원 디자인에 의해 이루어질 수 있습니다"라고 닥터 울릭은 말했다.

출처: 한국일보, The New York Tims 특약, 2017. 3. 3.(일부 수정 보완)

서비스 기업이 혁신하기 위해서는 새로운 서비스를 개발해야 한다. 대부분의 서비스 개발과정 모델은 기본적으로 기회를 포착하고, 설계(디자인), 분석, 개발 및 통합 출시 등의 단계로 되어 있다. 서비스 디자인은 아이디어 창출을 위한 일반적인 범위를 설정하고 새로운 아이디어를 통해 새로운 잠재 고객을 발굴할 수 있는 서비스 전략 및 목표를 설정하는 단계이다. 분석 단계에서는 관리자가 프로젝트의 잠재적 수익성을 평가하고 조직에서 승인을 받는 단계이다. 개발 단계에서는 핵심 서비스, 전달 시스템 및 관련 마케팅 프로그램을 개발 및 테스트하고 운영 및 일선 직원을 교육하며 사용자 및 일선 직원의 의견을 수렴하여 상품을 개선한다. 마지막 단계는 목표시장에 본격적인 출시와 성과 평가, 그리고 초기 반응에 대한 수정 등 사후 검토(post launch review)를 수행한다.

본장에서는 새로운 서비스를 개발하거나 기존 서비스를 개선하기 위해서 필요한 서비스 디자인과 함께 서비스를 고객에게 전달하는 과정에서 고객의 참여를 통한 고객만족도 제고를 추구하는 효과적인 서비스 디자인에 대해서 학습한다.

## 제1절 서비스 디자인 개요

서비스는 무형의 상품이기 때문에 고객이 그 서비스에 대해 가치 판단을 할 때 물리적 증거에 의존하게 된다. 그러므로 서비스를 디자인으로 창조하는 것은, 무형의 서비스를 기업이 고객에게 전달하고자 하는 가치와 내용을 디자인으로 유형화해 전달한다는 데 그 의미가 있다. 또 이런 서비스 디자인 활동은 제품 디자인과는 달리 물리적 유형물의 개발에 따른 판매나 전달이 아니라, 서비스라는 무형의 정보를 전달하기 위한 커뮤니케이션을 목적으로 하는 활동이 주를 이루게 된다.

서비스 디자인은 고객이 서비스를 통해 경험하게 되는 편익을 포착하여 이를 제공해 주

**그림 6-1** 전통적 디자인과 서비스 디자인의 비교

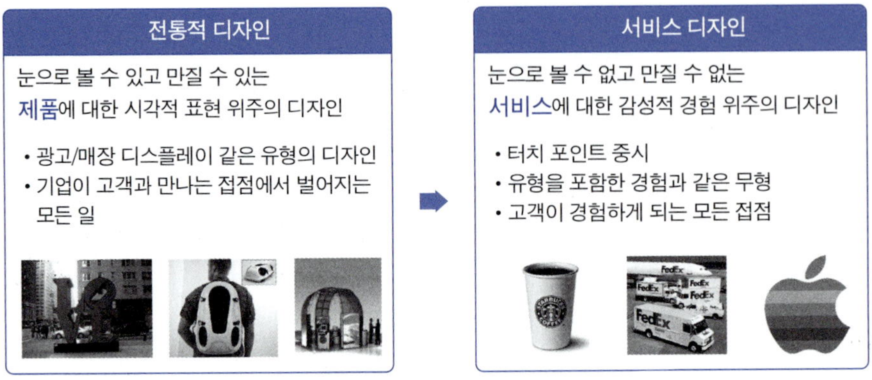


출처: 한국디자인지식산업포럼, 2010.

기 위한 방안을 설계하는 것을 의미한다. 여기에는 [그림 6-1]에서와 같이 관련된 유·무형의 요소인 사람, 사물, 행동, 감성, 공간, 커뮤니케이션, 도식 등은 물론 프로세스를 중심으로 한 서비스 시스템을 고객 중심의 맥락(context)에 부합하도록 구축해야 하며, 이해관계자 간에 잠재된 요구를 포착하고 이것을 창의적이고 다학제적(多學際的: multi and interdisciplinary) 및 협력적인 방법을 통해서 효과성·효율성을 고려하여 매력적인 서비스 경험이 제공되도록 만들어 주는 것이다. 전통적 디자인이 시각적 표현 위주였다면, 서비스 디자인은 하나의 서비스가 고객과 만나는 모든 접점(터치 포인트)에서의 감성적 경험을 제공하는 디자인을 강조한다.

〈표 6-1〉은 서비스 디자인에 대한 몇 가지 정의를 요약한 것이다.

**표 6-1** 서비스 디자인의 정의

| 구분 | 정의 |
|---|---|
| 위키피디아 (Wikipedia, 2014) | • 서비스 디자인은 서비스 제공자와 고객, 고객경험 사이에 관계 품질을 높이기 위한 사람과 인프라, 커뮤니케이션 또는 서비스를 구성하는 물질적인 것을 계획하는 활동 |
| 스테판 모리츠 (Moritz, 2005) | • 고객에게는 더욱 유용하고 매력적인 서비스를 제공하고, 조직이 효율적이고 효과적으로 서비스를 제공할 수 있도록 기존의 서비스를 개선하거나 서비스를 혁신하는 것 |
| 서비스 디자인 네트워크(Saco & Goncalves, 2008) | • 유용하고 편리하며 바람직한, 효율적·효과적인 서비스 창출을 목적으로 하는 고객경험에 초점을 둔 서비스 이용 품질을 핵심가치로 추구하는 인간 중심적 접근방식<br>• 전략·시스템·프로세스·접점의 통합적 디자인을 고려한 전체론적 접근방식<br>• 사용자 지향적인 다학제적 접근, 지속적 학습을 통합한 체계적·반복적 프로세스 |

| | |
|---|---|
| 리브워크<br>(Livework, 2014) | • 서비스 디자인은 비즈니스와 고객을 연결하는 방법 및 기술을 제공하고, 새로운 고객경험을 가능하게 할 수 있는 비즈니스 가치 창출 도구 |
| 한국 서비스 디자인 협의회(Service Design Council, 2014) | • 서비스를 구성하는 다양한 각 요소(서비스의 컨셉, 절차, 시스템, 사용자와의 접점 디자인 등) 또는 이 모두를 전체적이면서도 맥락적인 관점에서 파악하여 이해관계자 간 잠재된 요구를 포착하고, 이것을 창의적이고 협력적인 디자인 방법을 통해 가시화함으로써 고객이 제품과 서비스를 이용하는 경험적 가치를 혁신적으로 향상시키는 방법 및 분야 |

출처: 이경선 외, 2015, p. 228.

## 1.1 서비스 디자인의 개념

서비스 디자인은 무형의 경험을 시각화해 유형의 요소로 만들어 주는 과정이다. 여기에는 소비자의 욕구를 이해하고 충족시키는 방법을 찾는 과정, 서비스 최접점에 있는 직원들에게 새로운 역할을 부여하는 과정이 포함된다.

기존의 서비스를 혁신하고 존재하지 않는 서비스를 디자인하기 위해서는 사고의 전환도 필요하다. 즉, "엄밀히 말해서 고객들에게 필요한 것은 '세탁'이지 '세탁기'가 아니고, '통화'이지 '전화기'가 아니다"라는 말에서 볼 수 있듯이 서비스 디자인에서 필요한 것은 서비스가 이루어지는 프로세스를 개선하여 고객의 관점에서 불편함, 기다림, 실수를 줄이고 보다 고객의 니즈를 충족시키고 효과적인 서비스 생산 및 전달이 가능하도록 하기 위한 새롭고 체계적인 시도가 요구된다.

이를 위해서는 해당 비즈니스에서의 서비스 주체의 활동 및 욕구의 분석, 서비스 기술, 그리고 경험이라는 유무형의 요소들의 정의와 창의적인 실행방안이 도입되어야 한다. Mager(2009)는 서비스 디자인의 목표는 서비스 인터페이스가 고객에게는 편리하고 매력적으로, 그리고 공급자에게는 효과적이고 효율적이고 차별화되도록 구성하는 것이라고 하였다.

서비스 디자인의 첫째 과정은 서비스 컨셉을 정의하는 것이다. 서비스 컨셉에는 고객의 문제를 해결해 주기 위한 핵심 상품, 보조 서비스, 그리고 전달 프로세스를 포함하고 있다(안연식, 2014). 이런 점들을 포함하여 서비스 디자인에서 고려해야 할 점들을 정리하면 다음과 같다.

① 서비스에서는 신상품을 개발할 때 상품과 함께 프로세스를 동시에 개발해야 한다. 서비스는 서비스 자체가 곧 프로세스이기 때문이다.

② 유형 재화와는 달리 서비스는 법률적인 보호를 받기가 쉽지 않아 창의적인 서비스 상

품일수록 출시를 기다렸다는 듯이 뒤따르는 경쟁자가 많아질 수 있다. 서비스는 특허가 제한적이며, 침해에 대한 구제에는 절차와 시간이 많이 걸리게 된다. 따라서 이미 운영 중인 자원을 활용할 수 있는 기존 관련 업종의 강자가 비즈니스 모델을 확장하여 진입하는 경우에는 초기 진출한 기업의 핵심 역량이 손실될 가능성도 있다.

③ 서비스업에서는 서비스를 제공하기 위한 설비 또는 장비가 필요하며, 무형의 서비스와 유형 재화의 묶음을 일컫는 서비스 패키지(service package)라는 개념의 도입이 효과적일 수 있다.

④ 서비스 패키지를 이루고 있는 요소 중 일부는 공인된 면허를 필요로 한다. 예를 들면, 회계사, 세무사, 의사, 변호사, 약사 등의 전문적인 서비스에서 요구되는 허가 요건이다.

⑤ 서비스는 제조업 수준으로 표준화하기가 어렵다. 따라서 개별 고객의 요구에 맞도록 서비스를 설계하는 것이 오히려 차별화하는 방안이 될 수 있다.

⑥ 서비스는 재고로 저장할 수 없기 때문에 급격한 수요 변동에 대처할 능력이 없는 경우가 많다. 기술적 요소 등을 통해 이를 보완할 수 있는지 설계에서의 고려가 필요하다.

⑦ 서비스 제공자는 가급적 고객과 근접해야 하는 특성이 있다. 이는 서비스의 생산과 소비의 동시성에 원인이 있다. 따라서 서비스 기업 및 매장의 설치에 잠재 고객의 분포를 고려해야 한다.

## 1.2 서비스 디자인 요소

### 가. 핵심 서비스 및 보조 서비스

서비스 디자인에서 구성 요소를 크게 나누면 핵심 서비스(core service)와 보조 서비스(supplementary service)로 구분할 수 있다. 핵심 서비스는 고객의 본질적인 욕구 충족을 위한 서비스를 의미하며, 서비스 기업이 고객에게 제공하려는 핵심적인 편익(benefit)이다.

보조 서비스는 핵심 서비스를 가능하게 하거나 판매를 촉진하는 등 핵심 서비스가 제공하는 가치를 확장하고 고객의 편의성을 높여 주는 서비스를 의미한다.

보조 서비스는 다음과 같이 가치 지원 서비스(enabling service)와 가치 증대 서비스(enhancing service)로 구분할 수 있다.

① 가치 지원 서비스: 핵심 서비스의 이용을 촉진하는 서비스로서 핵심 서비스의 전달이

나 핵심 서비스를 사용하는 데 필요한 기능의 지원 역할

② 가치 증대 서비스: 고객에게 서비스 가치를 추가하여 경쟁자의 서비스와의 차별화 요소가 되는 기능 지원 역할

〈표 6–2〉에서는 서비스를 핵심 서비스와 보조 서비스로 구분하고 이를 쉽게 파악할 수 있도록 구성 요소별로 실례를 들고 있다.

**표 6–2** 핵심 서비스와 보조 서비스 사례

| 서비스 유형 사례 | 핵심 서비스 | 보조 서비스 | |
|---|---|---|---|
| | | 가치 지원 서비스 | 가치 증대 서비스 |
| 주유소 | 연료 판매 | 쿠폰 및 신용카드 결제 | 세차, 편의점, 간이정비, 간이식당 |
| 항공기 | 안전한 비행 및 이착륙 | 기내 서비스 | 렌터카 |
| 치과 병원 | 충치 제거 | 진통제 처방 | 치과의 아이들 놀이방 시설 |
| 엘리베이터 수리 | 고장 수리 | 작업공간 주변에 차폐물 설치, 작업이 마무리될 시간 고지 | 엘리베이터 고장 시 원격제어 기능 추가 설치 |
| 음식점 | 정찬 | 테이블 예약, 외투 보관 서비스 | 주차 대행 |
| 호텔 | 숙박 | 리셉션 | 레스토랑, 비즈니스 미팅 |

## 나. 서비스 패키지 디자인

기업들은 순수하게 제품만으로 또는 서비스만으로 현대의 다양한 고객들의 욕구와 니즈를 만족시키기는 어렵다. 따라서 제품과 서비스가 결합된 서비스 패키지(service package)를 통해 고객의 욕구와 니즈를 만족시키게 되는데, 엄밀히 구분하자면 고객에게 제공되는 제품과 서비스의 비중 혹은 중요도에 따라 제조업과 서비스업이 분류된다고 할 수도 있다. 하지만 고객의 만족도를 매력적으로 높이는 데는 다양한 아이디어가 융복합(convergence)된 서비스 패키지가 대세임에는 틀림없다.

서비스 패키지에서 고려되는 핵심 요소는 서비스 경험이다. [그림 6–2]에서는 서비스 디자인에서 고려해야 하는 서비스의 패키지를 구성하는 요소가 나타나 있다. 이러한 서비스 경험을 구성하기 위한 패키지는 명시적 서비스와 묵시적 서비스로 이루어지고, 여기에는 지원 설비 또는 장비, 정보, 그리고 보조 용품 등이 포함되고 있다.

서비스에는 유형의 재화와 서비스가 패키지를 이루어서 고객의 상황에 따라 총체적인 경험에 영향을 미치며 이 경험이 서비스에 대한 고객의 평가를 형성한다. 서비스 패키지에

**그림 6-2** 서비스 패키지의 구성

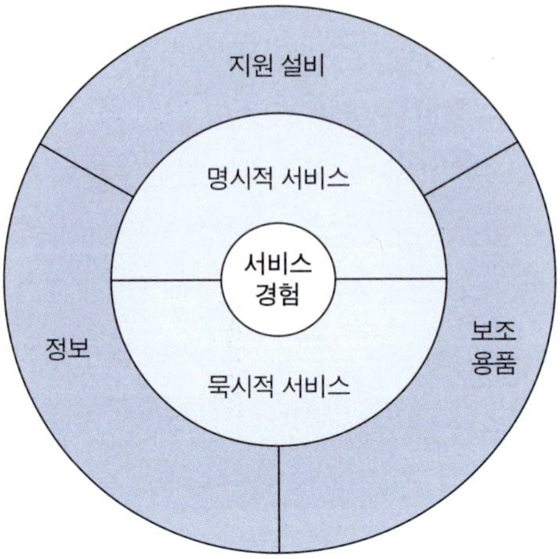


출처: 한국디자인지식산업포럼, 2010.

서의 다음과 같은 구성 요소들은 〈표 6-3〉에서와 같이 고객의 경험과 평가를 사전에 고려하여 조화롭게, 그리고 창의적으로 구성되는 것이 바람직하다.

① 지원 설비(supporting facility): 서비스 제공에 필요한 물리적 자원

② 보조용품(facilitating goods): 서비스를 위해 고객이 지니거나 소비하는 물건

③ 정보(information): 고객화된 서비스를 제공하기 위해 고객이 제공하는 정보나 데이터

④ 명시적 서비스(explicit service): 서비스의 기본적인 특성으로 고객이 감각에 의해 직접 알 수 있는 서비스, 감각적 편익

⑤ 묵시적 서비스(implicit service): 서비스에서 고객이 간접적 및 심리적으로 느끼는 효과, 내재적 서비스, 심리적 편익

**표 6-3** 서비스 패키지의 구성 요소

| 구분 | 정의 | 항공사 예시 | 고객의 평가 |
|---|---|---|---|
| 지원 설비 | • 서비스 제공 이전에 반드시 갖추어야 하는 물리적인 자원들 | • 공항, 비행기, 발권 시스템 등 | • 입지, 배치, 디자인, 분위기 등 |
| 보조 용품 | • 구매자들에 의해 소비되거나 구매되는 물품, 고객이 준비해야 하는 물품들 | • 좌석 배치, 기내식 등 | • 일관성, 양, 질, 선택의 폭 등 |

| 정보 | • 효율적이며 고객화된 서비스 제공을 가능하게 하는 고객 관련 운영 데이터 또는 정보 | • 비행 예정 정보, 비행기 여유 좌석 | • 정확성, 적시성, 적합성 등 |
|---|---|---|---|
| 명시적 서비스 | • 감각에 의해 직접적으로 알 수 있는 서비스로서, 서비스의 본질적이고 핵심적인 특색을 구성 | • 빠른 수속 절차, 정시 출발 및 도착 등 | • 제공자의 지식, 경험, 태도 등<br>• 서비스의 다양성, 일관성, 이용가능성 등 |
| 묵시적 서비스 | • 고객이 스스로 느끼는 심리적인 혜택, 서비스를 받은 외관적인 특색 | • 친절한 승무원, 평등한 고객 응대 등 | • 서비스의 분위기, 대기 상태, 안정성, 편리성 등 |

또한 서비스 기업에서는 서비스 패키지 구성에서, 핵심 서비스와 보조 서비스를 고려해야 한다. 예를 들면, 보조 서비스의 구성 요소인 가치 지원 서비스에서는 정보(information), 주문(order-taking), 청구(billing), 지불(payment) 등의 측면에서 사용자의 편의성을 높이는 방안을 동원하고, 가치 증대 서비스에서는 자문(consultation), 환대(hospitality), 보관(safe-keeping), 예외 서비스(exception) 등을 고려하여 차별화 요소로 활용할 수도 있으며, 추가적으로 고객의 만족도를 높임으로써 수입의 창출을 도모할 수도 있다.

### 다. 서비스 디자인과 서비스 전략

서비스 디자인에서 기업의 서비스 전략과의 정합성은 가장 먼저 고려해야 할 디자인 주제이다. 서비스 전략의 수립에서 가장 먼저 실행하는 것은 목표 고객의 포착이며, 목표 고객을 위해 최적화된 서비스의 구성 요소들을 식별하는 단계로 진행된다.

목표 고객을 설정하기 위해서는 인구통계에 기반하여 그들의 니즈(needs)를 분석한다. 2020년에 미국에는 65세 이상의 고령 인구가 5,000만 명에 달할 것으로 예상되고 85세 이상의 인구도 500만 명 이상으로 추정되고 있다. 우리나라의 산업구조를 앞서가고 있는 일본에서는 일찍이 인구구조가 여러 부문에서 산업의 구도를 변화시켰다. 노령화가 앞서 진행된 일본에서는 레저 서비스에도 많은 변화가 있었다. 오락실에는 노인 고객들을 위해 푹신한 의자와 돋보기 안경이 놓여졌고 그리고 전담 직원까지 서비스에 동원되었다. 게임이 치매에 좋다는 구색까지 전파되었다. 젊은이들이 주요 목표 고객인 테마파크에는 고령화와 저출산의 세태에서 생존하기 위해 부단한 노력이 필요하였으며, 철저한 고객 탐구와 눈높이의 맞춤 전략이 요구되었다. 놀이터에 미끄럼틀이나 그네 대신 스트레칭 기구와 통증 경감 의자가 자리 잡았고, 중년 이후 세대들을 붙잡기 위한 추억의 명소가 이미지화되었다. 시니어 할인 티켓은 저렴한 가격에 특별 좌석과 우선 탑승 혜택이 주어졌다. 인구 변화에도 중년 이상의 신규 고객을 창출하고 기존 고객의 이탈을 막는 전략적 서비스 디자인의 성공 사례로 널리 회자되고 있다.

이와 같이 서비스 디자인에는 기업이 설정한 서비스 전략이 철저히 분석되고 반영되어야 한다. 〈표 6-4〉와 같은 서비스 설계 항목들을 검토하여 서비스 전략과의 연계성이 고려되었는지 평가해야 한다.

**표 6-4** 서비스 설계 항목과 서비스 전략과의 연계성

| 설계 항목 | 서비스 전략 및 연관된 개념 |
|---|---|
| 입지 | 목표시장, 소비자의 근접성 |
| 시설 배치 | 서비스 업무의 기능적 효율성 |
| 상품 디자인 | 서비스 제공과 서비스 패키지의 유·무형적 요소 |
| 일정 계획 | 서비스 제공에 대한 노동력의 할당, 자원 이용의 효율성 |
| 직원 능력 | 서비스 전략과 개념, 고객접촉 수준, 산업화 수준 |
| 품질관리 및 척도 | 고객 욕구의 충족, 품질수준의 측정 |
| 시간표준 | 서비스 제공 시간의 정확성, 효율성 |
| 수요/공급 능력 계획 | 서비스의 종류와 수요에 맞추는 적시 공급 |
| 산업화 수준 | 기술이 노동력을 대체하는 수준 |
| 서비스 제공의 표준화 | 서비스가 일관되게 제공되는 수준 |
| 고객접촉 수준 | 서비스 전략, 고객만족 수준, 대인관계 기술 |
| 접점 직원의 판단 | 고객접촉 시 융통성, 재량권 수준 |
| 매출기회 | 추가적, 보조적 서비스를 통한 판매 확대 |
| 고객참여 수준 | 서비스 제공자의 노동력을 고객의 노동으로 대체 |

〈표 6-5〉에서는 서비스 설계 항목별로 서비스 전략과 연계성이 있는지를 검토할 때, 예를 들어 서비스 기업이 온라인 서점과 오프라인 서점에서 어떤 관점을 가지고 접근해야 하는지를 구체적으로 보여 주고 있다.

**표 6-5** 서비스 설계 항목과 서비스 전략과의 연계성 검토

| 설계 항목 | 오프라인 서점(Borders) | 온라인 서점(Amazon.com) |
|---|---|---|
| 입지 | 고객과 가까운 곳에 다수 입지 | 집중화된 입지 |
| 시설 배치 | 시설이 고객니즈 충족, 쇼핑 경험 향상 | 시설이 쇼핑, 수신, 정보 시스템 관리, 고객참여센터와 같은 지원 부서 업무 수용 |
| 상품 디자인 | 상점 설계는 베스트셀러 코너, 안락한 가구, 엔터테이너 같은 책 쇼핑 경험 강조 | 웹사이트는 책 쇼핑 강조 설계, 시설은 재고와 분배 지향 |

| | | |
|---|---|---|
| 일정 계획 | 최대 고객 수요량을 충족 | 만기 혹은 일일 요구량을 충족시키도록 일정 계획 |
| 직원 능력 | 책에 기반한 지식 지향 | 기술, 업무 지향 |
| 품질관리 및 척도, 시간 표준 | 다양한 고객의 믿음을 지향하는 기준을 개발하고 측정하기가 어려움 | 웹사이트 관련 품질과 발행 기한을 측정하기가 쉬움 |
| 수요/공급 능력 계획 | 공급 능력이 시간당 최대 수요량과 매치되어야 함 | 공급 능력이 1일 혹은 1주일의 최대 수요량과 매치되어야 함 |
| 산업화 수준 | 사람을 대신할 수 있는 기술의 대체가 낮음 | 사람을 대신할 수 있는 기술의 대체가 높음 |
| 서비스 제공의 표준화 | 상점 외관은 표준화, 고객과의 교류는 개별화 | 고객 웹페이지는 개별화, 나머지는 표준화 |
| 고객접촉 수준 | 높음 | 낮음 |
| 접점 직원의 판단 | 고객과의 교류에서 재량권 큼 | 고객과의 교류에서 재량권 최소화 |
| 매출기회 | 책과 커피, 케이크, 음반 등의 추가적인 상품 판매기회 많음 | 추가적인 상품 판매기회가 적음 |
| 고객참여 수준 | 셀프서비스와 종업원 서비스의 혼합 | 대부분 셀프서비스 |

## 1.3 서비스 디자인 프로세스

서비스의 특성상 유형적인 제품을 개발할 때보다 체계적인 개발방법이 필요하다. 이에 따라 서비스 특성들을 고려하고 서비스 설계에서의 제약사항들을 극복하면서 서비스를 체계적으로 디자인하는 데 적용할 수 있는 많은 방법론과 도구들이 제안되고 실제 응용사례들이 발표되고 있다. 그러나 세계적으로 서비스 산업이 발달한 국가에서도 서비스를 개발할 때 명문화된 프로세스를 보유하지 못하거나 안정적으로 활용하지 못하는 경우가 많다. 이하에서는 몇 가지 사례를 살펴보기로 한다.

### 가. 4D 모형

서비스 디자인이라는 개념은 영국에서 처음으로 나왔다. 가장 대표적인 서비스 디자인 프로세스 사례로는 영국 통상산업부 산하의 디자인기관으로 영국디자인카운슬(British Design Council)에서 제시한 '더블 다이아몬드 디자인 프로세스 모형(Double Diamond Design Process Model)'이 있다. 4D 모형이라고 불리는 이 모형은 병원 치료를 국가재정으로 제공하는 영국에서 응급실에 들어온 급박한 상황의 환자들로부터 유발되는 폭력행위 문제를 개선하기 위한 새로운 서비스 디자인 프로세스에서 적용된 체계이다. 이 방법론은 〈표 6-6〉에서와 같이 4단계로 이루어진다.

**표 6-6** 서비스 디자인 프로세스 4D 모형

| 단계 | 핵심 과정 | 기법/방법론 | 활동 사례 |
|---|---|---|---|
| 발견<br>(Discover) | • 고객욕구(고객의 문제)를 포착하는 단계(관찰, 인터뷰, 정리)<br>• 고객과 서비스 이해관계자들의 요구사항의 분석, 핵심 문제 파악 및 개선방향 수립 | • 관찰조사 및 인터뷰<br>• 공동 창작(co-creation), 관찰(observation), 브레인스토밍, 인터뷰(interview), 셰도잉(shadowing), 센스메이킹(sense making), 이해관계자 맵(stakeholder map), 페르소나(persona) | • 대기 시간 문제, 승강기 이용 불편 문제 등 |
| 정의<br>(Define) | • 수집된 데이터로부터 디자인 통찰 도출, 정의하는 단계(분류, 추상화, 비교, 카테고리화)<br>• 서비스 디자인을 어떻게 구현할 수 있을지 서비스 전략을 구상하고 컨셉을 수렴<br>• 고객들이 경험하는 서비스 환경과 숨겨진 니즈를 분석하여 서비스 전략 및 서비스 컨셉 도출 | • 문제 원인 분석과 문제 분석, 프로세스 분석 기법<br>• 공동 창작, 관찰, 브레인스토밍, 서비스 청사진, 고객여정지도, 비즈니스 모델 캔버스(business model canvas), 가치 사슬 분석(value chain analysis), 카노 모델(Kano model), FMEA(Failure Mode and Effect Analysis), 품질기능 전개(quality function deployment) | • 현장에서 고객의 행동 및 상황 파악, 직접 체험을 통한 문제 정리, 서비스 청사진 등을 통한 개선 방안 도출 |
| 개발<br>(Develop) | • 아이디어 구체화를 통한 서비스 컨셉의 실제 개발 단계<br>• 수렴했던 결과물들을 통해 다양한 형태의 아키텍처와 프로토타입을 구성하고 실현가능성을 검증 | • 공동 창작, 관찰, 브레인스토밍, 서비스 청사진, 고객여정지도, 비즈니스 모델 캔버스, 시나리오(scenarios), 프로토타입(prototype), 역할극(role playing), 벤치마킹(benchmarking) | • 고객 대기 장소 확보 및 리모델링, 안내 표지판 설치, 안내 직원 배치 등 |
| 전달<br>(Deliver) | • 서비스 전략 및 컨셉을 사용자들에게 명료하게 전달하는 단계(스토리 구성, 브랜딩, 출시계획, 경험화)<br>• 개발한 서비스를 어떻게 하면 사용자에게 효과적으로 전달할 수 있을지(시각화 등)를 구상하고 수렴, 전달하는 과정 | • 공동 창작, 관찰, 서비스 청사진, 시나리오, 프로토타입, 사용성 테스트(usability test) | • 서비스 전달 상황 확인 및 점검, 테스트 |

① '발견(Discover)' 단계에서는 프로젝트를 시작하는 처음 단계로 실제 문제를 발견한다. 고객이나 사용자의 공감을 얻고, 그들과 공감대를 형성함으로써 진짜 문제를 발견하는 것이다. 제공하려는 서비스에 대한 대내외 요소들을 분석하고, 고객의 행동을 관찰하여 서비스 디자인의 목표를 정의한다. 많은 가능성을 찾아내는 과정이며, 서비스를 이용할 고객들을 이해하는 단계이다.

② '정의(Define)' 단계는 사용자의 공감을 바탕으로 신중하게 문제에 대해 전체적인 방향을 설정하는 단계로, 순차적으로 제공되는 서비스 내용을 해체하여 분석하고, 각 접점마다 고객에게 제공하는 서비스의 맥락을 살펴 서비스 원칙을 수립하는 단계이다. 가장 좋은 대안을 우선순위를 매겨 찾아낸다.

③ '개발(Develop)' 단계에서는 수렴한 정보들을 다시 확장하는 과정이다. 지금까지 발전시킨 컨셉의 모든 가능성을 고려하고, 테스트하는 단계로, 디자이너가 만들어 낸 아이디어를 사용자에게 제시하고 향상시키는 과정이다.

④ '전달(Deliver)' 단계는 다시 의견을 수렴하여 지금까지 만들어 낸 컨셉을 명료하게 전달하는 과정이다. 만들어 낸 아이디어에 대해 고객을 설득할 수 있는 논리를 제시한다.

이 과정에서 '발견(Discover)'와 '정의(Define)' 단계는 프로젝트의 실행을 위해 인사이트(insight)를 추출하는 과정이고, '개발(Develop)'와 '전달(Deliver)' 단계는 프로젝트에 대한 통찰을 통해 컨셉(concept)을 개발하고 완료하는 과정이다.

서비스 디자인 프로세스에 따라서 서비스를 디자인하는 과정에는 각 단계별로 도구와 기법들이 필요하다. 예를 들면, 고객관찰, 인터뷰와 같은 방법들은 물론 대상의 정확한 이해를 위해 문제 상황을 직접 경험하면서 해당 서비스의 과정을 관찰하는 서비스 사파리, 전형적인 서비스 고객들의 모습을 묘사하고 예상되는 고객들의 특성을 구체적으로 제시하는 페르소나, 시공간적 서비스 프로세스에 따라 어떤 서비스를 경험하게 되는지를 나타내는 고객여정지도, 그리고 각 역할주체들을 중심으로 무엇을 어떻게 제공할 것인지를 구성하는 서비스 청사진 등이 동원될 수 있다. 서비스 디자인 과정에서는 이러한 도구나 기법들이 문제를 해결하고 우수한 서비스 디자인이 완성될 수 있도록 적극 연구되고 활용되어야 한다.

### 나. IDEO 모델

1991년에 설립된 미국 디자인 컨설팅 기업 아이디오(IDEO)의 서비스 디자인 방법도 널리 알려져 있다.

IDEO는 비즈니스, 인간, 기술을 통합한 인간 중심적 혁신을 추구하는 서비스 디자인 방법으로, 반복적이고 창의적인 방법을 통해 사람들에 대한 근본적인 이해와 그들의 행동양식의 관찰을 통해 미래의 혁신기회를 포착하고 이를 여러 다양한 방안들을 통해 실험 및 체험하여 최적의 해결책을 창출하고자 한다. IDEO 방식은 크게 5단계로 구분된다.

첫 번째는 '관찰'이다. 고객으로부터 디자인 의뢰 주문이 들어오면 IDEO는 디자이너, 고

그림 6-3 IDEO의 서비스 디자인 프로세스

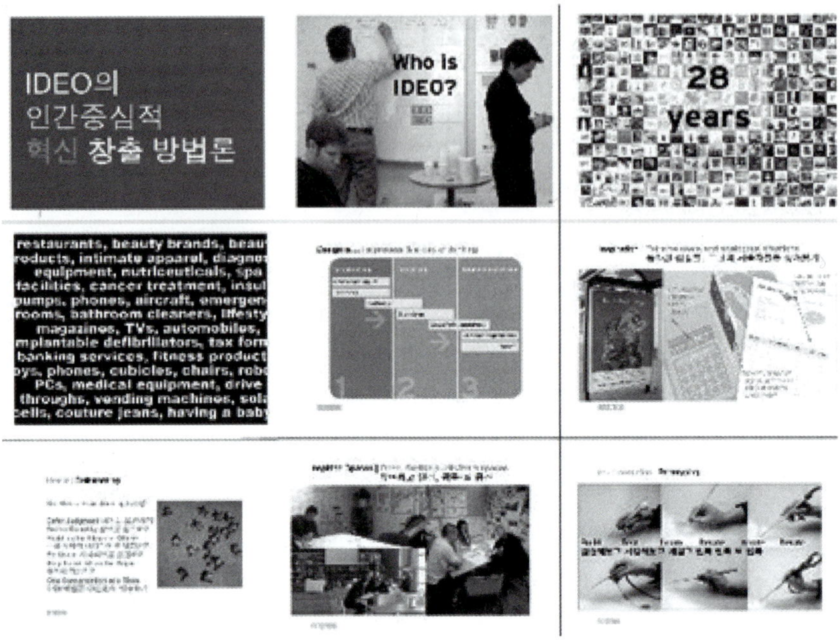


고학자, 심리학자, 사회학자 등 다방면의 전문가들로 구성된 컨설팅팀을 구성, 현장에 파견한다. 이들은 설문조사는 물론 비디오 촬영, 인터뷰 등을 통해 문제점이 무엇인지 정확히 찾아낸다.

두 번째 단계는 '브레인스토밍(brainstorming)'의 과정이다. 관찰한 내용을 갖고 전문가들은 의견을 내놓고, 제시된 의견은 모두 수용한다. IDEO 컨설팅팀 내 토론에서는 반대의견을 내놓을 수 없다. 엉뚱하고 이색적인 아이디어일수록 높은 평가를 받는다. 토론과정에서 중요한 점은 1시간 이내에 최소 100개 이상의 아이디어를 모으려는 컨설팅 팀원들의 자세다.

세 번째 단계는 '가상모델 만들기'의 과정이다. 사무실, 병원, 가전제품 등에 실제로 산업디자인을 적용, 원래 상품과 똑같은 형태의 모델을 만들어 고객들이 직접 이용하도록 한다. TV 모형을 만들어 보거나 컴퓨터 본체 모형을 만들어 소비자 반응을 조사하는 것도 이 단계에서 실시된다. 소비자들의 반응은 모조리 기록하고, 불편사항이나 개선해야 할 점은 즉각 수용해 반영한다.

네 번째 단계는 '세련화 과정(refining)'이다. 최적의 솔루션을 찾기 위해 적용 가능한 디자인을 몇 가지로 압축, 이 가운데 한 가지를 선택하는 작업이다. 이 과정에서는 소비자들의 보다 세심한 의견을 반영, 미세한 부분에 대한 디자인 개선작업이 이뤄진다. 고객사 최고경영자(CEO)가 IDEO의 디자인에 대해 만족하지 않는다면 이 단계에서 재조정을 실시한다.

마지막은 '실행'이다. 엔지니어, 디자이너 등 제품 생산과 관련한 모든 전문가들을 동원, 최종적인 디자인을 만들어 내는 것이다. 이 단계에서는 소프트웨어, 전자공학, 우주항공, 로봇, 수학, 그래픽, 자동차, 경영학, 신문방송학, 언어학자, 인체공항, 윤리학, 통계학 등에서 박사학위를 가진 직원들을 총동원, 디자인을 만들고 완성품을 내놓게 된다.

## 다. Frog Design 모형

미국의 세계적인 글로벌 디자인 회사인 'Frog Design'은 상상력과 이상을 현실화하는 통합 프로세스 전략을 중심으로 서비스 디자인을 실행하고 있다. 진화, 확장, 상상을 추구하는 Frog Design의 디자인 프로세스는 발견, 디자인, 전환의 세 단계로 구성되어 있다.

발견 단계에서는 사용자와 고객 니즈에 대한 분석, 리서치, 종합결론을 통해 새로운 문제점 및 아이디어를 발굴하게 되고, 이렇게 발견된 새로운 아이디어를 컨셉화하고, 디자인화하여 시제품으로 개발하는 디자인의 단계를 거쳐 프로토타입 테스팅(prototype testing)과 문서화 및 실행화가 진행된다.

**그림 6-4** Frog Design의 서비스 디자인 프로세스

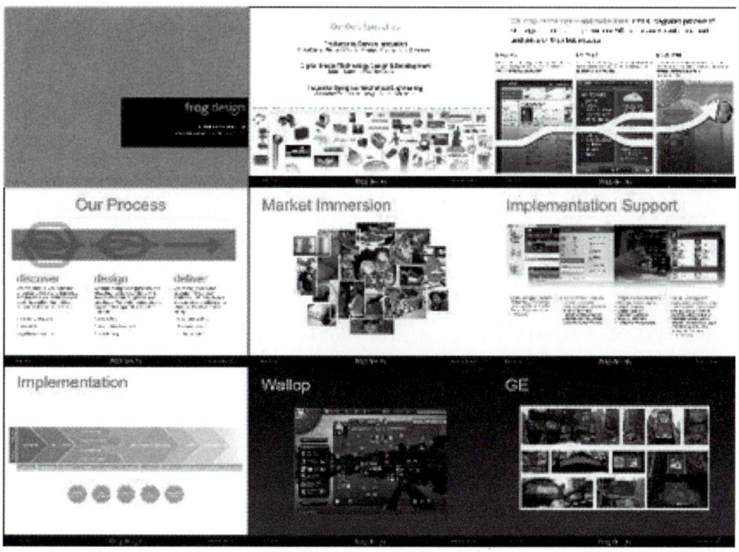

# 제2절 서비스 디자인 도구

## 2.1 고객여정지도

고객여정지도(customer journey map)는 고객과 서비스가 상호작용하는 서비스 접점을 중심으로 시간의 흐름에 따라 서비스를 이용하는 고객의 경험여정을 도식화하여 나타낸다. 서비스 접점은 고객과 서비스와의 직접적인 접점은 물론 고객이 간접적으로 서비스를 이용하면서 체험하게 되는 위치까지 포함한다.

고객여정지도를 이용하면 고객의 서비스 사용 순서 및 순간을 고객의 관점에서 이해하고 포착할 수 있으며, 고객이 서비스를 체험하는 과정에서 발생하는 고객경험들을 시각화할 수 있다. 또한 고객여정지도를 활용하면 총체적인 서비스 이용자 경험을 조망하고 파악할 수 있으며, 특정한 상황과 연관된 사람, 자원, 조직에 관한 효과적인 서비스 인터페이스를 분석할 수 있다. 고객여정지도는 다음과 같이 3단계로 작성된다.

① 1단계 - 고객유형의 이해: 고객여정지도의 작성목적과 타깃 고객여정 등을 정의하여 조사 및 분석의 범위를 명확히 하는 단계로, 서비스와 고객이 상호작용하는 서비스 접점을 작성한다.

② 2단계 - 고객경험 내용 조사: 고객의 여정을 대상으로 관찰조사, 인터뷰 등을 실시하여 전체 여정에서 발생하는 상호작용에 대한 고객의 정보를 수집하는 단계이다. 고객이 서비스 접점에서 느끼는 경험과 만족 여부, 구체적인 불만사항, 건의사항 등 다양한 정보를 취합한다.

③ 3단계 - 지도 작성 단계: 서비스에 대한 고객경험과 앞서 취합한 정보들을 여정에 따라 기술하는 과정이다. 고객의 여정에서 고객의 요구사항 및 서비스에 대한 인식 등을 구체화한다.

고객경험을 분석하고 개선하기 위한 목적으로 작성하는 고객여정지도는 호텔, 병원, 마트, 금융권 등 다양한 분야에서 서비스 사용자를 위한 서비스 설계 및 개선 방법론으로 널리 활용되고 있다. [그림 6-5]는 피자 가게의 고객여정지도를 사례로 보여 주고 있다.

**그림 6-5** 피자 가게의 고객여정지도 사례

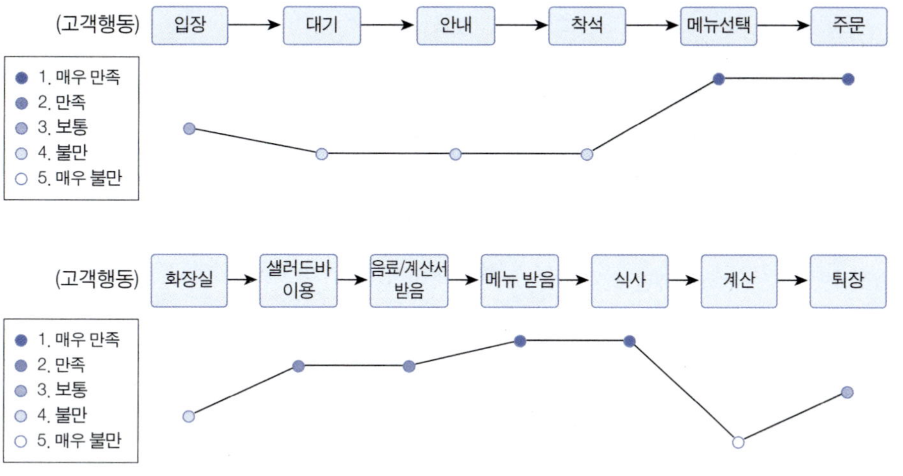


## 2.2 서비스 청사진

### 가. 서비스 청사진의 개념 및 구성

서비스 청사진(service blueprint)은 고객을 위해서 서비스를 생산하고 제공하는 데 필요한 각 단계별 활동과 활동주체별 역할 등을 묘사하고 설명해 놓은 흐름도라고 할 수 있다. [그림 6-6]에서와 같이 서비스 청사진에서는 가시선을 중심으로 크게 고객과 접촉이 일어나는 전방업무(front office)와, 고객과의 접촉이 없이 서비스를 지원하는 후방업무(back office)를 구분하여 표시한다.

예를 들면, 가시선은 연극공연에서 관객에게 보여지는 부문과 보이지 않는 부문을 구분하는 무대의 스크린이다. 이 스크린을 중심으로 배우의 공연과정에서 관객에게 보여지는 무대의 앞(front stage)과 그 활동이 바로 고객과의 접촉이 일어나는 전방 업무이고, 공연을 지원하는 보조 인력과 장비들이 움직이고 있는 무대의 후면(back stage)과 활동이 바로 후방 업무이다.

서비스 청사진의 활용 목적은 다음과 같다.

① 서비스 제공과정의 각 단계, 즉 서비스 제공과정에서 종업원과 고객이 수행해야 할 역할을 그림으로 설명하여 서비스를 이해하도록 함

**그림 6-6** 서비스 청사진의 개요

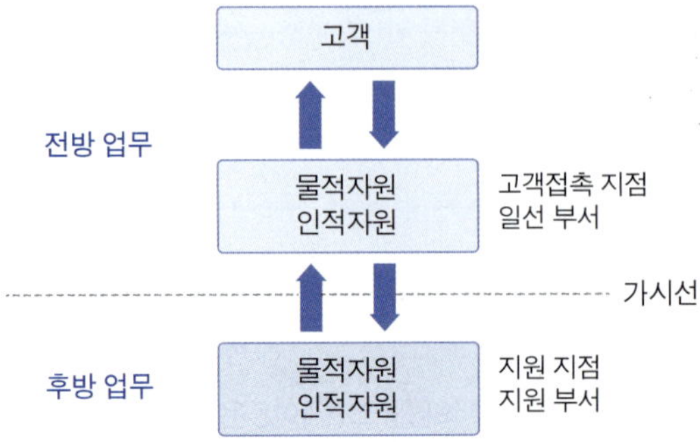


② 서비스 디자인 및 검토과정에서 각 지점에서의 실패 가능성을 제시함으로써 실패를 미연에 방지하고 서비스 품질을 높이도록 함

이제 서비스 청사진을 더 구체적으로 파악하기로 한다. 서비스 청사진에 표현되는 서비스 시스템은 서비스 프로세스, 구조(즉, 작업 및 접근 방식), 고객에게 제공되는 서비스 정보 등 3개 요소가 되며, 서비스 청사진에서는 이들을 분해하여 시간과 활동의 순서를 표시한다.

① 서비스 프로세스는 왼쪽에서 오른쪽으로 시간순으로 표시되며 가로축에 표시된다. 화살표는 서비스 경로 및 링크 관련 활동을 나타낸다.

② 서비스 구조는 서비스 구조의 상호작용, 가시선 및 내부 상호작용을 라인에 따라 개별적으로 계층화된 조직구조에 따라 수직축에 나열된다. 이 구조는 또한 고객행동, 무대 상호작용, 무대 뒤 상호작용 및 지원 프로세스 영역을 구별한다.

서비스 청사진의 좀 더 구체적인 모습은 [그림 6-7]에서와 같이, 총 4개의 행위 영역과 3개의 경계로 구성된다. 4가지 행위 영역은 물리적 증거, 고객행동, 종업원의 행동, 지원 프로세스이다. 그리고 3가지 경계는 상호작용선, 가시선 및 내부 상호작용선이다.

〈표 6-7〉에서는 서비스 청사진의 구성 요소들을 설명하고 있으며, 주유소를 실례로 [그림 6-7]에서와 함께 서비스 청사진의 예시를 보여 주고 있다.

① 물리적 증거(physical evidence)는 서비스가 전달되어지고 서비스 조직과 고객의 상호작용이 이루어지는 환경으로서, 시설의 외형, 직원 유니폼, 간판 등이 있다.

**그림 6-7** 서비스 청사진의 구성 요소

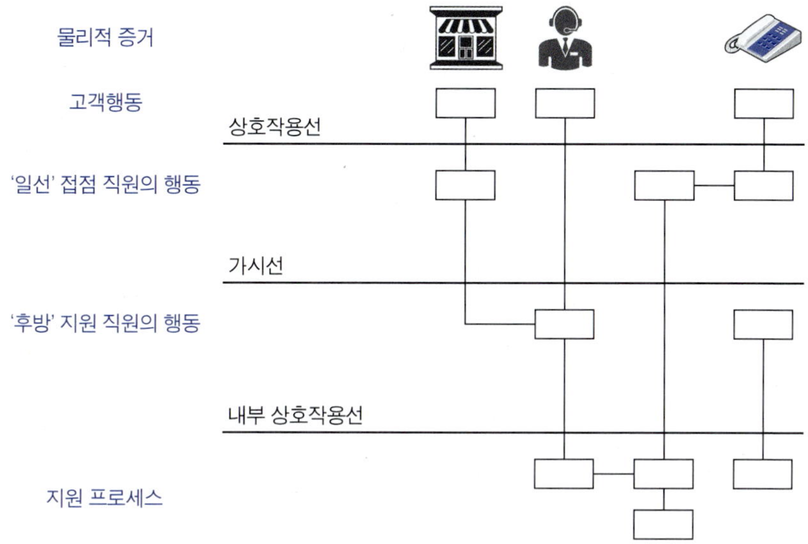


**표 6-7** 서비스 청사진의 구성 요소 설명 및 사례

| 구분 | 구성 요소 | 내용 | 예시(주유소) |
|---|---|---|---|
| 행위 영역 | 물리적 증거 | 무형의 서비스 흐름이나 내용을 유형화하여 지원하기 위한 물리적 환경과 기타 구매의사결정에 영향을 미치는 유형적 요소들 | 시설 외형, 직원 유니폼, 표지판 등 |
| | 고객행동 | 서비스 구매, 소비, 평가의 프로세스에서 고객이 수행하는 단계로서, 선택, 활동, 상호작용 등을 포함 | 주유소 진입, 주문량 확인 등 |
| | 종업원의 행동 | 일선 접점 직원의 행동(일선활동)과 후방 지원 직원의 행동(지원활동)으로 구분 | 차량 유도 및 인사, 주문량 확인 등 |
| | 지원 프로세스 | 서비스를 전달하는 현장 접점 종업원을 지원하기 위한 내부 지원활동 | 고객 서비스 프로그램 등 |
| 경계 | 상호작용선 | 고객의 행동과 현장 접점 종업원(서비스 제공자)의 행동을 구분하는 선으로서, 이들 간에 직접적인 상호작용이 이루어지는 부분 | |
| | 가시선 | 고객에게 보이는 현장 접점 종업원의 일선활동과 고객에게 보이지 않는 후방 종업원의 지원활동을 구분하는 선으로서, 가시선 위쪽과 아래쪽에 위치한 서비스 활동을 비교하면 기업이 고객에게 제공하는 서비스 수를 파악할 수 있음 | 주유소 내부 사무실 및 외부의 경계 |
| | 내부 상호작용선 | 후방 종업원의 활동과 여타 서비스 지원 부서의 활동을 구분하는 선으로서, 내부 상호작용선과 수직선이 교차되는 점은 내부 서비스 접점(internal service encounter)을 뜻함 | |

**그림 6-8** 서비스 청사진의 사례

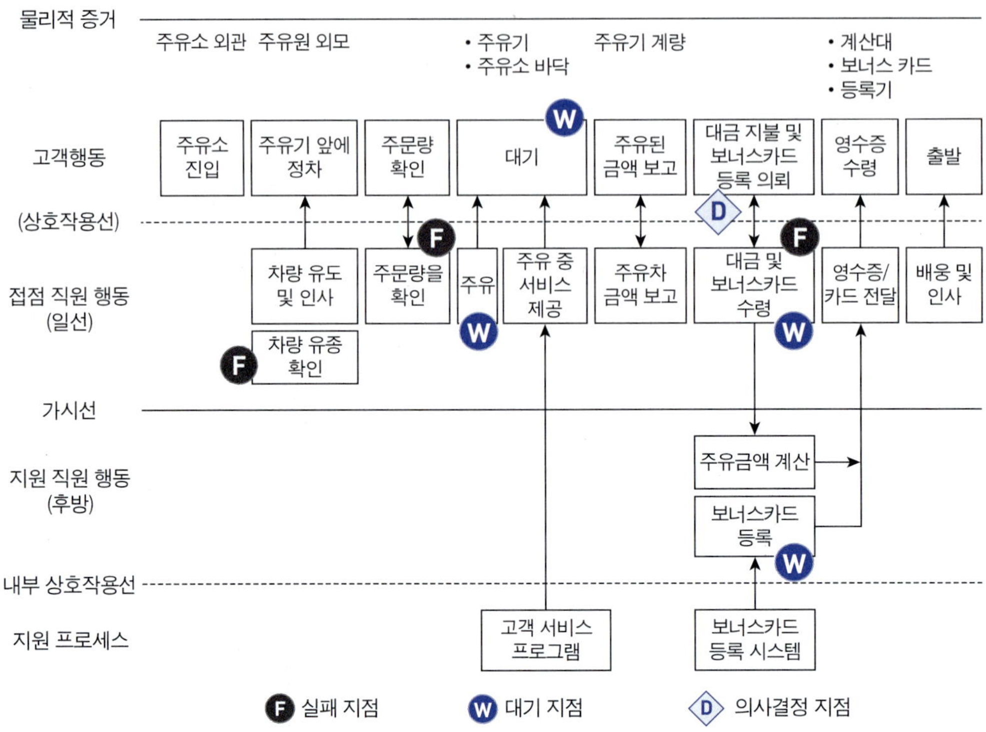


② 고객행동은 서비스를 구매하여 소비하고 평가하는 프로세스에서 고객이 수행하는 활동이며, 종업원의 행동은 현장 접점 종업원의 행동(일선활동)과 후방 종업원의 행동(지원활동)으로 구분된다.

③ 지원 프로세스(support process)는 전방과 후방에 있는 사람들이 제대로 서비스를 제공해 줄 수 있도록 지원해 주는 지원 시스템이다.

④ 상호작용선(line of interaction)은 고객의 행동과 접점 종업원 간의 행동을 구분하는 선이다.

⑤ 가시선(line of visibility)은 고객의 눈에 보이는 영역과 보이지 않는 영역의 경계이다.

⑥ 내부 상호작용선(line of internal interaction)은 후방 종업원의 지원활동과 IT 기반 시스템을 포함한 여타 서비스 지원 부서의 활동을 구분하는 선이다.

서비스 청사진에서 고객과 직접 접촉하는 종업원의 활동은 전방에서 이루어지는 업무로서 직접적으로 서비스 품질에 영향을 미치게 되므로 철저한 분석과 정교한 실행이 요구된다. 후방에서 이루어지는 지원 프로세스나 활동들은 설비나 자동화 장치에 의해 실현될 수 있는 특징이 있어 체계화가 가능하지만, 전방 업무를 원활하게 수행되도록 돕는 활동으로서 그 수준이 미흡한 경우 더욱 큰 품질 문제를 일으킬 수도 있어 대비가 필요하다.

[그림 6-8]은 서비스 청사진의 실례로서 주유소의 사례를 보여 주고 있다. 서비스 청사진을 효과적으로 설계하기 위해서는 도표의 출발점을 고객으로부터 시작하고 최종적으로도 고객으로 돌아가도록 하는 것이 바람직하다. 서비스 청사진은 고객의 관점에서 직원들이 고객에게 제공하는 서비스 활동의 수와 내용, 그리고 각 서비스 활동의 제공 단계들을 시간적 흐름으로 파악할 수 있게 한다.

## 나. 서비스 청사진의 개발과정

서비스 청사진을 개발하는 과정은 서비스를 창출하고 전달하는 과정에 관련된 주요 활동들을 파악하고, 각 활동들이 어떻게 서로 연결되는지를 도식화하는 과정이다. 서비스 청사진에서 직원과 고객과의 상호작용이 일어나는 지점을 철저히 분석할 필요가 있다. 특히 서비스 청사진을 개발하거나 분석할 때 서비스 품질에 심각한 문제를 야기할 수 있는 서비스 프로세스상의 특정한 위치를 규명해 낼 수 있는데, 이와 같은 지점을 실패 발생점(fail point)이라고 하며, 이러한 실패 위치를 사전에 숙지하게 되면 실패의 발생을 제거하거나 실패 시에 필요한 서비스 회복 전략을 실행하기 위한 절차를 설계해 넣을 수 있게 된다.

또한 서비스 전달은 시간이 흐르면서 이루어지기 때문에 경우에 따라서는 고객으로 하여금 기다리게 만드는 서비스 활동 사이에 지연이 발생할 가능성도 있다. 따라서 주요 서비스 단계에서 발생하는 과도한 대기시간은 고객으로 하여금 불쾌감을 느끼게 만들어 서비스 품질 지각에 악영향을 미칠 수가 있으며 이는 곧 실패 발생점으로 나타낼 수도 있다. 따라서 이런 이슈들을 고려하여 서비스 청사진을 [그림 6-9]에서와 같은 단계로 개발하도록 한다.

**그림 6-9** 서비스 청사진 개발과정

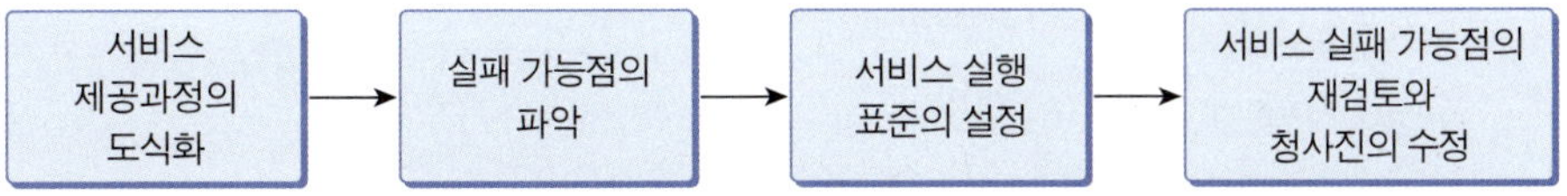

### (1) 서비스 제공과정의 도식화

① 서비스 프로세스의 큰 그림을 파악하기 위해 서비스의 기본 활동들을 먼저 분류한 다음 보다 상세한 서비스 프로세스를 개발하기 위해 각 활동들을 더욱 세분화한다.

② 서비스 관리자는 고객이 현장에서 경험하는 것들과 고객이 볼 수 없는 종업원 활동 및 지원 프로세스를 세밀하게 구분해야 한다.

③ 서비스를 구체화하거나 문제점을 도출하기 위해서 해당 부분만 세부적인 서비스 청사진을 추가로 작성할 수도 있다.

④ 같은 서비스 현장에서 별도로 서비스되는 특정 목표 고객집단을 위해 해당 고객 전용의 서비스 청사진을 작성할 수도 있다.

⑤ 서비스 청사진에서 사용되는 기호로는 활동이나 작업내용(□), 작업흐름(→ 또는 ↔), 실패 지점(F), 대기 지점(W), 의사결정 지점(◈) 등이 있다.

### (2) 실패 가능점의 확인

① 서비스 전달과정에서 일이 잘못될 위험성이 높은 영역에 대해 주의를 집중하여야 한다. 영국의 경영학자로 하버드 경영대학원에서 교수로 재직한 바 있는 데이빗 마이스터(David Maister)는 이를 OTSU(Opportunity To Screw Up: 일을 크게 망칠 수 있는 기

**표 6-8** 서비스 실패의 유형

| 서비스 제공자의 실수 | 고객의 실수 |
|---|---|
| **과업**<br>• 부정확한 업무 처리<br>• 불필요한 업무 처리<br>• 부적절한 업무 처리<br>• 너무 느린 업무 처리 | **준비**<br>• 필요한 자료를 지참하지 않음<br>• 서비스 제공 시 자신의 역할을 이해하지 못함<br>• 올바른 서비스를 찾지 못함 |
| **처리**<br>• 고객을 인지하지 못함<br>• 고객의 소리를 듣지 못함<br>• 적절하게 반응하지 못함 | **접점**<br>• 서비스 프로세스에서 절차를 잊어버림<br>• 서비스 전달 시스템의 흐름을 따르지 않음<br>• 자신이 원하는 바를 충분히 설명하지 못함<br>• 지시를 따르지 않음 |
| **외양**<br>• 시설이 깨끗하지 못함<br>• 복장이 깨끗하지 못함<br>• 환경 요인을 통제하지 못함<br>• 서류 교정을 하지 않음 | **마무리**<br>• 서비스 실패의 징후를 파악하지 못함<br>• 경험을 살리지 못함<br>• 기대를 조정하지 못함<br>• 접점에서 서비스를 제공받은 후 교정행위를 하지 않음 |

회)라고 부르기도 하였다.

② 특정의 서비스 과업을 수행함에 있어 일어날 가능성이 있는 모든 OTSU를 파악하여 청사진에 반영해야 한다. 대개 청사진의 해당 위치에 빨간색으로 영문자 F로서 표시한다(Ⓕ 또는 🄵). 〈표 6-8〉에는 일반적으로 많은 서비스 유형에서 나타날 수 있는 실패의 유형을 제시하였다.

### (3) 서비스 실행 표준의 설정

① 서비스 제공자는 서비스 전달과정의 각 단계별로 고객을 만족, 감동시키기 위해 서비스 전략에 적합한 서비스 표준을 설계해야 한다. 예를 들면, 서비스 전달 활동을 수행하는 데 걸리는 시간, 기술적으로 올바르게 서비스를 수행하기 위한 절차(script), 적절한 스타일과 자세에 대한 규정 등을 서비스 청사진에 반영한다.

② 기업에서 서비스 표준을 설정하고(예를 들면, 30분 이내 완료), 이를 적절히 실행할 역량을 가지고 있지 않다면 고객기대를 수정하고 미리 고지해야 한다.

③ 서비스 표준은 객관적 측정이 가능하고 관리할 수 있는 방식으로 표현되어야 한다.

### (4) 서비스 실패 발생점의 재검토 및 청사진 수정

① 서비스 전달과정에서 발생된 서비스 실패의 원인들을 분석함으로써 서비스 관리자는 종종 종업원과 고객이 실수를 저지를 가능성을 줄이거나 제거하기 위해 실패 발생점(Ⓕ)을 재점검하고 이에 대한 안전장치를 개발해야 한다.

② 고객이 서비스 창출과 전달과정에 적극적으로 참여하는 서비스의 경우에는 이러한 검토가 특히 중요하다.

③ 청사진을 수시로 수정, 보완하고 해당 직원에 대한 재교육과 환경 요인 등을 보완한다.

④ 고객에게 부가가치를 창출하지 않는 서비스 전달 단계는 검토하여 제거한다. 차량 렌트 회사 에이비스(Avis)에서는 렌트에서 중요한 요인들을 연구하고 청사진을 분석하여 픽업카운터 확인하기, 운전하기 등 100개의 프로세스를 없애버렸다.

⑤ 셀프서비스로의 전환이 가능한지, 그리고 서비스를 고객에게 직접 전달할 수 있는지 검토한다. 특히 웹사이트나 모바일로 대체할 수 있는 프로세스들이 있을 수 있다.

⑥ 서비스 패키지 구성 및 서비스 프로세스의 물리적 요소들을 재설계한다.

⑦ 고객이 원하지 않는 대기상태(Ⓦ)를 최대한 방지해야 한다. 물론 수요에 따른 공급 능력 확대도 검토하고, 대기관리 시스템을 재설계하거나 예약제도의 활용을 고려한다. 기다림에 대한 고객의 행동과 인식을 검토할 필요가 있다. 기타의 상세한 내용은 본

서의 제15장에서 다루는 '서비스 대기관리'를 참조한다.

⑧ 쾌적한 물리적 환경을 유지할 수 있도록 서비스 프로세스를 설계해 고객의 관점에서 분노와 좌절감을 유발시키는 요인들을 줄인다.

이렇게 작성된 서비스 청사진은 먼저 서비스 과정을 고객의 관점에서 눈에 보이는 활동과 보이지 않는 활동을 구분하며, 가시선 아래의 활동은 후방에서 서비스 제공자들이 고객에게 서비스를 공급하는 과정까지 보여 줄 수 있다. 이를 통해서 서비스 청사진은 서비스 과정에서의 여러 활동 간의 관계를 파악하고 합리적 프로세스 관리에 유용한 도구가 되어, 종업원들의 교육훈련 및 품질 개선에 활용된다.

특히 서비스 청사진의 검토 및 보완과정에서는 〈표 6-9〉에서와 같이 서비스 프로세스 재설계를 위해서 가치 창출에 기여하지 않는 단계를 제거하거나 흐름의 개선, 셀프서비스로의 전환, 고객에의 서비스 전달방식의 전환, 대량 고객집단을 대상으로 한 일괄 서비스 제공, 처리 시간의 단축 및 오류 방지를 위한 물리적 측면의 재설계 등이 이루어질 수 있다. 이러한 결과로서 서비스 실패에 대비한 복구과정을 설계할 수 있으며, 서비스 시간의 최소화, 생산성 향상 및 고객만족도 제고를 위해 잠재적인 서비스 개선기회를 발견하고 문제점을 고칠 수 있다.

**표 6-9** 서비스 프로세스 재설계 방안

| 구분 | 기업 혜택 | 고객 혜택 | 한계점 |
|---|---|---|---|
| 가치 창출에 기여하지 않는 단계 제거 | • 효율성 상승<br>• 생산성 상승<br>• 고객별 서비스 제공 | • 효율성과 속도 증가<br>• 고객으로부터 기업으로 업무 전가<br>• 고객별 서비스 | • 원활한 실행 위해 고객과 직원의 교육 필요 |
| 셀프 서비스로의 전환 | • 비용 감소<br>• 생산성 감소<br>• 기술에 대한 평판 | • 서비스 속도 증가<br>• 접근성 향상<br>• 비용 감소<br>• 통제력 증가 | • 고객 역할 수행을 위한 준비 필요<br>• 관계 형성을 위한 대면 기회 부족<br>• 피드백 부재 |
| 서비스 전달 방식의 전환 | • 위치적 한계 극복<br>• 고객 기반 확장 | • 편의성 증가<br>• 접근성 증가 | • 물류 부담<br>• 비용 증대<br>• 신뢰도 필요 |
| 일괄 서비스 제공 | • 고객 유지<br>• 고객당 서비스 이용 증대 | • 편의성 증가<br>• 고객별 서비스 | • 고객에 대한 광범위한 이해 필요<br>• 비경제적으로 인지될 수 있음 |
| 물리적 측면의 재설계 | • 직원만족 증가<br>• 생산성 증가 | • 편의성 증가<br>• 기능의 향상<br>• 흥미 유발 | • 모방이 쉬움<br>• 많은 비용 소요<br>• 고객의 기대 상승 |

# 07 CHAPTER

# 서비스 기술과 연구개발(R&D)

## '자, 이제 왓슨에게 물어볼까요' … 의사와 코워크하는 AI 직접 봤더니

A: 그러니까 아직 다른 곳으로는 전이되지 않았다는 얘기죠?

B: 그렇습니다. 배꼽 위 아래로 각각 3cm 정도 째는 수술을 하게 될 겁니다.

C: 그럼 마지막으로 왓슨은 어떻게 판단했는지 한 번 볼까요?

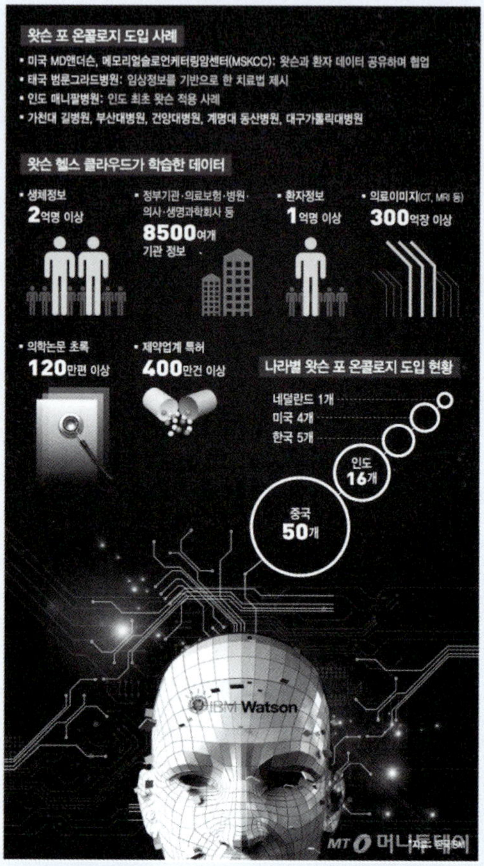


가천대 길병원 1층에 자리한 'IBM 왓슨 인공지능 암센터' 진료실에 모인 의사들과 암 환자가 나눈 대화다. 한 명의 암 환자 진료를 위해 한자리에 모인 6명의 의사는 돌아가며 환자의 상태, 치료 계획 등에 대해 의견을 나눈 뒤 환자가 정면에서 볼 수 있는 모니터에 '왓슨' 프로그램을 띄웠다. 의사가 마우스를 움직여 왓슨에 접속했다. 이날 왓슨은 종전 의료진이 내린 것과 동일한 치료법을 제안했다. 의사는 "왓슨도 의사들과 같은 의견을 보였다"며 환자에게 다음 수순을 일러줬다.

### 의사와 어깨 나란히 하는 AI … 데이터라는 우군이 경쟁력

인공지능(AI)이 국내 병원에 속속 도입되고 있다. 가천대 길병원이 첫 사례다. 이 병원은 IBM AI 플랫폼 왓슨 기반의 헬스케어 솔루션 '왓슨 포 온콜로지(Watson for Oncology)'를 들여와 2016년 12월부터 진료에 적용하고 있다. 현재까지 200여 명 환자의 진료를 봤다.

왓슨은 환자의 나이와 성별, 몸 상태, 질병의 진척 속도 등을 의사처럼 면밀히 파악한다. 어쩌면 의사보다 빠른 속도로 상태를 진단하고 치료법을 제시할 수 있는 능력을 갖추고 있다. 의사도 환자도 왓슨의 자문에 귀를 기울일 수밖에 없는 이유다.

왓슨 포 온콜로지(종양학)는 이름에서도 알 수 있듯이 암에만 특화된 솔루션이다. 담당 교수는 "암은 상당히 세분화 돼 있는 데다가 전 세계적으로 발병률이 높아 연구가 가장 활발한 분야"라며 "발전 속도가 가장 빠른 분야라는 점에서 AI가 먼저 도입되지 않았을까 생각한다"고 말했다.

작동과정은 겉으로 봐선 복잡하지 않다. 일단 의사가 왓슨 포 온콜로지에 나이, 몸무게, 현재 상태, 이전 치료법 등을 입력한다. 스무 가지 정도의 항목을 입력하면 왓슨은 그간 학습한 내용을 기반으로 치료방법은 물론 이를 제안한 근거까지 제시한다. 정보를 입력한 뒤 치료법을 도출하기까지 걸리는 시간은 10초가 채 되지 않는다. 기계인 왓슨이 이 같은 괴력을 발휘할 수 있는 가장 큰 이유는 방대한 데이터다.

왓슨은 지금까지 300종 이상의 의학 학술지를 공부했다. 세계적으로 매일 100건 이상의 의학 논문이 발표되는데, 이런 논문을 여러 편 실은 학술지를 수백 권 연마했다는 의미다. 200권 이상의 교과서와 1,200만 장에 달하는 문서 내용까지 합하면 왓슨의 두뇌에 넣은 데이터의 양은 상상을 초월한다. 왓슨 포 온콜로지는 6년째 암 진료 분야에서 세계적 권위를 자랑하는 미국 메모리얼 슬로언 케터링 암센터(MSKCC)와 MD앤더슨 암센터, 클리블랜드 클리닉 등과 손잡고 이 순간에도 학습을 멈추지 않고 있다.

길병원이 왓슨 도입을 결정한 이유도 이 때문이다. 매년 5만 명가량의 암환자를 치료하고 있다. 왓슨이 분석한 데이터 자체가 양질이기 때문에 판단에 대한 신뢰도가 높을 뿐 아니라 의사들이 내린 판단과도 크게 어긋나지 않는다는 것이 의료진들의 평가다. 즉, "왓슨과 인간이 각각 제시하는 치료법에 약간의 차이가 있을지 몰라도, 왓슨이 엉뚱한 치료법을 제시한 적이 없다"는 것이다.

### AI가 진료 패턴 변화 가져와 … 국내법 적용 등 과제도 산적

AI는 의료기관의 진료방식도 바꾸고 있다. 통상 위암, 폐암, 대장암, 직장암 등 4대 암을 제외한 나머지 암들에 대해서는 의료진과 환자가 일대일로 진료하는 방식이 일반적이었다. 그러나 왓슨을 도입한 뒤 많은 과의 의사들이 모여 진료하는 '다학제 진료'가 늘고 있다. 유방암, 폐암, 대장암, 직장암, 위암, 난소암 등 6개 암환자들은 내과, 외과, 혈액종양학과, 영상의학과 등 최소 5개과 의사들이 모인 자리에서 진료를 받는다.

다양한 분야의 전문 의사들끼리는 물론 AI와의 협진으로 검사 횟수나 진단 오류를 최소화할 수 있다는 설명이다. 진료 시간 역시 종전보다 여유 있다. 환자 입장에서 좋은 점이 많아진 셈이다. 길병원 관계자는 "협진의 경우 최소 비용이 40~50만 원 정도 들지만 왓슨을 도입한 후 건강보험 등을 적용해 다학제 진료비를 7,000원 수준까지 낮췄다"고 설명했다.

AI 진료가 일반화되면 의료의 질도 높아질 것으로 예상된다. 환자뿐 아니라 의사가 느끼는 기대감이 제법 크다. 의료진은 환자들의 데이터를 일일이 기록, 관리하는 것은 기계에 맡기고 일목요연하게 정리, 분석된 데이터를 통해 새로운 치료법 연구에 집중할 수 있게 됐다는 점을 반긴다. 김 교수는 "의료진이 할 수 있는 실수나 오류 등을 기계가 잡아주면서 의사들은 심층적으로 인간의 사고가 필요한 연구에 몰두할 수 있을 것"이라며 "왓슨은 치료법에 대한 의견을 주는 훌륭한 솔루션"이라고 말했다.

다만, 여러 면에서 풀어 갈 숙제도 많다. 무엇보다 국내 실정에 맞는 가이드라인 정비가 시급하다는 지적이다. 길병원을 비롯 부산대병원, 건양대병원 등 국내 병원이 도입해 쓰고 있는 왓슨은 미국 의료보험법 체계하의 치료법을 제시한다. 미국 보험에 적용되는 약재를 우선적으로 추천하고 국내 의료보험에 등재되지 않은 방법을 제안하는 경우가 빈번하다. 길병원 관계자는 "왓슨은 미국을 기반으로 연구, 활용된 것이기 때문에 한국 의료법 체계에 맞게 프로그램을 조정해 나갈 필요가 있다"며 "이 부분에 대해 한국IBM과 긴밀히 논의하고 있다"고 말했다.

윤리 이슈도 있다. 주어진 규칙에 따라 정상 작동했음에도 불구하고 사고 발생 위험이 존재하다는 점, AI를 다루는 사람의 실수 등에 대비해야 할 필요가 있다는 것이다. AI에 의사결정권을 얼마나 부여하고 이것에 어느 정도의 책임을 어떻게, 누구에게 지워야 할지에 대한 고민도 인간의 몫이다. 이와 관련해 IBM은 AI는 인간을 대신하는 존재가 아닌 조력자 역할임을 강조한다. IBM 관계자는 "왓슨은 사람들이 의사결정을 합리적으로 할 수 있게 도와주는 것일 뿐, 최종 결정권자는 인간"이라고 말했다.

프라이버시 보호 문제도 장기적으로 논란의 소지가 다분하다. 왓슨 포 온콜로지는 왓슨 헬스 클라우드 위에서 작동한다. 그러나 현행 의료법상 환자 개인정보를 외부 클라우드에 보관할 수 없다. 길병원은 왓슨 포 온콜로지를 도입하면서 환자의 주민등록번호 등 개인식별 정보를 왓슨 데이터 서버에 저장하지 않는다. 치료에 대한 결과도 활용하지 않기로 IBM과 합의한 상태다.

**발열관리부터 항암치료제까지 … AI 어디까지 진화할까**

의료 영역에서 IBM이 궁극적으로 지향하는 지점은 개인 맞춤형 의료 서비스다. 개인에게 최적화된 치료법을 제시해 개인들의 삶을 안락하게 만들겠다는 것이다. 지난해 개인 의료 서비스 혁신을 위해 '왓슨헬스' 사업부를 세운 IBM은 미국 플로리다 주피터 메디컬 센터와 협업해 전 세계 암 발병 건수의 80%를 다룰 수 있는 실력을 갖추겠다는 구상이다.

진료 외 다른 의료 사업 접목도 활발하다. 세계적인 제약회사 화이자는 왓슨을 이용해 면역 항암제 개발을 진행 중이다. 신약 개발 분야에 왓슨을 적용한 사례는 최초다. 의료기기 업체 메드트로닉은 왓슨으로 혈당 모니터, 인슐린 펌프 등의 기기로부터 도출되는 데이터를 접목한 맞춤형 당뇨병 관리 솔루션을 개발하고 있다. 일상생활의 특정 행동이 당뇨에 미치는 영향도 분석해 코칭해 주는 모델로 발전시킬 예정이다.

국내 기업에서도 활용 사례가 등장했다. 스마트 헬스케어 전문업체 엠트리케어는 AI와 스마트 체온계를 연동한 영유아 발열 관리 서비스를 내놨다. 영유아의 체온과 건강 상태를 왓슨을 통해 관리한다. 해열제 복약량과 복약 시간, 방법에 대한 가이드를 제공한다. 데이터가 쌓이면 영유아 건강과 성장관리 영역으로 범위를 확장한다는 계획이다.

출처: 머니투데이, 김지민 기자, 2017. 4. 22.

소비자들의 욕구와 기술의 급속한 변화에 따라서 서비스 산업을 혁신하고 활성화하는 데 있어서도 기술이 바로 그 원천일 뿐 아니라, 서비스 산업을 전략적으로 혁신하는 동인(enabler)으로서 작용해 오고 있다. 서비스 기술은 조직이 서비스를 만들어 내고 서비스의 전달 및 활용과정에서 적용되는 기술을 의미한다.

그렇다면 미래의 서비스 기업은 어떤 모습으로 변화될 것인가? 머지않은 장래에 은행이나 보험사에도 많은 인공지능 서비스가 들어서게 되고, 병원에도 상담 로봇, 말벗 로봇, 간병 로봇, 진단 로봇, 수술 로봇 등이 전문 인력을 대체하게 될 것이다. 맥도날드와 같은 패스트푸드 전문 프렌차이즈 매장의 주방에는 감자튀김을 담는 로봇, 자동 팬케이크 굽는 로봇 등이 자리할 것이다. 이와 같이 서비스 산업의 생산성은 4차 산업의 발전으로 급속히 향상되고 기업의 경영활동도 다양하게 변화해 나갈 것이다.

특히 서비스 기업에서 기술의 도입은 마케팅을 통한 고객발굴이나 관계 유지는 물론 서비스 전달 등 다양한 부문에서 성과를 높이고 있으며, 그 수준은 완전 자동화된 셀프서비스까지로 확대되고 있다.

전통적으로는 서비스에 적용되는 기술 유형으로서 에너지 및 동력 기술, 물리적 디자인 기술, 서비스 방법 관련 기술, 바이오 기술 및 정보 기술 등이 다양하게 새로운 서비스 혁신에 적용되어 왔다. 대체로 기술을 적용한 서비스에서는 고객 맞춤식 서비스가 유연성 있게 제공될 수 있으며 서비스의 편의성이나 속도 측면에서 고객만족도를 높이는 장점이 있다. 또한 다양한 서비스 채널을 통해 고객과의 효과적인 정보의 교환, 표준화된 서비스를 통한 서비스의 일관성 향상, 프로세스 개선을 통한 원가의 절감, 그리고 고객선택의 폭을 넓힐 수 있는 기업 측면에서의 장점도 있다.

또한 이러한 추세는 서비스 제공 환경에서 직원, 고객 및 기술 사이의 역동적인 관계를 이해해야 하는 이슈를 낳고 있다. 예를 들면, 변화된 시스템에서는 고객이나 직원의 역할이 변화되어야 하며 이에 따라 고객의 참여 및 직원의 행동 범위가 달라지는 것이다. 기술의 출현으로 고객은 서비스 제공 프로세스에 점점 더 많이 관여하게 되며, 이때 고객참여 정도에 따라서 서비스 품질 성과가 달라지며 이러한 요인들이 고객만족의 주요 결정 요소가 되기도 한다.

과거로부터 제시된 많은 기술 도입의 성공 사례들도 있지만, 본서에서는 최근 대두되고 있는 4차 산업의 기술을 화두로 하고 이들 기술이 서비스 산업과 어떤 연관성을 갖고 확산되고 있는지를 살펴보면서, 앞으로 전개될 다양한 서비스 산업에서의 기술과의 접목에 관한 시사점을 얻기를 기대한다.

## 제1절 서비스 기술

서비스에서 기술을 적용하여 서비스 생산 시스템 및 전달 시스템에서 경제성을 제고하고 또한 기존 서비스에서의 고객가치를 높이는 방향으로 혁신함으로써 고객에게 제공되는 서비스를 차별화하는 수단으로 경쟁우위를 확보할 수 있게 한다(Fleming, 1991). 즉, 기술 기반의 혁신을 통해서 고객과의 직접적인 인터페이스를 개선하여 생산성 및 만족도를 높이는 것은 물론 기업의 경쟁력 제고에 효과적인 접근인 것이다. 또한 기업에서 기술을 사용하여 서비스에서 가시선의 뒷단(back office)에서의 서비스 프로세스를 개선하여 직원들에게도 향상된 도구를 제공할 수 있다. 이처럼 신기술은 서비스 프로세스를 혁신하는 등 다양한 방법으로 기존 서비스 시장에서 파괴적 혁신을 유발할 수도 있다.

〈표 7-1〉에서는 서비스 기업에서 기술의 적용 시 장단점을 정리하였으며, 이하에서는 서비스 기업에서 확보한 기술을 적용하여 성과를 높이는 방안을 사례를 중심으로 살펴본다.

**표 7-1** 서비스 기업에서 기술 적용 시 장단점

| 구분 | 장점 | 단점 |
|---|---|---|
| 기업 | • 물리적으로 사업장이나 인력의 추가 없이 비즈니스 확장<br>• 기술우위를 통한 경쟁력 확보 | • 기술 도입 및 운용 인력 확보<br>• 기술우위에 비용 투자 발생 |
| 직원 | • 기술의 도움으로 업무 생산성 및 서비스 품질 제고 | • 직원들의 일자리 축소<br>• 직원들의 스트레스 유발 |
| 고객 | • 편리하고 시간을 단축하여 서비스 수혜<br>• 저렴하게 본인이 원하는 정확한 서비스 수혜 | • 지식이 부족한 경우, 신기술에 적응해야 하는 부담<br>• 적응력이 높은 고객에 대한 상대적 피해 |
| 기타 | – | • 악용, 오용, 남용의 문제(개인정보 침해 등) |

## 1.1 서비스 생산과 기술

미국의 소매업체인 월마트는 대규모 경쟁업체들이 간과했던 미국 중남부의 11개 주에서 인구 25,000명 이하의 소도시에만 집중하여 사업을 시작하였다. 시골 지역에만 집중한 것 자체가 중요한 지속적 경쟁우위를 가져다주었다. 임대료가 저렴한 싼 점포를 확보할 수 있었고, 체인점의 거리가 가까워 효율적인 물류가 가능했다. 유통비가 많이 들고 기업 시작 당시에 노하우가 많지 않은 신선품은 취급하지 않고 주로 공산품을 위주로 판매를 하기 시작했다. 시 외곽에 넓은 부지를 둬서 차를 보유한 고객을 끌어모으고, 저렴한 가격과 다양한 구색으로 당시 시장 점유율 1위인 K마트를 밀어내고 1위를 차지할 수 있었다. 의욕에 가득 찬 인력을 낮은 임금에 확보할 수 있었고, 낭비가 적은 현장 경영이 이루어졌다.

결정적인 것은 [그림 7-1]에서와 같이 1980년대에 자가용 인공위성까지 쏘아 올려 방대하고 즉각적인 정보 네트워크가 본사와 물류센터, 매장까지 연결되었으며, RFID 태그 부

**그림 7-1** 월마트의 경이적인 성장

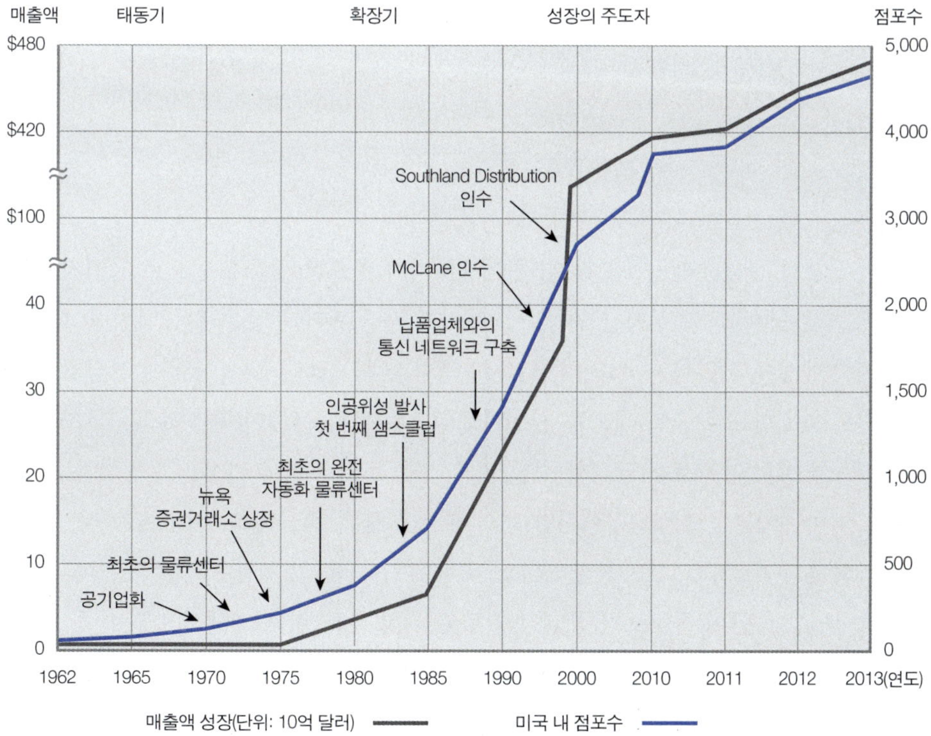


출처: 한국디자인지식산업포럼, 2010.

**그림 7-2** 서비스 생산과정에서 기술의 활용

아마존 물류 창고에서
'키바'라는 로봇 활용

아마존 물류 창고에서 '키바'가 상품을 찾아서
이동처리 작업 중임

월마트 물류센터에서 RFID 태그를
상품관리에 적용

월마트 물류센터에서
드론이 활동하여 인력 절감

착을 통한 상품관리 등에의 과감한 기술투자가 주요한 성공 요인으로 알려지고 있다. 나중에는 납품업체와의 실시간 연동도 이루어져 가장 원가가 낮은 우수 제품을 가장 가까운 곳에서 매장에 진열할 수 있었다. 기존의 백화점과는 달리 실내 장식에 신경 쓰지 않고 판매원도 최소한으로 줄인 창고형 할인마트인 월마트는 그들이 바라던 '최저가(Everyday Low Price: EDLP)'의 모토를 달성할 수 있었고, 이를 무기로 미국 시장을 점령했다.

아마존에서는 2012년부터 3만 대의 로봇을 물류센터 13개소에 투입했다. 최대 340kg의 선반을 통째로 들고 일사불란하게 돌아다니며 직원들의 제품 포장을 돕는다. 전화, 인터넷, 모바일로 주문이 들어오면 창고정리 로봇 '키바'가 [그림 7-2]에서와 같이 창고에서 상품의 위치를 찾아서 해당 상품을 배송 트럭으로 이동한다. 각 물류센터 인력을 2,000명씩 감축하여 창고운영비를 20% 절감하는 것은 물론 업무처리 속도도 60분에서 15분으로 단축하였다. 월마트에서도 물류센터에 RFID 태그와 드론을 적용하여 인력을 절감하고 생산성을 높

**그림 7-3** 리츠칼튼 호텔의 고객취향메모

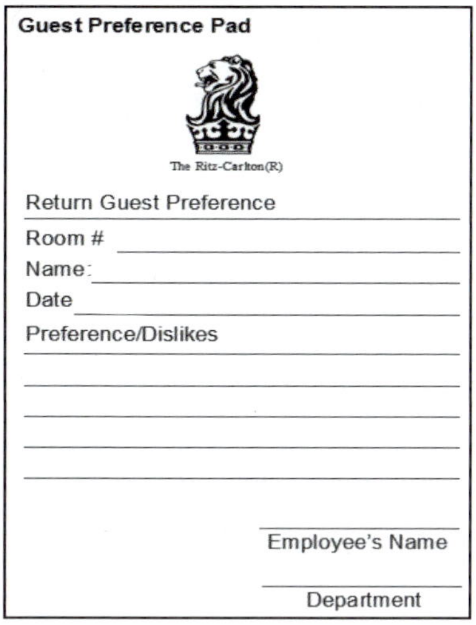
Guest Preference Pad

The Ritz-Carlton(R)

Return Guest Preference

Room # ____________

Name: ____________

Date ____________

Preference/Dislikes

____________

Employee's Name

Department

이고 있다.

리츠칼튼 호텔은 고객 코디네이터를 두어 호텔을 이용한 고객들에 대한 개인적 취향에 대해 조사하고, 다시 방문하는 고객들에게는 이를 활용하여 고객별로 차별화된 서비스를 제공한다. 정보 수집을 위해서 모든 직원들이 고객 서비스 향상에 도움이 될 가능성이 있다고 생각되는 사실을 발견하는 즉시 [그림 7-3]에서와 같은 고객취향첩에 기록한다. 예를 들어, 신발장에 나와 있는 테니스화와 라켓을 직원이 보면 고객취향첩에 기록을 하고 차후 리츠칼튼 호텔을 이용할 때, 미리 테니스장을 알려 주는 식이다. 이러한 고객정보는 [그림 7-4]에서와 같이 고객 인지 시스템의 데이터베이스에 입력되어 세계 어느 곳에 있는 리츠칼튼 호텔을 이용하더라도 비슷한 수준의 서비스를 누릴 수 있게 한다.

Fitzsimmons(1998)는 정보기술이 서비스에서 가지는 전략적 기능에 대해 정보기술의 경쟁우위 활용과 전략적 관점으로 나누어 분석하였다. [그림 7-5]에서와 같이 진입장벽 설정의 측면에서 정보기술을 활용하는 경우는 주로 외부 고객을 대상으로 온라인상 정보기술을 활용하게 된다. 예약 제도는 여행사 등에 제공되는 온라인 예약 시스템 등이, 항시 이용자 클럽은 항공 마일리지 제도 등이, 전환비용은 병원이 공동으로 필요시 의약품 구매가 가능한 병원과 의약품 공급업체 간의 정보 시스템 등이 그 예가 될 수 있다. 이미 이 정보 시스템에 흡수된 병원은 다른 의약품 공급업체로 옮기는 경우 전환비용이 발생하게 된다.

수익 창출 측면에서 정보기술을 활용하는 경우는 주로 서비스를 제공하는 서비스 운

**그림 7-4** 리츠칼튼 호텔의 고객 인지 시스템

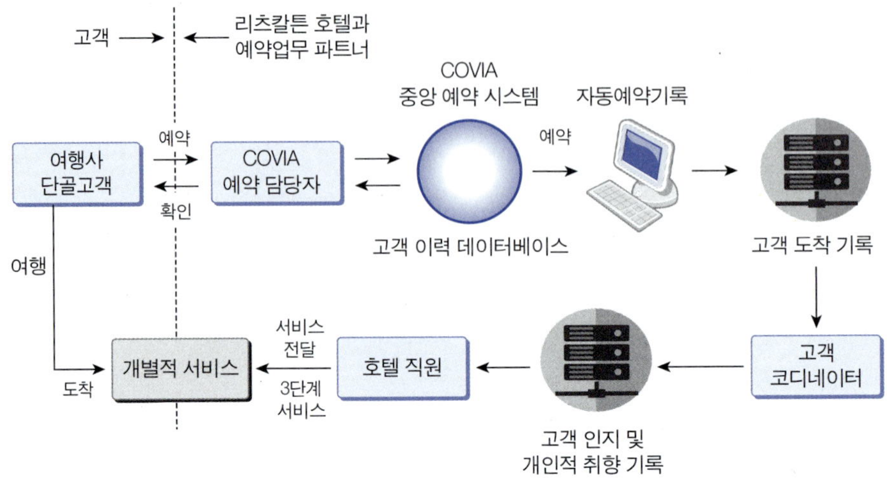


출처: J. D. Barsky, *World-Class Customer Satisfaction*, Irwin, p. 143, 1995.

영의 내부 프로세스에서 정보기술을 활용하게 되는데 여기에는 수율관리, 판매시점관리, ERP(Enterprise Resource Planning), 전문가 시스템 등의 사례가 있다. 수율관리(yield management)는 서비스 능력을 최대한 활용하여 수익을 극대화하는 것으로 항공사에서 온라인 예약 시스템상에서 팔리지 않는 좌석에 대해 현장에서 긴급 할인 가격을 설정하여 빈 좌석을 배정하는 것과 같이 실시간으로 가격을 설정하는 전략을 채택하여 항공기 운항 수익을 극대화하게 된다. 이러한 수율관리는 비행기 좌석과 호텔 객실과 같은 시간 소멸적 특징을 가진 서비스 부문에서 정보기술을 활용하는 사례이다. 수율관리에 대해서는 본서의 제14장 '서비스 수요 및 공급관리'에서 상세히 다룬다.

판매시점관리(Point Of Sales: POS)는 예를 들어 주문을 받은 종업원이 별도의 조작 없이 주방에 주문을 전송하고, 카운터에 계산서를 보내어 프로세스를 개선하면서 원자재의 재고 물량을 실시간으로 파악하는 등 수익을 창출할 수 있도록 한다.

ERP는 기업과 조직에서 각 부문 최적화가 아닌 전체 최적화를 추구하는 전사적 자원관리를 위한 보편적인 솔루션이다. 2000년대 이후에는 확장 ERP 형태로 기업 내부만이 아니라 공급사슬관리(Supply Chain Management: SCM)를 통한 외부의 공급망까지 실시간 연계를 통해서 협력업체와의 거래는 물론 외부 고객관계관리(Customer Relationship Management: CRM)와도 연동되는 기업의 핵심 IT 통합 시스템이다.

그림 7-5 서비스에서 정보기술의 전략적 역할

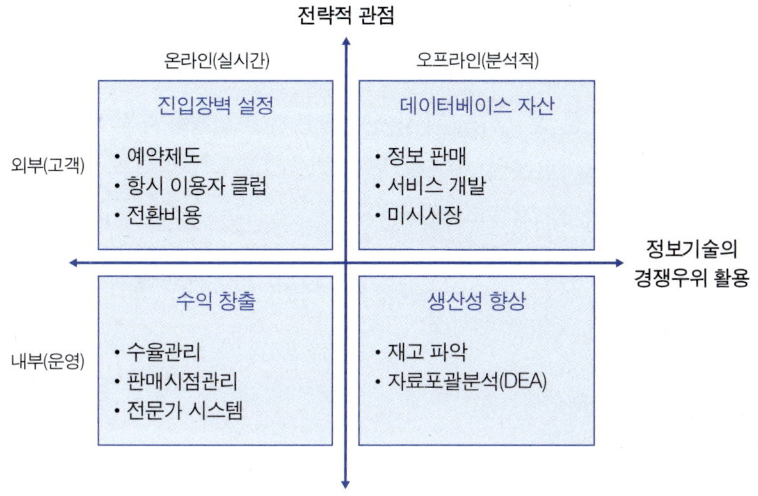


출처: 장병열, 2007, 재인용.

또한 전문가 시스템(Expert System: ES)은 예를 들어 고장, 수리 등에 대한 지식이 담긴 시스템을 활용하여, 노하우가 부족한 사람도 전문가와 같이 고장의 원인을 파악하고 해결 방향을 제시할 수 있도록 도움을 준다. 물론 정보 시스템 내부에서 확보한 거래 기록들은 고객의 구매이력 등을 새로운 서비스를 개발하고, 새로운 시장을 개척하는 등에 활용될 수도 있다.

정보기술은 서비스 생산성 향상을 위해서도 활용되는데 이에는 재고 파악, 자료포괄분석 등이 있다. 정보기술에 의해 파악된 실시간 재고 정보는 판매, 제조, 배송에 대한 정보로서 가치를 재창출할 수 있고, 자료포괄분석(Data Envelopment Analysis: DEA)은 투입된 자원으로 노동, 시간, 원자재 등과 산출물인 판매 실적이나 영업활동 내용을 활용하여 효율성을 측정하도록 지원하는 선형계획기법의 일종이다.

## 1.2 서비스 전달과 기술

### 가. 서비스 전달과 기술 활용

고객에게 서비스를 전달하는 과정에서 정보기술을 활용하는 범위는 다양하게 확대되어 가고 있다. 과거에는 고객의 예약을 접수하고 대금을 처리하는 정도에 머물렀으나, [그림 7-6]에서와 같이 서비스의 전달에서 보다 다양한 프로세스에 활용되고 있다.

특히 정보기술은 다음과 같은 부문의 고객접점에서 활용되어 고객과의 관계를 향상시키고 고객의 충성도를 높이는 성과를 얻고 있다.

#### (1) 콜센터

콜센터는 기술을 활용한 전화, 인터넷, 이메일, 문자 서비스, SNS 등을 통해 비대면 고

**그림 7-6** 서비스 전달과정에서 기술의 활용

커피 매장에서 진동벨로
주문 결과를 제공

어린이집에서 교육 상황을 원격으로
학부모에게 제공

공항에서 인공지능 로봇이
안내 서비스를 제공

드론으로 가정에 택배 배달

객 서비스 업무를 수행하는 대표적 조직이다. 항공사에서는 좌석 예약, 예약 변경, 판매 촉진 등 일상적인 고객 서비스 전달의 창구이다. 과거에는 문의에 대한 대응이나 불만 접수와 같은 단순한 역할을 했으나, 현재는 고객니즈의 수집과 파악, 신제품 개발과 서비스 개선, 기업 이미지 개선 등 다양한 역할을 수행하고 있다. 즉, 수집된 고객의 요구사항을 분석해 새로운 제품과 서비스 개발에 반영하거나 기존 제품과 서비스를 개선하는 기회를 얻는다.

### (2) 웹사이트

쇼핑몰 웹사이트에서는 회원 가입, 상품 검색, 대금 결제, 주문 완료, 상품 발송 등의 업무를 사용자가 원하는 시간에 처리하고, 메시지를 고객에게 전달하는 등 서비스 전달에 가장 유용한 기술을 적용한 창구이다. 은행, 병원, 온라인 교육, 골프장 등 다양한 서비스 기업에서는 웹사이트를 서비스의 전달 창구로 최대한 활용하고 있다. 아마존 웹사이트에서는 다양한 상품을 검색하고 주문할 수 있는 것은 물론 개인과 기업 고객의 IT 환경을 서비스하는 클라우드 서비스가 제공되며, 영화나 TV 프로그램 등 동영상 콘텐츠를 제공하는 사이트까지 다양한 서비스로 고객들을 지원한다.

### (3) 고객의 소리

고객의 소리, 즉 VOC(Voice Of Customer)는 고객의 불만사항이나 고장신고, 개선사항, 칭찬, 그리고 고객의 제안을 듣고 해결하여 고객만족도를 높이는 대고객 서비스 방법이다. 고객이 직접 찾아와서 들려주는 소리, 게시판, 이메일(e-mail), 전화, 모바일 등 다양한 고객 접점에서 수집되는 자료로 고객을 통해 직접적이고 실시간으로 정보를 얻고 처리과정을 제공할 수 있다.

### (4) 모바일 앱

풍부한 콘텐츠 및 앱이 모바일 서비스의 핵심 경쟁 요소로 부상하고 있다. 인터넷 환경에서 가능한 솔루션은 모바일 환경으로 거의 전환이 되고, 오히려 이동성과 위치 추적 등 모바일 환경만의 특장점이 새롭게 서비스 요소로 활발하게 구현되어 갈 것으로 예측된다. 지금 현재에도 모바일 쇼핑, O2O 서비스, 언어 사전, 카메라 앱 등 개인의 관심 분야와 생활 습관에 따라 다양한 서비스가 모바일 앱으로 이루어지고 있다. 예를 들어, 모바일 앱으로 이루어지는 원격 진료는 검사장비 및 의료기기와 실시간으로 정보를 주고받아 환자를 검사

**그림 7-7** 서비스 전달과정에서 기술의 활용 사례

콜센터

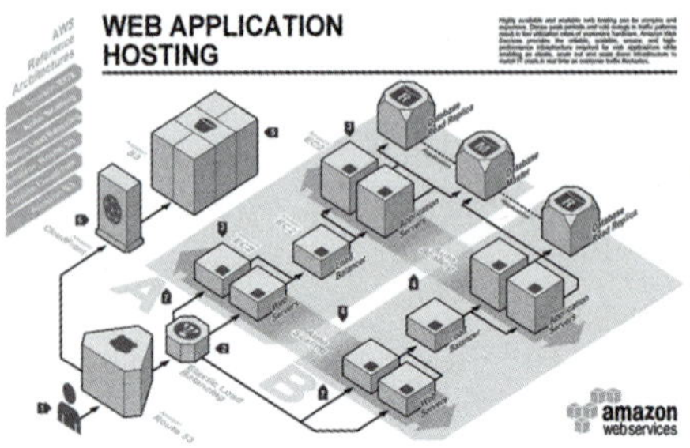


아마존 클라우드 서비스

고객의 소리

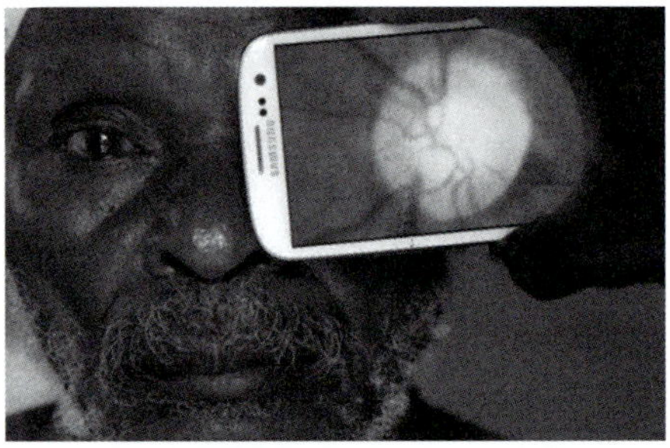

원격진료 모바일 앱

하고 치료한다. 응급환자 수송 상황을 고려했을 경우 차량 속도가 시속 100km인 상황에서도 실시간으로 데이터 전송이 가능하다.

## 나. 서비스 전달과 기술 적용 유형

서비스에서 기술의 역할은 여러 부분에서 조명되어 왔다. IT 기술의 발전으로 서비스에서 고객과 서비스 제공자 사이의 접촉 방식에 많은 혁신이 도입되고 있다. Froehle와 Roth(2004)는 서비스 접점상에서 기술의 역할을 〈표 7-2〉에서와 같이 크게 대면 접촉 모드와 화면 접촉 모드에 따라 5가지 유형으로 분류하였다.

첫째, 기술이 필요 없는 서비스 접점(technology-free service encounter)은 서비스 제공자와 고객 간에 물리적인 상호작용이 있으나 서비스 접점에서 기술이 직접적인 영향을 미치지 않는 것으로, 소규모 판매점, 미용실, 세탁 서비스, 정신 치료, 컨설팅과 같은 전통적인 전문 서비스와 개인 서비스가 포함된다.

**표 7-2** 서비스 접점에서의 기술 적용 유형

| 구분 | 형태 | 내용 | 사례 |
|---|---|---|---|
| 기술이 필요 없는 서비스 접점 | 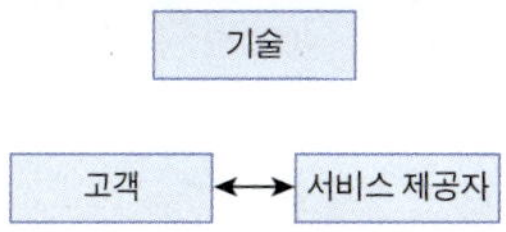 | 기술이 핵심적인 역할이 아닌 면대면 서비스 제공 방식 | 미용실, 물리치료사 등 |
| 기술지원형 서비스 접점 | 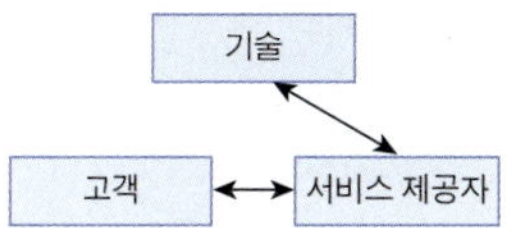 | 면대면 서비스 전달의 용이성을 위해 서비스 제공자가 기술을 사용 | 안과검진, 치과, 엑스레이 검사 등 많은 의료 절차 |
| 기술도움형 서비스 접점 | 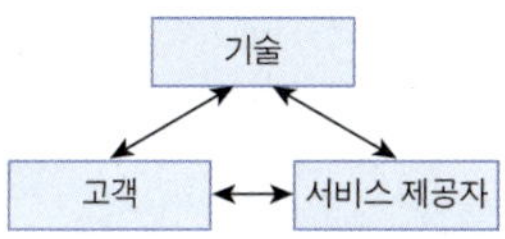 | 고객과 서비스 제공자 모두 동일한 기술을 사용 | PC에 저장된 재무 모델을 사용한 재무설계사 상담 |
| 기술연결형 서비스 접점 | 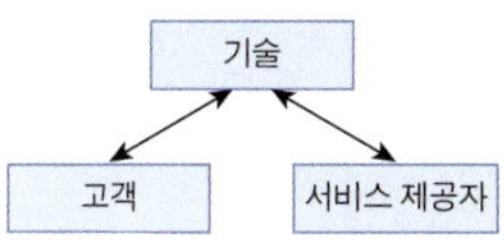 | 면대면 접촉이 아닌 전화 통화, 원격 서비스 등 | 레스토랑 예약, 원격 차량 지원 서비스 등 |
| 기술생성형 서비스 접점 | 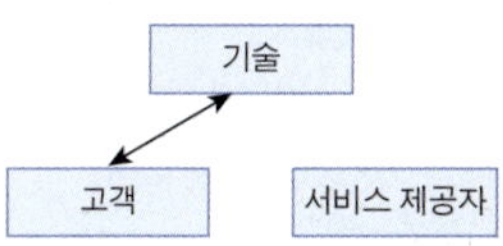 | 서비스 제공 직원을 기술로 대체 | ATM 기기, 무인발권 시스템, 온라인 예약 등의 셀프 서비스 |

출처: Froehle & Roth, 2004, p. 3.

둘째, 기술지원형 서비스 접점(technology-assisted service encounter)은 고객과의 접점 서비스의 질을 향상시키기 위해 서비스 제공자만이 기술을 활용하는 것으로, 예를 들면 은행창구에서 은행원이 컴퓨터 시스템을 활용하여 상담을 진행하거나, 의사가 진료 목적으로 의료기기나 영상처리기기를 사용하고, 호텔 안내 데스크에서 종업원이 고객을 돕기 위해 컴퓨터를 사용하는 경우가 여기에 속한다. 고객은 대면 접촉 서비스를 받지만 직접 컴퓨터 시스템을 활용할 필요가 없다.

셋째, 기술도움형 서비스 접점(technology-facilitated service encounter)은 서비스 접점에서 고객과 서비스 제공자가 모두 기술을 사용하는 경우이다. 예를 들어, 보험 설계 상담 시 보험설계사와 고객이 대면 접촉을 하고, 고객과 설계사가 같은 컴퓨터를 사용하면서 고객 맞춤형 서비스로서 상담을 진행하는 경우가 여기에 속한다.

**그림 7-8** 서비스 접점과 기술 유형별 사례

기술이 필요 없는 서비스 접점
(경영 컨설팅 면담)

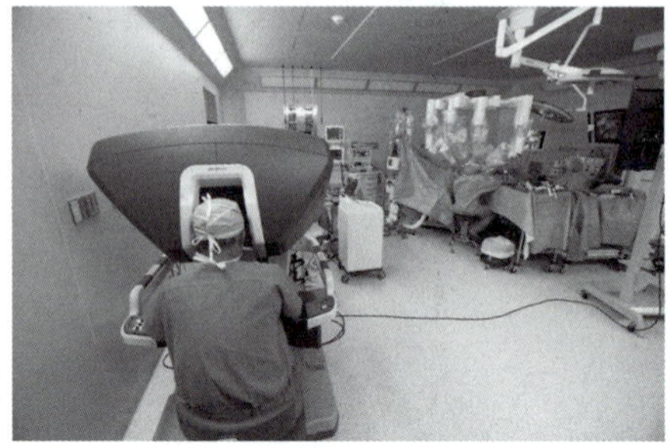

기술지원형
(고난이도 수술 로봇)

기술도움형
(보험 설계 상담)

기술연결형
(홈쇼핑 화면 조작)

기술생성형
(영어교사 로봇)

기술생성형(이마트 트레이더스 매장의
스마트 자율주행 카트 '일라이')

넷째, 기술연결형 서비스 접점(technology-mediated service encounter)은 고객과 서비스 제공자와의 직접 접촉은 없는 대신, 이때 기술을 통해서 서비스 접점으로 화면을 통한 접촉으로 서비스를 진행하는 유형이다. 예를 들면, 홈쇼핑이나 인터넷뱅킹에서 직원이 화

**그림 7-9** 4차원 서비스 혁신 모형

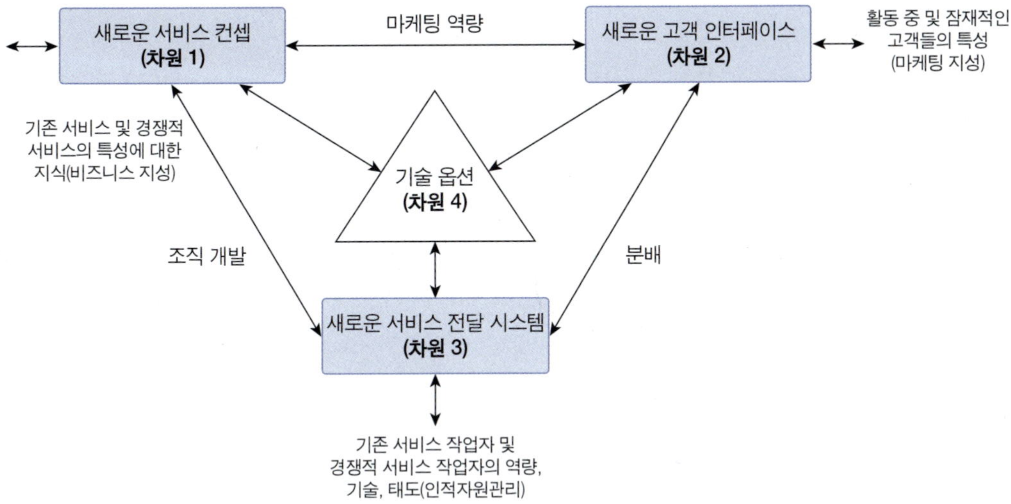


출처: Den Hertog & Bilderbeek, 1999.

면조작을 고객에게 안내하고 고객은 따라 하는 경우, 그리고 컴퓨터가 고장 났을 때 원격으로 수리센터의 직원과 연결된 상태에서 고장 수리 서비스를 진행하는 경우가 여기에 속한다.

다섯째, 기술생성형 서비스 접점(technology-generated service encounter)은 서비스 제공자는 소비자가 직접 서비스하는 셀프서비스(self-service) 기술로 대체되는데, 은행의 ATM, 공항의 무인자동발권 시스템, 학교의 무인증명서 발급기, 모바일 앱이나 웹 기반 대금 결제 처리 등이 여기에 속한다. 또한 이마트 트레이더스 매장에서 시범 운영 중인 스마트 자율주행 카트 '일라이'는 상품을 추천하고 진열 위치를 안내하며 무인결제 등 쇼핑 도우미 기능까지 갖추고 있어 고객과 서비스 제공자의 기능을 돕는 기술 매개형 서비스 접점 유형으로 분류된다.

Den Hertog와 Bilderbeek(1999)은 서비스 혁신의 특성들을 정리하여 [그림 7-9]에서와 같이 크게 4가지 차원(dimension)으로 서비스 혁신을 설명하였으며, 4가지 차원이 상호 조합적인 형태로 혁신이 일어난다고 설명하였다. 4개 차원은 새로운 서비스 컨셉의 창출(차원 1), 새로운 고객 인터페이스의 설계(차원 2), 서비스가 고객에게 전달되기까지의 일련의 흐름에 대한 설계(차원 3), 그리고 기술 옵션(차원 4)이다. 특히 이 중에서 마지막 기술 옵션(차원 4)은 새로운 서비스 컨셉, 새로운 고객 인터페이스, 서비스 전달 시스템 등 3가지 차원을 상호 지원하는 형태로 혁신을 유발하는 것으로 설명하였다.

## 제2절 서비스와 4차 산업혁명

4차 산업혁명은 세상의 모든 것이 인터넷과 연결되고 인간과 사물의 데이터가 수집, 축적, 활용되는 새로운 산업혁명으로서 초연결(hyperconnectivity)과 초지능(superintelligence)을 특징으로 하고 있다. 또한 각국마다 강조하고 있는 분야가 다르다고도 볼 수 있다. 예를 들면, 독일에서는 빅데이터와 사물인터넷(IoT)을 근간으로 하고, 일본은 로봇을 강조하며, 미국은 제조업 혁신과 인터넷에 초점을 맞추고 있다. 우리나라의 경우 인공지능을 강조하면서 AICBM(인공지능, IoT, 클라우드, 빅데이터, 모바일)의 융합을 핵심 요소로 꼽고 있다. 4차 산업혁명과 연관된 기술의 특성을 요약하면 지능화, 융합 및 연계 등을 들 수 있다.

### 2.1 인공지능

챗봇(chatbot) 혹은 채터봇(chatter robot)은 음성이나 문자를 통한 인간과의 대화를 통해서 특정한 작업을 수행하도록 제작된 컴퓨터 프로그램이다. 인간이 사용하는 언어를 이해해서 대화를 진행하는 자연언어처리 기술을 심각하게 적용하는 언어이해 방식, 입력받은 말에서 특정 단어나 어구를 검출하여 그에 맞는 미리 준비된 응답을 출력한다.

서비스에서 인공지능은 [그림 7-10]에서와 같이 제조, 유통, 물류, 엔터테인먼트, 지식 산업 등의 다양한 서비스 영역에서 활용이 기대된다. 쇼핑의 경우 대화를 통해 취향을 파악하고, 여기에 맞춰 물품을 추천해 준다. 은행이나 증권사에서는 해당 고객과의 대화를 통해 성향을 분석하고 상품이나 종목을 추천해 주는 서비스 제공도 가능하다. 특히 상담원 챗봇을 도입함으로써 최소 인력으로 콜센터 관리가 가능해지고, 법률이나 회계, 그리고 의학 관련 챗봇으로의 진화도 예상 가능하다. 현재 이러한 활용을 위해 많은 연구가 진행되고 있다.

**그림 7-10** 서비스에서 챗봇의 활용 사례

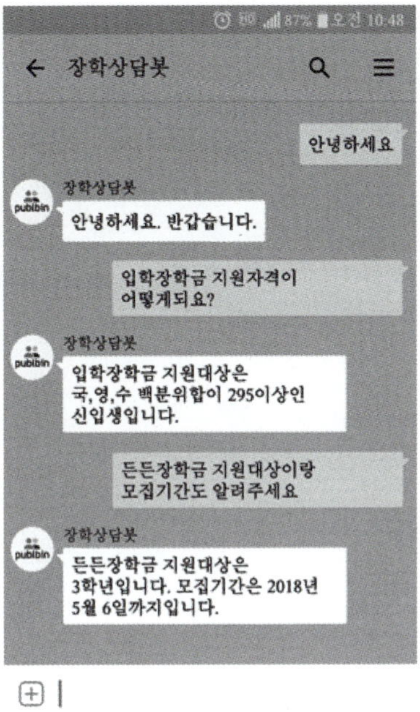


장학금 챗봇 서비스

도미노피자 챗봇 서비스

## 2.2 빅데이터

빅데이터는 기업의 비즈니스를 지원하고 혁신하는 데 사용되어 온 기존의 전형적인 정보 시스템에 축적된 데이터는 물론, SNS, 각종 자동화 기기의 센서들로부터 발생되고 수집되는 엄청난 규모의 데이터를 의미한다. 3개의 V로 대표되는 이른바 Volume(양), Variety(다양성), Velocity(속도)에서 대규모의 다양한, 그리고 증가 속도가 엄청난 데이터를 의미하고 있다. 빅데이터에서는 이와 같은 서비스에서 대규모의 데이터를 활용하는 데서 부가가치를 찾는 것을 목적으로 한다.

단지 '물건을 팔기 위한' 것이 아니라 '사람을 이해하고, 그들이 각자 특정한 상황에서 원하는 것을 제공'하는 데 적용될 수 있는 기술이다. 데이터 분석이라는 행위 자체에 집중하는 기술의 관점보다는 우선 분석의 목적을 분명히 한다면 효과적인 활용을 기대할 수 있다. 과거에는 실험실의 데이터 분석에 근거했다면, 이제는 사람들의 일상생활을 통해 축적된 실제 자료를 수집 및 활용하여, 배경과 맥락을 바탕으로 한 분석이 가능하게 되어 다양한 서

**그림 7-11** 서비스에서 빅데이터 분석의 활용 사례

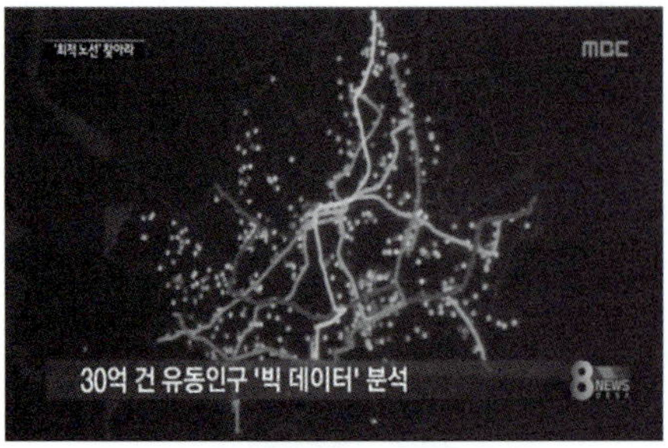


유동인구 빅데이터 분석

버스 노선 빅데이터 분석

비스에서 활용될 수 있다. [그림 7-11]에서는 빅데이터 분석의 활용 사례로 신용카드 결제 등의 분석을 통해 유동인구와 버스노선 설정에 활용하는 사례를 보여 주고 있다.

## 2.3 증강현실

증강현실(Augmented Reality: AR)이란 현실 세계에 컴퓨터 기술로 만든 가상물체 및 정보를 융합, 보완하여 원래의 3차원 환경에 존재하는 사물처럼 보이도록 해주는 컴퓨터 그래픽 기술을 말한다. 현실 세계의 실제 환경에 사용자에게 도움이 되는 부가정보를 추가하여 실시간으로 하나의 영상으로 보여 주므로 혼합현실(Mixed Reality: MR)이라고도 한다. 1990년 보잉사에서 항공기의 전선 조립과정을 설명하는 데 처음 사용된 이후, 최근 2000년대 중반 이후 스마트폰이 등장하고 활성화됨에 따라 이 기술이 주목받기 시작하였다. [그림 7-12]에서와 같이 스마트폰을 들고 길거리에 나가면 해당 위치에 있는 건물이나 시설물 정보를 겹쳐서 보여 주는 식이다.

그런데 많은 사람들이 '가상현실(Virtual Reality: VR)'과 증강현실을 혼동하고 있다. 가상현실은 배경・환경 모두 현실이 아닌 가상의 이미지를 사용하는 데 반해, 증강현실은 현실의 이미지나 배경에 3차원 가상 이미지를 겹쳐서 하나의 영상으로 보여 주는 기술이다.

**그림 7-12** 실제환경, 증강현실, 가상현실의 개념

실제환경 (Real Environment) | 증강현실 (Augmented Reality) | 가상현실 (Virtual Reality)

**표 7-3** 증강현실의 부가가치와 관련 산업 응용

| 부가가치 | 내용 | 산업 응용 |
|---|---|---|
| 편의성 | 다양한 공간에서 정보 서비스의 이용 편의성 증대 | 모바일<br>방송/광고 |
| 체험, 공감 | 지식/정보에 대한 실제에 가까운 체험을 제공함으로써 현실감과 몰입감을 제공 | 교육, 게임 |
| 안전, 효율 | 현장에서 형상화된 실시간 정보를 전달하여 실수나 비효율을 방지 | 의료, 제조 |

의료 분야에서는 증강현실 기술을 활용하여 효과적인 수술 및 의료 교육 등 환자의 안전 및 효율성을 높일 수 있는 응용에 부가가치가 기대된다. 노스캐롤라이나대 연구팀은 복강경 수술 등에 이용할 수 있는 증강현실 시스템을 시험 개발하여 MRI · CT · 초음파 등의 센서를 통해 수집된 환자에 대한 3차원 이미지를 수술 시 환자의 환부에 중첩하여 표시함으로써 데이터를 확인하면서 정교하게 수술하며 꼭 필요한 부위만을 절개할 수 있게 되었다. 또한 애리조나대 연구팀은 헤드마운트디스플레이(HMD)를 쓴 의사에게 환자의 복부 위에 놓인 기기를 통해 내부의 3차원 이미지를 보여 줌으로써 진단 및 수술의 정교함을 높이는 시스템을 개발 중이다.

그리고 'VeinViewer Vision'이라는 장비는 미국의 Christie Medical Holdings, Inc.가 개발하여 현재 미국의 John's Hopkins 대학병원을 비롯한 전 세계의 유수의 병원에서 사용 중인 최첨단 의료장비로서, 근적외선을 피하 10mm까지 투과시켜, 육안으로 식별하기 어려운 정맥 혈관의 위치를 직접적인 접촉 없이 실시간으로 나타내 주는 장비이다.

가구 매장에서는 화면을 이용하여 가구가 배치된 상태에서 추가 정보를 제공한다. 약

그림 7-13 서비스에서 증강현실의 활용 사례

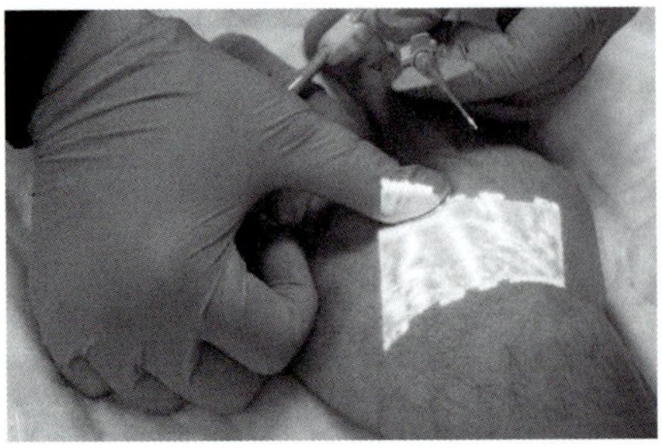

정맥 혈관의 위치를 실시간으로
표출하는 의료장비 – 수술 용이

가구 매장에서 스마트폰에 실제 환경과
추가 정보를 표출, 가구 배치 시뮬레이션

98%의 정확도를 가지고 직물의 질감이나 명암 대비까지 정밀하게 표현되는 수준이다. 또한 실내 공간의 크기에 따라 자동으로 제품 비율을 조절해 주며 가구를 배치한 모습은 사진이나 영상으로 저장할 수 있어 가족이나 친구들에게 손쉽게 공유할 수 있다. 또한 주방과 유사한 환경을 만들어 디자인한 싱크대의 높이, 수납환경 등을 미리 체험해 볼 수 있으며 재미를 더하기 위해 음식을 만들어 볼 수도 있다.

## 2.4 사물인터넷

사물인터넷(Internet of Things: IoT) 기술은 각종 사물에 센서와 통신 기능을 내장하여 인터넷에 연결하는 기술이다. 즉, 무선 통신을 통해 각종 사물을 연결하는 기술을 의미한다. 전원이 있었던 전자기기(밥솥)나 기계(자동차)는 그것대로, 전원이 없었던 일반 사물들은 새롭게 센서와 배터리, 통신 모듈이 부착되면서 컴퓨터가 되고, 컴퓨터가 된 사물들이 그들 간 또는 인간의 스마트기기와 네트워크로 연결, 인터넷으로 연결된 사물들이 데이터를 주고받아 스스로 분석하고 학습한 정보를 사용자에게 제공하거나 사용자가 이를 원격 조정할 수 있는 인공지능 기술이다. 여기서 사물이란 가전제품, 모바일 장비, 웨어러블 디바이스 등 다양한 장치들이 센서와 통신 및 제어 기술이 내장된 임베디드 시스템이 된다.

[그림 7-14]에서와 같이 환자가 내원하면 RFID(Radio-Frequency Identification) 전자태그를 지급하고, 환자가 있는 구역을 크게 진료실 또는 치료실, 방사선과, 대기 공간, 복도 등 4

**그림 7-14** 서비스에서 사물인터넷의 활용 사례

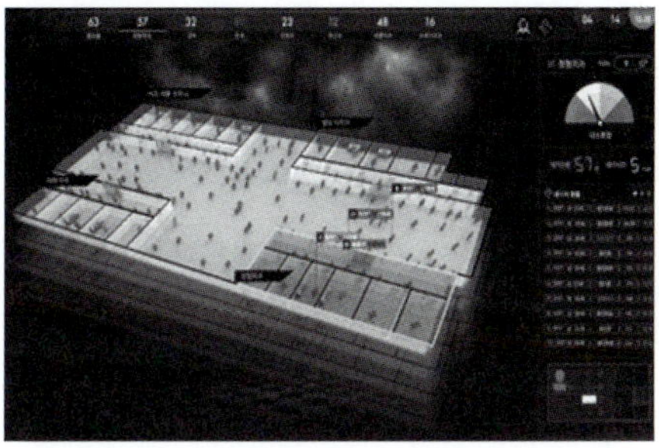

병원에서 장비, 환자 위치 및 밀집상태 파악

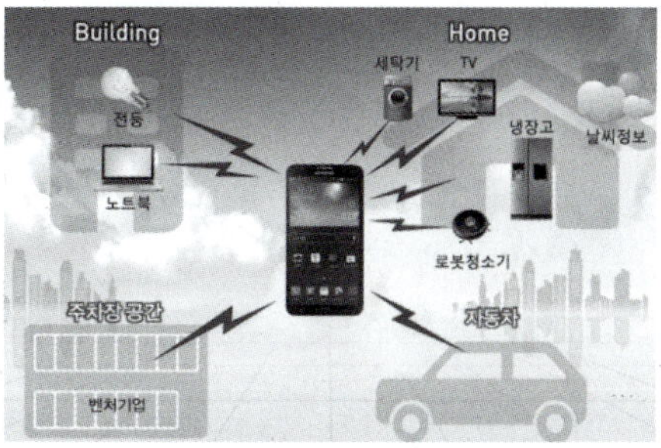


스마트폰과 건물, 가정, 자동차 등 연결

개의 지역으로 구분하면 여러 개의 센서와 소프트웨어를 통해 환자의 위치는 물론 환자가 그곳에 얼마나 오래 머물고 있는지를 실시간으로 파악할 수 있다. 모든 환자의 데이터를 수집하여 환자가 집중되는 위치를 모니터링하고, 입원 후 치료나 X-ray 촬영을 위한 대기 시간, 치료실이나 방사선과에서의 진료 시간, 외상 치료센터에서 머문 시간의 합 등을 분석할 수 있다. 특정 환자군(예를 들어, 어린이)의 위치와 대기 시간을 치료실에 있는 직원들에게 계기판처럼 대시보드(dashboard) 형태로 표시해 주기도 한다.

스타벅스 매장 근처를 걷고 있을 때 그곳이 샌드위치와 커피를 판매하는 곳인지도 모르고 있다고 하자. 갑자기 핸드폰이 울리면서 '스타벅스에서 10% 할인 가격으로 서비스한다'는 메시지가 도착한다.

택시를 타고 30분 정도 달린다고 하자. 택시 위에 광고가 나타나는데 어디를 지나가느냐에 따라서 광고 내용이 바뀔 수 있다. 해운대를 지날 때에는 일류한식집의 광고가 나타나고, 민락동을 지나갈 때에는 유명한 횟집 광고가 나타나는 식이다.

이 밖에도 스마트폰과 건물, 가정, 자동차, 냉장고 등 많은 사물들이 인터넷에 접속되어 실시간으로 필요한 정보를 주고받음으로써 허용된 사람에게 유용하게 접속되고 필요시 제어할 수 있다.

# 제3절 서비스 연구개발(R&D)

## 3.1 서비스 연구개발의 특성

서비스에서는 앞으로 제조 부문보다 더 많은 연구개발(R&D)이 필요하다. 일반적으로는 서비스 연구개발(R&D)을 "새로운 혁신적인 서비스의 개발 또는 서비스 전달체계의 개선을 목적으로 창의적 지식을 활용하여 수행되는 기술, 문화, 인간, 사회 등의 측면에서의 연구개발 활동"으로 정의한다.

특히 새로운 서비스 개발이나 개선에서는 신제품 개발과는 다르게 무형적이며, 서비스를 이행함과 동시에 가치가 발생하게 되는 즉시성이라는 특성을 보유하므로 시장에 출시하기 이전에 실제환경에서의 사전 시험이 어렵다. 또한 서비스는 고객과의 밀접한 관계 속에서 발생하며, 고객의 환경에서 참여가 필요하다. 이런 특성들의 차이를 〈표 7-4〉에 정리하였다.

**표 7-4** 제조와 서비스에서의 R&D 특성 비교

| 구분 | | 제조 R&D | 서비스 R&D |
|---|---|---|---|
| 주요 목적 | | 생산과 판매 | 생산과 활용 연계 |
| 서비스 관점 | | 서비스는 부수적 | 서비스가 주요 가치 |
| 프로세스 | | 기술혁신 강조 | 고객욕구 분석 강조 |
| 인력 구성 | | 제품 분야 전문 인력, 다양한 공학 기술 전문 인력 | 제품 기술 전문 인력, 인문학 및 공학, 경영학(마케팅) 전문 인력 |
| R&D 기간 | | 중장기 연구개발 병행 | 단기 및 중기 중심 |
| R&D 특징 | | 원천 기술 개발 강조 | 응용 기술 및 융복합 서비스 기술 강조 |
| 적용 사례 | 자동차 | 커넥티드 자동차 | 배송, 엔터테인먼트, 헬스케어, 안전·경제성 관리 서비스 |
| | 시계 | 스마트 워치 | 건강관리, 응급치료 서비스 |
| | 로봇 | AI 로봇 | 사람-로봇 + 의사소통, 건강관리 |
| | 산업용 기기 | 사물인터넷(IoT) AI 기기 | 에너지 절감, 예방보전 서비스 |
| | 가전 | 스마트 가전, 원격 가동 모니터링 | 인터넷 쇼핑, 에너지 관리 |

이러한 특성을 반영하여 서비스에서의 연구개발 프로세스에서는 신제품의 연구개발과는 달리 프로토타입(prototype) 개발을 통한 시험 단계가 적용되지 않는다. 따라서 시장에

서비스 상품을 출시한 이후에 시장 테스트(market test)를 수행하게 되므로 시장 도입 후 고객의 반응에 따라 제공되는 서비스의 지속적 개선이 이루어진다. 서비스는 설계와 동시에 개발이 진행되고, 서비스의 수요는 불확실성이 크므로 제공될 서비스의 컨셉을 정립한 후 이루어지는 사업성 분석에서 이러한 불확실성에 대한 명확한 분석이 이루어져야 한다. 〈표 7-5〉에서는 서비스 개발에 적용될 연구개발 프로세스 및 모범 사례를 보여 주고 있다.

**표 7-5** 서비스 연구개발(R&D) 프로세스 및 모범 사례

| 프로세스 | 프로세스 목적 | 모범 사례(Base Practice) |
|---|---|---|
| 서비스 컨셉 정립 | 조직의 전략적 요구사항을 토대로 개발하고자 하는 표준 서비스에 대한 계획 수립 및 세부 컨셉을 도출하기 위함 | BP1. 조직의 전략적 요구사항 수집<br>BP2. 표준 서비스에 대한 계획 수립<br>BP3. 구체화 범위 설정<br>BP4. 표준 서비스에 대한 세부 컨셉을 평가 및 선정 |
| 사업성 분석 | 선정된 연구개발과 관련되어 도출된 정보를 시장 측면 및 기술 측면에서 분석함으로써 보다 성공가능성이 높은 컨셉이 선정될 수 있도록 지원함 | BP1. 고객 특성 및 경쟁자 분석<br>BP2. 자사의 능력 분석<br>BP3. 외부의 기술적 이슈 분석<br>BP4. 내부의 기술역량 분석<br>BP5. 수익성, 위험성, 타당성 분석 |
| 서비스 사양 정의 | 도출된 컨셉을 토대로 개발하고자 하는 서비스의 명확한 수준, 즉 사양을 정의하고 정의된 사양에 대하여 명확한 문서화를 실시해 모든 이해관계자들과 공유함 | BP1. 조직의 표준 서비스 및 서비스 수준 설정<br>BP2. 정의된 표준 서비스에 대한 문서화 실시 |
| 서비스 개발 | 개발할 서비스 단계의 모형화를 통해 구체적인 서비스 구성 요소/기능을 정의하고, 인적자원의 행위를 정의하여 제공될 서비스를 개발함 | BP1. 예비 및 상세 서비스 설계 실시<br>BP2. 설계 심사 수행<br>BP3. 설계의 문서화 실시<br>BP4. 서비스 개발 |
| 시장 테스트 | 개발된 서비스가 의도대로 구현되고 수행될 수 있는지 확인/검증함 | BP1. 개발된 서비스 검증<br>BP2. 개발된 서비스 확인 |
| 서비스 도입 | 개발된 서비스를 도입하기 위해 직원을 대상으로 교육을 실시, 시장 전략에 적합한 도입 시기 결정을 통해 서비스를 도입한 후 고객의 반응에 따라 지속적인 개선 | BP1. 직원 교육 실시<br>BP2. 서비스 도입 시기 결정<br>BP3. 마케팅 전략 수립<br>BP4. 영업 전략 수립<br>BP5. 서비스 제공 및 피드백 실시 |

출처: 조영란 외, 2012.

## 3.2 서비스 연구개발의 추진 모형

다른 업종에서와 마찬가지로 서비스에서도 연구개발은 폐쇄형인 사내 연구개발 또는 개방형인 공동 연구개발로 수행된다. [그림 7-15]에서는 세 가지 유형의 공동 작업 형태를 보여 준다. 여기에서 주체들은 구체적으로는 기업이지만 기타의 조직, 기관, 대기업, 중소기업 등이 될 수 있다.

**그림 7-15** 서비스 R&D에서의 협업구조 관계

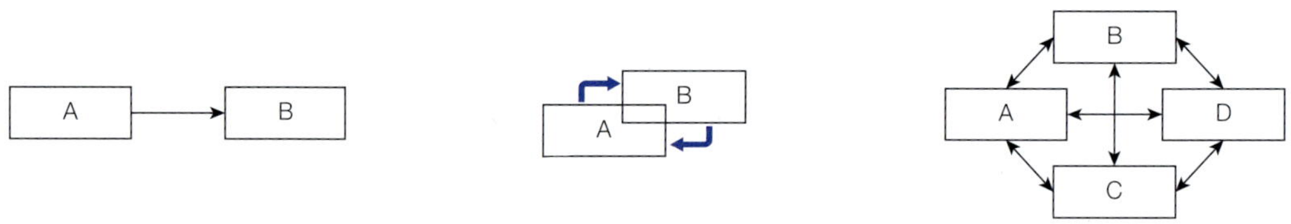


a. 기술 제공자 – 수용자 R&D 모델 b. 전략적 협업 R&D 모델 c. 기업 간 제휴의 네트워크 R&D 모델

출처: Lee, et al., 2010.

첫째, 기술 제공자–수용자 R&D 모델 [그림 7-15a]를 통해 기업은 다른 회사의 기술을 신속하게 획득할 수 있다. 이와 같은 기술 인수는 기업에서 다른 회사나 조직에서 독점 기술을 사용하는 권리를 획득하는 계약 방식이다(Tsai & Wang, 2008). 이때 기술은 특허, 라이선스 또는 노하우 등의 형태를 취하며 일반적으로는 라이선싱 모델(licensing model) 또는 기술 구입이라고 한다. 이와 같은 기술 구입은 사내 연구개발(R&D)보다 훨씬 저렴할 수 있으며(Caloghirou, et al., 2004), 기업이 빠르게 성장할 수 있는 장점이 있다(Granstrand, et al., 1992). 특히 인수된 기술이 이미 기술적으로, 상업적으로 입증되었기 때문에 기업은 라이선스를 활용하면 기술개발에서의 다양한 위험을 피할 수 있다.

둘째, 전략적 협업 R&D 모델 [그림 7-15b]에서는 기업은 다른 기업과 전략적 제휴를 통해서 자사의 역량을 활용하고 경쟁역량을 공유할 수 있다. 또한 기업에서는 다른 기업과의 지식을 교환하고 기술과 자원을 결합함으로써 유연성을 향상시킬 수 있다(Belderbos, et al., 2004). 라이선싱 모델과 달리 이러한 모델의 연구개발(R&D) 협력은 기업이 공통의 목표를 공유하고 탐색 단계에서부터 개발 단계에 이르는 전 과정에 걸쳐 강력한 관계를 공식적으

로 유지해야 한다. 이러한 연구개발(R&D) 투자를 통해서 얻은 이익은 참여 기업 사이에 서로 공유된다.

마지막으로, 기업 간 제휴의 네트워크 R&D 모델 [그림 7-15c]에서는 참여주체들의 범위는 협업 연구개발(R&D) 모델보다 복잡하고 규모가 크다. 이 모델은 연구개발(R&D)뿐만 아니라 정보 교환, 조직 및 직원관리, 기술 지원 제공 등 여러 가지 목적으로 파트너와의 공식 및 비공식 관계에 중점을 둔다(Lee, et al., 2010). 특정한 경우에는 가상 기업(virtual company 또는 virtual enterprise)이라는 조직과도 연계될 수 있는 조직의 협업 형태이다. 가상 기업은 상호보완적인 핵심역량을 가진 참여자들이 공동 작업 네트워크를 이용해 인력, 자금, 아이디어를 교류하며, 전통적인 조직의 경계나 물리적 위치에 제약을 받지 않으면서 제품과 서비스를 창출하는 기업이다. 이 모델에서 기업은 서로 관계를 형성하고 다양한 기술과 자원을 공유할 수 있는 장점이 있지만, 일반적으로 혁신에 이르는 공동의 목표가 불명확하거나 혁신과정에 대한 관리가 철저하지 못한 경우 실패의 가능성이 높다는 부담이 있다.

기업에서는 연구개발(R&D)에서 다양한 변수를 설정하고 관리해야 하는데, 관련 연구에서 사용되는 주요 투입(input) 변수로는 프로젝트 비용, 연구자의 수, IT 인프라 등의 투자 규모에 대한 것이며, 성과(output) 변수로는 상품 및 서비스 혁신의 정도, 프로세스 혁신의 정도, 특허 활동 등이 있다(Yongyoon & Moon-Soo, 2012).

## 3.3 서비스 연구개발의 추진 방향 및 사례

서비스 생산성을 높이기 위해서는 서비스 부문에서 연구개발의 확대가 필요하나 우리나라의 상황은 아직까지 서비스가 제품 기반 논리에서 벗어나지 못해 어느 상품에 부속되는

**그림 7-16** 서비스 연구개발(R&D)의 확대 방향

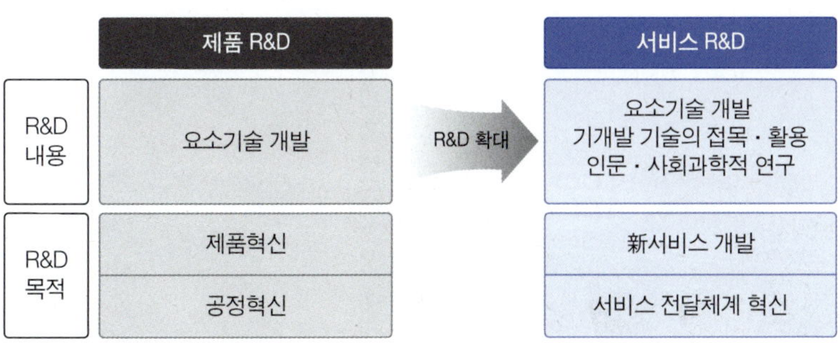

**그림 7-17** 서비스 연구개발(R&D) 투자 현황

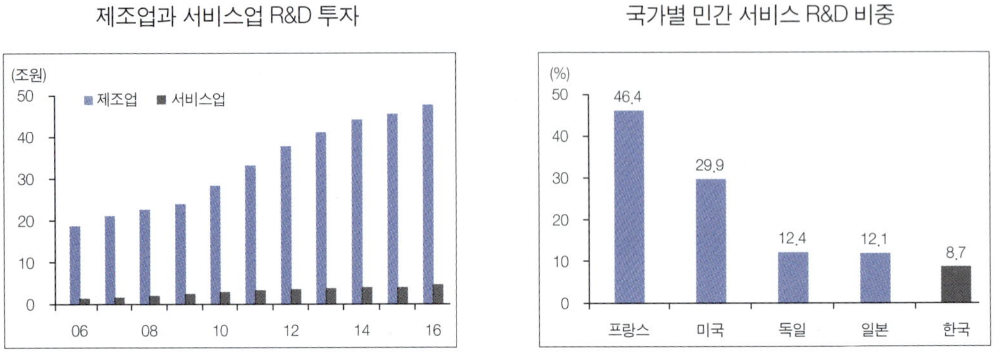


출처: 연구개발활동조사(기획재정부).

출처: OECD.

개념 또는 과학적 접근에 대한 중요성을 인식하지 못하는 등 투자 인식이 미흡하다. [그림 7-16]에서는 앞으로 서비스 연구개발(R&D)의 확대 방향을 제시해 주고 있다.

[그림 7-17] 서비스 연구개발(R&D) 투자 현황을 보면, 2016년 기준으로 주요 선진국인 미국은 29.9%, 프랑스는 46.4%, 일본이 12.1%인 데 비해서 국내 민간 서비스의 R&D 투자비중은 8.7% 수준이다. 정부의 서비스 연구개발(R&D) 투자 비중도 전체 R&D의 3%대에 불과하다(기획재정부, 2018. 2).

이러한 현상을 타개하기 위해서 업계, 관계, 연구계 등의 많은 노력이 필요하다. 정부에서도 IT를 기반으로 한 기술력 제고를 목표로 연구개발(R&D) 기반을 강화하고 핵심기술에 투자 및 정책적인 지원을 확대할 계획이다. 이하에서 몇 가지 사례를 예시하면 다음과 같다.

먼저 IT 분야의 서비스에서는 자율자동차 · 블록체인 등 혁신성장을 하기 위한 소프트웨어 핵심기술이나 농업-스마트홈-유통-금융 등 이업종 간 융합을 촉진하는 기술 등의 R&D에 투자를 확대할 계획이다.

의료 부문에서는 첨단 의료기술의 개발과 적용이나 감염병 및 예방 중심의 질병 연구 대응을 위한 연구개발(R&D) 투자를 중점 추진하며, 예를 들면 수술용 첨단로봇, 인공지능 기반 진료기술 등 선도기술이나 국가관리 감염병에 대한 예방 · 진단 · 치료제 개발을 들 수 있다.

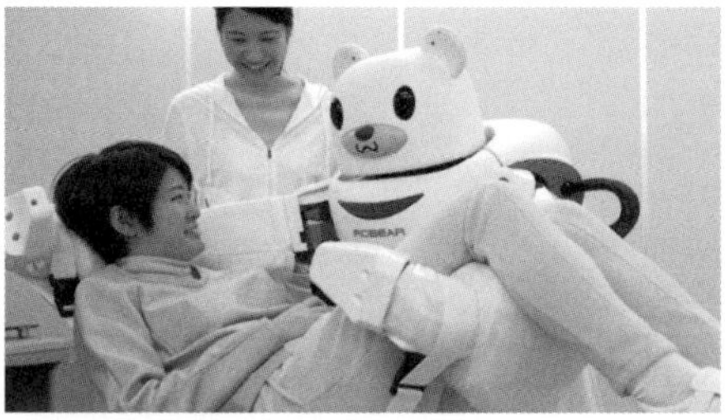

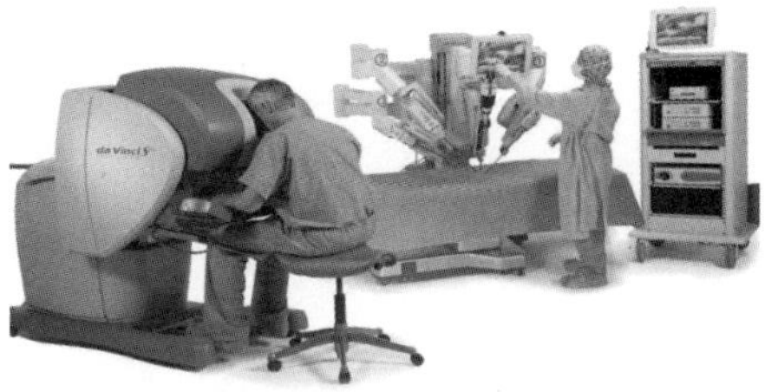

물류 부문에서는 물류작업의 첨단 자동화, 자율트럭 등 친환경적 물류운송 서비스, 물류정보 공유 및 보안 강화 기술의 개발로서, 구체적인 예로서는 자율운송 셔틀, 자동포장 기술, 물류센터 자동화 로봇 기술 등이나 자율 군집 주행트럭 운영 기술, 빅데이터 기반 물류운송장 표준 시스템 등을 들 수 있다.

콘텐츠 부문에서는 게임 · 영화 등 장르별 콘텐츠 기술의 고도화, 차세대 콘텐츠 서비스 및 맞춤형 문화 서비스 전달을 위한 기술개발이 필요하며, 주요 과제로는 가상현실(VR) 국가 전략 프로젝트, 디지털 콘텐츠 원천 기술, 융복합 콘텐츠 기술개발 등이다.

관광 부문에서는 국내 관광 콘텐츠의 다양화, 취약계층의 관광 지원 등 관광복지 확대 관련 R&D 지원을 확대할 계획으로 주요 과제로는 증강현실(AR) 및 가상현실(VR)을 활용한 교육관광 콘텐츠, 장애인 등 취약계층의 관광을 지원하는 서비스 기술 등의 개발이 필요하다.

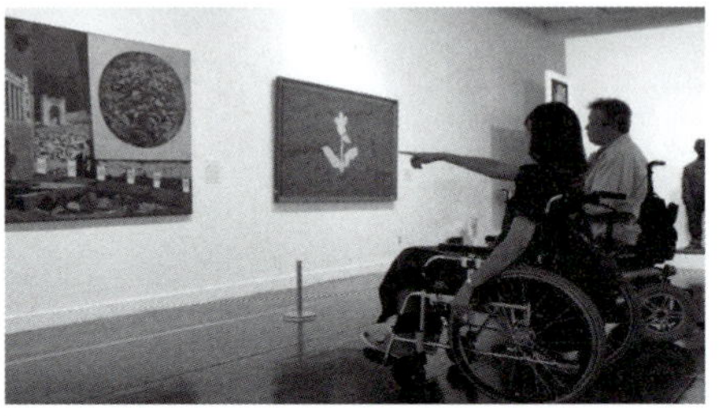

스포츠 부문에서는 스포츠 융복합 기술개발을 지원하고 취약계층의 스포츠 활동 등을 지원하는 새로운 스포츠 사회서비스 시장을 창출할 필요가 있으며, 주요 과제로서는 드론 스포츠 중계용 서비스 기술, 시니어 피트니스 서비스 개발 등을 들 수 있다.

## 제4절 요약 및 결론

기업에서는 새로운 기술을 적용하여 경쟁우위를 실현하려면, 도입하는 새로운 기술이 기존 시장구조에 어떠한 영향을 미치는지, 그리고 현재의 시장구조를 변화시켜서 경쟁우위를 확보하는 데 어떻게 사용될 수 있는지를 이해해야 한다. 이와 관련하여 서비스 마케팅과 관련된 잠재적 상호작용에 대한 Parasuraman(2000)의 연구와 Parasuraman과 Grewal

**그림 7-18** 서비스 마케팅 피라미드 모델

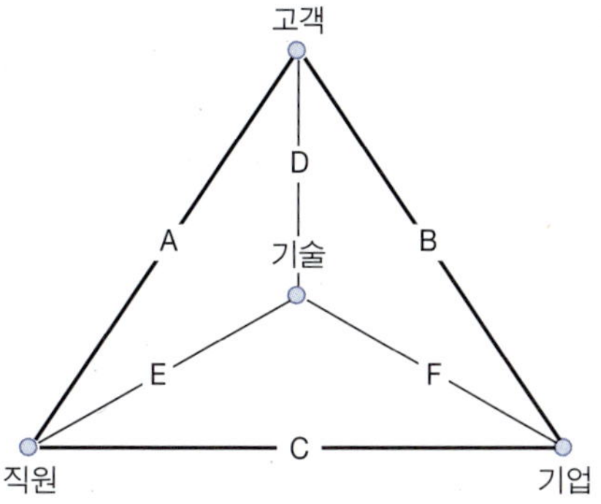


출처: Parasuraman, 2000; Parasuraman & Grewal, 2000.

의 연구(2000)에서 제시하는 [그림 7-18]에서와 같은 서비스 마케팅 피라미드 모델(pyramid model) 개념을 통해서 우리는 기존 서비스 프로세스 구조에 새로운 기술이 미치는 영향을 파악할 수 있다.

기술의 중요성이 부각됨에 따라 '서비스 피라미드' 모형이 등장하였는데, 이는 서비스 기술이 없이는 고객만족을 얻기 힘들어졌다는 것을 반증하고 있다. 효과적인 기술혁신을 위해서는 소비자와 직원의 기술준비도(technology readiness: 새로운 기술 수용에 대한 사람들의 성향)가 고려되어야 한다.

즉, 이 모델에서는 신기술이 없는 상태의 서비스에서 전통적인 상호작용 유형으로 고객과 직원(A), 고객과 기업(B), 그리고 기업과 직원(C) 간의 3가지 상호작용이 존재함을 알 수 있다. 그리고 시장에 신기술을 새로 적용하는 기업의 경우에 고객 및 기업의 기술(D), 직원 및 기술(E), 기업 및 기술(F: 직접 사용 또는 백오피스 프로세스에서 사용되는 기술 포함)의 3가지 잠재적인 서비스 상호작용 유형들을 사전에 검토해야 함을 알 수 있다.

통상적으로는 서비스에서 업무처리 생산성을 향상시키기 위해 신기술을 서비스 기업에서 적극적으로 적용해도 좋다고 말할 수 있다. 그러나 현실적으로는 현재의 모든 고객을 대상으로 파괴적인 신기술이 필요하지 않은 경우도 있고, 어떤 경우에는 마진이 낮은 고객을 대상으로 하는 프로세스에만 신기술이 더 적합한 경우도 있기 때문에 기업에서 의사결정이 쉽지 않다는 점을 고려해야 하며(Christensen & Overdorf, 2000), 이때 전통적인 서비스 처리 방식을 계속 사용하든지, 아니면 비용을 투자하여 신기술을 서비스 프로세스에 도입하고 이들을 통합하는 과정을 심도 있게 검토해야 한다는 점이다.

**표 7-6** 기술의 도입 및 정착과정에서의 사전 검토사항

| 항목 | 고려사항 |
|---|---|
| 기술적 결함 | • 의도한 대로 작동하지 않은 기술의 결함 때문에 발생<br>• 잘못된 운영 상황, 예를 들어 고장 난 ATM<br>• SST(Self-Service-Technology)를 이용한 웹 로그인 화면에서 로그인 거부와 같은 시스템 오류 문제 |
| 잘못된 처리 | • 기기가 프로세스를 처리하는 중 고장 혹은 에러 |
| 기술적 디자인 문제 | • 서비스 기술 사용 종료 후 정보의 누출에 관한 문제 |
| 서비스 디자인 문제 | • 사용성이 용이하지 않은 서비스 기술<br>• 예를 들어, 로그아웃 / 회원탈퇴의 어려움 |
| 고객이 유발시키는 문제 | • 아이디 및 비밀번호의 분실 등 |

일단 신기술이 도입되면 이 기술은 우선 고객 인터페이스의 변화(고객과 기술의 상호작용, D), 직원의 업무처리과정을 지원(직원과 기술의 상호작용, E), 그리고 회사 이미지를 개선하거나 또는 업무를 지원하는 도구(기업과 기술의 상호작용, F)로서의 변화를 가져온다. 또한 기존에 유지되던 고객과 직원(A), 고객과 기업(B), 그리고 기업과 직원(C) 간의 3가지 상호작용도 변화를 수반되기 때문에 이에 관한 사전 분석이 필요하다(Dan & Mulvey, 2007).

그런데 최신 기술의 장점만 가지고 무리하게 도입하면 문제가 발생한다. 그만큼 신규기술의 도입에는 저항과 부작용이 있고 초기에 정착시키는 것이 쉽지 않은 작업이다. 대개의 경우 〈표 7-6〉에서와 같은 항목에 대해 사전 검토가 필요하다. 또한 전통적인 시스템의 입력, 절차, 장비, 입출력 장치, 데이터베이스 등을 새로운 기술이나 시스템의 요구사항에 맞게 전환하여야 하며 이런 절차를 전환과정이라 한다. [그림 7-19]에서는 신기술 및 시스템 전환의 유형을 보여 주는데, 4개 유형이 있어 상황에 맞는 방법을 적용하는 것이 바람직하다.

① 일시전환(direct cutover): 일시에 기존 시스템의 사용을 완전히 중단하고 새로운 시스템으로 대체시키는 전환방법으로, 가장 간단하고 비용과 시간이 적게 드는 방법이다. 새로운 시스템에 문제가 있을 경우 업무가 마비되는 위험을 수반하므로 완벽한 시험 후 전환하는 것이 좋다.

② 병행전환(parallel cutover): 새로운 시스템의 성능이 확인될 때까지 기존 시스템과 병행해서 사용하는 유형이다. 가장 위험이 적은 방법으로서 많은 비용이 소요되며 기존과 완전히 다른 기술이 도입되었을 때 사용하면 좋다.

③ 파일럿 전환(pilot cutover): 유사하거나 동일한 시스템이 여러 부서 또는 여러 지역에서

**그림 7-19** 신기술 및 시스템 전환의 유형

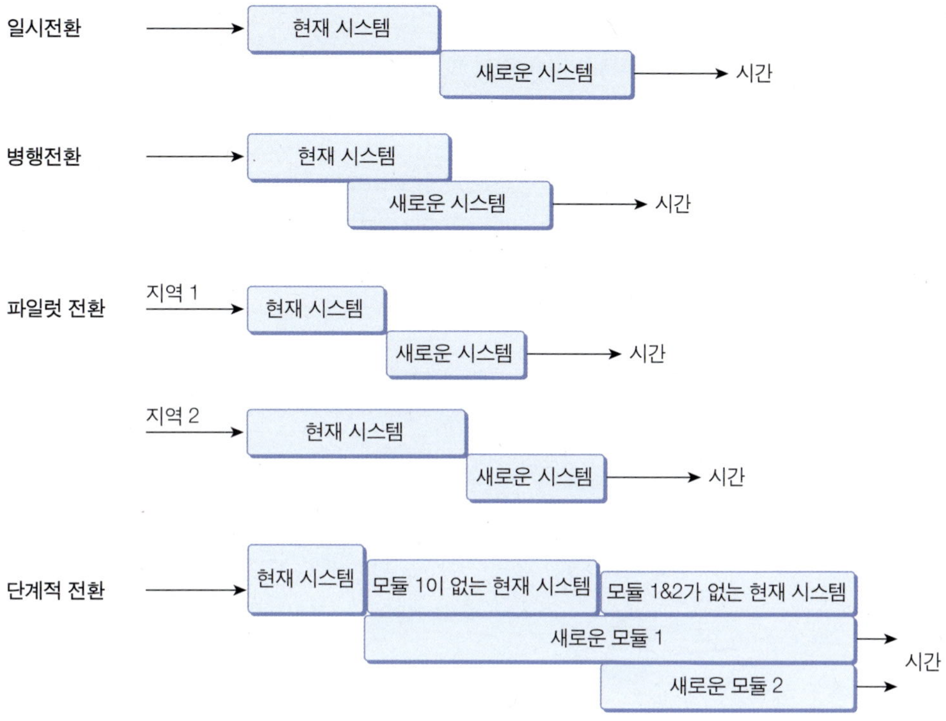


사용되는 상황에서 유용한 전환방법이다. 도입된 기술을 일차적으로 어느 특정 부서 및 지역에 시험적으로 설치하여 가동해 보면서 실행 성과를 검토한 다음 성공적으로 실행될 경우 전체 조직으로 확산한다.

④ 단계적 전환(phased cutover): 새로운 시스템을 여러 개의 하위 시스템 또는 모듈로 나누어 단계적으로 가동하는 방식이며, 단계적인 성공 시 점진적으로 한 부분씩 추가 전환하게 된다. 가장 합리적인 방법이지만 한편으로는 한 모듈이 다른 부분과 연관되어 있을 경우에는 여러 가지 문제점이 발생할 수 있다.

## 안경 골라주고 라면 추천하고 … 일본, AI가 손님 끈다

**라면가게, 고객 얼굴 알아보고 메뉴 추천 AI 로봇으로 인지도 상승**
**안경업체 AI, '객관적 안목'으로 제품 추천 … "한국도 모델 개발을"**

일본 도쿄 하마마쓰의 맛집 중 하나인 라면가게 '도리포타 라멘 THANK'에 들어서면 메뉴 자판기 옆에서 아담하고 귀여운 로봇이 맞아준다. 이름은 '소타'. 일본에서 유명한 커뮤니케이션형 인공지능(AI) 로봇이다. 소타는 전용 애플리케이션에 등록된 개인정보를 이용해 고객의 얼굴을 알아보고 반갑게 인사한다. 메뉴도 추천해 준다. 마치 주인이 단골손님을 맞이하는 것처럼 보인다.

고객의 얼굴을 인식하고 메뉴를 추천해 주는 커뮤니케이션 AI 로봇 '소타'

코트라(KOTRA) 도쿄무역관에 따르면 이 라면 가게는 올해 2월부터 AI 로봇 소타를 활용했다. 비용은 월 3만 엔(약 30만 원)가량 드는 것으로 알려졌다. 소타를 '채용'한 후 라면 가게 인지도는 나날이 올라가고 있다. 소타는 고객의 개인정보를 클라우드에서 관리・분석해 고객의 성별과 연령대 등에 따른 선호 메뉴를 파악한다. 이를 토대로 새로운 메뉴도 개발할 수 있다. 코트라는 "단순히 로봇이 존재하는 것만으로 손님을 모으는 시대는 지났다"며 "로봇과 즐겁게 대화를 나누고 다시 방문할 수 있게 하는 시스템을 구축해야 한다"고 밝혔다.

일본의 대표적인 안경업체 진스(JINS)는 2016년 말부터 고객에게 어울리는 안경을 추천하는 AI 서비스 'JINS BRAIN'을 제공하면서 이목을 끌고 있다. 200여 종류의 안경을 쓴 6만 장의 캐릭터 사진을 클라우드에 저장하고 안경과 어울리는지 여부를 직원 3,000여 명이 판단케 했다. 그 결과를 학습한 AI가 고객에게 어울리는 안경을 추천하고 있다. 고객이 자신의 얼굴 사진을 진스 사이트에 등록한 후 원하는 스타일의 안경을 고르면 AI가 얼마나 어울리는지를 '퍼센트(%)'로 알려 준다. 매장 직원이 "잘 어울리시네요"라고 말하는 것을 립서비스로 보고 구매를 망설이는 경우도 있지만, AI를 통한 객관적인 분석은 믿음이 간다는 의견이 대다수인 것으로 알려졌다.

일본에서는 요즘 AI가 소매업 현장에서 맹활약 중이다. 수요를 예측하고 고객의 재방문율을 끌어올리기 위한 수단으로 AI를 활용하려는 움직임이 확산되고 있다. 특히 라면 가게에서 고객과 소통하는 소타처럼 AI를 통한 얼굴 인식 기술이 주목받고 있다.

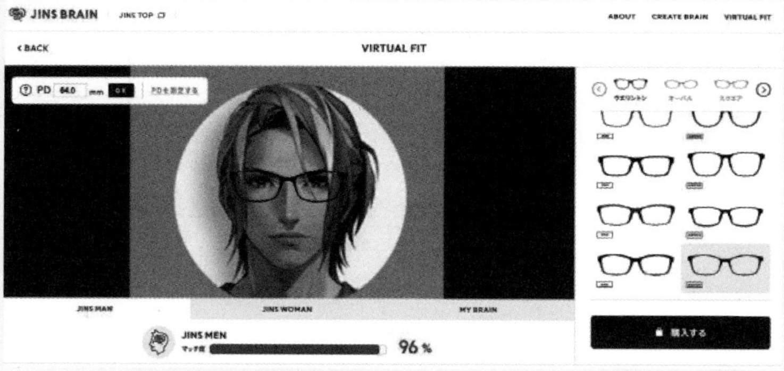


고객에게 어울리는 안경을 추천하는 AI 서비스 'JINS BRAIN'

한 침구 전문점은 AI의 영상 분석 기술을 서비스와 마케팅에 접목했다. 매장에 설치된 4대의 카메라가 매장을 방문한 고객의 성별과 연령대뿐만 아니라 가게 앞을 지나간 사람 수까지 정확히 알아낸다. 고객의 행동 분석 결과는 곧바로 마케팅 전략 수정으로 이어졌다. 애초 여성과 고령층 고객이 많을 것으로 예상됐지만, 분석 결과 성비는 50 대 50이었고 30대 고객이 가장 많은 것으로 나타나 이를 토대로 침구들을 전면 재배치했다.

일본 시장조사기관인 후지키메라종합연구소는 AI 관련 시장이 2030년엔 2조 1,200억 엔(약 21조 5,000억 원) 규모까지 성장할 것으로 내다봤다. 2015년(1,500억 엔)과 비교하면 14배나 급성장하는 것이다. 최근엔 채용 현장에서 AI 면접관이 등장했고 AI 법률가도 활약할 정도로 AI 기술은 끊임없이 발전하고 다양한 곳에서 활용될 것으로 전망된다. 코트라 관계자는 "한국 기업들도 AI 선진국 사례를 참고해 새로운 모델을 개발할 필요가 있다"고 말했다.

출처: 경향신문, 고영득 기자, 2017. 7. 5.

PART

# 03

# 서비스 운영 및 평가

08

CHAPTER

# 서비스 고객관리

# 고객만족의 대명사 노드스트롬

## 고객만족 기업의 대표 기업

"시애틀 중심가에 있는 노드스트롬 백화점에 세일이 막 끝난 다음, 한 여인이 주름 잡힌 도나 캐런 바지를 사러 왔다. 그녀에게 맞는 치수가 다 팔린 뒤여서 판매사원은 시애틀 지역에 있는 다섯 군데의 다른 노드스트롬 체인점에 알아보았지만 그 치수는 없었다. 그런데 길 건너편에 있는 프레더릭 앤 넬슨 백화점에 바로 그 바지가 있다는 것을 안 판매사원은 매장 지배인에게 현금을 받아서 경쟁사 백화점으로 갔다. 정가대로 지불하고 바지를 구입한 노드스트롬의 판매사원은 고객에게 세일가격으로 되팔았다."

이것은 노드스트롬의 수많은 일화 중의 하나이다. 어떻게 해서 노드스트롬은 이러한 서비스 신화의 산실이 될 수 있었을까? 미국 전역에 215개 매장을 운영하는 노드스트롬 백화점은 한국 소비자들에게는 비교적 낯선 이름이다.

직원에게 재량권을 줬더니 모두 사업가처럼 일하고, 고객 실수로 문제가 생겨 환불하는 경우에도 '제품 아닌 관계를 판다'는 마인드로 교육하여, 100년 서비스 노하우에 IT를 접목하고 멀티채널 전략을 통해 매출을 극대화하고 있는 노드스트롬 백화점! 한번이라도 마케팅을 공부했거나 유통업계에서 일한 사람이라면 누구나 그 이름을 들어봤을 정도로 '고객만족'의 대표 기업으로 명성이 높다.

노드스트롬은 1901년에 스웨덴 이민자였던 존 노드스트롬이 세운 구두점에서 출발했다. 노드스트롬은 전체 직원이 약 55,000명 규모이며, 실제로 미국에서 최고의 고객 서비스를 상징하는 대명사로 쓰인다. 콜로라도 대학병원이 로비에 피아노를 설치한 뒤 '의료계의 노드스트롬'이라고 선전한다든가 캘리포니아 대학이 새로운 행정 시스템을 도입하면서 '학사관리의 노드스트롬'이 되겠다고 선언할 정도다.

## 백화점에서 타이어 환불까지

노드스트롬의 고객섬김을 가장 잘 드러내는 일화는 뭐니 뭐니 해도 타이어 환불 에피소드이다. 때는 1970년대 노드스트롬이 미국 알래스카 주 페어뱅크스에 있는 다른 백화점을 인수한 후였다. 한 고객이 타이어 두 개를 들고 와서 "내 차에 잘 안 맞으니 환불해 달라"고 요구했다. 이 타이어는 인수한 백화점에서 판매하던 것으로 노드스트롬에서는 팔지 않는 제품이었다. 노드스트롬 백화점은 여러 가지 남녀 의류와 패션 소품을 파는 백화점이지, 자동차 관련 용품을 파는 상점이 아니었다. 누가 봐도 타이어와는 전혀 관련이 없는 곳이었다. 그렇지만 점원은 남자에게 이렇게 물었다.

"영수증을 가지고 계신가요?"

"아니요, 지금 없는데요."

"아, 그러세요. 그러면 타이어 가격이 얼마였는지 기억하십니까?"

"25달러 정도였던 것 같습니다."

"네, 알겠습니다."

그러면서 점원은 현금 서랍에서 25달러를 꺼내 남자에게 건네주었다.

점원이 눈치채지 못하게 서서 보던 설립자 존과 백화점장이 서로 한 번 쳐다보더니 곧장 점원에게 다가가 이렇게 말했다. "잘했어요." 이 에피소드는 고객 본인이 착각한 것을 깨달은 후, 지역 신문에 본인의 비용으로 사과 광고를 내게 되어 알려졌다.

본 취재팀은 미국 시애틀에 위치한 노드스트롬 본사를 방문해 블레이크 노드스트롬 사장(CEO)과 통성명을 끝내자마자 이 전설 같은 사례가 과장은 아닌지 확인해 봤다. 그는 존 노드스트롬 창업자의 증손자다.

"타이어 사례가 한국에까지 알려졌다니 놀라운데요? 우리의 환불 정책은 아주 간단해요. 고객이 요구한다면 얼마나 오래됐든, 어떤 이유에서든, 설령 고객의 실수로 문제가 발생했더라도 즉시 현금으로 돌려드린다는 겁니다." 블레이크 노드스트롬 사장의 아버지인 브루스 노드스트롬 회장은 직원들에게 "고객이 5년 전에 산 신발을 가져와 낡았다고 불평하더라도 환불해 줘야겠다고 판단되면 주저하지 말고 그렇게 하라"고 말했다고 한다. 재무적으로 큰 손실을 입을 수 있는 정책이지만, CEO는 "이런저런 걱정은 접어두고 당신 앞에 서 있는 바로 그 고객에게 집중하면 됩니다"라고 말한다. 그는 "대다수의 고객은 우리의 진심을 이용하려고 기회를 노리는 그런 사람들이 아니다"라며 "정직하지 못한 소수의 고객 때문에 다수의 고객이 피해를 봐선 안 된다"고 말하고, 이어 "우리에게 중요한 것은 고객감동이고 나머지는 차후의 문제"라고 덧붙였다.

### 비행기표를 들고 공항으로

알려진 몇 가지 일화를 더 소개한다. 어느 날 중년의 아주머니가 옷 한 벌을 사곤 비행기를 타러 공항으로 나갔다. 그런데 공항에 가보니 비행기표가 없었다. 서두르다가 그만 비행기 표를 노드스트롬 백화점 의류 매장에 놓고 온 것이다. 발을 동동 구르고 있는데 누군가 다가와서 아주머니에게 비행기 표를 건넸다. 그 사람은 바로 의류 매장의 여사원이었다. 그녀는 고객이 놓고 간 비행기 표를 들고 부랴부랴 공항까지 달려온 것이었다.

한겨울에 노숙자인 듯한 여인이 노드스트롬에 누더기를 걸치고 들어왔다. 백화점 안에는 은은한 향기와 감미로운 피아노 선율이 흐르고 있었다. 여인은 유유히 1층을 돌아보고 2층으로 올라갔다. 그 누구도 남루한 여인을 제지하지 않았다. 2층에 있는 드레스 매장에 들른 여인은 마음에 드는 드레스를 입어 보고 잠시 보관해 달라고 얘기했다. 물론 값을 치르지 않았다. 그 여인은 판매사원에게 두세 시간 후에 돌아오겠다고 얘기하고 매장을 떠났다. 판매사원은 그 옷을 별도로 보관했다. 노드스트롬에는 이와 같은 감동적인 스토리가 수도 없이 많다.

### CEO도 서비스맨

블레이크 CEO 본인도 뼛속까지 각인돼 있는 것이 '서비스맨 정신'이란다. 2009년 시애틀 '동네 주민'인 짐 도널드 당시 스타벅스 CEO는 블레이크와 점심 약속을 잡으면서 "오는 길에 노드스트롬 남성복 매장에 들러서 수선 맡긴 바지 두 벌을 찾아다 달라"고 부탁했다. 하지만 식사 자리에서 두 사람은 바지 건은 깜빡 잊은 채 즐거운 대화를 나누고 헤어졌다. 그날 밤 9시, 블레이크는 바지 두 벌을 들고 도널드의 현관문을 두드렸다. 사람들은 이 같은 블레이크 CEO의 서비스 정신에 혀를 내둘렀다는 후문이다.

전설적인 노드스트롬의 고객만족 서비스는 CEO에만 국한된 것은 아니다. 이는 매일매일 고객을 상대하는 직원들의 몸에 체화돼 있다. 회사는 직원에게 '공식적으로' 재량권을 부여한다. 블레이크 CEO는 "노드스트롬을 대표하는 것은 직원 개개인이지 사무실에 앉아 있는 사람(경영진)이 아니다"라고 말한다. 이런 철학과 정책에 따라 직원은 주인 의식을 가진 개인 사업가처럼 일한다. 가장 중요한 실적평가 기준은 시간당 매출액인데 장기적인 실적을 위해선 고객을 진심으로 감동시켜 '내 사람'으로 만드는 수밖에 없다.

공동경영이나 동업이 오래 지속되면 불화와 소송이 뒤따르게 마련이지만 노드스트롬은 4세대에 이르기까지 100년 동안 어떠한 불화도 없이 화목한 가족경영의 전통을 이어 오고 있다. 현재 7명의 공동사장 중 6명이 30대인데, 이들은 모두 창업자 존 노드스트롬의 증손자들이다. 우리나라 같으면 족벌경영이란 막연한 비난도 있을 수 있지만 이들의 화목경영은 많은 사람들의 부러움을 사고 있다. 이것은 그들이 역지사지의 철학을 기본으로 하는 고객 중심의 경영을 실천해 온 것과 무관치 않다.

### 고객에게 관계를 판매한다

1977년이 되자 노드스트롬의 매출액은 2억 5천만 달러로 성장하여 미국에서 세 번째로 큰 의류 전문 소매업체가 되었다. 1978년 노드스트롬은 베스트 어패럴을 인수한 이래로 가장 중요한 결정을 내렸다. 자신들의 존재가 전혀 알려지지 않은 캘리포니아로 사업을 확장하는 일이었다. 베시 샌더스 여사가 이 프로젝트의 책임을 맡았다. 유능한 직원을 충원하기 위하여 베시 샌더스 여사는 심사숙고했다. 교육을 시키고 권한을 위임하고 동기를 부여해도 사람 자체는 바꿀 수 없다. 첫 채용 시 필요한 적성을 가진 사람을 선발하는 것이 무엇보다 중요하다. 폴 딕슨이라는 사람은 이러한 생각을 다음과 같이 표현하였다. "돼지에게 노래를 가르치려는 생각은 아예 말아라. 그것은 시간 낭비일 뿐 아니라 돼지에게도 괴로운 일이다." 노드스트롬 직원들은 고객에게 제품이 아닌 '관계'를 판매해야만 살아남을 수 있다는 것을 입사 초기부터 현장 경험을 통해 깨닫는다.

최근 기업의 최대 관심사는 '오프라인–온라인 멀티채널 전략', 일명 고객 서비스와 정보기술(IT)의 결합이다. 직원들은 여기서도 고객만족 서비스를 구현하는 것이 최대 역점 포인트다. 미래 생존을 위해선 기존의 오프라인 매장에서 펼치던 고객감동 전략을 유지하는 동시에 온라인과 모바일 쇼핑 채널을 공략해야 한다고 판단한 것이다. 노드스트롬은 지난해 1998년 오픈했던 기존 웹사이트를 대대적으로 리모델링해 새로운 온라인 사이트를 선보였다. 이와 함께 아이팟터치, 아이폰 등 스마트기기를 통해 편리하게 쇼핑할 수 있도록 모바일 채널을 고객 편의 위주로 구축하고 있다. 온라인 매출은 웹사이트 재론칭 후 첫 9개월 동안 26% 급성장해 2010년 기업이 9조 8,000억 원, 사상 최대 매출을 기록하는 데 한몫했다.

보스턴컨설팅그룹(BCG)은 "노드스트롬의 멀티채널 소비자들은 하나의 채널만 가진 동종 업체 소비자보다 약 4배를 지출하는 것으로 나타났다"며 "100년에 걸친 고객관리 노하우와 디지털 혁명이 결합돼 좋은 성과를 내고 있다"고 평가했다. 이어 "향후 5년 동안 유통기업들이 시장에서 리더십을 차지하려면 소셜 미디어, 모바일 커머스, 위치기반서비스(GPS)를 활용한 판매와 마케팅이 필수적일 것"이라고 전망했다.

### 판매수당으로 1억 원 넘게 받는 매장 직원

블레이크 CEO는 "직원 수를 줄이면 단기간에 비용을 절감할 수 있겠지만 저는 더 나은 직원들로 생산성을 높이면서 더 많은 수익을 창출하는 방법을 택하겠다"고 말했다. 또한 "매장의 판매 직원을 줄이지 않더라도 재고관리를 자동화하면서 비용을 아낄 수 있었다"고 전했다. 하늘이 무너져도 '고객과 직접 만나 감동을 나누는' 핵심 전략은 포기할 수 없다는 것이다. 백화점 매장을 임대하지 않고 모든 상품을 직접 매입하는 방식도 바꿀 생각이 없다. 노드스트롬이 추구하는 컨셉에 맞는 제품을 골라 진열함으로써 차별성을 지키고 고객에겐 더 많은 할인 혜택을 주겠다는 것이다. 이는 한국 백화점들이 각 브랜드를 입점시키고 20~40%에 달하는 판매수수료를 받는 것과 크게 다른 운영구조다. 백화점 내에 있는 수많은 브랜드 매장의 직원도 100% 노드스트롬 직원이다. 오히려 이 백화점의 판매원들이나 부서는 평가에 따라 매출액의 6.75~10%에 이르는 판매수당을 별도로 받는다. 노드스트롬의 최고 판매원은 판매수당만으로도 한 해에 10만 달러 이상을 받기도 한다. 에릭 노드스트롬 부사장은 "노드스트롬은 브랜드에 임대하지 않고 직접 우리의 성격에 맞는 상품들을 매입한다"며 "휴고보스나 샤넬이 아니라 '노드스트롬의 소비자 경험'을 선사하고 싶기 때문"이라고 강조했다. 브랜드에 매장을 임대하고 판매수수료를 받는 것은 부동산 사업에 가깝지 진정한 유통 모델이 아니라는 것이다. 그는 "스스로 사들인 물건이니까 재고가 남으면 전적으로 우리 책임이다. 그래서 일정 기간이 지나면 세일 폭도 아주 커진다"고 설명했다.

블레이크 CEO는 "지금까지 고객과 관련된 일들을 직접 현장에서 수동으로 해온 점을 자랑스럽게 생각한다"며 "얼굴을 보며 가슴으로 고객을 섬기는 구조는 바꾸지 않겠지만 앞으로는 기존 사업 스타일과 기술 간 균형을 이뤄 갈 것"이라고 강조했다.

출처: 매일경제, 이래도 잘나간다, 상식 깬 패션전문 백화점 '노드스트롬', 2011. 7. 29.; MK The Biz Times, 고객만족의 대명사 노드스트롬, 2011. 7. 29.(일부 수정 보완)

기업에서 고객은 외부 고객과 내부 고객이 있다. 본장에서는 외부 고객을 중심으로 서비스에서의 고객만족과 이를 위한 경험관리를 다룬다. 다만 내부 고객에 대해서는 제12장 '서비스 인사조직관리'에서 보다 상세히 다루기로 한다.

고객을 만족시키기 위해서는 고객에게 필요한 가치를 제공해 주어야 하고 이를 위해서는 긍정적이고 유용한 경험이 전략적으로 설계되어 전달되어야 한다. 고객경험관리는 제품이나 서비스에 대한 고객의 경험을 체계적으로 관리하는 프로세스로, 기업이 고객의 제품 탐색에서 구매, 사용 단계에 이르기까지 모든 과정에 대한 분석 및 개선을 통해 긍정적인 고객경험을 창출하는 것이다. 커피전문점의 경우, 고객은 수많은 접점을 통하여 커피전문점을 경험하게 된다. 따라서 커피전문점에서는 매장 내부, 인터넷, 커뮤니티, 친구, 동료 등 다양한 접점에서 고객들이 커피전문점을 경험하게 되며, 이를 통하여 그에 대한 충성도를 형성하기도 하고 불만족을 느끼기도 한다.

어느 기업에서는 경험공학(experience engineering) 그룹을 두고 고객을 참여시키고 고객과의 심층적인 인터뷰를 통해서 고객이 느끼고 싶어 하는 것을 이해하고, 재무적 및 비재무적 가치의 측정, 고객들이 매장 직원이나 물리적 분위기에서 가지는 정서적 경험단서의 발굴 등을 통해서 가격경쟁력 외에 새로운 고객경험을 제공하도록 혁신하는 서비스 디자인을 시도하여 성공하였다.

## 제1절 서비스 고객만족

### 1.1 고객의 정의

고객은 기업에서 만들어 낸 제품과 서비스를 구매하거나 소비함으로써 이익 창출에 직접적으로 기여하는 사람이나 집단을 말한다. 고객에는 내부 고객과 외부 고객이 있다.

### 가. 내부 고객

내부 고객(internal customer)이란 조직 내부의 가치 창조에 참여하는 고객으로 직원들을 말하며, 일상적으로 고객이라 하는 정의는 판매상품과 서비스를 구매하여 사용하는 외부 고객에 해당된다.

어느 운수회사의 회계 부서에서 원가에 관한 회계정보를 데이터베이스를 통해 기획 부서나 운영 부서에 전달하고 그 정보가 소비되었다고 가정하자. 이 경우에 회계 부서에서의 고객은 기업에서 제공하는 운수 서비스를 이용하는 최종 소비자가 아니라, 부서의 생산물을 후속적으로 소비하는 운영, 기획 부서인 것이다. 이처럼 기업에서는 부서 간, 종업원 간 또는 공정과 공정 간에 서로 고객이 될 수 있으며 이와 같은 관계가 바로 내부 고객을 대상으로 하는 서비스이다.

이와 마찬가지로 많은 조직에서 내부적으로 급여, 채용 및 훈련, 법률 서비스, 수송, 식음료, 환경 및 청소 등 다양한 서비스가 수반된다.

과거 제조업에서의 마케팅 활동에서는 최종 소비자들을 대상으로 하는 외부 마케팅만을 중시하였지만, 서비스 경제시대에는 기업 내부의 종업원들을 효율적으로 관리하는 내부 고객 관리 역시 중요한 문제로 대두되었다. 기업은 내부 직원들을 단순한 인사관리의 요소로 바라보기보다는 기업 입장에서의 하나의 서비스 시장으로 인식해야 한다. 구체적으로 내부 고객은 바로 기업 내에 있는 종업원으로서, 내부적으로 제공되는 제품이나 서비스에 따라 자신들의 직무가 결정되는 사람이다.

### 나. 외부 고객: 중간 고객, 최종 고객

외부 고객은 조직 외부에 존재하며 서비스 제공자로부터 실제 서비스를 제공받는 고객이고 우리가 이미 알고 있는 전통적인 개념의 고객이다. 이는 또다시 중간 고객과 최종 고객으로 나눌 수 있다.

중간 고객(intermittent customer)은 기업에서 생산된 서비스나 가치를 최종 소비자에게 연결하는 매개 역할을 한다. 이 과정에서 중간 고객은 서비스를 생산하는 기업보다 최종 고객과 훨씬 직접적인 접점을 가진다. 예를 들면, 음원 콘텐츠를 제작하는 회사가 있다면 이를 유통하는 유통사 등이 중간 고객에 해당한다. 여기에는 유통사뿐만 아니라 서비스 인력을 제공하는 인력공급처나 협력업체 등도 중간 고객에 포함될 수 있다. 따라서 이 중간 고객을 만족시키지 못하면 최종 고객을 만족시키기 어려울 것이라는 면에서 중간 고객도 중요성을 가진다.

최종 고객(external customer)은 기업이 생산한 서비스를 특정한 대가를 지불하고 사용하는 사람을 뜻한다. 최종 고객은 지금 어느 기업의 서비스를 이용하고 있는 사람뿐만 아니라 현재는 이용하고 있지 않으나 앞으로 서비스를 제공받아 이용할 가능성이 있는 사람까지도 고객으로 간주한다. 또한 서비스를 이용하고 있지 않지만 특정 서비스에 대해 평가나 비판 등의 의견을 제시하는 사람 역시 일종의 최종 고객으로 인식하여 만족시킬 대상으로 바라보아야 한다. 서비스 기업의 입장에서 최종 고객은 서비스 소비자일 뿐만 아니라, 구전을 통해 최종 고객의 주변 사람들에게 구매를 유발하게 할 수도 있고 또한 반대의 영향을 줄 수도 있다. 이러한 관점에서 볼 때, 최종 고객에게는 오직 판매만을 목적으로 하기보다는 상호 긴밀한 관계를 형성하려는 노력을 기울일 필요가 있다.

**표 8-1** 서비스에서의 고객 유형

| 구분 | 역할 유형 | 고객 실체 |
|---|---|---|
| 내부 고객 | 가치 생산 고객 | 종업원 |
| 중간 고객 | 가치 전달 고객 | 도소매상, 대리점, 협력업체 등 |
| 최종 고객 | 가치 사용 고객 | 소비자 |

## 1.2 고객만족

만족이란 단어의 어원은 라틴어의 'satis(충분한)'와 'facere(알맞은)'으로 충족을 의미한다. 고객이 원하는 것은 지불한 금액에 대한 결과의 습득이 아니라 자신의 문제와 부족함을 해결하고자 하는 것이며, 이러한 욕구가 충족된 상태가 바로 고객만족이라고 할 것이다.

미국의 소비자 문제 전문가인 굿맨(Goodman, 2009)은 고객만족을 "고객의 욕구와 기대에 부응하여 그 결과로서 상품, 서비스의 재구입이 이루어지고 아울러 고객의 신뢰감이 연속되는 상태"라고 하였다. 기업이 제공하는 서비스가 고객의 기대수준보다 높은 성과를 나타내었을 때 고객이 만족한다고 말할 수 있다.

서비스 기업에서 고객을 만족시키기 위한 논의에서 중요한 것은 서비스가 제공하는 편익의 수준, 고객의 욕구 수준을 이해하는 것이다.

### 가. 핵심 편익과 보조 편익

예를 들면, 〈표 8-2〉에서와 같이 사람들이 고속열차를 이용할 때 그들이 원하는 핵심 편익은 바로 운송 서비스이다. 고객들이 원하는 시간에 원하는 곳으로 위치를 '이동'시켜 주는 것이 바로 고속열차의 가장 본질적인 효용이다. 그러나 대다수의 고객들은 '이동'이라는 핵심 요소 이외에도 운송과정에서 좌석의 넓이나 플랫폼의 위치, 안내 표지판이나 설명 등과 같은 흔히 중요하게 생각하지 않는 비핵심 요소에 의해서도 만족에 크게 영향을 받는다. 고속열차의 '정확하고 빠른 운송 서비스'라는 핵심 편익이 우수하다 해도 다른 보조 편익이 미흡한 경우에 서비스 실패가 일어날 수 있다.

마찬가지로 고객응대가 뛰어난 호텔 식당에서도 내부 인테리어가 만족스럽지 못하거나, 고급 백화점을 이용할 때 주차하면서 큰 불편을 겪었다면 아무리 다른 서비스가 뛰어나더라도 고객만족을 이룰 수 없을 것이다. 따라서 고객만족을 이루기 위해서는 하드웨어, 소프트웨어, 그리고 휴먼웨어 측면의 요인 등 다양한 요소들을 고려해야 한다.

우선 하드웨어적인 측면은 서비스를 제공하는 공간이나 설비, 인테리어 등과 같은 물리적 실체를 의미한다. 이는 고객들이 핵심 서비스를 제공받기 전에 우선 접하게 되는 것으로 실체를 가지기 때문에 고객에게 어떠한 하나의 이미지로 전달될 수 있다. 고급 호텔이라면 대리석의 바닥과 높은 천장을 지닌 로비, 원목 소재의 테이블 등을 구비해 놓는다면 호텔의 고급스러운 이미지 제고에 도움이 될 것이다. 하지만 반대로 아주 고가의 명품을 고급 백화점이 아닌 동네의 대형 마트에서 판다면 그 물건 역시 고급스럽지 못하다는 이미지를 줄 수가 있다.

**표 8-2** 서비스에서의 고객 편익의 구성

| 구분 | | 사례 | |
|---|---|---|---|
| | | 고속열차 | 호텔 |
| 핵심 편익 | | 운송 | 숙박 |
| 보조 편익 | 물리적 편익 | 좌석, 플랫폼, 표지판 등 | 침대, TV 등 |
| | 감각적 편익<br>(명시적) | 실내 분위기 등 | 외관, 다른 손님의 수준 등 |
| | 심리적 편익<br>(묵시적) | 편안함 등 | 사회적 신분, 행복함 등 |

### 나. 고객의 욕구

일찍이 미국의 심리학자 매슬로우(A. H. Maslow, 1898~1970)는 [그림 8-1]에서와 같은 인간의 본능적 욕구의 단계를 제시하였다. 매슬로우가 제시한 5단계의 욕구계층설(hierarchy of needs)은 생리적 욕구, 안전 욕구, 사회적 욕구, 자아존중 욕구, 자아실현 욕구 등의 순서로 낮은 차원의 욕구를 충족한 후에 높은 차원의 욕구를 충족하기를 원한다는 것이다.

서비스 기업에서는 고객을 만족시키기 위해서 다음과 같은 단계별 내부 고객 및 외부 고객의 욕구를 이해하고, 포착하는 노력이 필요하다.

첫째, 생리적 욕구(physiological needs)는 인간의 본능인 배고픔과 갈증, 주거 등을 해결하고자 하는 생리적 수준의 욕구로서, 내부 고객은 직장을 통해서 의식주를 해결하는 생계유지 차원에서의 임금 수준이나 적절한 실내 온도와 같은 근무 환경 등에 관한 욕구가 있다. 외부 고객은 저렴한 가격을 지불하면서 생리적 욕구를 신속하게, 그리고 푸짐하게 충족하려고 하는 욕구가 있다.

둘째, 안전 욕구(safety needs)는 위험과 위협, 그리고 불안 등 신체적·정서적 차원의 안정적인 생활을 영위하고자 하는 욕구이다. 내부 고객의 경우는 직장 자체의 고용 보장과 같은 안정성, 그리고 복리후생, 노후 대책 등을 통해서, 외부 고객의 경우는 위생, 청결, 안전, 단정한 복장 등을 통해 이러한 욕구를 충족받을 수 있다.

셋째, 사회적 욕구(social-belongingness needs)는 동료의식, 동료와의 관계, 집단의식 등을 성취하고자 하는 욕구이며 사회활동을 통한 인정의 욕구가 있다. 내부 고객으로서는 구

**그림 8-1** 매슬로우 기반 인간의 욕구 단계

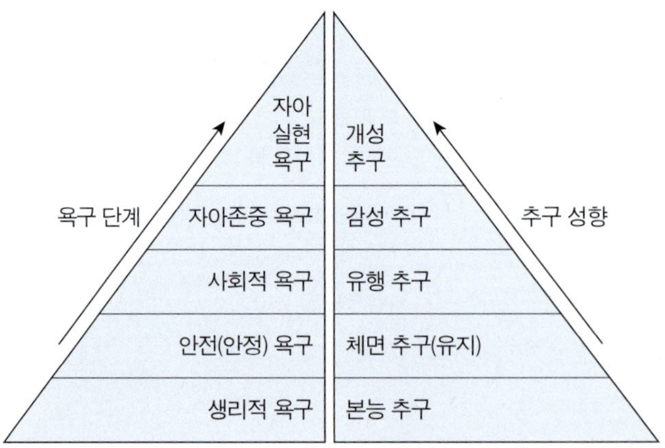

성원으로서 인정과 소속감이, 외부 고객으로서는 멤버십 제도, 소식지 전달, 공정한 대우 등으로 욕구가 충족될 수 있다.

넷째, 자아존중 욕구(self-esteem needs)는 다른 사람으로부터 자신의 능력을 인정받고 싶어 하는 욕구이다. 내부 고객은 자신이 직장에서 가치 있는 사람으로서 지위와 책임감 등을 통한 존경받고 싶은 욕구를, 외부 고객은 자신에게 관심을 가져주고 존경과 배려, 대접, 자존심을 존중해 주는 대우를 통해서 욕구가 충족된다.

다섯째, 자아실현 욕구(self-actualization needs)는 계속적인 자기 발전을 위해서 개인의 꿈과 인생의 목표를 세우고 실현하려는 욕구이다. 내부 고객에게는 성장의 기회, 권한과 역할 등을 통해 만족되는 욕구이다. 그리고 외부 고객에게는 고객의 개별 의견을 반영한 서비스를 제공하여 욕구를 충족시킬 수 있다.

고객의 욕구를 이해하여 고객을 만족시켜야 한다는 경영원리를 모르는 관리자는 없다. 어느 고객이 자동차를 수리하려고 카센터에 갔다. 수리는 잘 되었는데 시운전해 주겠다는 직원이 시커먼 작업복과 장갑을 긴 채 운전을 하면서 열심히 작업결과를 설명하였다. 그런데 얼마 후 방문한 다른 카센터에서는 직원이 작업복과 모자, 장갑을 금세 갈아입고 나와서 의자에 깨끗한 천을 시트에 깔고 시운전을 해주는 것이었다. 성공하는 기업에서는 이와 같이 고객을 향해서 다음과 같은 5개 질문과 관련된 주제로 지속적인 고객탐색 활동을 실행하고 있다.

① 식별(identification): 고객님, 우리는 당신이 누구인지 잘 알고 있습니다.
② 상호작용(interaction): 그동안 잘 지내셨습니까? 이런 것들을 좋아하셨지요?
③ 차별화(differentiation): 우리는 다른 곳과 차별되게 고객님을 살펴드립니다.
④ 탐구(tracking): 우리는 고객님이 어디로 가시는지 잘 알고 있습니다.
⑤ 최적화(customization): 고객님이 찾고 있으신 것이 바로 이것이죠?

## 다. 고객만족의 결정 요인

고객만족에 관한 연구에서 고객만족의 결정 요인을 제시하는 연구는 기대 불일치 이론이다. 이 이론에서는 [그림 8-2]에서와 같이 고객의 만족은 개인이 느끼는 실제 성과와 기대된 성과 수준과의 차이에 의해 결정된다는 것이다.

### (1) 인지된 성과와 비교 기준

여기에서 실제 성과는 서비스를 받은 고객이 인지한 성과 수준으로서, 구매 후 제품 혹은

**그림 8-2** 기대 불일치 모델

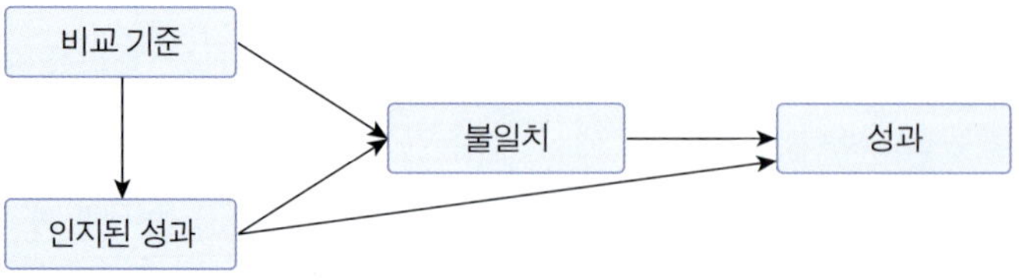


출처: Yokoyama, Fumito, *Casual Modeling of Tourist Satisfaction: Application to Michigan's Northwestern Coastal Tourism Region*, 1991, p.22.

서비스에 대한 개개인의 실제 사용과 경험에 근거한 주관적 인지를 뜻한다. 즉, 객관적으로 인정되는 서비스에 대한 성과가 아니라 그것을 직접 경험하는 개인이 판단하는 성과라는 것이다.

기대 수준은 인지한 성과 수준과의 비교 대상을 의미하는데, 보통 고객이 서비스를 구매하기 전에 정보나 사전 경험에 근거해서 형성된다. 예를 들면, 고객 자신과 친밀한 다른 사람들로서 친구, 친지 등으로부터 습득한 경험, 광고, 구전 등에 근거해 형성된 것도 포함된다.

### (2) 불일치

불일치는 비교 기준으로서 서비스에 대한 기대치와 실제 성과 사이에서의 인지된 차이를 나타낸다. 만약 성과 수준이 기대했던 것과 같지 않다면 불일치 정도는 크게 나타나고 고객의 만족에는 영향을 미치게 될 것이다.

### (3) 고객만족과 성과

고객만족을 의미하는 성과의 수준은 소비자가 서비스의 결과를 예상하고 지불한 비용과 그 대가를 소비자가 사후에 비교하는 데에서 발생하는 결과라고 할 수 있다. 즉, 만족은 개인의 주관적 판단으로 형성된다고 할 수 있으며, 이러한 결과는 예상한 성과와 실제 성과를 서로 비교한 결과에서 나오는 경험에 근거를 두고 있다. 따라서 경험이 구매 후 소비자의 태도와 재구매 의도에 영향을 미친다. 고객만족은 불일치와 인지된 성과, 두 가지 요소에 직접적으로 영향을 받고 또 비교 기준인 기대 수준과 인지된 성과 요소에 간접적으로 영향을 받는다고 할 수 있다.

## 1.3 고객만족경영

고객만족경영(Customer Satisfaction Management: CS 경영)은 고객에게 서비스를 제공함에 있어 고객의 끊임없는 만족을 얻기 위한 일련의 경영활동으로 정의되며, 고객만족을 최종목표로 하여 전사적으로 그 성과를 달성하기 위해 모든 활동을 결집해 나가는 경영이다. 다시 말하면, 서비스 상품 개발에서 조달, 생산, 마케팅, 물류, 영업, 그리고 AS에 이르기까지 기업 내에서 이루어지는 모든 가치 창출 활동이 고객만족을 위해서 실행되어야 한다. 따라서 고객중심경영(Customer Centered Management: CCM) 또는 고객지향경영과 같은 의미를 가진다고 할 수 있다. 이를 위해서 서비스 기업에서는 고객만족도를 지속적으로 파악하여 이를 바탕으로 [그림 8-3]에서와 같이 고객만족도를 제고하기 위한 계획, 조직, 지휘, 통제의 반복적인 과정을 실행하는 관리활동을 하게 된다.

### 가. 고객만족경영 체계

고객만족경영을 추구하는 기업에서는 기업의 활동을 고객의 입장에서 평가하고 계량화하여 이를 경영의 지표로서 관리한다. 이를 위해서는 고객만족도를 지속적으로 측정하고 고객의 소리(Voice Of Customer: VOC)를 모아 통계적인 분석을 통해서 그 결과를 평가하고, 경영의 개선과 개혁의 목표로 변환시키는 활동을 하게 된다. 이와 같이 고객만족경영을 체

**그림 8-3** 고객만족경영의 관리과정

| | |
|---|---|
| 계획 (Planning) | • 목표를 정하고 그 달성방법을 결정하는 기능<br>• 조직 안팎의 여건을 분석하고 나아갈 방향을 결정하고 구체적인 추진 일정과 예산을 편성 |
| 조직 (Organizing) | • 조직 목표달성에 필요한 일들을 나누어 권한과 함께 개별 구성원이나 팀에 할당하고 그 수행 결과가 다시 통합될 수 있도록 구조적 짜임새를 갖추는 과정<br>• 상승효과(synergy effect): 각 부분이 개별적으로 올릴 수 있는 성과의 합보다 전체로서 더 큰 성과를 내는 것 |
| 지휘 (Leading) | • 사람들이 목표달성을 위하여 열정을 갖고 일하도록 만드는 과정<br>• 경영자가 주어진 권한을 적절하게 행사하면서 부하들의 행동변화를 의도적으로 유발 |
| 통제 (Controlling) | • 목표를 달성하기 위해서 진행 상황을 평가하고 필요한 시점 조치를 취하는 과정<br>• 정보 시스템 활용으로 신속 · 정확 · 다양한 분석으로 경영자의 통제 능력이 향상 |

그림 8-4 고객의 소리(VOC) 시스템 흐름도

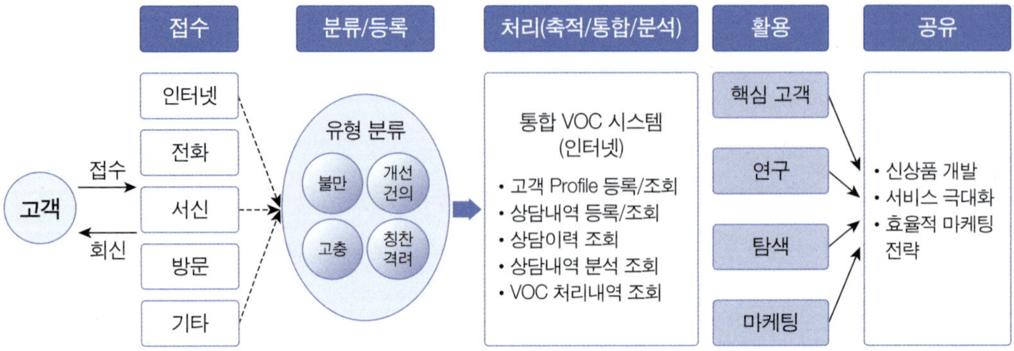


계화하기 위해서는 [그림 8-4]에서와 같은 방식으로 '고객의 소리 시스템'을 구축하여 이를 모든 기업의 고객만족 관련 활동에 반영하는 흐름으로 혁신되어야 한다. 즉, 다양한 채널로부터 수집된 고객의 소리를 시스템에서 접수하여 유형을 분류하여 등록하고, 이를 통합적으로 처리하고 결과는 최초 제기한 고객에게 회신한다. 그리고 분석한 내용은 각 고객 관련 부서에서 우수 사례 확산 및 고객만족 개선과제 도출 등에 활용하고, 이를 해당 업무에서 공유한다. 즉, 이러한 고객 중심의 활동으로 프로세스를 재설계하여 고객만족을 제고시키는 활동이 체계적으로 실행되는 경영이 바로 고객만족경영이다.

제조업에서와 마찬가지로 서비스 부문에서도 수요보다 공급이 많아져 경쟁이 치열해졌기 때문에, 공급자 중심적 사고에서 소비자 중심적 사고로 전환할 수밖에 없게 되었다. 따라서 기업의 목적은 서비스를 제공하는 것 자체가 목표가 아니라 고객만족도를 높여야 지속 가능한 기업으로서 생존하고 성장할 수 있다는 확고한 가치를 인식해야만 한다. 이와 같이 [그림 8-5]에서는 고객만족을 지향하는 서비스 기업에서 실행할 수 있는 전형적 고객만족경영의 체계적인 프로세스 모형을 보여 주고 있다.

고객만족경영을 위해서는 우선 고객만족이념의 확립이 있어야 한다. 기업 전체의 전사적인 목표와 비전의 확립이 필요하다. 또한 추진 과제 및 활동이 정의되면 이를 추진할 수 있는 조직을 구성하여야 한다. 고객만족 추진 전담팀과 부족한 부문에 관한 외부 전문기관의 협력이 필요하다. 그리고 고객만족을 위해 필요한 정보 시스템의 구축이 필요하다. 다음 단계는 고객만족경영 프로세스를 실행하면서 정기적 · 정량적으로 고객만족도 조사를 실시하고 분석하며 핵심 프로세스가 고객 지향적으로 실행되는지 평가한다. 마지막 단계는

**그림 8-5** 고객만족경영의 프로세스

| | |
|---|---|
| 계획<br>(Planning) | 고객만족 이념 확립 및 목표 설정<br>• 기업의 목적과 가치 활동 이해<br>• 고객의 가치 활동의 명확한 이해 및 목표 설정<br>• 고객만족 현행 수준 진단 및 문제점 분석<br>• 신규 과제 도출 및 활동 계획 수립 |
| 조직<br>(Organizing) | 고객만족 추진 조직 편성(최고경영자, CS 추진 위원회, 추진 사무국, 프로세스 관리자, 프로세스 팀원)을 통한 CS 추진의 기반 구축<br>• 추진 과제별 이행 조직 편성<br>• 고객만족관리 정보 시스템 구축[고객의 요구사항 및 가치 파악을 위한 고객만족 정보 시스템, 고객만족도 조사 시스템, 고객의 소리(VOC) 듣기 시스템, 관련 사내 정보수집 시스템] |
| 지휘<br>(Leading) | 고객만족 목표달성 프로세스 실행<br>• 기업의 경영 프로세스 고찰과 CSI(Customer Satisfaction Index) 조사<br>• 핵심 프로세스별 중점 관리 및 핵심 성공 요인 도출과 관리(동기부여, 복지, 인센티브, 보상 등) |
| 통제<br>(Controlling) | 고객만족 상황 평가 및 조치<br>• 계획 대비 실적 평가<br>• 문제점 도출 및 해결책 제시 |

고객만족과 관련된 현행 상황과 추진과제의 실행 결과를 분석하여 문제점을 분석하고 해결책이 시행되도록 한다.

## 나. 고객만족경영의 실행

우선 기업에서 고객이 중심이 되는 명확한 철학이 있어야 한다. 확고한 철학만큼 회사를 변화시키는 것은 없다. 미국의 델컴퓨터의 설립자인 마이클 델은 '무조건 고객에 미쳐라'라는 고집스런 경영철학을 가졌으며, 이와 같은 고객 중심적 철학 아래 '고객으로부터 직접 주문 판매'라는 혁신적인 판매 시스템이 개발되었고 대기업의 성장으로 이어졌다. 즉, 기업에서 고객 중심의 철학은 종업원들에게 고객 지향적 행동을 유발하는 동인이며 기업 차원에서의 의사결정에 적용되는 최고의 기준이 된다. 따라서 모든 구성원들이 명확한 고객 중심적인 철학을 정립하고 공유해야 한다.

리츠칼튼 호텔은 탁월한 서비스로 명성이 높은 고급 호텔체인이다. 상위 5%의 비즈니스 고객과 레저여행객들을 목표 고객으로 하고 있는데, 투숙객의 90% 이상이 재방문한다. 리츠칼튼 호텔의 CEO인 허스트 슐츠(Horst Schulze)는 "고객은 항상 변하므로 고객의 소리에 끊임없이 귀를 기울여라. 만약 고객을 완벽하게 만족시켰다면 그 고객에게 더욱 귀를 기울이고 변하는지를 확인하라. 만약 고객의 기대가 바뀌었다면 그들에게 맞춰 바뀌어라"라고 강조한다. 따라서 기업에서는 이러한 고객들의 특성을 인식하여, 기존 고객들의 불만과 기대를 파악하는 고객만족도 조사를 통해 기업이 현재 제공하는 서비스의 만족 수준을 정확히 파악하여 지속적으로 변화하는 고객의 욕구에 대응하는 체계적 프로세스가 반드시 필요하다. 고객으로부터 듣는 비용은 그로부터 얻는 효과보다 매우 작다.

전 세계 362개 글로벌 기업의 임원을 대상으로 한 글로벌 컨설팅 기업의 조사에서 응답자의 95%가 '우리 회사는 고객 지향적인 전략을 사용하고 있다'고 답했다. 또한 직원들의 80%는 '우리는 경쟁사와 차별화된 우수한 제품과 서비스를 제공하고 있다'고 답했다. 그러나 그들의 고객들은 '당신이 거래하는 기업이 경쟁사보다 차별화되고 우수한 제품과 서비스를 제공하고 있는가?'라는 질문에 불과 8%만이 '그렇다'라고 응답했다.

고객만족도 평가에서 나타난 결과를 고객만족 프로세스에 반영하고 개선해야 한다. 만족도가 낮은 특정 항목에 대해서는 원인을 규명하고 해당 영역의 문제점을 개선하기 위한 추진과제를 도출하여 실행한다. 이를 위해서는 내부 회의나 벤치마킹, 컨설팅 등 다양한 방법들을 활용할 수 있다. 그리고 새로운 고객만족경영의 활동과 지표를 설정한다. 이와 같이 설정된 고객만족활동과 활동별 목표는 구성원의 동인으로서 기업에서 서비스 수준을 향상시키게 되는 새로운 프로세스 체계가 된다.

### 다. 고객만족경영의 성과

고객만족을 추구하는 서비스 기업의 관점은 기업의 고객만족을 위한 노력이 단순한 비용이 아니라, 고객만족 자체가 미래 수익률을 높이고자 하는 중요한 투자로서 인식한다.

사우스웨스트항공의 창업주로서 CEO였던 허브 켈러허 회장은 "우리는 직원들에게 '수익에 대해서는 걱정하지 마라. 고객 서비스에 대해서만 생각하라'고 말한다. 수익은 고객 서비스의 부산물이다. 수익은 본질적으로 목표가 될 수 없다. 그것은 여러분들 서로 간의 관계, 그리고 외부 세계와의 관계 맺음 방식과 그 노력에 의해 얻어지는 것이다"라고 하였다.

따라서 고객만족경영을 추구하는 기업에서는 수익률을 목표로 하지 말고 고객만족을 목표로 경영해야 한다. 이를 간단히 표현하면 [그림 8-6]과 같다.

그림 8-6 고객만족경영의 결과

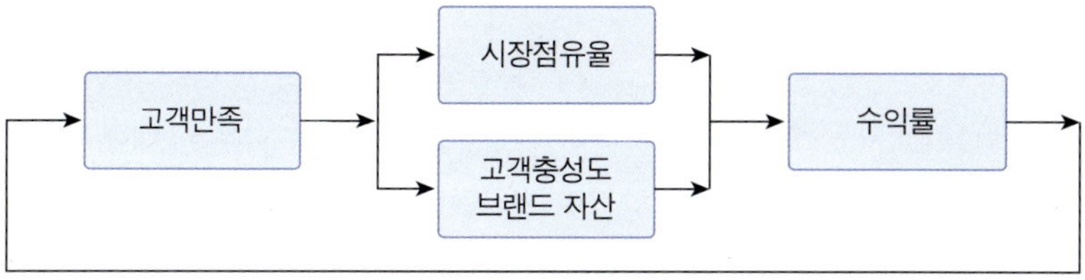


또한 고객만족경영이 궁극적으로 기업의 성과를 높이는 연결관계를 더 상세히 표시하면 [그림 8-7]과 같다.

가장 핵심적인 효과로는 매출의 증가와 비용의 감소를 들 수가 있다. 매출의 증가는 신규 고객 유치에서 이루어지며, 한편으로는 고객의 고정화, 즉 기존 고객을 유지함으로써 파생되기 때문에 브랜드 로열티(brand royalty)가 중요하다. 브랜드 로열티는 특정 브랜드에 대한 소비자의 선호도 및 지지도를 뜻한다. 특히 성숙시장에서 "신규 고객 창출에 소요되는 비용이 기존 고객을 유지하는 데 드는 비용의 5~10배 이상이며, 고객이탈률을 5% 줄이면 약 25%의 이익이 증가되고 고객으로부터 획득할 수 있는 평생가치는 85%가 증대된다"라는 분석이 있음을 고려하면, 기존 고객의 재구매 또는 반복구매로부터 유발되는 매출의 극대화가 매우 중요하다. 고객욕구 예측을 통한 판매비용 절감 또한 기업 비용의 절감으로 이어진다. 여기서 예측된 고객들은 이미 고객만족을 경험한 기존 고객이며, 이들은 재구매 시 새롭게 설득할 필요가 없어 판매비나 광고비 등을 절감시킬 수 있다. 또한 그들의 기대 수

그림 8-7 고객만족경영이 기업성장에 영향을 미치는 구조

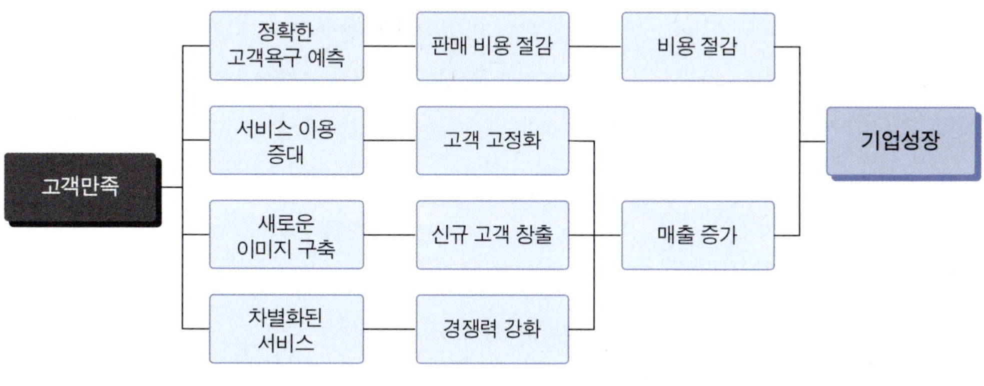

준 역시 예측 가능하기에 불필요한 비용을 감소시킬 수 있다. 여기서 절약된 시간이나 비용을 다시 고객만족에 투입할 수 있어 선순환의 구조를 보이기도 한다.

성공적인 고객만족경영 사례는 스타벅스에서 볼 수 있다. 스타벅스에서는 디지털 벤처라는 부서를 슐츠 회장의 결정으로 신설했다. 이 부서의 노력으로 매장 안에서 와이파이를 무료로 제공하고 스마트폰과 관련한 결제 기능이 추가되었다. 스타벅스 선불카드에 예치되어 있는 금액이 웬만한 로컬뱅크 예금보다도 더 높다고 한다. 단순 커피 체인이 아니라 디지털 금융으로도 전환해 나갈 수 있는 씨앗을 디지털 기술이 제공을 했다는 의미이다. 맥도날드 역시 마찬가지다. 키오스크를 만들어서 거기서 바로 버거를 주문하도록 한다. 미국에서는 아예 자신이 직접 버거를 커스터마이징할 수 있는 기능까지도 키오스크에 넣었다.

아마존에서는 고객을 소비자, 판매자, 기업, 그리고 콘텐츠 제공자 등 4개 그룹으로 구분하고 관리하는데, 특히 소비자 중심 기업이 되는 것을 추구한다. 소비자가 만족하면 다른 고객들도 결국 만족할 수 있는 상황에 이르게 된다는 신념을 지키고 있다.

월트디즈니사의 디즈니월드 리조트는 미국 플로리다 주 중앙부에 위치한 올란도에 있는 세계에서 가장 큰 테마 파크이다. 4개의 테마 파크, 2개의 워터 파크, 32개의 테마 호텔 및 리조트와 많은 수의 쇼핑, 식사 및 엔터테인먼트 지역으로 이루어져 있다. 디즈니 역시도 2011년에 고객만족도가 떨어지는 현상을 발견하였다. 그래서 마이매직 플러스라는 혁신 프로젝트를 시작했는데, 스마트 밴드가 핵심이다. 이 밴드를 착용하면 디즈니월드 내에서 고객들이 어떤 액션을 취하고 있는지에 대한 데이터를 실시간으로 파악할 수 있다. 그리고 파악한 데이터로 고객만족에 유연하게 대응한다. 예를 들어, 어떤 영역에 위치한 고객들이 과밀된 시점에서는 고객만족도가 떨어지는데, 그럴 때 그 짜증지수를 낮춰 줄 수 있는 특별 조치를 실시간으로 취할 수 있다. 실제로 90% 이상의 방문 고객이 '굉장히 좋다, 효과적이다'라고 평가했다.

고객만족경영이 기업성장에 긍정적 영향을 미치는 것과는 반대로 [그림 8-8]은 고객만족경영의 실패로 인한 고객의 불만족이 기업에 미치는 영향을 도표로 나타낸 것이다.

고객불만족은 고객욕구를 정확하게 예측하는 데 부정적인 영향을 준다. 고객의 기대욕구가 어느 정도인지 부정확하게 파악되기 때문에 서비스를 제공할 때 과다한 비용을 사용하고 또한 불만족한 고객들을 새롭게 설득해야 하기 때문에 판매 · 광고비 등 새로운 비용이 발생하게 된다. 한편 불만족스러운 서비스를 경험한 기존 고객들은 다른 기업으로 이동하게 될 가능성이 크며 잠재적으로 존재하던 고객 역시 등을 돌릴 가능성이 크다. 이는 기업의 직접적인 매출 감소로 이어지게 되며, 비용 상승과 매출 감소는 결국 기업가치 하락으로 이어진다.

**그림 8-8** 고객만족경영 실패가 기업에 부정적 영향을 미치는 구조

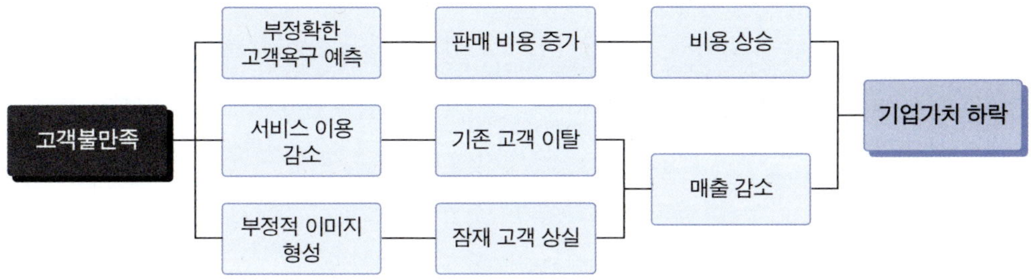


널리 알려진 고객만족경영의 실패 사례로서는 맥코믹(McCormick)이라는 기업이 있다. 미국에서 125년 동안 후추 같은 스파이스 등 100여 가지의 양념을 생산하여 왔던 이 기업은 변화하는 고객의 욕구를 파악하지 못한 채 '최상품을 만들어라. 누군가 그것을 살 것이다(Make the best. Someone will buy it)'라는 시대착오적인 철학을 유지한 결과 매출과 점유율이 큰 폭으로 하락하는 결과를 보였다. 시대가 변할수록 맞벌이 부부들이 많아져 직장과 가정에서의 과중한 일로 인해 피곤한 주부들은 간편한 양념을 요구했는데, 이 기업에서는 간편성보다는 최상의 양념이라는 철학을 유지했고 이는 변화된 고객의 욕구를 만족시키지 못한 것이다.

특히 최근에 [그림 8-9]에서와 같이 고객만족도가 고객의 재구매를 의미하는 충성도와 비례관계가 있는 것으로 알고 있던 사람들에게 충격적인 것은 '하키 스틱' 만족도 모형이 실

**그림 8-9** 고객만족 수준과 고객충성도의 관계

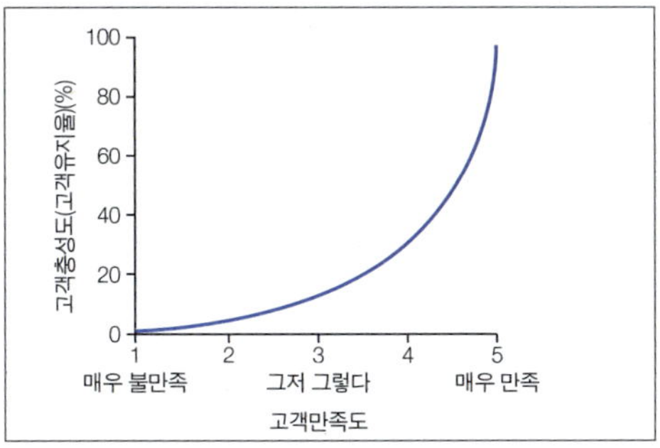


고객만족과 충성도의 비례관계

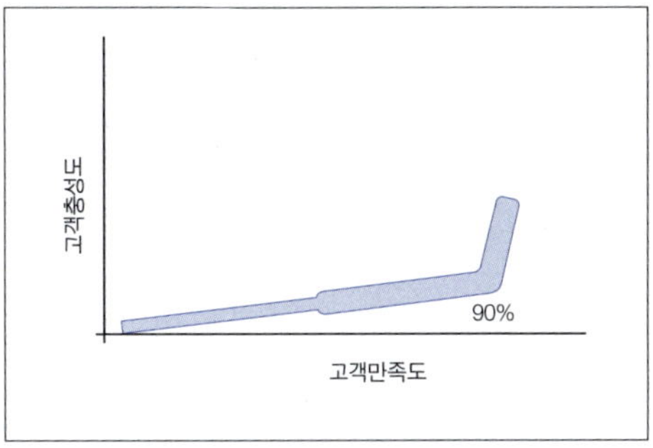


'하키 스틱' 만족도

증된 것이다. 즉, '하키 스틱' 만족도 모형에서는 만족과 고객충성도의 상관관계는 일직선이나 곡선을 그리는 비례관계가 아니라 하키 스틱처럼 활 모양을 그리고 있었던 것이다. 즉, 연구조사에서 5점 만점에 '만족한다'는 4점 정도에 응답한 사람들의 충성도는 의미가 없었다는 결과를 보여 주는 것이므로, 충성도에 의미 있는 만족도는 최고 수준의 만족도에 응답한 고객들만으로 한정해야 한다는 것이다.

## 1.4 고객 지향적 서비스

[그림 8-10]에서와 같이 전통적 기업조직에서는 최고경영자가 최상층, 현장 직원과 고객이 맨 아래에 위치하는 피라미드 형태의 조직이었다면, 고객 지향적 서비스 기업의 조직에서는 조직도에서 고객이 최상층, 최고경영자가 가장 아래에 위치하는 역피라미드형의 조직이다.

서비스 기업의 역피라미드형 조직의 의미는 유연성과 외부지향성을 바탕으로 종래 외부자로 인식한 고객을 기업 내부자로 인식, 위계형 피라미드를 뒤집은 형태의 조직구조이다. 즉, 최고경영층이 중간관리층을 지원하고, 중간관리층이 현장 직원을 지원하며, 현장 직원은 고객을 지원하는 방식으로 조직 구성원 전체는 일선작업자가 고객 서비스를 향상시키는 데 필요한 자원을 제공해야 한다. 서비스 접점에서의 종업원에게 권한을 위양하고 관리자는 서비스 접점의 종업원을 지원하는 조직이다. 그리고 고객중심경영 기업에서의 관리자란 지시하고 권위를 지키는 카리스마의 관리자가 아니라 조직의 리더로서 솔선하는 관리자를

**그림 8-10** 전통적 기업 조직과 고객 지향적 서비스 기업의 조직

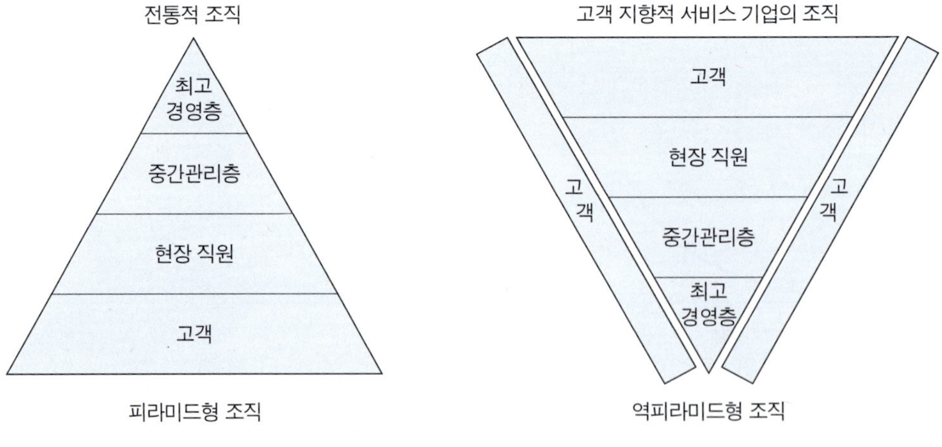

요구한다. '보스는 단 한 사람, 고객뿐이다. 고객은 회장에서부터 하부의 구성원들까지 모두 해고할 수 있는 능력이 있다. 고객이 다른 곳에 돈을 쓰면 결국 우리는 일자리를 모두 잃을 수밖에 없다'는 것이 월마트 샘 월튼(Sam Walton) 회장의 지론이다.

또한 전통적 기업 조직과 고객 지향적 서비스 기업의 조직을 다양한 시각에서 비교한 내용이 〈표 8-3〉에 나타나 있다. 역피라미드형 조직은 고객만족을 위해 서비스 품질이 좋은 조직이 성과가 높고 이를 위해서는 종업원의 활동을 적극 지원하는 조직이 되어야 함을 강조하고 있다.

**표 8-3** 피라미드형 조직과 역피라미드형 조직의 비교

| 시각 | 피라미드형 조직 | 역피라미드형 조직 |
|---|---|---|
| 이익 · 원가에 대한 전제 | • 자본 · 노동생산성이 이익을 낳는다. | • 서비스 품질이 높아야 이익이 발생한다. |
| 종업원에 대한 시각 | • 할당된 일을 실행하기 위한 존재<br>• 직무표준의 엄수 | • '결정적 순간'을 관리하는 존재<br>• 성과에 커다란 영향을 미친다. |
| 평가 기준 | • 내부 기준에 따라 측정 | • 고객만족의 정도로 측정 |
| 관리자에 대한 시각 | • 조직구조에 근거한 관리<br>• 표준에 의해 관리하고 종업원을 복종시킴 | • 서비스 문화의 창조와 유지<br>• 종업원의 활동을 지원함 |
| 조직에 대한 시각 | • 구조, 절차, 규율에 근거한 관리 | • 일선종업원에 대한 지지와 자원배분 |
| 경영자의 요구 | • 조직, 상사에의 충성 요구 | • 고객에게 충성 요구 |

**그림 8-11** 고객만족의 구성 요소: 은행의 사례

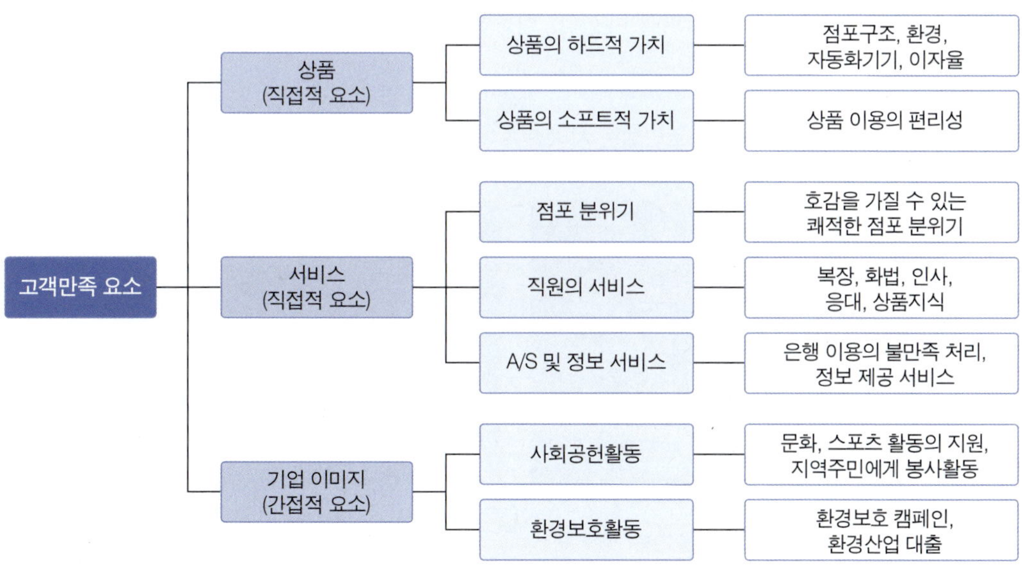

서비스 기업에서 고객만족을 위한 3개 핵심 요소로서는 [그림 8-11]에서와 같이 상품, 서비스, 기업 이미지가 있으며, 은행을 사례로 보여 주고 있다.

## 제2절 고객가치

새로운 서비스 패러다임은 '고객만족'의 개념에서 한걸음 더 진화된 '가치 전달'이다. 즉, 탁월한 서비스 기업에서는 고객만족을 위해서 "상품을 팔지 말고 가치를 사게 하라"고 강조한다. 미래를 이끌어 갈 탁월한 서비스 기업들은 자기만의 가치와, 고유한 스토리를 구현하고 이를 고객과 공유하고 공감하는 것을 목표로 한다.

서비스에서 가치를 구매하는 21세기의 고객은 단지 왕으로 군림하는 대접을 받기보다는 고객 자신에게 의미 있는 가치를 직접 체험하고 다시 사회에 퍼뜨리는 영웅이 되고자 한다. [그림 8-12]에서 보는 바와 같이 새로운 서비스 패러다임에 적응하면서 선도적으로 새로운 서비스 가치를 추구하는 고객들은 교통이 불편하고, 생필품이 부족한 제3세계(에티오피아, 과테말라, 엘살바도르 등 23개국)를 돕는 '탐스(Toms, Tomorrow's Shoes: 내일의 신발)'의 신발을 신고, 동물 실험 반대, 과대 포장 반대, 환경보호 등의 차원에서 팜 오일(palm oil)을 사용하지 않고, 식물성 오일을 사용하는 '러쉬(LUSH)'의 비누를 이용하며, 공정무역의 컨셉을 지향하는 '스타벅스' 커피를 마신다. 이들은 자신이 '영혼을 지닌 한 인간'임을 증명해 줄 서

**그림 8-12** 고객가치 향상을 위한 스토리텔링 서비스

탐스(Toms) 신발
(1켤레를 사면 1켤레를 지원)

'러쉬' 비누
(천연원료만 사용)

비스를 찾고 있다. 따라서 기업은 가치를 담은 이야기(스토리)를 만들고 직원들로 하여금 그 가치에 공감하게 한 뒤 이를 바탕으로 고객과 관계를 맺는 감동적인 스토리텔링 서비스를 만들어 내야 한다.

고객가치는 1990년대 미국이나 일본 등지에서 기업경영 활동의 경쟁력 제고 차원에서 전략적으로 도입하기 시작하여 2000년대에 들어서서는 고객관계관리(Customer Relationship Management: CRM)에서 경영 전략의 핵심가치로 인식되고 있다. 고객가치는 다음 공식에서 볼 수 있듯이 고객이 가격을 지불하고 제공받는 상품이나 서비스를 사용하면서, 고객이 주관적이고 종합적으로 느끼는 효용을 말한다.

$$\text{고객가치} = \frac{\text{고객에게 인지된 서비스 결과물} + \text{서비스 과정상의 품질}}{\text{고객이 지불하는 대가} + \text{서비스를 제공받는 데 드는 비용}}$$

고객가치는, 고객만족의 개념과 거의 흡사하지만, 구매나 이용 결과에 대한 고객의 구매를 통한 체험적 과거 분석적 개념보다는, 고객만족 개념과 함께 고객이 지닌 충성도까지 포함하는 개념이다. 또한 고객이 얻고자 하는 기대 효용으로 종전에는 주로 마케팅 4P 믹스 요소인 Product(제품), Price(가격), Place(유통), Promotion(촉진)의 중심에서 접근했지만 이제는 4P 믹스뿐만 아니라 고객의 가치를 충족시키는 입장에서 고객과의 커뮤니케이션, 고객참여 활동, 지식정보 및 상품 제공과 융합하는 개념으로 접근하고 있다.

위 공식에서 시사하는 것은 고객가치를 인정받기 위해서는 첫째, 고객에게 제공된 서비스 결과물로서 서비스를 사용해야 할 필요성에 대한 합당한 이유를 설명하여야 하며, 서비스 과정상의 품질, 즉 서비스를 고객에게 전달하는 방식이 고객에게 제공된 결과물 이상으로 중요하다(분자를 크게). 또한 둘째, 고객이 지불하는 대가는 지속적으로 서비스를 개선하려는 노력이 서비스 품질뿐만 아니라 비용 절감 효과를 가져다줄 수 있도록 고려되어야 하며, 서비스를 제공받는 데 드는 비용이(고객들이 금전적인 가치에만 관심을 가지는 것은 아니지만) 최소화되어야 한다(분모를 작게).

Sheth 등의 연구(1991)에서는 고객이 구매 선택을 하는 데는 여러 가지 소비 가치 차원의 영향을 받고 있다고 밝히면서, 기능적 가치, 조건부 가치, 사회적 가치, 감정적 가치, 인식론적 가치라는 5가지 차원의 틀을 제시하였다. Anderson 등의 연구(1993)와 Gupta와 Lehmann의 연구(2005)에서도 이와 유사하게 경제적 가치, 기능적 가치, 심리적 가치 등 3가지 범주에 마지막으로 창의적 가치를 추가하여 4가지로 구분하고 있다. 특히 이들 4개 유형의 가치는 서로 연결되어 순환 고리의 관계를 갖는다고 하였다.

① 경제적 가치: 고객이 서비스를 구매함으로써 얻은 재정적 이익으로서, 대체 상품(상품

이 존속되는 수명 기간 동안)과 반대로 특정 상품을 사용함으로써 얻은 순 화폐적 이점 관점에서 평가하는 가치이다.

② 기능적 가치: 주어진 서비스에 대한 성능 특성으로부터 고객에게 발생하는 측정 가능한 기능적 또는 실용적인 이익을 의미한다.

③ 심리적 가치: 해당 서비스의 브랜드 이름, 이미지 및 특정 브랜드 등과 같은 무형 자산으로부터 얻은 심리적 이득을 의미한다.

또한 고객이 지향하는 가치의 유형은 크게 가격 지불 가치, 이용 효익 가치, 대화관계 가치, 지식정보 창출 가치, 관계 형성 가치, 고객 로열티 가치 등으로 파악할 수 있다.

① 가격 지불 가치: 지불 비용에 대한 만족 가치를 말한다. 고객은 가치를 기대하며 가격을 지불하고 가치를 경험한다. 고객은 가치를 얻을 때 기꺼이 값을 치른다. 로열티와 매우 밀접한 관계가 있다.

② 이용 효익 가치: 유점포의 경우에는 구매 장소나 비대면 접촉 시 상담, 접촉 편리성, 주문 절차의 용이성 등 이용상에 있어서의 서비스 효익 가치를 말한다. 무점포의 경우 역시 접촉 편리성, 주문 절차나 이용의 편리성, 신뢰성, 사후 안정이나 서비스의 보장 등 이용 효익의 가치를 지니게 된다.

③ 대화관계 가치: 고객은 더 이상 물건만 구매하는 구매자가 아니라 콜센터나 인터넷 방문을 통해서 대화하고 상담하며, 관계 형성을 바라는 가치까지 지니고 있다. 경우에 따라서는 기업이 고객에게 직접 묻거나 모니터링할 수도 있다.

④ 지식정보 창출 가치: 고객은 새로운 신상품 출시에 대한 정보와 지식뿐만 아니라 상품 설명서의 이해, 생명과 안전을 위협하는 사전인지, 그리고 어떤 상품이나 서비스를 비교 판단할 수 있는 정보를 가질 수 있는 관리와 책무를 동시에 지니고 있다.

⑤ 관계 형성 가치: 고객은 자신이 구매하는 제품이나 서비스에 대해서 만족감과 로열티를 인지하면서 점차 같은 제품이나 서비스를 이용하는 다른 사람들과의 모임, 클럽, 멤버십을 결성하려는 의지를 보이며 적극적인 참여를 통해 지속적인 관계를 형성하고자 한다.

⑥ 고객 로열티 가치: 고객만족의 개념을 넘어서는 고객이 지니는 충성도를 말한다. 고객 로열티는 한 번 고객이 되면 평생 고객이 되어 거래관계를 유지하는 속성을 의미한다. 따라서 고객의 반복구매 성향, 기업이나 제품에 대한 신뢰성, 추천성, 지지성 등의 특성을 지니고 있다.

그림 8-13 고객충성도 향상 프로그램을 통한 고객가치 향상 프로세스

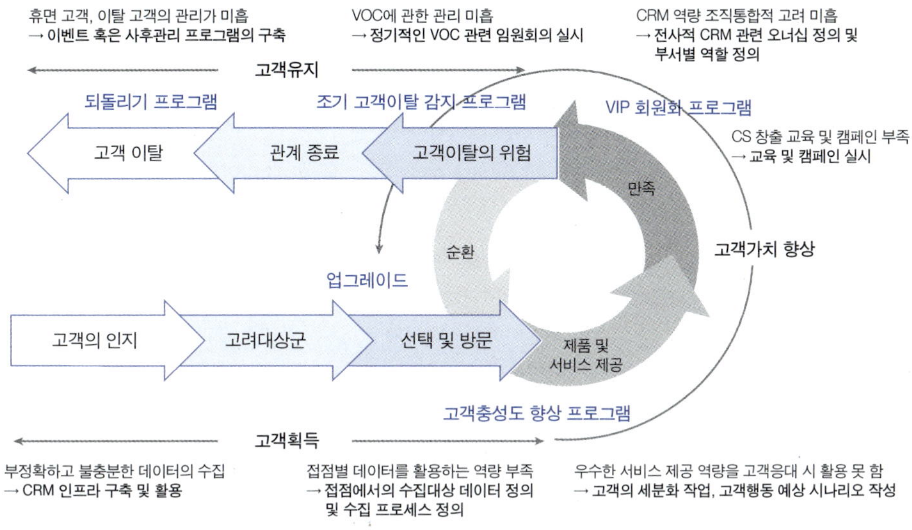


대부분의 서비스 기업들이 [그림 8-13]에서와 같은 고객획득으로부터 고객충성도 향상 프로그램을 통한 고객가치의 향상, 고객유지까지의 활동을 계획하고 실행 및 모니터링하는 프로세스를 운영하고 있다.

# 제3절 서비스 실패와 회복

## 3.1 서비스 실패

### 가. 서비스 실패의 개념

서비스 실패는 〈표 8-4〉에서와 같이 서비스 과정이나 결과에서 고객의 불만족을 야기하는 만족스럽지 못한 경험을 고객에게 제공하는 서비스 문제이다. 서비스를 공급하는 동안에 발생하는 여러 가지 실수들로서 고객에 대한 서비스 약속 위반이나 혹은 여러 형태의 서비스 오류 등을 포함하며, 마치 유형재에서의 불량품과 같은 개념이다.

**표 8-4** 서비스 실패의 정의

| 연구자 | 서비스 실패의 정의 |
|---|---|
| Johnston(1995) | 서비스 과정이나 결과에 있어서 무엇인가 잘못된 것 |
| Zeithaml, et al. (1993) | 고객의 인지된 인내 영역 이하로 떨어지는 것 |
| Berry, et al. (1991) | 책임이 불분명하여 초래된 서비스 과정이나 결과에 대한 과실 |
| Heskette, Sasser, & Hart(1990) | 서비스 과정이나 결과에 대하여 서비스를 경험한 고객이 좋지 못한 감정을 갖는 것 |
| Bell & Zemke (1987) | 고객의 기대 이하로 심각하게 떨어지는 서비스 결과를 경험하는 것 |

흔히 많은 서비스 기업에서는 어느 경우에 고객들이 만족하고 어느 경우에 불만족하는지, 특히 서비스 실패에 대해서 구체적으로 어떤 상황인지 명확하게 설명하지 못하는 경우가 많다. 〈표 8-5〉에서는 호텔을 대상으로 만족 고객과 불만족 고객이 당면하는 몇 가지 특수한 구체적 상황을 예시로 보여 주고 있다. 서비스기업에서는 특수한 상황별로 서비스 실패를 명백히 규정하고 실패에 이르지 않도록 상황 대처 방안을 표준프로세스로서 처리할 수 있어야 한다.

**표 8-5** 호텔에서의 만족 고객과 불만족 고객의 특수한 상황 예시

| 그룹 | 항목 | 만족 고객의 상황 | 불만족 고객의 상황 |
|---|---|---|---|
| Group 1: 서비스 전달 시스템 오류에 대한 종업원의 반응 | A: 부족한 서비스 상황에 대한 반응 | 내가 방을 예약한 자료가 없어졌으나 매니저가 와서 대신 VIP룸을 같은 가격에 배정해 주었다. | 사전에 방을 예약하고 호텔에 도착하였으나, 방이 없었고, 사과는커녕 설명도 없었으며, 다른 호텔 방을 알아봐 주지도 않았다. |
| | B: 비정상적으로 느린 서비스에 대한 반응 | 한 시간 반 동안 기다린 것에 대해 불평을 하지 않았음에도 불구하고 여종업원은 계속 사과를 하면서 계산을 무료로 처리해 주었다. | 항공사 직원들은 계속 엉터리 정보만 알려 주었다: 한 시간 지연될 것이라던 비행기가 6시간이나 지연되었다. |
| | C: 기타 핵심 서비스 실패에 대한 반응 | 내가 시킨 새우 칵테일이 반쯤 얼어 있었다. 여종업원은 사과를 하면서 식사 대금을 받지 않았다. | 내 여행 가방은 마치 3만 피트 상공에서 떨어진 것처럼 온통 흠 투성이였다. 망가진 수하물에 대한 손해배상을 요구하자 종업원은 은근히 내가 거짓말을 하면서 돈을 뜯어내려 하는 것인 양 생각하는 것 같았다. |

| | | | |
|---|---|---|---|
| Group 2: 고객욕구와 요청에 대한 종업원의 반응 | A: '특별한 욕구'를 가진 고객에 대한 반응 | 승무원은 내가 멀미를 하는 우리 아이를 안정시키고 돌볼 수 있도록 도와주었다. | 스튜어디스가 어린 내 아들을 처음부터 끝까지 도와주도록 되어 있었다. 그러나 Albany 공항에 덜렁 내려놓고 가버려서, 아무도 연결편 비행기 탑승구까지 데려다 주지 않았다. |
| | B: 고객선호에 대한 반응 | 프론트 데스크의 직원이 여러 군데 전화로 알아보더니 내가 가고 싶었던 시애틀 Mariners팀의 오프닝 게임 티켓을 구해 주었다. | 날이 더워서 여종업원에게 테이블을 옮겨 달라고 요청했지만 빈자리가 없다고 거절하였다(자신이 팁을 받을 수 있는 지역의 자리가 꽉 찼다는 이유로…). |
| | C: 실수 인정한 고객에 대한 반응 | 비행기에 안경을 두고 내렸으나 승무원이 이를 찾아서 무료로 호텔까지 우송해 주었다. | 차가 고장 나서 비행기를 놓쳤는데, 서비스 데스크 직원은 다른 항공편을 알아봐 주려고도 하지 않았다. |
| | D: 다른 고객을 방해할 가능성이 있는 사람에 대한 반응 | 매니저는 우리에게 방해가 되지 않도록 바(bar)에서 거슬리게 구는 친구를 계속 주시하고 있었다. | 호텔 직원들은 새벽 3시까지나 시끄럽게 떠들어대는 친구들을 전혀 제지하지 않았다. |
| Group 3: 재촉/요청하지 않은 종업원 행동 | A: 고객에 대한 관심 | 웨이터는 나를 마치 왕처럼 대해 주었다. 진정으로 나에게 세심한 배려를 해주는 것처럼 보였다. | 프론트 데스크에 있는 여직원은 우리가 마치 자기를 귀찮게 구는 것처럼 행동하였다. TV를 보고 있던 그녀는 호텔 손님보다는 TV에 더 관심을 쏟고 있었다. |
| | B: 비정상적인 종업원의 행동 | 우리는 여행하면서 늘 곰 인형을 가지고 다닌다. 외출한 후에 호텔 방에 돌아와 보니 청소하는 아주머니가 곰 인형을 의자에 가지런히 놓아두었다. 곰 인형들은 손을 맞잡고 편안하게 앉아 있었다. | 저녁 메뉴를 고르려면 몇 분이 더 필요했다. 그런데 여종업원이 대뜸, "지도나 보시지 말고 메뉴를 들여다보셨으면 뭘 시키실지 아셨을 텐데…."라고 말하는 것이었다. |
| | C: 문화적 규범에 따른 종업원의 행동 | 테이블을 치우던 종업원이 우리에게 뛰어와서는 내 친구가 테이블 밑에 떨어뜨린 50달러를 가져다주었다. | 고등학교 졸업 파티를 마치고 고급 레스토랑에 갔었는데 우리가 어린 학생이라고 웨이터가 소홀하게 대하는 것 같았다. |
| | D: 형태(Gestalt) 평가 | 전반적으로 기분 좋은 경험이었다. 모든 것이 순조롭고 완벽하였다. | 그 비행은 완전히 악몽과도 같았다. 한 시간 지체될 거라던 착륙은 3시간 반이나 지체되었다. 조종사와 스튜어디스는 막 파업이 일어나려던 상황 때문인지 싸움만 하고 있었다. 착륙도 아주 거칠었다. 무엇보다도 황당한 것은 비행기가 멈추자 맨 먼저 조종사와 스튜어디스가 내리는 것이었다. |
| | E: 어려운 상황하에서의 서비스 수행 | 카운터의 직원은 분명히 스트레스를 받고 있었지만 꾹 참고, 직업의식에 투철하게 행동하였다. | – |

## 나. 서비스 실패의 유형

서비스 기업에서 제공한 서비스에서 실패로 식별될 수 있는 유형은 다음과 같다.

① 정책의 실패: 서비스 기업의 정책이 불공평하다고 고객이 느끼는 경우

② 속도가 느린 서비스나 이용할 수 없는 서비스: 매장에 점원이 절대적으로 부족하거나 숙련되지 못한 종업원에게서 서비스를 받거나, 적정한 시간을 지키지 못하거나 또는 적정 물량의 재고를 판매 가능한 상태로 보충하지 못한 경우

③ 시스템 가격 오류: 진열대에 제시한 가격과 개별 제품의 정산 시점에서의 가격이 일치하지 않을 때 발생하는 실패

④ 포장 오류: 포장의 표찰이 부정확하거나 포장에 다른 제품이 들어 있거나 또는 포장에 일부 부품이 누락된 상태에서 고객에게 전달된 경우

⑤ 재고 부족: 고객이 특정 품목을 확인한 후, 구매하기 위하여 매장을 방문하거나 주문했을 때, 해당 품목이 실제로 판매할 수 없는 경우

⑥ 제품 결함: 가장 많은 실패가 일어나는 분야 중의 하나이며, 제품 결함의 대부분은 제조업체의 책임인데도 불구하고 많은 소비자가 그 책임을 판매업체에 지우는 것이 일반적임

⑦ 보관 실패: 이미 판매 예약된 제품을 다른 사람에게 판매하여 선구매 고객에게 제공할 수 없는 경우

⑧ 변경과 수선: 어떤 제품의 변경과 수선 과정에서 발생하는 실패로서, 예를 들면 의복의 잘못된 디자인 변경이나 제품을 수리한 결과가 고객요구와 불일치하는 경우

⑨ 부정확한 정보 제공: 고객이 부정확한 정보를 제공받았기 때문에 발생하는 실패

⑩ 대금 청구 오류: 고객에게 상품 가격을 잘못 부과하는 경우

⑪ 종업원의 업무처리 오류: 종업원이 부주의하거나 판단에 결정적인 실수로 인하여 발생하는 실패

서비스의 특성과 서비스 프로세스의 구조상 사전에 품질 검사가 완료된 서비스를 고객에게 제공하기는 어렵다. 따라서 불가피한 서비스 실패에 대해 대응 속도나 대응 방안 등 해결책이 적절치 않다면 그 고객은 서비스 전환행동, 재구매 및 재방문 거부, 보복행동 등으로 이어질 수 있기 때문에, 기업에서는 해당 고객을 영원히 잃어버릴 수도 있으며 파급되는 경우 수익성 저하로 이어질 가능성이 높다.

그림 8-14 서비스 불만족에 대한 빙산 모형

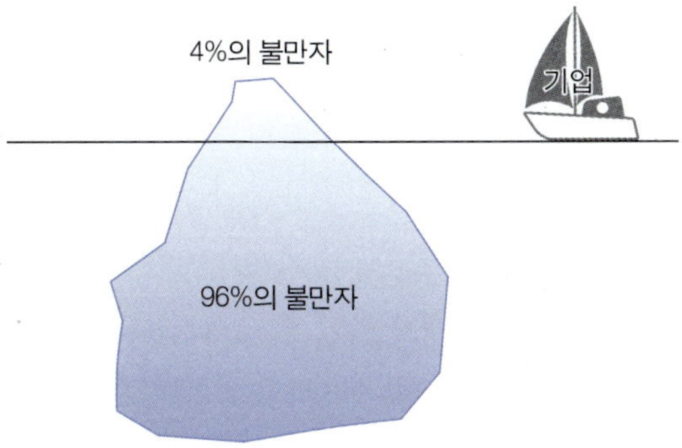


불만족한 고객 = 불평하는 사람 + 침묵하는 불만자

특히 서비스에 불만족한 고객 중의 대다수는 침묵하는 경우가 많다. 따라서 지속적으로 고객의 만족도를 정확하게 측정해야 한다. 어떤 조사에 의하면 [그림 8-14]의 서비스 불만족에 대한 빙산 모형에서와 같이 기업에 불만을 가진 소비자들 100명 중 단지 4명만이 기업을 향해 불만을 표출한다고 한다. 나머지 96%는 불만이 있더라도 표현하지 않기 때문에 기

그림 8-15 서비스 불만족에 대한 고객의 반응 유형

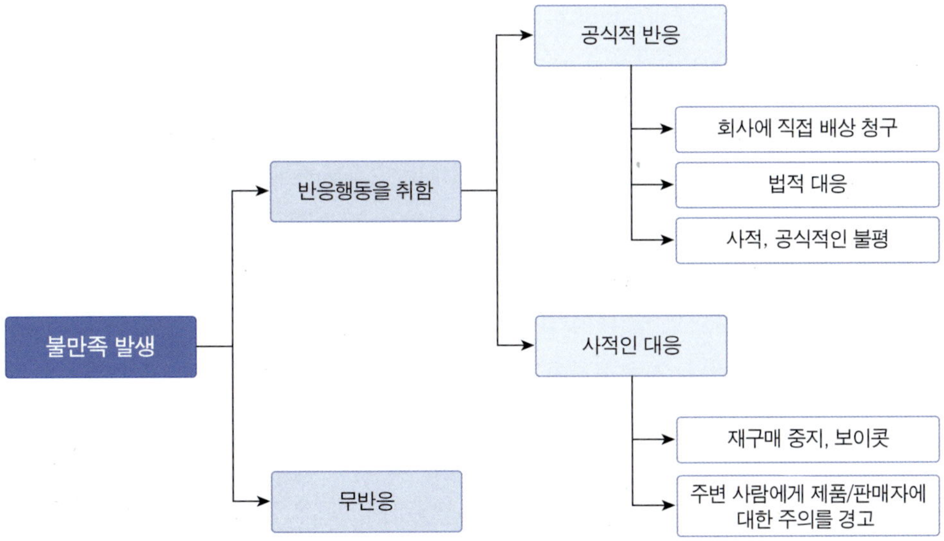

업이 적극적인 자세로 고객불만 조사를 하지 않는다면 이들 고객의 불만족을 무시하고 지나치는 오류가 내재된다.

특히 불만을 가진 고객 중 70%에서 90%는 다른 경쟁사의 서비스로 전환한다는 것이다. 또한 떠난 고객의 가치는 연매출의 20배에 이르며, 불만이 신속하게 해결된 경우의 80%는 계속 이용하게 된다. 그러나 거래를 단절한 고객의 75%가 부정적인 구전을 사용하여 잠재 고객에게까지 영향을 미친다는 조사결과가 있다. 만일 침묵하는 불만자들이 불만을 털어놓지 않는다면, 서비스 품질 문제들을 알 수 없게 된다. 때문에 고객들이 불만족하였을 때, 고객들로 하여금 불평을 하도록 하는 것이 중요하며, [그림 8-15]에서와 같이 어떤 유형의 반응을 보이는 고객들에 대한 대책을 사전에 준비해야 한다.

## 3.2 서비스 회복

### 가. 서비스 회복의 개념

서비스 회복(service recovery)은 서비스 실패가 발생하였을 경우 문제를 적극적으로 해결하여 원래의 서비스로 복구시켜 주는 것을 말한다. 〈표 8-6〉에 서비스 회복의 몇 가지 정의를 요약하였다. 대체로 서비스 회복이 의미를 가지기 위해서는 고객의 기대 수준 이상의 회복활동이 수반되어야 한다. 서비스 회복의 수단은 서비스에 대한 상세한 설명 및 해명, 재수행(수정이나 대치), 환불 및 보상, 사과 등이며, 기업에서는 서비스 회복을 위한 구체적 회복 활동을 체계화해야 한다.

예를 들어, 기상 상황이나 항공사의 사정으로 [그림 8-16a]와 같은 항공기 출발 지연 및 결항, 비행기 연착 등 서비스 실패가 일어날 수 있다. 고객의 대기시간이 길어질 경우, 내용을 설명하고, 음료나 식사권, 숙박권 등을 제공함으로써 승객의 불만을 다소 해소시킬 수도 있다. 실례로 미국에서는 카리브 해 휴양지에서 신년 휴가를 마치고 디트로이트 공항에 도착한 노스웨스트항공사 소속의 항공기가 폭설로 인해서 간신히 착륙은 했으나, 활주로 가장자리에서 오랜 시간을 대기해야만 했다. 내리지 못한 승객들은 음식과 음료가 바닥나고 화장실에서 악취와 오물이 넘치는 상황에서 7시간 이상을 지내야 했다. 결국 승객들의 집단 소송에 시달리는 결과를 맞게 되었고, 거액을 지급하고 합의하였다. 아메리칸항공에서도 운항 중 심한 폭풍으로 회항한 항공기가 오스틴에 비상착륙하여 8시간 이상 감금상태로 지낼 수밖에 없게 되었다. 밤 9시에 비행기에서 탈출한 고객들의 항의는 빗발쳤으나, 항공

**표 8-6** 서비스 회복의 정의

| 연구자 | 서비스 회복의 정의 |
|---|---|
| Zeitmal, et al. (1993) | 제공된 서비스가 고객의 인지된 인내 영역 이하로 떨어진 것에 대하여 서비스 제공자가 취하는 행위 |
| Zemke & Bell (1990) | 제품이나 서비스가 고객의 기대에 부응하지 못하여 기업에 대하여 불만족하는 고객들을 만족한 상태로 되돌리려는 일련의 과정 |
| Gronroos(1988) | 서비스 실패를 수정하기 위하여 서비스 제공자가 취하는 일련의 행동 |

**그림 8-16** 서비스 실패와 회복의 사례

a. 항공기 지연 및 결항에 따른 서비스 실패

b. 허드슨 강의 기적

사에서의 보상이나 적절한 서비스는커녕 직원들을 찾아볼 수조차 없었다고 한다. 승객들의 항의와 법제도적 보완으로 아메리칸항공사는 총 4,600여 통의 사과 편지와 대기시간에 따라 250~500달러에 해당되는 티켓 이용권을 보내고 마무리되었다.

승객과 승무원 155명을 태우고 가던 비행기가 새떼와 충돌하여 엔진이 손상되어 하는 수 없이 미국 허드슨 강에 불시착한 US Airways는 사건 이후 차별화된 감동 서비스로 화제에 올랐다. 이 사고는 탑승자 전원이 무사히 생존하면서, [그림 8-16b]에서와 같이 '허드슨 강의 기적(Miracle on the Hudson)'이라는 이름으로도 널리 알려졌다. 고객들에게 제공된 감동 서비스는 항공사의 임원들이 옷가지, 선불 휴대폰, 따뜻한 음식을 챙겨서 현장을 방문하면서 시작되었다. 승객들을 고급 레스토랑과 새로 준비된 비행기로 안내하였으며, 상황에 놀라서 비행을 원치 않는 고객들에게는 기차표와 렌터카를 제공하였다. 집 또는 차의 열쇠를 잃어버렸다면 열쇠수리공을 급파하여 문제를 해결해 주었다. 3통의 정성 어린 편지가 배달되었으며, 5,000달러의 체크 수표를 제공하는 순발력을 보였다. 사고승객 중 3분의 1 이상의 고객이 재이용하는 성과를 보였다.

이와 같이 서비스 회복은 서비스 실패에 의한 대응방안으로 이루어지는 활동이기 때문에, 고객이 기대하는 수준 이상의 보상을 제공해야 한다. 이것이 적절하게 이루어진다면, 고객은 감동을 받게 되고, 이 고객이 '구전효과(word-of-mouth)'를 불러일으키게 되어 서비스 조직은 더욱 큰 신뢰와 만족도를 얻게 될 것이다. 그러나 이것이 적절하게 이루어지지 않는다면 반대로 '악영향을 수반하는 구전효과(poor word-of-mouth)'를 가져오는 기폭제가 될 것이다. 조사에 의하면 서비스 회복 노력에 만족한 고객은 자신의 긍정적인 경험을 평균 7명에게 전파하는 데 비해서, 회복에 대해 불만족한 고객은 자신의 나쁜 경험을 평균 25명에게 전달한다고 한다. 따라서 이를 예방하기 위하여 종업원들에게 서비스 회복에 대한 철저한 교육과 훈련, 그리고 적절한 제도화가 필요하다.

## 나. 서비스 회복의 체계

[그림 8-17]에서는 바람직한 서비스 회복의 전략적 체계를 보여 주고 있는데, 회복 이전 단계, 회복 단계, 그리고 회복 후 단계의 3가지로 접근하고 있다(Miller, et al., 2000).

① 회복 이전 단계: 서비스가 실패한 후부터 서비스 제공자가 이를 인지한 시점 사이를 의미한다. 고객은 실패의 심각성, 인지된 품질 수준, 고객충성도, 서비스 보증 등에 의해서 서비스 회복에 대한 기대 수준이 형성된다.

② 회복 단계: 서비스 제공자가 서비스 실패를 인지한 시점부터 고객에게 충분히 보상을 했다고 판단한 시점의 사이를 의미한다. 서비스 회복이 잘 이루어졌는지에 대한 품질 수준은 종업원들의 실패에 대한 구체적 설명, 심리적 공감 및 사과, 유형적 보상 및 대가의 제공, 회복 속도, 일선 직원의 자유재량 등에 의해서 영향을 받는다.

③ 회복 후 단계: 고객이 서비스를 회복한 이후의 시점을 말한다. 서비스 회복은 원상회복된 정도에 따른 추가 사과와 관심의 정도, 그리고 가시적인 보상 등으로 마무리된다. 성공적으로 서비스가 회복되면 고객의 만족도 및 충성도를 유지하거나 증가시킬 수 있다.

특히 고객들의 불만을 미리 알아내도록 한다. 서비스의 제공과정에서 실패가 예상되는 경우, 고객들이 직접 불만사항을 제기하도록 기다려서는 안 된다. 이런 경우, 고객의 불만은 더욱 높아지는 경향이 있기 때문이다. 따라서 적극적으로 불만사항이 될 만한 요인을 발견하고 체계화하는 것이 필요하다. 어떠한 기업에서 신서비스 개발 시 이에 대한 체험단을 모집하여 고객들의 만족과 불만사항을 미리 확인하는 것을 예로 들 수 있다.

그림 8-17 서비스 회복 체계

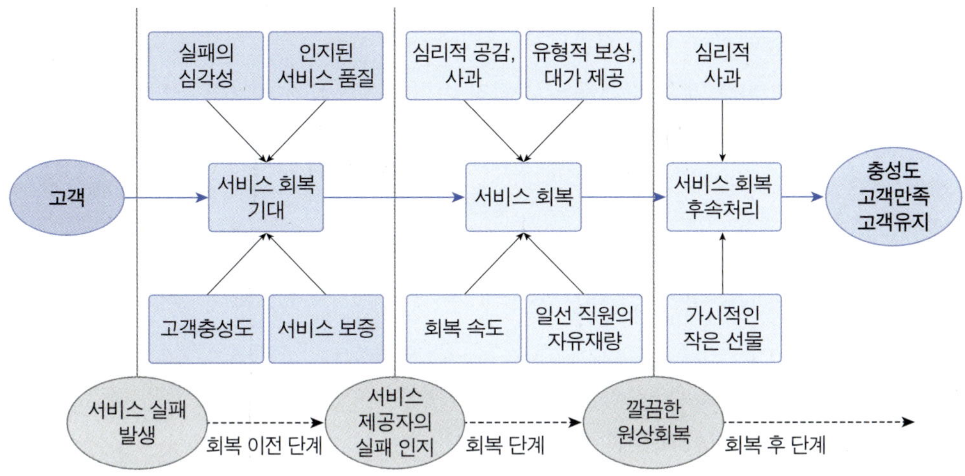


출처: Miller, et al., 2000, p. 388.

① 서비스 회복은 초기 단계에서의 적극적인 대응이 매우 중요하다: 실제로 불만을 제기하는 고객들은 이미 인내의 과정을 지나고 있으며, 일반적으로 구체적 의사표시를 하지 않은 고객들이 대부분인 데 비하여, 적극적으로 불만을 표시하는 고객은 서비스 기업의 빠른 대응을 원하기 때문이다. 또한 불만을 제기하는 고객들은 감정적으로 부정적인 측면이 매우 강하게 드러나 있는 상황이다. 그러나 이 단계에서 고객의 입장을 이해하고 공감하는 감성적인 접근을 신속하게 실행한다면, 고객들은 이해받은 느낌을 가지고 조금 더 너그러워지게 된다. 그러나 이것이 진실로 이해하는 것이 아닌, 가식적인 표현에 그칠 경우 고객들은 오히려 분노하게 된다.

② 접수된 불만을 공정하게 처리한다: 첫 대응을 적절하게 이루어 냈다 하더라도 공정한 대응에 실패하게 된다면 고객들의 불만은 더욱 증폭된다. 체계적인 기준과 윤리적인 태도로 공정한 서비스 회복을 이루어 내는 것이 중요하다고 할 수 있다. 이를 위해서는 서비스 접점 직원에 대해서 서비스 회복을 위한 응대 기법에 대한 훈련과 적절한 권한 위임(empowerment)이 필요하다.

## 다. 서비스 회복 접근법

서비스 회복에 접근하기 위해 서비스 기업에서는 고객들의 공통적 성향을 고려해야 하는가 하면 고객마다 상이한 부분 또한 동시에 반영해야 한다. 공통적 성향을 이해하기 위해서는 고객들이 불만을 제기하는 이유를 정확히 파악하는 것이 중요하다. 다음은 소비자들의 불평 행동에 관한 연구 결과로서, 불평에 대한 이유를 분류한 것이다.

① **보상의 획득**: 종종 고객들은 경제적 손실을 회복하거나 보상을 받기 위해서 반환 요청을 하며, 이때 불평을 한다.

② **분노의 표출**: 소비자들이 자존심을 회복하기 위해, 또는 분노와 좌절을 표출하기 위해서 불평을 한다. 서비스 프로세스에서 너무 규정 중심적이고 불합리하다고 느끼거나, 서비스 직원이 무례할 경우에 고객은 자존감, 공정성에 대한 부정적 반응을 표출한다.

③ **서비스 개선에 대한 요청**: 고객은 특정 서비스에 대한 개선을 위해 자발적으로 기여하거나 적극적인 피드백 차원에서 불평한다.

④ **다른 고객에 대한 배려**: 다른 고객을 위해 자신의 불만을 제기하는 경우이다. 자신과 마찬가지로 다른 고객도 같은 문제를 경험하지 않기를 바라면서, 문제를 제기하며 서비스의 개선을 요구하는 것이다.

배송업체인 UPS는 많은 자원을 투입하여 운송 프로세스를 혁신하여 운송 산업에서 가장 운송을 잘하는 기업이 되고자 노력하였다. 운송용 자동차를 재설계하고 작업 단위당 최대 생산성을 보장하기 위해 프로세스를 재설계하였으며 이를 지속적으로 추진하기 위해 산업공학 부서를 설치하기도 하였다. 그리고 고객 서비스에 대한 강조도 꾸준히 실시하여 경제적인 가격에 물건이 정시에 도착될 수 있도록 하였다. 하지만 자신들이 고객들과의 약속을 지키지 못할 경우, 어떻게 할 것인가에 대해서는 치밀한 계획이 없었다.

반면 페덱스(Fedex)는 정시에 화물이 도착하지 못할 가능성을 감안하고 화물 추적 시스템을 통해 30분마다 진행 상황을 점검할 수 있도록 하였다. 그 결과 UPS는 물건이 정시에 배달되지 못해 고객들이 불만을 제기하는 경우, 효과적인 대응을 하지 못했던 반면, 페덱스는 정시에 도착하는 화물의 비율이 낮더라도 화물 추적 시스템을 기반으로 고객들의 불만에 효과적으로 대응할 수 있었다. 이런 효과적인 서비스 회복 프로세스를 가지고 있었던 페덱스는 경쟁에서 앞서 나갈 수 있었으며 UPS는 뛰어난 운송 시스템을 가지고 있었음에도 불구하고 서비스 회복을 위해 많은 투자를 할 수밖에 없었다.

일반적으로 활용할 수 있는 접근법의 유형은 다음과 같다.

① **케이스별 접근법**: 각 고객의 불평에 대하여 사안별로 개별 고객에게 처리한다. 불공평하다는 인식을 야기할 수 있다.

② 체계적 대응 접근법: 일정한 처리 기준하에서 표준 사례(protocol)를 사용하여 시스템적으로 처리한다. 중요한 실패 요소를 사전적으로 인식하고 표준 사례를 지속적으로 업데이트할 필요가 있다.

③ 조기 예방 접근법: 고객이 서비스 실패로 인하여 영향을 받기 전, 즉 불만이 발생하기 전에 개입하여 문제를 해결하려는 방법이다.

④ 대체 서비스 회복 접근법: 사전 및 사후에 대체 서비스를 제공하여 문제를 해결하는 방법이다. 경쟁기업에 서비스를 요구하는 경우도 있어서 효과적이지만 고객을 잃어버릴 수 있다.

### 라. 서비스 회복의 패러독스

서비스 실패에 대한 신속한 해결은 오히려 충성스러운 고객을 확보하는 중요한 수단이 될 수도 있는 것이, 이른바 '서비스 회복의 패러독스(service recovery paradox)' 현상이다. 즉, [그림 8-18]에서와 같이 문제가 없었던 고객보다 서비스 실패를 경험한 뒤 문제가 신속하게 해결되어 완전히 만족한 경우의 고객이 향후에 지속적으로 재구매하려는 현상이 더 많아지는 현상을 의미한다.

이는 서비스 제공과정에 있어, 서비스 제공자와 고객이 직접적인 상호작용을 하므로 서비스 회복과정과 기술을 잘 습득한 종업원이 서비스 실패를 오히려 고객의 충성도를 높일 수 있는 새로운 기회로 갖게 되고, 또한 구전 효과를 만들 수 있기 때문이다. 따라서 기업에서는 고객과 직접 접촉하는 접점 종업원에게 서비스 회복을 적시에 효과적으로 수행해 낼 수 있는 재량권을 부여함으로써 고객만족에 이은 고객감동으로 이어질 수 있게 하는 것이 중요하다.

다만 서비스 회복의 패러독스에서 지속성은 없다. 서비스 실패(예를 들어, 엉망인 결혼사진 등)의 심각성에 따라, 서비스 회복의 효과는 제한적이며, 두 번째 서비스 실패가 발생할 경우에도 이와 같은 현상을 기대하기는 어렵다. 고객의 기대가 높아지게 되면서, 고객은 환멸을 느끼게 되기 때문이다.

이러한 사후 대응과정을 통하여 처음에 불만을 가지고 있던 고객이 서비스 회복과정에서 만족하게 될 경우 효과적인 서비스 제공을 통하여 처음부터 만족을 얻게 된 고객보다 전체적인 만족은 더욱 높아지는 경향이 생기게 된다. 이것을 서비스 회복의 역설이라고 한다. 사후 대응과정을 잘 수행해 낼 경우 고객만족의 실패를 효과적으로 덮어 줄 뿐만 아니라, 고객충성도를 더욱 제고시켜 줄 수도 있는 것이다.

그림 8-18 서비스 회복의 역설

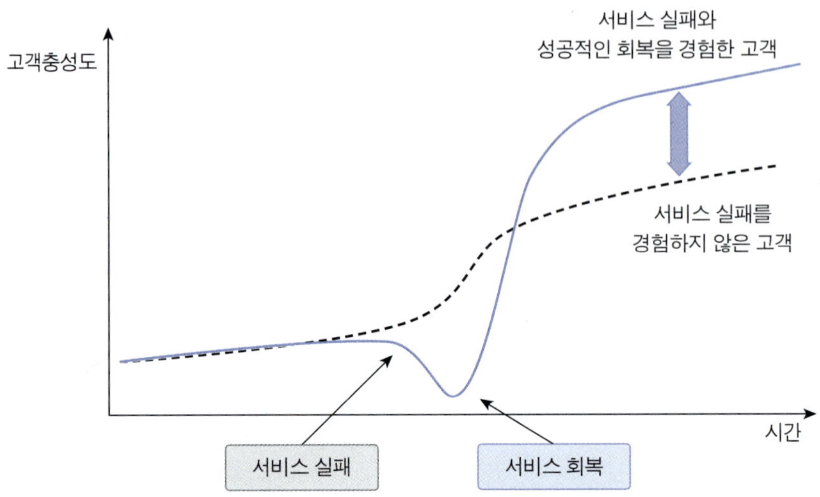


## 3.3 서비스 보증

서비스 제공자가 서비스 제공에 대한 내용과 복구의 범위 및 방법에 대하여 약속하는 것이 서비스 보증(guarantee)이다.

### 가. 보증의 원칙

많은 서비스 기업에서 시행하는 보편적인 서비스 보증의 원칙은 다음과 같다.

① 정보의 취득이 용이해야 한다: '주문 후 15분 이내에'와 같이 표현이 명료하고 매장이나 인터넷 또는 광고에서 바로 볼 수 있어야 한다.

② 구체적이고 의미상의 가치가 있어야 한다: 보상해 주는 내용이 재무적 측면에서도 고객에게 의미가 있어야 한다.

③ 호소방법의 절차가 간단해야 한다: 서식이나 단계를 복잡하게 하면 효과가 없다. 전화 한 통화로 또는 이메일 한 통으로 처리할 수 있어야 한다.

④ 무조건적이어야 한다: 고객만족을 위해서 예외 없이 무조건적으로 받아들여져야 한다. 고객의 생각이 무조건적으로 옳다는 철학이 있어야 하며, 고객과의 논쟁은 결국 서비스 기업에 손실만 가져온다. 따라서 보증은 고객의 불평을 즉시 받아들이고 교체 또

는 환불해 주는 방식의 도입이 늘고 있다.

⑤ 신속하게 보상해 주어야 한다: 현장에서 즉시 보상해 주는 것이 가장 훌륭한 보증이다.

이하에서는 서비스 기업에서 시행되고 있는 보증의 실제 사례를 제시한다.

① 할인점: 특정 품목에 대하여 타 할인점보다 가격이 비쌀 경우 두 배로 보상해 준다.

② 방역회사: 방역 후 벌레가 발생하여 고객이 발견해 신고할 경우 전액 환불 조치 및 12개월간 요금을 무료로 서비스한다.

③ 음식점: 남은 음식을 재사용하지 않는다는 서약서를 비치한다.

④ 주유소: 정품 · 정량 제공을 광고 및 게시한다.

⑤ 택시회사: 일본의 MK택시에서는 다음과 같은 4가지 인사말을 하지 않을 때는 요금을 받지 않는다.

- 고맙습니다. 오늘은 MK ○○○ 기사가 모시겠습니다.
- 어디까지 가십니까?
- ○○까지 가시는군요.
- 잊으신 물건은 없으십니까? 안녕히 가십시오.

## 나. 보증의 효과

많은 서비스 기업에서 널리 인식하고 활용하고 있는 서비스 보증의 효과는 다음과 같다.

① 구매의도에 영향을 미친다.

② 고객의 욕구사항과 정보가 피드백되어 마케팅 자료로 활용할 수 있다.

③ 서비스 표준, 품질관리, 프로세스를 개선할 수 있다.

④ 직원에게 경각심을 줄 수 있다.

⑤ 법적 비용 및 시간을 절약할 수 있다.

⑥ 장기적으로 충성도가 높은 고객으로 창출할 수 있다.

⑦ 신뢰성 높은 기업의 이미지를 유형화시켜 줄 수 있다.

S E R V I C E   M A N A G E M E N T

# 09

CHAPTER

# 서비스 스케이프와 접점관리

## MOT(결정적 순간)의 대명사 '스칸디나비아항공'

### 젊은 CEO와 MOT

1970년대 말 석유파동이 일어났을 때 17년 동안 연속해서 흑자를 기록했던 스칸디나비아항공(Scandinavian Airlines: SAS)도 1979~1980년에 3,000만 달러의 적자를 기록하였다. 이러한 위기 속에서 취임한 39세의 얀 칼슨 사장은, "1년 동안 1천만 명의 우리 고객이 서비스를 받기 위해 평균 5회 정도 우리 직원들과 만났는데 이 만남은 평균 15초 정도 소요되었다. 따라서 우리 스칸디나비아항공사는 한 번에 15초 정도, 1년에 5천만 번 창조된다고 할 수 있다. 이 5천만 번이나 되는 '진실의 순간(moment of truth)'이 우리 회사의 성패를 결정하는 순간이다"라고 하면서, 고객이 직원들과 접하는 15초 동안의 짧은 순간이 회사의 이미지와 사업의 성공을 좌우한다고 강조했고 결국 1년 만에 흑자로 바꾸었다. 또한 스칸디나비아항공은 1983년에는 올해의 최우수 항공사로, 1986년에는 고객 서비스 최우수 항공사로 선정되었다. 그러면 스칸디나비아항공이 단숨에 위기를 극복하고 최우수 항공사로 도약한 비결이 무엇인지 살펴보자.

스칸디나비아항공은 스웨덴, 덴마크, 노르웨이 등 3개국의 민간과 정부가 공동으로 소유하고 있는 항공사이다. 칼슨은 MOT(Moments Of Truth)의 개념을 소개하기 위해 불결한 트레이(tray: 접시 또는 쟁반)의 예를 자주 들었는데, 만약 승객들이 자신의 음식 트레이가 깨끗하지 못한 것을 보게 된다면, 그들은 그 순간에 자신이 탑승하고 있는 비행기가 불결하다고 느끼게 된다는 것이었다. 이와 같이 MOT는 서비스 제공자가 고객들에게 서비스의 질을 보여 줄 수 있는 극히 짧은 시간이지만, 자사에 대한 고객의 인상을 좌우하는 매우 중요한 순간이라 할 수 있다. 참고로 MOT란 스페인의 투우 용어인 'Moment De La Verdad'를 영어로 옮긴 말로, 원래 이 말은 투우사가 소의 급소를 찌르는 순간을 말하는데, 피하려고 해도 피할 수 없는 순간 또는 실패가 허용되지 않는 매우 중요한 순간을 의미한다. 따라서 MOT란 '진실의 순간'이라는 통상적인 번역보다 '결정적 순간'이라는 말이 더 적합하다. 1986년 SAS에서는 대략 1,000만 명의 고객들이 각각 다섯 명의 직원들과 접촉했고, 1회 응대 시간은 평균 15초였다. 따라서 1년에 5,000만 번 정도 고객의 마음속에 회사의 인상을 새겨 넣는 순간들이 있었는데, 칼슨은 이 15초 동안의 짧은 순간순간이 결국 SAS의 전체 이미지뿐만 아니라, 사업의 성공까지 좌우한다고 이야기했다. 그래서 이 순간들이야말로 SAS가 최선의 선택이었다는 것을 고객들에게 입증해야만 하는 때라고 강조했다.

### 고객을 재정의하다

한편 1981년 칼슨이 SAS의 사장으로 부임했을 때 이사회는, 극심한 불경기에서도 흑자 경영을 실현해야 한다는 한 가지 임무를 그에게 부여했는데, 칼슨은 SAS의 회생 전략을 수립하면서 한 가지 분명한 원칙(불경기를 이겨 내기 위해 많은 항공사들이 하고 있는 것처럼 비행기를 처분하여 단기적 수익의 개선을 꾀하지 않고, 대신 최고의 서비스를 제공하여 성장이 멈춘 시장에서 자사의 점유율을 높이면서 이익을 창출한다)을 정했다. 성장이 멈춘 시장에서 수익을 내기 위한 전략으로 SAS는, 출장이 많은 비즈니스 여행객들에게 세계 최고의 항공사가 된다는 전략적인 목표를 수립했다. 비즈니스 여행객들은 시장에서 가장 안정된 고객층인데, 일반 관광 여행객들과는 달리 그들은 자신 마음대로 여행 시간을 선택할 수 있는 폭이 넓지 않다. 그러나 이들에게는 특별한 요구가 있었다. 따라서 이러한 요구사항을 잘 충족시켜 줄 수 있는 서비스를 개발한다면, 할인되지 않은 정상 요금으로 그들을 유치할 수 있을 것이라고 생각했다.

그래서 SAS는 모든 자원, 경비, 절차에 대해 면밀히 검토하고, 자신들에게 스스로 물어보았다. 출장이 잦은 비즈니스 여행객들을 모시는 데 실질적으로 필요한 것인가? 만약 그렇지 않다는 대답이 나오면, 사내에서 아무리 소중하게 생각되어 왔어도 거기에 소요되는 비용이나 절차를 단계적으로 제거해 나갔다. 이와는 반대로 그렇다는 대답이 나오면, 경쟁력 강화를 위해 좀 더 많이 지출할 수 있도록 했다. 또한 필요한 것이 빠져 있으면, 그것을 추가시킬 준비도 했다. 이러한 노력 덕분에 기업을 회생시키기 위한 독특한 전략 계획을 수립할 수 있었다.

### 새로워진 고객, 새로워진 서비스

SAS의 문제점 중의 하나는, 퍼스트 클래스뿐만 아니라 이코노미 클래스까지도 할인 요금으로 탑승하는 고객들이 너무 많다는 것이었는데, 비즈니스 여행객들이 이코노미 클래스의 정상 요금만 지불해도 재무 상황이 상당히 호전될 수 있었다. 참고로 유럽의 다른 항공사들은 이코노미 클래스의 정상 요금에 얼마의 요금을 추가하여 비즈니스 클래스를 운영하고 있었다. 그래서 SAS는 유럽 노선에서 퍼스트 클래스를 없애고, 이코노미 클래스의 정상 요금으로 훨씬 더 좋은 서비스를 제공하는 유로 클래스(Euro-class)를 신설하고, 여러 가지 면에서 차별화하여 홍보에 나섰다. 우선 이동식 칸막이를 이용하여 다른 클래스와 물리적으로 구분했고, 공항 터미널에서는 전화와 통신 시설을 갖춘 쾌적한 전용 대합실을 마련했으며, 별도의 탑승 수속 창구, 보다 안락한 의자, 그리고 좋은 식사를 제공했다. 또 일반 관광 여행객들이 탑승 수속을 할 때는 10분 정도 소요되었지만, 유로 클래스 승객의 경우는 6분으로 단축시켰다. 비즈니스 여행객들은 비행기에 가장 늦게 타고, 가장 빨리 내릴 수 있도록 배려했다.

유로 클래스에 대한 성과는 금방 나타났다. 유로 클래스를 도입할 때의 목표는 첫해에 2,500만 달러의 수익이었는데, 세계 항공시장의 극심한 불황 속에서도 첫해에 8,000만 달러의 수익을 올렸다. 한 가지 짚고 넘어갈 사항은, 비즈니스 여행객들에게 초점을 맞춘다는 전략이 일반 관광객 시장을 외면하거나 무시한다는 것을 의미하지 않는다는 것이다. 현실적으로 비즈니스 여행객들이 선호하지 않는 출장 날짜나 출발 시간이 있기 때문에 비행기에 빈 좌석이 많이 생기는데, 비행기 운항은 비즈니스 여행객들이 지불하는 정상 요금만으로도 충분히 할 수 있으므로, 일반 관광객들에게는 많이 할인된 가격으로 빈 좌석을 제공할 수 있게 된다.

### 제품 중심에서 고객 중심 철학으로

칼슨이 내세운 크나큰 목표는, 출장이 많은 비즈니스 여행객들에게 세계 최고의 항공사가 된다는 것이었는데, 당시 SAS는 단거리 비행용으로 최첨단 기술을 수용한 4대의 대형 에어버스를 인수한 직후였다. 이러한 대규모 발주는 주요 항공사에서 흔한 일이었다. 즉, 첨단 기술을 적용해서 1마일 비행당 비용이 더욱 저렴해진 신형 비행기로 교체하는 것은, SAS뿐만 아니라 다른 모든 항공사들도 일상적으로 행하는 일이었다. 에어버스의 승객 마일당 비행 비용은, 당시 SAS의 주력 기종이었던 DC-9보다 6% 낮았다. 그러나 에어버스의 좌석 수(240석)가 DC-9의 좌석 수(110석)보다 두 배 이상 많았기 때문에 승객을 가득 채우지 못하면, 경제적으로 이점이 없었다. 그런데 SAS는 에어버스를 구매하고 나서야, 비로소 그것을 운행하기에는 SAS의 승객 기반이 너무 부족하다는 사실을 깨달았다.

이제 SAS는 고객인 비즈니스 여행객들의 입장에서 이 문제를 바라보아야 했다. 스톡홀름이나 오슬로 등과 같은 스칸디나비아 도시에 근무하고 있는 비즈니스 여행객들은 운항 중인 비행기 편수가 적어서, 코펜하겐을 경유해도 최신의 대형기종인 에어버스를 이용할 것인가? 아니면 그들이 근무하고 있는 스칸디나비아의 도시에서 유럽 대륙의 목적지까지 중간 경유지 없이 논스톱으로 연결하는 직항 노선을 선택할 것인가? 대답은 분명했다. 그래서 칼슨은 에어버스를 예비기로 돌리고, DC-9를 사용하라고 지시했다. 칼슨의 지시를 받은 직원들은 깜짝 놀랐다. 그것은 마치 새로운 공장을 건설해 놓고, 준공식장에서 사장이 폐쇄하라고 이야기하는 것과 같았다. 그러나 냉정하게 생각해 보면, 이것은 매우 현명한 결정이었다.

에어버스의 구입에 관한 이 사례는 제품 중심의 철학과 고객 중심의 철학이 어떻게 다른지 잘 보여 주고 있다. 전통적인 제품 중심의 기업은, 먼저 생산이나 투자를 실시한 후(이 사례에서는 항공기를 구매한 후) 그것의 운용을 설비에 맞추려고 한다. 그러나 이제는 사정이 달라졌다. 비즈니스 여행객들은 먼저 자신의 일정 계획을 세우고, 그 일정에 가장 편리한 항공편을 예약한다. 이러한 시장 환경에서는 여러 개의 직항 노선을 매우 자주 움직일 필요가 있다. 비즈니스 여행객들에게 세계 최고의 항공사가 된다는 목표를 정한 SAS로서는 이것이 무엇보다 중요한 경쟁 변수였던 것이다. 참고로 SAS는 에어버스를 정규 노선에 투입하지는 않고, 임대용 전세기로 사용했다.

출처: 박영택, 이노베이션 스토리(Innovation Stories), 네모북스, 2005. 1.(일부 수정 보완)

서비스에서는 무형성으로 인해 서비스 만족에 영향을 주는 요인에 대한 판단이 모호하기 때문에 고객은 유형적인 단서인 물리적 환경을 활용하게 되고, 따라서 서비스 디자인이나 접점관리에서 고객에게 제공될 수 있는 모든 유형적인 단서들(tangible clues)이 중요한 위치를 차지하게 된다.

특히 서비스 전달의 최일선에 있는 접점 종업원과 고객이 만나는 접점관리의 중요성이 강조되고 있다. 스칸디나비아항공(SAS)에서와 같이 적자 기업이 서비스 접점을 효과적으로 관리하여 오랜 기간 동안 흑자 기업으로 전환된 사례도 있다. 더 정확히 표현하자면 서비스에서 경쟁은 치열해졌고 정보는 순식간에 공유되는 시대적 환경에서 고객들이 요구하는 서비스 수준이 너무 높아졌다. 따라서 서비스 접점에서 문제가 발생된 경우 고객은 아예 찾아오지 않을 것이고, 서비스의 성패를 결정한다가 아니라 서비스 접점 자체가 바로 기업의 생존에 직결된다고 해야 할 것이다. 본장에서는 이런 이슈들을 포괄하여 서비스 스케이프와 접점관리에 대해서 논의한다.

## 제1절 서비스 스케이프

서비스 스케이프(servicescape)란 이와 같이 고객 및 종업원의 행동과 인식에 영향을 주는 서비스 공간 내의 물리적 환경을 의미한다. 서비스 스케이프는 서비스(service)와 경치, 경관, 고경을 의미하는 스케이프(scape)의 합성어로서, 분위기(atmosphere), 환경적 단서(environmental clues), 물리적 환경(physical surrounding) 등의 의미로 사용되고 있으나, 자연적 환경이나 또는 사회적 환경이 아닌 특히 인위적인 물리적 환경을 강조하는 개념이다. 예를 들면, 레저 서비스에서는 숲, 산, 강과 같은 자연 환경이 매우 중요하지만, 이를 활용한 캐빈(cabins)과 스포츠 시설을 갖춘 레저 시설 자체가 사냥이나 낚시와 같은 레저 활동에 더 중요하고 고객들의 선호도에 결정적인 역할을 하므로, 오히려 자원 환경이 부수적이거나 부차적인 역할을 할 수도 있다(Fredman, et al., 2012). 따라서 서비스 환경을 크게 인위적 물리 환경과 자연 환경을 구분하여 파악하면서, 전자를 서비스 스케이프(service scape) 또는 서비스케이프(servicescape)라고 부르고 강조하게 되었다.

Bagozzi(1975)는 서비스에서 고객들의 실용적, 사회적 및 심리적 욕구가 모두 충족되는 유형 및 무형의 실체를 포함하는 서비스 디자인의 중요성을 일찍이 강조했으며, 물리적인 자극 외에도 직원과의 상호작용과 같은 사회적인 자극이 고객의 서비스 경험 효과에 긍정적인 영향을 크게 미친다고 주장하였다(Bitner, 1992; Rosenbaum & Massiah, 2011).

이런 측면에서 Bitner(1992, p. 58)는 서비스 스케이프를 서비스 조직의 소비자와 직원에게 영향을 미치는 "의도적으로 만들어진 환경, 즉 자연적 또는 사회적 환경이 아닌 인공적 환경"이라고 설명한다. 예를 들면, 고급 레스토랑이나 리조트, 그리고 레저 활동이 포함되는 여가 서비스에서는 환경 요인들이 고객들에게 영향을 크게 미치기 때문에 서비스 기업에서는 마케팅 전략에서 이를 중요하게 고려해야 한다고 강조하였다. 특히 숲, 산, 강과 같은 자연 환경과 함께 이들을 활용하는데 어울리는 시설의 구비가 바로 고객의 활동선호도의 수요를 결정하는 요인이 될 수 있기 때문이다.

## 1.1 서비스 스케이프의 유형

서비스 스케이프는 물리적 환경 자체로서 스스로 존재함으로써 역할을 하기도 하고 적극적으로는 고객과의 상호작용을 통해 훌륭한 서비스 운영자로서의 역할을 하기도 한다. 〈표 9-1〉에서는 서비스 스케이프의 역할에 따라 3개 유형으로 분류하여 설명한다.

**표 9-1** 서비스 스케이프의 역할별 유형 분류

| 유형 | 역할 | 예시 |
|---|---|---|
| 셀프서비스 운영 지원 | • 상호작용이 없기 때문에 직관적 디자인을 통해서 고객의 행동을 유도하는 역할을 수행 | • 셀프서비스, 세차나 주유 서비스, 골프코스의 표지판 등 |
| 원격 서비스 운영 지원 | • 종업원 만족, 동기유발, 운영의 효율성 등을 고려해야 함<br>• 직접 방문이 없기 때문에 물리적 설계에서 가장 신경을 써야 하는 요인 | • 원격 민원, 원격 의료, 콜센터 등 |
| 상호작용 서비스 운영 지원 | • 종업원과 고객, 고객과 고객 사이의 상호작용<br>• 물리적 환경이 매우 중요(사회적 상호작용) | • 테마파크에서 종업원은 환상적인 고객경험 제공 |

첫째는 고객이 서비스 종업원의 도움 없이 스스로 역할에 참여하는 셀프서비스 환경이다. 이러한 환경에서는 고객이 스스로 머무르고 싶어 하고, 이용하기 쉽고, 경험하고 싶어 하도록 시설을 구성해야 한다. 대표적으로 식당에서의 셀프서비스, 세차나 주유 서비스 등과 같이 주변에 많은 사례가 있다.

둘째, 은행의 ATM이나 공공기관에 방문하지 않고도 서류를 발급받는 서비스 등이 보편화되어 있으며, 특히 온라인 환경이나 모바일 환경에서 고객 스스로 활용할 수 있는 원격 서비스가 확대되고 있다. 따라서 고객이 스스로 해당 환경에서 짧은 시간 내에 원하는 서비스를 쉽게 이용하도록 서비스 스케이프를 구성하는 것이 매우 중요하다.

셋째, 고객이 종업원의 도움을 필요로 하면서, 상호작용이 일어나는 환경이다. 이 경우 고객과 종업원을 동시에 참여시키고 만족시키도록 설계되어야 하고, 종업원과 고객 사이의 상호작용이 유발하는 영향에도 주의를 기울여야 한다. 테마파크에서 종업원이 놀이기구를 조작하고 고객이 이를 이용하면서 환상적인 경험을 제공하도록 하는 경우를 들 수 있다. 이 밖에도 의료, 금융, 교육 등의 많은 서비스 분야에서 고객과 종업원의 직접 접촉을 통한 서비스가 이루어지고 있다.

또한 서비스 스케이프의 유형을 주어진 서비스 환경에서 내부의 누가 참여하고 어떤 서비스가 실행되는지 물리적 복잡성에 따라 〈표 9-2〉에서와 같이 분류할 수 있다.

**표 9-2** 서비스 스케이프의 복잡성에 따른 분류

| 구분 | 물리적 복합성 | |
|---|---|---|
| | 단순함(lean) | 복잡함(elaborate) |
| 셀프서비스<br>(고객) | • 우체국 KIOSK<br>• 현금자동지급기(ATM) | • 골프 코스<br>• 서핑 |
| 원격 서비스<br>(종업원) | • 콜센터<br>• 온라인 기술 지원 | • 보험사<br>• 전문 서비스 |
| 상호작용 서비스<br>(고객, 종업원) | • 저가 호텔<br>• 버스 정류장<br>• 드라이 클리너 | • 고급 호텔<br>• 테마파크<br>• 항공사 터미널 |

출처: Bitner, 1992, p. 59.(수정 보완)

물리적 복합성 측면에서 단순한 서비스의 경우, 특히 고객과 직원 간에 상호작용이 없는 셀프서비스 또는 원격 서비스 상황에서의 설계상의 서비스 스케이프 결정은 상대적으로 간단하다.

그러나 예를 들어, 층이나 방이 많고, 정교한 장비 및 물리적 시설 내에서 수행되는 기능이 복잡한 가변성을 갖춘 병원은 복잡한 서비스 스케이프가 고려되어야 한다. 이러한 복잡한 환경에서는 세심한 배려를 통해 접근해야 하는데, 이를테면 환자의 안락함과 만족도를 높이고 동시에 직원 생산성을 향상시키도록 병원 공간을 설계해야 할 것이다. 즉, 병원 직원들은 환자를 치료하기에 적합한 협업이 용이하게 이루어지는 공간 디자인이 필요하고, 환자는 쉽게 의료진을 호출하고 또한 빠르게 도움을 받는 공간구조를 채택해야 한다.

셀프서비스 상황에서 물리적 디자인을 창의적으로 사용하여 특정 서비스 포지셔닝 및 세분화 전략을 지원하고 고객만족도와 같은 특정 마케팅 목표를 향상시킬 수 있다.

상호작용이 있는 환경에서는 대개 고객과 직원이 모두 서비스 화면 내에 있는 상태에서 업무를 수행한다. 이때 고객과 직원의 상대적 개입 수준은 환경 설계 시 누구의 요구사항을 우선해서 고려해야 하는지 결정해야 한다. 대인관계 서비스에서는 물리적 환경이 고객과 직원 사이의 사회적 상호작용의 본질과 품질에 미치는 영향을 특별히 고려해야 한다.

또한 원격 서비스에서는 고객이 회사의 물리적 환경을 보거나 경험하지 못한 상황에서 종업원이 대응하므로 직원의 만족도, 동기부여 및 운영 효율성과 같은 조직의 목표에 부합하는 물리적 환경을 구성하는 것이 바람직하다.

## 1.2 서비스 스케이프의 프레임워크

다양한 유형의 서비스 조직에 대한 환경에 관한 의사결정이 상대적으로 복잡한 문제이다. [그림 9-1]의 서비스 조직에서 환경-사용자 관계 이해를 위한 프레임워크에서는 조직에서 특정 목적을 달성하기 위해서 어떤 물리적 환경 요인들이 고객이나 종업원들의 행동에 영향을 미치는지를 구조적으로 설명하는 모형이다. 또한 이 모형의 각 요인별 연결구조는 많은 연구자들이 수행한 연구 결과와도 일치하고 있다.

즉, 이 프레임워크에서는 서비스 기업의 현장에 구현된 물리적 환경 요인들이 결합되어 소비자들의 전체적인 서비스 스케이프에 대한 환경 인식에 영향을 미치고, 이들은 다시 심리적 요인들에 의해 내적 반응이 형성되고 이들에 연결된 행동으로 나타나게 된다. 이하에서는 이 모형에서 제시하고 있는 연결구조를 크게 3개 구간으로 구분하여 파악하기로 한다.

그림 9-1 서비스 조직에서 환경-사용자 관계 이해를 위한 프레임워크

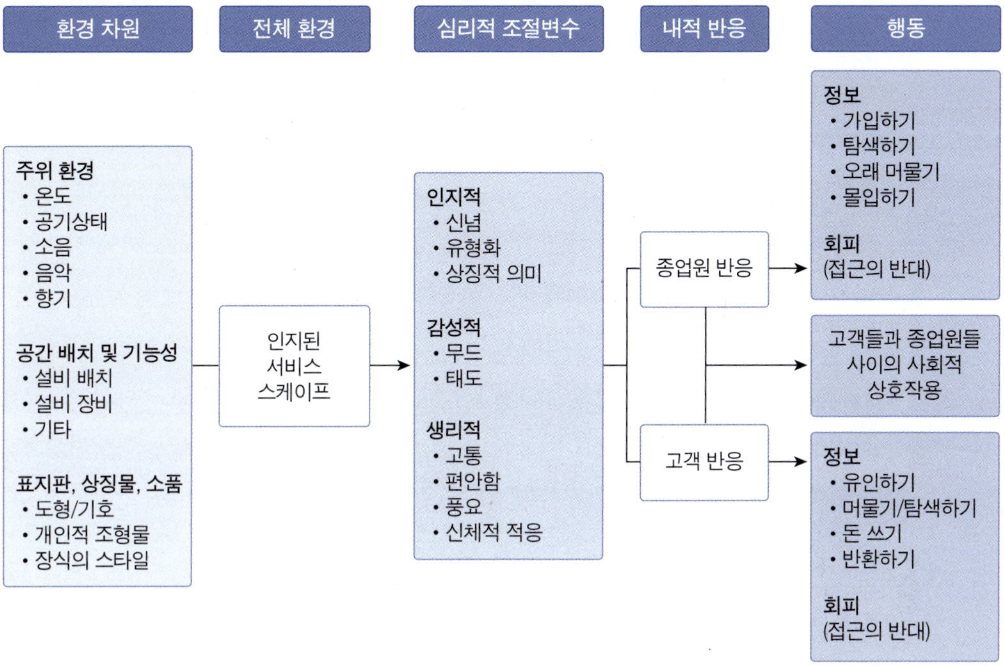


출처: Bitner, 1992, p. 60.

### 가. 환경 차원과 전체 환경

소비자들은 물리적 환경 요소들 각각에 대해 반응한다고 하기보다는 환경 차원 요인들이 결합되어 전체적인 기분과 분위기에 반응하여 서비스 스케이프를 인식(perceived service scape)하게 된다고 본다.

이때 물리적 환경 요인들은 주위 환경 또는 공조 환경(ambient conditions), 공간 레이아웃과 기능성(space/function), 표지판과 소품(signs, symbols, and artifacts) 등으로 구성된다. 이러한 물리적 환경 요인들은 많은 연구들의 결과를 통해서 서비스 제공과정을 촉진시키고 종업원과 고객의 원활한 상호작용을 이끌어 내기 위해 사용하는 객관적, 물리적 요소들이다.

#### (1) 주위 환경

주위 환경은 다른 말로 하면 서비스 환경의 주변에 설정된 분위기라고 할 수 있다. 식당

에서 '음식을 맛있게 먹는 법은 좋은 사람들과 즐겁게 대화하면서 좋은 분위기에서 식사 시간과 음식을 즐기는 것'이기 때문에, 고급 음식은 고급스럽고 정중한 분위기를, 그리고 한식은 한국식 정서를 자아내는 분위기를 반영한 물리적 환경 요소로서 구비해야 할 것이다. 분위기는 조명, 향기, 음악, 공기상태, 소음, 실내 온도, 냄새, 색채 등과 같은 주위 환경을 소비자들의 오감을 자극하는 배경적 특성들을 고려하여 구성해야 한다.

예를 들어, 매장의 배경 음악이 쇼핑 고객들의 소비에 미치는 효과를 파악해 보면, 매장의 좋은 음악은 소비자들로 하여금 기다리지 않고 빨리 쇼핑을 했다고 느끼게 하고, 느긋하고 느린 음악은 소비자들로 하여금 천천히 여유를 가지고 쇼핑을 하게 하여 좀 더 돈을 많이 쓰게 하는 것으로 나타났다. 이에 따라 오전에는 느린 템포의 음악으로 고객이 머무는 시간을 늘려 쇼핑 속도를 늦추고, 폐점 시간에는 빠른 템포의 음악으로 구매를 촉구하는 것이다. 10대들이 어슬렁거리는 편의점에 일반인 고객들이 매장 안으로 들어오려고 하지 않았는데, 갑자기 감미로운 음악을 틀자 10대들은 자연스럽게 밖으로 나가고 밖에 있던 일반인 고객들이 들어오는 현상이 나타났다.

매장의 냄새나 향기가 쇼핑 고객의 행동에 미치는데, 사람들을 끌어모으는 집객효과와 매장 내에서 보내는 시간이 짧게 느껴지게 하고 매장에 대한 호의적인 평가를 보인다. 영화관에서는 로비에 매점을 두어 팝콘 냄새를 퍼뜨리고, 베이커리에서는 갓 구운 빵 냄새를 주위에 퍼지게 해 고객을 유인한다. 그리고 산부인과 병동에는 가족들과 친구들을 위한 소파 및 조명을 배치해 놓고 집과 같은 환경을 만들어 놓는 식이다. 스타벅스(Starbucks)의 오감 마케팅 성공 사례에서는 편안함을 주는 시각물, 커피를 볶는 소리, 항상 풍겨 나오는 구수한 커피향, 느긋한 재즈 음악 등이 효과적인 환경 요인으로 나타난다. 벽마다 걸려 있는 이국적 이미지의 액자, 자유스럽게 앉아서 커피를 마시는 손님들, 매장 옆에서 판매하는 고급 커피와 커피도구들은 고객에게 즐거운 볼거리를 제공한다. 매장 내의 클래식 음악, 에스프레소 커피 가는 소리, 손님들의 자유로운 대화는 즐거운 '들을 거리'를 제공해 주며, 직원이 정성을 다해 만든 에스프레소 커피의 진한 맛은 즐거운 '먹을 거리'를 제공한다. 스타벅스 앞에 지날 때면 우리 눈앞에 띄는 커다란 로고가 있다. 별 모양이 있는 왕관을 쓰고 길게 머리를 늘어뜨린 여인, 신비감을 자아내기에 충분하다. 그런데 그 여인의 모습은 여기저기서 나타난다. 커피를 마시는 커피 잔, 벽에 걸려 있는 액자 등 곳곳에 여인의 모습이 있다.

또한 온라인 서비스 환경에서의 분위기는 제공되는 서비스와 맞물려 큰 시너지 효과를 기대할 수 있도록 디자인되어야 한다. 가령 여성 의류나 장신구, 가구류 등에 관련된 쇼핑 서비스를 제공하는 사이트의 경우 계절과 상이한 분위기나 자신들이 제공하는 제품이나 정보와는 동떨어진 분위기로 사이트를 구성한다면, 고객들이 서비스에 집중하는 집중도가 떨어지고 이는 곧 흥미를 잃게 되어 고객들이 외면하는 사태가 발생할 수 있다.

쇼핑몰 서비스 사이트에서는 계절감을 고려한 제품의 사진, 메뉴, 배너, 글자의 폰트까지도 고객들을 효과적으로 유인하고 감성적인 측면이나 심리적인 구매활동의 동기를 유발하는 방향에서 적합성을 높여야 한다.

### (2) 공간 배치 및 기능성

서비스 스케이프의 공간 배치는 취급하는 상품은 물론 고객 서비스를 지원하는 설비, 도구, 기기, 가구 등을 그 크기와 형태에 따라 적절하게 배열하는 방법과 각각의 구성 요소 사이의 공간적 관계를 의미하며, 기능성은 이러한 구성 요소들이 소비자와 종업원들의 업무를 용이하게 하고, 목적 달성에 편리함을 제공하는 것이다. 공간 배치 및 기능성은 소비자나 서비스 기업의 특정 욕구를 충족시키는 데 도움을 준다. 공간 레이아웃과 기능성은 소매점, 병원, 리조트 등에서 볼 수 있듯이 고객의 심리적 반응에 영향을 주며, 특히 ATM이나 셀프서비스의 경우에서도 고객행동에 큰 영향을 준다.

공간 배치는 체류시간을 조정하는 역할을 하기도 한다. 예를 들면, 옆자리와 가깝게 테이블을 배치시키는 레스토랑은 여유를 즐기기보다는 식사가 끝나면 바로 일어나야 하는 분위기를 자연스럽게 만든다. 반대로 개별 공간이 주어지는 경우에는 충분한 시간을 보내게 된다. 그리고 쇼핑몰이나 가구 매장에서는 고객동선에 구매동기를 유발하도록 하는 특성을 반영하여 공간을 배치한다. 백화점에서는 엘리베이터와 화장실 찾기가 쉽지 않고, 많은 상품을 노출시키려는 의도로 다른 매장을 경유할 수 있는 에스컬레이터가 건물 중앙에 위치하고 있다.

이러한 특성은 특히 고객 스스로 행동해야 하는 셀프서비스 환경이거나, 복잡한 업무 환경에서 그 중요도가 높아진다. 예를 들면, 대형 병원 같은 경우 진료 분야가 세분화되어 있고 여러 가지 검사를 받는 경우가 많기 때문에 층을 오르내리거나 어디로 가야 할지 모르는 경우가 많다. 기본적인 검사시설을 한데 모아놓거나 혼자서도 효율적인 이동을 할 수 있도록 센터 이름이나 가는 방향을 보기 쉬운 곳에 붙이는 것과 같이 공간 배치와 이 외의 기능이 잘 구비되어 있다면 고객의 만족도가 높아질 것이다.

온라인 서비스에서도 공간 배치와 기능성 문제에 주의하여, 메뉴의 배치와 이동경로에 있어 고객의 편의성을 고려해야 한다. 메뉴의 배치는 온라인상에서 고객이 사이트에 방문했을 때 자신이 원하는 정보로 이동할 수 있는 메뉴를 쉽게 식별하고, 또 자신이 원하는 서비스로의 이동에 소요시간을 줄이는 등 검색을 용이하게 하는 것은 물론 자신이 원하는 서비스를 쉽게 포착할 수 있는 그래픽 디자인이 강조된다.

### (3) 표지판, 상징물, 소품

표지판(sign), 상징물(symbol), 소품(artifact) 등은 서비스 현장에서 고객들이 서비스의 실체를 보다 명시적으로 이해하도록 안내하는 역할을 한다. 표지판은 기업이나 부서의 명칭이나 출입구, 규칙 등을 표시하고, 상징물이나 소품은 서비스 현장의 의미나 지켜야 할 일들을 전달하여 기업에 대한 첫인상을 형성하고 서비스 컨셉을 고객들에게 전달하게 된다. 즉, 서비스가 가지는 무형성으로 인해 유형적 단서가 중요한 역할을 하는 것이다. 따라서 단순한 의미 전달의 기능뿐 아니라 서비스의 품격을 알릴 수 있는 심미성이 뛰어나고 문화적인 의미를 담은 디자인이 요구되는 대목이다.

금연이나 출입금지와 같은 표시는 명시적인 행동 규범을 나타낸다. 또 사무실의 책상의 크기나 자리한 위치, 직원의 옷차림, 명함 디자인 등을 통해서 암묵적으로 서비스에 대한 정보를 제공함과 동시에 신뢰감 형성에도 도움을 준다. 이러한 요소들은 서비스 기업이나 서비스 자체에 대한 첫인상을 형성하고, 새로운 서비스 컨셉을 고객들에게 전달하거나 새로운 인식을 돕는 중요한 역할을 한다.

또한 온라인 서비스 기업들에서도 이러한 심벌을 많이 이용한다. 로고(logo)나 심벌을 통해 자신들이 제공하는 사이트의 주된 활동을 나타내기도 하고, 그들의 서비스에 대한 정보를 제공하기도 한다. 국내 포털 사이트 중 하나인 네이버(Naver)의 경우 [그림 9-2a]에서와 같이 모자에 날개를 달아 놓은 심벌을 사용하는데 심벌이 어떻게 생겨났는지 정확히 모르더라도 사용자들은 모자는 지식을 나타내고 날개는 지식의 확산을 상징한다고 인식하며, 실제로 많은 이들이 정보와 지식을 네이버의 강점이라고 인식하고 있다. 아마존에서는 [그림 9-2b]에서와 같이 자사의 로고에 있는 a에서 z까지의 화살표를 통해서 고객들이 원하는 상품과 서비스 전체를 구매할 수 있다는 의미를 표시하고 있다.

**그림 9-2** 로고를 통한 서비스 기업 이미지 사례

a. 네이버 로고

b. 아마존 로고

### 나. 서비스 스케이프에 대한 심리적 반응

서비스 스케이프의 여러 자극에 대한 서비스 종업원과 고객들의 반응 유형은 크게 ① 생리적 반응, ② 인지적 반응, ③ 감정적 반응으로 나누어지며, 이들은 상호의존적이고 동시다발적으로 발생한다. 예를 들면, 치과 병원에 오는 환자들은 잘 정돈된 내부시설을 보고 불안감을 감소시키는 감정적 반응과, 의사가 능력이 있을 것이라 믿음을 갖는 인지적 반응 등이 함께 나타나는 것이다.

#### (1) 인지적 반응

서비스 스케이프는 소비자들의 서비스 품질에 대한 생각이나 신념에 영향을 주게 된다. 서비스 현장의 고급 가구, 장식, 그리고 종업원들의 옷차림새를 통해서 신뢰감이 형성되며, 이와 같은 서비스 현장의 이미지는 서비스 품질에 대한 소비자들의 기대 형성에 영향을 준다. 패스트푸드 음식점과 고급 프랑스식 레스토랑의 종업원 옷차림새가 소비자들에게는 매장 분위기의 차이에 따른 상이한 서비스 품질을 기대하도록 하는 요인이 된다.

#### (2) 감정적 반응

서비스 현장의 제반 환경 요소들에 의해 형성된 이미지는 고객들의 기분, 즉 감정적 반응에 영향을 미친다. 예를 들어, 병원의 약품 냄새, 소음 등이 사람들을 불안하고 두렵게 만들 수 있고, 나이트클럽의 라이브 음악과 현란한 조명이 사람들을 즐겁고 흥분되게 만들 수도 있다.

#### (3) 생리적 반응

소비자들이 지각한 서비스 스케이프는 즉각적으로 생리적 반응을 일으키는데, 예를 들면 지나친 소음, 부적절한 실내온도가 바로 신체적 불편함을 야기하는 것과 같다.

서비스 현장에서의 물리적 환경에 대한 이러한 생리적 반응은 그곳에 계속 머무르며 서비스를 제공받고 그 시간을 즐길 수 있을 것인가, 아니면 그 장소를 떠날 것인가에 영향을 미친다. 즉, 패스트푸드 음식점의 딱딱한 의자와 커피전문점의 푹신한 소파는 바로 고객이 서비스 현장에 머무르는 시간에 영향을 준다. 따라서 서비스 기업에서는 인체공학(ergonomics)을 고려하고, 좀 더 과학적으로 사람들이 편하고 즐겁게 이용할 수 있는 서비스 환경을 설계할 필요가 있다.

예를 들면, 실버층을 타깃으로 한 미국의 한 호텔에서는 노인들이 이용하기 편리하게 환경을 재설계했는데, 밝은 조명, 큰 자판의 전화나 TV 리모컨, 손으로 잡을 수 있는 바를 설치한 샤워장, 방 안의 스위치들도 어둠 속에서 볼 수 있게 불빛이 나오는 것으로 대체하고, 레버 핸들의 손잡이로 손가락 관절에 무리가 가지 않도록 배려하였다.

## 다. 내적 반응과 행동

과거에 심리학자들은 사람들의 행동을 예측하고 설명하려는 시도에서 물리적 환경의 영향을 인정하지 않을 때가 있었다. 그러나 많은 연구결과, 조직의 물리적 환경 차원이 종업원과 고객의 내적 반응에, 그리고 이들의 반응은 결과적으로 소비자의 개인 행동과 서비스 기업의 직원과 소비자의 사회적 상호작용에 관한 행동에 영향을 미치는 것으로 밝혀졌다.

### (1) 고객반응과 행동

소비자들은 어떤 장소에 대해 접근(approach) 혹은 회피(avoidance) 행동을 보이게 된다. 접근행동(approach behavior)은 어떤 장소에 대한 긍정적인 행동, 즉 그곳에 오래 머물고 싶고, 구경하기 원하며, 거기서 무엇인가를 하고 싶고, 자신과의 관계를 쌓아 가기 원하는 행동이다. 반면에 회피행동(avoidance behavior)은 어떤 장소에 대한 부정적인 행동, 즉 그곳을 피하고 싶고, 빨리 떠나고 싶으며, 자신과의 관련성을 지워 버리고 싶어 하는 행동이다.

접근행동 혹은 회피행동 또한 서비스 구매장소(예: 쇼핑몰)의 물리적 환경, 즉 서비스 스케이프에 의해 영향을 받게 되는데, 다시 말해서 서비스 기업에서는 서비스 스케이프의 적절한 관리를 통해서 원하는 고객의 접근행동과 원하지 않는 고객의 회피행동을 조절할 수 있다는 의미이다. 예를 들어, 편의점에서 말썽을 일으키는 젊은 층 고객을 쫓아내기 위해서는 회피행동을 유발하기 위해서 옛날 음악만을 틀어 놓을 수도 있다. 또한 반대로 소비자들이 쉽게 접근하기 위한 매장 입구의 교통정리, 편리한 주차시설, 눈에 띄는 표시판, 안내문구, 잘 갖추어진 스낵 코너와 화장실 등은 접근행동을 유발하기 위한 대책이 된다.

### (2) 사회적 상호작용 행동

사회적 상호작용은 고객과 종업원 사이의 상호 원활한 교류를 말하며, 많은 연구 결과에 의하면 고객과 종업원 간의 물리적인 거리, 좌석 배치, 공간의 규모, 유동가능성 등과 같은 물리적 변수가 사회적 상호작용에 영향을 미치는 중요 요인으로 밝혀지고 있다.

예를 들어, 은행에서 창구 직원과 고객이 상호교류를 하는 공간은 소비자의 기분에 영향을 주고, 이는 서비스 직원에 대한 태도와 행동, 서비스에 대한 만족도를 결정하는 것이다. 따라서 많은 서비스 기업들은 소비자들에게 서비스 현장에서의 좋은 체험을 제공해 주고 직원과 종업원 간의 상호교류를 촉진하기 위해 다양한 노력을 기울이고 있다.

## 1.3 서비스 스케이프의 전략적 활용

이하에서는 서비스 기업에서 서비스 스케이프를 전략적으로 활용할 수 있는 지침을 제시한다.

### 가. 물리적 증거의 전략적 효과를 파악하라

물리적 증거를 구성하는 각 요소는 기업의 서비스 목표 및 비전과 연결되어야 한다. 기업의 목표와 서비스 컨셉을 이해하고, 이러한 목표를 달성하는 데 기여하는 물리적 증거 활용 전략을 수립한다. 물리적 증거의 디자인은 많은 투자가 필요하고 그 효과가 오래가기 때문에 신중한 의사결정이 필요하다.

### 나. 물리적 증거에 대한 청사진을 만들어라

물리적 증거에 대한 상세한 계획 수립을 통해 조직 구성원 모두가 서비스 프로세스나 물리적 증거의 여러 요소들을 볼 수 있어야 한다. 서비스 청사진에는 물리적 증거를 표시할 수가 있는데, 관련된 서비스 프로세스, 이에 관여된 사람들을 동시에 명확히 파악할 수 있어 어떤 물리적 증거를 어떤 상황에 위치시켜야 할지를 판단할 수 있게 된다. 서비스 청사진을 이미지 자료, 사진, 비디오 자료 등으로 보완하는 것이 바람직하다.

### 다. 서비스 스케이프의 전략적 역할을 분명히 하라

디즈니(Disney)에서는 테마별로 나뉘어진 놀이동산에서 각 테마의 특성에 맞는 인테리어와 일터를 무대로 인식해야 하는 '캐스트(cast)'라고 불리는 직원들의 복장이 각 테마와 조화를 이루고 있다. 그래서 고객은 자신들이 어디에 있는지를 알고 있고 지금 있는 곳의 특성을 알 수 있다. 다만 서비스 스케이프에서는 서비스 품질에 대한 지각과 고객의 행동에 매우 중요한 서비스가 있고, 그다지 중요치 않은 서비스가 있다. 예를 들면, 호텔이나 리조

**그림 9-3** 디즈니의 캐스트 복장 사례

미키마우스 캐스트

피터팬 캐스트

트, 학교나 유치원 등은 매우 중요하고, 통신사 또는 전력회사 등은 그다지 중요치 않다. 이를 고려하여 적절한 전략적 관점에서 물리적 증거를 디자인한다.

### 라. 물리적 증거에 대한 기회를 측정하고 포착하라

청사진에 표현되지 않은 서비스 기회가 있는지 파악할 필요가 있다. 현재의 서비스 스케이프가 목표시장 소비자들의 욕구와 취향에 잘 맞는지 분석하고, 물리적 증거를 바꿔서 개선시킬 수 있는 기회를 포착하는 것이 좋다.

### 마. 물리적 증거를 항상 최신의 것으로 업데이트하라

시간의 경과에 따라 물리적 증거는 점차 진부화된다. 따라서 고객의 새로운 욕구나 시대적 변화에 맞게 환경을 최신의 것으로 변화시켜 나가야 한다.

### 바. 타 부서와 협동하라

물리적 증거에 대한 디자인이나 결정은 오랜 시간 동안 여러 부서를 거쳐 이루어지므로 일관성 유지가 어렵다. 예를 들어, 종업원들의 유니폼에 대한 의사결정은 인사팀에서, 인테리어 디자인은 시설팀에서, 그리고 광고나 가격은 마케팅팀에서 결정하므로, 기업 내에서 물리적 증거의 통합을 통해 일관성 있는 이미지를 만들기 위해서는 부서 간의 협력과 협동이 중요하다. 시설 계획과 관리는 공간 디자이너, 제품 디자이너, 소비자 행동 전문가, 환경 심리학자 등의 협력이 요구된다.

## 1.4 서비스 스케이프의 역할

서비스 기업에서 설정된 물리적 환경 요인들은 고객의 행동, 서비스의 품질, 구매 의도, 기업 이미지 등에 많은 영향을 미치게 된다. 이러한 영향이 아주 섬세한 차이에서 나타나게 되므로, 긍정적인 인식을 심어 줄 수 있고 전략적 경쟁우위를 가지도록 하는 창의적인 접근이 필요하다. 〈표 9-3〉에서는 이러한 환경 디자인에서 경쟁 전략 유형을 결합한 사례를 보여주고 있다.

**표 9-3** 물리적 환경 디자인과 경쟁 전략 유형의 결합 예시

| 경쟁 전략 유형 | 사례 유형 | 디자인 예시 |
|---|---|---|
| 원가주도 전략 | 다수 고객을 유인할 수 있는 설비 디자인 | 주유소에서 낮은 가격을 나타내는 가격 표지판을 전광판으로 설치 |
| 차별화 전략 | 소매점에서 고가, 고품질의 상품을 판매하는 전략 | 실제 상류층 가정의 환경을 옮겨 놓은 방식으로 차별성과 고급스러움의 분위기를 표현 |
| 집중화 전략 | 세분화된 특정 시장을 표적화 | 대학로의 레스토랑의 경우 젊은이들의 선호도를 반영한 점포의 설비 디자인 |

# 제2절 서비스 접점관리

## 2.1 서비스 접점

일반적으로 일컬어지는 서비스의 특성은 서비스 제공자와 고객 간의 상호작용이 이루어짐으로써 나타나게 되는 특징들이다. 이 상호작용으로 인하여 고객은 서비스의 품질을 평가하게 되므로 서비스 접점에 대한 이해와 관리가 중요하다. 이를 MOT(Moments Of Truth), 즉 '진실의 순간'이라고 스웨덴 경제학자로서 마케팅 이론가인 리처드 노만(Richard Norman)은 정의했다. 리처드 노만에 의하면, 진실의 순간이란 "고객이 서비스 제공자(종업원)나 서비스 기업의 시설, 설비 등과 접촉하는 순간"을 의미하여, "피하려 해도 피할 수 없고 실패가 허용되지 않는 서비스 품질에 대한 결정적인 인식을 하는 순간"으로 인식해야 한다고 하였다.

원래 MOT란 스페인의 투우 용어인 'Moment De La Verdad'를 영어로 옮긴 것이다. 스페인의 투우에서는 투우사와 소가 일대일로 대결하는 최후의 순간을 '진실의 순간'이라고 한다. 투우사가 약 1m의 칼로 우표 크기만 한 소 등의 급소를 정확히 찌르는 그 순간이 투우 경기의 하이라이트이기 때문이다.

이와 같은 MOT 이론을 기업경영에 사용하여 성공한 사람이 바로 1980년대 스칸디나비아항공(Scandinavian Airlines: SAS)의 얀 칼슨(Jan Carlzon) 사장이다. 스칸디나비아항공은 스웨덴, 덴마크, 노르웨이 3개국의 민간과 정부가 공동으로 소유하고 있는 항공사이다. 그는 1970년대 말 전 세계의 오일쇼크로 이 항공사에서도 2년 연속으로 적자를 기록할 때인 1981년에 39세의 나이로 사장에 취임을 했다. 그는 부임하자마자 '직원들이 고객을 만나는 15초의 비밀'을 설명했다. 조사결과 한 해에 1천만의 고객이 5명의 스칸디나비아항공사(SAS)의 직원들과 접촉을 한 것으로 분석되었다. 이 접촉은 매번 평균 15초 정도이지만 1년 동안, 5천만 번의 순간이 회사 이미지를 결정하는 '결정적 순간'이라고 설명하고, 적자 회사라 아무리 힘들고 어려워도 직원들이 고객을 만나는 진실한 첫 15초 동안의 만남으로 고객을 평생 단골로 잡느냐 원수로 만드느냐가 결정된다고 교육을 했다.

항공사 직원들은 항공기, 정비시설, 사무실, 업무수행 절차 등의 집합이 회사라고 생각하나, 고객들은 항공사로부터 어떤 경험을 하였는가를 이야기한다. 그런데 칼슨은 서비스 기업의 본질은 물적 자산의 집합이 아니라 일선 직원들이 개별 고객에게 순간순간 제공하는 서비스의 품질이라고 강조하였다. 칼슨은 MOT의 개념을 소개하기 위해 불결한 트레이(tray: 접시 또는 쟁반)를 자주 예로 들었다. 만약 승객들이 자신의 음식 트레이가 지저분하다는 것을 발견하게 된다면, 그들은 그 순간에 자신이 탑승하고 있는 비행기가 불결하다고 느끼게 된다는 것이다. 이처럼 MOT는 서비스 제공자가 고객들에게 서비스의 질을 보여줄 수 있는 극히 짧은 시간이지만, 자사에 대한 고객의 인상을 좌우하는 극히 중요한 순간이다.

진실한 15초를 효과적으로 관리해야 하는 MOT 전략으로 칼슨은 짧은 시간인 1년 만에 결국 스칸디나비아 항공의 전체 이미지를 회복했고, 스칸디나비아 항공은 800만 달러의 적자기업에서 7,100만 달러의 흑자 기업으로 변화되었다. 새로 부임한 사장이 매우 혹독한 원가절감 운동을 펼칠 것으로 예상하였으나 비용 지출이 사업의 목적 달성에 효과적으로 사용된다면 그것은 경쟁력을 높이기 위한 자원이라고 설파하였고, 칼슨은 불경기를 이겨내기 위해 많은 항공사들이 하고 있는 것처럼 비행기를 처분하여 단기적 수익의 개선을 꾀하지 않고, 최고의 서비스를 제공함으로써 성장이 멈춘 시장에서 자사의 점유율을 높이고 이익을 창출하려는 전략을 선택하였다. 진실의 순간을 만드는 15초의 집중력이 모든 성공하려는 서비스 기업에 필요한 실천력으로 부각되는 사례가 되었다. 비용을 삭감하기는커녕, 오히려 이사회에 4,500만 달러의 추가적 투자와 147개의 다른 프로젝트를 추진하기 위해 필요한 1,200만 달러의 운영비 증액을 제안하였다. 새로운 제안에는 광범위한 정시 출발 캠페인, 코펜하겐 시내의 교통거점 개선, 12,000명이 넘는 직원들에 대한 서비스 교육 등에 소요되는 비용이 포함되어 있었다.

서비스 접점 또는 MOT에 관한 몇 가지 정의를 추가로 살펴보면, 우선 협의의 개념으로는 "고객과 서비스 제공자 사이의 양방 간(dyadic), 직접적인(face to face) 상호작용이 발생하는 순간"으로, 이 결정적 순간에 고객과 서비스 제공자는 서로 특정 역할을 가지게 된다고 볼 수 있다(Solomon, 1985; Suprenant & Solomon, 1987). 광의의 개념으로 MOT는 "일정 기간 동안 고객이 직접적으로 서비스와 상호작용하는 것"이며, 서비스 제공자, 물리적 설비, 다른 가시적 요소들을 포함한 고객이 인지하게 되는 모든 대상과 접촉을 하는 것으로 볼 수 있다(Shostack, 1985).

Shostack(1985)은 서비스 접점을 다음 3가지의 유형으로 구분하였다.

① 원격 접점(remote encounter): 전자상거래, 우편 또는 자동판매기기, KIOSK 등과 같이 인적 접촉이 없는 서비스 접촉

② 직접 인적 접점(face-to-face encounter): 서비스 현장에서 직접 쌍방이 대면하는 서비스 접촉

③ 간접 인적 접점(technology-mediated encounter): 고객과 전화, 실시간 원격 채팅 등으로 상호작용하는 서비스 접촉

서비스 접점은 크게 다음과 같은 특성을 가지며, 이를 정리하면 〈표 9-4〉에서와 같다.

① 쌍방 간 거래: 서비스 접점은 서비스 제공자와 고객 간의 양자적 개념이다. 이는 서비스 제공자와 고객 각각의 사회적, 경제적, 개인적 특성에 의해 좌우되는 양자적 관계를 말한다. 서비스 접점에서 양자의 각 만족 요소들을 파악하게 되면 서비스 설계와 서비스 환경설계, 서비스 제공자의 선발, 훈련 및 동기부여, 고객 서비스 등에 도움을 줄 수 있다.

② 상호작용과 역할 실행: 서비스 접점에서 이루어지는 서비스 제공자와 고객 간 이루어지는 행동은 양자의 상호 조정된 행동에 따라 결정되는 목표 지향적 행위이며 역할수행이다. 서비스 접점은 고객의 욕구와 목표가 있을 때 발생하는 것이므로 목표 지향적이고 과업 지향적인 상호작용의 성격을 가진다. 서비스 제공자와 고객은 각기 특정 상황에 맞는 일련의 행동을 학습하여 목표성취를 위한 어떤 역할을 수행한다.

③ **접촉**: 서비스 접점은 제공되는 서비스에 따라 제한을 받는다. 즉, 제공되는 서비스의 내용과 특성 및 서비스 제공과정에 참여하는 사람의 위치에 따라 서비스 접점의 범위가 제한된다. 예를 들어, 영어회화 강좌에서 강사는 효과적인 영어회화 교육을 위한 노력에 집중하고, 수강생은 영어회화에 필요한 자신의 역할을 다하고자 노력한다.

**표 9-4** 서비스 접점의 특성

| 특성 | 내용 |
|---|---|
| 쌍방 간 거래 | 서비스의 거래는 서비스 제공자와 고객, 두 객체 사이에서 이루어지는 모든 행위를 말함 |
| 상호작용 | 서비스 제공자와 고객 간의 의사소통은 서로 영향을 미침 |
| 역할 실행 | 서비스 접점에서 이루어지는 상호작용은 목적 지향적, 직무 지향적 성격을 가짐 |
| 접촉 | 서비스 성과에 대한 고객 인식의 많은 부분이 서비스 제공과정에서 얻은 접촉과 밀접한 관계를 가지고 있음 |

## 2.2 서비스 접점의 삼각구조

서비스에서는 제조와 달리 고객이 서비스 생산 프로세스에 적극적으로 참여한다는 특징이 있다. 이때 일어나는 상호작용에서 서비스를 제공하는 종업원과 고객 사이에서 진실의 순간(MOT)이 생성된다. 서비스 접점에서는 [그림 9-4]에서와 같이, ① 서비스 기업(조직), ② 서비스 제공자(접점 직원), ③ 고객의 3개 주체가 있고, 이들 주체 간의 상이한 이해가 상호작용을 함으로써 형성되는 삼각구조를 설명할 수 있다(Bateson, 1985).

**그림 9-4** 서비스 접점 삼각구조

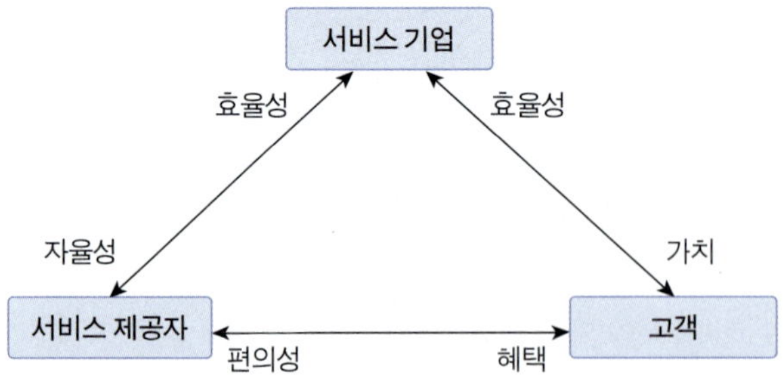


출처: Bateson, 1985, p. 76.

서비스 접점에서의 삼각구조를 이루는 3개 주체들은, 서비스 기업에 의하여 사전에 설계된 다음과 같은 서비스 환경에서 수행할 각자의 역할이 있는데, 이를 상세히 설명하면 다음과 같다.

## 가. 고객

### (1) 고객의 역할

고객은 모두 서비스 프로세스에서, 특히 서비스 접점에서 수행하는 일정한 역할을 가지고 있다. 가장 대표적인 예로 셀프서비스를 들 수 있다. 고속도로의 자동차 휴게소 내 식당의 경우, 자신이 직접 식단을 구성하고 주문하여 자신의 식탁으로 가져가고, 수저나 음료 또한 자신이 직접 선택하고 가져오며 식사를 마친 후 식탁을 치우는 등 여러 형태의 생산적인 역할을 수행한다. 각각의 경우 고객은 상황에 적합한 프로세스의 역할행동을 알고 있어야 한다. 이러한 과정에서 고객은 서비스 전달과정에 부분적으로 종업원의 역할을 수행하면서 참여하게 되며, 사회적 규범에 의해 정의되거나 제공되는 특정 서비스 디자인에 의해 정해진 스크립트(scripts)에 따라야 한다.

고객들은 여러 서비스 접점에서 이용하기 위해 학습된 다양한 스크립트를 배우고 있다. 이러한 스크립트에 고객이 적절히 따라 준다면, 고객과 서비스 제공자 모두 상대방의 역할을 예측하고 그에 따른 행동을 할 수 있게 된다.

그러나 고객이 주어진 스크립트에 따라 제대로 역할을 수행하지 못하거나 남용하게 된다면 문제가 발생할 수 있다. 특히 신서비스나 신기술 등이 도입되었을 때 이 같은 경우가 많이 발생하는데, 고객이 새로운 스크립트를 받아들이고 학습할 동안 시간이 걸릴 수 있다. 이런 문제를 대비하여 예를 들면, 대형 할인점의 셀프계산대 도입 시 새로운 프로세스를 접한 고객을 도와주고 학습을 돕기 위하여 근처에 직원을 배치하기도 한다. 고객이 그들의 새로운 스크립트에 익숙해지고 그 효율성을 인정할 시기에 도움을 주는 직원은 더 이상 필요성이 높지 않을 것이고, 셀프계산대에 대한 투자의 온전한 이득이 실현될 것이다.

고객은 고객의 기대 유형에 따라 분류될 수 있다. 크게 나누면 통제에 대한 욕구를 지닌 고객은 셀프서비스 옵션을 선택하고, 통제보다는 편의성을 중시하는 고객은 풀서비스 방식을 선택한다.

### (2) 고객 및 소비자의 유형

여러 가지 고객의 유형별로 상황에 맞는 고객의 행동을 예측하여 상황에 맞게 서비스를 효과적으로 전달하도록 사용할 수 있는 스크립트의 개발과 사용이 필요하다. 우선 제조업의 제품에서와 마찬가지로 서비스에서도 고객에 대한 세심한 관찰이 필요하다. 고객의 기대는 구매 태도를 결정하게 된다. 고객의 유형을 기본적으로 다음과 같이 4가지 그룹으로 분류할 수 있으며, 이를 정리하면 〈표 9-5〉와 같다.

① **절약형 고객**: 이 고객은 서비스를 제공받는 데에 사용한 시간, 노력, 금액으로부터 획득할 수 있는 가치를 극대화하고자 한다. 이 유형의 고객은 여러 서비스 기업의 경쟁적 속성을 상세하게 조사하여 변덕스러운 고객이 될 가능성도 있다. 그러나 이 분류의 고객을 잃어버리는 것은 잠재적 경쟁에서 우위에 서기 어렵다.

② **윤리적 고객**: 이 유형의 고객은 사회적으로 신뢰할 수 있는 기업을 이용하는 것을 도덕적 의무라고 인식한다. 지역사회에 기여하고 공정 마인드를 갖는 서비스 기업에서는 이 부류의 고객을 흡수하여 충성스러운 고객기반을 창출할 수도 있다.

③ **개별화 추구 고객**: 이 고객은 서비스 경험을 바탕으로 한 친밀한 대화나 상호작용을 통해 만족스러운 대인관계를 추구한다. 고객에 따른 데이터를 구축하여 접점 종업원이 이를 적절히 활용한다면 고객의 입장에서는 개인적 경험을 창출할 수 있게 되어 충성스러운 고객층을 확보할 수 있다.

④ **편의성 추구 고객**: 이 고객층은 서비스의 제공에 있어 편의를 제공받는 것을 가장 큰 요인으로 여긴다. 개인적이고 제약이 없는 서비스에 대해서 기꺼이 대가를 지불할 용의가 있는 고객층이다. 예를 들어, 각 개인의 가정으로 배달을 해주는 할인점 등이 이러한 부류의 고객에게 큰 이점으로 다가올 것이다.

**표 9-5** 고객의 유형 구분

| 고객의 종류 | 정의 | 특징 |
|---|---|---|
| 경제적 고객 | 고객가치를 극대화하려는 고객 | 까다롭고 경쟁사에 대한 정보도 밝은 편임 |
| 윤리적 고객 | 서비스 기업의 윤리적인 행동에 더욱 큰 비중을 두는 고객 | 서비스 매출에 대한 몇 퍼센트가 장애인을 위한 복지기금으로 사용된다는 등의 사회적 마케팅 활동이 필요함 |
| 개인적 고객 | 개인 간의 교류를 선호하는 고객 | 자사의 홈페이지에 들어오면 이름을 불러서 맞이하고 맞춤형 정보를 제공하는 서비스가 효과적임 |
| 편의적 고객 | 자신이 서비스를 받는 데 있어서의 편의성을 중시하는 고객 | 추가로 비용을 지불하더라도 백화점에서 물건을 배달해 준다든지 선물용으로 포장해서 발송해 주는 서비스를 선호함 |

기업에서는 추가로 창의적인 관점에서 고객에 대한 다양한 유형의 식별이 필요하다. 이하에서는 구매행동 특성 관점에서의 소비자 유형을 소개한다.

① 습관적 결정형 소비자: 최근에 마지막으로 구매했던 제품이나 상표에 만족하는 경향을 가지고 있는 상표에 충실한 소비자 유형이다.

② 인지적 소비자: 합리적 타당성에 민감하며 조건부로만 상표에 충실한 소비자 유형이다.

③ 가격인지적 소비자: 원칙적으로 가격이나 경제적 상대가치를 토대로 결정한다.

④ 충동적 소비자: 물리적 외관상 접근에 기반을 두고 구매하며, 상표명에 대해서는 비교적 무감각하다.

⑤ 정서적 소비자: 제품의 상징에 대하여 반응하는 경향이 있고 이미지에 좌우되는 유형이다.

⑥ 새로운 소비자: 소비자행동의 심리적 측면에서 볼 때 아직 안정되어 있지 못한 유형이다.

⑦ 경제적 소비자: 경제적 소비자는 가정에 충실한 소비자로서 책임감이 있는 유형이다.

⑧ 사교적 소비자: 사교적 소비자는 본인을 알아 주는 서비스 제공 장소에서 구매를 하는 소비자 유형이다.

⑨ 도의적 소비자: 도의적인 소비자는 본인이 원하는 곳에서만 구매를 하는 형태로서 약한 자를 도와주기 위하여 소비를 하는 경향이 있다.

⑩ 무관심형 소비자: 무관심형 소비자는 서비스를 어쩔 수 없어 구매하는 소비자로서 서비스 구매 자체를 싫어하는 형태의 소비자이다. 이러한 소비자는 가격, 품질, 상표보다는 편리한 곳을 선정하는 경향이 있다.

### (3) 고객의 직무 디자인

고객이 적극적인 상호작용에 참여하는 욕구를 가졌다면, 서비스 접점에서 고객과의 상호작용과 참여 수준을 높이면서 보다 혁신적인 고객의 역할을 설계하는 것이 바람직하다. 〈표 9–6〉에서의 사례와 같이 목표 고객을 선택하고, 고객을 훈련하여 자신의 역할 및 직무를 수행하도록 사전에 설계하는 것도 바람직하다.

고객은 과거와 같이 서비스를 수동적으로 제공받는 것이 아니라, 미래의 서비스에서는 서비스 과정에서의 경험을 극대화하는 혁신자로 발전해 나갈 것이다. 따라서 고객들이 서비스 접점에서 서비스 기업과 제공자 모두가 최대의 가치를 얻는 방향으로 서비스에 적극 참여하는 역할 특성을 고려하는 것이 바람직하다.

**표 9-6** 목표 고객의 선정과 고객접점에서의 역할 및 직무 디자인 사례

| 구분 | 내용 | 숄다이스 병원 | 집카 |
|---|---|---|---|
| 고객 선택 | • 적합한 고객을 유치하고 부적합 고객을 쫓아내는 메커니즘 만들기 | • 탈장이 없었다면 건강한 환자만 입원시킴 | • 차 공유에 공감하는 젊은 층 밀집 지역부터 먼저 공략 |
| 고객 훈련 | • 고객에게 즐겁게, 고통 없이 훈련<br>• 고객이 훈련받는다는 사실을 눈치 못 채게 해야 함 | • 고참환자들이 식사와 간식 시간에 자연스럽게 신참환자 훈련<br>• 입원 당일 신입환자 오리엔테이션 | • 환경 보호라는 미션에 동참하는 공동체 의식 강조<br>• 직무를 적절히 수행하지 못한 고객은 죄책감을 느낌(공동체 문화 때문) |
| 고객 직무 디자인 | • 고객이 맡아서 할 직무를 디자인함 | • 수술 직후 수술실에서 걸어 나오기<br>• 신참환자에 대한 멘토 역할 수행하기 | • 차량 반납 시 차를 깨끗이 청소하기<br>• 차에 기름 넣어 반납하기 등 |

출처: 매일경제, 2013. 8. 30.

## 나. 접점 종업원

서비스 접점에서 서비스를 전달하는 접점 종업원이 고객과 상호작용하는 과정은 서비스 품질을 결정하는 핵심이다. 접점 직원은 〈표 9-7〉에서와 같이 우선 고객과의 서비스 접점에서 발생하는 진실의 순간(MOT)이 고객만족으로 이어져, 서비스 접점의 빈도와 지속기간, 상호작용의 밀도에 따라 적절한 대응자로서의 역할을 할 수 있는 서비스 역량을 갖추고 있어야 한다. 특히 고객이 서비스 프로세스 과정에서 받을 수 있는 만족감은 서비스 제공 종업원과의 인적 접촉, 서비스 시설과의 물리적 접촉, 서비스를 획득하는 거래과정 자체를 통하여 실현된다는 것을 접점 종업원에게 인식시키고 그에 적절한 서비스 역량을 갖출 수 있도록 교육하여야 한다.

**표 9-7** 접점 직원의 역할 구분

| 역할 | 역할 특성 |
|---|---|
| '진실의 순간' 대응자로서의 역할 | • 설정된 '진실의 순간'에 대한 성실한 대응<br>• 고객만족을 위한 첨병 역할 |
| 감정노동자로서의 역할 | • 높은 품질의 서비스 제공이 요구되는 상황에서 행해지는, 육체적 또는 정신적 노동 |
| 갈등관리자로서의 역할 | • 역할 갈등: 주어진 임무와 직원의 성격이나 가치관 사이의 갈등<br>• 직장-고객 갈등: 직장의 서비스 방침과 고객의 요구조건 사이의 갈등<br>• 고객 간 갈등: 직원과 다양한 욕구를 가진 다수의 고객 사이의 갈등 |

예를 들어, 금융기관에서의 서비스 종업원과 고객과의 접점은 그 시간과 기간이 상대적으로 길며, 서비스의 빈도 또한 높다. 교육, 컨설팅, 법률 등과 같은 서비스에서는 고객과 매우 밀접한 상태에서 상호작용이 진행된다. 이에 비하여 대형 할인점 등은 쇼핑하는 동안 종업원과 고객의 접점이 몇 분 이내로 발생하며, 여러 명의 서로 다른 종업원과의 상호작용이 일어나기도 한다. 접점 기간이 길고 그 빈도가 높을수록 일관성 있는 품질이 유지되어야 한다. 호텔 프론트에서도 고객이 당시 접점 종업원과 좋은 접점을 경험하였다면, 이 외의 호텔 레스토랑이나 유지보수 종업원 등 전체적으로 좋은 인상을 주기 위해서 다른 종업원으로부터도 환영을 받아야 한다.

고객욕구를 충족시키기 위해서 많은 서비스 기업들이 접점 종업원에게 보다 많은 자율권을 행사할 수 있도록 하는 권한 위임(empowerment)이 강조되고 있다. 단순한 권한 부여에서 그치는 것이 아니라 기업에서 종업원에 대한 신뢰를 가지고 종업원의 권한을 창의적으로 행사할 수 있도록 허용하는 것이다. 접점 종업원에게 보다 많은 자율권을 부여하려면 고객과의 상호작용에서 종업원의 행동 적합성을 파악하기 위한 종업원 선발과정이 필요하다. 그러나 아무리 적합한 수준의 서비스를 제공한다고 하더라도 고객과의 커뮤니케이션에는 비현실적인 고객의 기대나 예기치 못한 충돌과 문제점이 생겨날 수 있고, 접점 종업원은 이에 대해 적절히 대응해야만 한다. 발생할 수 있는 상황에 대한 예측 상황 훈련과 문제에 대처하기 위한 스크립트를 개발하여 접점관리 능력을 높여 가야 한다.

웅진코웨이에서는 정수기를 직접 방문하여 애프터서비스하는 코디는 서비스 접점 종업원이다. 이들은 사전에 역할 연기(role playing) 교육을 통해 실제로 맞닥뜨릴 수 있는 다양한 상황에 대처하고 문제를 조치할 수 있는 능력을 훈련받은 직원이다. 전화 통화 시에도 통화 내용은 물론 통화하는 방법, 상품정보 전달 등 전문 지식과 더불어 목소리 톤까지를 교육하고 평가하여 역할 능력을 높이고 있다.

### 다. 서비스 기업

서비스 기업은 서비스 접점에서의 환경을 설정하는 가장 중요한 주체이다. 고객과 서비스 접점 종업원 사이의 상호작용에 제공되는 주요 환경 요인은 기업의 조직문화와 업무 절차 등이다. 즉, 서비스 기업에서 조성하는 이러한 영향 요인들은 고객의 구매 선택 기준의 한 조건이 되고, 서비스 제공을 담당하는 접점 종업원의 직장 선택의 주요 요인이기도 하다. 특히 서비스 기업의 조직문화는 조직 구성원들 사이에 공유되는 믿음이나 전통이며, 각 개체를 하나로 묶어 주는 공통된 지향점을 지닌 시스템으로도 볼 수 있다. 또한 이런 서비스 조직의 문화가 조직 특유의 정체성을 제공하기도 한다.

서비스 접점에서 적용되는 업무 절차에는 권한 위임과 통제 시스템이 있다. 권한 위임과 통제 시스템은 인사조직관리에서 더 상세히 다루고 있다. 통제 시스템은 기업이 종업원들에게 재량권을 부여하지만 이를 통제할 수 있어야 하며, 종업원들은 조직의 문화나 제도 등과 관련하여 정해진 원칙을 학습하고 통제 시스템 내에서 활동해야 한다.

## 라. 삼각구조의 상호작용

서비스 접점에서 파악해야 할 삼각구조의 3개 주체 간의 상호작용은 각 주체별 역할 사이에 나타나는 상호관계 및 고려사항이 있다는 의미이다. 즉, 이와 같은 역할이 만나게 되는 서비스 접점에서는 서비스의 성패를 결정짓는 MOT가 고객만족으로 이어지기 위해서, 서비스 접점의 3개 주체인 서비스 제공자, 서비스 기업, 그리고 고객 간의 접점이 〈표 9-8〉에서와 같이 효율적으로 관리되어야 한다.

**표 9-8** 서비스 접점의 구성 요소

| 접점 구성 요소 | 역할 | 지배자가 되는 경우 |
|---|---|---|
| 서비스 조직 | • 고객의 니즈가 무엇인지를 결정<br>• 전달 직원이 서비스를 어떻게 전달할 것인지를 결정 | • 원가주도 전략을 추구하는 기업에서 주로 서비스 효율 제고<br>• 종업원, 고객의 불만 발생 |
| 서비스 제공자<br>(접점 직원) | • 고객과 상호작용<br>• 조직의 명령을 인식하고 이를 고객에게 전달 | • 직원 스스로 고객을 통제하는 중요한 등급을 지닌 것으로 인지 |
| 고객 | • 조직과 커뮤니케이션을 함<br>• 서비스 종업원과 상호작용을 하면서 서비스의 생산과 소비를 동시에 수행 | • 최대한의 이익 추구 |

### (1) 서비스 기업과 서비스 제공자 사이의 상호작용

서비스 기업에서는 영리를 추구하고 있고, 따라서 서비스 기업의 경영자는 이익과 가격 경쟁력을 유지하면서 가능한 한 능률적으로 서비스를 제공하고자 한다. 기업의 경영자들은 고객과 접촉하는 서비스 제공자, 즉 접점 종업원들에게 그들의 권한과 자유 재량에 제한을 두는 규칙과 절차를 만들어 서비스를 통제하고자 한다.

### (2) 서비스 제공자와 고객 사이에서 나타나는 상호작용

서비스 제공자, 즉 접점 종업원들은 자신들이 좀 더 쉽게 업무를 수행하고, 스트레스를 적게 받기 위해 고객의 행동을 통제하려는 경향을 보인다. 한편 고객은 접촉과정에서 최대한의 이익을 얻기 위해서 서비스 접점에 존재하는 통제에 대한 우위를 얻으려고 노력한다.

### (3) 고객과 서비스 기업의 상호작용

서비스 기업은 보다 효율적으로 서비스를 제공하려 하고, 고객은 보다 높은 최대의 이익과 최고의 만족을 얻으려 노력한다.

이와 같은 서비스 접점에서 3개 주체들이 만들어 낼 수 있는 이상적인 서비스 접점의 관계는 3개 요소 모두가 동등한 상호관계를 유지해야 비로소 서로 이익이 되는 서비스 접점을 창출할 수 있다. 즉, 상호작용에서의 균형이 깨지면 역기능이 발생할 수 있다는 의미이다.

## 2.3 서비스 접점의 구성

### 가. 고접촉 업무와 저접촉 업무

서비스에서 접점을 구성할 때는 〈표 9-9〉에서와 같이 우선 고접촉 업무와 저접촉 업무를 구분한다. 이를 위해서는 서비스 시스템을 이해하고, 시스템을 프로세스의 흐름을 따라 여러 세부 기능으로 나눈 후, 각 세부 기능들을 다시 고객과의 접촉이 많아야 하는 고접촉(high-contact) 기능과 접촉이 별로 필요하지 않은 저접촉(low-contact) 기능으로 분리할 수 있다.

**표 9-9** 접촉 수준별 서비스 접점 구성의 방향

| 구분 | 고접촉 | 저접촉 |
|---|---|---|
| 구성 전략 | 고객 접촉 강화 | 고객 접촉 축소 |
| 서비스 위치 | 고객 위치에 분산 | 중앙 또는 거점 센터에서 집중처리 |
| 핵심 가치 | 고객이 지각하는 정서 | 효율 |
| 배치인력의 역량 | 고객과의 대인관계 기술 | 기능처리 기술 및 분석 |
| 프로세스 체계 | 고객화 | 자동화, 표준화 |

예컨대 은행의 경우, 고객과 마주 보면서 금융거래를 상담하는 일이 고접촉이고, 고객의 계좌에서 돈이 들어오고 나가는 것을 처리하는 업무가 저접촉에 해당한다. 저접촉 기능은 효율이 우선이다. 따라서 이 부분은 사람 대신 기술을 사용해, 고객이 볼 수 없는 뒷단 또는 후면(back office)에 감추어 둔다. 반대로 고접촉 영역은 고객과의 상호작용과 고객이 지각하는 느낌이 중요하기 때문에 동선(動線)이나 실내장식에 신경을 써서 고객이 드나드는 앞단 또는 일선(front office)에 배치한다. 증권사에서 투자상담은 '안락한' VIP룸에서 '친절한' 전문가와 하지만, 주식을 사고파는 실무는 어딘가에 '숨어 있는' 컴퓨터가 알아서 한다.

은행의 대출 업무도 고객으로부터 대출 관련 상담, 서류 접수 및 응대 업무 등 고객접촉이 필요한 부분은 지점에서, 대출 적격 판정 및 승인 업무 등 중앙에서 통일된 원칙을 가지고 일원화하는 방식의 이원화를 실시하여 신속하면서도 원칙을 준수하도록 체계화를 도모한다.

고접촉 업무에서는 고객의 욕구를 충족시키기 위해서 접촉 강화 전략을 채택한다. 고객전담 직원을 배치하여 한 고객이 여러 직원을 만나지 않고도 업무를 원활하게 수행할 수 있는 체제를 적용하고, 설비나 장비는 고객 서비스를 중심으로 배치하여 친밀한 상호작용이 이루어지도록 한다. 반면에 접촉을 감소시키는 전략을 위해서는 모바일기기, 자동화 시설이나 장치를 활용하여 고객의 방문을 줄이거나 직원과의 대면 접촉을 줄이고 VIP 또는 불만이 큰 고객 등 불가피한 고객만을 예약 시스템을 활용하여 집중적으로 필요한 시간에 접촉하는 방식을 사용한다.

### 나. 디커플링

고객과의 직접 접촉이 불필요한 업무를 고객과의 접촉이 빈번하게 발생하는 접점에서 분리하는 서비스 이원화를 '디커플링(decoupling)'이라고 한다. 이에 대해서는 본서의 제5장에서 다룬 바가 있다.

크린토피아는 낮은 가격으로 와이셔츠 세탁에서 다림질까지를 제공하는 서비스로 시장에 진입하자마자 큰 반향을 일으켰다. 크린토피아는 고객과의 접촉이 많은 세탁물 수거 업무를 중심으로 한 서비스 접점 조직과 고객과의 접촉이 불필요한 세탁 및 시설관리 조직을 분리하였다. 많은 세탁물들을 처리하기 위해서 자동 분배 컨베이어 시스템을 도입하고 본사와 지사, 가맹점을 연결해 주는 업무의 전산화를 통해서 규모의 경제를 이룬 것이다. 이처럼 일선 부서와 지원 부서의 처리과정을 분리하여 규모의 경제를 취하는 방법을 서비스 접점의 디커플링이라고 한다. 이로 인해서 세탁비의 대부분을 차지하는 인건비를 대폭 줄

**그림 9-5** 디커플링 성공 사례

고접촉 업무 중심의 세탁물 매장

저접촉 업무 중심의 세탁 공장

고객관리에 철저한 세탁물 수거 및 배달 서비스

첨단 자동화 시설 및 세탁 전문 기술자에 의한 완벽한 세탁 서비스

임으로써 일반 세탁소에 비해서 20~30% 싼 가격정책을 펼칠 수 있었다.

또한 〈표 9-10〉에서와 같이 디커플링은 지원 부서의 저접촉 업무를 중앙에 집중하여 처리함으로써 효율화하여 원가를 절감하고, 품질의 일관성을 높이며, 직원을 성격 및 보유역량에 따라 적소에 배치할 수 있는 효과가 있다.

**표 9-10** 디커플링의 기대 효과

| 구분 | 기대 효과 |
|---|---|
| 효율성 제고 및 원가 절감 | • 고객들의 관여가 업무에 방해될 수 있을 때 접점 분리로 효율 제고<br>• 제한된 일에 대한 반복적 학습 효과<br>• 특화된 업무들의 집중을 통한 규모의 경제 실현(중앙 집중화)<br>• 비용절감 가능: 미국의 던킨도너츠는 대도시 단위마다 한 곳씩 중앙 집중화된 시설에서 도넛을 구워 그 주변의 여러 매장에 조달하는 방식(매장과 생산을 디커플링) |
| 직원 성격 및 역량에 따른 배치 | • 대인관계가 좋은 직원(관계지향형)은 고객과 자주 접하는 일선 부서에 배치 활용<br>• 기술력이나 분석력이 좋은 직원(과업지향형)은 지원 부서에 배치 활용<br>• 각자 성격과 개성에 맞게 역량 개발하고 능력을 최대한 발휘할 수 있음 |
| 품질 일관성 제고 | • 복잡한 업무를 분리하여 전문성과 통일성을 가지고 수행함으로써 일관된 서비스 창출 가능 |

# 10 CHAPTER

# 서비스 경험관리

## "극한 환경에서 이렇게 성공했다"
## 불리한 입지 극복한 밀양 만포주유소

### 시골 주유소가 뜨다

경남 밀양시 만포주유소를 운영하는 권영효 사장은 이것을 지을 때 미쳤다는 소리를 들었다. 그도 그럴 것이 주유소가 신대구~부산 고속도로 삼랑진 나들목에서 700m 후방에 있는 차량이 오기 어려운 곳이기 때문이다. 고객 동선이 확보되지 않았다. 도심, 공단 등이 없는 전형적인 시골 지역이고, 주유소 앞 2차선 도로가 전부인 외진 곳이어서, 시골 주민들조차 찾아올까 하는, 잠재적 경쟁자도 없고, 고객도 거의 없을 것 같아 주유소 설립 동의서에 도장 찍어 줄 정도의 지역이다.

이런 곳에서 대박을 냈다. 이곳에서는 휘발유 가격이 싸거나 특별한 사은품을 제공하지 않는데도 항상 문전성시를 이루고 있다. 어떻게 가능했을까? 그는 고속도로를 이용하는 차량을 끌고 오겠다고 했다. 그러니 다들 미쳤다고 했다. 그러나 만포주유소는 성장을 거듭하고 있다. 인근 주유소가 월 600드럼이고 입지 여건이 뛰어난 부산 시내 주유소도 월 1,000드럼을 못 파는 사례가 많지만 만포주유소의 월 판매량은 1200~1300드럼에 이른다. 주유가격도 인근 지역보다 다소 비싼 편이다.

### 고객을 포착하다

만포주유소의 성장 비결은 틈새시장 공략이다. 권 사장은 화물차에 주목했다. 화물차 운전사는 자영업 성격이 강하기 때문에 가격에 대단히 민감하다. 화물차 운전자들이 고속도로 톨게이트를 빠져나오는 불편과 비용을 감수하고라도 더 큰 이익을 줄 수 있어야 한다고 판단하였고, 부산에 비해 가격 경쟁력을 갖춘 만포주유소가 차별화된 전략으로 접근하면 이용할 가능성이 있다고 확신하였다. 권 사장은 '화물차 전용 주유소'로 차별화하기로 결심했다. 먼저 화물차 접근이 용이하도록 지붕을 높게 만들었다. 화물차 운전자들의 행태 파악에 주력한 결과, 고속도로 통행료 부담을 줄이기 위해서 주로 야간 운행이 많고, 화물 선적은 통상 낮에 이루어지면서, 따라서 차에서 숙식을 해결하는 운전자가 대부분이었음을 알게 되었다.

### 새로운 경험을 디자인하다

이를 위해 그는 화물차가 쉽게 이용할 수 있도록 1,000평(약 3,300m$^2$) 가까운 넓은 터에 주유소를 마련했다. 대형차 진입이 쉽도록 주유소 지붕도 높였다. 주유소 건물 안에는 운전사들을 위해 샤워실이나 식당, 수면실 등을 마련했다. 또 탁구대, 당구대, 노래방, 골프연습장, 퍼팅연습장, 바비큐시설, 낚시터 등도 꾸며 놓았다. 권 사장은 고객과 진심으로 공감하며 신뢰를 얻는 데 주력했다. 기름을 가장 싸게 파는 주유소가 최고의 주유소가 아니라 즐길 거리가 많은 주유소를 찾는 고객들을 부르는 전략이었으며, 찾아온 고객들에게는 긍정적 경험(good experience)을 느끼도록 최대한 봉사한다. 한번 긍정적 경험에 만족한 고객들이 다시 찾아오고 싶어 하는 주유소로 자리매김하였다.

고객과 마음을 터놓고 대화하는 것은 기본이다. 고객의 이름을 과일나무에 달아 주고 과일을 모두 가져가도록 하거나, 주유소 터에서 재배한 유기농 야채를 제공했다. 권 사장은 "최고 주유소는 기름을 많이 파는 곳이 아닙니다. 주유소에 머무는 동안 고객이 행복을 느낀다면 그게 바로 최고 주유소입니다"라고 말했다.

**고객 중심의 차별화된 경험을 제공하다**

주유소 설립 초기 인지도 확보 위해 파격적인 저가로 고객을 모았으며, 이후 잘 알려지면서 단계적으로 가격을 인상하였다. 지역주민 대상인 기존 주유소에의 영향을 최소화하기 위해서 노력하였는데, 시골 주유소의 주수입원인 난방유에 대해서는 취급하지 않은 것이 대표적이다. 즉, 지역사회와의 갈등은 최소화하면서 전략적 접근을 시도한 것이다. 차별화되지 않으면 남들과 같아지고, 오히려 남보다 못하기가 쉽다. 고객 중심의 차별화가 대박을 내는 기준이다. 고객들에게 휴지를 기증하기보다 주유소의 많은 시설들을 내 집처럼 이용하라고 권유하고, 사장이 직접 화물차 주유를 해주면서 정서적으로 화물차 기사와 가까워지기 위해 노력한다. 오늘도 그는 스스로에게 다짐하고 있다.

"고객들이 주유소에 머무는 시간 동안 행복함을 느낀다면 그게 바로 최고 주유소이다."

출처: 동아일보, 김남국 기자(일부 내용 수정 보완).

시대는 변화되어 '서비스를 판매한다'는 개념이 이제는 '서비스에서는 경험을 판매한다'는 말과 동의어가 되었다. 소비자가 서비스 과정에서 인지하게 될 경험을 긍정적이고 특유하여 오래 기억될 경험으로, 서비스 기업에서 이를 사전에 계획하여 제작하고 전달할 수 있다면 이것은 서비스 경험관리를 제대로 하고 있다는 의미이다. 본장에서는 서비스에서의 고객경험을 이해하도록 한다.

## 제1절 서비스와 고객경험

제공된 서비스를 통하여 만족한 고객은 다시 서비스를 구매하기 위해 찾아오거나 주변에 자신의 경험을 전파하고 서비스 제공자와 오랜 교류를 하게 되는 이른바 충성도가 높은 고객이 된다. 이와 같이 높은 충성도를 갖는 고객은 서비스 제공자가 연출하거나 창출해 주는 기억에 남을 만한 서비스 경험을 통해서 얻게 된다.

### 1.1 고객경험의 의의

서비스는 경험을 기반으로 고객에게 제공되는 무형적인 상품이다. 서비스에서 고객의 경험은 그 자체가 평생 기억 속에서 간직될 수 있어 유형적인 제품보다 그 파급력이 크다. 고객의 경험은 '기업의 서비스와 직·간접적으로 소비자가 접촉하면서 가지게 되는 내적, 주관적 반응'으로 정의된다(Harvard Business Review, 2007년 2월). 여기서 직접적 접촉은 고객이 서비스를 스스로 이용하며 느끼게 되는 것들로 고객 주도로 일어나는 것이며, 간접적 접촉은 서비스 등과의 우연한 접촉을 뜻하며, 예를 들면 광고, 구전, 뉴스 등이 이에 해당

한다.

어느 환자가 병원에서 의료 서비스를 이용한다고 생각하자. 이 환자가 어느 병원에서 진료를 받을지 탐색할 때부터 경험은 시작된다. 주변 친구나 아는 환자들로부터 추천을 받거나 광고를 들었다면 이 환자는 간접적 접촉을 통한 서비스 경험을 이미 시작한 것이다. 그 후 병원을 선택하고 난 뒤에 병원의 분위기, 위치, 진료의 질, 요구사항의 수용 정도 등에 관해서 느끼는 모든 것들, 즉 병원이나 의료진과 접하게 되는 모든 접점들이 바로 직접적 접촉에 의한 고객의 경험이다.

따라서 차별화된 경험을 중요시하는 어떤 레스토랑에서는 고객에게 무릎을 꿇고 고객으로부터 주문을 받아 고객들에게 고개를 들지 않도록 배려하며(sacrifice), 다양한 음식 메뉴에 대한 친절한 스토리가 포함된 설명을 하며(story-making), 음식을 만드는 과정을 보여 주어 서비스의 가시선을 고객에게 투명하게 전진하여 볼거리를 제공하는 것(sight-supplying)은 물론, 생일을 맞은 고객에게 사진을 찍어 주는 등 즐거운 추억을 만드는(surprise) 경험의 기회를 다양하게 제공하고 있다.

낮에 대부분 휴식을 취하는 동물들의 특성에도 불구하고 대체로 낮에만 운영되는 동물원의 태생적 한계를 극복하고 이색적인 야간 체험 관광지를 만들기 위한 획기적인 전략에 따라서 [그림 10-1]에서와 같이 싱가포르에서 1994년 세계 최초로 개장한 야간 동물원의 '야간 사파리 상품'이 개발되었다. 이는 아시아, 아프리카, 남아메리카 등지에서 온 130여 종, 약 1천여 마리의 동물들이 도입되어 밤에 생동감 넘치는 정글을 경험하도록, 인위적인 동물의 울음소리와 같은 청각 효과에, 은은한 달빛과 같은 시각적 효과를 추가한 새로운 동물원 환경에서 색다른 고객경험을 제공하는 방식으로 디자인된 새로운 서비스이다.

이와 같이 최근에 서비스에서는 〈표 10-1〉에서와 같이 '고객들이 서비스를 구매한다'는

**그림 10-1** 새로운 서비스 경험의 사례

새로운 형식의 레스토랑

싱가포르의 야간 사파리

**표 10-1** 서비스에서 고객만족경영과 고객경험관리

| 구분 | 고객만족경영 | 고객경험관리 |
|---|---|---|
| 시기 | 1990년대 초 | 2000년대 초 |
| 배경 | 재구매를 위해서 강조 | 고객만족과 서비스 접점에 대한 개념의 확장 |
| 목적 | 만족한 고객의 서비스 추천을 통해 신규 및 재구매 | 기존 고객의 재구매와 고객경험 개선을 통한 잠재 고객의 신규 구매 |
| 본질 | 유형의 제품 및 서비스 | 기억할 만한 감동적 경험 |
| 대상 고객 | 기존 고객(미사용 고객은 고객만족에서 제한적임) | 기존 고객 및 잠재 고객(사용 고객, 미사용 고객 포함) |
| 특징 | 구매 및 사용 후 만족이 핵심 | 구매 및 사용 전후의 모든 접점에서 긍정적 경험 전달을 추구(인지, 탐색, 시도, 구매, 배달, 설치, 사용, AS, 폐기) |
| 접근 | 상품, 서비스, 브랜드 등을 크게 분류하여 개선점 도출(결과 지향적) | 고객과 접촉하는 경험의 과정을 세부적으로 나누어 긍정적 경험을 유발하도록 설계하고 실행(과정 지향적) |

표현과 '고객을 만족시켜야 한다'는 표현 대신, '서비스를 경험하게 해야 한다'는 개념의 전환이 일어나고 있다.

어떤 서비스에서 오랫동안 기억되는 특별한 경험을 하게 되면 이러한 서비스를 제공받은 고객들은 특별한 문제가 없는 한 지속적으로 그 서비스를 재구매하게 되는데, 서비스업에서 단골손님이 많이 증가하는 것도 이러한 이유에서다.

이러한 특별한 경험은 고객의 마음을 감동시키는 것으로부터 출발한다. 특정 고객만을 위한 특별한 서비스를 통해 고객은 서비스에 감동하게 되며 이러한 감동을 바탕으로 한 특별한 경험을 한 고객은 스스로가 그 기업의 열렬한 팬이 되어 자발적으로 기업을 홍보하고 자신의 동료를 만들어 나가기도 한다. 이런 사례들은 트위터, 페이스북과 같은 SNS(Social Network Services) 붐을 타고 열성적인 고객들의 영향력이 점점 커져 가고 있다.

따라서 기업들이 고객에게 새로운 경험을 새겨 주는 새로운 서비스의 개발 및 혁신을 위해서는 고객의 니즈(needs)와 라이프스타일(life style) 등에 근거한 경험세계의 분석 → 고객이 만족할 만한 서비스나 경험을 제공할 수 있도록 그 환경적 기반의 전략 및 경험 설계 → 그리고 고객과의 상호작용을 위한 인터페이스 조직화와 지속적 개선 등 이른바 차별적 경험을 제공할 수 있는 '고객경험 관리 프로세스'를 구현해야 한다. 이러한 과정을 거쳐 생성된 서비스 경험은 고객들로 하여금 기업의 이미지를 강화시키고 더 많은 고객들을 기업으로 유치하도록 하는 역할을 하게 된다.

이렇듯 서비스 기업에서는 감동적인 경험을 제공할 수 있는 기업문화를 조성하기 위해

서 고객 접점에서 근무하는 구성원들이 고객과의 상호작용 상황에서 자발적으로 판단하고 필요한 조치를 즉각 취할 수 있는 권한위임(empowerment)을 정책적 및 제도적으로 실행하게 해야 한다. 팔지 않은 타이어까지 현장에서 직원이 환불해 주어 고객을 감동시킨 미국 노드스트롬 백화점에서의 성공 사례는 차별화된 권한위임 정책으로부터 유래되었다.

이와 같이 서비스 제공 단계에서 발생하는 다양한 문제들을 일정한 매뉴얼을 가지고 모두 해결하기 어려울 수 있다. 이러한 상황에서 접점 직원은 자신의 직감을 통해 문제를 해결해야 하는 순간이 발생하는데, 이 과정에서 자신에게 허락되지 않은 권한에 대한 문제에 직면할 경우 혼란에 빠져 서비스 실패를 유발할 가능성이 높다.

특별한 서비스를 통해 감동적인 경험을 제공하는 성공적인 기업들의 경우 철저한 사내 교육과 훈련은 물론, 독특한 기업가치 공유를 통해 일정한 업무 매뉴얼 대신 조직원 스스로의 판단을 통해 서비스를 제공하고 있으며, 이 바탕에는 조직원들에 대한 믿음과 일관적인 기업가치 공유가 존재하고 있다.

## 1.2 고객경험의 관리

고객의 경험은 구매하기 전 탐색하는 과정에서의 상품경험, 상품을 구매하는 과정에서의 구매경험, 그리고 사용 단계에서 느끼는 서비스경험으로 이루어진다. 이와 같은 고객경험관리(Customer Experience Management: CEM)는 기업에서 의도한 경험관리계획(experience management plan)에 의해서 설계되고 실행됨으로써 일관성이 있으면서도 고객의 만족도를 높일 수 있도록 기획된 비즈니스 전략의 하나이다. 예를 들면, 유통업에서도 고객경험관리를 위해 홍보(promotion)에 관한 경험, 그리고 가격(price), 상품(merchandise), 공급망(supply chain), 매장 위치(location)에 대한 경험 등을 새로이 개발하고 이들을 적절히 결합하여(mixing) 실행한다.

이와 같이 기업에서는 고객경험관리를 강화하기 위해 서비스의 설계 및 제공의 각 단계에서 서비스 표준을 설정하고, [그림 10-2]의 사례와 같은 고객경험지도(customer experience map)를 작성하여 각 서비스 접점에서 고객의 총체적인 경험수준을 높일 수 있도록 주기적으로 서비스를 재구성한다.

그렇다면 고객경험관리는 어떻게 해야 체계적으로 하는 것인가? 많은 서비스 기업들의 경험과 함께 컨설팅 조직에서 권장하는 방법론과 사례들이 발표되고 있다. 간단한 고객경험관리 모형의 하나를 제시하면 [그림 10-3]에서와 같이 4단계로 이루어진다.

그림 10-2 커피 매장에서의 고객경험지도(사례)

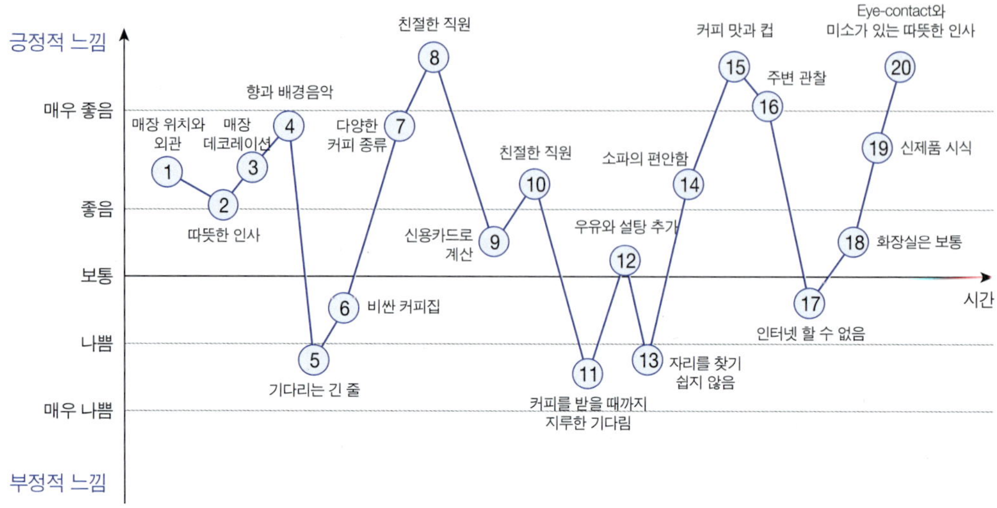


출처: 장정빈, 리마커블 서비스, 2009, p. 166.

그림 10-3 고객경험관리의 단계

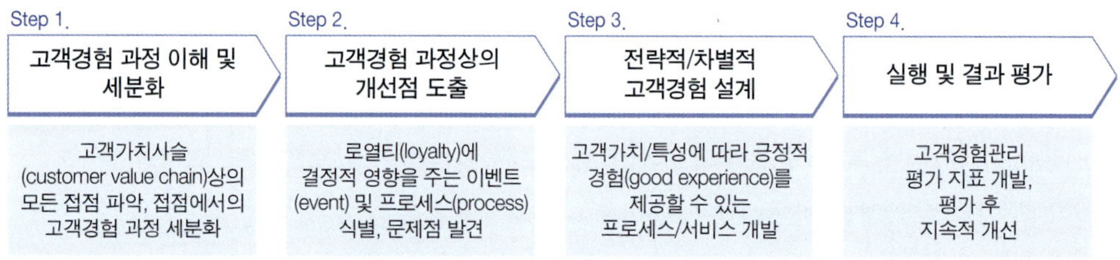


### 가. 고객경험 과정의 이해 및 세분화

고객경험은 또한 기업이 마련한 접점을 통해 보내 주는 정보나 서비스를 받을 때 발생하는 수동적 경험(이메일, 문자 메시지 등)과 고객이 직접 접점을 찾아와서 받는 경험인 능동적 경험(매장, 예약 창구, 등록 창구 등)으로 구분할 수 있는데, 능동적 접점에서의 고객경험이 더 중요하다.

고객경험의 세분화는 다시 구매 전(pre purchase) → 구매 및 사용(purchase) → 구매 후

(post purchase)의 단계로 구분할 수 있다. 구매 전 단계는 고객에게 제품과 서비스가 무엇인가를 알려 주는, 고객의 기대를 관리하는 단계이다. 이 단계에서 중요한 것은 고객들에게 제품과 서비스를 어떻게 알려 나갈 것인지에 대한 고민이다. 구매 및 사용 단계는 고객으로 하여금 왜 해당 제품과 서비스를 구매해야 하는지 명확한 구매이유를 제시하는 단계로서 구매과정상에서 편리성을 담보해 줄 수 있어야 한다. 다음으로 구매 후 단계는 구매 후 사용하면서, 사용 이후에 기대했던 것 대비 얼마나 만족스러운가를 판단하는 과정이다.

이때 고객경험지도가 활용될 수 있다. [그림 10-2]는 커피 매장에서의 고객경험을 세분화한 사례이다. 그림에서 보는 것처럼 고객이 매장 근처에 있다가 매장에 들어와서 주문하고 커피를 마시고 나가는 과정까지, 시간의 흐름에 맞게 세분화한 것이다.

고객경험을 세분화한 후 고객경험 과정 중에서 소비자에게 결정적 영향을 미치는 접점(MOT)은 어디인가를 분석해야 한다. 고객이 브랜드와 접촉하는 수많은 접점이 모두 동일하게 중요한 것은 아니며, 그중에서 좀 더 중요한 접촉점이 있기 때문이다. 기업이나 산업, 제품의 특성 및 유형에 따라서도 다를 것이다. 어느 렌터카 업체는 구매과정을 100단계로 세분화할 수 있고 또 어떤 유통 기업은 10단계로도 세분화할 수 있다. 중요한 것은 자사에 관리 가능한 수준에서 적합한 단계로의 세분화가 필요하다는 것이다.

실제로 에이비스(AVIS) 렌터카는 고객들이 자동차를 빌리는 전 과정을 분석하여 고객경험을 개선한 사례로 유명하다. 에이비스는 고객들의 자동차 렌트 경험을 조각조각 100단계로 구분하여 각 단계별로 문제점이 발견되면 이를 집중적으로 개선하였다. 예컨대 고객들이 차를 렌트하는 데 걸리는 시간이 길어지자 회원에 한해서는 공항 내에 있는 렌터카 신청 부스를 들르지 않고도 차를 바로 배정받을 수 있도록 한 것이다. GCCRM이라는 고객관리 전문 회사는 스타벅스 매장에 고객이 들어갈 때부터 커피를 마시고 나올 때까지의 과정을 20개의 고객경험 단위로 분해하여 분석하였다.

## 나. 고객경험 과정상의 개선점 도출

고객경험을 세분화한 후에 우리 기업은 어떤 고객경험을 제공하고 있는지, 경쟁사는 어떤 고객경험을 제공하고 있는지를 살펴본다. 자사와 경쟁사들이 제공하고 있는 고객경험을 살펴보면 경쟁사는 제공하고 있는데 자사가 제공하고 있지 않다거나, 자사는 제공하고 있는데 경쟁사는 제공하고 있지 않은 서비스를 발견할 수도 있다.

그리고 자사가 제공하는 고객경험과 경쟁사가 제공하는 고객경험에 대해 고객들은 어떻게 평가하고, 어느 정도 만족하고 있는가를 비교, 분석하는 과정이다. 이 과정을 거치게 되면 자사의 고객경험관리 과정에서 어떤 아이템이 추가되어야 하는지, 현재 제공하고는 있지만 고객만족도 수준 또는 타사와의 비교 시 경쟁력이 낮아 우선적으로 개선해야 할 아이템은 무엇인가를 명확하게 도출할 수 있다. 예를 들면, 어느 항공사에서는 항공기 예약부터 서비스를 이용하기까지 고객의 경험을 총 50여 단계로 세분화하여 문제가 있는 경험 단계들을 분석하고 개선하였다. 특히 긴 비행시간으로 인한 지루함이 가장 큰 문제였는데 쌍방향 게임 시스템, 마사지 등 다양한 엔터테인먼트 요소들을 이용하여 극복하였다.

### 다. 전략적/차별적 고객경험 설계

기존 고객경험관리의 문제점과 개선점에 대해 살펴보고 새로운 고객경험가치를 디자인하는 과정이다. 즉, 향후에는 어떻게, 어떤 고객경험가치를 제공할 것인가를 만들어 내는 것이다. 여기서는 모든 고객에게 동일한 경험가치를 동일한 방식으로 제공하도록 설계하는 우를 범하지 않아야 한다. 고객들은 다시 기업 관점에서 보면 우량 고객도 있고 비우량 고객도 있다. 또한 고객별로 요구하는 니즈가 다를 수 있다. 그렇기 때문에 고객의 특성별로 차별적인 고객경험을 설계해야 한다.

또한 고객경험 과정 중 부정적인 경험을 해소할 영역은 무엇인지, 기대 이상의 차별적 경험가치를 제공해야 하는 부분은 어느 것인가를 디자인하여 고객로열티를 극대화할 수 있게 디자인해야 한다.

최종적으로 새롭게 디자인한 고객경험가치를 구분해 보면 [그림 10-4]에서와 같이 임의의 고객경험(Random Experience), 예측 가능한 고객경험(Predictable Experience), 브랜드화된 고객경험(Branded Experience)으로 구성될 것이며, 여기서의 핵심은 브랜드화된 고객경

**그림 10-4** 고객경험 가치의 차별화

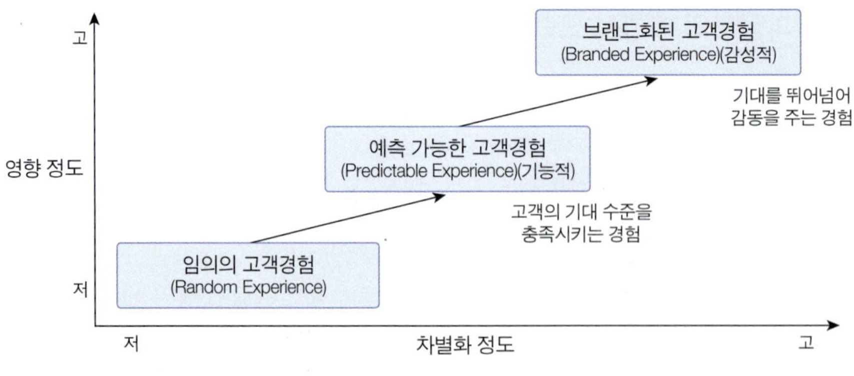

험이 될 것이다.

즉, 기업이 제공하는 모든 접점에서의 다양한 고객경험은 누구든지 제공할 수 있는 경험과 고객의 기대수준을 충족시키기 위해 필요한 고객경험과 고객의 기대수준을 뛰어넘어 감동을 주는 예기치 못한 브랜드화된 고객경험으로 구분할 수 있으며, 브랜드화된 고객경험이 많으면 많을수록 고객들의 만족도는 높아지게 된다.

실례로 1973년 설립된 스무디킹은 건강음료를 판매하는 대표적인 기업이다. 고객이 한층 더 건강한 삶을 누릴 수 있도록 돕고 건강한 라이프스타일을 선도하는 것을 비전으로 삼는다. 준비된 다양한 메뉴는 고객이 중요하게 생각하는 건강함의 컨셉과 목적에 따라 선택할 수 있다. 즉, 고객은 [그림 10-5]에서와 같이 생과일 스무디를 기반으로 인핸서(Enhancer)라는 파우더를 통해 다이어트, 보디빌더, 비타민 섭취, 에너지 섭취 등 고객이 가진 다양한 취향에 따라 주문할 수 있는 것이 특징이다. 또한 인공방부제나 감미료 등 첨가제를 사용하지 않는다고 약속한다. 매장에는 다양한 단백질 파우더나 건강보조식품도 비치해 놓고 있다. 또한 건강과 미용에 관한 여러 프로그램들을 실시하여 전략적이고 차별화된 고객의 건강 경험을 제공하고 있다.

**그림 10-5** 스무디킹 매장과 인핸서

스무디킹 매장

스무디킹의 인핸서

## 라. 실행 및 결과 평가

마지막으로는 고객경험의 실행 및 결과 평가 단계이다. 지속적인 혁신, 즉 지속 가능하고 다른 기업들이 모방하기 어려운 고객의 경험가치를 높이기 위해 혁신에 와 있는지를 미래지향적으로 평가해야 한다. 스마트폰과 같이 고객의 경험을 완전히 바꿀 수 있는 혁신부터 기존의 서비스나 제품으로 고객경험을 강화시킬 수 있도록 변화시키는 작은 혁신까지 모두 필요하다.

예를 들어, 스타벅스의 고객경험은 고객들 사이에서 오랫동안 쌓여진 명성이 뒷받침되어 다른 기업들이 모방하기 어렵다.

## 1.3 고객경험의 과정

경험은 실제적으로 보고 듣고 겪는 지식이나 기능의 주관적인 의식을 의미한다. 서비스 설계자는 우수한 경험을 창출하기 위해서, 어떤 요인들이 고객의 경험과정에서 개입되며, 어떻게 서로 연관되어 있는지, 그리고 서비스 제공자와 고객 간에 서로 교류하여 기억을 생성하고 또 고객의 충성도를 높이는 것으로 연결될 수 있는지 파악해야 한다.

이와 관련하여 많은 연구들이 제시한 바는, 고객경험 과정에 개입되는 핵심 요인들로서 맥락(context), 참여, 그리고 시간을 들고 있다. 즉, 서비스 기업에서는 이러한 3가지 요인들을 적절하게 관리함으로써, 고객들에게 효과적인 경험이 창출되고 전달될 수 있다는 의미이다.

### 가. 맥락

소비자 입장에서 서비스를 소비하는 맥락에 따라 경험이 영향을 받게 된다. 다시 말하면, 경험은 제조 및 서비스 상품에서 제공된 특정의 상황, 즉 맥락(context)에서 고객을 대상으로 다양한 요소들과 교류하면서 감정적 반응이나 지식을 얻을 때 형성되는 것이다. 성공적인 경험은 고객이 느끼기에 독특하고, 시간이 지나도 기억에 남을 만하고, 다시 경험해 보고 싶고, 다른 사람에게 전달하고 싶어지는 특성을 가진다. 따라서 고객에게 제공할 서비스 설계에서 매력 있는 경험의 개발과 적용이 중요하게 된다.

맥락에 대해서 Gupta와 Vajic(1999)은 물리적 배열, 상품의 특정한 선정과 배열, 사물과 사회적 행위자들의 세계, 다른 고객 및 서비스 촉진자들과의 사회적 교류를 위한 규칙이나 절차로 설명하였다. 맥락은 서비스 제공과정에서 전개되는 일련의 사회, 문화, 자연적 모든 상황과 환경을 일컫는다.

예를 들어, 커피 매장인 스타벅스에서는 현대적인 보헤미안(contemporary bohemian)이라는 맥락(일반적인 용어로서 'concept'와도 유사함)을 창출하려고 하였는데, 여기에는 편안한 거실용 가구의 배치, 바(bar) 형태의 테이블과 작업 공간, 갓 볶은 커피와 빵을 제공하며(한국에서는 경기미로 만든 떡을 제공), 배경 음악으로는 일반적 전자음향에 아티스트들의 생음악을 연주하고, 학습적 요소를 가미하는 의미에서 특별히 선정한 잡지와 책을 비치하며, 매장 위치는 젊은 전문직들이 많은 구역에 위치함으로써 커피, 독서, 일, 그리고 이웃의 단골과 사교가 가능하여 가급적 오래 머물게 하는 환경을 연출하고 있다.

이로써 매출액에서는 회전율이 낮을 수 있지만, 다른 커피 매장과 분위기를 차별화하고 스타벅스에서만 가질 수 있는 독특한 경험을 창출하는 데 기여하도록 한다. 음악은 물론 책, 커피 용품 등 다른 맥락적 요소를 구비하도록 하여 고객의 지속적인 충성도 제고에 이를 활용하고 있는 것이다.

〈표 10-2〉에서는 성공적 맥락의 연출에 관련된 요소를 정리하고 있다. 물리적 요소로서

**표 10-2** 성공적 경험 창출과 관련된 맥락 연출 요소

| 구분 | 요소 | 사례 |
|---|---|---|
| 물리적 요소<br>(physical elements) | 테마<br>(theme) | Las Vegas Venetian Hotel: 인테리어, 가구, 상품을 이탈리아식 테마로 운하를 통해 곤돌라를 타고 호텔로 가게 되며, 직원들의 옷은 전통적인 이탈리아 의상을 입고 있음. |
| | 배치<br>(layout) | IKEA 매장: 배치를 세심하게 설계한 예로, 매장 출입구에 아이들이 놀 수 있는 공간을 마련하여 부모들은 천천히 매장을 둘러볼 수 있도록 함. 또한 편리하게 배치된 레스토랑과 휴식 공간은 고객들로 하여금 쉬면서 구매를 생각해 보도록 하였고 필기도구는 구상과 계획을 위하여 사용하기 쉽고 눈에 잘 띄는 곳에 배치함. |
| | 감각성<br>(sensory) | 유니버설 스튜디오의 터미네이터: 실제 배우의 가상적 캐릭터, 금속성과 화약 냄새, 의자가 기울어지고 덜컹거리는 등 관람객이 그 공간에 빠져들게 함. |
| 관계적 요소<br>(relational elements) | 교육적 유용성<br>(learnable and usable) | 뷔페식 샤브샤브 집: 야채 종류, 해물 및 고기를 진열하고 고객이 직접 끓이도록 하면서 테이블에 끓이는 순서, 소스 선택법을 적어 놓아 손님의 기호대로 요리를 하도록 함. |
| | 변동성<br>(mutable) | 파도타기 캠프: 샌디에이고의 최신형 파도타기 캠프에는 모험심이 강한 모든 연령대, 다양한 부류의 사람들이 1주일 동안 텐트에서 기거하며 파도타기 수업에 참여하는데, 초기 수업이 끝나면 각자 자신의 취향대로 고무 옷과 보드를 선택하고 장소와 시간을 정함. 강사는 참여자의 행동을 주의 깊게 보고 있다가 고객들의 사교적인 부분이나 운동적인 부분에서 경험을 향상시켜 줄 필요가 있을 때 관여하여 참가자들이 그곳을 떠날 때 재미있는 시간이었다고 생각하도록 만들도록 노력함. |
| | 사회적 상호작용<br>(social interaction) | Disney: 고객들과 감정적으로 교류하는 법(마술 등), 고객들이 사회적으로 교류할 수 있게 할 수 있는 다양한 방법을 교육시키기 위해 직원들을 훈련함. |

테마(theme) 경험에는 명백하거나 암시적인 주제 특성을 고려한 것이다. 응집력 있는 테마는 맥락 내의 모든 요소를 결합시켜 일관된 스토리를 제시함으로써 고객을 사로잡게 된다. 우수한 테마는 시간, 공간, 다른 물질에 대한 경험에 영향을 주어 고객들의 현실 감각을 변화시키고, 경험을 연출하려는 이미지와 잘 부합하도록 한다.

또한 물리적 배치(layout)는 도구, 장비, 용구, 부품 등의 사물을 조직화하여 고객들이 적극적으로 경험하도록 참여를 유발한다. 이때 테마는 이러한 물품들의 배열이나 공간의 조직에 부응하여야 하며, 배치는 각각의 기능과 사용빈도에 따라 배치되어 접근 가능성과 가시성을 높이고, 혼란을 피하는 방향으로 시설 등이 설계 및 진열되고, 각각의 고객마다 서로 다른 도구들이 사용되는 방식으로 고객들에게 좋은 경험을 하도록 도와주어야 한다. 〈표 10-3〉에서는 영화관을 사례로 고객경험의 단계별로 물리적 배치와 디자인의 검토 사

**표 10-3** 고객경험을 고려한 단계별 물리적 배치 및 디자인 사례

| 고객경험 단계 | 고객경험을 고려한 물리적 배치 및 디자인 | |
|---|---|---|
| | 기대 이상 | 기대 이하 |
| 주차장 찾기 | 귀중품을 보관해 주는 경비원이 있는 입구 근처의 밝고 넓은 공간 | 부족한 주차 공간 때문에 다른 주차장으로 와야 하는 경우 |
| 표 구매를 위해 줄서기 | 거울의 전략적인 배치, 개봉 예정작 포스터, 긴 대기시간을 위한 연예뉴스, 상영 영화와 시간대 쉽게 확인, 티켓 구매 가능 여부 명확한 표시 | 긴 대기시간, 상영 영화와 시간대를 확인하기 힘들며 티켓이 남아 있는지 확인하기도 어려움 |
| 상영관으로 들어가기 위한 티켓 확인 | 상영관 위치에 대한 명확한 방향이 있는 매우 잘 정비된 로비, 손님의 경험을 강화시켜 줄 수 있는 영화 포스터 | 쓰레기가 여기저기 버려진 더러운 로비, 상영관 방향의 불명확함과 잘못 표시된 경우 |
| 영화가 시작되기 전에 화장실 가기 | 매우 청결하고 장소가 넓고 밝으며 잘 건조된 바닥, 잘 정리되어 있고 장식도 좋으며 정기적으로 닦인 깨끗한 거울 | 더러움, 참기 힘든 냄새, 깨진 변기, 핸드타월·비누·휴지가 없음, 사람들이 북적거림, 더러운 거울 |
| 상영관에 들어가서 자리를 찾음 | 결점 없는 상영관: 잘 디자인된 좋은 의자, 자리를 찾기에 충분한 조명, 넓고 편안한 의자, 각 의자마다 음료수와 팝콘 놓는 공간, 적절한 온도 | 휴지가 널린 바닥, 부서진 의자, 끈적거리는 바닥, 우울하고 어두운 조명, 불이 들어오지 않는 출구 표지 |
| 영화 보기 | 훌륭한 음향 시스템과 필름 품질, 좋은 관객, 영화 보기를 즐겁고 기억에 남게 하는 전반적인 것 | 평균 이하의 음향과 영상도구, 금연 사인 또는 다른 주의 사인이 없어서 담배 피면서 떠드는 비호감 관객, 영화 관람을 불쾌하게 하는 전반적인 것 |
| 상영관 떠나기 및 차로 돌아가기 | 친절한 서비스 직원이 떠나는 고객에게 인사함, 밝은 조명의 출구 및 안전한 주차장, 주차장으로 돌아가는 데 필요한 표시 | 좁은 복도로 사람들이 몰림, 조명이 없거나 어두워서 차를 찾기 어려움 |

례를 보여 주고 있다.

감각성(sensory)은 감각성 요소(미각, 촉각, 후각, 시각, 청각)들이 고객들로 하여금 경험을 효과적으로 흡수하도록 돕고 테마를 뒷받침하고 향상시키는 기능을 담당한다. 따라서 감각성을 자극시키는 데는 빵 굽는 냄새, 안개 효과, 빛 효과, 불꽃놀이 등이 실례로서 흔히 사용되고 있다.

관계적 요소로서의 유용성(learnable and usable)은 맥락이 고객들로 하여금 경험을 쉽게 배우고 사용할 수 있도록 설계되어야 한다는 것을 의미한다. 즉, 맥락의 요소들은 자체적인 목적 및 기능과 밀접하게 관련되어야 하고, 고객들의 다양한 개인적 스타일과 지식의 수준, 기술이나 문제를 해결하도록 지원하는 것이어야 한다.

변동성(mutable)은 고객의 경험은 개인적인 것이기 때문에 좋은 경험을 제공하기 위한 맥락은 변동성이 고려되어야 하는데, 이것은 다양한 고객들이 서비스와 교류하는 동안 각자의 사용 환경을 창출할 수 있도록 시스템이 유연성을 가져야 함을 의미한다. 즉, 모든 고객들이 서비스 환경에서 동일한 방식으로 경험하게 하는 것은 효과적이지 못하므로, 고객은 자신이 원하는 맥락적 상황에 맞는 도구를 선택적으로 사용하면서 다른 고객이나 직원들과 다양한 방식으로 교류하는 방식을 적용하는 것이 바람직하다고 하겠다.

사회적 상호작용(social interaction)은 인간에게 사회적 동물로서의 상호작용이 경험에 중요한 요소이므로, 서비스 과정에서 사회적 상호작용을 높이는 방식으로 고객에게 경험이 제공되는지를 고려해야 한다. 즉, 고객이 새로운 경험의 과정이나 절차를 이해하는 데 어려움을 느낄 경우, 고객이 해야 할 새로운 활동과 상호작용에 잘 적응하도록 도움을 주어야 한다. 이때 고객은 개인적으로 개별화인 경험을 선호하면서 또한 안내 직원이나 다른 고객과 각각 다른 방식으로 상호작용한다는 점이다. 따라서 고객들의 욕구, 반응과 행동 성향에 따라 이벤트를 역동적으로 개별화할 수 있는 인력이 필요하며, 여기에는 잘 훈련된 직원이 필요하고 직원들은 고객들의 다양한 욕구에 대응할 수 있는 자율성이 있어야 한다.

아이맥스 영화를 감상하는 데 있어 집에서 보는 것과 서라운드 음향, 편안한 좌석, 팝콘 냄새가 있고 의자가 기울어지고 덜컹거리는 등, 잘 꾸며진 극장에서 실감나게 보는 것은 맥락상의 차이가 있고, 이러한 맥락은 고객경험에 큰 영향을 미친다 할 것이다.

### 나. 참여

고객의 참여에 대해서도 많은 연구자들이 강조하듯이 효과적인 경험의 창출 및 지각에 매우 큰 영향을 미친다. 예를 들면, 고객들이 고기와 야채를 개인 접시에 담아 요리사에게 가져가면 요리해 주는 식당에서 고객은 참여를 통해 만족스러운 경험을 체득할 수가 있다. 뷔페식 샤브샤브 식당에서는 야채 종류, 해물 및 고기를 진열하고 고객이 직접 끓이도록 한다. 이때 고객의 테이블에 끓이는 순서, 소스 선택법을 적어 놓아 손님의 기호대로 요리를 하도록 하며, 고객들이 어떻게 재료를 조합하고 어떤 소스를 선택하는지 배우도록 추천하는 설명서를 제공하거나 서비스 직원들이 각 테이블마다 식사에 필요한 요령과 절차를 설명해 주는 방식으로 고객들의 참여를 유발하여 특유의 경험을 유발할 수도 있다.

참여에 대해서는 본장의 제2절 '서비스와 고객참여'에서 상세히 다루기로 한다.

### 다. 시간

시간 요인도 고객경험에 영향을 주는 요인이다. 우수한 경험은 끊임없이 고객들이 새로운 것을 배울 수 있도록 하며 또한 시간이 지날수록 그 수준이 향상되도록 설계되어야 한다. 좋은 경험에서 오래 머무르도록 시간의 구조 속에서 활동이 섬세하게 설계되어, 고객의 기억 속에 장시간 유지되는 것이 바람직하다.

어느 가구점에서 맥락의 구성이나 고객의 참여를 위해서는 사전에 적절한 고려가 있었으나, 고객들이 구매할 가구를 오랫동안 돌아보게 할 목적으로 일부러 매장의 동선을 꾸불꾸불하게 구성하였다면 많은 고객들은 자신들이 원하는 시간에 출구를 찾을 수 없게 되고, 결국 구매과정에서 고객들은 피곤함을 느끼게 될 것이며, 지루하거나 당황한 고객들은 좋은 경험을 가져가기 어려울 것이다. 따라서 긍정적인 기억이 오래 남고, 일회성이 아닌 오랜 시간 동안, 그리고 고객들에게 시간이 흐르면서 더 정교한 고도의 경험이 제공된다면 매우 효과적일 것이다.

서비스 기업에서 설계한 고객경험이 장시간 유효하려면 고객의 기억에 남도록 고유해야(unique) 하며, 다른 누구에 의해서도 모방하기 어려워야 한다. 연속성 및 역동성 또한 강조된다.

#### (1) 장시간 유효

고객의 경험이 기억에 남도록 하기 위해서는 고객 자신이 서비스 생산자 및 운영자의 환경 속에서 스스로의 경험을 만들어 나가는 방법을 발견할 수 있어야 한다. 전형적인 방법으로는 고객의 모습을 담은 사진을 제공하거나, 홈페이지에 사진이나 동영상을 업로드하고, 로고가 새겨진 티셔츠 또는 머그 컵 등 기념품을 제공하는 방식이다. 이러한 물리적 환기물(physical reminder)은 그것을 경험한 시점이 오래 지나도록 그 경험을 기억할 수 있도록 하고, 경험에 대하여 이야기하도록 하여(story telling) 구전 효과를 창출하는 것은 물론, 기업의 부가수익(additional revenue)을 증대시키고 무료 광고 효과를 얻게 한다.

### (2) 연속성

연속성(continuity)과 관련해서 고객들은 서비스 경험이 만족스러울 경우 계속해서 서비스의 여러 단계를 거치면서 반복적으로 서비스에 참여한다. 풍요로운 경험은 그것을 경험한 사람 자신과 이어지는 경험의 질을 변화시키며, 호기심을 유발시키고 서비스 경험자를 미래에도 새로운 기대에 들뜨게 한다. 즉, 첫 대면의 순간에 고객이 바로 마음을 열고 완전히 참여하는 것은 힘든 경우가 많으므로, 연속적인 접촉과 시간이 지남으로써 신뢰와 유대감이 형성되면서 참여가 강화된다. 따라서 서비스 제공자는 오랜 시간에 걸쳐 꾸준히 고객에게 긍정적인 경험을 제공할 수 있는 방안을 강구해야 한다. 예로서 컴퓨터 게임의 경우에는 사용자들이 오랜 시간에 걸쳐 단계별로 경험을 쌓아 가도록 설계한다.

### (3) 역동성

마지막으로 경험의 역동성(dynamic) 또한 중요하다. 즉, 좋은 경험은 특정한 시간구조 속에서 변화무쌍한 이상적 패턴(desirable pattern)으로 전개되는 특성이 요구된다. 즉, 낮은 수준에서 시작하여 극한 상황과 같은 절정에 이르다가 사라지는 패턴도 있을 수 있고, 크루즈여행이나 서바이벌 게임, 급류타기, 수상스키 등에서와 같이 다양하게 변화하는 순간순간의 상황의 패턴 속에서 고객들이 시간이 흐르면서 스스로 감정적인 자원을 소비하는데, 각각 다른 욕구와 능력을 투입하여 역동적인 경험에 노출되도록 하는 특성도 강조된다.

이와 같이 효과적인 서비스 경험을 창출하기 위해서는 맥락, 참여, 그리고 시간 요인의 적절한 관리가 필요하다. 고객의 개인적인 특성에 따라 각각 유연한 경험을 제공하기 위해서는 변동성이 있고, 교육적이고 유용(learnable and usable)하여 쉽게 배우고 사용할 수 있도록 설계되고, 잘 훈련된 안내 직원이나 다른 고객들과 적절히 상호작용을 통해서 고객 자신들의 필요에 따라 자연스럽게 반응하고 역동적으로 행동할 수 있게 된다면 더 없는 서비스 경험의 효과를 체득하게 될 것이다.

# 제2절 서비스와 고객참여

제조업과 달리 서비스의 독특한 특징 중의 하나는 서비스 생산에 소비자가 참여(participation)한다는 것이다. 서비스 기업에서는 고객만족도를 높이기 위해서 고객의 참여를 최대한 유도한다. 고객참여는 고객접촉(customer contact)과 혼동되기 쉬운데, 고객접촉은 단순히 서비스 접점에서 서비스 제공자와 고객이 접촉하는 것만을 의미하는 반면 고객참여는 서비스 프로세스에서 고객이 서비스 제공자와의 상호작용을 통해 서비스에 영향을 미치는 것까지를 의미한다.

## 2.1 고객참여의 단계

전통적으로 서비스 기업에서 고객참여의 모델은 연극에서 잘 나타났다. 고객은 티켓을 사고 수동적으로 제공자가 제공하는 무대를 즐겼다. 기업에서는 광고나 할인 등과 같은 이미 알려진 마케팅 도구를 활용하여 고객의 구매행동에 영향을 주는 데 집중했고, 고객을 만족시키기 위해 대기시간을 줄이거나 보다 편안한 의자를 제공하기도 했다. 그러나 오늘날의 그 서비스 모습은 완전히 달라졌다.

고객참여는 서비스의 생산 및 제공을 위해 고객이 제공하는 정보(resources)와 행동(actions)이라고 정의한다. 고객이 지각한 서비스 경험은 서비스 기업(조직)과 서비스 제공자, 그리고 고객 간의 상호작용, 즉 서로 영향을 주고받는 연속적 행동의 필연적 결과물이다. 따라서 고객을 위한 높은 수준의 서비스 경험을 만들기 위한 서비스 디자인에서는 서비스 프로세스, 인프라, 직원의 역할을 디자인하는 데 초점을 맞춘 실험과 연구가 진행되어 왔다.

실제로 많은 서비스에서 제조업과는 달리 고객들은 서비스 창출과정에 매우 중요한 역할을 하는 공동생산자이며, 이는 고객만족도와 가치 인식에 절대적으로 영향을 끼친다. 또한 웹 기반 서비스나 모바일 앱과 같은 정보 기반 셀프서비스 기술의 출현으로 고객에게 일정 수준의 기여를 요구하는 서비스가 더욱 다양해졌다. 또한 이 방식으로 많은 기업들은 운영비 절감에 초점을 맞추고 있으며, 이 또한 고객에게는 저렴한 가격이라는 보상으로 이어진다.

고객참여는, 예를 들어 일반 레스토랑에서 물이나 음식 자체를 직접 손님이 운반하는 행위들은 고객의 참여를 통해 서비스가 완성됨을 보여 주는 단적인 예이다. 물론 이러한 유형의 고객참여도 서비스 비용을 절감하여 고객이 서비스 효용을 높일 수 있고 짜릿한 경험을 얻을 수도 있다. 유럽의 가구기업 IKEA에서는 가구의 조립 및 설치 프로세스에 고객참여를 유발하여 낮은 가격에 제품을 공급하며 고객들에게는 직접 조립한 가구에 대한 만족감과 높은 애착이라는 효용을 제공하였다. 테마파크 고객은 자신이 미리 해당 테마파크에 오기 전부터 많은 정보를 탐색하고 부지런히 자신의 취향에 맞는 시설을 찾아다니는 적극적인 참여가 강할수록 더 높은 서비스 만족도를 얻을 수 있다. 이러한 예는 학원의 수강생이나 병원에서 진료 서비스를 받는 환자도 마찬가지로서 본인의 참여 노력의 정도에 따라서 서비스 결과가 크게 달라질 수 있다. 이와 같이 서비스에서 고객참여의 수준은 명확히 구분하여 정의하기 어렵지만, 〈표 10-4〉에서와 같이 대체로 3단계로 나누어 설명할 수 있다.

**표 10-4** 서비스에서 고객참여의 수준

| 구분 | 낮은 수준의 고객참여 | 중간 수준의 고객참여 | 높은 수준의 고객참여 |
|---|---|---|---|
| 개념 | • 서비스 제공과정에 고객이 참석하는 수준 | • 서비스 생산과정에 고객자원의 투입이 요구되는 수준 | • 고객과 서비스 제공자가 공동으로 서비스를 생산 및 창출하는 수준 |
| 개인 서비스 예시 | • 항공여행, 숙박, 레스토랑 등 | • 미용, 건강검진, 풀서비스 레스토랑 등 | • 외과수술, 다이어트, 심리치료, 테마파크 등 |
| 기업 서비스 예시 | • 세탁, 병해충 방제 등 | • 화물운송, 헤드헌팅 등 | • 경영 컨설팅, 주문 가구 제작 및 설치 등 |
| 특징 | • 상품 표준화<br>• 동일한 수준의 서비스 제공<br>• 고객은 요금지불이 유일한 참여 | • 상당 수준의 표준화 가능<br>• 고객의 요구나 고객자원의 투입 정도에 따라서 서비스가 달라질 수 있음 | • 적극적인 고객참여를 통해서 고객화된 서비스 제공이 가능<br>• 고객이 구매하고 적극 참여해야 우수한 서비스 창출 가능 |

## 2.2 고객참여 활동

서비스 생산과정에 고객을 부분적인 종업원으로 보고 공동생산자(co-producers) 혹은 참여자로서의 중요한 역할을 인정하는 것이다. 고객이 참여하는 행동을 〈표 10-5〉에서와 같이 역할 내 행동(in-role behaviors)과 역할 외 행동(extra-role behaviors)으로 나눌 수 있다. 이들 2개 행동은 모두 고객이 기업으로 하여금 보다 높은 수준의 서비스 품질을 제공토록

**표 10-5** 고객참여의 활동 유형

| 구분 | 순기능 | 역기능 |
|---|---|---|
| **역할 내 행동**<br>(in-role behavior) | **참여행동**<br>(예: 주문, 설명, 결제, 순응) | **불평행동**<br>(예: 환불, 교환, 수리) |
| **역할 외 행동**<br>(extra-role behavior) | **시민행동**<br>(예: 협조, 다른 고객에의 기여) | **불량행동**<br>(예: 폭력, 기물 파손, 절도) |

하는 데에 기여를 한다는 점에서는 유사점을 가진다.

역할 내 행동은 성공적인 서비스 생산과 전달을 위해서 고객으로부터 필수적으로 기대되는 행동인 고객참여행동을 말하여, 역할 외 행동은 전체적으로 서비스 조직을 돕지만 성공적인 서비스 전달과 생산에는 필수적이지는 않은 고객의 자발적이자 임의 · 재량적인 행동인 고객시민행동을 의미한다.

따라서 역할 내 행동은 공식적으로 그러한 행위가 무엇인지 명확히 정의되어야 하는 반면, 역할 외 행동은 공식적으로 성공적인 서비스 제공을 위해 꼭 필요한 행동이 아니고 명확한 기대나 보상이 수반되지도 않으며 고객 자신의 의지에 따라 행동 여부가 결정되는 비의무적 활동이다.

실제적인 고객참여 활동을 살펴보면, 첫째는 고객이 서비스를 받기 전에 자료를 제공하거나 문제를 설명하는 형태의 참여가 있다. 병원에서 환자가 자신의 건강 상태와 병력 등에 대해서 상세히 설명하는 것이 그 예가 될 것이다.

둘째는 셀프서비스와 같이 종업원이 해야 할 활동을 고객이 서비스 생산에 육체적 · 정신적으로 직접 참여하므로 서비스 생산성과 비용절감에 기여하는, 직접 순수한 공동생산에 기꺼이 자발적으로 참여하는 활동이라고 할 수 있다.

셋째는 서비스 전달 시스템에 고객이 참여하여 가지게 되는 가치, 흥미, 즐거움, 동기부여 등이 종업원에게 긍정적 영향을 미치게 되는 활동이다. 즉, 종업원의 입장에서는 훌륭한 고객을 만나야 더 좋은 결과(value creation)를 만들게 되고 서비스 제공과정에서 좋은 감정이나 인상을 갖게 되는 유형의 참여가 요구된다.

마지막으로 고객이 다른 고객에게 서비스를 전파하는 구전(입소문)이나 조언, 논의의 대상으로 다른 고객을 돕는 활동으로서, 판매원의 역할을 대신하는 서비스 마케팅에 참여하는 형태이다.

실제로 서비스 프로세스에서 고객참여 수준을 적절하게 설정하면 이것은 서비스 프로세스의 효율을 높이고 서비스 품질에도 영향을 줄 수 있다. 고객 맞춤식 서비스, 즉 서비스 개인화가 긍정적으로 여겨지는 서비스 상황에서는 특히 고객이 적극적으로 서비스 경험에 참여하는 것이 매우 높은 가치를 제공하는 수단이 될 수 있다. 하지만 높은 수준의 고객참여는 그만큼 리스크를 수반하기도 한다. 만약 고객이 직접 참여하는 활동이 직원이 할 때보다 실패할 가능성이 높은 서비스에 셀프서비스가 도입된다면, 이는 운영효율성과 고객만족의 측면 모두에 부정적으로 작용할 가능성이 크다.

따라서 고객참여를 위한 다양한 대안 마련은 서비스 기업의 경영자나 서비스 디자인 책임자에게 매우 구체적인 도전과제이다. 전략적 차원에서 볼 때, 고객참여를 통한 기업과 고객 양자 간 상호적인 이익을 창출하는 디자인이 매우 중요하다. 디자인 차원에서 보면, 고객은 능력과 노하우의 원천이며, 고객이 개인화된 상호작용을 통해서 적극적인 경험을 만들고 스스로 가치를 창출할 수 있다. 따라서 고객과의 상호작용이 발생하는 고객접점을 신중하게 고려하여 효과가 극대화되도록 프로세스를 디자인해야 한다.

서비스 기업에서는 서비스 조직이 다른 고객과 쉽게 어울릴 수 있는 환경을 조성하여 고객참여를 높이고 고객–종업원, 고객–고객의 상호작용에서 부정적 영향을 제거하며 고객의 참여를 통해 고객이 경험을 통한 편익의 정도를 높여 나가도록 해야 한다. 또한 〈표 10–6〉에서와 같이 상호작용 성향이 강한 고객들을 구별하여 일시적인 참여에서 탈피하여 지속적인 관계를 구축하고 장기적인 참여로 발전할 수 있도록 신뢰를 구축하는 것이 바람직하다.

서비스 기업에서는 고객의 참여과정에서 확보되는 정보의 축적으로 보다 개별적인 고객 욕구를 충족시킬 수 있으며, 공동생산자로서의 인식과 경험이 서비스의 생산과 전달을 보

**표 10–6** 서비스에서 고객의 역할

| 구분 | 고객의 역할 | 비고 |
|---|---|---|
| 임시 직원 | • 직원과 마찬가지로 서비스 생산, 전달 과정에 참여 | • 임시직원으로서의 고객이 가지는 불확실성에 유의해야 함<br>• 고객에게 과도한 기대를 하는 경우 떠날 가능성이 있음<br>• 초기에는 셀프서비스 참여 유도<br>• 서비스 사용법, 절차 등을 매장이나 홈페이지에 게시 및 해설 |
| 인적자원 | • 생산성의 원천이며 품질, 가치, 만족에의 공헌자 | • 고객에게 최적의 역할을 부여하면 고객은 스스로 생산자 역할에 적극적으로 참여함<br>• DIY(Do It Yourself) 방식 등으로 저렴한 가격 혜택 부여<br>• 다른 고객들이 보이는 곳에서 의도적인 멘토 활동 |
| 혁신자 | • 고객이 새로운 상품과 서비스 개발의 전면에 진출 | • 서비스의 문제점을 발견하고 고객의 니즈를 반영하여 해결안을 제시할 수 있는 역할<br>• 외부 아이디어의 효과적 활용 및 보상방안이 필요함<br>• 대표 고객으로서 활동에 참여할 수 있는 기회 부여 |

다 용이하게 하고, 서비스의 결함이나 실패, 오해, 불평을 감소시킬 수 있다.

## 2.3 고객의 참여 유형

고객은 우선 경험을 창출하는 환경 속에 유입됨으로써 어떤 감정을 느끼거나 지식을 획득할 수 있는데, 이를 참여(participation)라고 한다. Pine과 Gilmore(1998)의 연구에 의하면, 〈표 10-7〉에서와 같이 고객의 참여는 개인적 참여 형태와 환경과의 관계라고 하는 2가지 차원을 통해서 이루어진다. 개인적 참여 형태의 차원은 수동적(passive) 및 능동적(active)으로, 환경(environment)과의 관계 차원은 경험을 제공하는 분위기나 환경에의 흡수(absorption)와 몰입(immersion)으로 구분된다.

수동적 참여는 레스토랑에서의 셀프서비스처럼 의무감에 가까운 수준으로 경험하는 것으로서 고객이 직접적으로 영향을 미치지 않는 공연에서의 관찰자나 청중 수준에 있는 참여이며, 능동적 참여는 고객이 공연이나 이벤트에 영향을 미칠 수 있을 정도로 적극적으로 스스로의 경험과 성과를 만들어 가는 스키나 골프와 같은 참여 형태를 의미한다.

또한 몰입은 고객이 스스로 경험의 일부가 되는 컴퓨터 게임과 같은 참여이고, 흡수는 TV쇼에서와 같이 경험할 때 고객 속으로 침투하는 참여이다. 스키 게임의 관중을 둘로 나누어 관람석으로 말하자면, 외야에서 관람하는 사람들은 관람석 아래와 앞에서 일어나는 사건을 흡수하는 관계에 있다고 할 수 있고, 내야에 서 있는 사람들은 자신의 주변을 둘러싼 광경, 소리 및 냄새에 푹 빠지는 몰입의 관계에 있다고 할 수 있다. 관객, 대형 스크린 및 입체 음향을 사용하여 극장에서 영화를 본다면, 집에서 비디오로 같은 영화를 보는 것보다는 더 환경에 몰입되어 있다고 할 것이다.

이를테면 TV나 영화와 같은 엔터테인먼트 체험 유형은 고객들이 TV 프로그램 또는 영화 콘텐츠에 대체로 환경에는 몰입하면서 소극적 참여에 머무른다고 할 수 있는데, 그 과정 속에 일부로서 흡수되거나 적극적으로 참여하지는 않기 때문이다. 반대로 현실도피 체험 유형은 잠시 현실생활에서 떠날 수 있는 기회를 제공하는 수준으로, 고객들은 환경에 흡수되면서 능동적으로 빠져들게 된다. 전형적인 교육 체험 유형은 능동적으로 환경에 몰입하는 관계 속에서 교사나 학우, 수업 자료와 상호작용하면서 학습효과를 극대화하게 된다. 그리고 미학적 체험 유형은 환경과의 관계에서는 흡수되지만 그런 참여에 소극적으로 임하는 한계를 갖는다.

**표 10-7** 서비스 경험에서의 고객참여 유형

<table>
<tr><th colspan="2" rowspan="2">구분</th><th colspan="2">환경과의 관계</th></tr>
<tr><th>흡수</th><th>몰입</th></tr>
<tr><td rowspan="2">개인적<br>참여<br>형태</td><td>수동적</td><td>엔터테인먼트 체험: 고객 관람<br>• 텔레비전<br>• 서커스<br>• 영화<br>• 음악회</td><td>미학적 체험: 인위적 관람<br>• 그랜드캐니언<br>• 대성당<br>• 분수</td></tr>
<tr><td>능동적</td><td>교육 체험: 정신적/육체적 관여<br>• 훈련<br>• 토론<br>• 실험</td><td>현실도피 체험: 결과에 직접 영향을 미치는 참여<br>• 컴퓨터 게임<br>• 놀이기구<br>• 채팅</td></tr>
</table>

대체로 일반 고객들이 디즈니 월드에 가거나 라스베이거스 카지노에서 하게 되는 경험은 [그림 10-6]에서와 같이 앞에서 설명한 4개 경험 영역 모두의 측면을 포괄하여 스펙트럼이 만나는 이른바 중심타점, 즉 '달콤한 지점(sweet spot)'을 포착하는 경험이라고 할 수 있다.

이 대목에서 서비스 설계자에게 가장 중요한 질문은 서비스 기업에서 '우리 회사는 어떤 특별한 경험을 제공할 것인가?'이다. 여기에서 말하는 경험은, 비즈니스 자체를 정의하는 것과 동일한 의미이다. 따라서 서비스 설계자는 고객의 참여에서 이와 같은 미학적, 현실도피적, 교육적 및 엔터테인먼트적 체험 요소를 포괄하는 방안을 고려해야 한다. 즉, 가장 풍요롭고 고객이 만족할 수 있는 경험을 체득하도록 4개 유형의 참여를 모두 포괄하기 위해

**그림 10-6** 서비스 경험의 4개 경계

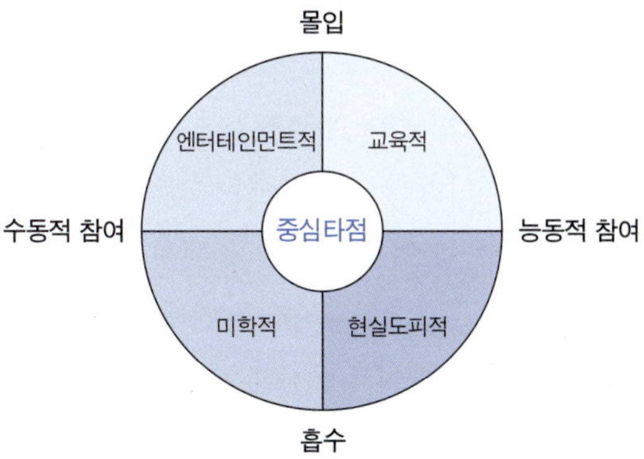


출처: Pine & Gilmore, 1998, p. 102.

과연 무엇을 반영할 수 있는지를 연구해야 한다. 이와 관련하여 〈표 10-8〉에서는 테마파크 서비스를 사례로 고객의 경험을 극대화하기 위한 체험 유형별 특성과 고려사항을 정리하고 있다.

**표 10-8** 고객경험 극대화 측면에서의 체험 유형별 특성 및 고려사항

| 구분 | 특성 | 설계 고려사항 | 테마파크 사례(예시) |
|---|---|---|---|
| 엔터테인먼트적 체험 | • 재미와 이벤트를 통해 만족감을 주는 체험 요소 | • 어떻게 고객들을 엔터테인먼트의 차원에 계속 머물게 할 수 있는가?<br>• 어떻게 경험을 보다 재미있고 즐겁게 할 수 있는가?<br>• 무엇이 스릴, 경탄, 즐거움을 증가시킬 수 있는가? | • 공연 관람, 음악 감상, 독서 |
| 현실도피적 체험 | • 고객이 완전히 몰입되어 현실의 상황을 잊을 수 있게 만드는 요소 | • 어떻게 고객을 보다 흡수되게 할 수 있는가?<br>• 어떻게 하면 고객이 자기의 현실생활과 멀리 떨어져 있다고 느끼게 할 수 있는가?<br>• 경험의 적극적 참여자가 되기 위해 고객은 무엇을 할 수 있는가? | • 탑승형 놀이시설, 실내 스키, 비포장도로 운전 |
| 미학적 체험 | • 체험이 이루어지는 공간의 미적 측면에서의 뛰어난 물리적 환경 | • 무엇이 고객들을 끌어들이게 하고 자리에 앉게 하고 주변에 머물게 하는가?<br>• 어떻게 하면 환경을 보다 매력적이고 재미있고 안락하게 만들 수 있는가? | • 계절별, 주제별 포토존 |
| 교육적 체험 | • 지적 호기심을 자극하고 지식이나 능력을 향상시켜 주는 요소 | • 고객이 무엇을 배웠으면 좋겠는가?<br>• 고객들을 지식과 기술의 탐구에 참여하도록 하기 위해 어떤 정보나 활동이 도움이 되겠는가?<br>• 어떻게 고객들을 적극적으로 학습에 참여하도록 할 수 있는가?<br>• 어떻게 계속 배우고 싶고 다시 돌아오게끔 만들 수 있는가? | • 식물원 학습, 만들기, DIY |

출처: 이태희 외, 2012. (일부 수정 보완)

## 2.4 고객참여의 효과

기업에서의 서비스 창출 및 전달 프로세스에 적극적으로 참여하는 고객은 결과적으로 기업과 고객 모두에게 유익하다. 서비스에서는 고객참여에서 나타나는 이익이 서비스 비용이나 품질 및 서비스 성과를 높여 주고 이를 통해서 고객만족에 이르게 된다. 즉, 고객참여는 기업의 비용을 낮추고 고객은 가격 하락을 기대할 수 있다(Auh, et al., 2007). 유사 사례를 종합하면 다음과 같은 고객참여의 장점들을 제시할 수 있다.

### 가. 비용 절감

고객참여, 특히 셀프서비스는 고객이 스스로 서빙함으로 인해서 발생하는 서비스 품질의 저하보다 절감되는 비용이 더 큰 경우로서, 특히 요청되는 서비스 규모의 편차가 커서 예비 수준의 서비스 공급역량을 갖춰야 하는 서비스에서 더 효과적이다. 예를 들어, 박물관에서 미리 준비된 오디오 가이드 장치를 고객들이 직접 사용하게 되면 관람객이 몰리는 피크타임에 방문하더라도 오래 기다릴 필요 없이 즉시 안내 서비스를 제공받을 수 있어 만족도가 향상되고, 박물관에서는 비용을 절약할 수 있다.

### 나. 개인화 수준의 서비스 최적화

박물관 사례에서 오디오 가이드 장치를 사용하는 관람객은 그들이 원하는 순서대로 그림을 관람할 수 있으며 해설의 깊이를 스스로 설정할 수 있다. 즉, 박물관의 서비스 디자인 과정에서 고객 개인이 가진 관람시간 측면에서의 여유나 원하는 설명 수준을 고려하여 원하는 언어 선택, 비디오 가이드에서 제공할 수 있는 멀티미디어 정보의 다양성을 설정하는 것도 가능하다.

### 다. 고객에 의한 서비스 품질 통제

고객이 참여하는 정도에 따라 직접 품질관리를 할 수 있는 것은 물론 서비스 개선과정에도 참여할 수 있다. 예를 들어, 제품의 경우에는 고객 대표그룹 등을 통해 신제품에 관한 의견을 듣는 것이 일반화되어 있으나, 서비스에서는 직접 참여하게 되는 고객이 서비스의 품질 개선에 관하여 거의 실시간 피드백이 가능하다.

### 라. 고객의 우군화

서비스의 소비는 결국 고객에게 주어지는 경험이다. 이때 이미 고품질의 서비스를 경험한 고객들은 자신감을 갖고 다른 잠재 고객에게 서비스를 추천하는 활동을 하는 우군이 될 수 있다. 그 결과 서비스를 경험한 고객들은 종종 고객 획득이나 전환에 도움을 주는 역할도 한다.

### 마. 고객 대 고객 간 정보 공유 및 교육

탈장 전문 병원인 캐나다의 숄다이스(Shouldice)에서 이미 수술을 받은 환자들은 수술 예정인 환자들과 저녁식사를 같이 하면서 직접 경험한 정보와 관련 팁을 자연스럽게 제공한다. 이와 같이 서비스 제공자가 해야 할 정보 제공이나 교육을 이미 서비스를 경험한 고객들이 다른 고객들에게 전파하는 고객참여를 하는 것이다. 이때 고객은 서비스 창출과정에서 기업의 종업원과 같이 노동과 지식을 공급함으로써 부분적인 종업원 역할을 수행하는 것이다.

다만, 이러한 역할은 환자 스스로의 재량과 판단에 따른 자발성에 의존할 수밖에 없다는 제한이 있으며, 그들이 이러한 노력이 좋은 목적의 유익한 공헌이면서, 그리고 전달되는 내용이 불필요한 오해를 발생시키지 않는다는 전제에서만 가능하다.

## 2.5 고객참여의 증진 방안

서비스 기업에서 고객들의 참여를 증진하기 위한 방안을 정리하면 다음과 같다.

### 가. 고객의 적정한 과업 정의

서비스의 성격마다 서비스 과정에 고객이 참여하는 수준이 다르기 때문에 적정한 과업을 사전에 명확히 설정하는 것이 중요하다. IKEA에서 고객이 가구를 조립, 설치하는 과업이나, 연극에서 적극적인 고객을 선정하여 무대에 오르게 하는 등 고객의 참여 정도를 정의한다.

### 나. 올바른 고객의 유치

제공되는 서비스에 적합한 고객을 유치해야만 그들의 기대에 맞는 참여와 만족도를 유지할 수 있기 때문에 사전에 정보를 제공하여 적절한 고객을 유치한다. 이러한 방법의 예로는 보험사가 대표적이다. 그리고 숄다이스 병원은 치료에 적합한 고객만 받는다. 탈장만 없었다면 건강했을 환자가 대상이다. 과체중이거나 심장에 문제가 있는 사람은 거절한다. 사회성이 너무 결여된 사람도 거절할 수 있다.

### 다. 고객을 대상으로 한 적절한 교육

정의된 역할을 수행할 수 있도록 고객을 대상으로 적절한 교육을 실시한다. 숄다이스 병원은 입원 당일 오후 4시 30분부터 신입 환자들을 대상으로 오리엔테이션을 실시한다. 오후 9시 시작되는 저녁과 간식시간에는 이미 수술을 받은 고참 환자가 신참 환자들을 훈련시킨다. 이때 수술 진행과정과 회복과정 등을 본인의 경험을 활용하여 설명한다. 물론 주요한 내용은 스스로 많은 운동을 하도록 강조한다.

미국의 회원제 렌터카 회사인 집카(Zipcar)는 회원 가입을 하면 '집카드'라는 카드를 고객에게 제공한다. 고객은 온라인 또는 전화로 차를 예약하고, 차까지는 집에서 걸어서 5~10분 정도 걸린다. 집카가 차를 도시 곳곳의 주차장에 세워 놓기 때문에 가능한 일이다. 고객이 차를 찾아 카드를 대면 차 문이 열린다. 키는 차 안에 꽂혀 있다. 고객은 시동을 걸고 목적지로 향한다. 차를 반납할 때에는 고객이 직접 청소를 한다. 휘발유가 4분의 1 미만으로 남았다면 휘발유까지 직접 채운다. 집카는 회사 입장에서도 참 편하다. 차를 빌려 주기 위해 직원이 고객을 만날 필요가 없다. 고객이 차가 있는 곳으로 와서 차를 가져간다. 차를 청소하고 기름을 넣는 직원도 필요 없다. 고객이 직접 하기 때문이다. 직원이 할 일을 대부분 고객이 하는 회사가 늘고 있다. 보이지 않는 상태에서 고객이 할 수 있는 일을 교육하고 있다. 고객들이 고통 없이 또는 즐겁게 관리를 당할 수 있는 창조적인 방법을 찾아 쉽게 교육할 수 있다.

### 라. 효과적인 보상

고객의 참여를 통한 공헌 정도에 따라서 금전적, 시간적, 그리고 심리적인 보상이 필요하다.

### 마. 고객군 적합성 관리

취향이 다른 고객들을 통합하여 서비스하기보다는 다른 고객들에게 영향을 받지 않도록 분리하여 서비스할 때 의향에 맞는 서비스 제공이 가능하다.

# 11 CHAPTER

# 서비스 품질관리

# 맥도날드, 품질의 균일성을 위한 노력

### 맥도날드의 탄생

'맥도날드(McDonald's)'는 레이 크록이 1954년 딕 맥도날드와 마크 맥도날드 형제의 레스토랑 프렌차이즈 체인 사업권을 사들여 설립한 미국 패스트푸드 체인이다.

초기의 맥도날드는 빠른 서비스와 저렴한 가격으로 인기를 끌었다. 레스토랑이 호황을 맞자 맥도날드 형제는 한꺼번에 여러 개의 밀크셰이크를 만들 수 있는 기계를 주문했다. 이를 위해 매장을 방문했던 밀크셰이크 기계 영업사원 레이 크록(Ray Kroc)은 맥도날드 형제에게 프랜차이즈 사업을 제안하고 운영권을 따냈다. 레이 크록은 1954년 첫 프랜차이즈 매장을 오픈한 뒤 공격적인 마케팅과 저가 전략, 전 매장에서의 균일한 품질관리를 통해 맥도날드를 빠르게 성장시켰다.

1960년대 중반, 맥도날드는 전국 각지의 점주들을 교육하기 위한 '햄버거 대학'을 설립하고, 어릿광대 캐릭터인 '로날드 맥도날드(Ronald McDonald)'를 마스코트로 채택해 어린이 고객들을 공략했다. 1966년에는 최초의 TV 광고를 실시하기도 했다. 이런 다양한 노력들에 힘입어 맥도날드는 미국을 대표하는 식품 기업으로 성장해 갔으며, 1967년부터는 전 세계로 시장을 넓히기 시작하여 최초의 맥도날드 해외 지점이 캐나다와 푸에르토리코에 세워졌다.

### 맥도날드의 서비스 시스템

맥도날드는 돔 형태의 빵에 패티, 채소 등을 넣은 햄버거와 프렌치프라이, 밀크셰이크, 탄산음료 등을 대표 메뉴로 오늘날 119개국 3만 5,000개 이상의 매장을 확보하고 있다. 오늘날 패스트푸드 레스토랑 주방 시스템의 원형으로 활용되고 있는 주방 시스템인 스피디 시스템은 패티를 굽고, 드레싱을 바르고, 재료를 조리해 포장하는 등 식품 제작의 각 공정을 세분화해서 분업하는 공장식 작업 방식이었다. 즉, 햄버거를 굽는 사람, 햄버거에 드레싱을 바르는 사람, 주문을 받는 사람, 밀크셰이크를 만드는 사람, 감자튀김을 튀기는 사람 등 분업을 하는 방식을 통해 조리 속도를 높였던 것이었다. 맥도날드는 이와 같은 스피디 시스템을 통해 조리 속도를 높이고 가격을 낮추었으며 메뉴의 가짓수도 1/3로 줄였다. 나이프와 숟가락, 포크도 없애고 종이접시와 종이컵, 종이봉지를 도입하는 등의 방법으로 조리 속도를 최대한 짧게 했다.

맥도날드는 유럽의 각 지역을 순회하는 햄버거 대학 기차를 운영하여 조리방법의 균일화를 지도한다(출처: http://hongsungtai.tistory.com/61).

맥도날드는 시장조사를 치밀하게 하는 것으로도 유명한데, 그것은 맥도날드의 한국 상륙과정에서도 잘 나타난다. 맥도날드가 한국에 처음 진입을 시도한 1981년으로부터 7년이 지난 1988년 서울

올림픽과 함께 압구정동에 맥도날드 1호점을 열었다. 맥도날드 햄버거의 한국 상륙에 있어서 가장 큰 문제점으로 대두되었던 것은 미국산 원부자재의 수입이었다. 농산물은 한국으로 수입할 수 없다는 법령 때문이다. 한국의 통상당국의 반대에 부딪치자 맥도날드에서는 최고위 경영진을 수시로 우리나라에 파견하여 사정도 하고 미국 정부를 통해 압력을 넣기도 했으나 끝내 실패하고, 순수한 한국산 원료들을 쓰게 되었다. 세계 1만여 개 맥도날드 가맹점 중에서 미중부산 아이다호 냉동감자를 쓰지 못하는 곳은 유일하게 한국뿐이다.

### 맥도날드의 품질관리

맥도날드에 있어 품질이란 최고의 재료를 사용하고 엄격하게 매뉴얼화된 방법으로 조리하며, 안전이 검증된 식재료 준비방법을 사용하고, 그리고 결과적으로는 뛰어난 맛을 지닌 제품을 제공하는 것을 뜻한다. 맥도날드는 균일한 품질을 위해 요구되는 원부자재의 규격을 얻어 내려고 연인원 600여 명의 조리 및 화학 전문가를 한국에 보내 거주시키면서 실험과 분석을 거듭했다. 맥도날드에서 주요한 메뉴 중의 하나인 프렌치프라이의 원료가 되는 감자가 가장 말썽이 심했다. 미국산은 단단하고 외형이 원만한 곡선형이어서 막대기 모양으로 잘라 튀겨 내기가 좋은데, 한국의 감자는 모양이 울퉁불퉁해서 절단 시 손실이 많고 또 큰 감자의 경우는 수분이 너무 많아 프렌치프라이용으로는 무르다는 결점이 밝혀졌다.

이 과정에서 맥도날드 측은 서울 근교를 비롯하여 제주도의 목장 수십 개, 강원도 일대의 500여 감자 농가를 일일이 돌아다니며 시제품을 수거하고 계약재배를 시키는 등 치밀한 사전준비과정을 거쳤다. 연구와 조사를 거듭하여 찾아낸 처방은 복합비료를 사용하면 안 된다는 것이었다. 국내의 감자재배 농가들은 대부분 생산량의 기준인 무게를 늘리기 위해 복합비료를 사용하고 있는데, 복합비료의 성분 중 '칼리'가 물을 많이 함유하도록 한다는 분석에 따라 재배방식을 달리하도록 요구하는 대신 고가로 매입한다는 계약을 맺었다.

맥도날드의 햄버거용 빵은 뉴욕제과에서 생산, 매장에 직접 운송하는 수송체제를 신설했는데 맥도날드 측은 뉴욕제과에 빵의 높이·규격·절단상태·색상·가공상태 등을 지정, 납품을 받고 있다. 원료 부분은 맥도날드사가 원하는 기준이라는 관점에서 아직도 완전히 해결되지 못하고 있어 미국 측에서 본다면 개선의 여지가 남아 있다. "햄버거에 들어가는 양파의 경우, 한국산은 미국산보다 맛이 맵고 즙이 많다는 결론을 얻었습니다. 일단 분석이 끝나면 미국의 것과 같은 규격을 갖도록 처리하는 방법을 개발하는 것이죠. 해결책은 간단한 것입니다만 방법을 찾는 데 무려 1년 여의 시간이 걸렸습니다. 하루 전에 구입해서 물에 담가 놓는 것이죠. 물이 어떤 물이냐 하는 것은 밝힐 수 없지만…. 쇠고기도 마찬가지입니다. 일정한 부위를 우리 나름의 방법으로 섞은 뒤 사료가 아닌 순수한 풀만 먹고 자란 제주도산 쇠고기를 20% 정도 혼합합니다. 200여 가지의 원부자재를 모두 이런 식으로 규격화해서 겨우 약 80~90% 정도의 만족도를 얻은 것입니다." 2015년 말 한국의 맥도날드 매장은 약 400여 개를 두고 있다.

소비자들에게 '인스턴트', '정크푸드'라는 인식으로 비판을 받은 바 있는 맥도날드가 뉴질랜드산 순쇠고기 패티를 조리 시 어떤 별도 첨가물도 없이 오직 소금과 후추만으로 조리하며, 나트륨 사용을 줄여 나가는 등 균일한 품질을 위해 애쓰는 그들의 노력이 오늘날의 맥도날드를 만든 게 아닌가 생각된다.

### 창업주 레이 크록

학부 학생들을 위해서 레이 크록을 소개한다. 그는 처음부터 사업에 성공한 사람은 아니었다. 그는 1902년 미국 중부의 대평원 지대인 일리노이 주의 가난한 가정에서 태어났고, 고등학교도 마치지 못했다. 제1차 세계대전 때는 적십자사에 들어가 트럭 운전을 했다. 음악 교사였던 어머니한테서 피아노를 배웠기 때문에 한때는 재즈 피아노를 연주하기도 했고, 피아노를 연주하다 릴리 튤립 컵 회사(Lily Tulip Cup Company)에서 종이컵 판매 일을 하기도 했다. 또 그다음에는 남부의 플로리다 주에서 땅 장사를 했다가, 거기서 쫄딱 망하는 아픔을 겪고 빈손으로 고향으로 돌아온다.

2,200km나 되는 먼 거리를 차를 몰고 되돌아오는 레이 크록의 회고담에는 '내 생전에 그때의 그 긴 여정은 잊을 수가 없다. 길은 얼어서 미끄럽고 추웠으며, 겨울옷도 가진 것이 없었다, 집에 돌아왔을 때 난 무척 추워 떨었고, 돈도 한 푼 없었다'고 회고했다.

처음 식당을 열었을 때 그의 나이는 52세, 어떤 사람들은 은퇴를 생각할 나이였다. 늦은 나이인데도 세계적인 기업을 일으킨 그의 사업 수완과 경영철학은 일반 대중이 무얼 원하는지 파악하는 데 뛰어났다는 점이다. 그는 미국 가정들이 가끔씩 외식하기를 즐긴다는 사실에 주목했고, 미국 성인 중 최소 25%는 매일 패스트푸드(fast food) 식당을 이용한다는 통계가 있는데 이런 사실을 일찌감치 꿰뚫어 본 것이다. 그리고 어떤 음식을 좋아하는지도 주목했다. 레이 크록은 때로는 화장실 청소를 직접 하기도 하고, 힌트를 얻기 위해 경쟁사의 쓰레기통도 뒤졌다. 가맹점을 수시로 암행 시찰도 했다. 인종이나 남녀, 학력, 나이 등 아무런 차별을 두지 않고 직원을 채용해 미국에만 42만 명의 일자리를 제공하는 기업총수가 되었다.

그는 크록재단(Kroc Foundation)이라는 자선 기금을 설립하고 각종 자선 사업을 벌였다. 대표적인 것은 어린이들의 건강과 복지를 위한 'Ronald McDonald House of Charities'이다. 세계 각지에 366개나 되는 복지시설을 두고 있다. 레이 크록은 1984년 81세로 타계했는데, 그가 처음 문을 열었던 시카고 근교의 맥도날드는 헐리고 그 자리에는 방문자 센터가 새로 세워져 있다. 그리고 그 부근에는 박물관도 세워졌다. "사업하는 사람들의 중요한 소득은 현금만이 아니다. 가장 멋진 것은 고객의 얼굴에 비치는 만족의 미소다. 미소를 지었다는 것은 다시 오겠다는 것이다. 다음에 그 고객은 또 다른 고객을 데리고 올 것이다"라는 그의 기업가정신이 기록되어 있다.

출처: http://hongsungtai.tistory.com/61 [홍성태닷컴]; 세계브랜드백과(일부 수정 보완).

우리는 소비자들이 구매의사결정을 하기 위해서 서비스의 품질을 평가하고 있고, 구전효과(words of mouth) 외에 매스컴, SNS 등 다양한 채널로 품질 정보가 급속하게 공유되는 환경에 살고 있다. 품질은 21세기의 기업들에 있어 소비자들과의 지속적인 관계를 개발하는 데 핵심적인 요인이며, 품질 수준이야말로 가격 프리미엄과 매출 확장으로 연관되므로, 경영자 또한 품질을 관리하여야 한다.

서비스에서 품질은 고객이 서비스의 공동 가치창출자로서 서비스 활동에 참여하고, 직원들과 상호작용하는 결과로서 생성되는 서비스 혁신의 성과이다(Grönroos, 2001). 제조업과 마찬가지로 서비스에서도 서비스 품질을 높이기 위한 다양한 노력이 있었고, 이를 체계적으로 연구하고 혁신하기 위해 많은 시도가 있어 왔다.

서비스 품질은 많은 서비스가 실시간적으로 이루어지면서, 제공받는 고객의 상태와 당시 배경적 상황 등 무형적인 요인들에 크게 영향을 받기 때문에 품질의 측정이 용이하지 않고, 기존의 제조업에서 생산된 제품과는 다르다. 이와 관련된 기초적인 연구와 실증 연구가 많이 이루어졌는데, 대표적인 측정 모델로 Parasuraman, Zeithaml과 Berry(1985)에 의해 제시된 SERVQUAL 모형(PZB 모형이라고도 함) 등이 있다. 이 모형은 널리 많은 부문에서 서비스 품질의 측정과 고객만족에 대한 조사에 효과적으로 이용되고 있다.

본장에서는 서비스 품질에 대한 개념과 이를 어떻게 측정하고 통제하며 이를 체계적으로 관리하고 혁신하기 위한 방법들에 대해 논의한다.

## 제1절 서비스 품질의 개요

### 1.1 서비스 품질의 개념

서비스가 가진 무형성, 비분리성, 소멸성 등의 특성으로 인해 서비스 품질을 명확하게 정의하기도, 평가하기도 어렵다. 우선 제조업에 비해서 서비스에서 품질의 개념 및 측정이 어려운 이유를 열거하면 다음과 같다.

① 서비스 품질의 개념이 주관적이기 때문에 객관화하여 측정하기 어렵다. 일반화된 개념으로서의 서비스 품질을 정의하기는 어렵다.

② 서비스 품질은 고객에게 서비스의 전달이 완료되기 이전에는 검증되기가 어렵다.

③ 서비스 품질을 측정하려면 고객에게 확인해야 하는데, 고객으로부터 데이터를 수집하는 일은 시간과 비용이 많이 들며 회수율도 낮다.

④ 자원이 서비스 전달과정 중에 고객과 함께 이동하는 경우에는 고객이 자원의 흐름을 관찰할 수 있다. 이런 점은 서비스 품질 측정의 객관성을 저해한다.

⑤ 서비스에서 고객은 참여를 통해 공동생산자의 위치에 있고, 따라서 서비스 프로세스의 일부이며, 변화를 일으킬 수 있는 중요한 요인이기도 하다. 따라서 고객을 대상으로 하는 품질 측정에 본질적인 어려움이 있다.

Grönroos(1984)는 서비스 품질을 고객의 지각된 서비스와 기대한 서비스의 비교평가에 의한 결과라고 정의하였다. 그는 기대한 서비스에 영향을 미치는 요소로는 기업 측의 약속, 전통과 사상, 과거의 경험, 구전 커뮤니케이션, 개인적 욕구 등 5개 요소를 들었으며, 지각된 서비스에 영향을 미치는 요소로는 기업이 보유하고 있는 시설, 장비, 도구와 이것을 운용하는 지식이나 기술을 포함하는 물리적 및 기술적 자원, 대고객 접촉 요원의 행동 및 태도, 그리고 참여 고객의 개인적 특성 등을 제시하였다.

이하에서 고객의 서비스에 대한 기대에 영향을 미치는 요인을 설명한다.

① **개인적 욕구**: 모든 고객들은 서비스에 대하여 그들 나름대로 원하는 것이 있을 것이다. 이러한 개인적 욕구는 개인에 따라 다르며 서비스에 따라서도 달라질 것이다. 이러한 고객들의 욕구를 이해하는 것이 서비스 전달 시스템의 설계에 중요한 영향을 미칠 것은 자명한 사실이다.

② **과거 경험**: 고객들은 제공받으려는 서비스에 대한 비슷한 경험들을 갖고 있게 마련이며 이러한 과거 경험이 고객들의 기대 형성에 어느 정도 영향을 주게 된다. 과거 경험은 고객들이 서비스 받기를 희망하는 서비스와 동일한 서비스의 경우에도 존재하지만, 다른 서비스의 과거 경험이 영향을 미치는 경우도 있음을 주지해야 한다. 예를 들어, 행정 서비스를 받고자 하는 고객들에게는 과거에 받았던 사적 서비스의 경험이 그들의 행정 서비스에 대한 기대 형성에 적지 않은 영향을 미칠 것이라고 판단할 수 있다.

③ 구전 커뮤니케이션: 서비스에 대한 고객의 기대 수준은 서비스 제공자가 아닌 제3자에 의하여 형성될 수도 있다. 즉, 가족이나, 친구들로부터 영향을 받기도 하지만, 더 많은 영향은 미디어나 사회 감시기구 같은 단체들에 의한 영향으로 형성될 수도 있다.

④ 명시적 서비스에 관한 의사소통: 서비스 조직에서 근무하고 있는 사람의 입이나, 전단지 또는 다른 종류의 광고 매체 등을 통하여 고객의 기대가 형성되기도 하는데, 좋은 예가 바로 모든 서비스 업체에서 공표하는 고객헌장의 내용일 것이다.

⑤ 묵시적 서비스에 관한 의사소통: 만일 서비스 업체의 건물과 같은 외관이 다른 서비스 업체에 비하여 매우 깨끗하고 웅장하다면, 고객들은 이를 보고 본 건물에서 제공되는 서비스의 질도 매우 높을 것이라고 막연히 기대하게 될 것이다.

⑥ 개인의 믿음 또는 가치관: 개인이 평소에 가지고 있는 고객 서비스에 대한 철학이나 가치관이 있다면, 이것 역시 고객의 기대를 촉발할 수 있는 원인이 된다. 최근 중요한 이슈로 떠오르고 있는 환경에 대한 관심은 고객으로 하여금, 서비스 제공 시스템이 얼마나 환경 친화적인가에 대한 기대감을 불러일으키게 될지도 모른다.

## 1.2 서비스 품질 측정

서비스 품질에 관해서는 많은 연구자들이 오랜 기간에 걸쳐 연구를 진행해 왔다. 체계적인 연구 중의 하나는 미국의 Parasuraman, Zeithaml과 Berry 등 세 사람의 연구(1985)에 의해 시작되었다. 이들은 서비스 품질 결정 요인으로 초기에는 신뢰성(Reliability), 반응성(Responsiveness), 능력(Competence), 접근(Access), 우대(Courtesy), 의사소통(Communication), 신용(Credibility), 안전성(Security), 고객이해(Understanding Knowing the Customer), 유형성의 10개 핵심 범주로 구분하였다.

이후 가전제품 수리업, 은행, 장거리 전화 서비스, 증권사, 신용카드 회사 등 다양한 조직을 대상으로 체계적 및 실증적인 방법을 통해 〈표 11-1〉에서와 같은 유형성(Tangibles), 신뢰성(Reliability), 반응성(Responsiveness), 확신성(Assurance), 공감성(Empathy)의 5가지 범주로 품질 요인을 정리하였는데 영문 첫글자를 따서 'RATER'이라고 부르기도 한다. 이들 5개 요인들을 품질 차원이라고도 하며, 이를 이용하여 평가하는 모형을 'SERVQUAL'이라고 명명하였다.

**표 11-1** SERVQUAL 서비스 품질 모형의 5개 구성 차원

| 구성 차원 | 세부 내용 | 예시 |
|---|---|---|
| 유형성<br>(Tangibles) | 물리적인 시설이나 장비, 인력 등과 같은 서비스 관련 물리적 환경 | 비행기 기내의 청결함, 유형의 설비 및 장비 외형, 종업원들의 차림새 등 |
| 신뢰성<br>(Reliability) | 제공해 주기로 약속된 서비스를 정확하게 그리고 믿음직하게 수행할 수 있는 능력 | 비행기의 정시착, 우편물의 정확한 도착 시간대 등 |
| 반응성<br>(Responsiveness) | 고객을 돕겠다는 의지나 신속한 서비스를 제공하려고 하는 의지 | 미리 시간대를 알려 줌, 서비스 실패 시 즉각적 보상 등 |
| 확신성<br>(Assurance) | 종업원이 제공해 줄 것이라 믿는 확신과 신뢰, 종업원의 능력, 지식, 예의 등 | 질문에 대한 정중함, 최선의 예의 바른 응답 등 |
| 공감성<br>(Empathy) | 고객에 대한 배려나 개인적인 친밀감 | 고객의 잘못으로 인한 비행기 탑승 또는 환승 착오 시 해결해 줌, 자신만의 스타일을 이해해 줌 등 |

SERVQUAL 서비스 품질 모형은 서비스 품질에 대한 관심과 연구가 크게 확대되는 계기를 마련하였다. 이 모형은 〈표 11-2〉에서와 같이 서비스 품질 측정 도구로 널리 활용되고 있는데, 서비스 기업이 고객의 기대와 평가를 이해하는 데 사용할 수 있는 총 22개 문항으로 이루어진 다문항척도(multiple-item scale) 체계이다. 이 모형을 이용하여 각 문항별 5점 척도 또는 7점 척도로 고객의 서비스 품질에 대한 기대와 실제를 평가하는 것으로서, 서비스 품질 차원에서 경쟁업체와의 서비스 수준이나 다점포 기업에서는 매장 간의 서비스 수준을 비교하고, 서비스 품질의 우월성 혹은 부적절성의 차원을 확인할 수 있다.

**표 11-2** SERVQUAL 서비스 품질 모형의 전형적인 평가 항목

| 구성 차원 | No. | 문항 |
|---|---|---|
| 유형성<br>(Tangibles) | 1 | 현대적 시설 |
| | 2 | 설비의 외관 |
| | 3 | 직원들의 깔끔함 |
| | 4 | 서비스와 관련된 제반 자료(설명서, 팸플릿의 외형) |
| 신뢰성<br>(Reliability) | 5 | 서비스의 약속 시간 준수 |
| | 6 | 고객이 문제에 봉착했을 때 성심성의를 다 보임 |
| | 7 | 첫 번에 제대로 서비스를 수행함 |
| | 8 | 약속한 시간에 서비스를 제공함 |
| | 9 | 작은 실수조차 없는 완벽함 |
| 반응성<br>(Responsiveness) | 10 | 서비스 제공 시간의 정확한 약속 |
| | 11 | 직원들의 신속한 서비스 제공 자세 |
| | 12 | 직원들의 언제나 가까운 고객지원 자세 |
| | 13 | 아무리 바빠도 고객의 요청에 응하는 직원 |

| | | |
|---|---|---|
| 확신성<br>(Assurance) | 14 | 고객에게 확신을 주는 직원들의 행동 |
| | 15 | 고객에게 주는 거래의 안정성 |
| | 16 | 항상 고객에게 친절한 직원 |
| | 17 | 고객의 어떤 문의에도 대답 가능한 직원 |
| 공감성<br>(Empathy) | 18 | 고객 개인에 대한 관심 |
| | 19 | 고객에게 편리하게 시간대를 조절 |
| | 20 | 고객에게 개인적인 관심을 보이려는 직원 |
| | 21 | 고객에게 최대한 이익을 주려는 직원 |
| | 22 | 고객욕구에 대한 직원들의 이해 |

물론 이와 같은 측정항목들에 대한 실제의 평가는 〈표 11-3〉에서와 같이 다양한 방법으로 실시할 수가 있다. 특별히 투입되는 비용과 시간을 고려하여 설문에 의한 방법이 흔히 사용되고 있다. 그러나 각각의 기법이 상호보완적일 수도 있기 때문에 경우에 따라서는 여러 가지 기법을 병행해서 사용하는 것이 효과적이다.

**표 11-3** 고객정보를 얻기 위한 일반적인 수단

| 구분 | 고려사항 |
|---|---|
| 고객에게 직접 물어보기 | • 메일, 전화, 대면(face-to-face) 면담, 온라인<br>• 1:1, 포커스 그룹(focus group), 고객 패널 |
| 고객 관찰하기(현장 조사) | • 질적으로 심도 깊게<br>• 고객의 서비스 구매, 활용 과정 |
| 직원 및 전방 서비스 제공자들로부터 정보 얻기 | • 서비스 콜(service call) 정보<br>• 질문 및 불평사항 |
| 데이터베이스 마케팅 조사 | • 고객정보 파일 활용하기<br>• 데이터 분석을 통해 고객행동 분석 |

SERVQUAL에서는 서비스에 대한 고객의 기대, 그리고 인지를 측정하는 2개 부문의 설문으로 구성되어 있으며, 측정문항은 5개의 차원으로 구성되어 있다.

① **유형성**: 서비스 제공 및 전달에 관여하는 시설, 장비 등 물리적 환경의 상태로서 알 수 있는 것으로, 서비스 제공자의 고객에 대한 태도와 관심도까지 포함된다.

② **신뢰성**: 고객에게 약속한 서비스를 정확하게 수행하는 것을 의미한다. 고객의 기대에 대하여 올바른 방법으로 올바른 시간에 제공하는 것이다. 예를 들어, 신문의 경우 대부분 사람들은 매일 같은 시간대에 받는 것을 중요하다고 생각한다.

③ **반응성**: 문제가 발생하였을 시에 그것에 대한 즉각적인 대응을 하는 능력을 의미한다.

이로써 고객에게 신속하고 올바른 서비스를 제공할 수 있게 된다. 예로, 비행 지연에 대한 보상적 성격으로 음료나 간단한 식사를 제공하는 것은 고객의 불편한 잠재적 기억을 호의적으로 바꿀 수 있다.

④ **확신성**: 서비스를 제공하는 종업원의 능력에 대하여 고객으로 하여금 확신할 수 있도록 하는 것으로, 종업원의 지식과 근무태도를 의미한다. 이를 통하여 고객과의 효율적인 상호소통을 이루어 내며 만족도를 더욱 높일 수 있게 된다.

⑤ **공감성**: 각 고객의 입장에서 생각하여 고객의 요구를 이해하도록 노력하는 것이라 할 수 있다. 사소한 부분까지도 소홀히 하지 않고 고객에 대한 개별적인 관심을 가짐으로써 해결할 수 있는 부분이다. 고객의 잘못으로 비행기를 갈아타지 못했을 때 제대로 탈 수 있도록 도와주고 해결해 줄 수 있도록 하는 자세와 능력을 예로 들 수 있다.

이와 같은 5개 차원의 세부적인 측정항목은 다양한 서비스 부문에서 많은 연구자와 실무자들에 의해서 서비스 품질 측정 및 평가에 널리 적용되고 있다. 예를 들면, 표인수와 이재광(2016)의 연구에서는 법률 서비스를 대상으로 하였는데 〈표 11-4〉에서와 같이 세부항목으로 설정하여 측정하였다.

**표 11-4** SERVQUAL 서비스 품질을 적용한 평가 항목 예시: 법률 서비스

| 구성 차원 | No. | 문항 | 척도 | | | | |
|---|---|---|---|---|---|---|---|
| | | | 매우 나쁨 | 나쁨 | 보통 | 좋음 | 매우 좋음 |
| 유형성 (Tangibles) | 1 | • 교통의 편리성과 법률 서비스 업무에 걸맞은 건물과 시설 | | | | | |
| | 2 | • 청결하고 쾌적한 회의실 환경 | | | | | |
| | 3 | • 응대하는 비서와 변호사의 복장 및 태도 | | | | | |
| | 4 | • 시설과 변호사가 제공하는 서비스 수준의 일치 | | | | | |
| 신뢰성 (Reliability) | 5 | • 요청한 시간 내 혹은 기대하는 시간 내에 서비스 제공 | | | | | |
| | 6 | • 의뢰인을 위한 적극적인 문제해결 노력 | | | | | |
| | 7 | • 법률 변호 서비스에 대한 신뢰 | | | | | |
| | 8 | • 약속한 서비스의 정확한 제공 | | | | | |
| | 9 | • 관련 기록, 일정관리, 서면, 청구서 등을 정확하게 제공 | | | | | |

| | | | | | | | |
|---|---|---|---|---|---|---|---|
| 반응성 (Responsiveness) | 10 | • 서비스가 언제, 어떤 방식으로 제공되는지 명시 | | | | | |
| | 11 | • 신속하면서도 적기에 서비스 제공 | | | | | |
| | 12 | • 의뢰인을 항상 지지하고 도와주고자 노력 | | | | | |
| | 13 | • 변호사는 의뢰인의 요청에 항상 신속하게 대응 | | | | | |
| 확신성 (Assurance) | 14 | • 변호사의 전문성, 경험 및 사건 처리 능력에 대한 믿음 | | | | | |
| | 15 | • 변호사와의 접촉에서 의뢰인은 안도감을 느낌 | | | | | |
| | 16 | • 의뢰인에게 정중하고 품위 있는 서비스 제공 | | | | | |
| | 17 | • 변호사가 업무를 수행함에 있어 조직으로부터 충분한 지원을 받음 | | | | | |
| 공감성 (Empathy) | 18 | • 의뢰인에게 개별적인 맞춤형 서비스 제공 | | | | | |
| | 19 | • 의뢰인에게 자상한 관심 | | | | | |
| | 20 | • 의뢰인의 입장과 요구사항에 대한 정확한 이해 | | | | | |
| | 21 | • 의뢰인의 요구사항을 신속하게 충족하려고 노력 | | | | | |
| | 22 | • 서비스 제공 시간을 의뢰인에게 맞추어 우선적으로 조정 | | | | | |

출처: 표인수 · 이재광, 2016, p. 6.

SERVQUAL 모형에서는 서비스 품질을 서비스에 대한 고객의 기대 수준과 공급자의 서비스에 대한 고객의 지각 수준의 차이로 정의하였다. 이와 같은 서비스 품질에 대한 정의는 서비스의 수준이 절대적으로 어느 수준이 되어야 한다는 논리보다는 고객의 기대 품질과 그들의 경험 품질에 대한 인지의 문제로 파악하고 있는 것이다.

마찬가지로 [그림 11-1]에서와 같이 Oliver와 Swan의 연구 결과(1989)에 의하면 고객의 서비스 품질에 대한 기대 수준(expected service)과 실제 제공받은 서비스 품질에 대한 인지 수준(perceived service)에 따라 고객의 만족도가 결정된다고 하였다. 즉, 기대 수준과 인지 수준의 차이가 적은 경우에는 서비스 품질에 대해 고객이 만족스러운 것으로 평가하게 된다. 만약 실제 제공받은 서비스의 수준이 고객이 기대한 서비스의 수준보다 우수할 경우, 이는 격차가 커져서 고객감동으로 이어진다. 그러나 고객의 서비스 기대 수준보다 제공받은 서비스의 수준이 마이너스 상태로 밑돌게 된다면 고객은 불만족 상태에 이르게 되어 재

**그림 11-1** 서비스 품질 평가 모형(SERVQUAL)

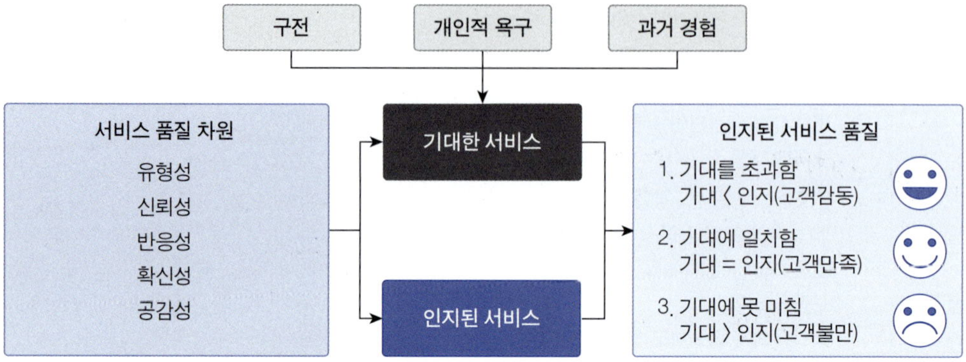


구매 또는 재방문 비율에 타격을 입을 수 있다.

여기에서 고객이 받게 되는 서비스의 기대 수준의 설정은 구전(입소문), 개인적 욕구, 그리고 과거의 경험에서 출발하게 된다. 또한 고객이 기대한 서비스 수준과 제공받은 서비스 수준을 비교할 때 일반적으로 중점적으로 판단하는 기준은 품질의 측정에 이용되는 SERVQUAL에서와 같이 유형성, 신뢰성, 반응성, 확신성, 공감성의 차원으로 이루어진다.

## 1.3 SERVQUAL과 SERVPERF 모형

한편 Cronin과 Taylor(1992)는 서비스 품질을 사전의 기대와 실제 이루어진 성과 간의 차이로 측정하는 것보다, 지각된 성과만으로 서비스 품질을 측정하는 것이 더 타당하다고 주장하였다. 사전 기대와 사후 성과에 걸쳐 2회씩이나 측정하는 것은 매우 어렵기도 하다. 이들은 SERVQUAL에서 사용된 5개 차원을 그대로 사용하였으나 〈표 11-5〉에서 요약하고 있는 바와 같이 기대는 측정하지 않고 서비스 성과만을 측정하는 이른바 SERVPERF 모형을 제시하였다. 이들은 4개의 서비스 산업을 대상으로 SERVQUAL 모형과 비교하여 성과에 대한 지각만으로 서비스 품질을 측정하는 것이 보다 타당하다는 것을 실증적으로 입증하였다. 하지만 많은 연구자들은 SERVPERF 모형이 측정 차원이나 항목에서 고객들의 기대를 제외시키고 있어, 고객들이 서비스 품질을 평가할 때의 기준이나 상대적 중요도를 고려할 수 없는 미흡함을 문제로 지적하기도 한다.

**표 11-5** SERVQUAL 모형과 SERVPERF 모형 비교

| 구분 | SERVQUAL 모형 (PZB, 1988) | SERVPERF 모형 (Cronin & Taylor, 1992) |
|---|---|---|
| 모형의 구성 | 기대 수준 – 성과 수준 | 성과 |
| 기대의 정의 | 제공해야 할 수준 | 기대 수준 측정하지 않음 |
| 측정 차원 | 5개 차원, 22개 항목(44문항) | 5개 차원, 22개 항목(22문항) |

## 1.4 서비스 품질 갭 모형

서비스 품질은 고객이 인지하는 결과로부터 평가할 수 있기 때문에 품질의 향상을 위해서는 고객의 요구사항과 기대, 그리고 기업의 능력 사이의 갭(gap)을 줄이는 것이 중요하다. 그러나 실제로는 이를 정확하게 일치시키기 어렵고, 정도 간의 차이가 생기게 된다. Parasuraman, Zeithaml과 Berry는 소비자와 서비스 기업의 양 측면을 고려하여 서비스 품질의 결정 요인을 설명하는 SERVQUAL 모형에서 서비스 품질의 문제 원인을 분석하는 데 사용할 수 있는 또 하나의 모형을 만들었는데, 이 모형이 바로 서비스 품질 갭 모형(quality gap model)이다.

즉, 이 모형은 [그림 11-2]에서와 같이 서비스에 대한 고객 인지와 기대 사이에 발생 가능한 5가지 갭(격차)을 설정하고 이를 줄여야 함을 강조한다.

이 모형에 따르면 서비스 조직에서는 다음의 5가지 유형의 갭(GAP: 격차)이 있으며, 4가지 GAP이 바로 마지막 GAP 5, 즉 서비스에 대한 고객의 기대와 고객이 실제로 받은 서비스 수준 사이의 갭(고객 갭)을 만든다.

① GAP 1: 서비스 기업에서 고객이 기대하는 바를 알지 못할 때 발생하는 갭(경영자 갭)

② GAP 2: 고객의 기대를 반영하지 못하는 서비스 품질 기준을 명기할 때 발생하는 갭(설계 갭)

③ GAP 3: 서비스의 실제 성과가 서비스 명세서와 일치하지 않을 때 발생하는 갭(전달 갭)

④ GAP 4: 마케팅 커뮤니케이션에서 약속한 수준을 서비스 성과가 이행되지 못할 때 발생하는 갭(의사소통 갭)

⑤ GAP 5: 고객의 기대하는 서비스와 인식된 서비스가 일치하지 않을 때 발생하는 갭(고객 갭)

이 모형의 큰 특징은 서비스 품질을 평가하는 데 있어서 소비자와 기업의 양 측면을 복합

**그림 11-2** 서비스 품질의 갭(GAP: 격차) 모형

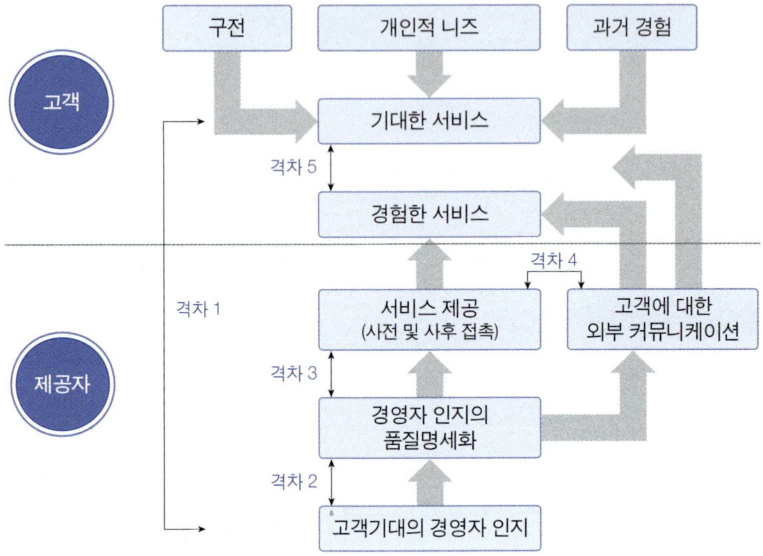


적으로 고려하는 점이다. 이들 각각의 차이, 즉 갭의 유형을 좀 더 자세히 살펴본다.

### 가. 고객의 기대와 경영자의 인식의 차이(GAP 1: 경영자 갭)

갭 1은 서비스 기업, 즉 경영자가 소비자의 품질에 대한 기대 수준을 정확하게 모르거나 부정확하게 인식하는 데서 발생한다. 즉, 서비스 기업의 경영자들은 서비스의 어떤 특성들이 소비자들에게 높은 품질로 인식되는지, 서비스가 고객의 욕구를 만족시키기 위해서는 어떤 특성을 지녀야 하는지, 그러한 서비스의 특성들을 어느 수준까지 실행해야 고객들이 서비스의 품질 수준을 좋다고 느끼는지 잘 이해해야 하며, 그렇지 못할 때 갭이 커지게 된다. 신규 고객을 유인하는 데 치중하고 변화하는 고객의 욕구와 기대를 이해하지 못하거나 활성화하지 못하는 경우에, 그리고 서비스 회복에 실패하거나 회복 전략이 적합하지 못한 경우에도 크게 증가한다.

이러한 갭 1의 크기와 방향은 고객과의 커뮤니케이션을 의도적으로 증가시켜야 하며, 고객의 기대에 응할 준비가 필요하고, 고객의 기대를 만족시키기 위해서 필요한 권한과 책임에 대한 우선순위를 결정할 경영자가 최적의 자원을 배정해야 한다.

### 나. 경영자의 인식과 서비스 품질명세서의 차이(GAP 2: 설계 갭)

갭 2는 경영자가 인지한 품질 기대와 서비스 품질명세서, 즉 기업에서 정의한 품질요건이 일치하지 않을 때 발생한다. 서비스 기업의 경영자들이 고객의 기대를 충족시키는 것은 결코 쉬운 일이 아니다. 왜냐하면 수많은 요인들(단기이익 지향성, 시장 상황, 경영자의 무관심 등) 때문에 소비자의 기대에 대한 경영자의 인식이 적합하게 설정되지 못할 수도 있고, 무형의 서비스에 대해서 실제로 작성된 서비스 품질명세서로의 전환도 쉽지 않기 때문에 차이가 발생한다.

이 문제를 해결하기 위해서는 지속적인 서비스 품질명세서의 갱신(update)이 필요한 대목이다. 또한 직원 모두가 서비스에 대한 동일한 컨셉을 이해하고 일할 수 있는 서비스 표준의 설정이 핵심이다.

### 다. 서비스 품질명세서와 실제 제공 서비스의 차이(GAP 3: 전달 갭)

서비스 기업이 실제로 고객들에게 제공하는 서비스 수준과 서비스 품질명세서의 차이는 '서비스 성과의 차이(service performance gap)'로 불린다. 즉, 명세화된 서비스 수준을 서비스 생산자 및 전달자, 즉 직원들이 실행하지 못하는 경우에 격차가 커지게 된다. 이것은 고객들의 서비스 품질 평가에 큰 영향을 미치지만 실제로 관리하기가 어렵다.

이를 해결하기 위해서는 품질명세서를 명확하게 준비하는 일과, 모든 직원들이 이를 이해하고 실제로 제공할 수 있도록 교육 및 훈련을 통한 지원이 필요하다. 이를 위해서 협력이나 종업원 · 직무 간 적합성, 기술 · 직무 간 적합성, 통제의 정도, 경영자의 통제 시스템이 작동되도록 하며, 서비스 조직에서의 역할 갈등, 역할 모호성 등을 해소해야 한다.

### 라. 실제 서비스 제공과 외부 커뮤니케이션과의 차이(GAP 4: 의사소통 갭)

소비자들은 구전, 과거의 서비스 경험, 자신의 욕구 수준 등을 통해서 서비스에 대한 자신의 기대에 영향을 받는다. 이 중에서 매체 광고, 판매원, 기타 소비자에 대한 커뮤니케이션은 소비자가 서비스 품질을 인식하는 데 중요한 역할을 한다.

따라서 서비스 기업은 소비자들에게 실제로 제공하는 것보다 더 많은 것을 약속해서는 안 된다. 이는 소비자들의 사전 기대 수준을 상승시켜서 약속이 이행되지 않을 경우 서비스 품질에 대한 소비자들의 인식을 낮추기 때문이다.

## 마. 소비자가 인식한 서비스 품질(GAP 5: 고객 갭)

소비자가 인식한 서비스 품질은 기대된 서비스와 인식된 서비스의 차이로 정의된다. 즉, 갭 5의 크기와 방향에 따라서 최종적인 서비스 품질 수준이 결정된다. 이 모형에 의하면 갭 5의 방향과 크기는 다음과 같이 갭 1~갭 4의 함수로 표현할 수 있다.

$$\text{갭 } 5 = f(\text{갭 } 1, \text{갭 } 2, \text{갭 } 3, \text{갭 } 4)$$

이와 같은 과정을 종합하면, 서비스 품질에 대한 인식은 기대된 서비스(expected service)와 인식된 서비스(perceived service)의 차이에서 비롯된다. 즉, 기대된 서비스가 인식된 서비스보다 클 때(ES>PS) 서비스 인식은 만족스럽지 못하므로 전체적으로 수용할 수 없는 품질로 평가되며(unacceptable quality), 기대된 서비스와 인식된 서비스가 같은 수준일 때(ES=PS) 서비스 인식은 만족으로(quality surprise), 그리고 기대된 서비스보다 인식된 서비스가 클 때(ES<PS) 서비스 인식은 고객감동 수준의 서비스 품질로 평가된다(satisfactory quality).

그동안 SERVQUAL 모형과 갭 모형은 국내외의 많은 서비스 영역에서 조직의 서비스 품질의 강점과 약점을 발견하기 위해서, 그리고 품질 수준을 높이기 위해서 다양하게 응용되고 있으며, 기본적인 서비스 품질 모형의 평가틀로써 활용되고 있다.

**표 11-6** 서비스 품질의 갭 유형

| 갭(GAP) | 격차 | 문제의 원인 | 구체적 원인 |
|---|---|---|---|
| 1<br>(경영자 갭) | • 고객 기대 – 경영자의 인지 | • 제공되는 서비스의 특성이 고객 기대를 충족시키지 못함 | • 마케팅 조사의 부족<br>• 부적절한 상향식 커뮤니케이션<br>• 일선 종업원과 경영진 간의 너무 많은 중간층의 존재 |
| 2<br>(설계 갭) | • 경영자의 인지 – 서비스 품질 명세 | • 정의된 서비스 명세가 고객 기대에 대한 경영자의 인지를 충족하지 못함 | • 자원의 제약<br>• 관리자의 무관심<br>• 형편없는 서비스 디자인 |
| 3<br>(전달 갭) | • 서비스 품질명세 – 서비스 전달 | • 서비스에 대한 명세는 고객의 요구를 충족하지만, 서비스 전달이 명세와 일치하지 않음 | • 종업원의 성과가 표준화되어 있지 않음<br>• 고객의 인지가 일관적이지 못함 |
| 4<br>(의사소통 갭) | • 서비스 전달 – 외부 커뮤니케이션 | • 서비스가 외부 커뮤니케이션에 영향을 받는 고객의 기대를 충족하지 못함 | • 마케팅 메시지가 실제 서비스와 일치하지 않음<br>• 전달될 수 있는 것 이상을 약속함 |
| 5<br>(고객 갭) | • 기대 서비스 – 인지 서비스 | • 기대와 실제 서비스에 기반을 둔 고객의 품질(높고/낮음)에 대한 평가 | • 기대 서비스와 인식 서비스 간의 갭의 방향 및 크기에서 차이가 있음 |

이 밖에도 서비스 품질을 서비스 상품, 서비스 전달, 서비스 환경으로 구분하여 평가하거나, 물리적 환경 품질, 상호작용 품질, 결과 품질 등으로 구분하는 다양한 시도들이 연구되어 왔다.

## 제2절 서비스 품질관리 도구

서비스 기업에서 품질을 향상시키기 위한 다양한 방법들을 적용하고 있다. 이하에서는 실제 현장에서 적용하고 있고 또 성과를 극대화한 기법이나 사례들을 중심으로 소개한다.

### 2.1 카노 모델

일본의 Tokyo Rika 대학의 카노(Noriake Kano) 박사는 고객이 요구하는 품질 수준의 진화를 설명하는 모델을 제시하였다. 이 모델은 제조업과 서비스업에서 공히 초기 상품 기획 과정에서 아이디어의 창출 혹은 시제품 개발 등에 고객의 목소리(Voice Of Customer: VOC)를 효과적으로 반영하기 위한 방법으로 활용할 수도 있고, 상품 품질 평가나 개선에도 활용할 수도 있다.

카노는 고객만족을 가져오는 품질속성 요소와 불만족을 초래하는 품질속성 요소가 서로 다르게 존재한다고 보고 그것들을 5가지의 품질속성 요소로 구분하였다. 5가지의 품질속성 요소로는 〈표 11-7〉에서와 같이 매력적 품질속성(attractive quality attributes), 1차원적 품질속성(one-dimensional quality attributes), 필수 품질 또는 기대되는 품질속성(must-be or expected quality attributes), 비차별적 품질속성(indifferent quality attributes), 그리고 역(逆) 품질속성(reverse quality attributes) 등으로 유형화하였다.

**표 11-7** 카노 모델에서의 5가지 품질속성 요소

| 품질속성 요소 | 개념 정의 | 특성 설명 | 예시 | |
|---|---|---|---|---|
| | | | 호텔 | 항공 |
| 매력적 품질속성 | • 포함되는 경우에 만족도를 제공하지만 없더라도 불만족하지 않는 속성 | • 고객이 미처 기대하지 못했던 것을 충족시켜 주거나 고객이 기대했던 것이라도 고객의 기대를 훨씬 초과하는 만족을 주는 품질 요소<br>• 제품 차별화나 서비스 차별화의 핵심 요소 | • 과일 바구니, 인사 편지 | • 좌석 안락함, 기내 오락시설, 독서물, 특별한 메뉴, 메뉴 선택권 다양성, 와인 품질 |
| 1차원적 품질속성 | • 선형관계로 특성화된 속성이며, 포함되면 될수록 만족도를 높여 주는 속성 | • 충족되면 만족되고 충족되지 않으면 불만을 야기시키는 품질 요소로서 종래의 인식방법에 의한 품질요소<br>• 성과 요소와 같은 개념으로서 고객의 명시적 요구사항<br>• 만족 요인(satisfier) | • 짧은 체크인, 체크아웃 대기시간, 발렛 파킹 | • 기내 승무원 접객태도, 화장실 크기, 개수, 편리성, 기내 온도 조절, 기내식 맛, 기내식 양, 음료 품질 |
| 필수 품질속성 (당연적 품질속성) | • 없을 때 고객불만족을 초래하여 고객만족도에 문제를 야기하는 속성 | • 최소한 마땅히 있을 것으로 간주되는 기본적인 품질 요소<br>• 충족되면 당연한 것으로 인식되어 만족감을 주지는 못하지만 충족되지 않으면 불만을 야기시키는 품질 요소<br>• 불만족 요인(disatisfier) | • 깨끗한 수건, 냉온수 시설 | • 운항정보 제공 시스템, 기내 공기, 승무원 친절, 업무 숙련도, 지식 |
| 비차별적 품질속성 (무관심 품질속성) | • 포함 여부에 관계없이 만족이나 불만족을 초래하지 않아 고객이 무관심한 속성 | • 충족되든 충족되지 않든 만족도 불만족도 주지 않는 품질 요소 | • 주변 유료 관광 연계 상품(?) | • 고급 기내시설, 승무원의 다양한 언어 능력(?) |
| 역(逆) 품질속성 (reverse quality) | • 포함되면 오히려 만족도를 저하시키는 속성 | • 충족되고 있는데도 불만을 야기시키거나, 충족되지 않고 있는데도 만족을 주는 품질 요소 | • 지나친 광고 | • 지나친 안내 및 설명 |

[그림 11-3]에서는 카노 모델을 그림으로 표현한 것이다. 여기에서 수평선(X축)은 고객 요구사항의 충족 정도를 나타내며, 수직선(Y축)은 고객의 만족 정도를 나타낸다. 고객의 요구사항은 고객이 명시적으로 드러내게 되는 만족 요인(satisfiers)과, 명시적으로 드러내지 않는 기본 요인(must-be) 및 감동 요인(exciters)으로 나누고 있다.

고객들이 지각하는 서비스 품질속성에서 기대하는 수준은 지속적으로 향상되어 가고 있다. 호텔 룸에서는 1980년대를 과거로 보자면 깨끗한 침대, 시트, TV와 모닝콜 서비스는 기본적 요소(must-be)였으며, 매력적 요소(delighters)로는 아마도 아침식사, 샴푸, 그리고 샤

**그림 11-3** 카노 모델에서의 5가지 품질속성 요소

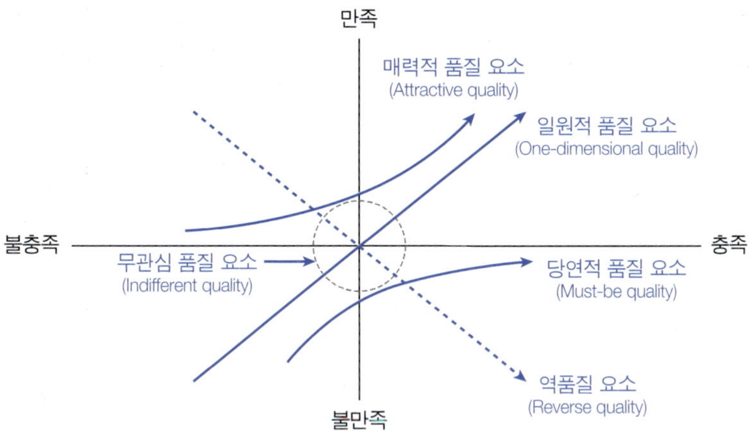


워 캡이었을 것이다. 그러나 오늘날을 현재 시점으로 보자면 기본적 요소(must-be)는 과거의 매력적 요소가 여기에 포함되면서 흡연 · 금연실, 케이블TV, 다리미와 다리미 판 등이 더해졌고, 만약 이러한 기본적 아이템이 제공되지 않을 경우 고객은 불만을 가지게 되었다. 오히려 오늘날의 매력적 요소(delighters)에는 아마도 TV 콘텐츠를 많이 가진 유료채널 HBO나 넷플릭스가 연동되는 케이블TV, Valet 주차 서비스와 비즈니스 업무로 숙박하는 고객이 원할 때 언제든지 제공될 수 있는 무료 'Happy Hour' 등이 포함될 것이다.

따라서 고객의 요구사항은 지속적으로 바뀌며 서비스 기업에서는 고객의 변화하는 니즈를 충족시키는 차별화된 매력적 품질 요소를 수시로 개발해야 할 것이다.

## 2.2 포카요케

포카요케(ポカヨケ, Poka-yoke)는 품질관리의 측면에서 실수를 방지하도록 고객이나 작업자들의 행동을 제한하거나 정확한 동작을 수행하게끔 하도록 강제하는 여러 가지 제한점을 만들어서 실패를 방지하는 방법을 의미한다.

포카요케는 원래 일본어로 '실수를 피하는'이란 뜻을 가지고 있는데, 토요타의 산업 엔지니어로 일하던 품질 전문가인 시게오 싱고(Shigeo Shingŏ, 1909~1990)가 1961년 제시한 기법이다. 그는 서비스에서 실수가 나오는 것은 고객이나 작업자가 능력이 없어서가 아니라, 주의나 이해가 부족했거나 방해를 받았기 때문이라는 것을 발견했고, 특히 서비스 직원

**그림 11-4** 포카요케의 적용 사례

감자튀김 일정한 양 제공 포카요케

기내에 반입 가능한 가방 크기 체크

터널 진입 시 차단 높이 체크 포카요케

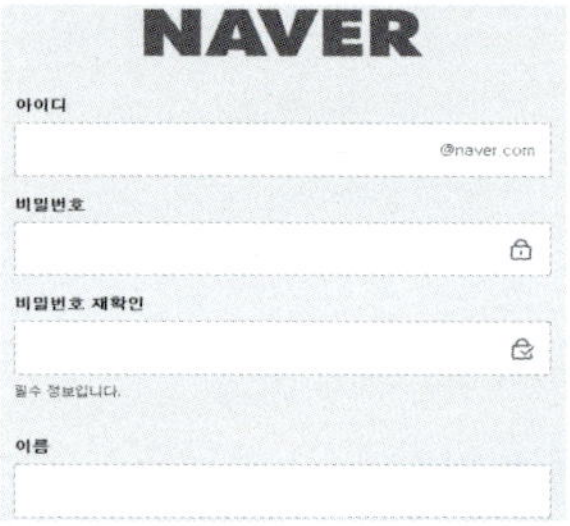


비밀번호 재입력으로 실수 방지 포카요케

**표 11-8** 서비스 실수의 유형

| 실수의 주체 | 실수 유형 | 내용 | 포카요케 사례 |
|---|---|---|---|
| 작업자 | 과업 | • 부정확한 업무 처리 | • 프랜차이즈에서 감자튀김 퍼 담기 도구<br>• 스타벅스: 주문내역을 종이컵에 표기하여 실수 없이 음료를 제공 |
| | 대응 | • 고객의 소리를 듣지 못함 | • 고객 주문 복창 |
| | 외양 | • 복장이 깨끗하지 못함 | • 직원 휴게실에 거울을 설치하여 단정한 모습으로 근무하게 함 |
| 고객 | 준비 | • 필요한 자료를 지참하지 않음 | • 설문지 작성(숄다이스 병원) |
| | 접점 | • 지시를 따르지 않음 | • 키 높이 막대 설치, 기내용 가방 견본 |
| | 해결 | • 경험을 살리지 못함 | • 쓰레기통의 위치(출구 쪽에 설치) |

이나 고객들이 '바보라고 해도' 실수하지 않도록 각종 예방 도구, 체크리스트, 그리고 지침서 등을 사용하는 것이 바람직하다고 하였다. [그림 11-4]에서는 몇 가지 도구를 보여 주고 있다.

서비스 실수는 작업자와 고객 모두에게서 발생할 수 있으므로 양자에게 실수의 원인에 대해 주의를 환기시키고 도구나 기법을 사용해야 한다. 실수의 유형은 〈표 11-8〉에서와 같이 3가지로 나누어질 수 있으며, 각 유형별 포카요케의 사례를 보여 주고 있다.

고객이나 서비스 제공자들의 실수가 빈발하는 위치나 행동을 포착하기 위해서는 서비스 청사진을 활용하는 방법이 있다.

## 2.3 품질기능전개(QFD)

품질기능전개(Quality Function Deployment: QFD)는 자동차 업체 토요타와 협력 업체에서 사용되어 왔던 품질향상 기법이다. 제품은 물론 서비스 프로세스 및 생산 시스템을 디자인하는 전반적인 과정에서 고객의 소리(Voice Of Customer: VOC)를 적용하여 품질을 향상시키는 도구로 사용할 수 있다. 즉, 고객니즈의 중요도에 대한 정보를 생성하고 이 정보를 행동과 디자인으로 변환함으로써 고객만족에 기여할 수 있기 때문에 제조업 등 다양한 분야에서 활용할 수도 있고, 서비스에서도 서비스 전달 시스템의 설계에서 사용할 수 있다. 예를 들면, 보험, 의료, 통신, 물류, 교통, 전자상거래 등 서비스 프로세스의 개선에서도 활용된 사례가 있다.

품질기능전개 기법을 적용하기 위해서는 매트릭스 형태로 상품이나 서비스에서 갖추

**그림 11-5** 품질의 집 구성도

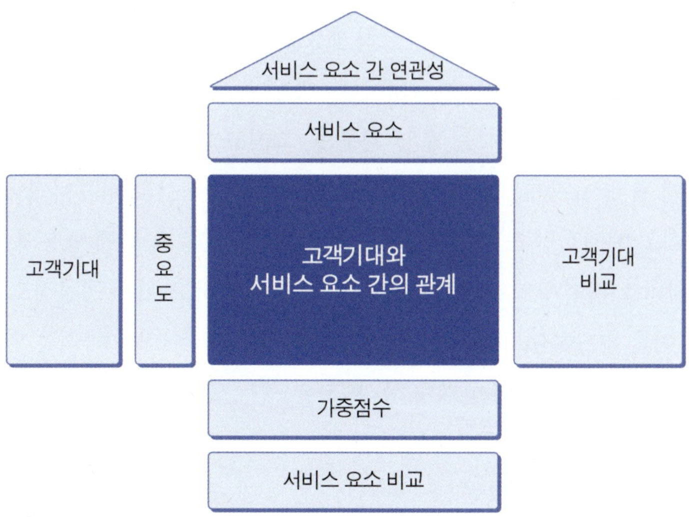

**그림 11-6** 품질의 집 사례

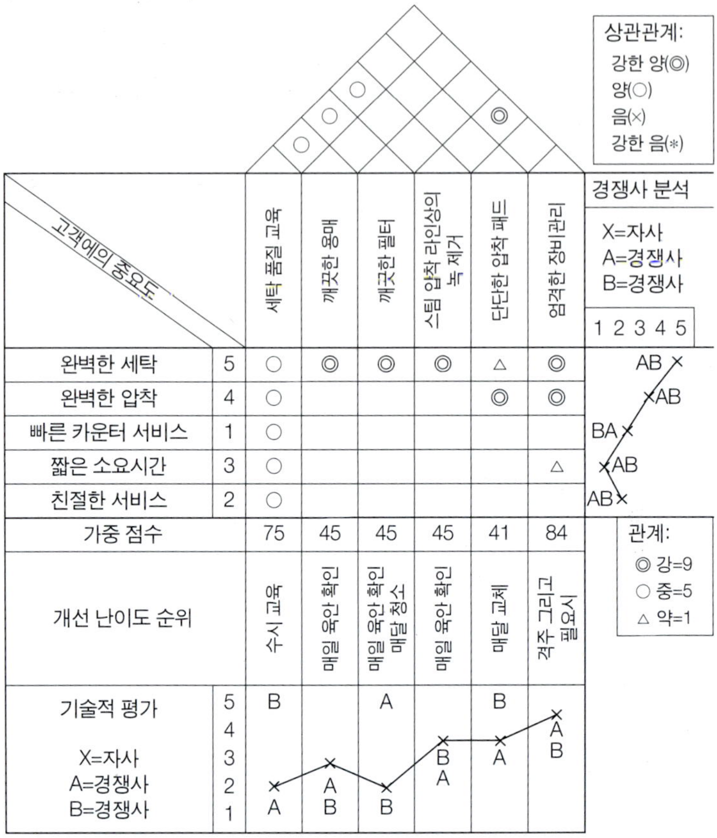


어야 할 기술적 특성과 고객이 중요하게 고려하는 속성을 연계시키는 품질의 집(House Of Quality: HOQ)을 활용한다. 품질의 집은 제품이나 서비스의 설계과정이나 기존 운영 중인 서비스에서 고객이 요구하는 품질 기준과, 그리고 기업에서 이를 어떤 요소로서 창출하게 되는지에 관해서 각기 고유한 업무 영역별 관련 부서 간의 커뮤니케이션을 촉진하여 보다 효과적이고 체계적인 논의가 가능하도록 해주는 품질기능전개 활용의 핵심 수단이다.

즉, 서비스 기업에서 서비스 품질을 사전에 확인하고 이를 정량적으로 측정할 수 있도록 해주며 이를 평가하여 개선의 포인트를 제시해 준다. 이러한 목적을 달성하기 위해서는 상품 개발과 운영에 관련된 마케팅 부서, 기술 부서 및 생산 부서 등이 서로 밀접하게 협력해야 한다.

품질의 집 구성도는 [그림 11-5]에서와 같으며, 구성 요소는 고객기대, 중요도, 서비스 요소, 서비스 요소 간 연관성, 고객기대와 서비스 요소 간의 관계, 고객기대 비교, 가중 점수,

서비스 요소 비교 등 총 8개가 있다.

또한 [그림 11-6]에서와 같이 세탁 서비스를 실례로 이를 작성하는 절차를 설명하면 다음과 같다.

① 서비스에 대한 고객기대의 결정: 목표 고객집단을 확인하고, 서비스에 대한 고객의 기대를 명시한다. 세탁소에 대한 고객들의 기대항목은, 예를 들어 완벽한 세탁, 완벽한 압착 등 5개의 차원으로 도출되었다.

② 고객기대의 상대적 중요성 결정: 도출된 서비스에 대한 기대항목의 상대적 중요성을 명시한다. 고객집단으로부터 수집된 자료에 근거하며 품질의 집에서는 굴뚝으로 표시된다. 본 사례에서는 완벽한 세탁이 가장 중요하고, 완벽한 압착, 짧은 소요시간 등의 순서로 중요한 것으로 조사되었다.

③ 고객의 기대를 충족시켜 주는 서비스 구성 요소의 파악: 서비스 관리자가 세탁 서비스에서 고객의 기대 요인들을 충족시켜 주기 위해 기업이 통제할 수 있는 서비스의 구성 요소를 파악한다. 품질의 집에서는 지붕 위치에 표시되는 항목으로서, 본 사례에서는 세탁 품질 교육, 깨끗한 용매, 깨끗한 필터 등이 제시되어 있다.

④ 서비스 구성 요소 간의 연관성 정도의 파악: 이전 단계에서 도출한 서비스 구성 요소들 사이의 연관성 정도를 파악한다. 서비스를 구현할 담당 부서 요원들의 커뮤니케이션이 필요한 활동이며 상관관계의 강약을 기호로서 지붕의 상단부에 표시한다. 본 사례에서는 강한 양(◎), 양(○), 음(×), 강한 음(*)의 상관관계로 표시하였는데, 스팀 압착 라인상의 녹 제거와 단단한 압착 패드는 강한 양의 관계(◎)가 있고, 세탁 품질 교육과 깨끗한 용매는 양의 관계(○)가 있음을 의미한다. 통상적으로 설계과정에서 2개 항목 사이에 강한 양(◎)의 관계가 있다면 2개 사항을 동시에 반영해야 성능도 좋아지고 설계 비용도 줄어든다. 반대로 강한 음(*)의 관계가 있다면 설계과정에서부터 2개 특성을 분리시키는 것이 바람직하다.

⑤ 고객기대와 서비스 구성 요소 간의 연관성 파악: 품질의 집에서 중앙부에 0에서 9까지의 숫자로 표시되거나 기호로 표시되는 부분이다. 좌측의 고객기대를 만족시키는 데 있어서 지붕에 위치한 서비스 구성 요소가 얼마나 큰 영향을 미치는지를 연관성으로 평가하는 것이다. 본 사례에서는 강한 관계(◎)로서 9와 같은 의미이며, 보통(○)은 5와 같고, 그리고 약(△)은 1과 같음을 의미한다.

⑥ 고객기대를 충족시키는 데 있어 각 서비스 요소의 전반적 중요성에 대한 측정: 여러 가지 항목의 고객의 기대를 충족시키는 데 필요한 서비스 구성 요소의 전반적 중요성을 평가한다. 즉, 서비스 구성 요소의 중요도와 고객의 기대에 대한 상대적 중요도를 곱한

값을 모두 합하여 본 예시에서는 다음과 같이 가중점수 값을 구한다.

$$75 = 5 \times 5 + 4 \times 5 + 1 \times 5 + 3 \times 5 + 2 \times 5$$

$$45 = 9 \times 5$$

$$45 = 9 \times 5$$

$$45 = 9 \times 5$$

$$41 = 1 \times 5 + 9 \times 4$$

$$84 = 9 \times 5 + 9 \times 4 + 1 \times 3$$

이 가중점수는 고객의 욕구를 충족시키기 위해 어떤 서비스 요소가 중요한지를 표시하고 있는데, 이 점수들은 주관적인 추정치에 근거해서 산출된 값으로서 절대적인 의미보다 상대적인 의미를 포착하는 것으로 접근한다. 즉, 품질 개선을 위해서 엄격한 장비관리와 직원 교육 항목을 상대적으로 보다 의미 있는 서비스 요인으로 파악할 수 있다.

⑦ 서비스 요소 개선의 난이도 평가: 품질의 집에서 지하실에 위치한 부분으로서 각 서비스 요소에 대한 개선의 어려움 정도를 순위로 표현한다. 즉, 등급을 숫자로 표시하거나, 본 예시에서와 같이 적합한 개선 방안이 있다면 평가 결과를 기재하여 활용한다. 직원들이 능력을 갖추어야 하거나 대규모 비용이 수반되는 항목은 난이도가 높을 수 있다. 즉, 난이도가 높아지면 개선이 어렵게 된다.

⑧ 자사 및 경쟁 서비스에 대한 고객 평가: 자사와 경쟁사 2개사의 서비스 이용경험이 있는 고객을 대상으로 설문조사를 할 수 있다. 품질의 집에서 매트릭스의 오른쪽에는 고객의 서비스 평가점수와, 아래쪽에는 각 서비스 요소의 수준을 평가한 결과를 상대적 위치로 평가한다. 본 사례에서는 자사는 '×' 표시로, 경쟁사는 A사와 B사로 구분하여 상대적 위치를 표시하였다.

⑨ 종합평가: 완성된 품질의 집에서는 자사와 경쟁사의 서비스 수준과 서비스 요소에 대한 평가 수준을 파악하여 품질 개선을 위한 종합평가 결과와 시사점을 도출할 수 있다. 사례에서는 고객기대 측면에서 자사의 짧은 소요시간과 완벽한 압착에 대한 평가 결과가 타사에 비해서 뒤떨어지는 것으로 나타났다. 서비스 요소 측면에서의 전문가 평가 결과 B사는 세탁 품질 교육과 단단한 압착 패드 항목이, A사는 세탁 품질 교육 및 깨끗한 필터가 자사보다 탁월하게 우수하였다. 완벽한 세탁을 위해서는 엄격한 장비관리와 세탁 품질 교육 등이 많은 영향을 미치고 있고, 중요성 대비 자사의 수준이

떨어져 있는 세탁 품질 교육을 실행과제의 높은 우선순위로 설정하고 개선하도록 추진해야 할 것이다.

## 2.4 TRIZ

TRIZ는 구소련 태생의 겐리히 알츠슐러(Genrich Altshuller, 1926~1998)에 의해 제창된 발명 문제(혹은 창의 문제)의 해결을 위한 체계적 방법론(theory of solving inventive problem)이다. 러시아의 젊은 발명가였던 알츠슐러는, 1946년 잠수함과 관련된 발명품을 선보인 것을 인연으로 해군 특허부에서 근무하게 됐다. TRIZ는 'Teoriya Resheniya Izobretatelskikh Zadatch(러시아어)'의 약어로서 특허 20만 건에서 추출한 발명 방법론이라고 할 수 있다. 즉,

**표 11-9** TRIZ 40가지 발명 원리

| 순위 | 발명의 원리 | 순위 | 발명의 원리 |
|---|---|---|---|
| 1 | 모수 변화(Parameter changes) | 21 | 자명한 해결책 |
| 2 | 분할(Segmentation) | 22 | 기계식 시스템의 대체(Replace a mechanical system) |
| 3 | 추출(Extraction) | 23 | 유연성(flexibility) |
| 4 | 주기적 조치(Periodic action) | 24 | 기계적 진동(Mechanical vibration) |
| 5 | 색상 변화(Color changes) | 25 | 반전(inversion) |
| 6 | 대체 수단(Copying) | 26 | 국부적 품질(Local quality) |
| 7 | 일회용품(Cheap short-living object) | 27 | 자유도 증가, 역동성(Dynamics) |
| 8 | 폐기 또는 복구(Discarding and recovering) | 28 | 조치 과부족(Partial or excessive action) |
| 9 | 복합재료(Composite materials) | 29 | 중간매개물(Intermediary) |
| 10 | 다른 차원(Another dimension) | 30 | 범용성(Universality) |
| 11 | 회전체화(Spheroidality) | 31 | 유해물을 장점으로 변환(Convert harm into benefit) |
| 12 | 불활성 환경(Inert environment) | 32 | 비대칭(Asymmetry) |
| 13 | 연한 껍질이나 얇은 막(Flexible shells and thin films) | 33 | 열팽창(Thermal expansion) |
| 14 | 상태 전이(Phase transitions) | 34 | 셀프서비스(Self Service) |
| 15 | 사전 보호 조치(Beforehand cushioning) | 35 | 다공성 소재(Porous materials) |
| 16 | 강한 산화제의 이용(Use strong oxidants) | 36 | 평형추(Counterweight) |
| 17 | 병합(Merging) – 시간, 공간 | 37 | 포개기(Nesting) |
| 18 | 빠른 통과(Skipping) | 38 | 피드백(Feedback) |
| 19 | 등전위성 또는 높이 맞추기(Equipotentiality) | 39 | 동질성(Homogeneity) |
| 20 | 사전 예방 조치(Preliminary anti-action) | 40 | 유용한 작용의 지속(Continuity of useful action) |

그는 특허를 개발하는 과정에는 규칙성이 있음을 발견하게 되었는데, 이 규칙을 적용하여 개발에 부딪치는 문제를 극복하고 가장 이상적 해결안을 도출해 내는 기법이다.

TRIZ에서는 새로운 개발을 크게 2가지 문제로 나누어서 파악한다. 하나는 기술적 상충이고 다른 하나는 물리적 상충이다. 기술적 상충은 개발에서 한 가지 문제를 해결하면 다른 문제가 발생하는 것을 말한다. 예를 들면, 무게를 늘이면 속도가 줄어드는 문제가 생기는 것과 같다. 이러한 기술적 상충을 해결하기 위해서 알츠슐러는 문제가 되는 39가지 기술적 상충을 정의하고 이를 창의적으로 해결할 수 있도록 하는 〈표 11-9〉에서와 같은 40가지 발명 원리를 도출하였다.

또한 물리적 상충은 하나의 문제를 해결하려면 동시에 상반된 값을 가져야 하는 것으로, 예를 들면 무게를 줄이게 되면 안전성에 문제가 있고, 안전성을 생각해서 무게를 늘이면 속도가 떨어지는 등 모순된 상황을 들 수 있다. 이를 해결하기 위해서는 분리의 원칙, 공간에 의한 분리, 크기에 의한 분리 등 3가지 방안을 제시하고 있다.

1990년대 사우스웨스트항공사는 가격은 싸지만 서비스는 형편없는 항공사의 대명사였다. 혁신을 위한 사례로서 TRIZ 관점에서는 서비스 품질(개선 속성)과 비용(악화 속성) 간의 기술적 모순을 해결해야 하는 문제였다. 사우스웨스트항공사는 TRIZ 발명원리로부터 아이디어를 얻어 비용을 최적화시키면서 고품질의 서비스를 제공할 수 있는 방안을 도출했다. 〈표 11-10〉은 사우스웨스트항공사가 발견한 모순들과 그의 해결방법들을 TRIZ의 발명원리와 관련하여 해결 사례를 적어 놓은 것이다. 우선 적용된 3가지의 발명원리는 분할, 셀프서비스, 자유도 증가 등이었다.

**표 11-10** 사우스웨스트항공사 TRIZ 적용 사례

| 발명 원리 | 해결책 | 개선 사례 |
|---|---|---|
| 분할 | • 독립된 여러 부분으로 나눔 | • 제품 단위별 조직 분할<br>• 대규모 프로젝트에 대한 작업 단위별 분할<br>• 고객 세분화를 통한 마케팅 실시 |
| | • 조립과 분해의 용이성 증대 | • 단기 프로젝트에 임시 직원을 활용<br>• 모듈화된 가구와 사무실 |
| 셀프서비스 | • 작업과 동시에 스스로 서비스 | • 바코드 시스템: 계산 기능과 재고관리 동시 수행 |
| | • 버리는 재료와 에너지 이용 | • 퇴직 직원 재고용<br>• 사용되는 여타의 집기와 비품 재활용 |
| 자유도 증가 | • 환경과의 조화와 상호작용 증대 | • 위험과 수익을 협력사와 공유<br>• 각 부문별 외부 전문가의 적극 활용<br>• 직원 교육에 사례연구 방식을 최대 활용 |

# 제3절 서비스 품질 평가 제도

서비스 시장의 확대와 글로벌화가 촉진되고, 서비스 기업의 품질 경쟁력 확보는 물론 이를 통한 국가 차원의 경쟁력 개념이 형성되면서, 각국에서는 서비스의 경쟁력 제고를 위한 제도적 노력과 지원이 적극적으로 이루어지기 시작하였다. 특히 서비스의 경쟁력을 결정하는 핵심 요소로 품질의 중요성을 인식하게 되면서 기업 차원 및 범국가적인 품질혁신의 향상을 위한 방안의 하나로 서비스 품질 평가제도가 시행되기에 이르렀다.

미국에서는 '말콤 볼드리지 국가품질상(MBNQA)'을 중심으로, 이후 유럽에서는 EFQM(European Foundation for Quality Management)에서 주관하는 EFQM상,[1] 일본에서는 데밍상, 그리고 한국을 비롯한 호주, 캐나다 등의 여러 국가에서 품질상을 제정하고 기업의 품질수준 향상을 국가 차원에서 리드하게 되었다.

## 3.1 말콤 볼드리지 상

미국에서 1980년대 경제 위기의 타개를 위해 품질 향상이 중요한 이슈로 대두되었다. 1984년에는 매월 10월을 '품질의 달'로, 그리고 1985년부터 품질 향상을 국가적인 캠페인으로 선포했다. 이러한 분위기에서 1987년에 말콤 볼드리지 상(Malcolm Baldrige Award)은 로데오 도중 말에서 떨어져서 사망한 레이건 정권 시대의 상무장관 말콤 볼드리지(Malcolm Baldrige, 1922~1987)를 기념하며 그가 제안했던 국가품질개선법이 제정되면서, 품질이 뛰어난 기업을 엄정한 기준에 따라 선정하여 표창하는 시스템으로 제정되었다.

미국 상무성의 국가표준기술원(National Institute of Standards and Technology: NIST)에서 주관하고 있으며, 정확한 명칭은 말콤 볼드리지 국가품질상(Malcolm Baldrige National Quality Award: MBNQA)이다. 해마다 제조업, 서비스 관련 기업, 중소기업의 3개 부문으로 나누어 각 부문마다 2개사를 선정하고 있다. 한번 선정된 기업은 7년이 지나야 다시 후보에 오를 수 있다. 평가 체계는 〈표 11-11〉에서와 같이 리더십, 전략계획, 고객 및 시장 지향, 정보 및 분석, 인적자원 지향, 업무 프로세스 관리, 사업 성과 등 7가지 영역의 19개 항목으로 구성되어 있다.

1) 1988년 14개 유럽의 선도기업들에 의해서 창립된 비영리조직으로서 유럽 지역의 품질 경쟁력 우수성을 확보하기 위해 주도적 역할을 수행한다는 사명과 유럽 기업이 세계를 선도한다는 비전을 가지고 출범하였다. 성과지향성, 고객 중시, 리더십 및 목표의 일관성, 프로세스와 사실에 의한 관리, 종업원 개발 및 참여, 지속적 학습 및 혁신과 개선, 파트너십 개발, 기업의 사회적 책임 등을 평가한다.

표 11-11 Malcolm Baldrige National Quality Award 평가체계

| 심사항목 | 내용 | 평가점수 |
|---|---|---|
| 리더십 | 리더십 체계, 가치, 기대, 공공에 대한 책임성 | 120 |
| 전략계획 | 전략계획 및 사업계획의 유효성과 성과 요건에 초점을 둔 계획의 전개 | 85 |
| 고객 및 시장 지향 | 고객 및 시장의 요구를 어떻게 정의하며 고객만족을 어떻게 달성하는가? | 85 |
| 정보 및 분석 | 고객 지향적 탁월성과 시장에서의 성공을 지속하기 위한 정보 시스템의 효과성 | 90 |
| 인적자원 지향 | 인력의 잠재력을 최대한 실현하기 위한 노력의 성과 | 85 |
| 업무 프로세스 관리 | 제품 및 서비스의 품질을 보장하기 위한 시스템 및 공정의 효과 | 85 |
| 사업 성과 | 고객만족도, 재무적 지표, 인력, 공급업체, 생산 부문의 성과와 경쟁력 | 450 |
| 합계 | – | 1,000 |

### 가. 리더십

최고경영자가 품질에 대하여 책임을 지는 것으로, 최고경영자는 품질과 관련한 문제해결에 참여하고 품질과 고객만족의 중요성을 종업원에게 적극적으로 강조하여야 한다. 리더십은 품질 가치를 개발하고 유지하는 역할을 해야 한다.

품질경영의 가치는 고객초점, 프로세스 중심 사고, 지속적인 개선, 팀워크, 사실에 의한 경영, 상호존중, 개별 종업원에 대한 가치와 공헌을 강조하는 것을 의미한다.

### 나. 전략계획

품질에 대한 고객의 요구를 전략계획 과정에 통합하는 데 있어서 효과성에 관한 기준을 연계하는지 측정한다. 전략계획은 명문화된 전략계획의 개발 여부를 평가하는 항목이다. 전략계획은 전반적인 계획과 경영계획의 두 부분으로 나뉜다. 품질 관련 목표는 조직의 하부 부문의 활동을 결정하기 때문에 중요한 항목이 된다.

### 다. 고객 및 시장 지향

많은 조직에서는 고객만족의 여부를 측정하기 위해서 고객의 요구와 기대에 대한 고객의 인지를 측정한다. 서비스 조직에서는 고객 서비스에 대하여 신속한 대응시간을 강조한다.

## 라. 정보 및 분석

품질개선과 계획에 필요한 정보의 수집과 분석의 효과성에 대한 평가이다. 정보관리는 모든 조직 수준에서 정보 필요에 대한 요구를 만족시켜야 한다. 이용된 자료의 범위, 타당성 및 시의성, 통계적 분석의 이용 여부, 근본원인 규명, 측정수단 등을 확인하고 '사실에 의한 관리'가 실행되는지를 측정한다.

## 마. 인적자원 지향

품질향상을 위하여 인적자원의 잠재력을 최대한 성공적으로 활용하는지 여부를 평가하는 항목이다. 말콤 볼드리지 모형에서의 인력계획 항목은 품질경영 활동에 모든 직원을 참여시키고, 개발하는 조직 노력의 유효성, 주요 사안에의 전사적인 참여, 직원의 권한 부여, 지속적인 개선, 그리고 조직 성장에 관한 사항을 평가한다.

## 바. 업무 프로세스 관리

품질경영을 보장하는 시스템의 효과성을 평가하는 항목이다. 프로세스 품질경영은 제품의 설계, 실험, 협력 업체 관리에서 통계적인 프로세스 관리, 논증 가능한 합리적인 통제가 중요시된다. 품질개선이 이루어지기 위해서는 통계적인 프로세스 관리, JIT(Just In Time), 종업원 참여, 제안제도, 사이클 시간 단축 등의 접근방법을 사용한다.

## 사. 사업 성과

품질경영 활동의 결과를 계량적인 척도로 나타낸 품질개선의 성과라고 할 수 있다. 우수한 조직은 고객들에게 양질의 제품과 서비스 품질을 제공한다. 지속적인 개선 결과를 산업 평균과 비교하면 월등하게 향상된 결과를 가져올 수 있다.

말콤 볼드리지 상을 수상한 기업으로는 모토롤라, 웨스팅하우스, 제록스, GM의 캐딜락 부문, 페덱스, 리츠칼튼 호텔 등이 있다. 심사기준이 매우 엄격하며, 조사관이 현장에 나가 실사를 하는 과정을 거친다. 신청서를 작성하고 평가하는 데 적용되는 심사기준은 앞서 제시한 〈표 11-11〉과 같다. 말콤 볼드리지 상은 우수 사례를 벤치마킹하여 많은 기업들이 공유하고 적극적으로 학습하도록 권장하는 목표가 있었으며, 기업 이외의 재정, 의료, 교육 등 다양한 서비스에 확대되었다.

## 3.2 우리나라의 서비스 품질 평가 모형

우리나라의 서비스 품질 평가 모형의 사례에는 한국서비스품질지수(Korean Standard-Service Quality Index: KS-SQI) 모형이 있다. 이 모형은 한국표준협회와 서울대학교 경영연구소가 국내 서비스 산업과 소비자의 특성을 반영해 2000년에 공동으로 개발한 서비스 품질 만족도 평가 모형이다. SERVQUAL 모형의 5개 차원, 22개 항목을 기초로 기업의 제품 및 서비스를 구매하여 이용해 본 고객을 대상으로 서비스 품질에 대한 성과 측면을 보강하여 재구성한 평가 모형이다. 이 모형은 크게 성과와 과정으로 나누어서 평가하며, [그림 11-7]에서와 같이 성과 영역으로 ① 본원적 서비스, ② 예상외 부가 서비스를, 그리고 과정영역으로 ① 신뢰성, ② 친절성, ③ 적극 지원성, ④ 접근 용이성, ⑤ 물리적 환경 등 총 7가지 차원으로 구분하여 평가한다.

또한 한국능률협회컨설팅(KMAC)에서 운영하는 KSQI(Korean Service Quality Index) 모형은 서비스 품질에 대한 고객들의 체감 정도를 나타내는 지수를 평가한다. 이는 기업의 상품 및 서비스 가치를 전달하는 접점(대면채널, 비대면채널)에서 고객이 지각하는 서비스 품질 수준을 평가하여 서비스 이행률 관점에서 지수화한 것이다. 고객접점 부문 조사는 서비스 제공 단계를 크게 'Before Service(서비스 제공 전 단계)', 'On Service(직접 서비스가 이루어지는 단계)', 'After Service(서비스 종료 이후 단계)'로 나누어, 각 단계에서 제공해야 할 서비스의 이행 여부에 초점을 맞추어 총 11개 항목을 평가한다. 그리고 'Before Service' 단계에서는 시설환경관리, 종업원의 맞이인사, 복장 및 용모 등을 평가하였으며, 'On Service' 단계에서는 종업원의 말투/어감/호칭, 경청태도, 친절성, 적극성, 업무지식, 설명 능력, 고객배려 등을, 'After Service' 단계에서는 종업원의 배웅인사를 평가한다.

**그림 11-7** 한국서비스품질지수 평가체계

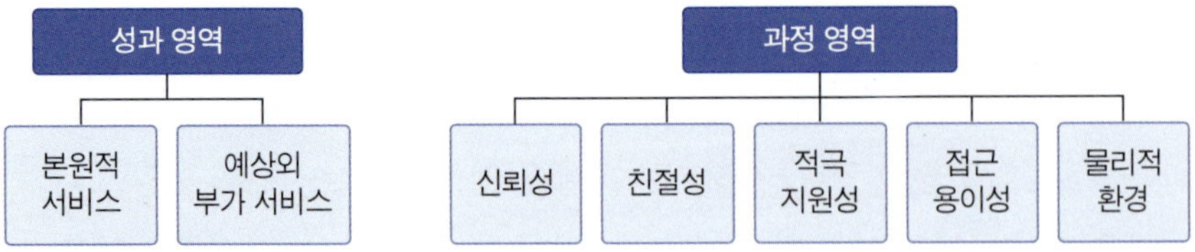

## 제4절 요약 및 결론

무형성의 특징을 갖는 서비스에서 품질관리의 중요성은 높으나 서비스 기업에서 품질에 대한 인식이나 관리방법에 대한 체계적인 연구는 미흡한 것으로 평가된다. 품질관리 수준이 높은 기업과 낮은 기업의 현상적인 차이는 [그림 11-8]에서와 같이 품질비용(Cost Of Quality: COQ)이 높다. 품질관리 수준이 우수한 기업에서는 품질의 관리를 위한 비용(cost of control)에서 관리의 실패에 따른 비용(cost of failure of control)이 현저히 낮은데, 그 원인으로는 예방비용의 비중이 높음을 알 수 있다.

따라서 품질관리 수준이 높은 기업에서 추진하는 전사적 품질경영(Total Quality Management: TQM)은 〈표 11-12〉에서와 같이 품질관리 개념을 제품 자체에서 조직 시스템과 경영의 차원으로 전환해야 함을 강조한다. 즉, 전사적 품질경영은 "품질을 중심으로 하는 모든 구성원의 참여와 고객만족을 통한 장기적 성공 지향을 기본으로 하며, 아울러 조직의 모든 구성원과 사회에 이익을 제공하는 조직의 경영적 접근"이라고 정의된다.

전사적 품질경영에서는 고객의 욕구를 충족시키는 제품과 서비스를 제공하는 고객 중심적 목표와 지속적 개선, 그리고 모든 구성원과 부서가 망라된 전사적인 참여를 강조한다. 품질경영을 강조하는 유명한 격언이 있다. "품질을 높이는 방법에는 왕도가 없다"는 말이다.

국내 최고 수준의 서비스 기업으로 꼽히는 삼성 에버랜드는 1976년 개장 이후 서비스 품

**그림 11-8** 품질관리 수준에 따른 비용 요소의 구성 비율 차이

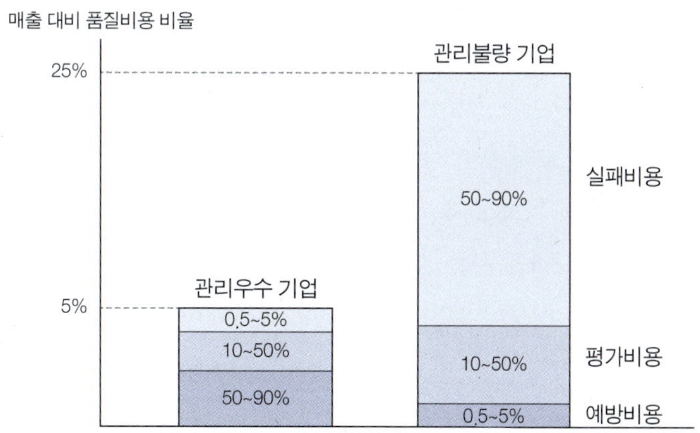


출처: Superville, C. R. & Gupta, S. (2001), "Issues in Modeling, Monitoring and Managing Quality Costs," *The TQM Magazine*, Vol. 13, No. 6, pp. 419-423.

**표 11-12** 전통적 경영과 전사적 품질경영의 비교

| 과거(전통적 경영) | 현재(전사적 품질경영) |
|---|---|
| 경영자 중심 | 소비자 중심 |
| 이익 우선 | 품질 우선 |
| 일차원 품질 | 다차원 품질(소비자 지향 품질) |
| 노동자 불참 | 경영자와 노동자 참여: 전원참여와 동기부여 |
| 결과 중시 | 과정을 중시하고 결과를 평가 |

질을 높이기 위해 1994년부터 서비스 아카데미를 운영하고 있다. 에버랜드 리조트의 서비스와 테마파크 운영 시스템은 대만, 중국 등 해외로도 수출되고 있으며, 연구 성과를 미국의 필라델피아 동물원(Philadelphia Zoo)과 부시 가든(Busch Gardens), 독일의 유로파 파크(Europa-Park), 인도네시아의 타만 사파리(Taman Safari) 등 세계 유명 동물원 및 테마파크와도 공유하고 있다. 에버랜드 리조트의 품질관리 프로그램을 소개한다.

① 드롭커튼(Drop Curtain)제: 손님에게 클레임을 받거나 시설의 문제점이 발견된 사업장은 곧바로 커튼을 내리는 제도이다. 즉, 문제가 완전히 해결될 때까지 영업정지에 들어가게 함으로써 서비스 품질을 철저하게 관리하고 있다. 불량품이 나올 경우 생산라인을 멈추는 공장의 '라인스톱제'를 응용한 제도이다. 제품은 불량이 생기는 경우 리콜이나 재생산이 가능하지만 서비스 불량은 리콜이나 재생산이 불가능하기 때문에 완벽한 품질관리가 필요하다.

② 미스터리 쇼핑(Mystery Shopping): 신분을 드러내지 않은 쇼퍼가 객관적인 안목으로 쇼핑과정을 관찰하는 일종의 수단이다. 서비스 수준 점검 및 향상과 문제가 있는 접점에 대한 문제점을 암행 또는 잠행하는 방식으로 파악하여 서비스 질의 평준화에 기여하기 위한 제도이다. 각 시설 접점들을 타 직원의 시각에서 관찰하여 개선점을 발견하고 관리함으로써 보다 나은 서비스를 제공하고 시행한다.

③ 오프 스테이지(Off Stage)제: 기량이 떨어지는 배우, 즉 서비스가 미비한 직원을 퇴장(Off)시켜 재교육을 받게 하는 제도로서 '전화응대 불량', '퉁명스러운 말투', '손님과의 언쟁' 등으로 재교육 대상이 된 사람은 서비스 아카데미에 입소해 재교육을 받는 제도이다.

④ 고객불만 예보제도: 1년 전 고객들로부터 나왔던 불만과 제안을 데이터화하여 그 실례들을 현장 운영자들에게 미리 알려 똑같은 불만을 사전에 방지하는 제도이다. 만약 이번 주 일요일에 비가 온다는 일기예보가 나오면 '손님만족실'에서 작년 이맘 때 비가 온 일요일의 컴플레인 자료를 뽑아 현장에 전달해 같은 불만을 사전에 막기 위한

것이다.

⑤ **성공 · 실패 파티**: 개인이나 집단의 성공이나 실패를 해당 부서 동료들이 모여 성공을 축하하거나 실패를 반복하지 않도록 사례를 공유함으로써 개선과제의 성실한 실행문화를 확립하기 위한 제도이다. 성공 시는 달콤한 술을 한잔, 실패 시는 쓸개주를 한잔 마시는 것이 다를 뿐 서비스 가치창출 과정이 개선된다는 점에서는 동일하다.

마지막으로 크로스비(Philip B. Crosby, 1926~2001)의 품질경영 모형을 소개한다. 그는 마틴 마리에타(Martin Marietta) 항공사에서 미 육군에 납품하는 대륙 간 퍼싱 미사일(Pershing Missile) 프로젝트의 품질책임자로 활동하였다. 코스트 종합품질의 대가로 널리 알려진 그는 특히 '무결점(Zero-Defects: ZD)' 프로그램을 창안하여 미사일 제조의 결함을 줄이는 데 있어서 대단한 성공을 거두었는데, 이 프로그램은 후에 정부 정책으로도 채택되었다. 그가 제시한 기업들의 품질경영의 성장 단계는 〈표 11-13〉에서와 같이 5개 단계로 구성된다.

**표 11-13** 크로스비의 품질경영 성장 5단계 모형

| 범주 | 제1단계<br>수면기 | 제2단계<br>각성기 | 제3단계<br>지각기 | 제4단계<br>충실기 | 제5단계<br>정착기 |
|---|---|---|---|---|---|
| 경영층의 이해와 태도 | 품질문제가 생기면 품질 담당 부서만 질책한다. | 품질경영은 중요하지만 시간과 자본 투자에 인색하다. | 품질향상 프로그램을 이해하고 지원한다. | 품질경영의 원칙을 이해하고 참여하며 지속적인 관심을 보인다. | 품질경영은 기업 시스템에서 필수적이라고 생각한다. |
| 품질 조직의 위상 | 기술 부서나 제조 부서에 속해 있고 평가와 선별에 중점을 둔다. | 강력한 책임자가 임명되나 여전히 평가 업무와 생산 지원의 한 부분이다. | 최고경영자의 직속 부서이고 품질 부서장은 회사경영상 중요 역할을 한다. | 품질 담당 책임자는 임원으로 사전예방에 주력하고 소비자 문제 등 다른 업무에도 관여한다. | 품질 담당 책임자는 임원으로서 사전예방이 주요 업무이고 경영의 중심적 역할을 담당한다. |
| 문제를 다루는 방법 | 서로 책임을 미루는 경향이 있다. | 해결을 위한 팀이 구성되어 있으나 장기적인 안목이 없다. | 시정조치제도가 효과적으로 운영된다. | 문제는 조기에 발견되고 적극 해결에 참여한다. | 특별한 경우를 제외하고 문제는 사전에 예방된다. |
| 판매액 대비 품질비용 | 공식보고: 모름<br>실제: 20% | 공식보고: 8%<br>실제: 18% | 공식보고: 8%<br>실제: 12% | 공식보고: 6.5%<br>실제: 8% | 공식보고: 2.5%<br>실제: 2.5% |
| 품질향상 활동 | 조직적인 활동이 없고 그에 대한 인식이 결여되어 있다. | 동기부여에 의한 단기적 노력만 한다. | 품질향상 프로그램을 이해하고 실행한다. | 품질향상 프로그램을 지속적으로 수행한다. | 품질향상 프로그램이 회사의 일상활동으로 수행된다. |
| 품질에 대한 인식 | 품질 문제의 발생 원인을 모른다. | 품질 문제는 항상 존재한다. | 문제의 원인이 밝혀지고 해결된다. | 결함예방은 일상 업무의 일부분으로 되어 있다. | 품질 문제가 발생되지 않는 것은 당연하다. |

또한 크로스비의 14단계 품질대책 모형에서는 〈표 11-14〉에서와 같은 항목들을 중심으로 경영자가 품질개선 활동에 적극적으로 참여해야 고객만족, 품질비용, 무결점 운동 등이 성공할 수 있음을 강조한다.

**표 11-14** 크로스비의 품질경영 14단계별 대책

| 단계 | 항목 | 내용 | 선언 |
|---|---|---|---|
| 단계 1 | 경영자의 헌신적인 노력 | 품질개선의 필요성을 경영진과 논의하고 그들의 약속을 이끌어 냄 | 경영자가 직접 가담해야 한다. |
| 단계 2 | 품질개선팀 | 각 부서에서 선발된 대표들로 품질개선 프로그램을 실행할 팀 구성 | 품질개선팀을 결성하라. |
| 단계 3 | 품질측정 | 품질측정 방법을 검토하고 확립 | 품질수준을 측정할 척도를 만들어라. |
| 단계 4 | 품질비용의 평가 | 제품책임소송, 재작업, 엔지니어링의 변화, 그리고 검사비용 등으로 구성된 품질비용을 평가, 이를 통해 기업의 수익성을 증진시켜 주는 요소를 알 수 있음 | 품질비용을 추정하라. |
| 단계 5 | 품질보상 | 품질불량비용에 대해 소책자, 필름, 엽서 등을 사용하면 감독자와 종업원 사이의 의사소통이 원활히 이루어짐 | 품질의식을 확산시켜라. |
| 단계 6 | 수정 | 현장에서 품질 문제를 확인하고 이를 수정하는 것을 장려 | 문제점 시정에 노력토록 격려하라. |
| 단계 7 | 무결점 프로그램의 확립 | 모든 작업자가 자신의 작업을 처음부터 올바르게 해야 한다는 개념을 숙지하도록 함 | 무결점 프로그램 담당 특별위원회를 설치하라. |
| 단계 8 | 감독자의 훈련 | 관리자 계층을 위한 공식 오리엔테이션 교육 실시 | 감독층을 훈련시켜라. |
| 단계 9 | 무결점의 날 | 품질에 대한 조직의 태도 변화를 종업원이 인식할 수 있는 행사를 만듦 | 무결점일을 정해 놓아라. |
| 단계 10 | 목표 설정 | 종업원은 자신과 자신이 속한 집단의 개선 목표를 설정하는 관점에서 생각하도록 해야 함 | 작업 그룹의 목표를 정해 주어라. |
| 단계 11 | 불량원인의 제거 | 종업원은 무결점 작업을 방해하는 문제를 간결하게 기술하고 해당 부서는 작성된 문제의 해결에 즉각 대처하도록 함 | 근무자 오류의 원인을 추적, 제거하라. |
| 단계 12 | 포상 | 자신의 목표를 달성한 종업원에 대한 보상 프로그램을 세움 | 그룹/개인의 성취를 인정해 주라. |
| 단계 13 | 품질위원회 | 품질전문가들이 정기적으로 모여 프로그램 개선에 필요한 조치에 대해 토론 | 품질위원회를 설치하라. |
| 단계 14 | 반복 실행 | 주기적으로 무결점 프로그램을 반복 실행해서 영원히 조직의 일부분으로 만듦 | 쉬지 말고 재도전하라. |

PART

04

# 서비스 자원관리

CHAPTER 12 서비스 인사조직관리

CHAPTER 13 서비스 마케팅관리

CHAPTER 14 서비스 수요 및 공급관리

CHAPTER 15 서비스 대기관리

# 12 CHAPTER

# 서비스 인사조직관리

**제1절** 서비스 지향성

**제2절** 내부 마케팅

**제3절** 서비스 기업의 조직문화

**제4절** 요약 및 결론

## '서비스 신화의 산실' 노드스트롬 백화점

어떤 사람을 뽑을 것인가? 그런데 적성이란 무엇인가? 많은 경우 그것은 학력이나 경력 같은 외부적 조건을 이야기하는 것이 아니다. 그 직무에서 성공하기 위한 성격이나 특성을 말한다. 대인접촉이 많은 서비스업이라면 진정으로 사람을 좋아하는 사람, 남을 기쁘게 해주는 데에서 기쁨을 느끼는 사람이 필요하다. 이러한 생각에 따라 노드스트롬은 학력과 경력 같은 피상적인 조건을 내세우지 않는 독특한 사원모집 광고를 냈다.

> **인재를 찾습니다**
>
> 당사에서는 새로운 매장에서 우리와 함께 일할 사람들을 찾고 있습니다.
> 판매사원, 그리고 그들을 돌볼 사람.
> 이끌어 갈 인재와 따라갈 인재.
> 자신의 일에 자부심을 갖고 열심히 일하는 사람.
> 자신을 소중히 여기고 남을 기쁘게 해주는 사람.
> 정직하고 근면하며, 배려심이 있는 헌신적인 사람.
> 자신의 성공뿐 아니라 상대방의 성공도 바라는 사람.
> 비전을 갖고 그것을 성취하는 삶을 살아 갈 사람.
>
> – 노드스트롬의 사원모집 광고

이 광고가 나가자 1,500명이 넘는 지원자가 몰려왔고, 노드스트롬의 총책임자 겸 부사장 샌더스 여사와 다른 두 명의 면접관은 이에 부합하는 인물들을 선발하였다.

### 기업문화 차원의 내부승진 정책

노드스트롬은 자신들의 차별적 핵심능력이 기업문화라고 굳게 믿는다. 회사 내부에서 성장한 사람들만이 노드스트롬의 문화를 제대로 이해할 수 있다고 생각하여 관리자를 외부에서 영입하지 않는다는 원칙을 고수한다. 또한 새로운 지역으로 진출할 때에도 다른 체인점을 인수하여 개조하는 것을 가급적 피한다. 1975년 알래스카의 상점 세 개를 인수한 것을 끝으로 더 이상 다른 기업을 인수하지 않았다. 새로운 시장에 새로운 상점을 열고 서비스 수준을 유지하면서 고객을 확보하려면 시간이 많이 걸리지만, 다른 기업을 인수하여 개조할 경우에는 기존의 기업문화를 바꾸는 일이 무척 어렵다는 것을 깨달았기 때문이다.

내부승진의 원칙은 직원들에게 많은 기회를 제공해 준다. 1988년 버지니아 주 타이슨코너 교외에 워싱턴 DC점을 열어 동부에 처음으로 진출했을 때 400명의 판매직 사원모집에 3,000명이 몰려들었다. 그러나 관리직은 단 한 사람도 신규로 채용하지 않았다. 100여 명에 달하는 관리직 사원들은 모두 서부 점포에서 동부로 전근을 희망한 노드스트롬의 기존 사원들로 충원하였다. 비슷한 규모의 미국 기업 중 노드스트롬만큼 일선 직원들에게 많은 기회를 부여하고 있는 곳은 없을 것이다.

노드스트롬의 회장을 맡고 있는 존 휘태커(John J. Whitacre)도 1976년 신발 영업사원으로 입사하였다. 그는 현재 7명의 공동 사장 중 노드스트롬가 출신이 아닌 유일한 인물로서 3세대 경영진과 4세대 경영진 사이를 잇는 가교 역할을 맡고 있다. 입사 7년 만에 부사장으로 승진하였던 베시 샌더스 여사도 시간당 2달러 46센트의 판매 보조원으로 직장생활을 시작하였다. 이제 노드스트롬의 내부승진은 하나의 정책이라기보다는 문화와 전통으로 정착되었다. 보통 백화점은 사원의 3분의 2 이상이 여성이지만 여성관리자의 수는 소수에 불과하다. 노드스트롬은 이러한 소매업계의 전통을 바꾸어 놓았다.

조사에 의하면 노드스트롬의 매장 중 70% 이상의 지배인이 여성이었다고 한다. 또한 구매물품은 우선적으로 여성이나 소수민족이 운영하는 업체에서 구입한다. 『히스패닉 매거진』은 노드스트롬을 히스패닉계 소수민족에게 가장 큰 기회를 제공하고 있는 미국의 100대 기업 중 하나로 선정하였다. 일선 직원과 여성 및 미국 내 소수민족에게 기회의 문을 활짝 열어 놓고 있는 노드스트롬은 『포춘(Fortune)』지가 선정한 미국에서 가장 근무하고 싶은 100대 기업에 포함되기도 하였다.

노드스트롬의 내부승진 정책은 일선 직원들에게 많은 기회를 제공하는 반면 성공을 향한 치열한 경쟁과 스트레스를 유발하는 단점도 있다. 판매사원의 급여 대부분이 커미션에 의존하는 체제이기 때문에 성취도가 떨어지는 사람들은 급여와 승진의 양면에서 견디기 힘든 압박감에 시달린다. 위로 올라갈수록 이직률이 줄어들지만 신입사원의 절반 정도가 입사 1년 이내에 퇴사한다. 1991년 『월 스트리트 저널』은 "노드스트롬은 특별한 유형의 사람들을 끌어들여 충분한 보상을 한다. 그렇지 못한 사람들은 다른 일자리를 찾아볼 수밖에 없다"라고 소개하였다.

노드스트롬이 모든 이에게 다 좋은 직장은 아니지만 치열한 경쟁을 버텨 낸 사람들에게는 상대적으로 더 큰 기회와 혜택이 주어진다. 노드스트롬 판매사원들의 평균 수입은 미국 내 다른 백화점의 경우보다 두 배 가까이 높으며 연간 8만 달러 이상의 수입을 올리는 사원도 있다. 또한 20대 초반에 창고 직원으로 입사하여 8년 만에 매장 지배인으로 승진한 사람도 있다. 판매실적이 높으면 수입이 따라 증가하지만 다른 추가적 보상도 제공된다. 각 부문별로 8~12% 정도가 우수 판매사원으로 선발되는데, 이들에게는 페이스세터(pacesetter)라는 칭호가 새겨진 업무용 명함과 더불어 자사 판매제품에 대해 연간 33%의 할인 혜택이 주어진다. 직원 할인률이 20%이므로 페이스세터가 되면 13%의 추가적 할인 혜택을 누리는 것이다. 페이스세터가 된 첫해에는 개인적으로 고객관리에 사용할 고급 가죽장정의 바인더와 라벨 핀을 받는다. 5년, 10년 또는 그 이상 페이스세터의 자리를 유지한 사람들에게는 더욱 큰 상과 혜택이 주어진다.

뛰어난 성과를 낸 직원들에 대한 개인포상과 더불어 매장 전체에 대한 포상도 실시하고 있다. 이것은 자기 커미션만을 높이려 열중하는 직원들에게 팀워크의 중요성을 인식시키기 위한 것이다.

### 미국에서 가장 짧은 직원 복무규정

1997년 『포춘』지는 고객만족도 조사 결과 백화점 및 할인점 부문에서 노드스트롬이 최고라고 발표하였다. 무엇이 노드스트롬을 고객만족 최우수 기업으로 만들었을까? 아마도 노드스트롬이 오래전부터 매장에 게시하고 있는 다음과 같은 표어가 그에 대한 해답이 될 수 있을 것이다.

**노드스트롬의 표어**

우리와 다른 상점의 유일한 차이는 고객을 대하는 방법이다. 일반적으로 고객 서비스는 경영진의 시선이 닿지 않는 곳에서 순간순간 일어난다. 따라서 경영진이 이러한 서비스 현장(MOT)을 통제한다는 것은 사실상 불가능하다. 이런 상황에서 뛰어난 서비스를 제공하기 위해서는 가능한 한 고객과 가장 가까운 곳에서 의사결정이 이루어져야 한다. 이것은 고객 서비스를 일선 직원 및 창구 직원들에게 일임하고 업무에 필요한 모든 것들을 제공하라는 의미이다.

노드스트롬에 입사하신 것을 환영합니다.
당신과 함께 일하게 되어 기쁩니다.
우리의 최고 목표는 탁월한 고객 서비스를 제공하는 것입니다.
개인적 목표와 전문직업인으로서의 목표는 모두 높이 설정하십시오.
우리는 당신이 그것을 성취할 능력이 있다고 확신합니다.

**노드스트롬의 복무규정**

제1조: 어떠한 상황에서도 당신의 현명한 판단에 따라 주십시오.
그 외에 다른 규정은 없습니다.
궁금한 사항이 있으면 언제라도 부서장, 점포장, 사업부 책임자에게 자유롭게 질문해 주십시오.

최근 수년간 권한위임(empowerment)이란 말이 널리 쓰이고 있지만 불행하게도 고객을 기쁘게 해야 할 책임만 위임하는 경우가 적지 않다. 권한위임의 진정한 의미는 성공하는 데 필요한 권한과 자원까지도 함께 위임하는 것을 말한다. 일찍이 창업자 존 노드스트롬은 이러한 사실을 분명히 담은 직원 복무규정을 마련하였다. 노드스트롬의 복무규정은 단 한가지이다.

어떠한 상황에서도 자신의 현명한 판단에 따라 주십시오.

이 간결한 규정에는 고객 서비스에 대한 리더의 탁월한 식견과 종업원들의 능력에 대한 깊은 신뢰가 들어 있다. 이것이 4세대를 이어 온 노드스트롬 기업문화의 핵심이다. 노드스트롬이 공식적으로 표방한 바와 같이 다른 경쟁자들과 그들의 유일한 차이는 고객을 대하는 방법에 있다. 그것을 한마디로 요약하면 "고객을 만족시키기 위해서라면 자신의 현명한 판단에 따라 무엇이든지 하라"는 것이다. 노드스트롬에서는 '윗사람과 상의해 봐야 한다'는 말을 들을 수 없다. 이것이 노드스트롬 신화의 원동력이었다.

노드스트롬의 사원이 되면 신입사원 오리엔테이션 시 제일 먼저 5×8인치 크기에 인쇄된 종업원 복무규정을 받는다. 노드스트롬의 복무규정은 '리더십은 명사가 아니라 동사이다'라는 리더십 경구의 진정한 의미를 잘 보여 주고 있다.

### 조건 없는 반품수용 정책

일단 구매한 상품을 반환한다는 것은 여간 성가신 일이 아니다. 반품하러 가면 상점에서 영수증을 보여 달라고 하고, 왜 반품을 원하는지 설명하라고 요구한다. 한 번 사용한 상품, 구매 후 어느 정도 시간이 지난 상품, 그리고 할인판매한 상품은 아예 반품을 받아 주지 않는다. 반품은 짜증나는 일이며, 게다가 시간이 걸리는 일이다. 따라서 고객들은 반품에 문제가 있을 것 같은 상품의 구매를 꺼린다.

그러나 노드스트롬은 다르다. 고객이 구입한 상품의 반환을 요구하면 무조건 수용한다. 반품의 이유를 따지지 않고 웃는 얼굴로 반환해 주는 것이 회사의 방침이다. 어떤 사람이 1년 동안 신은 구두에서 이상한 소리가 난다고 수선을 요청하자 새 구두로 교환해 주었다. 어느 여성이 2년 전에 산 블라우스에 대한 불만을 말하자 환불해 주었다.

노드스트롬에 관한 이런 일화들은 수없이 많다. 브루스 노드스트롬은 판매사원들에게 다음과 같이 말했다. "고객이 5년 동안 신던 신발 한 켤레를 가지고 와서 신발이 다 닳았다고 불평하면서 환불을 요구할 경우 당신은 스스로의 판단에 따라 처리할 권한을 갖고 있습니다. 솔직히 말하자면 이 말은 환불해 주라는 사실상의 지시입니다."

이런 무조건적인 반품정책이 악용되지는 않을까? 물론 그런 경우가 적지 않다. 그러나 노드스트롬의 철학은 정직하지 않은 소수 때문에 다수에게 피해를 주지는 않겠다는 것이다. "98%의 정직한 사람들, 바로 우리가 만족을 선사하려는 사람들을 행복하게 해주어야 합니다. 노드스트롬은 고객들에게 반품을 보증합니다. 회사가 보증하는 것이 아니라 내가 보증할 권한을 갖고 있습니다"라고 노드스트롬의 한 판매사원은 말하였다.

무조건 반품수용 정책을 내세우면서 노드스트롬의 경영진은 납득할 수 없는 부당한 반품요구에 대해 내심 걱정을 하였으나, 이 정책을 도입한 첫해의 결과는 그에 소요되는 경비가 충분히 감당할 수 있는 수준인 것으로 나타났다. 대다수의 기업들이 반품을 괴롭고 귀찮은 것으로만 여기고 있을 때 노드스트롬은 큰 고통 없이 엄청난 홍보효과를 거두었다.

다음은 노드스트롬의 단골고객 중 한 사람의 이야기이다. "노드스트롬에서 쇼핑하는 가장 중요한 이유 중 하나가 반품이 쉽다는 점이다.

물건을 산 후 집에 와서 입어 보고 마음에 들지 않으면 언제라도 반환할 수 있다. 여기에 아무런 불편이나 언쟁이 수반되지 않는다."

노드스트롬의 일화 중 가장 널리 회자되고 있는 것은 타이어를 들고 와서 반품을 요구한 사람의 이야기이다. 노드스트롬은 패션전문점이므로 타이어를 판매한 적이 없다. 그러나 노드스트롬의 판매사원은 고객에게 타이어 가격을 묻고는 흔쾌히 환불해 주었다고 한다. 이 일화 때문에 노드스트롬 사원들은 종종 곤경에 처하곤 한다. 그게 사실이냐는 질문을 자주 받지만 지금에 와서 그것을 확인할 방법이 없다. 그러나 노드스트롬 직원들은 만약 그런 고객이 실제로 있었다면 결과는 그대로였을 것이라고 확신한다.

### 개인별 고객수첩의 활용

노드스트롬의 판매사원들은 개인별로 고객수첩을 활용하고 있다. 이 수첩은 접고 펼칠 수 있으며, 페이지도 끼우고 뺄 수 있도록 설계된 회사 규격품이다. 이 수첩에는 일별, 주별, 월별 행사표와 페이스세터들의 목표설정을 위한 일일 계획표, 일과표, 전국 노드스트롬 매장의 전화번호 등이 수록되어 있다. 전화번호는 고객이 찾는 특정한 상품이나 치수가 빠졌을 때 다른 매장에서 구할 수 있는지 알아보기 위한 것이다(노드스트롬 사원들은 자신의 임무가 단지 매장 내에서 고객을 응대하는 데 그치는 것이 아니라, 고객이 원하는 것을 어떻게든 구해 주는 것이라고 생각한다).

최고의 판매사원들은 이 고객수첩을 잘 활용한다. 고객의 이름과 주소 및 전화번호, 사이즈와 체형, 메이커 선호도, 좋아하는 색상과 스타일, 이전에 구입한 상품, 고객과 가족의 기념일 등을 적어 둔다. 이러한 정보를 이용하여 판매사원은 고객이 좋아할 만한 상품이 들어오면 미리 알려 준다. 또한 상품을 판매한 후 며칠이 지나면 감사의 편지를 보내고, 그것이 마음에 들었는지, 또한 사전에 기대했던 대로 잘 사용되고 있는지 점검한다.

1977년부터 1991년까지 15년 연속 노드스트롬에서 최고의 판매실적을 올린 패트릭 매카시(Patrick D. McCarthy)의 경우를 보자. 그는 시애틀 본점 남성의류 매장에서 매년 100만 달러 이상의 상품을 판매하였다. 그의 고객 명단에는 한 법률회사에 근무하는 변호사가 40여 명 들어 있다. 같은 사무실에서 근무하거나 우연히 마주치는 두 사람이 같은 옷을 입지 않도록 하려면 고객이 구입한 상품목록을 고객수첩에 기록해 두는 것이 꼭 필요하다고 생각했다. "원하는 만큼 많은 고객을 잡을 수 있다. 그러나 고객 한 사람 한 사람에게 개성을 입힐 수 있어야 한다"는 것이 그의 말이다.

1992년 이후 매카시를 제치고 판매왕에 올라선 로스앤젤레스 웨스턴사이드 점의 레슬리 코프먼도 고객수첩을 잘 활용하면 단골고객의 신뢰를 확보하는 데 큰 도움이 된다고 말한다. "1980년대까지는 그냥 드나드는 고객만 응대해도 급료를 받을 수 있었다. 그러나 이제 그런 방식으로는 안 된다. 영업을 지속할 수 있는 일차적 기반은 단골 고객이다. 따라서 그들과의 관계를 유지하고 그들을 상점으로 끌어들일 수 있는 방안을 끊임없이 강구해야 한다. 크리스마스나 생일이 다가오면 고객의 부인에게 '잭에게 줄 선물은 마련하셨나요?'라고 편지를 보낸다." 이와 같이 우수한 판매사원들은 고객수첩을 매우 유용한 판매도구로 활용하고 있다.

**노드스트롬의 사례가 주는 교훈**

고객만족에 관한 한 노드스트롬만큼 자주 거론되는 기업은 없다. 1901년 창업 이래 노드스트롬은 살아있는 서비스 신화의 고향으로 많은 사람들에게 동경의 대상이 되어 왔다. "우리와 다른 상점의 유일한 차이는 고객을 대하는 방법이다. 우리는 고객들 앞에서 무릎 꿇고 자라왔다"는 철학으로 4세대를 이어 온 노드스트롬의 역사가 주는 두 가지 핵심적 교훈은 다음과 같다.

**① 리더십의 궁극적 표현은 권한위임이다**

"노드스트롬에서 쇼핑하는 일은 마치 소규모 자영업자를 대하는 것과 비슷하다"라고 웨스틴 호텔의 해리 멀리킨 회장은 말했다. 노드스트롬의 최고 판매사원이었던 매카시는 자신을 '6천 명의 고객을 가진 독립적 사업가'라고 생각한다며 '프랜차이즈 안의 프랜차이즈'로 표현했다. 이처럼 노드스트롬에서는 사원들 스스로가 독립된 사업가라고 생각할 수 있는 독특한 기업문화가 형성되어 있다. 노드스트롬 문화의 핵심은 한마디로 권한위임이다. '윗사람과 상의해 봐야 한다'는 말을 들을 수 없다는 것은 권한위임이 철저하게 이루어지고 있다는 것을 의미한다.

- 전통적 리더는 리더십의 핵심이 권한(power)이라고 생각하나, 전설적 서비스 리더는 권한위임(empowerment)이 핵심이라고 생각한다. 권한은 명사이나 권한위임은 동사이다.
- 피라미드는 명사형 조직이나 역피라미드는 동사형 조직이다.
- 권한을 중시하는 리더는 자신을 먼저 생각하나 권한위임을 중시하는 리더는 고객을 먼저 생각한다.

권한위임을 많이 하는 경영자일수록 훌륭한 리더이다. 노드스트롬이 서비스 신화의 산실이 될 수 있었던 것도 "어떠한 상황에서도 자신의 현명한 판단에 따라 주십시오"라고 모든 것을 위임할 수 있었기 때문이다.

**② 정보기술로부터 고립되지 말라**

고객들의 기호나 취향을 메모해 놓은 노드스트롬의 고객수첩은 오랫동안 훌륭한 판매도구로 이용되어 왔다. 그러나 이것은 특정 지역 내에 머물러 있을 때의 이야기이다. 새로운 지역으로 진출할 경우 기존의 고객수첩은 무용지물이 된다. 최근까지 노드스트롬에는 고객의 취향을 체계적으로 파악할 수 있는 집적된 자료가 없었다. 이제 그들은 고객수첩에 갇혀 있던 정보들을 온라인으로 옮기느라고 컴퓨터와 씨름하고 있다.

일반적으로 따뜻한 인적 서비스와 차가운 정보기술이 어울리지 않는 한 쌍이라고 생각하기 쉽지만 사실을 그 반대이다. 정보기술이 도입되면 한 번에 한 장소에만 존재하던 정보가 동시에 여러 장소에 공유될 수 있다. 따라서 집중화와 분산화 중 하나를 택일하는 대신 양자의 장점을 공유할 수 있다. 리츠칼튼 호텔의 탁월한 고객 서비스 기술인 '고객인지 프로그램(customer recognition program)'도 정보기술의 도움이 없었다면 나올 수 없었다.

출처: 박영택, 품질경영, pp. 73~77, 1999. 8; pp.78~82, 1999. 9.(일부 수정 보완)

본장에서의 주제는 서비스 기업에서의 바람직한 사람관리이다. 서비스 기업에서 종사하는 직원들의 경우 고객의 존재 없이는 그들의 생산성이 발생되지 않는다. 고객의 수요가 계절별, 요일별, 하루 중 시간대별로 변동되기 때문에 최적의 직원 효율성을 유지하기가 어렵고, 이 때문에 발생하는 직원들의 비생산적인 시간에 대해서도 실제적으로 생산활동에 참여하는 것과 마찬가지로 비용이 발생한다. 기업주는 이런 부담을 가지면서도 기업, 직원, 그리고 고객으로부터의 압력의 균형을 유지해야 하고, 비용 절감을 하기 위해 가장 효과적인 방법을 사용하며, 직원의 욕구를 만족시키면서 가능한 최고의 만족을 전달할 수 있는 고객 서비스를 제공하도록 해야 한다.

서비스 기업이 사람에 의해 서비스 활동이 수행되는 특성을 강조하여 인간 중심적, 행동지향적 및 미래 지향적 인적자원의 관리가 중요시되고 있다. 따라서 서비스 기업에서의 인사 및 조직관리를 중심으로 하위 주제로서 서비스 지향성과 조직문화, 내부 마케팅을 논의한다.

서비스 지향성은 고객에게 우수한 서비스를 제공하기 위한 조직의 전반적인 능동적 활동의 정도를 의미하며 서비스 리더십, 서비스 접촉 등 하위 주제가 있다.

기업에서 오랫동안 축적되어 나타나는 바람직한 조직문화는 구성원들이 서로 일체감을 느끼면서 공통의 목표를 성취하기 위해 협력하고 노력하는 분위기라고 할 수 있다. 특별히 많은 성공 기업의 조직문화 사례에서 지식경영, 구성원들의 참여 및 사용자 권한위임, 협력 및 협업, 효과적인 리더십 및 민첩성 등이 강조된다.

서비스 기업에서의 명확한 정체성과 능동적인 미션을 인식하고 활동하는 서비스 지향성과 조직문화는 이를 소유하지 않은 조직에 비해서 성과의 차이가 크다는 점에서, 경영 기능의 핵심 중의 한 영역인 인적자원관리에서 다루는 내용을 가급적 제외하고, 본장을 서비스 기업에서 특별하게 고려한 바람직한 인사조직관리 방안으로 다루기로 한다.

# 제1절 서비스 지향성

## 1.1 서비스 지향성의 개념

서비스 지향성(service-orientation)의 개념은 Parkington과 Schneider(1979)에 의해서 처음 언급되었는데, 시장정보에 대한 조직의 전략적 반응으로서 탁월한 서비스의 창출과 전달을 확립하는 상대적이고 지속적인 일련의 조직활동의 집합으로 정의하였다. 즉, 고객을 위해 우수한 서비스를 제공하고자 하는 기업과 소속 직원의 의식과 행동이며, 이것을 창출하기 위한 정책, 업무처리 절차 등을 통해 형성된다. 또한 서비스 지향성은 경쟁사들과 비교하여 서비스의 차별화를 실행하고 그 반응을 측정하는 등 조직에서 제공하는 서비스가 고객에게 우수한 가치를 제공한다는 데 큰 의의를 두고 있다(Berry, et al. 1994). 이러한 관점에서 연구자들과 실무자들은 조직의 서비스 지향성을 보다 우수한 고객가치를 창출하기 위해서 조직 전반적으로 능동적인 활동이 체계적으로 수행되는 정도로 이해한다.

서비스 지향성은 조직 중심적 서비스 지향성과 고객 중심적 서비스 지향성으로 구분하기도 한다. 조직 중심적 서비스 지향성은 고객의 욕구를 충족시키기 위한 조직의 정책과 실행, 절차를 중요시하며, 대인적인 문제보다는 규칙과 시스템에 의한 관리를 강조한다.

고객 중심적 서비스 지향성은 조직이 고객에게 서비스를 제공함에 있어서 고객들과 유연하면서도 개방적인 형태의 관여를 유지하려는 서비스 성향을 강조하며, 대인관계, 고객들에 대한 관심, 규칙의 유연한 적용을 중요시한다. 조직 중심적 서비스 지향성은 고객 중심적 서비스 지향성에 대한 척도가 된다.

따라서 조직 중심적 서비스 지향성을 제고하려는 기업에서는 고객들에게 우수한 서비스를 적극적으로 제공하기 위해서 조직의 정책과 실행, 절차 등을 개발해야 할 것이다. Lytle 등(1998)은 서비스 조직의 서비스 지향성을 측정하기 위한 통합 척도를 기존 문헌과 현장면접, 예비조사, 반복적 계량분석을 통하여 과학적으로 개발하였고, 이를 서비스 지향성 척도(Organizational Service Orientation Scale)인 'SERV*OR'로 명명하였다. 세부적인 내용은 〈표 12-1〉에서와 같이 서비스 리더십(Service Leadership Practices), 서비스 접촉(Service Encounter Practices), 인적자원관리(Human Resource Management Practices), 서비스 시스템(Service System Practices) 등으로 서비스 지향성의 차원을 유형화하였으며, 10개의 하위 요인으로 구분하여 제시하였다.

**표 12-1** SERV*OR에서의 서비스 지향성 차원과 하위 요인

| 차원 | 하위 요인 |
|---|---|
| 서비스 리더십 | • 서번트 리더십(Servant leadership)<br>• 서비스 비전(Service vision) |
| 서비스 접촉 | • 고객 서비스(Customer treatment)<br>• 직원 권한위임(Employee empowerment) |
| 인적자원관리 | • 서비스 훈련(Service training)<br>• 서비스 보상(Service rewards) |
| 서비스 시스템 | • 서비스 실패 예방(Service failure prevention)<br>• 서비스 실패 회복(Service failure recovery)<br>• 서비스 기술(Service technology)<br>• 표준 커뮤니케이션(Service standards communication) |

출처: Lytle, Hom & Mokwa, 1998, p. 464.

스타벅스의 하워드 슐츠(Howard Schultz) 회장이 서비스 지향적인 CEO로서, 종업원 사이의 신뢰감이 더 깊게 발전된 계기는 1990년대 중반에 일어난 끔찍한 사건이었다. 텍사스에 있는 스타벅스 점포에 강도가 들어 점포관리자가 사망한 것이다. 이 비극을 접한 슐츠는 모든 일을 중단하고 즉시 전세 비행기를 타고 텍사스로 갔다. 그는 점포의 문을 닫은 후 그곳에 머무르면서 어려운 일을 당한 가족들과 종업원을 만나 위로하고, 상담 및 지원하면서 깊고 진지한 관심을 보여 주었다.

그러나 그는 거기서 멈추지 않았다. 그는 죽은 관리자의 가족을 위해 기금을 조성하였다. 그리고 그 관리자를 기념하기 위해 사건이 일어난 점포를 기증했으며, 그 점포의 수익을 가족의 부양과 아이들의 교육을 위해 헌납했다. 그는 이것으로 자신이 세계 시장의 점유율 확보에 대한 야심찬 목표를 갖고 강하게 추진하는 경쟁적인 인간이면서도, 다른 사람을 배려하고 새로움을 만들어 내는 서비스 지향적 리더십을 가진 경영자로서의 신념을 표현했고, 리더로서의 신뢰를 확고히 하는 데 충분한 작은 실천을 한 것이다. 그도 사실은 뉴욕 브루클린(New York Brooklyn) 빈민가에서 성장하였으며, 어려운 형편 가운데 축구 특기생으로 대학을 다니며 자수성가한 CEO였다. 어느 연구자는 스타벅스의 성공비결을 다음 5가지의 리더십 원리로 설명한다.

첫째, 자신의 것으로 만든다(Make it your own).

둘째, 모든 일, 과정에 철저히 한다(Everything matters).

셋째, 놀라고 기쁘게 한다(Surprise and delight).

넷째, 불만과 반대도 포용한다(Embrace resistance).

다섯째, 세상에 흔적을 남긴다(Leave your mark).

이러한 서비스 지향성의 개념은 조직의 성과에 영향을 주며, 서비스 접점 요원들의 직무 만족과 조직몰입에도 긍정적인 영향을 주는 것으로 나타나고 있다. 즉, 서비스 지향성은 직원으로 하여금 고객의 욕구를 정확하게 파악하고 만족할 만한 서비스를 신속하고 친절하게 제공함으로써 궁극적으로는 고객을 만족시키고자 하는 태도와 행동을 통해서 결과적으로 높은 품질의 서비스를 제공하게 된다.

## 1.2 서비스 지향성 기업의 사례

서비스 지향성에 기반한 월마트에서의 서비스 리더십을 소개한다. 월마트에서의 종업원이 가지게 되는 사명은 자신이 고객을 위한 기업의 대리인 역할을 하는 구성원(associate로 호칭함)으로 인식하게 한다. 매출 상황을 평가할 때는 현행 매출액을 산정하는 대신 고객의 호평에 의해 창출되는 부수적인 수익을 포함하여 계산한다. 월마트가 고객에게 제공하는 '고객가치'에는 기분 좋은 서비스와 매일 최저 가격(Everyday Low Price: EDLP)의 구현이다. 자신의 직업과 직장에 만족하는 충성스러운 종업원에 의해 운영되는 서비스 기업을 지향한다. CEO부터 경영진 모두는 주 3~4일 정도를 일선 점포에서 근무한다. 직접대면방식의 의사소통을 최대한 활용하고, 원격지에 위치한 사업장 등에만 고성능의 사내 TV망을 통해 소통하는데, "대화는 우리를 같이 있게 하고 대화를 하면 항상 좋은 결과물이 생긴다"는 슬로건을 중요시한다. 종업원 회의는 용기와 자신감을 북돋우는 분위기 속에서 진행되며, 토요일 아침에는 모든 종업원과 그 가족이 합류할 수 있는 업무회의를 개최하기도 한다. 수십만 명의 구성원을 가진 거대한 조직에서 이러한 가족감정을 중시하는 서비스 기업의 새로운 소통방식이 기업을 변화시켰다.

사우스웨스트항공사는 1971년 롤링 킹(Rollin W. King)이 3대의 항공기로 설립한 작은 지역항공사였다. 자동차 운행비용과 비슷한 수준의 운임으로 단거리 이용 고객을 위주로 서비스하는 전략으로 성공하였다. 이 회사는 고객들과 친밀하고 지속적인 접촉에 초점을 두며, 내부 고객인 종업원들에게 잘못을 처리할 때도 감정적으로 대하지 않으며, 해당 승객에게 접촉할 때에도 종업원들 뒤에 항상 회사가 있다는 뜻을 전달한다. 항공사 직원이 2만 4,000여 명일 때, 약 1,000여 명이 사내 결혼에 이른 일도 있었으며, 정리 해고나 항공사고도 없는 기록을 가지고 있다. 롤링 킹이 경영일선에서 물러나던 2008년엔 항공기 527대를 보유한 미국 4위 항공사로 성장했고, 『포춘』지가 선정한 세계에서 가장 존경받는 10대 회사에 13년 연속이름을 올렸다. 저가 항공이었지만, 44년 연속 흑자에 서비스는 1등이었다. 2001년 9 · 11 테러로 항공 업계에 암흑기가 도래해 12만 명이 해고됐지만, 캘러허는 단 한 명의 직원도 해고하지 않았다. '왕은 고객이 아닌 직원'이란 경영철학이 있었기 때문에 가능한 일이었다.

이 회사의 CEO였던 허브 캘러허(Herb Kelleher) 회장은 "회사가 직원들을 존중하고 보살피면, 직원들이 손님들을 세심하게 보살피며 환대할 것"이라며 "그러면 고객들이 다시 돌아오게 만들 것이고, 결국 주주들에게 즐거움을 안겨 줄 것"이라고 했다. 고객, 주주, 직원 중 직원을 가장 우선시한 것이다. 1만 6,000명 직원들의 이름을 얼굴과 함께 기억하며 반갑게 손을 잡아 줬고, 생일도 잊지 않고 꼼꼼히 챙겼다. 일과 시간 이후의 사교모임이나 파티, 그리고 사장 주도의 자선활동이 활발하게 이루어졌다. 직원들 간의 포옹이 자연스럽고 종업원들이 사무실에서 분주하게 일하는 모습이 스스로가 정말 좋아서 하는 행동이라는 것을 느낄 수 있을 정도로 기업문화가 가족적이다. 그 결과 종업원 생산성이 타 항공사 대비 20% 이상 높게 나타났으며, 조직 구성원들은 고객들에게 품질 높은 서비스를 제공하고, 조직 내에서 가족과 같은 의식과 감정을 갖게 되었다. 1994년 10월 16일 『USA 투데이』에 전면 광고 하나가 실렸다. '회장이 아닌 친구가 되어 준 허브에게 감사하다'는 직원들의 마음이 담긴 광고였다. 1만 6,000명의 직원들은 6만 달러의 광고비를 기꺼이 부담했다.

허브 켈러허는 신입사원 면접 때 유머를 말하거나 심사위원을 웃기는 사람을 채용하였다. 점잖은 오찬장에 미국 가수 엘비스 에런 프레슬리(Elvis Aaron Presley, 1935~1977) 복장으로 나타나기, 청바지 입고 이사회 참석하기, 토끼 분장을 하고 출근길 직원 놀라게 하기 등 그가 보인 많은 특이한 서비스 지향적 경영마인드를 일컬어 많은 사람들이 펀(fun)경영이라고 명명하였을 정도이다. 고객이 '갑질' 하면 직원 편을 들기로도 유명하다. '고객은 늘 옳은 것이 아닌가요?'라는 질문에 이렇게 답했다. "고객이 늘 옳지는 않습니다. 만약 그렇게 생각한다면 그것은 사장이 직원들을 크게 배신하는 게 됩니다. 고객은 때때로 잘못된 일을 합니다. 우리는 그런 고객을 수송하고 싶은 생각이 없습니다. 우리는 그런 사람들에게 이런 편지를 보냅니다. '다른 항공편을 이용하십시오. 우리 직원들을 괴롭히지 마세요.'"

그는 또한 모든 직원의 이름을 다 외웠고 승진 · 결혼 · 출산이 있으면 파티를 열어 주었다. 연중 가장 바쁜 추수감사절 시즌에 직접 수화물을 운송하기도 했다. '직원 최우선주의'는 사우스웨스트항공의 핵심가치로 전파되었다. 사우스웨스트항공은 켈러허의 CEO 재임기간(1978~2001년) 중 연속 흑자를 기록하며 고속 성장했다. 비행기 3대로 출발했지만 창립 30년 후엔 미국 5위 안에 드는 대형 항공사로 성장했다. 연봉이 업계 평균보다 30% 적었지만 『포춘』이 선정하는 '일하고 싶은 직장' 상위 10위 안에 빠짐없이 들어갔다.

# 제2절 내부 마케팅

서비스의 동시성으로 인해 접점 종업원과 고객 간의 상호작용의 결과에 따라 고객의 만족수준이 결정되기 쉽기 때문에, 특히 인적 상호작용에 기반한 서비스 기업에서는 내부 직원에 대한 만족도가 서비스 성과에 매우 중요한 요인 중의 하나이다.

## 2.1 내부 마케팅의 개념

내부 마케팅은 〈표 12-2〉에서와 같이 내부 고객의 직무만족도 향상을 통해서 내적으로는 생산성을 높이고, 외부 고객에게는 가치를 제공하여 고객만족을 이끌어 낼 수 있는 활동이다. 제조업에서는 최종 제품이 고객에게 전달되기 전에 여러 단계에서 품질 활동을 통해 문제를 확인하고 제거할 수 있다. 그러나 서비스에서는 내부 고객인 종업원 자체가 곧 서비스 상품이고 동시에 판매를 담당하는 채널이기 때문에 내부 마케팅의 대상이다.

다시 말하면, 내부 마케팅은 서비스 시장의 고객으로서 종업원의 역할에 대한 중요성을 인식하고, 내부 고객에게 역량을 높여 주며 동기부여를 제공하고 직무만족을 시킴으로써, 고객 지향적 사고방식과 태도를 가지게 하는 마케팅 활동의 하나이다. 자신이 몸담고 있는 기업에 대한 확신이 바로 헌신적으로 일하고 사고하도록 한다. 특히 서비스 접점 직원에게는 업무에 대한 지식교육, 정신교육, 기업문화에 관한 교육이 필요하며, 그들을 지원하여 자신감을 갖고 현장에서 고객을 대하도록 한다. 그 결과로 외부 고객의 만족을 이끌어 내는 서비스 경영 전략이다.

**표 12-2** 내부 마케팅과 외부 마케팅의 비교

| 구분 | 내부 마케팅 | 외부 마케팅 |
|---|---|---|
| 대상 | 직원(내부 고객) | 소비자(외부 고객) |
| 제공물 | 직무 및 작업환경 | 상품 |
| 가격 | 직무의 대가 | 상품의 대가 |
| 목표 | 직원만족 | 소비자만족 |

내부 마케팅의 성공은 서비스 기업의 높은 성과로 이어질 수 있으며, 다음 4가지 원천으로부터 내부 마케팅의 이익이 유발된다(Arnett, et al, 2002).

첫째, 적은 이직률이다. 종업원의 이직률 감소는 새로운 종업원을 채용하기 위한 구인비용과 학습비용을 절감할 수 있다. 또한 직원의 이직으로 인한 업무강도의 증가와 직무만족의 감소로 인한 스트레스 발생가능성을 줄여 준다.

둘째, 서비스의 품질이 높아진다. 내부 마케팅은 내부 고객과 외부 고객에 초점을 맞춘다. 종업원들은 동기부여에 따라서 고객에게 향상된 방식으로 서비스를 제공한다.

셋째, 높은 수준의 직원만족이다. 직원만족은 고객의 만족과 이익을 증대시키는 데 동기부여를 한다.

넷째, 조직의 변화에 기여한다. 기업에 있어 가장 어려운 것이 조직의 변화를 관리하는 것이다. 내부 마케팅은 조직문화의 변화를 이해하고 받아들이는 기능을 한다.

이러한 내부 마케팅과 외부 마케팅의 상호작용적 영향은 [그림 12-1]의 고객만족 거울에서 보는 바와 같이 대칭적으로 나타난다. 이를 위해서는 서비스 지향성이 높은 능력 있는 직원을 선발, 교육 및 훈련, 투입해야 한다. 또한 동기부여된 감정노동자(emotional labor)를 확보해야 한다. 감정노동은 서비스 과정에서 직무를 수행할 때에 조직에서 바람직하다고 여기는 감정을 위해서 자신의 감정과는 무관하게 행하는 노동을 의미한다. 감정노동자는 고객과 조직에서 원하는 대로 표정과 몸짓, 말투를 유지하고 필요한 감정만을 관리하고 사용하며, 하루에도 여러 번 같은 말과 같은 동작을 반복하는 무채색의 기계 같은 사람들이 된다. 아니 이들은 다시는 만나지 못할 낯선 사람들에게 미소를 짓고, 눈을 마주치고, 마음을 담은 관심을 보이면서 친절하게 대화하는 육체적 및 정신적 노동자이다.

**그림 12-1** 고객만족 거울

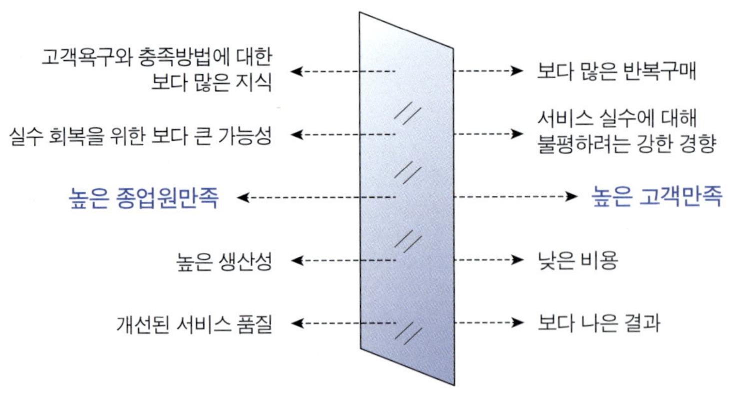

이런 유능한 감정노동자를 장기적인 구성원으로 확보하기 위한 내부 마케팅은 물리적 조건에 의해서 성취되는 것이 아니다. 각 구성원들의 마음을 사야 하고, 기업에 대한 구성원들의 자긍심이 제공되어야 한다. 구성원 개인들을 존중하고 배려하는 내부 서비스가 자발적이고 의욕적인 외부 서비스로 표출될 수 있다.

구글의 내부 고객에 대한 배려를 소개한다. 출산한 임직원이 식사하기 불편할 것을 염려하여 50만 원까지 식사배달을 할 수 있는 혜택을 주며, 남편들에게는 2주의 유급 휴가를 제공하고, 매일 점심 식사는 사무실 한가운데 위치한 뷔페식당에서 훌륭한 요리사들이 만든 음식을 직원들에게 무료로 제공한다. 여러 스낵룸이 구비되어 있어 음료수, 신선한 과일, 땅콩 등의 다양한 간식이 무료로 제공되고, 경력 개발을 위한 학비 지원과 프로그램 역시 개인이 원한다면 언제든지 지원받을 수 있는 시스템이 구축되어 있다.

## 2.2 내부 마케팅과 서비스 수익 체인

내부 마케팅을 강조하는 서비스 수익 체인(service profit chain) 모형에서는 서비스 기업의 수익성과 매출 성장의 요인으로 직원들의 만족도 및 충성도를 제시하고 있다.

이 모형의 핵심은 수익성 및 매출 성장이 주로 고객충성도에 영향을 받음을 강조한다. 뿐만 아니라, 고객충성도는 고객만족의 직접적인 결과이고, 고객만족은 제공된 서비스에 대해 고객들로부터 인지된 서비스 가치에 의해 결정된다. 고객을 위해 서비스 가치를 창출하고 내부 서비스 품질을 향상시키는 핵심 요인은 바로 만족도와 충성도가 높으며 생산성이 높은 직원이다. 이를 연결시키면 서비스 수익 체인은 내부 서비스 품질 → 종업원 만족을 결정 → 종업원 만족은 높은 종업원 유지율과 생산성 창출에 기여 → 높은 종업원 유지율과 생산성은 서비스 가치 창출에 기여 → 높은 서비스 가치가 고객만족 창출 → 높은 고객만족이 고객충성도를 창출 → 고객충성도는 높은 수익성과 성장에 기여하는 인과관계를 설명하고 있다(Heskett, et al., 1997). 이러한 연결구조를 표시한 모형이 [그림 12-2]에서와 같은 서비스 수익 체인 모형이다.

따라서 서비스 기업에서는 고객들이 대우를 잘 받는지 확인하는 것은 물론, 이를 제대로 수행하기 위해 고객의 만족감과 충성심에 영향을 주는 종업원에게 특별한 관심을 두고 고객과 종업원 모두의 요구사항에 부합하기 위해 지속적인 깊은 관심을 가져야 한다. 종업원과 고객이 상황에 맞는 적응력 있는 행동을 부담 없이 실행하여 서비스의 핵심적 가치를 창출하고 지각할 수 있도록 노력하며, 이를 위해서는 수익과 성장을 창출하는 고객과 접점 종

그림 12-2 서비스 수익 체인 모형

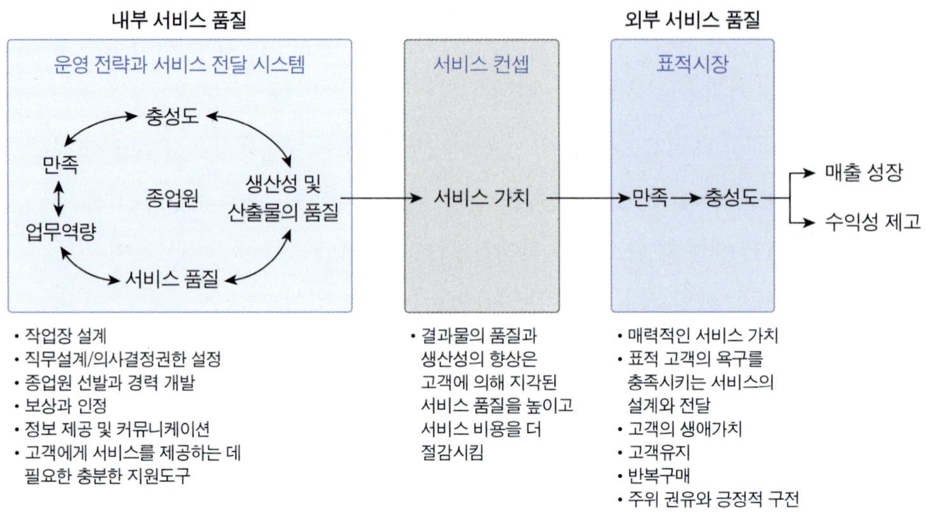


업원에게 관심을 두어야 한다.

서비스 수익 체인의 출발점인 직원의 만족도는 주로 직원이 고객들에게 원하는 서비스를 전달하는 데 도움이 되는 지원 서비스와 정책에서 비롯된다. 즉, 서비스 비즈니스에서는 내부 서비스 품질에 영향을 미치는 요인으로, ① 작업장 설계, ② 직무설계 및 의사결정 권한의 설정, ③ 종업원 선발과 경력 개발, ④ 보상과 인정, ⑤ 적절한 정보 제공 및 커뮤니케이션, ⑥ 고객에게 서비스를 제공하는 데 필요한 충분한 지원도구와 같은 인적자원 이슈에 특히 세밀한 고려가 있어야 한다. 예를 들면, 보험회사에서는 담당자들에게 정교한 고객 정보 시스템의 지원, 교육장을 통한 업무 교육 및 훈련을 통해서 서비스 제공 시 필요한 다양한 정보와 업무역량 개발로 종업원 만족도가 상승하였고 그 결과 수익성 향상이 이루어졌다.

이와 같이 서비스 기업에서는 매출의 성장과 함께 수익성을 향상시키기 위해서 서비스 수익 체인의 연결고리를 잘 관리해야 한다. 즉, 직원들에게 고객응대에 필요한 기술과 권한을 제공하는 등 내부 서비스 품질을 높이면 직원의 만족도가 증가하고, 직원만족도가 증가하면 직원들의 충성심과 생산성이 높아진다. 이것으로 인해 다시 외부 서비스 가치를 높여 결국 고객의 만족도와 충성심도 커진다.

실제로 연구결과에 의하면 직원의 만족도가 높은 서비스 기업과 매장에서, 상대적으로 직원의 만족도가 낮은 기업이나 매장에서 보다 많은 매출과 높은 수익을 올리고 있는 것으로 밝혀지고 있다. 또한 직원의 이직이 많은 서비스 기업에서는 고객의 만족도가 낮은 것으로 나타난다. 어느 조사에 의하면 능력 있는 직원의 이직이 기업에 발생시키는 비용은 직무에 따라 연봉의 200% 수준에 맞먹는다. 따라서 일선 직원들의 질문에 답변하고, 불만사항을 해결하고, 상황을 해결하고, 잠재적인 문제 발생 지점에 대해 최고경영진까지의 의사소통이 필요하다. 이와 같이 서비스 수익 체인을 성공적으로 활용하는 기업에서는 직원들의 만족도를 주기적으로 측정하고 향상시키기 위한 관리 정책을 개발하여 실행하고 있다.

## 2.3 서비스 지향적 인적자원관리 전략

많은 서비스 기업에서 전통적으로 실행하는 내부 마케팅 요인들로는 일반 기업에서도 강조되고 있는 보상(compensation institution), 고용안정(employment stabilization), 권한위임(empowerment), 교육훈련(education and training), 커뮤니케이션(communication), 경영지원(management supporting) 등이 있다. 이와 관련하여 본서에서는 서비스 기업의 직원들

**그림 12-3** 서비스 지향적 인적자원관리 전략

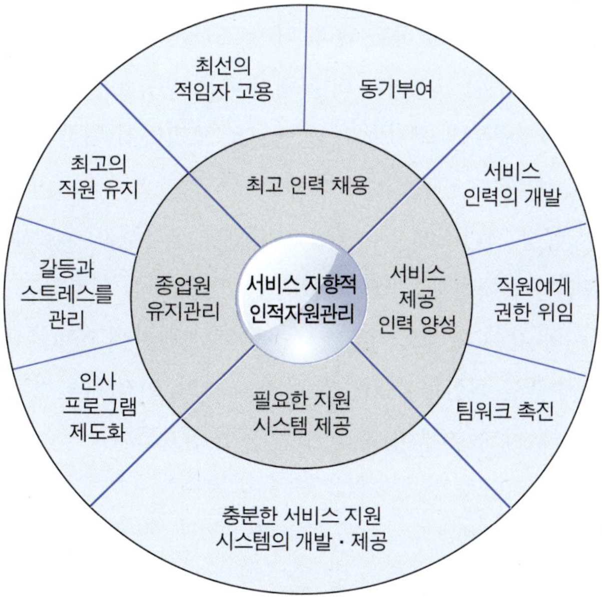

을 대상으로 한 내부 마케팅을 실천하는 방안으로 [그림 12-3]에서와 같이 서비스 인적자원 관리를 위한 단계별 지침들을 최고 인력 채용, 서비스 제공 인력 양성, 필요한 지원 시스템 제공, 그리고 종업원 유지관리 부문으로 나누어 이하에서 차례대로 소개한다.

### 가. 최선의 적임자 고용

제조업에서는 필요에 따라 부품이나 소모품을 교체할 수 있겠으나, 서비스업에서의 종업원은 오랜 기간 업무과정에서 체화된 전문 역량이 바로 기업의 자산이 된다. 따라서 최고의 인력을 구하기 위해 담당자나 전담 부서를 마련하여 인력 확보에 집중하고 경쟁해야 한다. 예를 들어, 사우스웨스트항공사에서는 인력 담당 부서(people department)에서 재능 있는 직원 확보에 시간과 노력을 투입하는데, 선발되는 인력들은 정이 많고, 상식이 있으며, 유머 감각이 있고, 할 수 있다는 긍정적인 태도와 평등주의적 생각을 가진 성향의 사람들이다.

사우스웨스트항공에는 직원 선발에서, 직원들에게 기술은 가르칠 수 있지만 긍정적인 태도와 기꺼이 협력하는 마음은 가르칠 수 없다고 믿고 있다. 면접자 중에서 3% 정도만 채용된다. 이 회사의 직원들은 직원 1명당 응대하는 승객수 비율로 산정하는 생산성 측정결과 최우수 항공사로 나타났다. 2012년도 보고서에 의하면 델타항공사가 1명당 승객응대율이 1,500명 수준이었고, 사우스웨스트항공은 1,999명이었다.

MK택시는 재일교포 유봉식 회장이 1960년 택시 10대로 교토에서 시작한 택시업체이다. 지금은 일본의 10개 도시에서 2,000여 대의 택시로 5천여 명의 직원들이 서비스한다. 입사 조건은 없고, 운전면허가 없어도 된다. 다만 조건은 다른 택시회사에서의 경험이 없어야 하는데, 나쁜 것을 배우면 고치기가 더 어렵기 때문이다. 4년제 대학을 나온 학사 기사는 별도로 모집하며, 1977년부터 학사 기사를 별도로 모집하기 시작하여 경쟁률이 치열할 땐 100 대 1이 넘기도 했다.

이와 같이 현장 서비스에서 다양한 사람들과 공감하고 상호작용하는 일을 흥미롭게 받아들이고 유연하게 대응하는 사람이 있고, 반면에 이를 지루하고 무가치한 일로 여기는 사람이 있다. 이와 같이 서비스 기업에서는 올바른 원가에 올바른 작업, 올바른 시점에 올바르게 직무를 수행할 최선의 직원을 확보해야 하며, 이와 관련된 전략으로는 유능한 직원을 확보하기 위한 투자, 동기부여, 훈련, 유지 등이 필요하다.

### 나. 동기부여

미국 아웃도어 전문 브랜드 레이(REI)는 전 세계 소비자가 기다리는 블랙 프라이데이

(Black Friday)에 150여 개 매장은 물론 온라인 쇼핑몰까지 문을 닫는 것으로 유명하다. 원래 블랙 프라이데이는 이 기업이 연중 최대 매출을 올리는 날이었지만, 2015년부터 매년 방침을 고수해 왔다. 대신 파트타임 직원을 포함한 전 직원 1만 2,000명에게 유급 휴가를 준다. '쇼핑 대신 자연 속에서 여유롭게 시간을 즐겨라'라는 기업의 메시지를 전달하기 위해서이다.

매리어트 호텔에서는 기업의 성공은 바로 사람을 우선시하는 자사의 핵심가치에 있으며, 이 회사의 홈페이지에서 "우리가 직원을 성심껏 응대하면 직원은 고객을 성심껏 응대합니다"라는 기치 아래 창업자인 존 윌러드 매리어트(J. Willard Marriott)의 철학을 통해 85년 넘게 이상적인 근무 환경을 만들어 왔다고 밝히고 있다.

웅진코웨이는 각 소비자 가정을 방문해 자사 렌탈 정수기를 관리해 주는 여성 관리자를 '웅진 코디'라고 부른다. 얼핏 코디네이터를 떠올리게 하는 이 단어는 '코웨이 레이디(Coway Lady)'의 줄임말이다. 대부분의 고객이 주부란 점에 착안해 붙인 이름이다. 만일 '정수기 방문 관리자'란 액면 그대로의 이름을 붙였다면 어땠을까? 직원은 물론 소비자 역시 다정하고 살가운 느낌이 들지 않았을 것이다. 미국 트럭 회사인 PE사는 직원들의 컨테이너 식별 실수로 연 25만 달러의 손실을 보고 있었다. 컨설팅 결과 직원들의 인식을 바꾸는 게 최선책이란 결과가 나왔다. 이 회사는 이후 그동안 써온 일꾼, 트럭 운전사 대신 스스로 장인이라 부르게 했다. 그 결과 손실이 50% 이상 감소되었다. "당신은 우리 조직에 없어선 안 될 사람"이란 존중과 배려, 정체성을 부여하는 의미를 담아서 월마트에서는 '어소시에이트(Associate)', 구글에서는 '구글러(Googler)'라는 명칭으로 동기를 부여하고 있다. 디즈니랜드에서는 모든 직원을 쇼 무대의 배우(cast member)라고 호칭하며, 작업을 수행하고 있다고 말하지 않고 무대에서 공연이 있다고 말한다.

### 다. 서비스 인력의 개발

서비스에 대한 전문적 지식과 기술, 그리고 대인 능력에 대한 훈련을 위해 투자한다. 교육훈련은 수준 높은 인적자원의 개발 차원으로 조직목적을 달성하기 위한 직원 개발 활동이다.

MK택시에서 기사가 고객을 모실 때는 인사와 안전벨트 안내가 기본이다. 승차 시 머리를 다치지 않게 다른 손으로 문 위를 잡고 뒷문을 열어 준다. 실내온도가 적당한지 묻고 온도를 조절한다. 선글라스 착용, 껌 씹기, 쓸데없는 잡담 등은 일절 없다. 도착 후 뒤로 돌아가 문을 연 뒤 잊어버린 물건은 없는지 묻는다. 비가 오면 우산으로 서비스한다. 이때 반드

**그림 12-4** 리츠칼튼의 모든 임직원이 갖고 다니는 '크레도(credo: 信條) 카드'

**서비스의 세 가지 단계**

1
따뜻하고 진심 어린 인사.
가능하면 손님의
이름을 사용하라.

2
고객의 욕구를 수용하고
맞출 것

3
좋아하는 작별인사,
가능하면 그들의 이름을
사용하여 따뜻한
인사를 하라.

"우리는 신사와
숙녀를 모시는
신사 · 숙녀이다."

**직원의 약속**

Ritz-Carlton은 우리의
신사 · 숙녀를 고객에 대한
서비스 봉사에서 가장 중요한
자원으로 여긴다.
신뢰와 정직, 존경과 성실,
헌신의 원칙을 통해 우리는
개인과 기업 모두의
이익을 극대화시킨다.
가치 있는 다양성과
높은 삶의 질, 모두 사기가
충만한 Ritz-Carlton만의
분위기를 조장한다.

THE RITZ-CARLTON®

**신조**

Ritz-Carlton 호텔은 우리의
손님에 대한 배려와 손님의
안락이 가장 중요한 임무이다.

우리는 항상 온난하고,
편안하고, 세련된 환경을 즐길
우리의 손님에게 가장 정밀하고
개인적인 서비스 기능을 제공하는
것을 목표로 한다.

Ritz-Carlton 경험에 의하여
활기를 띠고, 복지를 가능케 하고,
우리 손님의 표현되지 않은
소원과 욕구까지 충족시킨다.

시 먼저 빗물을 턴 뒤 손님에게 씌워 준다. 이 정도로 세심하게 배려한다. 이 회사에서는 입사 후 2주간의 교육 및 훈련을 거친 후에야 업무에 배치된다.

직무수행 중에 이루어지는 교육훈련은 직무 순환, 코칭, 도제제도 등이 있고, 직무수행 시간 이외에도 강의, 시청각 교육, 탐방 및 사례 연구, 실습 훈련, 역할 연기(role playing) 등이 있다. 널리 알려진 모범 사례를 들면 맥도날드에서는 햄버거 대학(McDonald Hamburger University)이라는 자체 직원 교육기관을 설립 · 운영하고 최고 수준의 커리큘럼으로 고안된 직무 관련 교육과정을 운영하고 있다.

리츠칼튼 호텔의 서비스는 전 세계 4만여 임직원들이 항상 주머니 또는 지갑에 서비스 지침으로 휴대하는 [그림 12-4]와 같은 '황금표준' 카드에서 비롯된다. 이미 30여 년 전에 만들어진 '서비스 황금표준(service gold standard)'은 회사의 사훈과 신조, 3단계 서비스 방침과 20가지 기본지침으로 구성되어 있다. 그중 단연 눈에 띄는 대목은 '우리는 신사와 숙녀를 모시는 신사 · 숙녀이다(We are ladies and gentlemen serving ladies and gentlemen)'라는 사훈이다. 직원을 단순히 종업원으로만 인식하는 게 아니라 또 하나의 고객으로 대우하고 극진히 모시겠다는 사(社)측의 강한 의지를 담고 있다.

## 라. 직원에게 권한위임

서비스에서는 다양한 고객이 다양한 상황에서 서비스를 주문, 요청하므로 종업원에게 상황에 맞는 권한을 적절히 실행할 수 있도록 권한위임(empowerment)이 요구된다. 권한위임은 상급자가 점유하고 있던 의사결정권한을 하급자에게 나누어 줌으로써 직무의 폭을 넓게 해주는 전략이다. 사전적인 의미로는 종업원에 대한 권한부여, 능력개발, 가능성 부여, 허락 등을 포함한다. 이와 같은 권한위임의 적용으로 다음과 같은 장점이 있다.

① 서비스 현장에 대한 적응 능력의 향상
② 고객요구에 대한 신속한 대응
③ 불만 고객에 대한 서비스 회복과 신속한 대응
④ 스트레스 감소 및 종업원 만족도 제고
⑤ 종업원의 고객 서비스에 대한 친절 및 열정
⑥ 호의적인 구전 효과와 고객 유지
⑦ 서비스 성과의 향상

리츠칼튼 호텔에서는 종업원들이 투숙객의 고충을 해소해 주기 위해서 1인당 최고 2,000달러까지 사전 승인 없이 사용할 수 있으며, 고객을 행복하게 하는 데 필요하다고 판단되는 경우에 통상적인 업무 지침에서 벗어날 수 있도록 권한이 허용된다. 즉, 직원이 커피를 따르다가 실수로 옷에 커피를 쏟았다면 직접 손님에게 옷을 사줄 수도 있다. 호텔 사정으로 고객에게 예약된 객실을 배정할 수 없는 상황에서는 비어 있는 다른 고급 객실을 쓰게 할 수 있으며, 사과의 뜻으로 과일 바구니를 선물할 수도 있다.

특히 고객과의 상호작용이 많은 접점 직원은 대체로 낮은 직급의 위치에 있기 때문에 고객을 응대하는 상황에서 상급자에게 요청이나 질문을 하는 경우, 고객은 더 낮은 직급의 직원 위치에 있는 것으로 인지하게 된다. 고객의 가치를 높여 주는 제도가 바로 권한위임이다. 이에 따라 리츠칼튼 호텔에서는 객실 청소원이 스스로를 해당 층을 전부 소유한 사업가로 자긍심을 갖고 업무를 수행할 수 있다.

### 마. 팀워크 촉진

팀워크란 '팀 구성원이 공동의 목표 달성을 위해 각자의 역할에 따라 책임을 다하고 협력적으로 행동하는 것'을 의미한다. 종업원들의 팀워크는 서비스 전달에서 성과와 효율을 높여서 고객만족도를 제고하는 데 효과적인 방안이다. 예를 들어, 종합 병원에서는 특정 환자의 수술과 진료에 대해 필요한 다양한 부문의 서비스를 원활히 제공하기 위해서 사전에 조율된 적합한 규모의 예비된 팀워크가 필요하다. 이를 위해서는 책임 회피를 방지하기 위해 '모든 사람이 자신의 고객'이라는 자세를 갖도록 교육하고 팀워크 위주의 인센티브 제도를 도입하는 것이 효과적이다.

### 바. 충분한 서비스 지원 시스템의 개발 · 제공

직원들의 내부 서비스 품질수준을 주기적으로 측정하여 기업과 업무에 대한 만족도를 관리할 필요가 있으며, 적정한 기술과 최신 장비 등을 지원하여 효율적이고 효과적으로 서비스를 수행할 수 있도록 지원한다. 어느 보험사에서는 판매 및 서비스 담당자에게 정교하게 구축된 정보 시스템으로 업무를 지원해 주는데, 이 시스템에서는 고객의 전화를 받는 순간 충분한 고객 정보 항목들을 제공해 주고 있다.

### 사. 인사 프로그램 제도화

장기 근무한 숙련된 직원으로 인해서 높은 고객만족도가 형성될 수 있기 때문에 직원회전율을 낮추는 것이 중요하다. 실제로 직원의 이직은 새로운 대체 인력의 모집, 고용 및 교육에 따른 비용이 발생하는 것은 물론 생산성 손실과 고객만족 감소로 이어질 수 있다.

그러나 매리어트(Marriott International)에서는 '사람 중심' 문화 덕분에 그 명성을 전 세계적으로 꾸준히 얻어 왔고, 직원들이 성장하고 성공할 기회를 제공하는 풍토는 메리어트 안

**표 12-3** 메리어트의 인사 프로그램 항목

| 항목 | 프로그램 내용 |
|---|---|
| 개인의 발전 | • 프로그램화된 교육 매뉴얼을 이용하면 신입사원들은 하급관리자에게 필요한 전반적인 기술과 지식을 습득할 수 있음 |
| 경영 훈련 | • 중간관리자는 매년 1회 경영 개발 회의에 참석<br>• 하급관리자가 참석하는 2~3일간의 세미나에서는 전문경영을 주제로 다양한 논의가 이루어짐 |
| 인적자원의 계획 | • 장래 회사의 주요 직책을 맡을 사람을 파악<br>• 이를 위해 모든 관리 직원의 실적을 정기적으로 검토함 |
| 성과 표준 | • 소책자를 개발하여 고객을 접대할 때 어떻게 행동하는지에 대한 사례들과, 심지어 말하는 방법까지 종업원을 교육시킴 |
| 경력 발전 | • 회사와 함께 발전할 수 있는 기회를 부여하는 직무발전 프로그램 |
| 여론 조사 | • 해마다 실시하는 일반 종업원의 여론조사는 바람직하지 않은 태도가 조성되지 않도록 사전에 경고하는 조기 경보 시스템의 역할 |
| 공정한 대우 | • 종업원에게 회사의 기대와 의무를 내용으로 하는 소책자를 제공 |
| 이익의 공유 | • 회사의 성공에 대한 종업원의 기여 부분을 인정 |

에 오랫동안 깊숙이 뿌리박히게 되었다. 이 회사에서는 〈표 12-3〉에서와 같은 인적자원에 대한 지속적인 훈련, 성과 표준, 경력 개발 및 보상을 강조하는 인사 프로그램 등에 주력하고 있다.

### 아. 갈등과 스트레스를 관리

제조업에 비해서 서비스업에서는 사람의 기여에 의해 서비스가 제공되는 특성이 있으므로, 사람들 사이에, 또한 직무, 역할과 사람 사이에서 직원들의 갈등과 스트레스가 높다고 볼 수 있다. 유형별 원인과 대책을 고려하는 것이 중요하다. 특히 내부의 원활한 의사소통은 조직 내의 쌍방향 정보교환을 통한 내부 고객과 경영자 간의 효과적인 의사소통으로 갈등을 해소할 수 있는 상호작용의 과정이다.

일본의 유명한 MK택시회사 유봉식 회장은 자신이 가진 최고의 자산이 택시가 아니라 "MK직원"이라고 공언한다. 새벽같이 출근하여 밤새 야근한 직원들의 손을 잡아 주는 것으로 하루를 시작한다. 직원들과 갈등이 없는 그는 "회사에 자금이 필요할 때 기사들에게 하루 30분씩만 더 달려 달라고 부탁하면 자금 문제가 금방 해결된다"라고 웃으며 말했다. 많은 서비스 기업에서는 조직 내 계층 간, 동료 간 동호회 활동 등 비공식적 모임으로 직원들끼리 시간을 같이 보내게 하면서 서로 친교를 강화하여 갈등과 스트레스를 해소하여 생산성을 높이도록 한다.

### 자. 최고의 직원 유지

고객을 최일선에서 응대하는 직원들이 대개는 신참 직원인 경우가 많아 부분적으로는 위험을 내포하고 있기도 하다. 직원들에게는 기업의 비전에 대해 이해와 확신을 가지게 하고, 직원을 외부 고객과 같이 인식하며, 뛰어난 서비스 직원에 대한 포상이 필요하다.

보상제도는 기업에 있어 중요한 자산인 내부 고객들의 동기부여의 중요한 방안이다. 우수 직원이 이직하지 않도록 하고, 이직하더라도 최고의 수준이 유지될 수 있도록 직무 부여, 훈련, 임금, 승진의 공정성, 존중과 존엄성을 포함한 대우, 팀워크, 직원 복지와 같은 일반적 요인에 더하여 지식의 공유와 확산, 보직의 순환, 팀 단위 고객관리 등을 차별화하여야 한다.

전형적인 보상의 유형은 칭찬, 포상, 승진, 인센티브 지급 등이 있으나, 경영자와의 분위기 있는 식사, 회사 차로 한 달간 출퇴근 시켜 주기, 사내 영웅 만들기 등이 최고의 직원을 유지하게 할 바람직한 기업문화와 연계된 창의적인 보상 프로그램이 될 것이다.

## 제3절 서비스 기업의 조직문화

서비스 기업의 중심에는 사람이 있고, 사람들이 모여서 서비스 조직을 형성하여 움직이기 때문에, 바람직한 조직의 문화가 구축되어야 한다. 서비스 기업의 조직문화는 기업과 구성원들의 행동에 영향을 주는 가치나 신념의 형태라고 할 수 있다. 서비스 기업의 조직문화는 다음과 같은 특징이 있다.

① 서비스 기업에 자연발생적으로 형성되어진 분위기이며 규범이다.
② 서비스 기업의 구성원이 고객과 접촉하는 방식 및 사용하는 언어 등과 같은 행동 규칙에 내재된다.
③ 서비스 기업에서 강조하는 최상의 가치관으로서, 예를 들면 최고 품질, 정시 배달 등과 같은 고객과 구성원이 공유하는 가치이다.
④ 서비스 기업의 구성원과 고객에 대한 정책 수립의 기본 지침이 되는 철학이다.
⑤ 서비스 기업의 구성원으로 인정받기 위해서 체화되어야 할 행동 양식이다.

고객만족을 최고의 가치로 추구하는 기업에서는 서비스 조직문화의 개발과 실행이 중요하다. 이러한 조직문화는 기업의 경영 전략과 부합되어야 한다. 1990년대의 한 연구에서 펩시코(PepsiCo: Pepsi-Cola 제조회사)와 월마트 등과 같이 이른바 '기업의 경영 전략과 부합하는 적절한 문화(strategically appropriate culture)를 가진 기업'들이, 예를 들면 Sears, Citicorp 등과 같은 전략과 부합하지 못한 기업들보다 훨씬 높은 성과를 보였다고 한다.

참고로 어느 기업의 구성원들이 경쟁 기업보다 더 우수한 서비스 조직의 문화를 가졌다고 할 수 있을까를 고찰해 보면, 먼저 〈표 12-4〉에서 보는 바와 같이 먼저 제품과는 구분되

**표 12-4** 서비스 속성과 부합하는 조직 구성원의 속성

| 제품 속성 | 서비스 속성 | 조직 구성원의 속성 |
|---|---|---|
| 형태 | 용이한 주문 | 역량 |
| 특징 | 납기 | 예의 |
| 성능 | 사용 가능함 | 진실성 |
| 내구성 | 고객훈련 | 신뢰성 |
| 신뢰성 | 고객컨설팅 | 대응성 |
| 스타일 | 유지보수 및 갱신 | 커뮤니케이션 |

는 서비스 자체에 대한 본질적 속성을 이해하고, 그에 적합한 조직 구성원의 속성이 있는지를 평가할 수 있다. 예를 들어, 우수한 서비스 역량과 조직문화를 가진 항공사의 직원들은 승객들의 요구에 대한 승무원들의 역량, 예의, 대응능력이 경쟁사보다 탁월하다. 백화점의 판매원들은 무엇보다 고객과 긍정적으로 상호작용할 수 있는 능력에 기반하여 선발된다. 이들은 단정한 용모에 친절하고 공손하며, 특히 섬세한 배려로 널리 알려졌다.

또한 탁월한 글로벌 기업들은 국가를 초월해서 표준화될 수 있는 조직문화 및 서비스 유형이나 국가에 따라 차별화해야 할 문화 및 서비스 유형을 구분하여 제시하고 있다. 예를 들면, 캐나다의 호텔 리조트 회사 포시즌스 호텔(Four Seasons Hotel)에서는 전 세계 직원들에게 동일하게 적용될 수 있는 서비스에 관한 기본 법칙 7가지와 국가마다 다르게 가져가야 할 서비스에 관한 규칙을 명확히 구분하고 있다. 전 세계 매장에서 투숙객의 생일에 호텔방에 비치해야 하는 장식품에 대한 기본 요건은 세계적인 서비스 표준으로 하고, 한국의 포시즌스 호텔 매장에서는 [그림 12-5]에서와 같이 한국만을 소개하는 책자와 도자기 찻잔을 비치하고 있다.

서비스 혁신의 성공 사례로 소개한 바 있는 사우스웨스트항공사의 조직문화에서 중심이 되는 '빈번한 출발', 즉 항공기 도착 후 짐을 내리고 기내 청소와 함께 새로운 승객과 화물을 싣고 출발하는 데 소요되는 사이클이 업계 최고에 이르는 혁신을 이루고 있는 기업의 가치관은 독특한 것이었다. 이와 같은 조직의 문화적 특성들은 많은 다른 항공사들의 벤치마킹 대상이었다. 연구 결과, 사우스웨스트항공사가 관련된 장비를 효과적으로, 그리고 효율적으로 사용한 것은 물론이거니와 승무원과 이를 돕는 지상직 직원들의 근무와 관련된 업무방식, 노조와의 계약관계와 같은 조직문화의 탁월성이 혁신의 근간으로 밝혀졌으며, 이 같은 특성들은 타 항공사가 이를 쉽게 모방하기 어려운 것으로 나타났다. 예를 들면, 출발 시

**그림 12-5** 포시즌스 호텔(한국)에서의 객실

한국을 소개하는 책자

한국을 소개하는 도자기 찻잔

간을 맞추기 위해서 조종사들까지도 조금의 시간 여유가 있는 경우 기내 청소를 자발적으로 돕는 기업의 문화가 자리 잡고 있었다고 한다.

서비스 기업에서 바람직한 조직문화가 약한 기업은 구성원들이 가진 공통적 가치나 규범이 없거나 명확하지 않은 상태라고 할 수 있다. 이런 경우에 해당 기업에서는 구성원들이 고객으로부터 또는 기업의 업무 수행과정에서 부닥치는 예상치 못한 상황에 어떤 조치를 해야 할지 명확한 규범이 없고 일관성을 가지기 어렵다.

그러므로 서비스 기업에서는 종업원들이 긍정적으로 일관성 있게 고객 지향적인 응대를 할 수 있도록 바람직한 조직문화를 구축해야 한다. 따라서 바람직한 조직문화는 일관성 있고 구체적인 핵심가치와 행동강령으로써 지속적으로 내부 구성원들에게 교육하고 전파해서 조직에 뿌리를 내릴 수 있도록 해야 한다.

## 제4절 요약 및 결론

서비스 기업에서는 인적자원의 관리가 중요한 이슈이다. 서비스 기업의 인적자원관리에서는 열정을 가지고 최고의 서비스를 달성하고자 하는 강력한 서비스 문화의 토대가 필요하다. 서비스 기업에서는 구성원들이 성실함(integrity), 기쁨을 가지고 일함(joy), 고객을 존경함(respect) 등과 같은 서비스 문화적 핵심가치가 조직 내부에 정착되어야 한다. 직원들은 리더의 행동을 보고 배우기 때문에 이러한 서비스 중심의 문화를 창출하기 위해 CEO를 포함한 리더의 솔선수범하는 리더십이 중요하다. 〈표 12-5〉에서는 성공적인 서비스 조직에서 인적 요인에 관한 이슈들의 중요성을 보여 주는 연구들을 요약하여 제시하고 있다.

**표 12-5** 서비스 조직에서 인적 요인에 관한 이슈

| 구분 | 내용 |
|---|---|
| 서비스 문화<br>(Service culture) | • 조직 내외에 창의적 마인드 조성<br>• 기업의 혁신을 통한 재무적 성과 제고 |
| 서비스 분위기<br>(Service climate) | • 흥미로운 업무 분위기를 통한 작업능률 향상 및 이직률 감소<br>• 직원의 창의력을 촉진하도록 업무 권한 부여<br>• 직원의 직무만족도 제고<br>• 조직의 공정성 제고<br>• 직원에 대한 감독자의 후원<br>• 조직에서 긍정적인 고객행동 유발 |

| | |
|---|---|
| 조직적 시민행동<br>(Organizational citizenship behavior) | • 리더십을 통한 고객 지향적 조직시민행동<br>• 고객에게 효과적인 헌신을 유발하는 동기부여<br>• 상품 홍보 역할을 하는 고객의 시민행동<br>• 동료를 지원하는 조직시민행동<br>• 직장에서 긍정적인 태도를 유지하고 신중하고 정확하게 직무를 수행하는 등 구성원의 시민의식 |
| 권한위임<br>(Empowerment) | • 운영 효율성과 고객 서비스를 개선하기 위한 권한위임<br>• 시장에서 경쟁우위를 창출할 수 있는 고객 권한 부여 |
| 조직 혁신<br>(Organizational innovation) | • 품질 혁신을 구현하기 위한 전략으로서의 개인별 상담, 자문<br>• 설득에 의한 실행, 지도자 개입, 참여, 규정 등 전략의 실행<br>• 직원의 참여를 통한 실행 전략 |

출처: Jay Kandampully 외, 2016.

### 내부직원이 서비스 향상과 수익 창출의 가장 핵심 요소

페덱스(Fedex)는 회사 이름이다. 하지만 사전에 '소포를 부치다'라는 뜻의 동사로 나온다. 그만큼 페덱스는 세계 최대 항공 특송 회사로 명성을 날리고 있다. 더 중요한 것은 10년 연속 '세계에서 가장 존경받는 기업'(『포춘』지 선정)의 명성을 유지하고 있다는 점이다. 특히 배달 업무라는 고된 직업에도 불구하고 이직률이 가장 낮은 기업으로 유명하다. 페덱스는 어떻게 해서 '존경 받는 기업', '이직률이 낮은 기업'의 명성을 만들어 낸 것일까?

1965년 예일 대학교에서 경제학 과목을 수강하던 프레드릭 스미스(Frederick Smith)는 자전거 바퀴에서 착안, 새로운 화물수송 시스템에 관한 학기말 보고서를 제출하였다. 보고서의 내용은 특정 중심 지역에 허브(화물집결지)를 만들고, 모든 화물들을 일단 여기에 모은 다음 재분류하여 자전거 바퀴살 모양으로 미국 전역에 배송하자는 것이었다. 하지만 담당 교수는 그의 아이디어가 난센스라고 판단하여 C학점을 주었다. 두 지점 간 최단거리 수송을 중시하던 당시의 '단선적' 물류개념으로는 납득하기 어려운 내용이었기 때문이다.

스미스는 1973년 자신의 구상을 사업으로 펼치기 위해, 미국 중앙부에 있는 멤피스를 허브로 설정하고 8대의 소형 비행기로 페더럴 익스프레스(Federal Express)를 설립하였다. 비행기 이동이 많지 않은 밤

시간을 이용하는 전략으로 소비자의 머릿속에 '철야(Overnight)=특송(Express)'이란 인식을 심어, '땅에서는 UPS, 하늘에서는 FedEx'라는 말이 있을 정도로 크게 성공하여 UPS 다음 가는 특송 업계 No.2 자리를 차지하게 되었다.

그러나 이들에게도 위기의 시간은 다가왔다. 1980년대 팩시밀리의 등장, 1990년대 이메일의 등장으로 서류 중심의 특송 사업에 위기를 맞은 것이다.

이러한 위기를 극복할 수 있게 해준 것은 과연 무엇일까? 정답은 기업문화 혁신에 있었다. 이른바 'P-S-P(People-Service-Profit)'로 일컬어지는 철학을 실천하게 된 것이다. P-S-P란 내부 고객인 임직원들(people)을 최우선 순위로 놓고 그 다음에 서비스(service)와 수익(profit)을 추구하는 페덱스의 정신을 일컫는다. 즉, 내부 고객인 직원들이 근무에 만족할 때 그만큼 서비스의 질이 향상되며 서비스의 질이 향상될 때 소비자의 만족도가 높아져 회사의 수익이 창출된다는 믿음을 갖고 있다.

페덱스의 설립자인 프레드릭 스미스 회장은 "내부 직원이 서비스 향상과 수익 창출의 가장 핵심 요소"라고 말한다. 이 같은 철학 때문에 페덱스는 전 세계 28만여 종업원에 대한 복지 향상을 최우선 과제로 삼고 있다. 동시에 다양한 제도를 통해 직원들이 신바람 나게 일할 수 있도록 지원하고 있다. "고객보다 먼저 직원의 만족도를 높여라." 페덱스는 직원의 만족도를 높일 때 고객의 만족도는 저절로 높아질 것이라는 믿음을 갖고 있다. 따라서 직원이 낸 성과에 대한 보상을 아끼지 않고 있다.

대표적인 제도가 '브라보 줄루(Bravo Zulu)'라는 수상제도다. 업무에서 뛰어난 노력과 성과를 보여 준 직원을 찾아내 회사가 수시로 감사의 마음을 표한다. 창립기념일이나 연말연시, 특정 시점에만 표창하는 한국의 제도와는 전혀 다르다. 직원 최고 영예의 상을 만들어 직원을 영웅시한다. 이른바 파이브 스타(Five Star) 상이다. 매년 각 4개 부문에 걸쳐 지역별 최고 직원을 선정해 시상한다. 게다가 매년 2,500달러의 자기계발비를 지급해 직원들의 발전을 실질적으로 지원하고 있다. 페덱스는 성과 보상 제도만으로는 직원의 역량을 향상시키는 데 한계가 있다고 판단했다. 이에 페덱스는 직원들의 회사에 대한 의견을 청취해 경영 전반에 반영함으로써 주인의식을 갖도록 하는 게 중요하다고 생각했다. 이를 위해 도입한 제도가 'SFA(Survey-Feedback-Action)'다. 설문-해법-실행의 프로그램을 구축한 것이다. 매년 이 설문 프로그램을 가동한다.

이를 통해 만들어진 대표적인 제도가 오픈도어 정책(open−door policy)과 '공정성 보장제도(Guaranteed Fair Treatment: GFT)'이다. 설문 조사 결과 "내 상사는 업무에 대해 내 생각을 물어야 한다. 경영진의 공정성을 믿도록 해야 한다"는 의견이 접수됐다. 이는 직원 누구나 업무와 관련된 제안이나 상담을 자유롭게 할 수 있도록 하는 분위기를 조성하기 위해서였다.

또한 GFT는 일종의 구성원 불만처리제도다. 직원이 근무 중 불공정한 대우와 징계를 받았다고 생각되는 경우 이에 대해 조사를 요청하고 재심의를 받을 수 있다. 예를 들어, 회사의 결정에 불만을 느낀 구성원이 그 불만을 직속 상사에게 토로하고 해결이 안 되면 사업부장, 심사위원회, 최고경영진에까지 제기해 해결할 수 있는 시스템이다.

어떻게 직원이 주인의식을 갖도록 만들 것인가. 페덱스는 역량과 자격만 갖추면 누구든지 회사의 주인이 될 수 있는 인사 시스템을 구축했다. 대표적인 것이 사내지원제도다. 주요 요직에 공석이 생기면 제일 먼저 사내에서 지원자를 공모한다. 승진과 부서 이전의 기회를 사내 직원에게 최우선적으로 제공하기 위

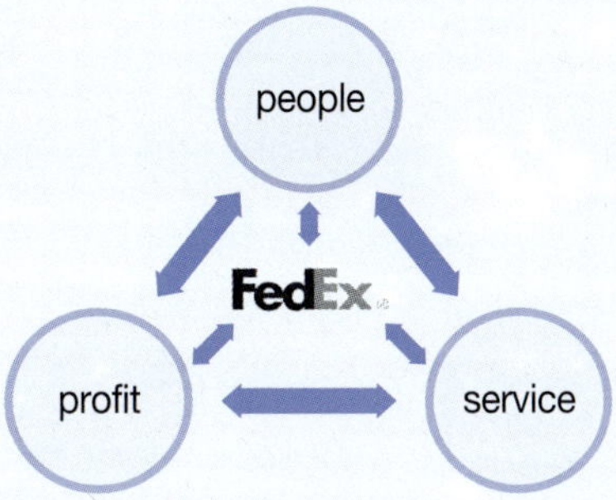


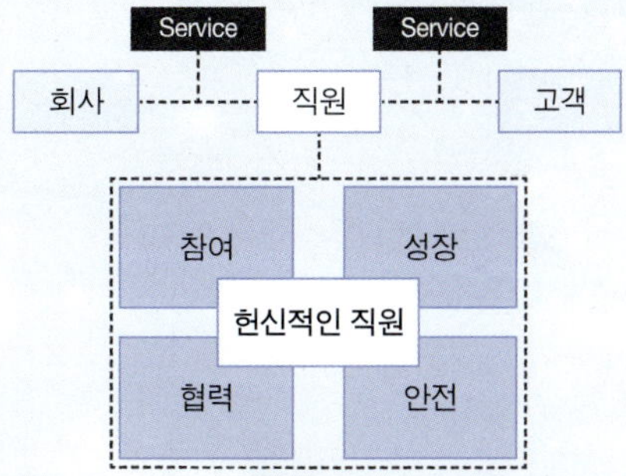


→ 제공되는 Service 가 FedEx의 핵심역량

해서다. 실제로 페덱스의 전체 매니저 가운데 일반사원으로 시작해 승진한 경우가 약 90%에 달한다. 특히 현장직인 배송 직원(쿠리어)으로 시작해 임원이나 사장이 되는 데 아무런 문제가 없다. 예를 들어, 페덱스코리아 지상 운영팀의 경우 부장급 이상 임원 중 40%가 배송 직원 출신이다. 2000년 페덱스 익스프레스 CEO에 오른 데이비드 브론젝 역시 1976년 페덱스에 입사한 배송 직원이었다.

페덱스의 사람 중심 경영은 직원들이 이직하는 것을 막아 줬다. 페덱스코리아의 2009년 평균 이직률은 2.94%로 300인 이상 국내 기업의 평균 이직률 13.4%(잡코리아 조사)보다 월등히 낮다. 신의 직장으로 불리는 일부 공기업의 이직률과 비슷한 수준이다. 근속연수 또한 평균 10.2년으로 대한민국 근로자 평균 근속연수 5.9년(노동부 조사)의 약 2배 수준이다.

매년 약 10억 달러를 IT에 투자하고 전 세계 7,000여 명의 IT 인력이 물류시스템 연구에 주력하는 것만으로도 놀랍다. 사람경영과 혁신경영의 힘은 놀랍다. 1973년 소형 항공기 8대로 시작한 사업은 현재 670여 대의 항공기를 거느린 연매출 330억 달러의 거대기업으로 발전시켜 주었다. 이 회사에서 항공기를 도입하면 추첨을 통해서 직원들의 아들, 딸의 이름을 전면에 붙여 준다.

이렇게 성장한 페덱스는 세계 220개국을 연결해 하루에 750만 개 이상의 화물을 처리하는 세계 물류의 선도자가 되고 있다. 아프리카에서 중국의 티베트 지역까지 전 세계 오지에 이 회사의 상품이 전달된다. 물론 현지 언어, 현지 음식 등에 적응하기를 거부하는 직원은 지위 고하를 막론하고 즉각 소환 후 현지인으로 교체한다.

출처: 매일경제, 네이버 블로그(일부 내용 보완).

# 13 CHAPTER

# 서비스 마케팅관리

## 4차 산업혁명이 가져다주는 서비스 마케팅의 변화들

### 서비스업종에 불어닥친 무인화

사실 4차 산업혁명이 본격적으로 확산되지 않는 초기 단계에서도 서비스 업종에 무인화 바람이 닥치고 있다. 작은 커피숍 안으로 들어서자 카운터 대신 키오스크(무인 주문 · 결제 단말기)가 눈에 들어온다. 터치스크린에서 아메리카노를 누르자 바로 다음 화면으로 바뀌었다. 컵 크기를 비롯해 얼음을 넣을지, 에스프레소 샷을 추가할지 등을 세세하게 선택할 수 있다. 샷 추가 없이 숏 사이즈의 따뜻한 아메리카노로 결정하자 900원 결제 창이 떴다. 스마트폰의 삼성페이를 단말기에 갖다 대자 421번 주문 번호가 적힌 영수증이 나왔다. 이윽고 '띵동' 소리와 함께 매장 안쪽의 모니터에 421번 숫자가 떴다. 주문부터 커피를 손에 쥐기까지 3분이 채 걸리지 않았다.

담당 마케터는 "고객이 직접 무인 자동주문기에서 원하는 품목을 정해 결제하면 주문 내역이 곧바로 주방에 전송되기 때문에 낭비되는 시간이 거의 없다"고 말한다. 게다가 인건비가 30% 이상 줄면서 커피 가격도 낮출 수 있었다. 한 학생 고객은 "주문하기 위해 줄 서서 기다리는 시간이 짧고 커피 가격이 저렴해서 자주 찾는다"고 말했다. 직장인 고객도 "처음엔 주문하는 방법이 익숙지 않아서 당황했는데 두세 번 써 보니 마치 커피 자판기를 이용하는 것처럼 편리하다"고 전했다.

세계적 패스트푸드 브랜드인 맥도날드도 주문을 받는 종업원 대신 키오스크가 설치된 '미래형 매장'을 선보이고 있다. 국내에선 2017년 상반기까지 전체 매장(440곳)의 절반 수준인 250곳에 무인 주문 시스템을 설치할 계획이다. 맥도날드의 키오스크도 터치스크린 방식으로 햄버거 메뉴 주문부터 결제를 한 번에 할 수 있다. 또 다른 고객도 "지금까지 뒷사람 신경 쓰느라 메뉴판을 제대로 못 봤는데 이제는 마음 편하게 주문할 수 있어서 좋다"고 말했다. 2016년 10월 롯데백화점 분당점 식품매장에선 아예 장바구니를 없앤 '스마트 쇼퍼'를 선보였다. 고객은 단말기를 들고 구매하고 싶은 상품의 바코드만 찍으면 된다. 무인 계산대에서 결제를 하면 소비자가 고른 물품을 집까지 배송해 준다.

### 개인 맞춤형 마케팅의 도입

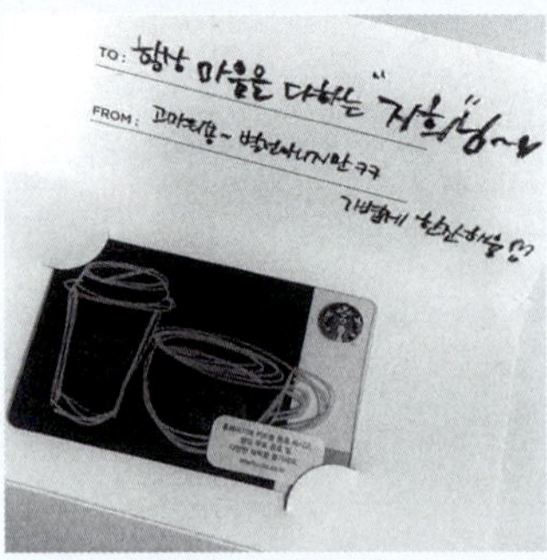

이런 맥락에서 다국적 커피 체인 스타벅스는 좋은 본보기다. 본래 이 회사는 개인 맞춤형(personalized) 마케팅에 강한 기업이었다. 그 흔한 진동벨을 안 쓰고, 굳이 손글씨로 컵에 고객 이름을 적어 음료가 나오면 이름을 크게 부르는 서비스가 개인형 마케팅의 상징이다. 세계에서 승승장구하던 이 회사는 사회 각 분야에서 디지털화가 급속히 진행되자 위기감을 느꼈다. 온라인에서 개인 맞춤형 서비스와 마케팅을 구현할 방법이 마땅치 않았던 것이다. 고객은 빠르게 디지털 세상으로 이동하는데 이대로 계속 가면 경쟁사와의 차별점이 희미해질 것이라 생각했다.

검토 끝에 다양한 정보를 실시간으로 분석하는 플랫폼에 투자를 시작했다. 구매 행태 등 고객 데이터, 날씨 · 고객의 위치 같은 상황 데이터, 제3자로부터 습득한 데이터 등 다양한 데이터를 수집, AI 알고리즘으로 분석하는 플랫폼을 단계적으로 도입한 것이다. 기술 활용 전인 2016년 1월, 스타벅스의 대고객 이메일은 30종류뿐이었다. 하지만 열 달 후, AI 엔진을 활용해 수천만 명의 고객에게 1 대 1, 즉 수천만 가지 서로 다른 실시간 메일을 보낼 수 있게 됐다. 어떤 고객은 라떼 할인 쿠폰을, 다른 사람은 아침 메뉴 추천 메시지를 받게 된 것이다. 해당 기간 이 회사 매출은 1억 달러(약 1,125억 원) 늘었고, 고객몰입도가 2배 증가한 것으로 측정됐다.

### 다양해지는 서비스 마케팅

한 전문가는 "요즘 소프트웨어(SW) 로봇은 정해진 명령에 따라 단순 반복적인 업무를 넘어 패턴 인식을 통해 분석이나 의사결정을 지원하는 단계로 발전하고 있다"고 말했다. 이미 세계적으로 금융 · 법률 · 건설 등 다양한 산업 분야에서 SW 로봇을 활용하고 있다. 예를 들어, 영국의 한 보험사는 사나흘씩 걸리던 500여 건의 고객 보험증권 처리 업무를 '퍼피'라는 SW 로봇을 설치하자 단 30분 만에 끝냈다고 한다.

국내에선 법률상담 업체 헬프미가 지급명령 신청서를 대신 써주는 'AI 변호사' 서비스를 선보였다. 지급명령은 체불임금처럼 돈을 받을 권리가 있는 사람을 대신해 법원이 채무자에게 돈을 갚으라고 요구하는 제도다. 한 해에 약 138만 건이 제출될 정도로 이용자가 많지만 법무법인을 이용하면 30~40만 원이 든다. 이와 달리 헬프미의 서비스는 전문 변호사들이 직접 만든 질문에 이용자가 답변만 하면 자동으로 지급명령 신청서가 완성된다. 서비스 이용 요금은 기존의 10% 수준인 3만 9,000원으로 저렴하다.

국내 금융사들은 앞다퉈 챗봇(Chatbot: 채팅로봇)을 출시하고 있다. 챗봇은 사람과 문자 대화를 통해 질문에 알맞은 답이나 각종 연관 정보를 제공하는 대화형 인공지능 소프트웨어다. 대신증권은 약 1년간의 준비 기간을 거쳐 챗봇 '벤자민'을 내놨다. 회사의 모바일 트레이딩 시스템(MTS)이나 카카오톡에서 이용할 수 있다. 벤자민은 간단한 상품 문의에 대한 답변은 기본이고 삼성전자 등 개별 종목을 물어봐도 빅데이터를 기반으로 실시간으로 분석해 자료를 제공한다. 2016년 NH농협은행이 내놓은 금융봇도 24시간 금융상품 문의에 답하거나 일대일 고객 상담을 할 수 있다.

드론이 사람을 대신하기도 한다. 최근 이동통신업체들이 드론을 활용해 기지국을 설치하거나 관리하고 있다. 2016년 SK텔레콤은 원주~강릉 간 KTX 신설 구간을 비롯한 강원도 지역 기지국 신축 공사에 드론을 투입했다. 최승원 SK텔레콤 인프라전략본부장은 "드론을 이용하면 기지국에 설치될 안테나 높이를 더 정확하게 측정할 수 있고, 드론이 실시간으로 보내 주는 영상으로 해당 지역의 장애물도 미리 확인할 수 있다"고 설명했다. 서울 본사에 근무하는 직원도 가상현실(VR) 기기 형태의 고글(goggle)을 쓰면 드론이 보내 주는 영상을 통해 강원도에 있는 이동통신 기지국을 관리할 수 있다. 별도로 지역에 정비 기사를 파견하거나 고용하지 않아도 된다.

출처: 중앙일보, 서비스 업종까지 불어닥친 무인화 바람, 염지현 · 김영민, 2017. 4. 30.; 중앙일보, 4차산업의 준비는, 김민지 보스턴컨설팅그룹 서울사무소 이사, 2017. 4. 17.(일부 수정 보완)

서비스 마케팅(service marketing)은 간단히 말하면 서비스를 통해 고객의 필요와 욕구를 충족시킴으로써 마케팅 목표를 달성하려는 기업활동이다. 서비스 산업의 발달로 금융·부동산·여행·통신 등 서비스 분야에서도 마케팅의 중요성이 강조됨에 따라 생긴 개념이다(네이버 지식백과).

미국마케팅협회(AMA)는 서비스를 '판매를 위하여 제공되는, 또는 상품판매와의 관계에서 준비되는 제 활동·편익·만족'이라고 정의하고 있는데, 유형의 상품과 비교해 볼 때 서비스는 형체가 없는 무형성(intangibility), 생산·구매·소비가 동시에 이루어지는 동시성 또는 비분리성(inseparability), 서비스의 표준화와 규격화가 어려운 이질성(heterogeneity), 보관과 저장이 불가능한 소멸성(perishability)이라는 특성을 가지고 있다.

따라서 효과적인 마케팅을 위해서는 이러한 서비스의 특성을 파악하여 상품 마케팅과는 차별화된 전략과 활동이 필요하며, 마케팅 믹스를 계획하고 실행함에 있어서는 제품(Product), 가격(Price), 유통(Place), 촉진(Promotion) 등의 4P 믹스 이외에 사람(People: 직원·고객 등 서비스 참여자), 물리적 증거(Physical evidence: 서비스 환경), 서비스 제공과정(Process of service assembly)의 3P 믹스 요소를 추가하여 함께 고려해야 한다.

서비스 마케팅이 서비스 경영에서 구분된 세부 전공과목으로 다루어지고 있고, 별도의 전공서적들이 많이 저술되어 있는 점 등을 감안하여, 본서에서는 7P 믹스를 중심으로 서비스 마케팅의 핵심적인 내용만을 제한적으로 요약하여 다루기로 한다.

## 제1절 서비스 마케팅의 개념

서비스는 서비스의 생산과 전달과정에서 고객과 접촉하고, 고객이 생산과정에 참여하며, 제공자와 고객 사이의 상호 커뮤니케이션이 강조되는 다양한 활동을 통해서 고객에게

**그림 13-1** 서비스 마케팅의 유형

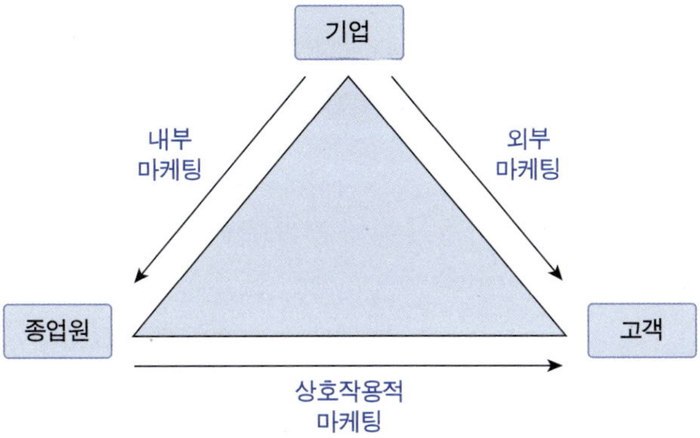


서비스를 제공하므로, 마케팅에서도 제조와 다르게 접근해야 한다.

따라서 서비스 마케팅을 고객에게 양질의 서비스를 제공함으로써 고객만족을 실현하고 극대화하는 기업의 활동으로 보며, 서비스 마케팅의 주체는 [그림 13-1]에서와 같이 기업, 사원, 고객이 있다. 따라서 이들 마케팅 주체들을 대상으로 한 서비스 마케팅의 유형에는 다음 3가지가 있다.

## 1.1 외부 마케팅

외부 마케팅(external marketing)은 기업과 고객 사이에서의 가장 전통적인 형태의 마케팅 활동이다. 기업은 외부 고객에게 서비스 전달에 대해 약속을 함으로써 고객의 기대를 형성하거나 고객을 유인하기도 한다.

## 1.2 내부 마케팅

내부 마케팅(internal marketing)은 기업과 직원 사이에서의 마케팅 활동을 의미하며, 결과적으로 내부 직원의 만족이 외부 고객들의 만족도에 영향을 준다는 연구 결과를 통해서 서비스 마케팅에서 더 강조되는 마케팅 영역이다. 즉, 기업에서는 직원을 내부 고객으로 인식하고 그들을 만족시키기 위한 복지후생, 업무 지원 등의 노력이 요구된다. 본서에서는 제

12장의 '서비스 인사조직관리'에서 내부 마케팅을 상세히 다루고 있다.

많은 연구자들은 내부 마케팅을 다음과 같이 경영층 지원, 권한위임, 보상제도, 교육훈련, 내부 의사소통 등 5가지 요인으로 구분한다.

① 경영층 지원: 기업에 있어 가장 영향력을 가지고 있는 경영층이 내부 고객을 지원하는 활동
② 권한위임: 상급자가 점유하고 있던 의사결정권한을 하급자에게 나누어 줌으로써 직무의 폭을 넓게 해주는 전략
③ 보상제도: 기업의 중요한 자산인 내부 고객들의 동기부여에 있어 중요한 영역
④ 교육훈련: 인적자원 개발 차원의 조직목적을 달성하기 위한 직원 개발활동
⑤ 내부 의사소통: 조직 내 쌍방향 정보교환으로 내부 고객과 경영자 간 상호작용

## 1.3 상호작용 마케팅

상호작용 마케팅(interactive marketing)은 고객과 일선 서비스 제공자인 직원 사이의 마케팅을 의미한다. 구체적으로는 기업이 외부 고객을 대상으로 약속한 사항을 실현하는 모든 활동이며, 실제적으로는 서비스 전달과정에서 고객과 직접 상호작용하는 접점 직원의 역할이 바로 상호작용 마케팅의 중요한 활동이다. 상호작용 마케팅에서 접점 직원은 기업이며, 브랜드이며, 서비스 품질이다.

상호작용 마케팅은 [그림 13-2]와 〈표 13-1〉에서 보는 바와 같이 과거의 마케팅이 생산과 소비가 분리되고 마케팅 부서가 생산과 소비를 연결하는 기능을 해왔다는 개념에서, 서비스에서는 생산과 소비가 동시에 일어나는 특성으로 인하여 전체 직원이 마케팅에 참여하

**그림 13-2** 전통적 마케팅과 서비스 마케팅

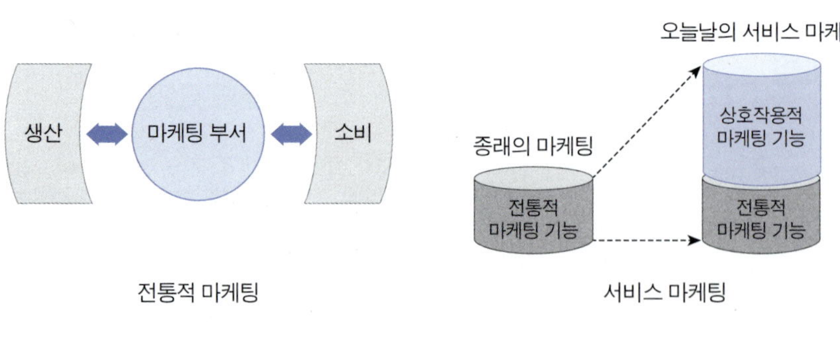

**표 13-1** 전통적 마케팅과 서비스 마케팅

| 구분 | 전통적 마케팅 | 서비스 마케팅 |
|---|---|---|
| 특성 | 생산과 소비가 분리 | 생산과 소비가 동시에 발생 |
| 마케팅 기능 | 생산과 소비 매개 | 전통적 마케팅 기능 + 상호작용 및 접점 관리 |
| 담당 조직 | 마케팅 부서 | 전 직원에 의한 마케팅 |

고 또한 고객과 직원의 상호작용 및 접점관리의 기능이 강조되는 개념으로의 변화를 일컫는 것이다.

## 제2절 서비스 마케팅 믹스

서비스 마케팅에서뿐만 아니라 일반적인 마케팅에서도 널리 연구되고 적용되고 있는 '마케팅 믹스(marketing mix)'의 개념은 1953년 하버드 대학의 닐 보든(Neil Borden)이 고안했다고 알려지고 있으며, 마케팅 목표를 효과적으로 달성하기 위하여 마케팅 활동에서 사용하는 여러 가지 방법들이 전체적으로 균형을 이루도록 조정하거나 구성하는 일을 의미한다.

즉, 마케팅 믹스는 일정한 환경적 조건과 일정한 시점 내에서 여러 가지 형태의 통제 가능한 마케팅 수단들을 마케팅 관리자가 적절하게 결합 내지 조화시켜서 사용하는 전략을 의미한다.

일반적인 상품의 효과적인 마케팅을 위해서 전통적으로 제품(Product), 가격(Price), 유통(Place), 촉진(Promotion) 등의 이른바 4P 마케팅 믹스라는 개념이 강조되어 왔으나, 서비스 산업에는 부적합 내지 미흡한 개념이라는 주장이 대두되었다.

서비스가 제조와 다른 측면에서 자체의 고유한 특성을 파악하여 서비스 상품 마케팅에 차별화된 마케팅 전략을 수립하기 위해서 사람(People: 직원 · 고객 등 서비스 참여자), 물리적 증거(Physical evidence: 서비스 환경), 서비스 제공과정(Process of service assembly)의 3P 믹스 요소를 추가하여 [그림 13-3]에서와 같은 이른바 서비스 마케팅을 고려한 확장 7P 마케팅 믹스 접근법이 널리 통용되고 있다.

**그림 13-3** 서비스 마케팅 믹스 7P

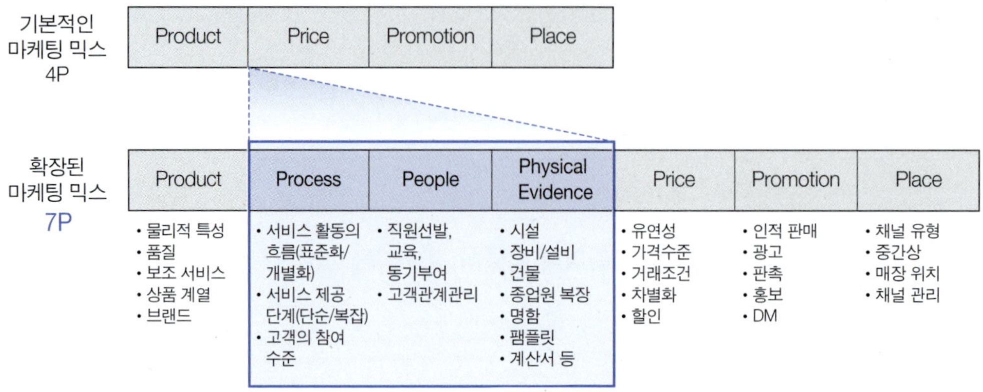


실례로 여행 상품의 서비스 마케팅에서는 상품 자체의 고유한 특성 이외에도 가격, 유통 및 촉진 등 기존의 4P는 물론, 여행사 직원들과 현지 가이드(guide) 요원 등 사람(people) 요인과, 여행사 직원들이 고객과 직접 만나 상호작용하는 과정에서 종업원들의 친절, 용모, 접촉 정도, 인상, 여행사의 인터넷 홈페이지 등 물리적 증거(physical evidence) 요인, 여행 상품의 서비스 전달과정상의 고객제안에 대한 종업원의 반응, 변경 및 취소의 편리성, 여행사의 이용시간, 여행일정 등 전달과정(process) 요인이 이 고객의 욕구만족과 직접적인 관계가 있기 때문에 중요한 마케팅 요인이 된다. 우선 기존의 4P 믹스에서 포함된 상품, 가격, 유통, 촉진 등 4개 요소를 서비스 측면에서 다시 한 번 살펴보기로 한다.

## 2.1 기본 마케팅 믹스

### 가. 상품

상품(Product)은 고객에 의해 교환이나 소비되는 실체이다. 여행사의 관광 상품이나 호텔 숙박, 은행의 금융 상품, 식당의 음식 메뉴, 학원의 개설 강좌, 연극 공연이나 영화 등이 바로 서비스 상품이다. 서비스에서 상품은 하나의 아이디어일 수도 있고, 사람, 조직, 장소, 스타일, 판매 후 서비스(AS), 신용(credit) 등의 무형의 요소와 필요에 따라서는 유형 제품이 통합되기도 하는 것이 특징이다.

서비스 고객들은 구매 전에 상품을 눈으로 직접 보고 손으로 만져 보기 어렵다. 무형이면서도 위험이 높은 상품으로서, 예를 들면 의료 서비스에서는 일관성 있는 서비스 품질을 유지하기 어렵다. 따라서 고객의 신뢰를 얻는 것이 서비스 마케팅에서 중요하며, 고객요구에 따라 표준화하거나 또는 고객화(고객맞춤식)하는 방향으로 차별화하는 것도 서비스에서 특별히 고려되어야 하는 특성이다.

또한 은행의 금융 상품이나 신용카드 상품에서와 같이 차별화된 부가 서비스를 결합하여 제공되는 패키지 구성이 상품에서 매우 중요한 경우도 있다. 따라서 전통적으로 제조에서 중요시되어 온 4P 마케팅 믹스에서의 상품 요소를, 서비스에서는 특별히 서비스 디자인으로 대체하여 부르기도 한다. 이 부분은 본서에서는 제6장 '서비스 디자인'에서 별도로 다루고 있다.

## 나. 가격

가격(Price)은 제조보다 서비스에서 고객에게 더욱 민감하게 영향을 미치는 강력한 변수이다. 서비스가 제공되는 시간대에 따라서 적정 가격을 설정하는 문제를 포함하여 할인 여부와 정도, 할부기간 등과 같은 가격 정책에 대한 의사결정이 중요하게 작용한다.

또한 제조에서와는 다르게 서비스에서는 가격에 다양한 호칭이 있다. 광고나 중개 업무를 대행하는 경우에 대행 수수료(fees), 보관 또는 공유 등에는 커미션(commission), 장소나 상품 등의 렌탈에는 사용료 등으로도 불린다.

가격 요인은 바로 서비스에서 상품의 매력, 만족도, 충성도에 영향을 미치는 핵심 요인이며, 고객에게 제공되는 부가가치와 품질을 표시하는 방법이기도 하다. 기업에서는 가격으로 인해 고객 이탈이 현실적인, 그리고 긴박한 문제가 되므로 적정성 및 경쟁력이 유지되도록 지속적으로 관리해야 할 요인이다.

가격의 책정에는 흔히 원가를 기준으로 하는 가격, 시장에서의 거래를 기준으로 한 가격, 경쟁관계에 있는 주체를 기준으로 한 가격, 수요 상황을 고려한 가격 등이 적용된다.

## 다. 유통

제품 마케팅에서 사용할 수 있는 전통적인 유통(Place) 채널은 서비스 마케팅에서 사용하기 어렵다. 그 이유는 제조업에서는 생산공장 → 도소매 → 소비자의 유통과정을 거치는 것이 일반적이지만, 서비스는 판매와 생산이 분리되기 어려운, 즉 만들어야 하고 이와 동시에 판매되어야 하는 특성이 강하기 때문이다.

서비스에서는 유통보다는 서비스 제공 위치의 선정과 고객의 편의성 제공이 중요하다. 고객이 분포한 위치에 따라서 최적의 매장 입지를 위한 위치 선정과 규모 설정을 과학적 방법으로 설계할 수도 있다.

서비스에서는 〈표 13-2〉에서와 같이 고객이 기업을 찾아가야 하는 경우가 있고, 기업이 고객을 찾아가야 하는 방식도 있다. 특히 호텔이나 항공사는 여행사를 중간상으로 하여 서비스를 판매한다. 최근에는 인터넷이나 모바일 기술, 그리고 자동화 기술에 의해 서비스를 전달받는 장소와 시간의 측면에서 혁신적인 서비스 제공방식이 활용되기도 한다. 예를 들면, 스트리밍 방식으로 영화나 방송 콘텐츠를 제공하는 넷플릭스가 기존의 콘텐츠 대여 방식에 머무르던 블록버스터사를 무너뜨렸다.

**표 13-2** 서비스 유통 채널 유형

| 고객 ↔ 기업 상호작용 | 접촉 유형 | 서비스 제공 | |
|---|---|---|---|
| | | 단일 지점 | 복수 지점 |
| 고객 → 기업 | 고객이 기업을 방문 | 극장, 미용실 | 버스 정류장, 패스트푸드 체인 |
| 기업 → 고객 | 기업이 고객을 방문 | 주택 수리, 이동 세차 | 우편 배달, 은행 지점망 |
| 고객 ↔ 기업 | 고객과 기업이 만나지 않고 우편, 인터넷 방식으로 서비스 | 신용카드, 지역TV | 통신회사, 방송 네트워크 |

출처: Lovelock, 1983, p. 18.

서비스 유통에 대해서는 법 · 제도적으로 촉진이나 제한을 받는 경우까지 고려해야 한다. 예를 들면, 어떤 나라에서는 대학을 세우는 데도 아무런 법제도 및 지침이 없는 국가가 있는가 하면, 최신의 혁신적인 기술을 적용한 원격의료를 과감하게 허용하여 관련 부문에서 기술과 제도를 선도해 나가는 국가도 있다. 카셰어링이나 숙박 공유를 허용하는 국가도 있고, 아직은 허용하지 않는 국가도 있다. 또한 어떤 국가에서는 은행 지점을 도시 지역에 개설하기 위해서는 농어촌 지역에도 의무적으로 개설해야 한다는 지침이 있기도 하다.

이와 같이 서비스에서는 고객과의 접촉이 보다 편리한 지점에 입지를 확보하는 것이 중요하다. 고객이 방문해야만 서비스를 제공받을 수 있는 호텔, 병원, 헬스클럽, 학원 등이 좋은 예가 된다. 서비스 입지를 선정할 때는 각종 기반시설(infrastructure) 구축 정도 등 산업의 일반 환경 여건이 고려되어야 하며, 해당 업종 특성에 맞는 〈표 13-3〉에서와 같은 요건 등도 고려 요인이다.

**표 13-3** 서비스 입지 선정을 위한 특수 요건

| 요인 | 내용 |
|---|---|
| 접근 용이성 | 상권 및 지역 유동 인구, 도로 접근성, 대중교통 이용 가능성 등 |
| 가시성 | 도로와의 인접 수준, 간판 위치 및 크기 등 |
| 교통 | 교통량, 서비스 제공에 방해되는 교통 혼잡 정도 등 |
| 주차 | 적정 수준의 전용 주차장 확보 등 |
| 확장성 | 필요한 경우 시설의 확장 가능성 등 |
| 주변 영업 환경 | 시설에 인접한 보완적 서비스 환경 구비, 고객 유발 환경, 경쟁자 위치 등 |

그리고 분포되어 있는 고객 규모를 고려하면서도 가능한 최대한의 서비스 확장을 통한 매출 규모를 성장시키기 위한 유통 채널과 관련하여 〈표 13-4〉에서와 같은 유통 채널 구축 전략이 있다.

**표 13-4** 서비스 확장을 고려한 유통 채널 전략 유형

| 전략 | 특성 | 장점 | 고려사항 |
|---|---|---|---|
| 복수 매장 | • 동일 서비스를 다수의 매장에서 판매<br>• 일반적인 프랜차이즈 | • 빠른 확장, 매출의 성장<br>• 관리하기에 비교적 용이 | • 좋은 입지, 재정적 지원, 품질 통제<br>• 복수 매장 관리, 지나친 확장 문제 |
| 복수 서비스 | • 수요 개발의 차원에서 보완 서비스를 동일 입지에서 판매<br>• 서비스의 확장 | • 기존 고객에게 더 좋은 서비스 제공<br>• 신규 고객 확보 용이, 매출 성장 | • 효율성 저하, 재정적 지원<br>• 복수 서비스 관리, 품질통제 |
| 복수 시장 | • 전혀 다른 유형의 서비스를 복합적으로 다른 매장에서 판매<br>• 시장 영역의 확장 | • 시설의 활용도 제고<br>• 매출 성장 | • 보충 시장의 위치, 고객의 혼동<br>• 서비스의 질 |

## 라. 촉진

일반적으로 촉진(Promotion)은 소비자들의 구매행동에 직접 혹은 간접적으로 자극을 주는 커뮤니케이션 활동으로 정의된다. 소비자에게 자사의 상품을 알리고 다수의 경쟁상품 속에서 자사의 상품을 선택하게 하여 최종 구매까지 이끌어 내는 시장개척 수단이다. 구체적인 촉진 활동에는 〈표 13-5〉에서와 같이 마케터(marketer)가 시장에서 고객을 대상으로 하는 광고(advertising), 홍보(publicity), 인적 판매(personal selling) 및 판매 촉진(sales promotion) 활동 등이 포함된다.

① 광고: 일정한 대가를 지불하고 매스 미디어를 이용하여 상품 또는 이미지를 전달

② 홍보: 조직이나 상품과 관련하여 긍정적인 관심을 유발하는 뉴스 제공, 기자회견, 특별한 이벤트의 개최, 뉴스가치가 있는 활동에 대하여 제3자를 통한 후원

③ 인적 판매: 판매 및 고객관계 구축에 있어 기업의 대리인이 행하는 대면 방법

④ 판매 촉진: 상품의 즉각적인 구매나 판매를 권장하기 위해서 행해지는 단기적인 인센티브

**표 13-5** 촉진활동의 유형별 특징

| 유형 | 도달범위 | 비용 | 장점 | 단점 |
|---|---|---|---|---|
| 광고 | 광범위 | 보통 | 신속, 메시지 통제 가능 | 효과 측정이 어려움, 정보의 양적 제한 |
| 판매 촉진 | 광범위 | 비싼 편 | 인지도 제고, 빠른 효과 | 경쟁사 모방 용이 |
| 인적 판매 | 개별 고객 | 비싼 편 | 정보의 양과 질이 탁월, 즉각적 피드백 | 비용 고가, 느린 속도 |
| 홍보/스폰서십 | 광범위 | 유료/무료 | 신뢰성 높음 | 내용 통제의 어려움, 간접효과 높은 비용 |

서비스 산업에서는 이러한 도구를 다양한 채널을 이용하여 적극 활용할 수 있는 장점이 있지만 무형의 서비스를 고객들에게 실체화하여 알리는 데는 한계가 있다. 또한 무분별한 난립과 시장의 교란 등을 막기 위해 행정기관에서 정책이나 제도적으로 이를 제한하여 적극 활용하기 어려운 경우도 있다.

이러한 점들을 고려하여 실제적인 혜택을 고객들에게 인지시키기 위해서는 의사, 변호사, 미용사 등이 지역사회에서의 자원 봉사 활동을 하는 방식으로 자신들의 서비스를 일반 대중에게 알릴 수도 있다.

서비스에서의 촉진은 고객과 접촉하는 종업원의 역량과 태도에 많이 좌우된다. 즉, 종업원이 고객과의 접촉과정에서 서비스 상품과 가치를 적절하게 설명하고, 설득하며, 주문 및 예약을 받는 등의 접촉활동이 가장 중요하다.

## 2.2 확장 마케팅 믹스

서비스 마케팅을 고려한 확장 마케팅 믹스에서 특별히 고려되어야 하는 사람, 물리적 증거, 서비스 제공과정 등 추가된 3P에 대해서 살펴본다.

### 가. 사람

전통적인 견해에서는 고객은 기업이 만들어 내는 가치를 최종적으로 소비하는 최종소비자만을 대상으로 보았다. 이것은 생산 중심의 제조 기업에 적용되어 온 발상으로, 예를 들면 자동차 회사의 고객은 자동차를 구매하는 소비자들이 그 회사의 고객이라는 의미이다.

하지만 현대에 이르러서 고객의 범위는 더욱 확장되어 조직의 가치 향상에 참여하는 모든 사람(People)들을 고객으로 보게 되었다. 즉, 기업이나 조직이 제공하려는 서비스를 창출하는 과정에 참여하는 모든 사람들이 고객의 범위 내에 포함되는 것이다. 따라서 서비스에서는 [그림 13-4]에서와 같이 기업이 생산한 가치를 소비하는 최종소비자뿐만 아니라 조직 내부의 종업원이나 관련 부서와 같이 조직의 가치 생산과 전달에 관련한 모든 주체를 고객으로 보게 된다. 이것은 서비스에서는 기업 내부의 종업원이나 부서를 하나의 고객으로

**그림 13-4** 서비스에서 고객의 정의

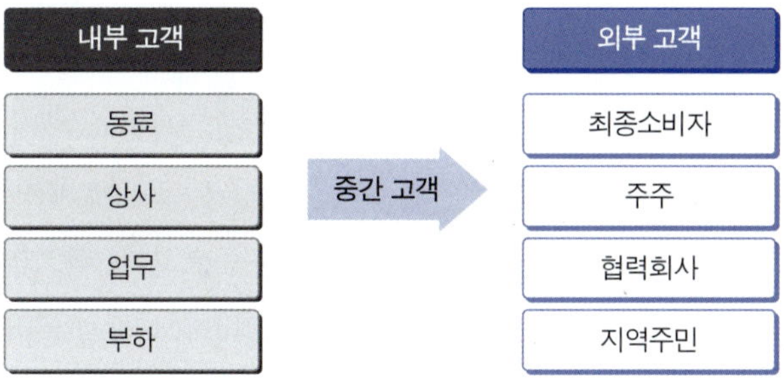


**그림 13-5** 서비스 마케팅의 대상 유형

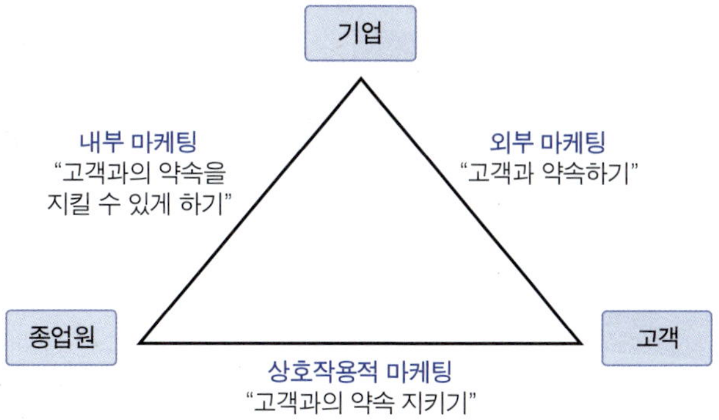

간주하고 이러한 내부 고객을 마케팅의 대상으로 인식한다는 것이다.

따라서 서비스 마케팅 유형을 구분해 본다면, [그림 13-5]에서와 같이 마케팅의 대상에 따라서 기업과 고객 사이에서 이루어지는 전통적인 형태의 외부 마케팅, 내부 고객으로서의 생산자인 종사자를 대상으로 한 내부 마케팅, 그리고 고객과 일선 서비스 종업원과의 상호작용적 마케팅으로 나누어진다.

기업에서는 외부 고객을 대상으로 서비스 전달에 대한 약속을 통해 고객들이 서비스 수준에 대한 기대를 형성함과 동시에 고객을 유입시키기 위한 광고나 판촉활동 등 차별화된 외부 마케팅이 필요하다. 특히 성공적인 서비스 기업이 되기 위해서는 내부 마케팅 차원에서 "고객에게 서비스를 판매하기 이전에 먼저 종업원들에게 직무를 판매해야 한다"는 말에서 알 수 있듯이, 기업에서는 직원들을 1차 고객으로 인식하여 직원들을 대상으로 한 만족도를 높일 수 있는 각종 제도와 정책을 실행하고, 서비스 운영에 적합한 사람을 채용하고 최고의 직원을 유지하며, 고객과의 인터페이스가 많은 일선 직원들에게 재량권을 과감하게 부여하는 권한위임(empowerment)과 커뮤니케이션 활성화는 물론 그들에게 서비스 마인드나 고객 지향적 사고를 심어 주며 더 좋은 성과를 낼 수 있도록 동기부여하는 차별화된 내부 마케팅 활동이 선행되어야 한다.

또한 일반적인 제품 마케팅과는 달리 상대적으로 서비스 마케팅의 경우에는 서비스 제공자에게 서비스 상품을 전달하는 과정의 상호작용 품질에 따라서 최종 품질이 좌우되는 특성이 강조되며, 여기에는 사람의 역할이 매우 중요하다. 즉, 고객은 서비스 품질을 기술적 품질(technical quality)뿐만 아니라 기능적 품질(functional quality)을 기초로 인식하게 된다. 기술적 품질은 결과 품질로 고객에게 제공된 서비스 자체를 의미하고, 기능적 품질은 과정 품질로 서비스가 제공되는 과정에서 소비자가 어떠한 경험을 하는지 인지되는 품질이다. 보다 더 중요한 것은 기능적 품질로서 고객과 직접 접촉하는 직원의 태도 및 행동, 고객 지향적인 물리적/기술적 자원, 지속적 고객접점능력, 기업의 내부관계 등의 구성 요소를 포함하고 있다.

따라서 서비스 제공자가 우수한 기술적 서비스를 제공하는 것 외에도 고객을 만족시키기 위한 종업원과 고객 사이의 상호작용, 즉 고객의 기대에 부응하는 상호작용적 마케팅에 대한 차별화가 필요하다.

### 나. 물리적 증거

물리적 증거(Physical evidence) 또는 물리적 단서는 서비스 상품이 고객에게 전달되는 주변 환경과 관련된 요소를 의미한다. 유형 제품을 다루는 일반적 마케팅과는 달리 무형의 상품을 대상으로 하는 서비스 마케팅에서는 고객들에게 무엇인가를 보이게 하는 물리적 증거 요인이 구매의사결정에 매우 중요한 유형적 대용물이다. 즉, 물리적 증거는 구매의사결정에 영향을 주는 품질 요인으로서 신용속성에 근거한 서비스의 커뮤니케이션에, 그리고 서비스의 경험적 속성과 연관되어 고객의 행위와 구매, 서비스 경험에 대한 고객만족과 마케팅 성과에 잠재적으로 큰 영향을 미친다.[1)]

일반적인 물리적 증거 요인의 하위 구성항목은 〈표 13-6〉에서와 같이 자연 환경이 아닌 외부 환경과 내부 환경을 의미하는 서비스 스케이프와 기타 유형적 요소로 구분할 수 있다. 구체적으로는 건물의 외관, 주위 환경, 장비, 간판, 주차시설, 기구, 조명, 온도, 배치, 색채, 인공물 등 서비스 제공을 위해 사용되는 공간의 구성, 내부 분위기 등이 서비스 스케이프에 속한다. 서비스 스케이프에 대해서는 본서의 제9장 '서비스 스케이프와 접점관리'에서 보다 상세히 다루고 있다.

서비스의 물리적 환경 또는 서비스 현장의 경치를 의미하는 'landscape'를 일컬어서 서비스 스케이프(servicescape: 서비스 현장)라는 용어를 물리적 증거에 포함시키거나 아예 유사용어로도 사용하기도 한다. 엄격히 말하자면, 서비스 현장의 내부나 외부에 조성해 놓은 환경 요인은 서비스 스케이프에 포함되고, 기타 유형의 요소들이지만 환경 구성 요인이 아닌 물적 증거들은 서비스 스케이프에 포함시키지 않는다.

**표 13-6** 물리적 증거의 분류

| 구분 | | 예시 |
|---|---|---|
| 서비스 스케이프 (servicescape) | 외부 환경 요소 | 시설의 외형, 간판 등의 안내 표지판, 주차장, 주변 환경 등 |
| | 내부 환경 요소 | 내부 장식과 표지판, 벽 색상, 가구, 시설물, 공기의 질/온도, 매장의 음악이나 향기 등 |
| 기타 유형적 요소 | | 종업원 유니폼, 광고 팸플릿, 메모지, 입장 티켓, 영수증, 인터넷 홈페이지 등 |

1) 서비스는 무형성을 가지고 있기 때문에 마케팅에서 다음과 같은 3가지 품질속성을 극복하기 위해 전략적으로 접근해야 한다. 이 3가지 속성은 탐색속성(search attributes), 경험속성(experience attributes), 그리고 신용속성(credence attributes)이다. 탐색속성은 서비스나 제품을 구매하기 전에 소비자들이 평가할 수 있는 속성을 말하는데, 색깔, 모양, 맞춤 정도, 느낌, 냄새, 가격 등과 같은 항목이 포함되며, 소비재 및 산업재들은 탐색품질의 속성이 강하다고 할 수 있다. 경험속성은 실질적인 서비스의 체험을 통해서 속성을 파악할 수 있는 속성이다. 신용속성은 심지어 서비스가 수행되고 난 후에도 평가하기가 힘든 경우가 있어 먼저 신뢰하고 구매할 수 있도록 커뮤니케이션해야 한다.

고객들은 같은 조건에 상대적으로 시설이 우수하고 호화스러운 신축 호텔에서 숙박하기를 원한다. 미국 애리조나 주 등, 몇 개의 주에서 운영 중인 메이요(Mayo) 병원에서는 로비를 아트리움을 연상하게 하는 분위기에서 예술작품을 전시하며 그랜드피아노에서 실시간 연주를 하는 등 환자를 안심시키는 환경을 구비하고 있는 것은 물론 환자의 초근거리에 의료진을 위치시키며 협업 부서 사이의 소통과 이동을 간편하게 하는 배치를 장점으로 미국에서 최고 수준의 신뢰성 있는 진료를 표방하고 있다.

미국에서 독보적인 위치에 올라 있는 창고형 매장의 유통업체 월마트가 한국에 진출했다가 실패한 이유에는 가격이 저렴한 장점에도 불구하고 내부의 치장, 상품 포장 및 진열 방식 등의 물리적 환경 요인에 너무 소홀했다는 평가가 많았다.

어느 프랜차이즈 식당에서는 식욕을 자극하는 효과가 있는 포도향을 매장 전체에 은은하게 방출하기도 하며, 가구 스타일과 배치, 음악의 음량과 음폭, 공기의 신선함과 온도 등 물리적 환경 요인을 통해 기업 이미지와 차별화 요소로 활용하고 있다.

이와 같이 서비스에서는 환경 요인을 마케팅 믹스의 중요 요인으로 활용하고 있다. 제품을 광고하는 사진으로 가득 차 있는 어떤 인터넷 쇼핑몰 기업의 단순한 홈페이지가 있는가 하면, 또 다른 인터넷 쇼핑몰에서는 인공지능의 매칭 알고리즘(matching algorithm)을 적용하여 고객의 취향에 맞는 제품을 쉽게 고르도록 정보를 제공하는 등 적은 시간 내에서 힘들지 않게 쇼핑하도록 돕고, 또 필요한 고객에게는 실시간 채팅으로 도움을 받을 의사가 있는지 팝업창으로 안내해 주는 기능을 제공하는 홈페이지를 운영하기도 한다. 이러한 물리적 환경에서의 차별화된 마케팅 요소들은 소비자 체험의 흐름을 촉진시키고, 소비자 감성과 만족도를 높이는 역할을 한다.

〈표 13-7〉에서는 업종별 물리적 증거를 구체적인 예시로 들고 있다.

**표 13-7** 고객 관점에서의 업종별 물리적 증거(예시)

| 업종 | 물리적 증거 | |
|---|---|---|
| | 서비스 스케이프(servicescape) | 기타 유형적 요소 |
| 보험 | 중요하지 않음 | 정책, 청구서, 영수증, 브로슈어, 편지/카드 등 |
| 병원 | 건물 외관, 주차장, 표지판, 대기실, 접수 창구, 진료실, 의료장비, 회복실 등 | 직원 복장, 보고서, 명세서, 영수증 등 |
| 항공사 | 탑승 게이트, 비행기 외관 및 내부(의자, 기내 공기 품질) 등 | 탑승권, 음식, 간식, 직원 복장 등 |
| 스포츠 이벤트 | 주차장, 의자, 휴게실, 스타디움 외관, 입장권 판매소, 출입구, 경기장 등 | 입장권, 프로그램, 유니폼 등 |

## 다. 프로세스

프로세스(Process)는 서비스 제공과정이다. 미국의 경영학자인 붐스와 비트너(Booms & Bitner, 1981)는 서비스 제공과정을 서비스에 참여한 고객들이 서비스 생산에 참여하고, 생산된 서비스를 전달받는 과정 또는 절차(process and procedure)와 관련된 요인이라고 하였다. 영화관 고객은 영화의 콘텐츠 관람이라는 핵심 서비스에만 집중하는 것이 아니라, 영화관에 도착하여 주차장의 편리함, 대기실에서의 안락한 소파 등에서 음악과 분위기, 티케팅과 음료수 주문 등 영화 관람의 전 과정(process)에서의 경험이 중요하다.

즉, 프로세스는 서비스 상품이 전달되는 실제적인 절차, 제도적 장치 및 상품의 전달활동의 흐름을 의미하며, 고객들에게는 서비스를 경험하는 과정이다. 여기에는 대기시간의 관리, 고객의 요구사항이나 제안에 대한 종업원의 반응, 변경 및 취소의 편리성, 이용 가능 시간, 서비스 계획과 실행과정의 일치성 등이 포함된다.

서비스에서 프로세스가 잘 설계되고, 실행되는 프로세스를 잘 유지하는 것은 운영의 효율성은 물론, 고객에게 최대한의 편의성을 제공하고, 서비스를 제공하는 데 드는 비용은 줄이면서도 서비스 전달의 효율을 극대화하고 고객의 만족도를 높이는 것이다.

예를 들어, 병원 서비스를 이용하게 될 환자들은 수년간 일해 온 병원 직원들처럼 병원이라는 곳에 익숙하지 못하고, 병원 규정이나 절차에 대해서도 잘 알지 못한다. 게다가 환자들은 자신의 건강에 대해 걱정이 많은 상황에서 병원에 머물게 된다. 그래서 평상시 스트레스에 반응하던 것보다 더욱 날카로운 반응을 보이며, 평상시보다 더 심하게 흥분하고 화를 낼 수밖에 없다. 그럼에도 불구하고 환자들은 의료진의 명령에 이유도 모른 채 따라야만 된다. 이때 고객에게 서비스 제공과정에서 차별화된 첫 경험을 제공하기 위해서 미국 오하이

**그림 13-6** 물리적 증거의 분류

오하이오 주의 리버사이드 메소디스트 병원

심장병 환자에게 제공하는 테디 베어 인형

오 주의 리버사이드 메소디스트 병원(Ohio Health Riverside Methodist Hospital)에서는 다른 병원과 달리 환자와 보호자를 진정한 의미의 고객으로 취급하고 있다. 이 병원에서는 심장병 환자에게 테디 베어(Teddy bear) 인형을 제공하고 있으며, 이러한 상황은 회복에 실증적으로 도움이 되고 있다. 서비스 기업에서는 이러한 서비스 제공과정의 차별화를 통해서 성공적인 서비스 마케팅을 이끌어 내는 혁신 사례들을 만들어 내야 한다.

결론적으로 서비스 마케팅에 최적화된 7P 마케팅 믹스를 정리하면 〈표 13-8〉과 같다.

**표 13-8** 7P 마케팅 믹스 요약 및 적용(사례)

| 믹스 요소 | 핵심 요소 | 적용 사례(미국 물류업체 FedEx) |
|---|---|---|
| 상품 | • 물리적 상품 특성<br>• 품질 수준<br>• 보조 서비스<br>• 패키지 구성<br>• 보증<br>• 상품 계열<br>• 브랜딩 | • IP(International Priority) 서비스: 서류에서 68kg 미만의 소형 화물 대상, 정시 통관 'door-to-door' 서비스<br>• 기타 IPF(International Priority Freight) 서비스 등 다양한 서비스 상품 라인<br>• FSM(FedEx Ship Manager) 등 보조 서비스 |
| 가격 | • 유연성<br>• 가격 수준<br>• 조건<br>• 차별화<br>• 할인, 공제 | • 세분시장 집중화에 따른 차별화 전략으로 인해 경쟁사보다 높은 가격 책정 |
| 유통 | • 채널 유형<br>• 노출<br>• 중간상<br>• 매장 위치<br>• 운송<br>• 보관<br>• 채널 관리 | • 'Hub and Spoke' 알고리즘<br>• 수화물이 적재되어 배달될 때까지의 전 과정을 통제할 수 있게 만든 실시간 화물 추적 시스템 |
| 촉진 | • 촉진 브랜드<br>• 판매요원(선발, 훈련, 인센티브)<br>• 광고(매체 유형, 광고 유형)<br>• 판매 촉진<br>• 홍보 | • 웹사이트 광고: 온라인의 편리한 접근성과 서비스 지역의 광범위함 강조<br>• 특별운송물(고성능 위성장비, 경주용 자동차, 판다나 백호, 코끼리, 코뿔소, 고릴라 등) 수송을 통한 홍보 효과 |
| 사람 | • 직원(채용, 훈련, 동기부여, 보상, 팀워크)<br>• 고객(교육, 훈련)<br>• 의사소통 문화 및 가치<br>• 직원 연구<br>• 고객관계관리 | • 직원 무해고 정책<br>• 고객관계관리를 위한 운임환불제도(Money Back Guarantee) |

| | | |
|---|---|---|
| 물리적 증거 | • 시설 디자인<br>• 장비<br>• 표식<br>• 직원 복장<br>• 기타 유형물(카드, 보증 등) | • 직원 복장의 통일<br>• 서류 봉투: 페덱스 로고를 통해 브랜드 인지도 형성<br>• 항공기, 차량에 로고 랩핑: 브랜드 인지도 형성 |
| 프로세스 | • 활동 흐름<br>• 전달 단계의 수(단순, 복잡)<br>• 고객참여 수준 | • 차량/항공(표준화), 헬기(개별화)<br>• 실시간 추적 시스템 |

# 제3절 서비스 마케팅 시스템과 인카운터

## 3.1 서비스 마케팅 시스템

많은 연구자들이 서비스 시스템을 서비스 생산 시스템, 서비스 전달 시스템, 그리고 서비스 마케팅 시스템으로 구분하고 있으나, 이들이 완전히 분리되는 개념은 아니다. 일찍이 Mittal과 Baker(1998)는 전통적인 마케팅 4P 믹스에서 새로 서비스 마케팅 믹스에 추가된 3P(사람, 물적 증거, 프로세스)를 서비스 전달 시스템으로 보았고, [그림 13-7]에서 보는 바와 같이 서비스 마케팅 7P 믹스와 고객, 서비스 인카운터(encounter), 방어 전략과 고객반응을 서비스 마케팅 시스템에 포함시켰다. 이런 시각은 서비스업에서 마케팅의 역할이 크기 때문에 서비스 시스템에서 서비스 마케팅 시스템의 범위를 광의적으로 파악하고 있다고 볼 수 있다.

그러나 서비스 마케팅 시스템의 서비스 시스템을 서비스 생산 시스템, 서비스 전달 시스템, 그리고 서비스 마케팅 시스템으로 구분해 볼 때, 서비스 마케팅 시스템의 중요한 역할은 고객 및 고객과의 관계를 체계적이고 과학적으로 관리한다는 접근에서 시작된다.

예를 들면, 〈표 13-9〉에서와 같이 BI(Business Intelligence) 도구들은 과거에는 단순한 데이터의 관리와 저장 또는 전달에 집중했다면, 이제는 관련 기술의 발전 등으로 지능적인 데이터의 활용으로 발전해 가고 있다. 즉, 대용량 데이터베이스에서 가치 있는 비즈니스 정보를 찾아내는 지능적인 데이터 마이닝(data mining) 시스템에서는 알려지지 않은 패턴의 자동화된 발견으로 고객의 행동과 시장에 대한 동향을 예측하여 마케팅을 가능하게 한다.

**그림 13-7** 서비스 마케팅 시스템 모형

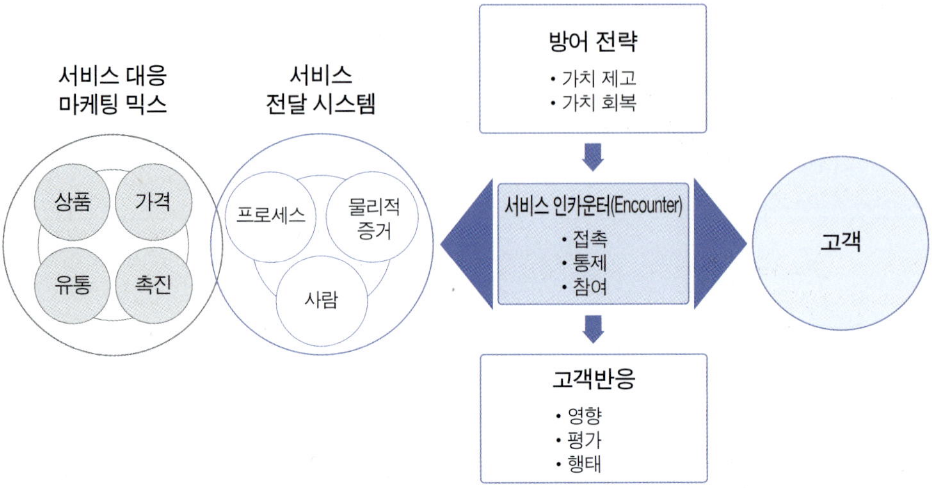


출처: Banwari Mittal & Julie Baker, 1998, p. 728.

**표 13-9** 서비스 마케팅 시스템에서의 데이터 활용

| 발전 단계 | 관련 기술 | 특성 | 비즈니스 문제 |
|---|---|---|---|
| 데이터 수집 (1960년대) | 컴퓨터, 테이프, 디스크 | 회고적, 정적인 데이터 전달 | 지난 5년간의 나의 총 수익은 얼마인가? |
| 데이터 접근 (1980년대) | 관계형 DBMS, 구조적 데이터 질의 언어(SQL) | 회고적, 레코드 수준에서의 동적인 데이터 전달 | 3월의 광주 지역에서의 상품판매는 얼마나 되나? |
| 데이터 웨어하우징과 의사결정 (1990년대) | 온라인 분석 처리(OLAP), 다차원 데이터베이스, 데이터 웨어하우스 | 회고적, 다양한 수준에서의 동적인 데이터 전달 | 대전 지역에서 구체적 판매는? |
| 지능적 데이터 마이닝 (2000년대 후반) | 개선된 알고리즘, 멀티프로세서 컴퓨터, 대용량 데이터베이스 | 미래의 예측 정보 전달 | 다음 달에 서초구 지역의 상품판매는 어떻게 될까? 그 이유는? |

예를 들어, [그림 13-8]에서와 같이 장바구니 분석기법을 활용하면, "빵과 과자를 사는 사람의 80%는 우유를 같이 산다"거나 "분유와 기저귀를 사는 사람의 74%는 맥주를 같이 산다"와 같은 규칙 정보를 도출할 수 있다. 그리고 "맥주 소비는 분유와 기저귀 소비에 영향을 미친다" 또는 "빵과 과자 가격 인상은 우유 소비에 영향을 미친다"는 의사결정 정보도 도출될 수 있다. 상품 진열대에 '빵, 과자, 우유', '분유, 기저귀, 맥주'를 집합으로 같이 진열하고, 우유 소비를 조절하기 위해 빵, 과자 가격을 조정했을 때의 매출 분석도 가능하다. 마찬가

그림 13-8 데이터 마이닝을 통한 서비스 마케팅 시스템의 역할

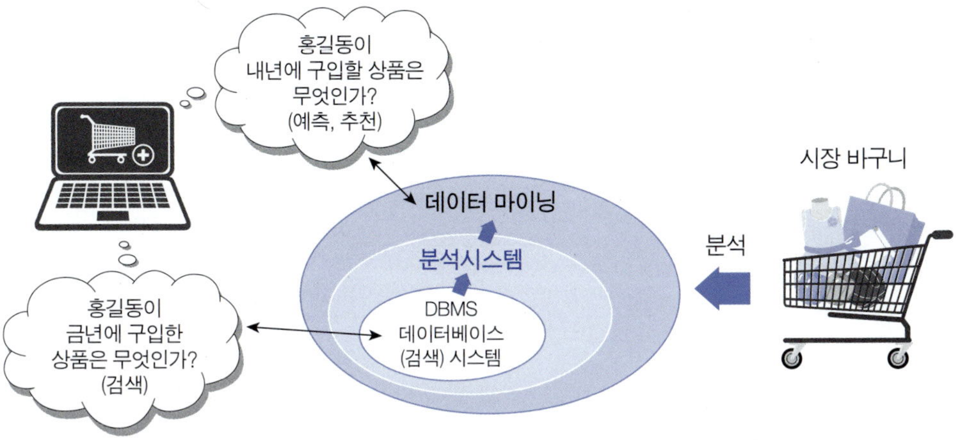


지로 이러한 데이터 마이닝 기법을 통해서 특정 고객이 앞으로 구입할 상품들을 분석 및 예측해 주는 마케팅 시스템이 서비스에서 적용될 것이다.

이동성이 강조되는 모바일 환경에서 위치 기반 서비스(Location Based Service: LBS)에서는 특정 고객이나 같은 성향을 갖고 있는 고객군의 위치를 실시간으로 추적하여 자동으로 인식할 수 있기 때문에 표적 마케팅(target marketing)이 가능하다. 예를 들면, 어떤 사람이 스타벅스 근처를 걷고 있을 때 그곳이 샌드위치와 커피를 판매하는 곳인지도 모르고 있다고 하자. 갑자기 핸드폰이 울리면서 스타벅스에서 10% 할인 가격으로 서비스한다는 메시지가 도착한다. 택시를 타고 30분 정도 달린다고 하자. 택시 위에 광고가 나타나는데 어디를 지나가느냐에 따라서 광고 내용이 바뀔 수 있다. 해운대를 지나갈 때에는 일류한식집의 광고가 나타나고, 민락동을 지나갈 때에는 유명한 횟집 광고가 나타나는 식이다. "오늘 당신의 사랑하는 아내의 생일인데, 아내가 좋아하는 선물은 이곳 백화점의 7층에 있는 매장에 위치해 있습니다. 아니면 스마트폰에서 메시지를 보시고 확인 버튼만 누르시면 아내 분에게 바로 배달해 드리겠습니다"라는 지능적인 서비스 마케팅 시스템이 기다리고 있다.

## 3.2 서비스 인카운터

서비스 인카운터(service encounter)는 Normann(1984)에 의해 소개된 개념으로, 그는 서

그림 13-9 서비스 인카운터의 구성 요소

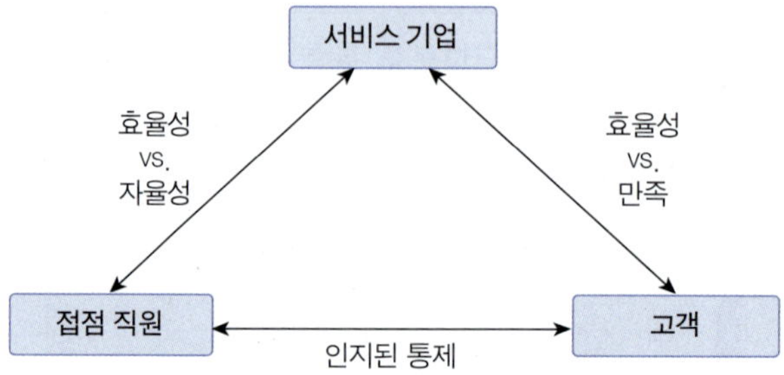


비스 제공자와 고객의 상호작용은 고객의 만족을 결정하며, 서비스 기업의 수익에 영향을 주는 매우 중요한 순간, 즉 'Moments Of Truth: MOT(진실의 순간 또는 결정적 순간)'라는 개념으로 서비스 인카운터를 설명하였고, 스칸디나비아항공사(Scandinavia Airlines)의 사장인 Jan Carzon(1987)이 한 기업의 서비스가 고객과 직접 만나는 순간(face-to-face)을 지칭하는 개념으로 표현하였다.

다시 말해, 서비스 인카운터는 기업이 서비스를 제공할 때의 서비스 전달 시스템과 고객이 직접 만나는 접점으로서, 고객은 이 순간을 통해 서비스를 구매할 것인지를 판단하게 된다.

또한 Schmenner(1995)는 서비스 인카운터를 서비스 기업의 경쟁력을 결정짓는 척도로 규정하였으며, [그림 13-10]에서와 같이 서비스 인카운터를 구성하는 세 가지 요소로서 서비스 과업(service task), 서비스 전달 시스템(service delivery system), 그리고 서비스 표준(service standard)을 지적한 바 있다. 이들 3가지 요소들이 서비스에서 즉흥적으로 이루어지는 것이 아니라 전략적으로 명세화된 과업이 표준에 의해서 생산되고 전달되는 과정의 중요성을 제시한 것이다.

서비스 생산은 고객이 단지 전달받는 것이 아니라 서비스 인카운터에서 공동 생산되며 발생하는 것이 특징이다. 극장에서 오페라나 콘서트 공연을 떠올리면 이해하기 쉽다. 서비스 전달과정에서 고객이 반응하고 여기에 대응하는 과정과 고객의 경험이 중요하다. 따라서 서비스 생산 시스템에 서비스 인카운터와 고객이 포함되기도 한다.

Bateson(1985)은 서비스 인카운터의 구성 요소로서 [그림 13-9]에서와 같이 서비스 기업과 접점 직원, 그리고 고객의 3가지를 들고 있는데, 이러한 3가지 요소는 각각 서비스 인카운터를 지배하기 위해 활동한다고 주장하였다. 즉, 서비스 기업과 접점 직원은 효율성과 자

**그림 13-10** 서비스 인카운터의 전략적 구조

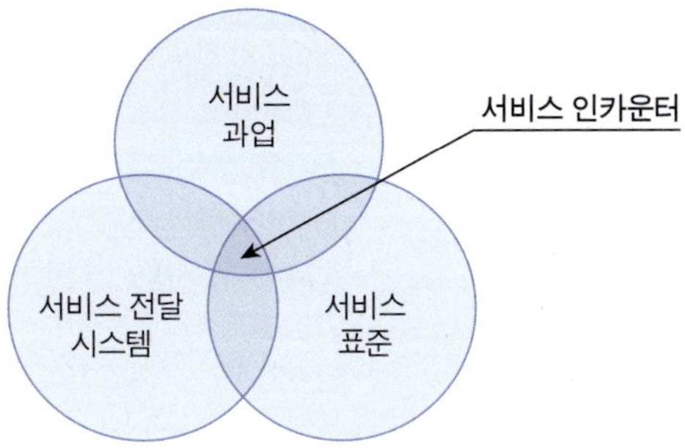


율성, 서비스 기업과 고객은 효율성과 고객만족, 접점 직원과 고객은 인지된 통제라는 상반된 목적 달성을 위해 대립하게 된다는 것이다. 다시 말해서, 서비스 기업은 서비스의 생산을 통제하고 효율성과 비용우위를 추구하기 위하여 고객에게 서비스하는 접점 직원들의 재량권을 제한하는 규칙과 절차들을 만들게 된다. 그리고 접점 직원들은 작업을 보다 쉽고 긴장감(stressful)이 없게 하기 위하여 고객의 행동을 통제하려고 하며, 고객들은 보다 양질의 서비스를 받기 위하여 서비스 인카운터를 통제하기 위한 활동을 한다고 주장하였다.

Bateson의 서비스 인카운터 이론은 Fitzsimmons와 Fitzsimmons(1998)에 의해 수용되어 보다 강화된다. 그들은 효율적이고 비용우위 전략을 추구하는 서비스 기업은 접점 직원의 자유재량권을 제한하기 위하여 서비스 생산을 표준화한다고 하였으며, 이러한 표준화에 의해 접점 직원은 방침대로 활동할 것을 강요받게 되고 결국 직무에 대한 만족도가 감소된다고 주장하였다. 접점 직원에 의해 서비스 인카운터가 지배되는 경향이 강한 서비스 기업에서는 접점 직원이 전문적인 지식을 가지고 있는 경우가 많기 때문에, 고객들은 접점 직원의 판단에 의존하게 된다. 따라서 이러한 경우 고객들은 서비스 인카운터에 많은 영향력을 행사하지 못하는 종속적인 위치에 놓이게 된다. 고객에 의해 서비스 인카운터가 지배되는 경우에 서비스 기업이나 접점 직원들은 상당한 수준의 개별화된 서비스를 제공하도록 강요받기 때문에 자원이나 비용의 효율적인 배분과 통제에 많은 주의를 기울여야 한다.

고객은 서비스 상황에서 특정의 기대를 가질 수 있고, 의사소통을 하며, 표준화된 또는 고객맞춤식 서비스를 경험하면서 새로운 요청을 하기도 하며, 서비스 실패나 성공에 따른 다양한 감정을 경험하게 된다. 어떤 연구자는 특별히 고객의 대기 시간이, 고객이 지불하는 비용이면서 기업에서는 기회비용이 될 수 있다고 보고 전략적으로 관리해야 한다고 하였다. Bitner 등의 연구(1990)에서는 〈표 13-10〉에서와 같은 서비스 인카운터에서의 만족 및

**표 13-10** 서비스 인카운터에서의 만족 및 불만족 결정 요인

| 분류 | 하위내용 |
|---|---|
| 서비스 전달체계 실패 | • 전달되지 않는 서비스<br>• 늦은 서비스<br>• 부가적인 서비스의 실패 |
| 고객의 요구사항 | • 고객의 특별한 요구<br>• 고객의 기호사항<br>• 가능한 고객의 실수<br>• 방해가 되는 고객의 관리 문제 |
| 직원의 예기치 못한 행동 | • 고객에 대한 배려<br>• 직원의 어이없는 행동<br>• 전체적인 평가<br>• 사회적 규범에 대한 직원의 행동<br>• 열악한 상황 속에서 정상적 서비스 수행 |
| 문제 있는 고객행동 | • 술 취한 고객<br>• 불쾌한 언행<br>• 기업의 기본 규칙사항을 어김<br>• 비협조적인 고객 |

불만족 결정 요인을 제시하였다. 따라서 이러한 서비스 인카운터에서의 상황관리 전략이 서비스 생산 시스템에서 고려되어야 한다.

# 14 CHAPTER

# 서비스 수요 및 공급관리

## 항공사의 '오버부킹'에 자사 승객 퇴거 명령, 폭행까지 … 비난 폭주

미국의 대형 항공사 '유나이티드항공(United Airlines)'은 시카고에 본사를 둔 미국의 항공사로 모기업은 유나이티드 콘티넨탈 홀딩스(United Continental Holdings)이다. 1926년 월터 바니(Walter Thomas Varney)가 바니항공(Varney Airlines) 회사를 설립해 항공 우편배달 업무를 시작한 데서 출발했다. 1927년 보잉 항공기 회사의 설립자인 윌리엄 보잉(William Boeing)이 바니항공을 비롯한 여러 항공사를 사들이고 사업 규모를 확대해 4개의 항공 회사가 1934년에 합병되어 현재의 명칭으로 변경되었다. 현재 292대의 항공기와 11개의 지역 항공사를 보유하고 있으며, 2011년 미국의 항공사 업계 4위 기업인 콘티넨탈 항공과 합병되며, 같은 지역 항공사인 콘티넨탈 커넥션과 콘티넨탈 익스프레스를 합병하면서 규모를 늘렸다.

**오버부킹으로 인한 서비스 실패**

최근 유나이티드항공을 향하여 전 세계 소비자들의 비난이 폭주하고 있다. 2017년 4월, 유나이티드항공이 '오버부킹'으로 운항을 할 수 없게 되자, 승객 4명에게 퇴거 명령을 내리다 마찰을 빚었고, 이 과정에서 무차별적인 폭력까지 행사한 것이다. 미국 언론 등에 따르면 오헤어 국제공항에서 이륙 예정이던 시카고발 루이스빌행 유나이티드항공 3411편은 '오버부킹'으로 정원이 초과해 승무원 4명이 탑승할 수 없게 되자 승객 4명에게 퇴거 명령을 내리다 마찰을 빚었다. 이 과정에서 컴퓨터를 통해 무작위로 4명을 추첨해 기내에서 내릴 승객을 뽑아 지목했다. 특히 퇴거명령을 받은 4명 중 3명이 동양인이었던 것으로 알려지면서, 이를 두고 인종차별 사건이라며 네티즌들로부터 공분을 사고 있다.

폭행을 당한 해당 남성 역시 베트남계 미국인 의사로, 당시 급한 수술이 잡혀 있어 내릴 수 없다고 거부 의사를 밝혔음에도 시카고 경찰에 의해 제압당했다. 이와 함께 온라인상에 공개된 동영상에서는 해당 의사가 커튼을 양손으로 부여잡고는 "나는 집에 가야만 한다. 나를 죽여 달라"며 힘들어하는 모습이 담겨 있다. 그는 입가와 귀 주변에 피를 흘린 채 저항하지 못하고 바닥에 내동댕이쳐졌으며 경찰은 통로에 눕혀진 의사의 팔을 잡고 그를 질질 끌고 가 충격을 안겼다.

「시카고 선타임즈」에 따르면 다오 박사는 강제 퇴거과정에서 뇌진탕과 함께 코뼈가 부러지고 앞니 두 개가 나가는 등 상처를 입고 시카고 인근 병원에 입원했으며 이 기간 다오 박사와 부인은 짐의 행방을 모른 채 필요한 소지품도 없이 지내야 하는 불편함을 겪었다. 이에 다오 박사 측의 소송 대리를 맡은 토머스 드미트리오 변호사는 "유나이티드항공이 다오 박사를 끌어내린 후 짐에 대한 양해를 구하지 않았다"

며 “짐은 비행기에 그대로 실려 루이빌로 날아갔고, 이후 집도 아닌 직장으로 보내졌다”고 설명했다. 이어 “유나이티드항공의 행위는 폭력이자 폭행이고 돈을 주고 표를 구매한 고객에 대한 극한의 무례함”이라고 지적했다.

특히 오스카 무뇨스(Oscar Munoz, 1960~) 유나이티드항공 CEO(2015~)는 사건 직후 직원들에게 “승무원들은 규정을 따랐다. 앞으로도 더 과감하게 행동할 것을 권한다”고 밝혀 더 큰 공분을 샀다. 사흘 연속 주가가 하락하고 유나이티드항공에 대한 집단 보이콧 움직임이 이는 등 사태가 심각해지자 그는 뒤늦게 “강제로 끌어내려진 승객에게 깊이 사과한다. 잘못을 바로잡아 이런 일이 다시는 생기지 않도록 하겠다고 약속한다”며 고개를 숙였다.

### 존 조, 리처드 막스 등 할리우드 스타들 보이콧 선언

이를 두고 소비자들은 “상식 밖의 일”이라며 “비현실적이고 이해가 가지 않는다. 이는 명백한 살인행위”라고 분통을 터트렸다. 이와 함께 “유나이티드 항공사를 절대 이용하지 않겠다”며 불매운동의 목소리도 나오고 있다. 존조(John Yohan Cho), 리처드 막스(Richard Noel Marx) 등 할리우드 스타들 역시 보이콧을 시작했다. 가수 리처드 막스는 자신의 SNS에 유나이티드항공사에 대한 보이콧 의사를 밝혔고, 한국계 배우 존조도 “트럼프가 만든 상황과 이번 일에 분명한 연관성이 존재한다”며 인종차별 행태를 꼬집었다. 배우 마크 러팔로(Mark Ruffalo) 역시 “어떻게 비행기에서 사람을 질질 끌어내 자리를 확보하느냐”고 비판했다.

논란이 계속되자 유나이티드항공 측은 두 차례에 거쳐 사과문을 게재했으나, 해당 사과문에서 중립적이고 사무적인 표현을 사용해 비난을 자초했다. 심지어 두 번째 사과문에서는 문제의 책임을 승객에게 돌리기까지 해 사태를 악화시켰다.

결국 오스카 무뇨스는, 백악관에 진상조사를 요구하는 청원이 하루 만에 10만 건이 넘고 백악관에서도 우려를 표명하는 등 궁지에 몰리자 사건 발생 36시간 만에 공식 사과했다. 그는 해당 여객기 탑승객 전원에게 환불조치를 하겠다고 밝혔으며, 향후 오버부킹 사태가 발생했을 때 승무원이 아닌 승객을 우선시하도록 하는 내용을 담은 새로운 승객정책을 내놨다. 이번 일로 이사회 차원에서는 그를 회장으로 자동 승진(이사회 의장의 자동 겸직)할 수 있는 권한을 박탈하는 결정을 내렸다.

### 말 많고 탈 많은 유나이티드 항공사

유나이티드항공은 이미 수차례 인종차별, 종교차별, 성차별 등의 사건을 일으킨 전력이 있는 항공사로, 지난 2013년 아시아나항공이 추락하는 사고가 발생했던 당시를 할로윈 소재로 사용하고, ‘HO LEE FUK’, ‘SUM TING WONG’, ‘WI TU LO’ 등의 이름표를 가지고 한국인을 비롯한 아시아인을 조롱하는 모습을 보여 맹비난을 받기도 했다.

또한 2017년 3월에는 레깅스를 입은 10대 소녀 2명의 기내 탑승을 거부해 논란이 일었던 바 있다. 강제 퇴거 사건과 비슷한 시기엔 기내에서 한 승객이 전갈에 쏘이는 일이 벌어져 한바탕 홍역을 치렀다. 얼마 전에는 94세 할머니가 비즈니스 비용을 내고도 이코노미석으로 자리를 옮겨 탄 사실이 알려져 물의를 빚었다. 영국 보도에 따르면 평소 관절염과 잔병치레로 거동이 불편한 A할머니는 미국 로스앤젤레스에서 호주 멜버른으로 가기 위해 400만 원 상당의 비즈니스석 티켓을 구매했으나, 같은 항공기 이코노미석에 할머니 시중을 들기 위해 탄 딸의 비즈니스석 출입을 항공사 측에서 막아 결국 이코노미석으로 옮겨 타야 했다.

**미국 소비자들 집단 이탈 움직임**

거듭된 구설수에 결국 유나이티드항공은 자국민으로부터도 외면을 받게 됐다. 한편 여론조사업체 모닝컨설트(Morning Consult)가 1,975명의 미국인을 상대로 조사한 결과, 전체 응답자 가운데 유나이티드항공 사태를 접해 알고 있는 70%의 응답자 중 79%가 가격과 노선이 똑같을 경우 유나이티드항공 대신 다른 항공사를 선택하겠다고 답했다. 모닝컨설트가 가상으로 뉴욕발 시카고행 노선에 대해 가격이 204달러로 똑같고 둘 다 논스톱인 경우를 가정했을 때, 79%의 소비자가 타 항공사를 선택했다. 특히 44%는 한 번 경유하고 돈을 더 내더라도 유나이티드항공은 타지 않겠다는 반응을 보였다. 가격이 더 저렴함에도 유나이티드항공을 타겠다고 한 응답자는 56%에 그쳤다.

**국내 항공사들 "오버부킹 피해 발생 가능성 없다"**

미국 유나이티드항공이 '오버부킹(overbooking)'으로 탑승한 승객을 강제로 끌어내려 논란이 일고 있는 것과 관련 국내 항공사들은 "오버부킹으로 인한 승객들의 피해는 사실상 전무하고 향후에도 없을 것"이라고 강조했다. 국내 항공사들도 좌석을 예약하고 나타나지 않는 이른바 '노쇼(No Show: 예약 부도)' 승객 비율을 고려해 오버부킹을 하고 있다. 그러나 미국에서는 지난해만 해도 연간 47만 5,000건이 발생했지만, 국내에는 오버부킹 신고 접수 사례가 거의 없으며 따라서 사회적으로 이슈가 된 적도 없다. 국토교통부에 따르면 오버부킹으로 탑승하지 못해 피해를 접수한 사례는 2014년 1건, 2015년 1건이며, 2016년에는 통계가 아직 집계되지 않았다.

항공사들은 비행기 탑승 미달을 이유로 여행사 등을 통해 운항 전 승객 모집을 끌어올리고자 하지만 좌석에 비해 높은 부킹이 이뤄졌을 경우 미리 고객에게 연락, 피해를 최소화한다는 것이다.

특히 출발 당일 오버부킹이 발생하더라도 소비자에게 양해를 구해 탑승 전 오버부킹에 대한 피해를 방지하고 있다고 하였다. 또한 피해를 당한 승객에게는 금전적인 보상뿐만 아니라 정신적 보상까지 해주며 소비자가 오버부킹으로 인한 스케줄 변경에 따른 피해를 느끼지 못하도록 하고 있는 것으로 확인되었다. 항공업계 관계자는 "부득이하게 오버부킹이 됐을 경우 발권을 하는 순간부터 항공편을 옮겨도 되는 승객들을 찾기 시작한다"며 "탑승 전 충분한 보상 등을 제안하는 등 절차가 따로 있다. 해당 사건이 우리나라 항공사에서 발생할 가능성은 없다"고 단언했다.

출처: 여성소비자신문, 서유리 기자, 2017. 4. 19; 매일경제, 길나영 기자, 2017. 4. 17.(일부 수정 보완)

겨울에 많이 팔리는 제품인 스키는 공장을 꾸준히 가동하여 여름에도 적정량을 만들어서 재고화할 수 있지만, 겨울에 고객들이 찾아오는 스키장은 여름에는 개장하기도 어렵고 꾸준히 고객을 유치할 수도 없다. 겨울에 몰려드는 고객들을 위해 갑자기 스키장 용량을 증설하기도 어렵고, 최대 규모의 고객을 입장할 수 있는 스키장을 만든다면 경제성이 없어서 아마 투자비 회수가 어려울 것이다. 이와 같이 서비스는 무형의 상품이며, 생산과 동시에 소비되고 소멸되어 재고로 저장할 수 없다는 특성을 지닌다. 이 특성은 제조에서와 같이 수요가 비교적 안정적이고 예측 가능한 경우에는 문제가 안 되지만, 서비스에서는 수요의 변동이 매우 심한 경우가 많기 때문에 서비스 공급능력을 유연하게 운영할 수 없는 경우에는 여러 가지 어려움이 발생된다.

따라서 서비스 기업은 효과적으로 수요를 관리하기 위해서 자신이 속한 산업의 특성을 고려하고 수요 변동의 패턴을 이해해야 한다. 또 변화하는 수요의 유형과 그에 영향을 미치는 요인들을 분석한 후, 대표적인 수요 유형 패턴에 따라 수요를 조절하는 전략을 개발해야 할 것이다. 겨울에 몰려드는 고객을 요일이나 시간대에 따라 분산하거나 서비스 공급능력을 적절히 조절하기도 하고, 비수기의 유휴 시설에 대한 활용 방안을 개발해야 할 것이다.

본장에서는 서비스 기업에서 주의해야 할 수요와 공급 간의 균형적인 관리의 필요성과 다양한 관리방법들을 논의한다.

## 제1절 수요 및 공급관리 개요

서비스에서는 고객들의 수요가 탄력적인 데 비해서 서비스 기업에서의 공급은 무한정 공급능력을 최대한으로 유지할 수 없다. 즉, 수요와 공급을 일치시키는 것은 이상적이기는 하지만, 수요가 공급을 초과하거나 반대로 공급이 수요를 초과하는 경우가 많다. 점심시간에 몰려드는 손님이 너무 많아 모두 수용할 수 없는 식당에서도 어느 한가한 저녁시간에는 식당의 설비나 직원들이 유휴상태인 경우가 많다.

따라서 탄력적인 수요에 최적으로 대응하기 위한 최대한의 효율적인 계획과 전략 수립이 필요하다. 이를 위해서는 체계적인 수요 예측과 공급의 관리가 필요하다. 일반적으로 제조업의 상황보다 여건이 유리하지 않지만, 서비스의 제공에 있어서도 수요와 공급을 체계적으로 예측하고 관리함으로써, 더욱 효율적이고 효과적인 결과를 창출해 내야 한다.

## 1.1 서비스 수요와 공급

### 가. 서비스 수요

[그림 14-1]에서와 같이 제조업에서의 수요는 연중 비교적 안정적이고 재고관리를 통해 대응할 수 있는 데 비하여, 서비스에서 수요는 상대적으로 매우 불규칙적이며 공급능력을 유연하게 유지하기 어렵다. 예를 들면, 관광 서비스 수요의 경우 성수기인 여름철에 집중되어 항공사나 호텔 등의 업체에서는 수요를 모두 수용하지 못하고 있으나, 반대로 비수기에는 수요가 적어 경영 악화의 원인이 되기도 한다. 또한 의료 서비스의 경우 응급 환자나 메르스와 같은 전염병이 발생하여 환자가 폭증하는 경우도 있고, 근처에서 대형 교통사고가 발생한 지역에 있는 자동차 정비업소의 경우 긴급한 수리의 요청건수가 급증하는 등 예측 불가능한 수요가 발생하기도 한다.

**그림 14-1** 제조업 프로세스와 서비스 프로세스의 비교

제조업 프로세스

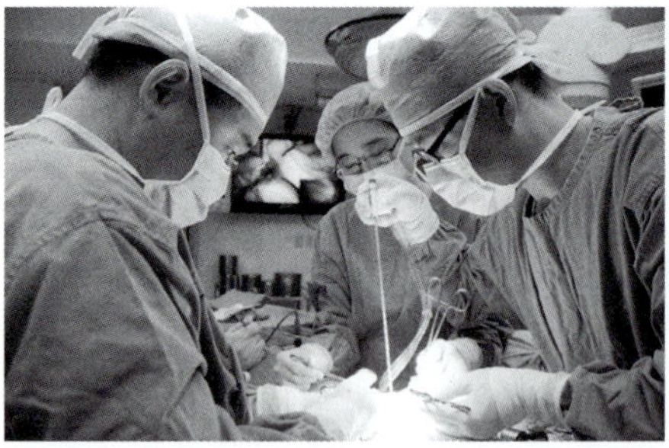

서비스 프로세스

### 나. 서비스 공급

공급 측면에서는 제조의 경우에서는 수요 예측에 의한 계획 생산과 공급량 조절이 가능하나 서비스에서의 공급은 시설의 고정화에 의하여 상대적으로 탄력적인 수요에는 직절히 대응하기 어렵다. 즉, 제품은 재고의 활용 등을 통하여 공급량의 조정이 어느 정도는 가능하나, 서비스는 무형성, 동시성, 소멸성의 특성에 따라 저장 판매 및 재고를 가지지 못하고, 공급량의 증설에는 많은 시간과 비용이 수반되는 특징을 가지고 있어 수요에 맞춰 유연하게 서비스를 제공하기 어렵다.

## 1.2 수요와 공급관리 방안

서비스 기업에서는 수요와 공급관리를 위한 방안에 고심한다. 먼저 고객이 유발하는 변동성에 대한 개념과 공급능력에 영향을 미치는 요인에 대한 이해를 바탕으로, 이어서 서비스 수요와 공급관리 방안을 고려하기로 한다.

### 가. 변동성 관리

수요와 공급관리에서 서비스 기업이 파악해야 할 개념으로 고객들로부터 야기되는 변동성(customer-induced variability)이 있다. 즉, 고객의 변동성을 파악하여 효율적으로 대처하는 경우에는 비용이 절감될 수 있으나, 고객의 변동성에 잘 대처하지 못하는 경우에는 불만고객이 증가한다는 점이다. 고객이 유발하는 변동성에는 5가지 형태가 있다.

고객이 유발하는 변동성은 고객이 서비스를 원하여 도착하는 시간이 변동의 원인이 될 수 있고(arrival), 고객이 처리해 주기를 원하는 내용의 변동(request), 일부 고객은 과업을 직접 수행하지만 다른 고객은 직접 챙겨 줄 것을 원하는 요구사항의 변동(capability), 서비스 이용을 위해서 고객이 수행하는 노력의 정도가 다른 변동(effort), 서비스가 좋은지 안 좋은지를 판단하는 관점이 유동적인 변동(subjective preference)이다. 이를 각각 도착의 변동성, 요구의 변동성, 노력의 변동성, 능력의 변동성, 주관적인 선호의 변동성이라고 한다.

#### (1) 도착의 변동성

고객은 기업이 원하는, 항상 동일하거나 일정한 시간에 서비스를 받기보다는 자신이 원하는 시간에 즉시 서비스를 받고 싶어 한다. 기업에서는 24시간 영업(할인점, 미용실, 법률 사무소 등)이나 365일 즉시 서비스(콜센터, 출장 수리 서비스 등)를 통해 차별화된 서비스를 구현할 수 있지만, 비용 부담이 문제가 된다.

### (2) 요구의 변동성

고객이 원하는 서비스의 내용과 수준은 다양하다. 해결 방안으로 서비스 표준화가 있지만, 역시 제한적이다. 광고주들은 각기 다른 창의적 마케팅 전략을 요구하며 검토회의에서 제시하지 않은 결과를 추가로 요구한다. 헤어숍에 찾아오는 고객들의 요구는 다채롭고 개성이 강하여 전혀 유사하지 않고, 자동차 정비소에 찾아오는 고객들의 차종이나 모델 또한 제각각이다. 방문하거나 접촉하는 고객 숫자가 수요량과 비례적이지 않는 경우도 많다.

### (3) 노력의 변동성

고객이 수행하는 역할의 차이에서 발생하는 변동이다. 마트에서 쇼핑을 마친 고객이 카트를 정리해야 하는데도, 일부 고객들은 아무데나 방치하고 가버린다. 고객의 노력에 대한 보상이 당근과 채찍으로 주어져야 한다.

### (4) 능력의 변동성

서비스를 요청하는 고객의 능력은 각각 다르다. 병원에 찾아오는 환자는 연령대(노인과 청소년), 의학적 지식을 가진 사람과 의학적 지식이 없는 사람 등 개개인의 능력이 다르기 때문에 이 또한 수요량의 변동을 유발하는 요인이다.

### (5) 주관적인 선호의 변동성

고객이 선호하는 주관적 견해가 다른 데서 유발되는 변동이다. 어느 고객은 상품에 대해 제공하는 시식이나 상품에 대한 상세한 설명을 제공받기를 즐겨 하는 경우도 있고, 일부 고객들은 이런 대응을 귀찮게 생각하기도 한다.

이와 같이 고객이 유발하는 변동성에 대한 기업의 대응 전략으로는 변동을 수용하는 전략과 감축하려는 전략이 있으며, 더 상세한 관리 방안으로 〈표 14-1〉에서와 같이 고전적 대응, 저비용 대응, 전통적 절감, 그리고 비타협적 절감이 있다.

**표 14-1** 고객이 유발하는 변동성에 대한 유형별 관리 방안

| 변동성 유형 | 고전적 대응 | 저비용 대응 | 전통적 절감 | 비타협적 절감 |
|---|---|---|---|---|
| 도착 | • 다수의 종업원 확보 | • 저비용 종업원 고용<br>• 작업의 자동화<br>• 고객접촉 아웃소싱<br>• 셀프서비스 옵션 개발 | • 예약 필수<br>• 오프피크 가격 제공<br>• 서비스 이용 제한 | • 고객의 도착을 평준화시키기 위한 보충적 수요 창출 |
| 요구 | • 특정 기술을 가진 다수의 종업원 확보<br>• 고객의 다양한 요구에 대응할 수 있는 종업원 교육훈련 | • 저비용 스페셜 종업원 고용<br>• 작업의 자동화<br>• 셀프서비스 옵션 개발 | • 특정 서비스 요구 고객의 예약 필수화<br>• 고객 요구와의 타협<br>• 서비스폭 제한 | • 서비스 폭 제한<br>• 고객의 요구를 기반으로 고객을 목표화 |
| 능력 | • 고객의 다양한 기술 단계에 적응할 수 있는 종업원 확보<br>• 고객대응 거절 | • 저비용 종업원 고용<br>• 특별기술이 필요 없는 셀프서비스 옵션 개발 | • 고객에게 서비스 이용 전 능력수준을 높여 줄 것을 요구 | • 고객의 능력을 기반으로 고객을 목표화 |
| 노력 | • 고객의 노력 부족을 보상할 수 있는 종업원 확보<br>• 고객대응 거절 | • 저비용 종업원 고용<br>• 확장된 자동화의 셀프서비스 옵션 개발 | • 고객의 노력을 늘리기 위한 채찍과 당근 이용 | • 동기를 기반으로 고객을 목표화<br>• 고객들의 노력을 늘리기 위한 일반적인 접근방법 사용 |
| 주관적인 선호 | • 고객의 기대와 적응의 차이를 진단할 수 있는 종업원 확보 | • 셀프서비스 옵션 개발 | • 고객에게 그들의 기대와 가치전제를 일치시키도록 설득 | • 고객을 그들의 주관적인 선호에 맞게 목표화 |

## 나. 서비스 공급능력

서비스 공급능력(service capacity: 서비스 가용능력이라고도 함)이란 단위 시간당 고객의 서비스 요구를 달성할 수 있는 산출수준이다. 서비스 기업에서는 최대 공급능력과 고객에 대한 서비스의 질을 최적으로 유지할 수 있는 수준인 최적 공급능력으로 나누어서 관리한다. 최대 공급능력은 고객을 최대한으로 수용할 수 있는 공급수준을 의미하고, 최적 공급능력은 고객에 대해 서비스 품질을 최적으로 유지할 수 있는 공급수준이다. 즉, 최적 공급능력은 보유한 인력, 시설, 장비 등을 완전히 이용하면서 서비스할 수 있는 이상적인 활용수준으로서, 고객이 원하는 시간에 고품질의 서비스를 제공받을 수 있음을 의미한다.

공급능력을 제약하거나 결정짓는 핵심 요소는 다음과 같이 시간, 인력, 장비, 시설 및 이들의 조합에 의해서이다.

### (1) 시간

대개의 서비스에서 서비스 생산을 결정짓는 요소가 바로 시간이다. 의사, 변호사, 컨설턴트, 강사, 미용사 등의 전문직 서비스 제공자들은 기본적으로 자신의 시간이 서비스 투입 자원이요, 시간을 파는 서비스 종사자라고 할 수 있다. 시간을 생산적으로 활용하지 못하면 수익이 저하되는데, 특히 수요가 넘칠 때 시간을 활용하지 못하면 실현되지 못한 수익은 다시 보상받기 어렵다.

### (2) 인력

서비스 인력을 고용하여 기업을 영위하는 서비스 기업들은 인력이 서비스를 생산하는 능력에 결정적인 영향을 받게 된다. 제조업에 비해서 대체로 서비스 기업들은 더 많은 인력을 보유하고 있다. 대학, 병원, 회계법인 등은 전문 인력을 효율적으로 활용해야 생산성이나 부가가치가 높아진다. 따라서 기업에서는 능력 있는 정규직 직원을 적절히 확보하여 교육훈련을 통해서 직무역량을 높여야 할 필요가 있다.

### (3) 장비

장비(equipment)가 주요 서비스 자원으로 투입되는 업종이 있다. 예를 들면, 항공사나 이삿짐센터, 택배회사에서는 비행기나 트럭과 같은 운송수단을 주로 이용하는데, 기업에서 확보할 수 있는 장비의 능력에 한계가 있다.

### (4) 시설

호텔 및 레스토랑이나 병원 입원실 등은 방이나 테이블과 같은 시설(facility)이 중요한 서비스 자원이다. 기업에서는 고객들이 사용할 수 있는 공간에 대해 부지 확보와 설계, 시공 등 많은 시간과 자금이 소요되기 때문에 단기에 확보하기도 어렵고, 이미 가동 중인 시설의 규모를 변경하기도 쉽지 않다.

## 다. 서비스 수요와 공급능력

서비스 수요와 공급능력의 관계를 살펴보면, 〈표 14-2〉에서와 같이 수요가 최대 공급능력을 초과할 경우에는 잠재 고객이 서비스를 받을 기회가 부족하므로 고객을 상실하게 된다. 반면, 서비스의 수요가 최대 공급능력에 못 미쳐서 설비가 남아도는 경우에는 서비스

**표 14-2** 서비스 수요 변동에 따른 상황

| 구분 | 예상되는 상황 |
|---|---|
| 수요 > 최대 공급능력 | 잠재적 고객에 대한 서비스 수용 불가 |
| 수요 < 최대 공급능력 | 인적자원의 사기 저하, 과다한 비용 발생, 기업의 수익성 악화, 서비스 품질 저하 |
| 수요 = 최대 공급능력 | 공급능력의 최대 가동 |

기업의 수익성이 악화되는 것을 물론이고 고객에 대한 서비스의 품질도 낮아지는 악순환을 겪게 된다. 계절적 요인으로 한여름에 난방 수요가 폭증하면 우리나라에는 전력이 모자라서 전국에 비상이 걸리기도 하며, 이때 수요의 조절을 위해 사전에 계약을 체결한 기업이 공장 가동을 멈추어야 하는 일까지 발생한다.

병원, 은행, 관광 서비스 등 대부분의 많은 서비스에서 최적 공급능력이 최대 공급능력보다 작은 것이 보통이지만 특정 서비스의 경우에는 최대 공급능력과 최적 공급능력이 일치해야 더 바람직한 경우도 있다. 예를 들면, 오페라 공연이나 인기 가수의 콘서트 등에서는 공연장에 열광하는 관객들이 모든 좌석을 채워서 진행될 때 출연자나 관객의 상호작용이나 교감이 최대에 이르게 되고 감동이 극대화된다. 따라서 서비스 기업이나 업종의 특성에 따라 수익성 확보와 고객만족을 얻을 수 있는 최적 수요수준은 다르다.

서비스 수요는 [그림 14-2]에서와 같이 계절적, 일상적, 일일 수요가 매 시각에 따라 변동될 수 있다. 그러나 서비스 공급능력은 공급시설이나 인력의 확보 상황이 쉽게 변동되기 어렵기 때문에 단기적으로는 일정하게 선형으로 유지되며, 따라서 유연하지 못하다.

이러한 수요와 공급능력의 관계에 따라 [그림 14-3]에서와 같이 몇 가지 상황으로 구분

**그림 14-2** 서비스 기업에서 공급능력의 비유연성

명절의 택배물량 처리

연휴 고속도로 정체

그림 14-3 서비스 수요와 공급능력의 관계

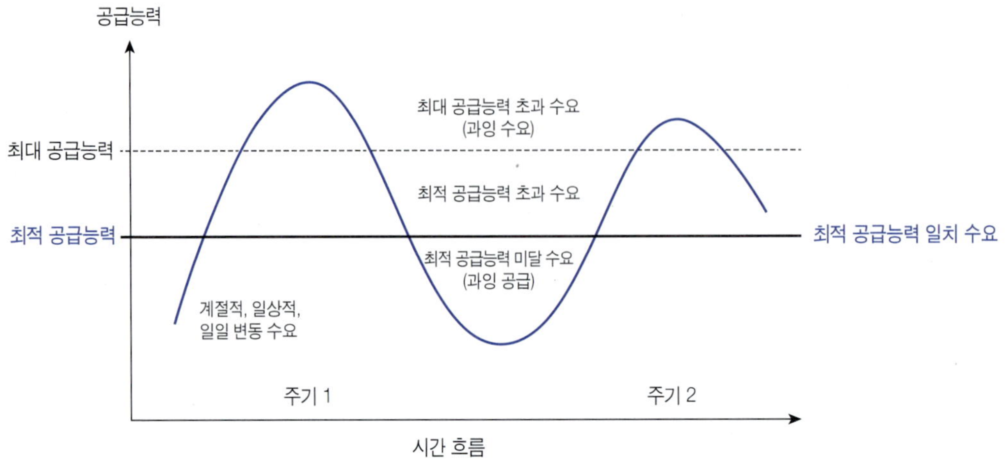


될 수 있다. 본서에서는 최대 공급능력 초과 수요, 최적 공급능력 초과 수요, 최적 공급능력 일치 수요, 그리고 공급능력 미달 수요 등의 상황으로 구분하기로 한다.

### (1) 최대 공급능력 초과 수요

수요가 최대 공급능력 수준을 초과하여 과잉 수요(excess demand)의 상황이다. 흔히 성수기에 발생하며 시설, 인력, 장비 등이 최대로 가동되면서도 고객들이 서비스를 받지 못하여 고객이 대기를 해야 하지만, 대기를 할 수 없으면 높은 품질의 서비스를 받기 어려운 것은 물론 발걸음을 돌려야 한다. 서비스 수준이 기대보다 미흡하여 고객의 불만이 초래되기 쉬운 상황이다. 기업에서는 잠재 고객들에게 영업기회를 놓치고 고객을 상실하게 된다.

### (2) 최적 공급능력 초과 수요

최대 공급능력 수준 이하이기는 하지만 적정 공급능력을 초과하는 수요 상황이다. 서비스를 원하는 모든 고객에게 가까스로 서비스를 제공할 수는 있으나 종업원들이 모두 서비스에 동원되고 시설과 장비 등은 여유 없이 모두 가동된다. 따라서 종업원들은 과로에, 고객들은 혼잡한 상황(crowding)으로 인하여 불만을 가지게 될 가능성이 높다.

### (3) 최적 공급능력 일치 수요

기업에서 가용할 수 있는 최적 공급능력에 가장 이상적인 수요의 상태로서, 공급과 수요가 균형을 이루고 있다. 고객이 기다리는 시간 없이 원하는 시간에 쾌적한 분위기에서 고품질의 서비스를 받게 된다.

### (4) 최적 공급능력 미달 수요

서비스 수요가 적정 공급능력에 미달하는 과잉 공급(excess capacity)의 상황이며, 시설 및 장비, 그리고 인력이 초과 공급되어 유휴 상태에 놓이게 된다. 텅 빈 좌석을 바라보는 고객은 여유보다는 안전과 서비스가 불량하여 손님이 없다고 판단할 수도 있다. 기업은 수익성이 악화되고, 따라서 종업원들은 낮은 보상을 받고 사기 또한 저하될 것이다. 이러한 상황이 지속되면 서비스 수준이 떨어지고 결과적으로 고객이 이탈되고 직원도 이직하는 등 악순환이 이어진다.

## 라. 서비스 수요와 공급의 균형

서비스 기업들은 대체로 공급능력에 유연성을 가지기 어렵다. 그러나 기업에서는 수요와 공급의 균형을 이루도록 전략적인 접근이 필요하다. 기업이 서비스 수요와 공급의 균형을 이루기 위해서는 〈표 14–3〉에서와 같이 몇 가지 전략을 세울 수 있는데, 수요의 변동을 약화시킴으로써 기존의 공급량에 수요를 맞추는 수요관리 전략과, 변동하는 수요에 맞도록 공급능력을 변화시키는 공급관리 전략, 그리고 이들을 동시에 사용하여 균형을 이루도록 하는 혼합 전략이 있다.

수요관리 전략은 수요의 변화에 전혀 반응을 하지 않음으로써 수요가 저절로 조정되도

**표 14–3** 서비스 수요와 공급의 균형 전략

| 전략 유형 | 세부 전략 유형 |
|---|---|
| 수요관리 전략 | • 무반응 전략: 수요의 변화에 전혀 반응을 하지 않음으로써 수요가 저절로 조정되도록 방치함<br>• 수요 재고화 전략: 예약 시스템이나 대기 시스템 등을 채택하여 수요 재고화를 추구<br>• 수요 조절 전략: 수요를 증대시키거나 수요를 감소시킴 |
| 공급관리 전략 | • 공급능력 변동 전략: 수요 예측이 가능한 경우<br>• 공급능력 고정 전략: 수요 예측이 불가능한 경우 |
| 혼합 전략 | • 수율관리 전략: 기대손실의 최소화를 추구하는 서비스 수요와 공급을 일치시킴 |

록 방치하는 무반응 전략과 예약 시스템이나 대기 시스템 등을 채택하여 수요를 재고화를 추구하는 수요 재고화 전략, 그리고 수요를 증대시키거나 수요를 감소시키는 수요 조절 전략이 있다.

한편, 서비스 기업이 고객의 수요를 이동시킬 수 없을 때에는 수요의 변동에 적응하기 위해서 공급을 변화시키는 공급관리 전략을 선택하여야 한다. 특히 수요 예측이 불가능하다면 공급능력 고정 전략을, 수요 예측이 가능하다면 공급능력 변동 전략을 사용할 수 있다.

# 제2절 서비스 수요관리

## 2.1 서비스 수요관리 개요

서비스에서의 수요는 제품에서의 수요와는 다른 차별적 특성을 지닌다. 서비스에서는 변동성이 높고, 재고관리의 어려움, 다양성과 이질성, 시 · 공간의 제약과 같은 특성들이 있다. 이것은 서비스가 가지고 있는 본질적 특성에 의한 것이다.

즉, 서비스는 재고와 같은 형태로 저장이 불가능하며 결과적으로 서비스 수요 변화에 대한 완충장치를 개발하기도 어렵다. 또한 생산과 소비 사이에서의 중간 유통 단계가 없어 연결 기능이 미비하며, 이러한 생산과 소비의 동시성은 효율적인 서비스 수요의 관리를 더욱 어렵게 만든다. 그리고 서비스 설비나 시설에 고객이 접촉함과 동시에 서비스를 제공해야 하는 특성도 마찬가지이다. 때문에 서비스 수요에 대한 예측에 오류가 커지면 고객의 요구에 대응할 수 있는 시간이 짧아서 서비스 품질이 낮아질 수밖에 없고, 서비스 시설의 수용능력과 수요를 균형 있게 조절하기도 쉽지 않다. 서비스 시설과 종업원이 충분하다고 하더라도 고객의 수요가 일시에 몰려 버린다면 역시 서비스 품질에 있어서도 큰 문제가 발생하게 될 것이다.

따라서 다양한 인센티브로 수요 발생을 고르게 조절하거나 대기시간을 채워 고객이 이탈하지 않도록 유도하여 적극적으로 서비스 수요를 효과적으로 관리한다면 더욱 효율성 높은 서비스 제공을 할 수 있을 것이다.

수요와 공급에서 가장 이상적인 상황은 1차적으로 예측 수요와 실제 수요를 일치시키는 것이다. 시장의 세분화를 바탕으로 다양한 가격 정책을 사용하거나, 신축적인 예약 제도의 도입, 그리고 효과적인 수요 분할 방식을 활용하는 것도 모두 수요와 공급관리의 일부이다.

그러나 현실적으로 수요와 공급을 정확하게 맞추는 것은 불가능하다. 따라서 항상 공급의 부족이나 과잉에 따른 비용이 발생하게 된다. 따라서 이러한 버려지는 비용을 줄이기 위해서는 자체 공급 전략과 주문 전략 가운데 가장 적합한 유형을 선택하여 사용해야 하며, 다양한 보완적 관리 방안을 활용하는 것도 고려해야 한다.

또한 적절한 공급 모형을 사용하고 보완적인 기법들을 도입한다고 해도 고객이 바로 서비스를 받지 못하고 기다리게 되는 대기 현상을 근본적으로 막을 수는 없다. 수요와 공급에는 늘 불확실성이 존재하기 때문이다. 따라서 서비스 기업에서는 대기 현상의 기본 이론을 이해하고 중요한 모형들을 파악하는 것도 중요하다.

## 2.2 서비스 수요관리 전략

### 가. 수요 예측

서비스에서는 고객의 수요에 맞추어 적절한 수준의 서비스를 제때에 공급하는 접근이 제조업에서보다 더 강조된다. 만일 서비스의 공급이 부족하여 수요에 미달되면 제때에 서비스를 받지 못한 고객이 줄을 서서 기다리는 대기(queue) 문제가 발생하고, 공급이 수요를 초과하는 경우에는 서비스 시스템 내의 과잉 투자 문제가 발생하게 된다.

그런데 이러한 수요와 공급의 효과적인 관리는 서비스 수요에 대한 정확한 예측에서 시작된다. 수요를 미리 정확하게 예측해야 그에 맞추어 공급능력을 준비하거나 조정할 수 있기 때문이다. 수요 예측(demand forecasting)이란 언제 어느 정도의 제품이나 서비스가 판매될 것인가를 전망하는 활동이다.

수요는 임의적 및 불규칙 변동이 있을 수 있고, 주기적 변동이 있다. 주기적 변동은 계절, 공휴일, 날씨, 그리고 경축행사 등 긴급 이벤트에 의해서도 발생된다. 수요 예측에는 이런 현상과 원인을 분석하는데, 경쟁이나 대체품, 가격이나 유행, 그리고 구매 패턴에 대한 반응 분석, 시장의 세분화 등을 거쳐서 적정 기법을 적용한다.

수요 예측이 필요한 직접적인 이유는 물론 수요에 대한 정확한 예측을 바탕으로 서비스 공급 계획을 수립하여 공급의 과잉이나 부족 문제를 방지하려는 것이다. 그러나 더 중요한 문제는 서비스 공급 계획에 따라 재무, 인사, 마케팅 등의 다른 부서의 활동도 동시에 수행

**그림 14-4** 수요 예측 기법

된다는 점이다. 따라서 수요 예측의 영향력이 매우 크다는 점을 관리자가 인식해야 한다.

그동안 수요 예측은 생산관리나 마케팅관리의 중요한 연구 주제였으며 실무적 핵심 기능으로 다루어져 왔고 그에 따라 여러 가지 기법들이 활용되었다. 예측 기법은 예측하고자 하는 대상의 성격과 대상 기간에 따라 달라진다. 이들 기법들은 [그림 14-4]에서와 같이 크게 사람의 주관적인 판단에 근거하는 정성적 예측법(qualitative forecasting method)과 과거의 수요 데이터에 근거하는 정량적 예측법(quantitative forecasting method)으로 나눌 수 있다.

### (1) 정성적 예측법

주로 중장기적 수요를 추정하며, 시장조사법, 델파이기법, 위원회에 의한 예측법(패널동의법), 자료 유추법(역사적 유추법) 등이 있다.

#### ① 시장조사법

시장조사법(market survey 또는 consumer survey)은 정성적 기법 중 가장 계량적이고 객관적인 방법으로서 소비자로부터 직접 수요에 관한 정보를 얻어서 분석하는 방법이다. 수요의 크기뿐만 아니라 질적 정보를 확인할 수 있는데, 소비자의 심리, 선호도, 구매 동기 등을 파악할 수 있다. 상당한 시간과 비용이 소요되며 분석에는 전문 지식이 요구된다. 조사 대상자는 일반소비자, 고객 대표, 유통업자 등을 대상으로 하고, 설문, 면접, 패널조사 분석이 적용된다.

② 델파이기법

델파이기법(Delphi technique)은 전문가의 경험적 지식을 통한 문제해결 및 미래예측을 위한 기법이다. 이 기법은 미국의 랜드(Rand)연구소의 헬머(Olaf Helmer)에 의해 개발되었다. 조직 내외의 전문가들에게 미래에 관련된 의견을 익명성을 유지한 채 시행하는 설문조사를 통해 수집하고, 이들의 의견을 종합한 후 중간 분석 결과를 알려 주면서 다시 설문을 제공하는 과정을 반복적으로 수행하여, 미래 계획에 대한 일관된 합의를 이끌어 내는 예측방법이다. 전문가들에게 주어지는 설문은 비교적 간단한 양식의 질문이며, 익명성이 보장되는 방식으로 전문가 간의 의견교류는 허용되지 않는다.

참가한 전문가들은 대개 수치적인 추정을 하도록 요청받는데, 2차 설문부터는 직전 단계에서 집계된 전문가 집단의 응답 내용에 대한 종합적인 처리 결과를 제공받은 상태에서 응답한다. 대체로 우편이나 이메일 등을 사용하여 노력이 많이 들고, 전문적 지식을 가진 사람으로부터의 견해를 필요로 하여 비용과 시간이 많이 소요된다. 따라서 장기적인 예측을 위해서 이용하는 것이 좋다.

처리과정을 살펴보면, 조직 내외의 전문가들에게 미래에 관련된 의견을 익명성을 유지한 채 시행하는 설문조사를 통해 수집하고, 이들의 의견을 종합한 후 중간 분석결과를 알려 주면서 다시 설문을 제공하는 과정을 [그림 14-5]에서와 같이 반복적으로 수행하여, 미래의 수요예측에 대한 일관된 합의를 이끌어 내는 예측방법이다.

**그림 14-5** 델파이기법에 의한 수요예측

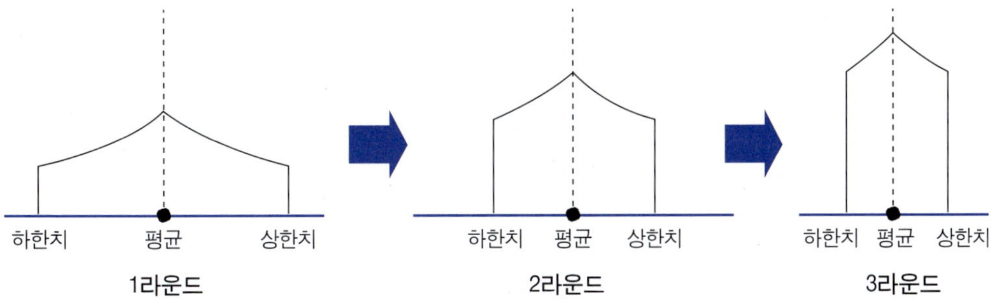

③ 역사적 유추법

역사적 유추법(historical analogy)은 새로운 서비스에서와 같이 기존 데이터가 없거나, 과거의 유사 자료에서 패턴을 모방할 것을 가정하고 이론을 전개한다. 역사적 유추법은 새로운 서비스의 시장 공략이나 수명 주기를 도입기, 성장기, 성숙기, 쇠퇴기 등으로 구분하여 예측하기 위하여 흔히 사용된다. 그러나 이 기법이 항상 정확하고 적절한 유추가 이루어지는 것은 아니다. 과거 자료의 패턴이 여러 가지 방향으로 해석 가능하고, 유추가 불명확하기 때문에 이 방법의 사용에는 예측도에 대한 신뢰성을 지적받게 된다.

### (2) 정량적 예측법

고객들의 구매 기록을 시간대별, 일별, 주별, 월별, 그리고 계절별로 과거 연도의 자료를 활용하여 미래의 예상되는 수요를 예측할 수 있다. 예를 들면, 음식점이나 소매점은 일일 시간대별로, 호텔이나 여행사는 계별별로 누적된 자료를 이용하여 정량적으로 수요를 예측할 수 있고, 대체로 널리 알려진 통계 패키지 프로그램(대표적으로 SPSS, SAS, R, 엑셀 등)을 이용한다.

① 시계열 모형

시계열 모형(time series model)은 과거 자료의 시간에 따른 변화를 관찰하여 일정한 패턴을 발견하고 이를 통해 미래를 예측하는 기법으로, 주로 단기적인 예측에 많이 이용된다. 시계열 자료는 평균, 추세, 계절성, 순환성, 불규칙 변동 등의 5가지 유형으로 분석되며, 평균을 통한 예측에는 이동평균법과 지수평활법이 있다.

이동평균법(moving average method)은 과거 일정기간의 자료를 평균하여 미래를 예측하는 기법이며 특히 계절 특성을 갖지 않을 때 유용하다. 이동평균법에서 중요한 것은 평균기간의 설정이다. 평균기간이 길어질수록 예측은 더욱 고르게 되기 때문이다. 이동평균법에는 단순 이동평균법과 가중 이동평균법이 있다. 단순 이동평균법(simple moving average method)은 비교적 간단하게 최근 몇 개 관측값의 단순 평균값을 다음 기간의 예측값으로 추정한다. 단순 이동평균법이 모든 데이터에 동일한 가중치를 부여하여 평균을 산출하는 데 반해, 가중 이동평균법(weighted moving average method)은 최근의 데이터에 더 큰 가중치를 부여하고 이전 데이터에 작은 가중치를 반영하여 추이를 반영하는 기법이다.

지수평활법(exponential smoothing method)은 계절성을 고려한 모형으로 시계열 자료의 체계적인 움직임을 찾아내는 데 활용된다. 과거와 현재 자료값의 가중평균을 사용하고, 최근 관측치에 지수적으로 높은 가중치를, 멀어질수록 가중치 값을 감소시키는 방법이다.

**표 14-4** 분기별 실적판매량 및 예측판매량

| 연도 | 분기 | 기간 | 실적 판매량 | 예측판매량 | |
|---|---|---|---|---|---|
| | | | | 이동평균법 ($n$=2) | 지수평활법 (α=0.3) |
| 2014 | 1 | 1 | 134 | – | 134 |
| | 2 | 2 | 114 | – | 134 |
| | 3 | 3 | 150 | 124 | 128 |
| | 4 | 4 | 175 | 132 | 135 |
| 2015 | 1 | 5 | 174 | 163 | 147 |
| | 2 | 6 | 132 | 175 | 155 |
| | 3 | 7 | 198 | 153 | 148 |
| | 4 | 8 | 221 | 165 | 163 |
| 2016 | 1 | 9 | 230 | 210 | 180 |
| | 2 | 10 | 196 | 226 | 195 |
| | 3 | 11 | 260 | 213 | 196 |
| | 4 | 12 | 306 | 228 | 215 |
| 2017 | 1 | 13 | 316 | 283 | 242 |
| | 2 | 14 | 249 | 311 | 264 |
| | 3 | 15 | 344 | 283 | 260 |
| | 4 | 16 | 403 | 297 | 285 |

예를 들어, 어느 매장에서 총 4년간 각 분기별 실적판매량이 〈표 14-4〉에서와 같다고 가정하자.

단순 이동평균법과 지수평활법에 의해서 분기별 판매량을 예측하면 〈표 14-4〉에서의 예측판매량 자료와 같다. 그 예측방법에 대해 설명하기로 한다.

• **단순 이동평균법**

단순 이동평균법에 의해 예측판매량을 추정할 때는, 최근의 $n$개의 자료에 대한 평균으로 다음 미래 기간에 대한 예측값을 산정하는 공식은 다음과 같다.

$$\hat{X}_t = \frac{\text{최근 } n\text{개의 데이터의 합}}{n} = \frac{X_{t-1} + X_{t-2} + \cdots + X_{t-n}}{n}$$

따라서 $n=2$로 했을 때, 2017년 4분기 예측판매량은 위 공식을 적용하면 다음과 같이 산출된다. 이와 같은 방식으로 다른 예측판매량도 산정할 수 있다.

$$\widehat{x_{16}} = \frac{x_{14} + x_{15}}{2} = \frac{249 + 344}{2} = 296.5 \approx 297$$

• **지수평활법**

지수평활법은 과거 데이터에 대해 가중치를 부여한다는 점에서 가중 이동평균법과 유사하다. 이 방법에서는 최근 데이터일수록 미래 발생할 데이터 실현값에 미치는 영향력이 크다고 보고 최근 데이터에 가중치를 높게 부여해야 한다는 개념을 받아들인다. 예측값을 산정하는 공식은 다음과 같다.

$$\hat{X}_t = \hat{X}_{t-1} + \alpha(X_{t-1} - \hat{X}_{t-1}), \quad 0 \le \alpha \le 1$$

$$\hat{X}_t = \alpha X_{t-1} + (1-\alpha)\hat{X}_{t-1}, \quad 0 \le \alpha \le 1$$

$$\hat{X}_t = \alpha X_{t-1} + \alpha(1-\alpha)\hat{X}_{t-2} + \alpha(1-\alpha)^2 \hat{X}_{t-3} + \cdots$$

위 공식은 실제로는 '예상판매량＝이전 예측치＋평활상수×(이전 실적치－이전 예측치)'를 의미하고 있다. 중요한 것은 평활상수값을 얼마로 하느냐에 따라서 새 예측치가 달라진다는 점이다. 값이 크면 클수록 예상판매량은 바로 이전의 실적판매량과 근사하게 결정되고, 작으면 작을수록 예상판매량은 전체 평균치에 근사하게 결정된다. 실적치 값에 민감하게 반응하게 되는 품목에 대한 수요량을 예측할 때에는 그 값을 크게 해주어야 하고, 그렇지 않은 품목에 대해서는 값을 작게 해주어야 한다. 적절한 평활상수의 값을 찾는 방법은 다음과 같다.

첫째, 0부터 1 사이의 값을 임의로 정한다.

둘째, 지수평활법을 이용하여 예상판매량을 계산한다.

셋째, 실적판매량과 예상판매량의 오차제곱합을 계산한다.

넷째, 오차제곱합을 비교하여 최소의 값을 갖는 값을 평활상수로 결정한다.

본 예제에서는 위의 공식에서 평활상수 $\alpha = 0.3$으로 설정했을 때, 2017년 4분기 예측판매량이 다음과 같이 산출된다.

$$\widehat{x_{16}} = \widehat{x_{15}} + 0.3(x_{15} - \widehat{x_{15}}) = 260 + 0.3(344 - 260) = 285.2 \approx 285$$

이런 방식으로 구해진 예측판매량은 앞서 제시한 〈표 14-4〉에 표시되어 있다. 또한 실제판매량과 이동평균법, 지수평활법에 의해 구해진 예측판매량의 추이를 그래프로 표시하면 [그림 14-6]과 같다.

**그림 14-6** 분기별 실적판매량 및 예측판매량

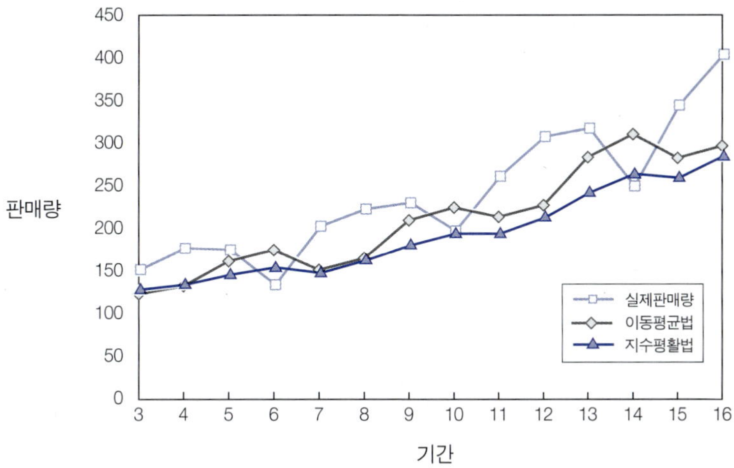


② 인과형 분석

인과형 분석은 수집된 과거의 자료를 통해 수요에 영향을 끼치는 변수들을 찾고 이 변수들 간의 인과관계를 분석하여 미래 수요를 예측하는 기법이다. 대표적인 분석기법으로 회귀분석 모형(regression analysis model)이 있으며, 이 외에도 계량경제 모형, 투입 · 산출 모형 등이 있다.

회귀분석의 한 종류인 선형회귀분석은 수요에 영향을 유발하는 하나 이상의 독립변수들(independent variables)과 수요의 결과치를 종속변수(dependent variable)로 설정하여, 이들의 관계를 선형으로 파악하는 회귀방정식(linear regression equation)을 도출하고 이를 이용해 수요를 예측하게 된다.

만약 수요에 영향을 미치는 $n$개의 독립변수가 있고, 이에 영향을 받는 1개의 종속변수가 있다면, 이들 사이의 관계는 다음과 같은 회귀방정식으로 표현된다.

$$\hat{Y} = a_0 + a_1 X_1 + a_2 X_2 + \cdots + a_n X_n$$

독립변수들($X$)의 예로, 특정 기간별 전화문의건수, 광고비, 창업기업수, 주택건설량, 물가지수 등을 자료로 투입하면, 종속변수($\hat{Y}$)의 예로서 예상판매량이나 매출액 등을 추정할 수 있다. 상수값 $a_0, a_1, a_2$ 등등은 통계처리 프로그램에 의해서 결정되어 어느 독립변수가 수요에 더 많은 영향을 미치는지, 그리고 얼마나 영향을 미치는지에 대해서 추정이 가능하다.

## 나. 수요의 조절

서비스 수요에 대한 과도한 변동을 피할 수 없으므로 수요를 조절하는 관리 전략을 통해 주기적 변동 상황을 줄일 수 있다.

### (1) 수요의 균등화

서비스 시설에 고객의 수요가 일시에 몰려 전체적인 서비스 공급을 어렵게 하는 경우가 많다. 이를 방지하기 위해서는 다양한 인센티브를 통하여 수요 발생 패턴을 고르게 조정하고 기다리는 시간을 덜 지루하게 느끼도록 유도하여야 한다. 수요를 분할하여 가급적 균등한 수준으로 발생시키기 위한 방법을 사용하기 위해서는 수요의 다양한 범주에 대한 이해가 필요하며, 이를 전략적으로 분리해 내는 것이 바람직하다.

가장 대표적인 방법으로 수요가 몰리지 않는 시간대에 가격 할인을 제공하여 수요의 발생 패턴을 균등화하고 한가한 시간대의 유휴 서비스 시설의 가동률을 높이는 것이다. 특히 서비스 수요가 계획된 수요와 무작위적 수요로 구분될 수 있을 때 적용하면 효과적이다. [그림 14-7]에서와 같이 가격 차별화 정책을 사용하면 비수기에는 보다 낮은 가격으로 제공함으로써 성수기의 수요를 비수기로 전환시킬 수 있다. 또한 성수기에는 상대적으로 높은 가격을 책정하여 수요를 억제하는 방법으로 사용하기도 한다. 예를 들어, 극장에서는 이른 아침시간대에 가격을 할인해 주어 피크타임의 서비스 수요를 이동시키고 고객의 만족도 또한 높일 수 있다. 이러한 전략을 사용하기 위해서는 서비스에 대한 수요 패턴을 정확하게 파악하고 있어야 한다.

**그림 14-7** 성수기와 비수기의 가격 차등화 사례

| 객실명 | 평형 | 인원<br>(기준/최대) | 비수기 | | 준성수기 | | 성수기 |
|---|---|---|---|---|---|---|---|
| | | | 주중 | 주말 | 주중 | 주말 | 주중, 주말 |
| A | 11평 | 4/6명 | 100,000 | 120,000 | 120,000 | 150,000 | 200,000 |
| B | 11평 | 6/8명 | 100,000 | 150,000 | 150,000 | 200,000 | 200,000 |
| C(복층) | 16평 | 8/10명 | 150,000 | 200,000 | 150,000 | 250,000 | 250,000 |
| C(독채) | 15평 | 8/10명 | 150,000 | 200,000 | 180,000 | 250,000 | 250,000 |

### (2) 예약 시스템의 활용

서비스에서는 공급의 재고화가 어려우므로 서비스 기업에서는 수요를 재고화하려는 노력을 하고 있다. 대표적으로 예약제도(reservation system)를 도입하여 수요가 발생하지 않는 시간대로 예약을 높이는 방법도 있다. 수요가 많이 발생하지 않는 요일이나 시간대를 파악하여 예약률을 높게 잡고 그 외의 시간대에는 도착순으로 서비스를 제공하여 서비스 수요를 어느 정도 균등화할 수 있다. 즉, 예약제도는 고객에 대한 편의를 제공하면서도 사전 판매를 통해 시설의 가동률을 높이는 효과를 얻을 수 있다. [그림 14-8]에서와 같이 병원에서는 요일별 평균 내방환자수를 파악하여 월요일과 화요일에는 예약자를 적게 잡고, 다른 요일에는 예약자를 높게 잡는 방식으로 수요를 균등화한다. 이를 통해서 증가된 환자 수요를 수용하여 1주간의 진료환자수와 의사가 환자 진료에 사용한 시간은 증가하고, 환자나 의사의 대기시간은 균등하게 분포하여 불만을 낮추며, 진료시간을 충분히 확보할 수 있게 된다.

예약제도는 장점이 많지만, 고객이 예약을 지키지 않을 때 문제가 발생한다. 예약 후 고객이 사전 예고 없이 나타나지 않는 이른바 노쇼(No Show: 예약 불이행 또는 예약 부도) 문제가 그것이다. 흔히 고객이 예약을 지키지 않을 때에 고객 스스로는 재정적인 불이익을 당하지 않지만, 서비스를 제공하는 기업의 입장에서는 노쇼에 따른 재정적인 손실, 즉 유휴비용이 발생한다. 최근에는 대리기사, 음식배달 등 사회취약계층에 대한 피해도 속출하고 있다.

**그림 14-8** 병원 방문환자 수요 분할을 통한 수요 균등화

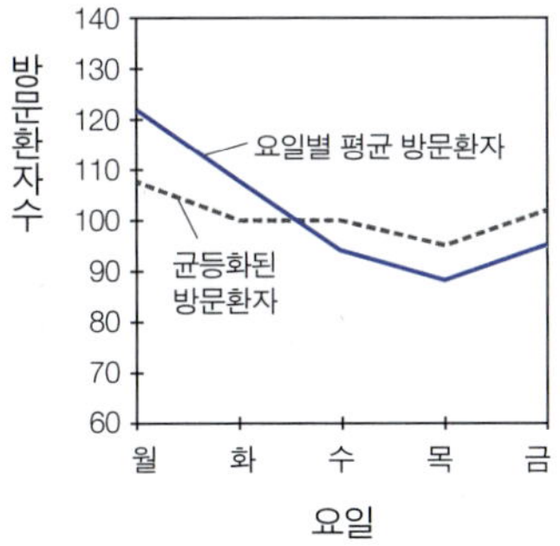


요일별 방문환자 분포

| 요일 | 요일별 평균 방문환자 | 균등화된 방문환자 |
|---|---|---|
| 월 | 121 | 108 |
| 화 | 105 | 100 |
| 수 | 92 | 100 |
| 목 | 90 | 100 |
| 금 | 95 | 105 |

예약일정 조정에 의한 수요 균등화

그림 14-9 노쇼로 인한 피해

식당에서의 노쇼

대리기사 호출 후 노쇼

### (3) 초과예약제도

노쇼 문제에 대비하여 기업에서는 초과예약(over booking) 전략을 채택하는 경우가 많다. 조사에 의하면, 미용실은 15%, 레스토랑은 10% 정도, 병원에서는 6~7% 정도의 노쇼에 의한 손실이 있으며, 특히 크리스마스 휴가 중에 레스토랑의 노쇼는 40% 이상에 달하기도 한다.

초과예약은 대표적으로 항공사나 호텔 등에서 시행하는 전략이다. 항공사에서는 비행기의 한 번 이 · 착륙 시 큰 재정적 부담을 가지게 되는데, 이때에 고객이 예약을 지키지 않아 빈 좌석으로 이륙을 하게 되면 항공사의 재정적 손해가 크기 때문이다. 이에 항공사에서는 실제 제공 가능한 좌석보다 조금 더 많은 예약을 받음으로써 노쇼 고객에 대비하고 있다. 그러나 너무 많은 좌석을 초과예약으로 받을 경우 이미 예약한 승객에 대한 경제적 보상 이외에도 기업 이미지 손상, 고객의 재방문 감소, 부정적 구전 또한 위험으로 뒤따른다.

서비스 기업에서는 노쇼 확률을 가정하고 초과예약을 받았으나 이미 예약한 고객에게 지불해야 할 보상액과, 노쇼를 통해 얻을 수 있는 이익을 고려하여 기대이익을 최대화하기 위해서 최적의 초과예약을 결정하는 이른바 계량적인 해법도 구비할 필요가 있다.

초과예약제도의 부작용을 막기 위하여 미국에서는 초과예약된 항공기 승객에 대해 보상비용 및 다음 비행편의 좌석을 배정해 주도록 하는 규정을 시행하는 사례도 있다. 이와 같은 노쇼 문제에 대한 대책으로는 예약예치금, 위약금제도, 신용카드 선결제, 그리고 블랙리스트 공유제 등이 있다. 조사에 의하면 위약금제도를 시행하여 노쇼 문제가 많이 감소한 항공사에서는 4.5% 정도에서 1.5% 정도로 감소하였다.

**표 14-5** 초과예약에 따른 문제

| 구분 | 발생 문제 | 기타 |
|---|---|---|
| 초과예약 규모 > 예약 불이행 규모 | 보상비용 | 보상, 불만, 부정적 구전, 신뢰 저하 등의 기회비용 |
| 초과예약 규모 < 예약 불이행 규모 | 유휴비용 | 유휴 공급능력, 판매 상실 등의 기회비용 |

### (4) 자동화 기술의 활용

최근 서비스 기업에서는 자동화 시스템으로 수요를 분산시키고 생산성을 높이고 있다. 은행의 자동화 기기나 공공기관의 무인발급 시스템, 도서대출 및 반납 자동화 기기 등이 가장 대표적인 예라고 할 수 있다. 인터넷을 통한 예약 판매 시스템이나 문의사항 접수 등도 이에 해당한다.

**그림 14-10** 자동화 기술 적용 사례

도서 대출 · 반납 자동화 기기

예약 판매에 의한 뷰티 서비스

### (5) 가격 차등화

서비스 수요가 피크일 때는 고가 정책으로 수익성을 향상시키면서 수요를 축소시키고, 수요 부족 시에는 저가 정책으로 수요를 증가시킨다. 성수기와 비수기에도 다른 가격을 설정할 수 있다. 심야나 조조 할인도 널리 적용되는 사례이며, 서비스는 구입하되 시설을 이용하지 않는 경우에 가격 할인을 제공하는 경우, 즉 테이크아웃을 할 때 할인을 해주는 사례도 가격의 차별화 전략이다.

### (6) 비수기 수요 촉진

서비스 상품을 다양화하여 수요를 조절할 수 있다. 비수기에 유휴 상태인 서비스에 대체 수요의 원천을 개발하는 전략이 효과적이다. 여름에 비수기인 스키장, 리조트 호텔 등에서는 기업 연수나 수련회, 교육 프로그램을 운영한다. 연말 결산으로 분주한 회계법인에서는 여름철 비수기에 경영 컨설팅이나 조직 진단 등 전문 용역을 수주하여 실행한다.

### (7) 보완적 서비스 개발

수요 균등화는 수요 확대의 방법으로도 사용될 수 있다. 고객이 몰리는 시간대에 기다리는 고객을 위하여 잡지를 제공하거나 간단한 음료 제공 등으로 고객이 이탈하지 않도록 한다. 영화관이나 공연장에 함께 입점되어 있는 오락공간이나 카페, 그리고 고급 음식점에서의 바(bar) 등은 기다리는 고객이 지루하지 않고 초조하지 않게 하며, 수익성을 더욱 높일 수 있게 한다. 주유소에서 편의점은 시간적 여유가 있는 대기 고객들을 통한 새로운 시장을 확장하는 기능 보완 서비스라고 할 수 있다.

**그림 14-11** 보완적 서비스 개발 사례

극장에서 음료 매장 운영

주유소에서 편의점 운영

### (8) 서비스 제공 시간대와 장소의 조절

서비스 제공의 시간 및 공간적 제약에서 벗어날 필요가 있다. 시간적 제약에서 벗어난 예로는 24시간 편의점이나 심야 극장이 있고, 공간적 제약에서 벗어난 예로는 새벽시간 상인을 대상으로 한 출장 은행 서비스, 이동식 도서관, 길거리 음식, 출장 요리 등이 있다. TV 프로그램에는 대형 빨래가 힘드신 어르신들을 위한 출장 빨래 서비스, 30여 종의 귀엽고 다채로운 종류의 동물들을 유치원 아이들 가까이 원하는 곳으로 이동시켜 직접 만져 보면서 체험할 수 있도록 하는 출장 동물원 서비스까지 소개되었다.

#### (9) 커뮤니케이션 증대

서비스를 이용하기에 가장 편한 시간과 장소에 대한 정보를 광고나 인터넷, 종업원 등을 통해서 고객들에게 수요 상황을 공지하거나 안내방송과 같은 정보를 제공하여 수요를 분산시킨다. 특히 연말연시, 주말, 점심시간 등 피크타임 상황에 과다한 수요를 분산하여 비수기 등에 할인된 가격으로, 분주하지 않은 시간에 보다 빠르게, 서비스를 받도록 한다.

## 제3절 서비스 공급관리

### 3.1 서비스 공급능력 관리

서비스 기업에서 공급능력을 구성하는 핵심 요소는 <표 14-6> 에서와 같다. 이들 요소는 특정 서비스를 위해서 다른 구성 요소와의 결합이 필요하다. 병원, 호텔 등 자본 집약적 서비스에서는 시설이나 장비 등이, 그리고 법률, 컨설팅 등 노동 집약적 서비스에서는 인력과 시간이 핵심적인 공급능력의 구성 요소이다. 서비스 기업에서 공급능력을 관리할 때는 핵심 공급능력 요소를 중심으로 공급능력을 설정해야 하고, 다른 연관된 구성 요소들을 결합하여 최적의 공급능력이 활용될 수 있도록 효과적으로 관리해야 한다.

**표 14-6** 서비스 공급능력 핵심 구성 요소

| 구분 | 핵심 구성 요소 | 서비스 업종 예시 |
|---|---|---|
| 노동집약적 서비스 | 시간 | 변호사, 컨설턴트, 회계사, 의사, 미용사 등 |
| | 인력 | 법률/컨설팅/회계/의료 법인 등 |
| 자본집약적 서비스 | 장비 | 택배회사, 항공사, 택시회사 등 |
| | 시설 | 호텔, 병원, 레스토랑, 전력 및 통신회사 등 |

공급능력의 구성 요소의 결합에는, 예를 들면 해당 시설이나 장비를 운영하기 위한 인력을 같이 고려해야 한다는 의미이며, 요소 간 부조화가 발생하면 연속적으로 이루어져야 하는 서비스 활동에서 병목현상으로 인하여 프로세스가 중지될 수도 있다. 따라서 시설, 장비, 시간, 인력 요소 간에 균형을 유지하는 것이 서비스 공급능력관리에 있어 중요하다.

서비스 공급능력의 설정에는 해당 서비스에서의 수요 패턴을 정확하게 이해해야 한다. 업종에 따라서는 계절별로 성수기와 비수기 사이에 발생하는 수요의 변동폭이 큰 경우도 있고, 월 단위로 또는 요일, 일, 시간대에 따라 수요의 패턴이 달라지는 경우도 많다. 예를 들면, 병원은 주말이나 휴일 다음 날에, 은행에서는 월말이나 월초에 수요가 급증한다. 대중교통 수단은 하루 중에도 출퇴근 시간대와 다른 시간대에서, 평일과 주말, 계절과 날씨 등에도 영향을 받아 수요의 변동이 심하다.

## 3.2 서비스 공급관리 전략

서비스는 대부분 수요를 공급능력에 맞춰서 균등화할 수만은 없다. 수요에 대비하여 충분한 시설과 인력을 확충하는 방법이 있으나, 수요 예측이 어려우며, 수요의 발생 패턴이 불규칙하기 때문에 수익성을 고려할 때 무한정의 규모로 확충할 수는 없다. 그나마 성수기를 대비하여 시설을 개보수하고, 직원들이 다양한 업무에 투입될 수 있도록 하는 등 최대 공급능력이 가용한 상태로 준비하는 것이 바람직한 접근이다. 그러나 장기적으로는 물리적 서비스 제공능력을 확대하거나 서비스를 자동화하여 공급능력을 높이거나 신축성을 높일 수는 있다. 그러나 이러한 공급능력을 확충하기 위해서는 큰 재정이 소요된다. 따라서 단기적으로도 신축성 있고 효율적인 공급관리 방안이 필요하다. 기타의 공급관리 전략을 살펴본다.

### 가. 시간과 인력의 임시 확대

새로운 시설이나 고정 인력을 확장하지 않은 상태에서 일시적인 초과근무 또는 시간제 직원의 활용을 통해 공급능력을 확대할 수 있다. 수요가 몰리는 시간대에 일시적인 수요에 대처하기 위해서 영업시간의 연장 및 파트타임 고용을 시행할 수 있다. 이는 가장 쉽고 일반적인 방법이다. 그러나 예를 들면, 요일별, 시간대별 수요에 따라서 필요한 임시 인력의 산정과 이를 고용하여 운영하기 위한 교대근무 일정을 시간대별로 수립해야 하는 경우도 있다.

하지만 물리적 서비스 시설이나 고정 인력의 추가 수용에는 미치지 못하며, 특히 전문적인 서비스를 제공하는 경우, 파트타임 고용에도 어려움이 생기는 경우가 발생할 수 있으므로 제한적인 해결책이다. 기업에서 임시 인력을 성공적으로 활용하기 위해서는 정규직과 임시직이 수행하는 역할, 절차 및 혜택을 명확히 설정하는 것이 좋다. 또한 임시직 종사자도 중요한 역할을 맡고 있으며, 고객들에게 고품질의 서비스를 제공하겠다는 인식과 함께 역량을 사전에 갖추도록 대비가 필요하다.

### 나. 셀프서비스

고객들이 참여할 수 있는 범위와 의지 등을 고려하여 셀프서비스를 이용하면 기업은 물론 고객에게도 유익하다. 즉, 기업은 생산성을 제고하고, 고객은 적은 원가로 만족도가 높은 서비스를 제공받을 수 있어, 우리 주변에는 많은 셀프서비스의 사례들이 있다. 가장 대표적인 예로 패스트푸드점이 있다. 고객은 서비스의 프로세스에 참여하여 정해진 메뉴를 보고 직접 주문과 서빙, 식사 후 반환까지 완료한다. 또한 일반 식당에서도 주로 물, 수저, 반찬까지도 고객 스스로 준비하는 셀프서비스로 운영하여 서비스 시설의 회전율과 효율을 높이는 사례가 많다. 이러한 고객의 서비스 프로세스에의 적극적인 참여로 고객은 빠른 시간에 고객이 원하는 종류의 서비스를 저렴한 가격으로 제공받을 수 있으며, 서비스 기업으로서도 인건비를 줄이면서도 서비스 공급능력의 신축성이 높아지는 등의 이익을 얻는다. 단, 서비스 품질의 통제에는 어려움이 예상된다.

### 다. 종업원의 능력 개발

다양한 업무를 처리할 수 있도록 종업원들의 서비스 능력을 계발한다. 단순 반복적인 업무에서는 직무의 확대가 종업원 역량의 향상과 만족도 제고에도 긍정적인 효과를 기대할 수 있다. 이와 같이 다기능화(multi-functional)를 유도하여 다양한 업무를 수행하는 직원들에게 인센티브를 제공하고, 고객의 수요 발생에 대하여 업무 흐름에 원활하고 신축성 있게 대응할 수 있도록 한다. 손님이 적을 때에는 적은 수의 종업원으로 다양한 업무를 처리하도록 하고, 손님이 많을 시에는 일시적인 병목현상을 해결할 수 있도록 부문별로 업무를 세분화하여 서비스 속도와 효율성을 높이는 방법이다.

### 라. 예약제도 활용

예약제도 활용으로 공급능력을 조절한다. 예약제도는 고객의 입장에서도 대기시간이 크게 줄어들고, 서비스 제공을 미리 약속받음으로써 안정감을 가질 수 있다. 또한 고객이 예약을 지키지 않을 경우에 대비하여 적절한 초과예약제도를 시행할 수 있다.

### 마. 서비스 능력의 유연성 제고

공급시설 및 장비의 공유화나 임차, 그리고 아웃소싱 등을 통해 서비스 능력을 확장할 수 있다. 호텔이나 병원 등에서는 인근 지역의 호텔들과 병원들끼리 협약하에 초과 수요를 해결하기 위해 시설을 공동으로 활용하는 것도 가능하다. 또한 어느 항공사에서는, 예를 들어 보잉777 항공기의 좌석 등급을 분리대를 이동하여 조정하여 이코노미 클래스와 비즈니스 클래스의 좌석을 수요에 맞게 유연하게 변경하기도 하며, 비행기 기장도 시간적 여유가 있을 때 다른 승무원이 하는 일이나 기내 청소까지 유연하게 담당하여 출발시간을 앞당기는 데 투입되기도 한다. 마찬가지로 호텔에서도 객실의 구조를 한 개의 룸을 2개로 운영하다가 수요에 맞춰서 1실의 큰 스위트룸으로 변경할 수 있게 하기도 한다. 또한 병원들이 고가의 특수 의료장비를 공동으로 활용하거나, 이웃해 있는 동종 업종의 경우 운송수단, 주차장, 그리고 물류센터 등 사전에 교섭된 다른 설비를 임시로 공유할 수 있다면 이와 같은 방안들은 서비스 능력의 유연성을 높이는 대안이 될 수 있다.

이를 위해서는 사전에 공유 자원에 대한 활용 상황이나 일정 등을 파악할 수 있는 체계의 구축, 직원들의 업무 분업화와 다기능 직무에 교차 투입될 수 있도록 훈련되고, 관련 직무 수행에 관하여 노조와의 협의 등이 이루어져 있어야 한다.

## 제4절 서비스 수익관리

수율관리(yield management)는 공급능력이 고정되거나 제한되어 있는 서비스에서, 예약 시스템, 초과예약, 수요 분할, 가격 차별화 등을 활용하여 시장 및 고객층을 분할하고 가능한 수요에 맞춰서 수익을 최대화하기 위한 종합적인 시스템이다. 'yield'의 사전적 의미는 '생기게 하다', '산출하다', '(이익 따위를) 가져오다'이며, 수율관리는 수익을 극대화하기 위하

**그림 14-12** 등급별 좌석 할당 비율을 통한 수율관리 사례

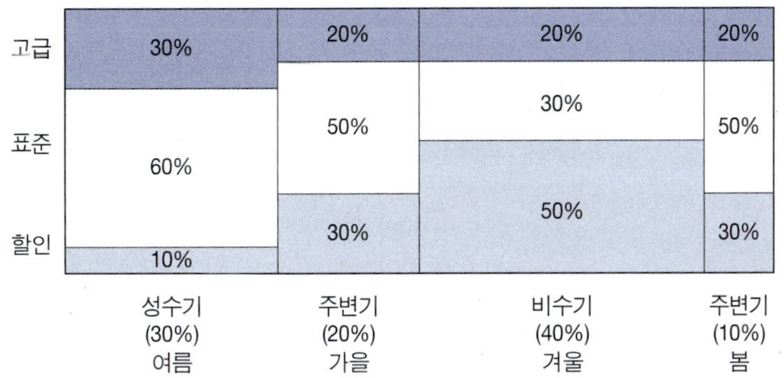


여 항공기 좌석이나 공연장에서 적정 가격(right price)에 적정 고객(right customer)을 적정 좌석에 판매하는 것(selling the right capacity)이다.

본질적으로 서비스의 능력(예: 항공기의 좌석, 빈 호텔 방 등)이 소멸적인 특성을 지니기 때문에 수율관리가 등장하였다. 예를 들면, 항공사는 정상요금 고객으로만 그들의 비행기를 채울 수 없으므로 차등화된 요금을 구성하여 승객을 채운다. 전통적으로 1등급 탑승객은 요금보다 차별화된 프리미엄 서비스에 관심이 높기 때문에 정상요금 또는 그보다 높은 가격으로 고급 서비스를 제공한다. 저가형 서비스를 선호하는 고객들을 위해서는 시즌별, 등급별, 예약시기별, 인터넷 및 모바일 예약 요금 등 절약형 요금, 단체요금, 초할인요금과 같이 통상 10여 개종의 가격 계층이 있다. 항공사에서는 좌석을 모두 채우고자 하는 욕구와 가장 높은 가격으로 좌석을 판매하려는 욕구 사이에 상쇄가 발생하는데, 항공사의 재고, 즉 빈 좌석은 사업기회의 상실을 의미하기 때문이다. [그림 14-12]에서는 항공사에서 계절별로 고급, 표준, 할인요금의 좌석 비율을 설정하여, 늦게 예약하는 정상요금의 고객에게 팔기 위한 좌석을 충분하게 확보하면서, 얼마나 많은 할인요금 좌석을 팔 것인가를 사전에 결정하는 사례를 보여 주고 있다.

이와 같이 수율관리가 적합한 서비스 기업은 상대적으로 고정된 서비스 능력을 보유했거나, 시장 세분화가 유리한 경우, 소멸 재고를 가진 경우, 사전 판매가 가능한 경우, 그리고 심한 수요 변동에 대응해야 하는 기업이다.

이와 같은 특징을 고려하여, 한정된 공급능력에 최대한의 고객을 유치하여 매출을 극대화하기 위해 분산된 비율에 따라 가격을 조절하고 적절히 혼합(mix)하는 수율관리가 효과적인 대안이 된다. 또 다른 측면에서는 〈표 14-7〉의 사례에서와 같이 수요 변동에 맞추어

**표 14-7** 테마파크에서의 인력 수급 정책 사례

| 구분 | 근무기준 | 접수시기 | 급여 | 비고 |
|---|---|---|---|---|
| A-근무자 | 3개월 이상 근무<br>(주 1일 유급휴무) | 상시접수 | 시간급<br>13,000~13,400원<br>(직무에 따라 차등지급) | • 식대보조<br>• 연장근무수당 지급<br>• 어학가능자(中, 英) →<br>어학수당 지급 |
| S-근무자<br>(방학직) | • 하계: 6~8월 근무<br>• 동계: 12~2월 근무<br>(주 1일 유급휴무) | • 하계: 5~7월<br>• 동계: 11~1월 | A-근무자 수준<br>(소정기간 만근 시) | 자격소지자<br>→ 자격수당 지급 |
| H-근무자 | 토, 일 공휴일 근무 | 상시접수 | 시간급<br>13,100~13,400원 | |
| P-근무자 | • 10:00~16:00<br>• 17:00~23:00<br>(일일 5~6시간 근무) | | | |

**표 14-8** 호텔 레스토랑에서의 시간대별 가격 사례 (단위: HK $)

| 도착 시간 | 정오 | 오후 1시 | 오후 2시 | 오후 3시 | 오후 4시 | 오후 5시 | 오후 6시 | 오후 7시 | 오후 10시 | 오후 11시 |
|---|---|---|---|---|---|---|---|---|---|---|
| 가격 | 118 | 128 | 118 | 108 | 128 | 168 | 208 | 248 | 138 | 98 |

정규직과 임시직 근무자를 적절히 혼합하기 위한 비용 측면에서의 수율관리도 가능하다.

홍콩의 '더 구룡 호텔(The Kowloon Hotel)'은 고가의 전일제 뷔페 레스토랑을 운영하고 있는데, 최상의 생선회, 굴, 샐러드, 디저트 등을 판매한다. 이 호텔에서는 고객의 도착시간에 따른 차등가격 시스템이 특장점이다. 고객이 호텔의 레스토랑에 도착하면, 도착시간이 표기된 'Buffet Zone Pass' 카드를 받아 입장하는 시간을 확인할 수 있다. 〈표 14-8〉에서의 시간대별 가격의 차등화 정책으로 호텔의 수익을 약 33% 정도 향상시켰으며, 레스토랑의 공간 이용 효율을 제고시켰다.

S E R V I C E   M A N A G E M E N T

# 15

CHAPTER

# 서비스 대기관리

## '5분 타려 5시간 대기' … 디즈니 겨울왕국 놀이기구 대박

### 5시간 기다리는 놀이기구

월트디즈니가 대박을 터트린 '겨울왕국' 애니메이션이 놀이기구로도 상당한 흥행몰이를 하고 있다. 5분을 타기 위해 5시간을 기다려야 할 정도다. 월트디즈니가 2016년 첫선을 보인 '프로즌 에버 에프터(Frozen Ever After)'를 기다리는 줄에 끝이 보이지 않는다고 매스컴에서의 보도가 있었다. 디즈니월드에 있는 프로즌 에버 애프터 앞 대기시간 안내판에는 300분이라고 적힌 사진이 트위터에 올라오기도 했다.

프로즌 에버 애프터는 애니메이션 속 엘사와 안나 공주가 살던 아렌델 왕국을 보트를 타고 돌아보는 놀이기구다. 애니 매트로닉스 기법을 활용해 울라프, 엘사, 안나, 스벤 등 실제 애니메이션 캐릭터들이 눈앞에서 움직이는 듯한 착각이 들도록 만들었다. 운행시간 5분은 디즈니의 다른 놀이기구에 비하면 중간 수준이지만 대기시간은 여느 놀이기구보다 길다.

디즈니 놀이기구 중 운행시간은 회전목마가 20분 45초로 가장 길고 반스토머가 1분 3초로 가장 짧다. 디즈니의 투어링플랜스에 따르면 11분을 타는 스플래시 마운틴의 평균 대기시간은 2시간이다. 45초 운행하는 피터팬 플라이트는 평소에는 대기시간 2분이지만 성수기 때에는 2시간 반이 걸리기도 한다. 프로즌 에버 애프터는 대기시간도 긴 데다 오픈 후 첫 나흘 동안 하루에 최소 한 번씩은 운행을 중단하면서 고객들의 분노를 샀다. 트위터에는 1시간 반을 기다렸는데 점검한다고 해서 실망했다는 글도 올라왔고 무려 5시간 기다렸는데 바로 앞에서 운행정지됐다는 글도 올라왔다.

'겨울왕국' 애니메이션은 1억 5,000만 달러를 들여 제작해 2013년 개봉했다. 전 세계적으로 12억 달러의 흥행수입을 올리면서 디즈니의 효자 상품으로 떠올랐다. 여기에는 관련 상품판매나 테마파크 티켓판매 효과는 포함되지 않았다.

### 대기시간 단축에 고민하는 디즈니월드

디즈니월드에서 고객들이 긴 줄 한가운데 서서 지겨워하는 사실을 디즈니월드도 알고 있다고 밝히고 있다. 미국 플로리다 주 올랜도의 유명 놀이공원 디즈니월드가 고객의 해묵은 불편사항인 '오래 기다리기'를 어떻게 하면 해결할 수 있을지 고심하고 있는 것이다.

디즈니월드는 주요 테마파크 가운데 원조격인 매직킹덤의 신데렐라 성 지하벙커에 '디즈니 운영통제센터'를 만들어 시시각각 관람객들의 흐름을 체크해 기다리는 줄이 지나치게 길어지지 않도록 갖은 방법을 동원해 통제하고 있다. 세계적으로 유명한 이 놀이공원에는 규모에 걸맞게도 연간 약 3천만 명이 방문하고 있기 때문에 이 인파를 잘 통제하는 것이 디즈니월드로서는 매우 중요한 문제다.

하지만 최근 사람들이 조급한 성격을 갖게 되면서 놀이기구 한 번 타기 위해 30분에서 한 시간씩 기다려야 하는 디즈니월드에 짜증을 내기 시작했고 디즈니월드 측은 이런 시류변화에 대처하기 위해 대기시간을 단축하기 위한 방안을 짜내고 있다. 지하 통제센터에는 우선 각종 비디오 카메라와 컴퓨터 프로그램, 공원을 상세히 보여 주는 디지털 지도 등이 갖춰져 있으며 갑자기 정체가 발생하거나 줄이 길어질 때를 대비한 다양한 대응책도 준비돼 있다. 한쪽에서는 각 놀이기구마다 대기하는 사람의 수를 대략적으로 보여 주는 모니터 화면이 놓여 있다. 초록과 노랑, 빨강 등 색깔별로 구분해 대기시간을 단계별로 알 수 있게 했다.

놀이기구 '캐리비안의 해적' 대기자가 갑자기 많은 것으로 표시되면 통제센터에서는 더 많은 사람들이 이용할 수 있도록 가동보트 수를 늘리라는 명령을 내린다. 또 영화나 만화주인공 캐릭터를 내보내 기다리는 사람들이 지루해하지 않도록 조치하기도 한다.

매직킹덤의 필 홈즈 부사장은 "변화를 재빨리 감지해 대처하는 것이 중요하다. 기다리는 사람들에게 누군가 자신을 봐 주고 있다는 생각이 들게 해야 한다"고 말했다. 공원 내 판타지랜드는 사람들로 북적대고 바로 옆의 투머로우랜드는 한산하다면 어떻게 할까. 통제센터는 즉석에서 퍼레이드에 출동명령을 내려 시선을 끌게 한 뒤 사람들을 한산한 곳으로 이끌고 간다.

늘 붐비는 식당도 점검대상이다. 통제센터는 대기자가 많은 식당에 대해서는 명령을 내려 직원들이 밖으로 나가 메뉴판을 나눠 주면서 기다리는 동안 주문을 할 수 있도록 한다. 매직킹덤의 경우 놀이기구가 40개가 넘지만 방문객들이 이용한 것은 일일 평균 9개에 불과하다. 각종 탈것과 식당이 붐빈 탓이다. 하지만 최근 통제센터의 조정 덕분에 이용 놀이기구 수는 10개로 올라갔다.

도쿄의 디즈니랜드에서도 가장 오래 기다려야 되는 스플래시 마운틴은 기본 1시간 이상은 예상해야 하고, 주말이나 일본 연휴에 도쿄 디즈니랜드를 방문한다면 탈 수 있는 어트랙션은 하루 종일 해도 10개를 넘기기 어려울 것이다. 오죽하면 실시간으로 각 어트랙션 대기시간을 알 수 있는 모바일 앱까지 나왔겠는가.

출처: 이데일리, 권소현 기자, 2016. 6. 29.; 연합뉴스, 주종국 특파원, 2010. 10. 29.

우리는 버스나 지하철을 타려고, 비행기 출발시간에 쫓기면서, 그리고 은행과 병원에서 상담을 받기 위해, 또한 극장, 야구장, 테마파크 등에 입장하기 위해서 줄을 서서 순서를 기다려 본 일이 있을 것이다. 바쁜 시간에 음식점에서는 빈자리를 잡기 위해서, 아니면 주문한 음식을 기다리느라, 미용실, 슈퍼마켓의 계산대와 주차장, 신호등 등 여러 장소에서 서비스를 받기 위해 발을 동동 구르면서 순서를 기다렸던 아찔했던 경험이 있을 것이다. 지친 고객들은 줄을 서다가 다른 줄로 이동해 보기도 하고, 아예 다른 서비스 기업이나 다른 매장으로 발걸음을 옮기는 상황도 발생한다.

그리고 물류, 유통, 교통, 의료, 공공기관, 콜센터 등 많은 서비스에서 기업이나 종사자들은 밀려드는 고객에게 불편을 주지 않기 위해서 조금이라도 대기시간을 줄여 주기 위해 서비스를 빨리 하느라고 바삐 움직이면서 허둥대는 상황을 볼 수가 있다. 얼마 전에 뾰족한 대책 없는, 그러나 위험한 메르스 질병을 치료받으려고 전염성이 강한 상태에서 무작위로 몰려드는 환자들 때문에 보건 당국과 많은 병원들이 긴장했던 일도 있었다.

결국 대기 문제를 해결하겠다고 기업에서 공급능력을 과도하게 준비한다면 낭비되는 비용이 커서 문제가 되고, 부족한 공급능력은 고객의 대기를 초래한다. 이와 같은 상황은 서비스에서 재고를 가질 수 없다는 점에서 출발하고, 서비스에서 공급능력과 수요의 불일치 문제가 나은 중요한 이슈이다.

## 제1절 서비스와 대기

대기는 고객이 서비스를 받을 준비가 되어 있는 시간부터 서비스가 개시되기까지의 시간을 의미한다. 서비스에서는 고객이 서비스의 생산 및 전달 프로세스에 직접 참여하게 되고, 생산과 소비의 동시성으로 수요의 변동에 대비할 수 있는 재고 개념이 없기 때문에 공급능력보다 수요가 큰 상황에서는 고객이 기다릴 수밖에 없는 대기상황이 발생한다. 즉, 서비스 기업에서는 외부 고객의 대기비용이 비생산적으로 낭비되고 있다. 혹자들은 이런 관점에서 외부 고객을 기업에 찾아온 자산의 개념으로 파악하기도 한다.

한편 서비스 기업이 많은 공급능력을 갖춘 상황에서 설비와 종업원들이 유휴 상태에서 고객을 기다리는 상황이 발생되기도 한다. 이 경우에 기업의 입장에서는 종업원, 즉 내부 고객의 대기비용이 비생산적 임금으로 측정되고 낭비되고 있다.

서비스 대기의 경제학은 외부 고객과 내부 고객의 대기에서 발생하는 비용의 낭비를 일컫는 개념이며, 본질적으로는 대기시간에 할 수 있었던 일의 가치를 뜻한다. 경쟁시장에서의 지나친 기다림은 매출기회를 상실하게 되고, 기다림은 지루함, 불안감, 그리고 심리적 스트레스로 인한 비용이 발생된다.

특히 고객이 서비스를 받기 위해 기다리는 대기시간은 고객의 감정에 영향을 주며, 대기시간이 '인내 영역' 이상이라고 느낀 고객들은 불만을 가지게 된다. 이에 따라 고객불만을 낳게 되고, 서비스 품질에 대한 부정적 경험은 재구매의도를 약화시키는 결정적인 요소이다. 따라서 서비스 관리자는 기다리는 고객을 어떻게 다루어야 할지 미리 대처해야 한다.

서비스에서 고객의 대기는 서비스가 개시된 이후에도 나타난다. 식당에서는 주방에서의 조리과정, 은행에서도 직원이 처리해야 할 내부 결재 등 지원 프로세스, 병원에서도 치료를 위한 준비, 화물의 운송과정에서의 물량 대기, 활주로에서의 항공기 과다 대기 등 서비스의 전달을 위한 준비, 생산, 운영, 지원 등의 과정에서 시설 및 장비, 그리고 인력 등 서비스 자원이 유발하는 고객의 대기가 발생된다.

## 제2절 대기행렬관리

### 2.1 대기행렬의 개요

대기행렬(waiting line, queue)은 하나 혹은 그 이상의 서비스 제공자에게 서비스를 제공받기 위해 기다리는 고객의 줄을 의미한다. [그림 15-1]에서와 같이 주말에 테마파크 매표소에는 티켓을 구입하기 위해, 그리고 극장이나 연극공연장에 입장하기 위해서도 고객들은 대기행렬을 이룬다. 콜센터에서나 병원응급실에서의 대기상황은 환자들의 생명을 좌우하

**그림 15-1** 서비스의 대기라인

주말시간의 테마파크 매표소의 대기행렬

고속도로 정산소에서의 대기행렬

콜센터에서의 대기행렬

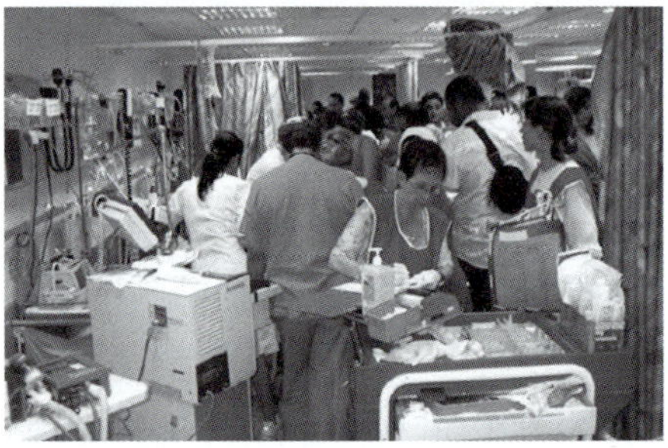

병원 응급실에서의 대기행렬

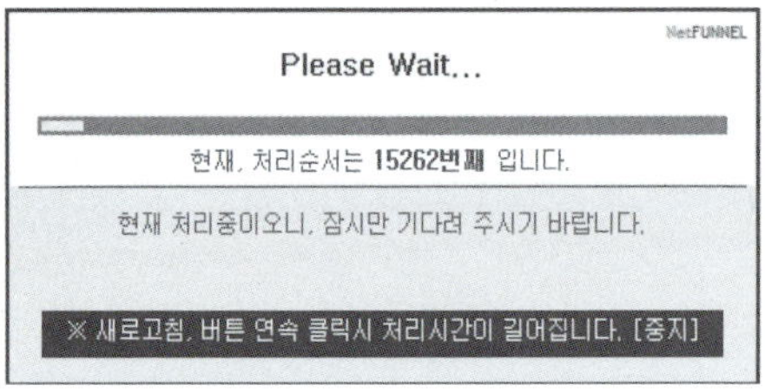


온라인 대기행렬

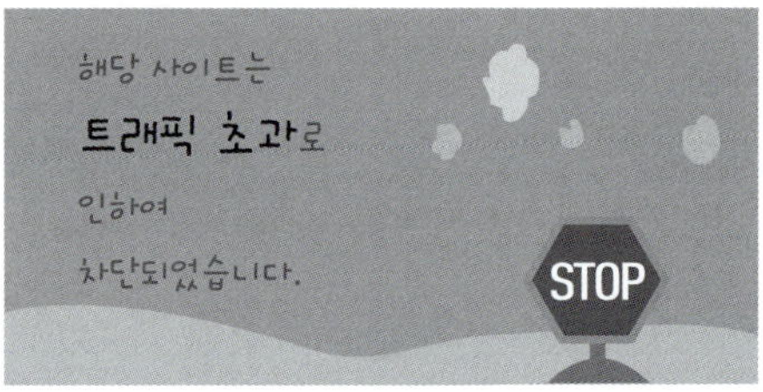


대기 초과 처리 메시지

기도 하며, 심지어 컴퓨터 네트워크에서 이루어지는 온라인 프로세스도 많아지고 있는데, 사람들이 몰리는 유명 행사의 입장권 구매나 수강신청 등에서는 대기문제가 심각하다.

서비스 처리과정에서 고객이 도착하여 대기하는 상황과 처리과정에서 형성되는 대기행렬은 실제적으로는 [그림 15-2]에서와 같다. 실제로 서비스를 받기 위해 도착하는 고객은 임의적으로 발생하여 서비스 요구량을 설정하게 되며, 서비스를 제공하는 능력은 한정되어 있기 때문에 특정 시간대에 순간적으로 대기 고객이 발생한다.

대기 고객이 서비스를 받고 떠나가는 과정을 대기행렬 모형으로 살펴보면 [그림 15-3]에

**그림 15-2** 서비스 대기행렬의 실제적 관점

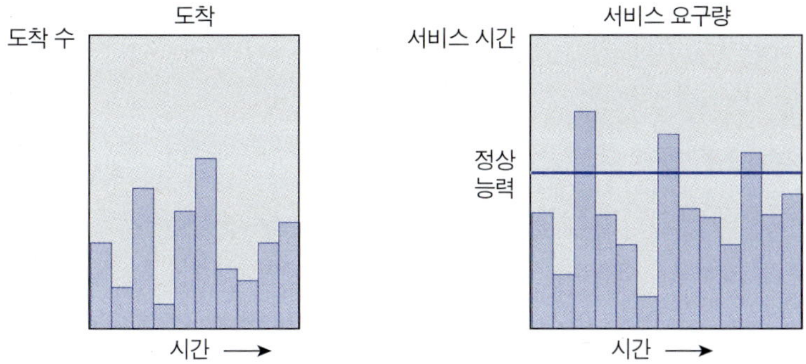


서와 같다. 대기행렬에는 구성 요소로 고객 모집단, 도착 프로세스, 대기행렬 형성, 대기행렬 규칙, 서비스 프로세스가 있다. 먼저 고객이 서비스를 받기 위해 현장에 도착하면 대기행렬에 진입하게 되며, 서비스에 진입하기 위한 규칙에 따라 서비스 창구에서 접점 직원과 접촉하게 된다. 서비스가 종료되면 고객은 현장에서 출발하여 서비스 시스템으로부터 이탈된다. 이와 같은 대기행렬 시스템의 기본적 특성을 정리하면 다음과 같다.

① 서비스는 고객 모집단에서 출발하는 고객이 도착하면서 시작된다. 도착하는 비율은 도착 프로세스에 의해 결정된다.

② 서비스 제공자가 쉬고 있으면 고객은 즉시 서비스를 받을 수 있으나, 그렇지 않은 경우 대기행렬에 분산되어 기다리게 된다. 이때 몇몇 고객은 길거나 느리게 움직이는 줄을 만나면 서비스 받기를 포기하면서, 다른 곳에서 서비스를 받으려고 이동할 것이다. 이를 진입 이탈이라고 한다.

**그림 15-3** 대기행렬의 기본 모형

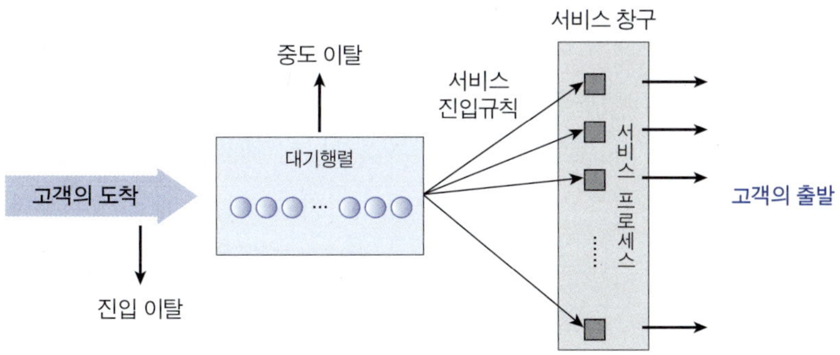

③ 서비스 제공자가 서비스를 할 수 있게 되면 대기행렬에서 고객이 선택되고, 서비스 프로세스가 시작된다. 고객의 선택은 대기행렬 규칙에 의해 결정된다. 서비스 설비는 서버가 없거나, 하나 혹은 그 이상의 서버, 아니면 직렬이나 병렬로 있는 서버의 복잡한 배열일 수 있다.

④ 서비스를 받고 나서 고객은 서비스 시스템에서 떠난다. 그때 고객은 나중에 재방문하기 위해 모집단에 합류하거나 다시 방문할 의도 없이 떠날 수도 있다.

이와 같은 대기행렬 모형은 많은 서비스 부문에서 빈번하게 발생하는 문제들을 풀고 과학적으로 해결책을 얻는 데 유용한 접근도구이다. 예를 들면, 수요 변화에 대응하기 위해 서비스 라인을 개설하거나 폐쇄함으로써 서비스 능력을 효율적으로 변화시키는 함수적 문제가 대표적이다. 구체적으로는 포아송분포(Poisson distribution)나 지수분포(exponential distribution)를 대기행렬 모형에 적용하면, 고객들을 그룹으로 나누어서 시간대별로 도착하는 패턴에 의해 서비스를 받기 위해 찾아오는 고객수 또는 도착간격시간을 확률적으로 예상할 수 있다. 그에 따라 서비스 기업에서는 갖추어야 할 서비스 능력에 관하여 필요한 설비 규모나 소요되는 투입인력 등을 예상하여 경제적으로 준비하고 이를 최적화할 수 있다. 이런 주제는 대부분 수학적이고 공학적인 접근법을 사용해야 하며 서비스 경영에서 매우 유용하지만 경영과학(management science)이나 계량경영학(quantitative methods for business and management), OR(Operation Research) 등 타 교과목에서 다루는 것으로 남겨두고자 한다.

이와 같이 고객의 대기상태가 물리적으로 눈에 보이는 경우도 있지만, 콜센터 상담원과의 대기, 또는 대학교 수강신청 시 인터넷상의 접속 순서를 기다리는 경우도 대기행렬이라고 볼 수 있다. 이와 같은 온라인 시스템에서의 대기 특성은 트래픽(traffic)이 동시다발적으로 발생한다는 점이다.

트래픽은 특정 정보통신 시설 및 장치에서 일정 시간 내에 흐르는 데이터(data)의 양을 말한다. 온라인 콘텐츠를 감상할 때 적용되는 스트리밍 서비스(streaming service)에서 네트워크를 통해 움직이는 데이터의 양은, 예를 들면 10 Megabyte(이하 MB로 표시)인 동영상 파일을 10명이 동시에 다운로드하는 경우 트래픽은 10 MB × 10 = 100 MB로 계산된다.

또한 각종 통신장치나 정보처리 시스템의 서버(server) 등에 걸리는 부하(負荷)를 트래픽이라고 하는데, 다수 사용자들이 요청하는 트래픽들이 바로 대기행렬이 되는 것이다. 온라인에서의 대기행렬인 트래픽이 한꺼번에 몰려 서버가 감당할 수 없는 상태에 이르면 트래픽이 과부하 상태에 이르게 되어 서비스 제공 자체가 어렵게 된다. 따라서 이때에 시스템

관리자는 트래픽 상황을 감시(monitoring)하고, 트래픽 상황에 따라서 적절한 조치를 취해야 한다. 예를 들면, 대학교 수강신청 시 적정한 처리 성능이 유지되기 위해서는 학년별로 수강신청일을 분산하고, 또한 일정한 동시 접속자 숫자에 도달 시 후속 접속자는 다른 시간대에 접속하도록 접속을 차단시키는 방법을 사용한다.

## 2.2 서비스 고객의 이탈관리

고객의 입장에서 대기란 시간의 낭비이며, 지루함과 짜증 등 스트레스를 유발할 수 있다. 고객들은 서비스를 받기 위해  대기하는 것을 부정적인 경험으로 인식하고 있으며, 이런 부정적인 반응은 전체 서비스에 대한 평가에도 좋지 않는 영향을 미쳐 고객만족도를 떨어뜨리게 된다. 이에 따라 아예 매장에 진입을 포기하는 경우도 있기 때문에 서비스 기업에서는 대기행렬을 잘 관리해야 한다. 특히 진입 이탈과 중도 이탈로 구분되는 서비스 이탈 고객을 적절히 관리할 필요가 있다.

경쟁시장에서의 지나친 기다림은 매출을 감소시킬 수 있기 때문에 판매 감소를 피하는 전략으로 흔히 고객에게 대기행렬을 감춘다. 즉, 대기 이탈을 방지할 목적으로 놀이공원 매표소를 밖에 설치하여 대기행렬을 보이지 않게 하거나, 식당의 경우에는 고객을 바로 대기실 등으로 안내하여 모여서 기다리지 않도록 분산시키는 것이다.

고객은 서비스 프로세스에 참여하기 위한 잠재력을 지닌 자원이기 때문에 이를 활용하는 전략도 있다. 예를 들면, 피자가 준비되는 시간 동안 이용할 수 있는 샐러드바를 설치하여 먼저 셀프서비스(self service)를 통해 선호하는 음식을 접시에 담도록 함으로써, 추가 수

**그림 15-4** 서비스 고객의 이탈관리

고객대기 중 샐러드바를 이용하게 함

조리과정 공개로 고객의 지루함을 덜어 줌

익과 고객화된 서비스 제공이라는 효과를 얻게 된다. 병원에 도착한 환자는 본격적인 진료에 앞서서 진찰기록지를 쓰거나, 기다리는 도중에 건강교육을 받도록 하는 동시에 의사의 시간을 절약하게 하면서 이탈하지 못하도록 한다. 고객들의 참여를 통해 제한된 자원을 생산성 향상에 기여하도록 하는 것이다.

아무것도 하지 않는 시간은 더욱 길게 느껴진다. 따라서 고객에게 지루함을 주지 않아야 하는데, 유명한 사례로 엘리베이터 근처에 거울을 설치하기도 한다. 고객이 엘리베이터를 기다리는 동안 거울로 자신의 옷차림이나 머리 등 상태를 점검할 수도 있고, 기다리는 사람을 살펴봄으로써 시간을 쓸 수 있게 한 것이다. 은행, 미용실 등에는 소책자를 비치하거나, 호텔 레스토랑에서 대기행렬 근처에 연주 또는 퍼포먼스 등을 준비하는 등의 사례도 있다. 전화 상담원이 대기 고객에게 음악을 들려주거나, 회사의 이미지 광고, 상품 홍보 등은 대기하는 고객에게 회사의 이미지를 떨어뜨리지 않고 오히려 상품 홍보를 통해 수익을 높이는 효과도 기대할 수 있다.

서비스를 제공받는 과정에 들어가기 직전의 기다림은 실제 서비스를 받는 과정에서 기다리는 것에 비하여 더 길게 느껴진다. 심지어 고객은 떠나 버릴 수 있다. 종업원이 고객의 존재를 알리는 단순한 일을 하거나, 고객에게 얼마나 기다려야 하는지 알리는 방법으로, 낯선 곳을 찾아갈 때에 얼마나 더 가야 하는지를 알려 주는 표지판을 보면 상당한 안도감을 느끼게 된다. 따라서 놀이공원의 경우 '여기부터 20분' 등과 같은 표지판으로 사전에 대기시간을 알려 주기도 하고, 식당의 경우 음식이 주방에서 만들어지는 과정을 보이게 만들어 기다리는 손님의 지루함을 덜어 줌과 동시에 진행사항을 알 수 있도록 만든 사례도 있다. 또한 비행기나 기차의 연착 시에도 고객에게 솔직하게 대기시간에 대하여 정보를 제공하고 양해를 구하는 것이 고객의 불만을 줄인다.

불공평한 기다림을 없애고 정당한 기다림으로 만들어 주는 방법도 있다. 여러 줄에 서서 서로 다른 속도로 다른 줄이 먼저 줄어들고 그로 인한 불만이 생길 경우를 대비하여 한 줄로만 서비스를 제공하는 사례다. 또한 대기표를 뽑아 대기하도록 하는 방법도 좋다.

## 2.3 대기행렬의 규칙

대기행렬의 규칙은 대기행렬에서 서비스를 받게 될 고객을 관리자가 선정하는 서비스 규칙(service discipline)이며, 다음과 같은 유형이 있다.

### 가. 선착순 규칙

선착순(First Come, First Service: FCFS) 규칙은 먼저 도착하면 먼저 서비스를 받는 방식이다. 모든 고객을 동등하게 취급하기 때문에 널리 사용되는 서비스 규칙이다. 다음 서비스 받을 고객을 확인하는 데 있어 줄에서의 위치 외의 정보는 사용되지 않기 때문에 정적인 방식으로 간주된다. 형평성 유지의 장점이 있지만, 평균 대기시간이 길어지는 경우에는 고객들이 불만을 가지면서 이탈이 발생할 수 있는 문제점이 있다.

### 나. 최단처리시간 규칙

최단처리시간(Shortest Processing Time: SPT) 규칙은 대기 고객 중에서 처리시간이 짧은 순서대로 제일 우선 처리해 주는 방식이다. 고객이 대기행렬에서 기다리는 평균 시간을 줄여 주면서 대기 고객수를 줄여 주는 장점이 있으나, 서비스 시간이 오래 걸리는 고객은 더 오래 기다리는 문제가 있다. 선착순 규칙과 결합하여 사용해야 효과적이다.

### 다. 우선권 규칙

우선권(preemptive priority) 규칙은 고객의 속성에 따라 우선권을 부여하여 대기선에 끼어들기를 허용하는 방식이다. 응급환자를 먼저 서비스하는 병원 응급센터 등에서 적용하는 규칙이다. 우선순위가 높은 고객이 도착할 때 기존 고객의 서비스를 중단 또는 후순위로 배치하는 방식이다.

### 라. 라운드 로빈 규칙

라운드 로빈(round robin) 규칙은 한 서비스 제공자가 여러 고객을 동시에 서비스하면서 중간중간에 대기를 허용하는 방식이다. 치과 병원에서 의사는 한 환자를 진료하고 나서 그 환자가 스케일링 치료를 받도록 하고 옆으로 이동하여 또 다른 환자의 임플란트 치료를 하는 방식으로 이러한 과정을 반복할 수 있다.

### 마. 최대 대기 고객수 규칙

선착순 규칙은 어느 한 고객의 서비스 시간이 길어지면 나머지 고객들이 너무 오래 기다리게 되고 대기 고객수가 급증하는 경우도 발생한다. 이때 고객들은 진입 및 중도 이탈이 발생할 수도 있다. 따라서 이런 경우에는 최대 대기 고객수 규칙을 일시적으로 적용하여 용무가 짧은 고객을 우선 처리함으로써 최대 대기자수를 일정한 수 이하로 감소시키는 규칙이다. 이 규칙을 적용하여 많은 고객들의 불만을 줄이고 이탈을 방지하는 효과를 기대할 수 있다.

## 2.4 대기행렬의 형태

대기행렬의 형성은 대기행렬의 수, 위치, 필요 장소, 고객의 형태에 대한 영향 등을 지칭한다. 대기행렬의 형태는 [그림 15-5]에서와 같이 다중 대기행렬, 단일 대기행렬, 고객 순번 대기 이용 등이 있으며, 장단점을 정리하면 〈표 15-1〉에서와 같다.

**그림 15-5** 대기행렬의 유형

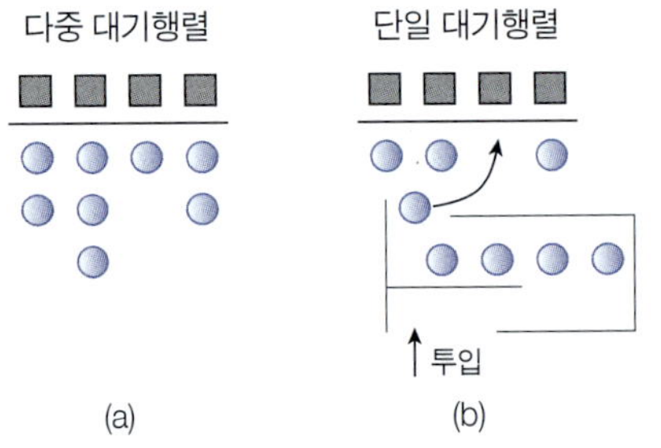


**표 15-1** 대기행렬의 유형별 장단점

| 구분 | 장점 | 단점 |
|---|---|---|
| 다중 대기행렬<br>(복수 대기행렬) | • 제공되는 서비스를 차별화할 수 있음(슈퍼마켓의 빠른 줄)<br>• 노동의 분화가 가능(경험 많은 은행원에게 기업대출 고객의 상담을 맡김)<br>• 선호하는 특정 서버의 선택 가능<br>• 장애행동(줄 서기를 포기)을 막을 수 있음 | • 빠르게 줄어드는 옆줄을 보게 되면 화가 남 |
| 단일 대기행렬 | • FCFS의 규칙으로 공정성 보증<br>• 줄 선택에 대한 걱정 없음<br>• 끼어들기 문제 해소<br>• 업무의 비연관에 따른 프라이버시 향상<br>• 평균 대기시간이 줄어듦 | • 공간 효율성이 떨어짐(많은 공간이 필요함)<br>• 줄이 길어지는 경우 고객 이탈 문제<br>• 짧은 용무 등 특별 고객 대응이 어려움 |
| 번호표 시스템 | • 단일 대기행렬의 변형으로 고객은 한결 자유로움 | • 시스템 구축 및 운영비용이 발생 |

### 가. 다중 대기행렬

복수 대기행렬이라고도 하며, 슈퍼마켓에서 몇 개 품목 이하 구매자와 같은 고객을 처리하는 빠른 계산대 줄에서와 같이, 제공되는 서비스를 차별화할 수 있다. 경험 많은 은행원에게는 기업 대출 고객의 상담을 맡김으로써 노동의 분업화가 가능하며, 고객 입장에서는 선호하는 줄의 선택이 가능하다. 한번 결정했다고 돌이킬 수 없는 것이 아닌 다른 줄 끝에 가서 다시 설 수도 있는 이른바 줄바꾸기 행동인 자킹이 가능하다. 이와 같은 장점으로 고객들의 진입 포기와 같은 행동을 막는 데 유리하나, 단점으로는 느린 줄에 서 있는 고객이 빠르게 줄어드는 옆줄을 보게 되면 화가 날 수도 있다는 점을 들 수 있다.

### 나. 단일 대기행렬

단일 대기행렬(snake: 한 줄 서기)은 고객 응대 및 처리 직원이 다수인 은행, 우체국, 항공사의 체크인 등에서 한 줄의 구불구불한 대기행렬에 도착한 고객을 합류하도록 설계한 예이다. 맨 앞의 고객이 가능한 서버에게 옮겨가서 서비스를 받게 된다.

늦게 온 사람이 새치기해 먼저 서비스를 받을 염려가 적어지게 된다. 자신의 자리를 확보한 고객은 여유를 갖고 기다리는 다른 사람들과 즐거움을 누린다. 이런 경우 고객의 빈 시간을 채워 주고 대기시간이 짧게 느껴지도록 기업에서 배려할 수 있으면 효과적이다.

장점으로는 FCFS의 규칙으로 공정성을 보증하고, 줄 선택에 대해 걱정할 필요가 없으며, 끼어들기 문제를 해소하고, 업무의 비연관에 따른 프라이버시 향상, 평균 대기시간이 줄어드는 효과가 있다. 그러나 특별 고객을 우대해야 하는 상황도 있으며 이 경우 옆의 긴 줄에서 기다리고 있는 일반 고객의 분노를 일으킬 수도 있으므로 명백한 차별 이미지를 회피해야 한다.

### 다. 번호표 시스템

공공서비스 기관이나 은행의 매장에서 번호표 시스템이 확산되고 있다. 고객이 순번 대기기에서 번호표를 뽑고 번호가 호출될 때까지 자기 차례를 기다리는 방식이다. 현재 서비스를 받는 번호가 표시되어 있어서 새로 들어온 고객도 얼마쯤 기다려야 하는지 알 수가 있고, 기다리는 길이와 불공정의 가능성에 대한 고객의 우려를 덜 수 있다. 부수적으로 대기시간 동안 매장을 이리저리 돌아다니게 하여 충동구매를 부추김으로써 이득을 얻을 수도 있다. 그러나 고객은 번호를 부르는 호출에 신경을 기울이지 않으면 자기 차례를 잃을 위험이 있다.

## 2.5 대기행렬 시스템

대기행렬은 서비스 제공자로부터 서비스를 받기 위해 기다리는 고객들의 행렬이며, 수요가 공급보다 많을 경우에 발생한다. 대기행렬상의 고객은 잠정적으로는 잃어버릴 수 있는 고객이며, 기다림은 완벽한 서비스를 파괴할 수도 있다. 따라서 서비스 기업은 기다리는 고객이 즐겁지는 않아도 최소한 지루하지는 않게 창조적인 서비스를 개발해야 하는 것이 과제이며, 이를 위해서는 대기행렬의 관리 시스템의 과학적 원리 및 기다림의 심리에 대한 이해가 필요하다.

[그림 15-6]에서 보는 바와 같은 대기행렬 시스템(queueing system) 모형은 대기행렬을 체계적으로 분석하여 제공해야 할 서비스의 수준을 결정할 때, 그리고 서비스를 제공하는 방식에서 대안들을 결정할 때 흔히 사용된다. 대기행렬 시스템의 구성 요소로는, ① 서비스를 요구하는 고객 모집단, ② 도착 과정, ③ 대기행렬 형태, ④ 대기행렬 규칙, 그리고 ⑤ 서비스 과정으로 구성된다.

이들에 관한 의사결정을 입력 요소로 투입하면, ① 시스템 내에 $n$명의 고객이 있을 확률, ② 시스템 내에 있을 평균 고객수, ③ 대기행렬의 평균 길이, ④ 도착한 고객이 시스템 내에 체류하는 평균 시간, 그리고 ⑤ 고착한 고객이 서비스를 받을 때까지의 평균 대기시간 등 아주 유용한 정보를 분석해 낼 수 있다.

대기행렬 시스템 내에 고객이 없을 경우에는 기다림(대기시간) 없이 서비스를 받게 되고, 고객이 1명 이상 있을 경우에는 기다리게 된다. 이와 같이 시스템 내에 한 사람도 없을 확률, 1명의 고객이 있을 확률, 2명의 고객이 있을 확률, …, 그리고 이런 식으로 시스템 내에

**그림 15-6** 대기행렬 시스템 모형

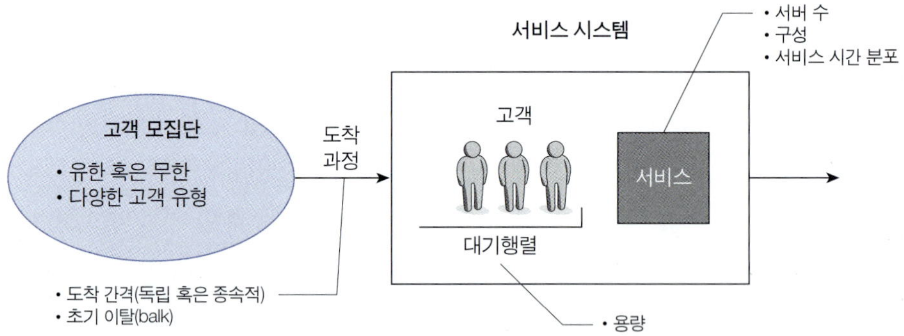

$n$명의 고객이 있을 확률을 구할 수도 있다.

## 가. 고객 모집단

고객 모집단(calling population)은 서비스를 요구할 고객 전체를 의미하여, 반드시 동질적일 필요는 없고, 이질적인 다수의 하위 모집단으로 구성될 수 있다. 하위 집단을 예로 들면, 외래환자의 도착은 입원환자, 예약환자, 응급환자로 구분된다. 각 부류의 환자는 다른 서비스를 요구한다. 음식점의 손님들이 한식을 좋아하는 사람, 양식을 좋아하는 사람, 중국식을 좋아하는 사람 등으로 나누어질 수 있는 것과 마찬가지이다.

## 나. 도착 과정

해당 서비스 수요의 시 · 공간적 분포를 이해해야 서비스 시스템을 분석할 수 있다. 도착과정(arrival process)도 대기행렬 시스템의 투입 요소이다. 고객의 실제 도착시간을 기록하여 자료를 수집하고, 이 자료를 이용하여 도착시간의 간격을 계산할 수 있다. 많은 실증연구에 따르면 일정한 시간, 또는 공간에서 무작위로 도착하는 고객의 도착시간 간격의 분포는 대부분 지수함수의 확률분포를 따른다.

예를 들면, 매장에 도착하는 고객의 시간 간격은 [그림 15-7a]에서와 같은 지수분포로 나타낼 수 있다. 이때 주어진 시간 내에 평균 도착률(예: 시간당 고객수)은 $\lambda$로서 평균 도착 간

**그림 15-7** 고객 도착 간격의 지수분포와 도착 고객 확률의 포아송분포의 예

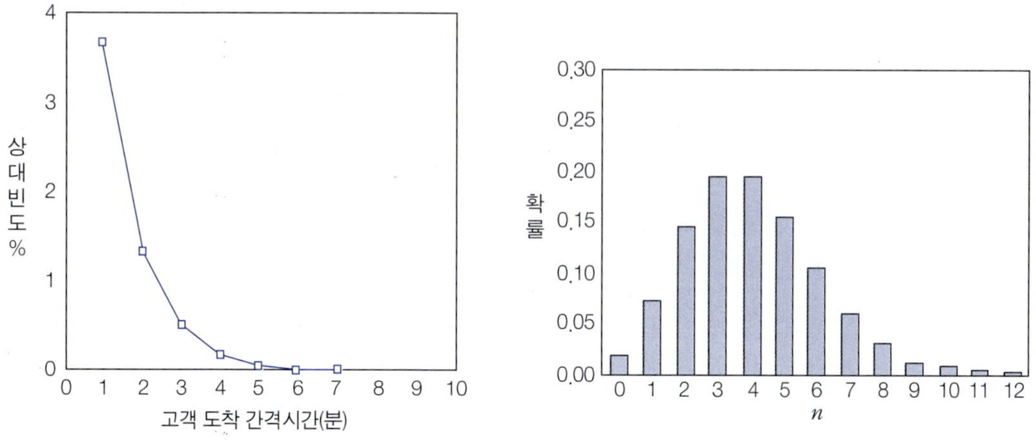


a. 고객 도착 간격의 지수분포

b. 도착 고객 확률의 포아송분포

격의 역수일 때, 도착 간의 평균 시간 간격(예: 고객당 분)은 $1/\lambda$의 값을 갖는다. 이때 서비스 시간 $t$의 확률밀도함수는 다음 공식(식 1)으로 표현되는 연속확률밀도함수이다.

$$f(t) = \lambda e^{-\lambda t} \qquad t \geq 0 \qquad \text{(식 1)}$$

$f(t) =$ 도착시간 간격이 $t$일 확률

$\lambda =$ 단위시간 내의 평균 도착률(예를 들면, 분, 시, 일)

$t =$ 도착간격

$e =$ 자연 대수의 밑(2.718⋯)

평균 $= 1/\lambda$

분산 $= 1/\lambda^2$

위의 지수분포는 지정된 시점으로부터 어떤 사건이 일어날 때까지 걸리는 시간을 측정하는 확률분포이다. 예를 들어, 한 병원에서 환자가 도착하는 시간 간격이나, 환자를 치료하는 데 걸리는 시간도 지수분포를 따른다.

이와 직접적으로 관계가 있는 포아송분포(Poisson distribution)를 살펴보기로 한다. 다음의 포아송분포는 [그림 15-7b]에서와 같이 시간 간격 $t$ 동안에 $n$번의 도착이 발생할 확률을 보여 준다(식 2). 포아송분포는 예를 들면, 일정 주어진 시간 동안에 도착한 고객의 수, 매시간 발생하는 전화 요청 건수, 하루 동안 발생하는 출생자의 수, 어떤 시간 동안 톨게이트를 통과하는 차량의 수, 엘리베이터를 타려고 도착하는 사람의 수 등을 설명할 수 있는 이산확률함수이다.

$$f(n) = \frac{(\lambda t)^n e^{-\lambda t}}{n!} \qquad n = 0, 1, 2, 3, \cdots \qquad \text{(식 2)}$$

$f(n) =$ 도착건수가 $n$일 확률

$\lambda =$ 주어진 기간 내의 평균 도착률(예를 들면, 분, 시, 일)

$t =$ 관심 기간의 수(보통 $t = 1$)

$n =$ 도착 건수$(0, 1, 2, \cdots)$

평균 $= \lambda t$

분산 $= \lambda t$

$e =$ 자연 대수의 밑(2.71828⋯)

※ 포아송분포의 특성은 평균과 분산이 같다.

**그림 15-8** 포아송분포와 지수분포의 관계

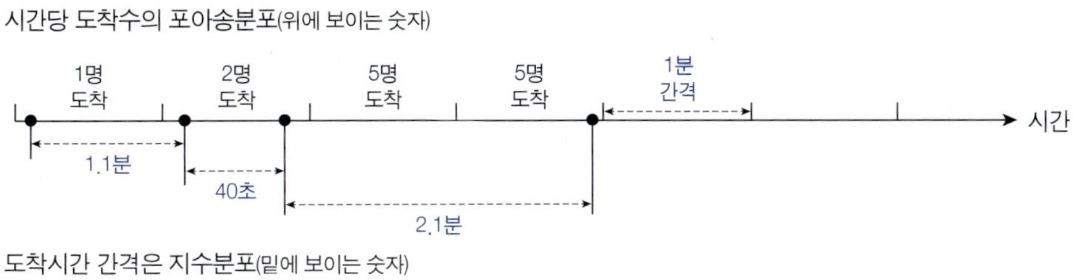


이 함수의 (식 2)에 $n=0$을 대입하여 $f(0)$를 계산하면 1시간에 고객이 아무도 오지 않을 확률을 산출할 수 있다.

포아송분포와 지수분포 사이의 관계를 살펴보면 [그림 15-8]에서와 같다. 고객들의 평균 도착 간격을 구하는 데는 지수분포를 적용하고, 평균 시간당 도착하는 고객수를 구하는 데는 포아송분포를 적용할 수 있으며, 같은 프로세스를 다른 시각으로 본 것이라고 할 수 있다.

다시 정리하면, 서비스 시스템의 분석은 그 서비스에 대한 시간적 · 공간적 분포에 대한 이해로부터 시작한다. 그리고 고객들의 도착시간 간격은 지수분포, 도착하는 고객수의 분포는 포아송분포로 설명된다.

① 도착시간 간격의 분포: 지수분포(exponential distribution)

② 도착 고객수의 분포: 포아송분포(Poisson distribution)

### 다. 대기행렬의 형태

대기행렬의 구성은 대기행렬의 수, 위치, 공간적 요건, 고객의 행위 등에 관한 결정이다. 대개 은행 창구나 대형마트, 고속도로 요금계산소 등에서는 다중서버를 구성한다. 기타 단일 서버와 번호표 방식 등이 적용될 수 있다.

### 라. 대기행렬 규칙

대기행렬의 규칙(queue discipline)은 대기행렬에서 다음 서비스를 받을 고객을 선정하는 규칙이다. 가장 보편적으로는 FCFS(First Come First Serve)를 적용한다.

## 마. 서비스 과정

서비스 시간의 분포는 고객요구의 변동과 서버의 능력에 따라 달라진다. 일반적으로, 고객의 도착시간 간격 분포와 마찬가지로 서비스 시간의 분포는 부(－)의 지수분포를 나타내는 것으로 가정한다. 따라서 일정 시간 동안 시스템 내에서 서비스를 받는 평균 고객수(평균 서비스율＝$\mu$)는 포아송분포를 따른다고 가정한다.

예를 들어, 어느 병원의 응급실에 환자들이 주말 저녁에 시간당 평균 6명 정도 도착한다고 할 때, 어떤 주말 저녁에 30분 내에 4명이 도착할 가능성은 얼마인가? (식 2)의 포아송분포를 이용하여 추정해 본다. 이때 도착률은 $\lambda = 6/\text{hour} = 3/\text{half-hour}$, $n = 4$라고 할 때 포아송 확률값은 다음 식으로 산출된다.

$$f(4) = \frac{3^4(2.71828)^{-3}}{4!} = 0.1680$$

위에서 산출된 확률값 0.1680의 의미는 응급실에 30분 내 4명이 도착할 가능성이 약 16.8%로 추정된다는 뜻이다. 이 값은 포아송분포를 따르는 확률값으로서, 포아송 확률분포 테이블을 이용해도 답을 구할 수가 있다. 또한 [그림 15-9]에서의 예시와 같이 엑셀에 내장된 'poisson'함수에 의해서도 손쉽게 확률값을 계산할 수 있다.

이와 같이 포아송분포는 단위 시간 안에 어떤 사건이 몇 번 발생할 것인지를 표현하는 이산확률분포이다. 어떤 사건이 단위 구간당 평균 $\lambda$회 발생하는 포아송분포를 따른다고 가정하면, 이때 $t$구간에서 일어나는 평균 사건수($\mu$)는 $\lambda t$회가 된다.

**그림 15-9** 엑셀 함수에 의한 포아송 확률값 계산 예시

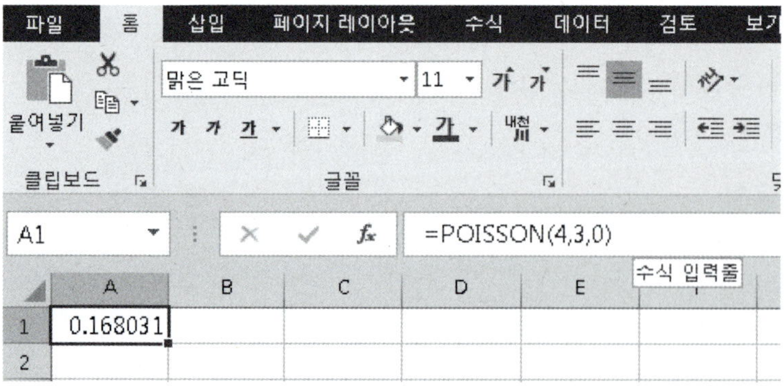

대기행렬 모형의 표시방법으로 널리 사용되는 Kendall 기호표기법(Notation)이 있다. 이 표기법에서는 대기행렬 모형을 '$(a/b/c)$ : $(d/e/f)$'로 표기한다. 여기에서 항목별 내용은 다음과 같다.

① $a$: 고객의 도착빈도 분포

② $b$: 서비스 시간 분포

③ $c$: 서버(서비스 시설)의 수

④ $d$: 서비스 규칙

⑤ $e$: 시스템 내의 최대 허용 고객수(서비스 받는 고객＋대기행렬의 고객)

⑥ $f$: 고객 모집단의 크기

이를 간단한 표현으로는 '$a/b/c(e)$'로도 사용하는데, 고객의 도착빈도에 대한 분포 $a$와 서비스 시간에 대한 분포 $b$에 사용되는 기호와 그 내용은 다음과 같다.

① $M$: 'Markov'로서 도착분포가 포아송분포이거나 서비스 시간 분포가 지수분포인 경우

② $D$: 'Deterministic'으로서 도착분포나 서비스 시간이 확정적인(deterministic) 경우

③ $EK$: 'Erlang Distribution'으로서, 도착분포나 서비스 시간 분포가 얼랑분포 또는 감마 분포인 경우

④ $G$: 'Generic'으로서 도착분포나 서비스 시간 분포가 기타의 일반분포를 따르는 경우

대기행렬의 서비스 규칙을 나타내는 기호 $d$에 표시되는 방식은 다음과 같다. 여기서 FCFS, LCFS, SIRO는 일반적 규칙(GD)으로 포괄하여 나타내기도 한다.

① FCFS: 선입선출(First Come, First Service)

② LCFS: 후입선출(Last Come, First Service)

③ SIRO: 무작위 순서(Service In Random Order)

④ GD: 일반적 규칙(General Discipline)

⑤ PRP: 우선순위 규칙(Priority Rule)

이에 따라 예를 들어, '(M/M/C) : (GD/N/∞)'로 표기된 모형은, 그 상세한 내용이 다음과 같은 모형을 의미한다.

① 도착빈도 분포: 포아송분포

② 서비스 시간 분포: 지수분포

③ 서버의 수: C

④ 서비스 순서: 일반적 규칙

⑤ 시스템 내 고객의 수: N명으로 제한

⑥ 고객집단: 무한

일반적으로 처음에 접하는 아주 간단한 보편 모형으로 M/M/1 모형은 고객모집단이 대규모이고 상호 독립적이며, 도착 프로세스는 도착률이 포아송분포이거나 서비스 시간 분포가 지수분포인 경우이고, 대기행렬은 길이에 제약이 없는 1줄의 형태로서 선착순(FCFS) 규칙을 적용한다. 서버는 1개소 또는 1인이라고 한다.

이러한 대기행렬 시스템 분석을 통해 우리가 관심을 가지고 도출하고자 하는 값들은 다음과 같은 몇 개의 공식에 의해서 해결될 수 있다. 우리는 대부분의 예제에서 $\lambda$, $\mu$와 $s$가 주어지면 $\rho$, $P(n)$을 구하고, 그 다음 $L_q$, $L_s$, $W_q$, $W_s$를 구할 수 있다. 대개 시스템에서 먼저 주어지는 $\lambda$, $\mu$와 $s$는 다음을 뜻한다.

① 평균 도착률(단위시간당 도착하는 평균 고객수): $\lambda$

② 평균 서비스율(단위시간당 서비스를 받는 평균 고객수): $\mu$

③ 평균 서비스 시간: $1/\mu$

④ 시스템 내에 있는 서비스 시설 혹은 서버의 수: $s$

- 서비스율(이용률) : $\rho = \left(\frac{\lambda}{\mu}\right)$
- 시스템 내에 $n$고객이 있을 확률 : $P(n) = \left(1 - \frac{\lambda}{\mu}\right)\left(\frac{\lambda}{\mu}\right)^n \quad n = 0, 1, 2 \cdots$
- 시스템 내의 평균 고객수 : $L_s = \frac{\lambda}{\mu - \lambda}$
- 대기행렬 내의 평균 고객수 : $L_q = \frac{\lambda^2}{\mu(\mu - \lambda)}$
- 시스템 내에서의 평균 소요시간 : $W_s = \frac{1}{\mu - \lambda}$
- 대기행렬 내에서의 평균 대기시간 : $W_q = \frac{\lambda}{\mu(\mu - \lambda)}$

다음 예제를 통해서 대기행렬 시스템을 이해하고 관련된 문제를 해결해 보도록 한다.

**예제** 한 은행에서 드라이브 인(drive-in) 창구를 1개 신설하여 운영하고 있다. 주말 오후에는 고객이 시간당 평균 30명 정도가 무작위로, 즉 포아송분포를 따르며 도착한다. 이 창구에서는 시간당 40명의 고객을 처리하며 이는 지수분포를 따른다.

① 평균 도착률(단위시간당 도착하는 평균 고객수) $\lambda=30$/hour

② 평균 서비스율(단위시간당 서비스를 받는 고객의 평균) $\mu=40$명/hour

③ 평균 서비스 시간 $1/\mu=$ 1hour/40명 $=$ 1.5min/명

④ 시스템 내에 있는 서비스 시설 혹은 서버의 수 $s=1$

이때 다음의 문제를 스스로 해결해 보자.

① 1분당 고객 도착수는 몇 명인가?

② 10분 동안에는 고객이 평균 몇 명 정도 도착하겠는가?

③ 고객당 서비스 시간은 평균 얼마 정도 걸리는가?

④ 한 손님이 머무는 총 시간은 평균 얼마인가?

⑤ 은행에 와 있는 총 고객수는 평균 몇 명인가?

⑥ 한 손님이 대기하는 시간은 평균 얼마인가?

## 제3절 서비스의 대기관리

어느 서비스에서도 대기 상태는 일어날 수밖에 없다. 이것은 도착률이 불안정하고 또 서비스에서 소요되는 시간의 변화, 그리고 이들 모두에 의해 대기가 발생된다. 즉, 대부분의 서비스 산업에서 수요 패턴은 매우 불확실하고 기복이 심하고, 서비스 공급이 부족하거나 제공자가 너무 바빠서 도착하는 고객이 즉시 서비스를 받을 수 없을 때가 있다. 적정 수요를 고려한 서비스 능력을 보유한 서비스 기업에서도 대응이 완전할 수는 없고, 비수기 중의 유휴 및 비능률 등의 문제까지 있기 때문에 최대의 서비스 공급 용량을 확보한다는 것도 경제적이지 않다. 이와 같은 이유로 발생되는 대기는 다른 측면에서의 경제적 비효율 문제를 낳고 이것은 서비스 품질과 고객불만족으로 이어지기 때문에 서비스 관리자는 이를 효과적으로 관리해야 한다.

서비스에서 대기시간을 줄이기 위해서는 크게 두 가지 방법이 있다. 하나는 시설과 종업원을 늘려 서비스 능력을 증대시키거나 변화시키는 것으로서 여기에는 일반적으로 상당한

자본 투자와 비용이 따르게 된다. 또 다른 방법은 기다림에 대한 고객의 인식을 관리하는 것이다.

## 3.1 대기시간의 관리

서비스 시스템에서 대기선 배치의 새로운 설계 등 실제로 고객의 대기시간을 효과적으로 줄이는 방법이 있다.

### 가. 좋은 배치

배치를 재설계하여 혼잡과 정체를 줄이고 원활한 작업흐름(고객흐름, 제품흐름 및 공정흐름)을 형성하며, 불필요한 혼란을 방지한다. 유명 휴양지나 국제공항 등에서 볼 수 있듯이, 출구와 입구를 분리시킨다. 관광지에서 순환 열차의 경우, 출구와 입구를 구분하여 타려는 사람들은 지정된 대기선을 따라 줄을 서게 하면 사람들이 질서 있게 승차할 수 있으며 앞으로 먼저 가려고 밀거나 파고드는 것을 막을 수 있다. 타고 내리는 방향이 다르기 때문에 기존 탑승객이 모두 내리고 새로운 승객이 탑승하는 데 시간이 적게 걸린다. 이러한 설계는 능률적이고 대기시간을 절약할 뿐만 아니라, 고객들이 어디에서 기다려야 하고 기차가 어느 쪽으로 가는지에 관해 혼동하지 않게 해준다.

### 나. 예약 및 정보기술의 활용

고객에게 은행이나 호텔처럼 예약을 받아서 고객들이 도착하자마자 서비스를 제공하면 양자 간 경제적이다. 은행에서의 ATM의 활용은 은행의 대기시간을 감축시켰고, 창구 직원의 수를 감소시키는 효과를 가져왔다. 요즘은 누구나 인정하는 ATM의 효과도, 출현 당시에는 시티은행(Citibank)에서 너무 빨리 예금을 감소시킬 것을 우려하는 은행임원들의 반대가 있었다니 변화를 두려워하는 사람들은 언제나 어디에서나 있는 것이 사실이다. 당시 ATM 도입 이후에 이 은행의 예금고는 3배가 증가하였으며, 대기 고객도 현저하게 감소하였다.

예약을 활용할 때에는 중복예약에 관한 지침을 미리 정해야 한다. 일반적으로 호텔에서는 'No Show'율이 어느 정도 발생하기 때문에 일정 수준의 초과예약(over booking)을 받게 된다. 그런데 만일 예약했던 고객들이 서비스 용량을 초과하여 찾아온 경우 호텔에서는 같은 등급의 다른 호텔을 제공하게 된다. 물론 사전에 고지를 했기 때문에 양해를 구하여 문제가 없도록 한다.

### 다. 커뮤니케이션의 활용

비수기와 성수기에 고객을 유도하기 위한 커뮤니케이션을 이용하는 방법이다. 다소 한가한 시간에 도착하는 고객들에게는 인센티브를 제공할 수도 있다. 손님이 많지 않은 월요일 점심시간에 할인 가격을 설정한 호텔의 뷔페식당이나, 심야 영화에서 할인 혜택을 제공하는 극장 등이 좋은 예가 된다. 대규모 공장에서는 심야전기 할인정책을 적용하여, 설비가동계획에 반영하면 원가를 절감할 수 있고, 전력회사에서는 심야에 유휴 전력을 판매할 수 있다. 병원에서 진료 예약을 사전에 확인해 주고, 여유 있는 시간을 안내해 주는 등 고객과의 커뮤니케이션을 통해서 고객의 대기를 줄일 수 있다.

## 3.2 고객인식관리

실제 기다림보다 느끼는 기다림이 더 중요하다. 따라서 기다리는 시간에 대한 지각을 개선하는 것이 실제로 기다리는 시간의 길이를 줄이는 것 이상의 효과를 나타낼 수 있다. 지각의 개념이 주는 관리적 의미는 서비스 관리자가 기다림에 대한 고객의 지각을 창조적으로 이용하거나 관리할 수 있다는 뜻이다. 실제 대기시간의 단축은 없다 하더라도 어느 정도 사람들의 기다림에 대한 지각을 바꿀 수 있다.

### 가. 서비스가 시작되었다는 느낌을 준다

기다리는 시간이 길어지면 고객을 잃게 된다. 서비스가 시작되고 나서의 기다림보다 처음의 기다림에 더 많은 불만을 느낀다. 이 때문에 어떤 레스토랑에서는 대기 고객들에게 웨이팅 푸드(waiting food)를 제공한다. 또한 대기자에게 적은 양의 음식을 대접하는 순간에도 고객에게 정식 메뉴판을 서비스한다. 병원에서는 문진표를 나누어 주고 고객들에게 미리 작성하도록 한다.

### 나. 총 예상 대기시간을 알려 주라

고객들에게 예상되는 차례나 또는 고객들이 얼마나 기다려야 하는지, 소요시간을 미리 알려 준다. 고객들은 대기시간에 대한 현실적인 기대치를 설정할 수 있으며, 기다림의 끝을 알려 줌으로써 계속해서 기다릴 것인지 말 것인지를 결정할 수 있다. 고객들이 서비스를 받기 전에 떠날 의사가 없다면 정신적으로 기다릴 대비를 할 것이고, 그들의 대기시간을 어떻게 채울 것인가를 결정할 것이다. 이처럼 고객들이 정보를 알고, 대비하고, 그들이 기다릴 것인지 여부와 대기시간을 어떻게 보낼 것인가에 대해 결정권을 주는 것이다. 이러한 정보를 가지고 고객들은 기다림을 보다 잘 이해하고 용인하게 될 것이다.

### 다. 이용되고 있지 않은 자원은 보이지 않도록 하라

① 이용되고 있지 않은 자원은 보이지 않도록 하라.
- 일을 하지 않고 있는 직원은 보이지 않게 하라.
- 고객과 상호작용하지 않는 활동은 고객이 볼 수 없는 곳에서 수행하라.
- 대기선의 끝 지점에 가장 가까운 창구부터 우선적으로 처리하라.

② 고객과 상호작용하지 않는 활동은 고객이 볼 수 없는 곳에서 수행한다. 서비스 생산과 서비스 전달 등을 분리하는 디커플링을 적용하는 것이 효과적이다.

③ 대기선의 끝 지점에 가장 가까운 창구부터 우선적으로 처리하라. 이러한 노력은 고객의 첫인상을 좋게 만든다.

### 라. 고객을 유형별로 대응하라

고객은 여러 줄보다는 한 줄 서기를 좋아한다. 오랜 시간의 대기로 인한 불평을 해소하면서 차별화된 서비스를 제공하는 것이 좋은 경우도 있다. 예를 들면, VIP, 단골 고객, 예약 고객, 응급으로 방문한 고객 등을 별도의 라인으로 서비스하는 방법이 만족도와 충성도를 높이는 데 효과적일 수 있다. 항공사에서는 1등석 승객에 대해서는 기다리지 않고 바로 탑승

**표 15-2** 유니버설 스튜디오의 입장료 정책 예시

| 입장권 | 가격 | 내용 |
|---|---|---|
| VIP Experience | $149.00 | 일반인에게 공개되지 않는 곳까지 볼 수 있는 독자적인 스튜디오 투어로, 안내차량을 타고 설명을 들으며 구경한다. 예약을 해야 함. |
| Front of Line Pass | $99.95 | 줄을 서서 기다리지 않고 줄 맨 앞으로 가서 바로 입장하여 모든 쇼와 놀이기구 등에서 최상의 좌석을 배정받음. |
| 1-Day Pass<br>※ Online Only! | $59.00<br>$49.00 | 일반표로, 줄을 서서 차례를 기다려야 한다.<br>※ 인터넷으로 구매할 경우 $10 할인 |

하도록 하며, 은행에서도 자산이 많고 실적이 우수한 VIP는 별도의 PB(Private Banking) 센터에서 우대하여 상담을 진행한다. 〈표 15-2〉에서는 대기관리를 고려한 입장료 정책의 사례를 보여 주고 있다.

### 마. 즐거움으로 대체하라

통상 서비스 기업에서 맞이하는 첫인상이 나머지 서비스 전체를 경험하는 데 있어 큰 영향을 미치므로, 대기하는 시간을 즐거운 경험으로 만들어 주는 것이 좋다. 기다림을 견딜 만하게, 즐겁고 생산적으로 만들기 위해, 창조적이고 경쟁적인 서비스 관리가 필요하다. 고객이 기대한 것보다 나은 서비스를 받은 것으로 인지하면 고객은 만족하게 된다.

미국 플로리다 주의 한 병원에서는 의사가 예약한 시간보다 15분을 초과하여 대기한 환자에게 5달러짜리 복권을 제공한다. 환자에게 수백만 달러의 당첨금을 받을 수 있는 가능성을 제공하여, 환자의 정시 도착과 함께 의사도 정확한 시간을 준수하도록 유도하고 있다.

[그림 15-10]에서는 몇 가지 서비스 대기 사례를 보여 주고 있다. 일본의 공항에서는 고객들이 짐을 찾기 위해 대기하는 수하물 벨트에 초밥이나 펭귄 등 지역 특산품들이 나타나서 고객들의 흥미를 끌게 된다. 독일에 함부르크에 위치한 '빨래방 바'는 빨래가 끝나길 기다리는 긴 시간 동안 다양한 음식과 칵테일, 그리고 DJ까지 있어 빨래를 기다리는 동안 클럽처럼 만남과 춤을 즐길 수 있다.

대부분의 휴양지, 예를 들면 디즈니랜드, 유니버설 스튜디오 등에서는 잠깐 동안의 서비스를 받기 위해 장시간 기다려야만 하는 것이 보통이다. 디즈니월드에서 고객들은 흔히 3분짜리 '인디아나 존스 라이드(3-min Indiana Jones ride)'를 타기 위해서 보통 90분을 기다려

**그림 15-10** 서비스의 대기에서 즐거움을 주는 사례

일본공항 수하물 벨트에서의 초밥

독일 함부르크의 '빨래방 바'

야 한다. 테마파크 측에서는 기다리는 고객들에게 '보물의 땅(Treasure Land)' 지도를 연구하면서 또는 통로에서 진행되는 캐스트들의 흥겨운 볼거리를 통해서 즐거운 시간을 보내도록 하고 있다. 실제 대기시간은 줄어들지 않는데, 체감하는 대기시간은 줄어들게 된다.

### 바. 판단을 흐리게 한다

좋은 배치는 거리감을 바꿀 수도 있다. 거리는 고객 자신이 서 있는 지점에서 대기선의 시작점(서비스가 시작되는 점)까지로 측정된다. 만일 1백 명이 일직선으로 서 있다면 무척 길고 감당하기 어렵게 보일 것이다. 그러나 줄이 다섯 개의 통로로 지그재그로 배열되어 있다면 절망할 정도로 길다고 보지는 않을 것이다. 거리감 변경의 개념과 더불어, 이동속도를 바꾸어 줌으로써 대기시간에 대한 인식도 바꿀 수가 있다. 테마파크(theme park)의 대기선은 보통 모서리를 돌아가도록 구부려 놓고, 줄을 뱀처럼 꾸불꾸불하게 세워서 고객들이 대기행렬의 총 길이를 실제로 판단할 수 없도록 함으로써, 고객들이 대기행렬의 길이보다는 진척 속도에 초점을 두기 때문에 대기시간의 판단을 흐리게 한다. 이때 한 번에 여러 명씩 입장시킴으로써 이동 속도감을 높여 준다.

식당에서 고객에게 배달 소요시간을 실제보다 길게 통보한 후, 예상했던 시간보다 기다리는 시간을 실제에서 짧게 할 때 고객이 기쁨을 느낀다고 한다. 또한 기술상으로, 전화 건 사람의 줄에서의 위치를 알려 줄 수는 있지만 그렇게 하지 않는 것이 효과적이다. 즉, 당신 앞에 20여 통의 전화가 기다리고 있다고 말하기보다는 긍정적으로 느끼도록 말하는 것이 더 효과적일 수도 있다.

## 3.3 대기관리의 원칙

Maister(1985)는 실제 대기시간뿐만 아니라 이에 대한 고객의 지각에 관심을 두고 대기관리의 기본원칙을 아래와 같이 설명하였다.

① 아무 일도 하지 않고 있는 시간(unoccupied time)이 뭔가를 하고 있을 때(occupied time)보다 더 길게 느껴진다. 따라서 견딜 만하거나 즐겁고 생산적이어야 하고, 요리 과정 등 구경거리를 제공한다.

② 구매 전 대기가 구매 중의 대기보다 더 길게 느껴진다.

③ 근심(anxiety)은 대기시간을 더 길게 느껴지게 한다. 기다리는 손님에 관심을 기울이

는 것이 좋다.

④ 언제 서비스를 받을지 모른 채 무턱대고 기다리는 것이 얼마나 기다려야 하는지를 알고 기다리는 것보다 그 대기시간을 길게 느껴진다. 직원이 고객의 존재를 확인해 주는 것이 좋고, 예상되는 대기시간을 알려 주는 것이 좋다.

⑤ 원인이 설명되지 않은 대기시간이 더 길게 느껴진다.

⑥ 불공정한 대기시간이 더 길게 느껴진다. 나중에 도착한 사람이 먼저 서비스를 받는 차별이 발생되지 않도록 관리하고, 어쩔 수 없는 경우에는 설명을 통해 양해를 구한다.

⑦ 서비스가 더 가치 있을수록 사람들은 더 오랫동안 기다릴 것이다. 예를 들면, 아파트 분양권, 유명 인사의 공연이나 빅게임이 열리는 경기장에서의 대기행렬 등이다.

⑧ 혼자 기다리는 것이 더 길게 느껴진다.

이하에서 보다 나은 고객의 대기를 효과적으로 관리하기 위한 원칙을 논의한다.

## 가. 공허한 감정 누그러뜨리기

고객은 '빈 시간'을 싫어한다. 다른 생산적인 활동이 없는 상태로 무기력하게 시간을 보내면서 고객에게 관심 없는 듯 보이는 응대 직원들을 기다리고, 심지어 무한정으로 기다릴 것 같이 느끼게 되면 부정적인 경험만 확대된다.

따라서 대기시간을 긍정적인 방법으로 전환시켜 주는 것이 좋다. 맛있게 요리하기에 열중하는 직원들의 모습을 보여 준다. 편한 의자와 분위기를 좋게 하려고 새로 칠한 페인트, 대기실의 가구, 책자 등 감성적 서비스를 통해 기다림의 시간을 비어 있는 시간이기보다는

**그림 15-11** 서비스 대기에서 공허한 감정 누그러뜨리기와 번호표 시스템 적용 사례

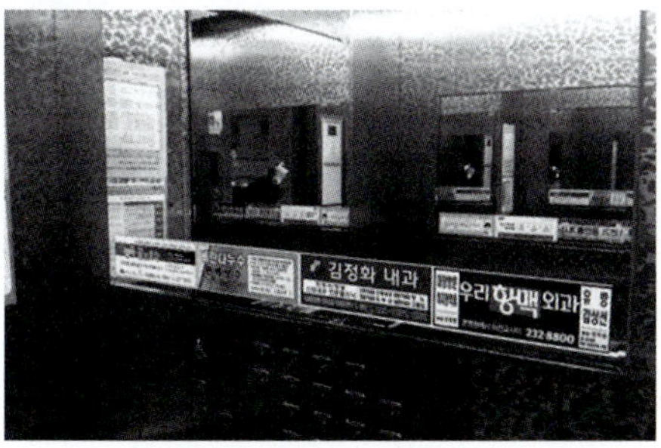

공허한 감정 누그러뜨리기

번호표 시스템

즐거움 또는 생산적으로 만들 수 있다. 예로 승강기 근처에 거울을 놓으면 호텔 승강기를 엄청 기다려도 거울에 둘러싸여서 불평이 별로 나오지 않는다.

대기시간을 생산활동으로도 만들 수도 있다. 전화 대기 중인 고객에게 모차르트나 마돈나의 음악을 틀어 주는 대신에 상업광고를 보낼 수도 있다.

### 나. 격려하기

재미가 있다면 기다리는 것은 기다리는 것이 아니다. 고객을 기다리게 하는 서비스는 기다리는 시간을 즐거운 경험으로 만드는 게 좋다.

뉴욕의 메이시 백화점에서는 산타클로스를 보려는 줄이 인형과 요정 등이 전시되어 있는 통로를 거치게 하여 대기행렬을 산타클로스를 보러 가는 즐거움의 한 부분으로 전환시켰다. 디즈니랜드와 월트디즈니월드에서도 고객은 놀이 기구를 타기 위해 오랜 시간 기다리지만, 걸으면서 볼 수 있게 전시물을 놓아 둠으로써 줄서서 기다리는 자체가 매력적인 일로 인식될 수 있게 했다. 뉴욕의 옴니 파크 센트럴 호텔(Omni Park Central Hotel)에서는 기다리는 줄이 여섯 명 이상이 되면 부지배인이 기다리는 고객에게 주스를 가져다주기도 한다.

하지만 모든 기분 전환책이 항상 적절한 것은 아니다. 예를 들어, 전화 대기 중일 때 나오는 일률적인 녹음 내용이나 회사 주제곡 등을 틀어 주는 것은 자칫 고객에게 저항감을 일으킬 수도 있다.

### 다. 구별하기

주요 고객과 일반 고객을 구별할 수도 있다. 에이비스(Avis) 렌터카는 주요 단골 고객들에게 미리 장기 임대 계약에 서명하도록 하여 그들이 에이비스 지사에 갔을 때 일반 고객과 같은 대기장소에서 기다리지 않고 차를 곧장 몰고 갈 수 있게 한다. 자주 이용하는 단골 고객에게는 빠른 수속을 위해 주차장의 자판기 형태의 기계에서 체크인하게 하였다.

하지만 여기서 주의해야 할 점이 있다. 주요 고객에게 더 빠른 서비스를 하려면 우선 일반 고객이 모르게 해야 하는 것이다. 이코노미 클래스를 이용하는 승객의 반발심을 생각하여 일등석과 이코노미 클래스의 카운터를 별도로 설치한 항공사를 예로 들 수 있다.

## 라. 자동화하기

제조업에서 차용한 생산라인 방식과 같은 기술은 서비스에서도 생산성을 높인다. 반면에 종종 서비스를 오히려 느리게 하는 요인이 되기도 한다. 예를 들면, 전화로 상담 중인 고객이 완전한 답변을 듣기 위해서는 여러 상담원과 대화가 필요한 경우를 들 수 있다. 결국 한 사람의 안내자가 처리하는 것이 여러 명이 돌아가며 고객의 질문에 답하는 것보다 더 효율적이라는 뜻이다. 그래서 위스콘신 그린베이에 있는 건강보험사는 종업원이 고객에게 읽어 줄 수 있는 대본을 종합하여 데이터베이스화하였다. 즉, 종업원으로부터 전화를 받아서 이름, 지역, 건강보험의 질문의 종류를 입력하면 컴퓨터는 바로 읽을 수 있는 응답내용을 제공해 주는 방식이다. 물론 대본에 없는 질문을 한 고객에게는 즉시 해당 전문가를 연결해 준다. 이런 자동화가 전화시간도 줄여 주고, 연결되기 전에 전화를 끊어 버리는 고객수도 줄여 주었다.

# 참고문헌
REFERENCE


- 김태기 (2018), "한국의 산업 간 노동이동과 노동생산성 변화 분석," 산업경제연구, 31(1), 13–131.
- 김태웅 (2010), 서비스 운영관리, 신영사.
- 대한민국 정부 (2016), 경제활력 제고와 일자리 창출을 위한 서비스경제 발전전략, 정부 관계부처 합동.
- 박용태 (2010), 서비스공학, 생능출판사.
- 서비스경영연구회 역 (2010), Fitzsimmons, J. A., & Fitzsimmons, M. J. 저, 스마트 시대의 서비스 경영, 한경사.
- 안연식 (2011), "서비스 비즈니스 관점에서의 서비스 분야 연구 대상 영역의 탐색," 서비스연구, 1(1), 123–148.
- 안연식 (2012), "서비스 실행 관점에서의 서비스 비즈니스에 대한 학술적 연구영역의 탐색," 서비스연구, 2(1), 69–90.
- 안연식 (2013), "기업수준에서의 급변적 서비스 혁신 프로세스 모형과 관련 연구이슈 탐색," 서비스연구, 3(2), 79–95.
- 안연식 (2014), "서비스 디자인 프로세스에서의 서비스 컨셉의 역할," 서비스연구, 4(1), 123–132.
- 안연식 (2016), "The Effect Factors on the Purchase Intension of Smart Car, as of High Innovative Technology and Product: Consumer's Individual Attributes, Perceived Benefit and Switching Cost," 컴퓨터정보학회지, 21(9), 113–119.
- 안연식 (2017), "The Effect of Service Expectation and Service Participation on Service Satisfaction in Medical Service," 로고스경영연구, 15(3), 87–104.
- 안연식 · 한재우 (2014), "서비스사이언스의 연구 영역에 관한 3계층 입체 참조 모형," 서비스연구, 4(2), 85–95.
- 이경선 · 김연성 · 최정일 · 김서영 (2015), "서비스 디자인 방법론을 통한 백화점의 서비스 개선 사례연구," 서비스경영학회지, 16(1), 224–243.
- 이문규 · 안광호 (2011), 서비스마케팅 & 매니지먼트, 집현재.
- 이상식 (2015), 스마트한 서비스경영, 유원북스.
- 조영란 · 이성주 · 윤재욱 (2012), "신제품, 신서비스, 신기술 개발을 위한 맞춤화된 R&D 프로

세스 평가 방법론," 기술혁신연구, 20(2), 109−134.

- 표인수 · 이재광 (2016), "QFD를 이용한 기업 법무 서비스 품질 측정 및 개선에 관한 연구," 지식경영연구, 17(2), 1−26.

- Albrecht, K. & Zemke, R. (2001), *Service America in the New Economy*, 2nd ed., McGraw-Hill.
- Alter, S. (2008), "Service system fundamentals: Work system, value chain, and life cycle," in Maglio, P. P. & Spohrer, J.(eds.), "Special issue on Service Science, Management, and Engineering," *IBM Systems Journal*, 47(1), 71−85.
- Amit, R. & Zott, C. (2012), "Creating value through business model innovation," *MIT Sloan Management Review*, 53(3), 41−49.
- Arnett, D. B., Laverie, D. A. & Mclane, C. (2002), "Using job satisfaction and pride as internal-marketing tools," *The Cornell Hotel and Restaurant Administration Quarterly*, 43(2), 87−96.
- Auh, S., Bell, S. J., McLeod, C. S. & Shih, E. (2007), "Co-production and customer loyalty in financial services," *Journal of Retailing*, 83(3), 359−370.
- Bagozzi, R. P. (1975), "Marketing as exchange," *Journal of Marketing*, 39(4), 32−39.
- Bateson J. E. G. (1985), "Perceived Control and the Service Encounter," in Czepiel, J. A., & Solomon, M. R. & Surprenant, C. F.(eds.), *The Service Encounter*, Lexington, Mass: Lexington Books.
- Belderbos, R., Carree, M. & Lokshin, B. (2004), "Cooperative R&D and firm performance," *Research Policy*, 33, 1477−1492.
- Berry, L. L., Parasuraman, A. & Zeithaml, V. A. (1994), "Improving service quality in America: Lesson learned," *Academy of Management Execute*, 8(2), 32−52.
- Bitner, M. (2009), *Touchpoint − The journal of service design*, Köln, Germany: Service Design Network.
- Bitner, M. J. (1992), "Servicescape: the impact of physical surroundings on customers and employees," *Journal of Marketing*, 56(2), 57−71.
- Bitner, M. J., Booms, B. H. & Tetreault, M. S. (1990), "The service encounter: diagnosing favourable and unfavourable incidents," *Journal of Marketing*, 54(2), 71−84.
- Boone, T. (2000), "Exploring the link between product and process innovation in services", in Fitzsimmons, J. A. & Fitzsimmons, M. J.(eds.), *New Service Development: Creating Memorable Experiences*, Thousand Oaks, CA: Sage, 92−107.
- Booz, Allen & Hamilton (1982), *New Product Management for the 1980s*, New York: Booz Allen Hamilton Inc.
- Caloghirou, Y., Kastelli, I. & Tsakanikas, A. (2004), "Internal capabilities and external

knowledge sources: Complements or substitutes for innovative performance?", *Technovation*, 24(1), 29–39.

- Carlzon, J. (1987), *Moments of Truth*, Cambridge, MA: Ballinger.
- Chandy, R. & Tellis, G. J. (2000), "The incumbent's curse? Incumbency, size, and radical product innovation," *Journal of Marketing*, 64(3), 1–17.
- Chase, R. (1991), "Beefing up Operations in Service Firms," *Sloan Management Review*, 33(1), 1–26.
- Chase, R. & Haynes, R. (2000), "Service operations management," In Swartz, T. & Iacobucci, D., *Handbook of services marketing and management*, Thousand Oaks, CA: Sage Publications, 455–472.
- Christensen, C. M. & Overdorf, M. (2000), "Meeting the Challenge of Disruptive Change," *Harvard Business Review*, 78(1), 67–76.
- Christensen, C. M., Raynor, M. E. & McDonald, R. (2015), "What is disruptive innovation?", *Harvard Business Review*, 93(12), 44–53.
- Cronin, J. J. & Taylor, S. A. (1992), "Measuring Service Quality: A Reexamination and Extension," *Journal of Marketing*, 56(July), 5–68.
- Den Hertog, P. (2000). "Knowledge-intensive business services as co-producers of innovation," *International Journal of Innovation Management*, 4(4), 491–528.
- Den Hertog, P. & Bilderbeek, R. (1999), "Conceptualising Service Innovation and Service Innovation Patterns," mimeographed, DIALOGIC, Utrecht, http://www.eco.rug.nl/GGDC/dseries/SIID_frontpage.shtml.
- Den Hertog, P., Broersma, L. & Ark, B. V. (2003), "On the softside of innovation: service innovation and its policy implication," *DeEconomist*, 151(4).
- Den Hertog, P., van der Aa, W. & de Jong, M. W. (2010), "Capabilities for managing service innovation: towards a conceptual framework," *Journal of Service Management*, 21(4), 490–514.
- Filzsimmons, J. A. & Fitzsimmons, M. J. (1998), *Service Management: Operations, Strategy, and Information Technology*, Boston: Irwin/McGraw-Hill.
- Fleming, S. C. (1991), "Using Technology for Competitive Advantage," *Research Technology Management*, 34(5), 38–41.
- Froehle, C. M. & Roth, A. V. (2004), "New measurement scales for evaluating perceptions of the technology-mediated customer service experience," *Journal of Operations Management*, 22, 1–21.
- Goodman, J. A. (2009), *Strategy Customer Service: Managing the customer experience to increase positive word of mouth, build loyalty, and maximize profits*, New York: AMACOM.

- Granstrand, O., Bohlin, E., Oskarsson, C. & Sjöberg, N. (1992), "External technology acquisition in large multitechnology corporations," *R&D Management*, 22(2), 111−133.
- Grönroos, C. (1984), "A Service Quality Model and Its Marketing Implications," *European Journal of Marketing*, 18(4), 36−44.
- Grönroos, C. (1990), *Service Management and Marketing: Managing the Moments of Truth in Service Competition*, Lexington, MA: Free Press/Lexington Books.
- Grönroos, C. (2001), "The perceived service quality concept − a mistake?", *Managing Service Quality*, 11(3), 150−152.
- Gupta, S. & Vajic, M. (1999), "The contextual and dialectical nature of experiences," in Fitzsimmons, J. & Fitzsimmons M.(eds.). *New Service Development*, Thousand Oaks, CA: Sage Publications.
- Heskett, J. L. (1986), *Managing in the Service Economy*, Harvard Business School Press.
- Heskett, J. L. (1987), "Lessons in the service sector," *Harvard Business Review*, 65(2), 118−129.
- Heskett, J. L., Jones, T. O., Loveman, G. W., Sasser, Jr., W. E. & Schlesinger, L. A. (2004), "Putting the Service-Profit Chain to Work," *Harvard Business Review*, 4, 1−18.
- Heskett, J. L., Sasser Jr., W. E. & Schlesinger, L. A. (1997), *The Service Profit Chain*, New York, NY: Free Press.
- Johne, A. & Storey, C. (1998), "New Service Development: A Review of the Literature and Annotated Bibliography," *European Journal of Marketing*, 184−252.
- Johnson, S. P., Menor, L. J., Roth, A. V. & Chase, R. B. (2000), "A critical evaluation of the new service development process", in Fitzsimmons, J. A. & Fitzsimmons, M. J.(eds), *New Service Development*, Thousand Oaks, CA: Sage Publications, 1−32.
- Kowalkowski, C. (2010), "What does a service-dominant logic really mean for manufacturing firms?", *CIRP Journal of Manufacturing Science and Technology*, 3(4), 285−292.
- Lee, S., Park, G., Yoon, B. & Park, J. (2010), "Open innovation in SMEs: An intermediated network model," *Research Policy*, 39(2), 290−300.
- Lovelock, C. H. (1983), "Classifying Service to Gain Strategic Marketing Insights," *Journal of Marketing*, 47(Summer), 9−20.
- Lovelock, C. H. (1994), *Product Plus: How Product+Service=Competitive Advantage*, McGraw-Hill.
- Lovelock, C. H. (2001), *Services Marketing: People, Technology, Strategy*, 4th ed., Prentice-Hall.
- Lovelock, C. H. (2014), *Services Marketing*, 6th ed., Pearson Australia.
- Lovelock, C. H. & Wright, L. (2002), *Principles of Service Marketing and Management*, Prentice-

Hall.

- Lusch, R. F., Vargo, S. L. & Wessels, G. (2008), "Toward a conceptual foundation for service science: Contribution from service-dominant logic," *IBM Systems Journal*, 47(1), 5–14.
- Lytle, R. S., Hom, P. W. & Mokwa, M. P. (1998), "SERV*OR: A Managerial Measure of Organization Service-Orientation," *Journal of Retailing*, 74(4), 455–489.
- Maister, D. (1985), "The Psychology of Waiting Lines," In Czepiel, J. A., Solomon, M. R. & Surprenant, C. F.(eds.), *The Service Encounter: Managing of Employee/Customer Interaction in Service Businesses*, Lexington, MA: D. C. Heath and Company, Lexington Books.
- Menor, L. J. (2000), "New Service Development Competence and Performance," Ph. D. Dissertation, University of North Carolina at Chapel Hill.
- Miller, J. L., Craighead, C. W. & Karwan, K. R. (2000), "Service recovery: a framework and empirical investigation," *Journal of Operations Management*, 18(4), 387–400.
- Mittal, B. & Baker, J. (1998), "The services marketing system and customer psychology," *Psychology Marketing*, 15(8), 727–733.
- Neely, A., Filippini, R., Forza, C., Vinelli, A. & Hii, J. (2001), "A Framework for Analysing Business Performance, Firm Innovation and Related Contextual Factors: Perceptions of Managers and Policy Makers in Two European Regions," *Integrated Manufacturing Systems*, 12(2), 114–124.
- Normann, R. (1984), *Service management: strategy and leadership in service businesses*, Chichester, New York: Wiley.
- Oliver, R. L. & Swan, J. E. (1989), "Consumer perceptions of interpersonal equity and satisfaction transactions: a field survey approach," *Journal of Marketing*, 53, 21–35.
- Osterwalder, A. & Yves, P. (2010), *Business Model Generations: a Handbook for Visionaries, Game Changers and Challengers*, Hoken, NJ: John Wiley and Sons.
- Padgett, D. & Mulvey, M. S. (2007), "Differentiation Via Technology: Strategic Positioning of Services Following the Introduction of Disruptive Technology," *Journal of Retailing*, 83(4), 375–391.
- Parasuraman, A. (2000), "Technology Readiness Index(TRI): A Multiple Item Scale to Measure Readiness to Embrace New Technologies," *Journal of Services Research*, 2(4), 307–320
- Parasuraman, A. & Grewal, D. (2000), "The Impact of Technology on the Quality-Value-Loyalty Chain: A Research Agenda," *Journal of the Academy of Marketing Science*, 28(1), 168–174.
- Parasuraman, A., Zeithaml, V. A. & Berry, L. L. (1985), "A Conceptual Model of Service Quality and Its Implications for Future Research," *Journal of Marketing*, 41–50.
- Parkington, J. J. & Schneider, B. (1979), "Some Correlates of Experienced Job Stress: A

Boundary Role Study," *Academy of Management Journal*, 22(2), 270−281.

- Pine II, B. J. & Gilmore, J. H. (1998), "Welcome to the Experience Economy," *Harvard Business Review*, 76(4), 97−105.
- Rosenbaum, M. S. & Massiah, C. (2011), "An expanded servicescape perspective," *Journal of Service Management*, 22(4), 471−490.
- Schilling, M. A. (2008), *Strategic management of technological innovation*, 2nd ed., New York, NY: McGraw-Hill.
- Schmenner, R. W. (1986), "How can service businesses survive and prosper?", *Sloan Management Review*, Cambridge, 27(3), 21−32.
- Schmenner, R. W. (1995), *Service Operations Management*, Prentice-Hall.
- Schumpeter, J. A. (1934), *The Theory of Economic Development: An Inquiry into Profits, Capital, Credit, Interest and Business Cycle*, Cambridge, MA: Harvard University Press.
- Sheth, J. N., Newman, B. I. & Gross, B. I. (1991), *Consumption values and market choice*, Cincinnati, OH: South Western Publishing.
- Shin, S. (2001), *Growing Global: Corporate Vision Masterclass*, John Wiley & Sons.
- Shostack, G. L. (1985), "Planning the Service Encounter," In Czepiel, J. A., Solomon, M. R. & Surprenant, C. F.(eds.), *The Service Encounter: Managing of Employee/Customer Interaction in Service Businesses*, Lexington, MA: Lexington Books, 243−254.
- Spohrer, J., Maglio, P. P., Bailey, J. & Gruhl, D. (2007). "Steps Toward a Science of Service Systems," *IEEE*, 40(1), 71−77.
- Suh, Y. Y. & Kim, M. S. (2012), "Effects of SME collaboration on R&D in the service sector in open innovation, Innovation: Management," *Policy & Practice*, 14(3), 349−362.
- Terry, H. (1985), *Manufacturing Strategy: The Strategic Management of the Manufacturing Function*, Macmillan.
- Timmers (1998), "Business Models for Electronic Markets," *Electronic Markets*, 8(2), 15−21.
- Tsai, K. H. & Wang, J. C. (2008), "External technology acquisition and firm performance: A longitudinal study," *Journal of Business Venturing*, 23, 91−112.
- Van Ark, B., Broersma, L. & Den Hertog, P. (2003), "Services innovation, performance and policy: a review," Synthesis report in the framework of the SID project(structural information provision on innovation in services), The Hague: Directorate-General for Innovation, Ministry of Economic Affairs.
- Van de Aa, W. & Elfring, T. (2002), "Realizing innovation in services," *Scandinavian Journal of Management*, 155−171.
- Vandermerwe, S. & Rada, J. (1988), "Servitization of Business: Adding Value by Adding

Services," *European Management Journal*, 6(4), 314–324.

- Vargo, S. L. & Lusch, R. F. (2004), "Evolving to a New Dominant Logic for Marketing," *Journal of Marketing*, 68, 1–17.
- Vargo, S. L. & Lusch, R. F. (2006), "Service Dominant Logic: Reactions, Reflections and Refinements", *Marketing Theory*, 6(3), 281–288.
- Voss, C. A. & Hsuan, J. (2009), "Service architecture and modularity," *Decision Sciences*, 40(3), 541–569.
- Wang, Q., Voss, C., Zhao, X. & Wang, Z. (2015), "Modes of service innovation: a typology," *Industrial Management & Data Systems*, 115(7), 1358–1382
- Wheelwright, S. C. & Clark, K. B. (1992), *Revolutionizing Product Development: Quantum Leaps in Speed, Efficiency, and Quality*, New York, NY: Free Press.
- Wooder, S. & Baker, S. (2012), "Extracting Key Lessons in Service Innovation," *Journal of Product Innovation Management*, 29(1), 13–20.
- Zomerdijk, L. G. & Voss, C. A. (2011), "NSD processes and practices in experiential services," *Journal of Product Innovation Management*, 28(1), 63–80.

# 국문 찾아보기
INDEX

# 영문 찾아보기
INDEX

# 저자소개
AUTHOR

## 안연식

현재 가천대학교 경영학과 교수로 재직 중이다. 국민대학교 정보관리학부에서 MIS 전공으로 박사학위를 취득하였고, 캐나다 Brock University의 Visiting Scholar를 역임하였다. 한국전력공사와 한전KDN(주)에 재직하였고, 전산조직응용기술사, 정보시스템감리사 자격을 보유하고 있으며, 소프트웨어 산업 발전 유공으로 국무총리 표창을 받은 바 있다.

『기업과 사회』, 『기술경영』, 『소프트웨어 벤처기업 평가론』, 『프로젝트 관리』 등의 저서 및 공저서가 있으며, 그동안의 연구 결과는 「정보처리학회지」, 「경영학연구」, 「경영정보학연구」, 「정보통신정책연구」, 「한국IT서비스학회지」, 「컴퓨터정보학회지」, 「지식경영연구」, 「디지털콘텐츠학회지」, 「서비스연구」, 「로고스경영」, 「유라시아경영」, 「경영사연구」, 「JITAMS」, 「Information System Research」, 「Journal of the Korean Data Analysis Society」, 「Journal of Software Maintenance and Evolution」 등의 국내외 학술지에 게재하였고, 한국데이터베이스학회, 한국경영과학회, 경영정보학회, 한국IT서비스학회, 디지털콘텐츠학회, International Conference on the Software Engineering and Data Engineering 등의 국내외 학술대회에 논문을 발표하였다. 한국IT서비스학회 부회장과 서비스사이언스학회 부회장을 역임하였으며, 특히 최근에는 「서비스연구」 학술지의 논문편집위원장을 6년간 역임하였다.

# 서비스 경영

2018년 8월 31일 1판 1쇄 발행
2024년 8월 14일 1판 5쇄 인쇄
2024년 8월 23일 1판 5쇄 발행

**저 자** 안연식

**발행인** 김사설
**발행처** 도서출판 **창명**
12946 경기도 하남시 미사대로 540 AA동 8층 33호(한강미사2차)
전화 (031)795-1214 팩스 (031)5175-8033
이메일 kimsaseol@hanmail.net

**출판등록** 2016년 5월 19일
**신고번호** 제2016-000005호

정가 33,000원 ISBN 979-11-88109-32-6